交通建设工程施工企业
安全生产管理实务

（2021版）

上海市交通建设工程管理中心
上海同济工程咨询有限公司 主编

中国建筑工业出版社

图书在版编目（CIP）数据

交通建设工程施工企业安全生产管理实务：2021版 / 上海市交通建设工程管理中心，上海同济工程咨询有限公司主编．—北京：中国建筑工业出版社，2021.5
ISBN 978-7-112-26093-5

Ⅰ．①交… Ⅱ．①上… ②上… Ⅲ．①交通工程—建筑施工企业—安全生产—生产管理 Ⅳ．①F512.6

中国版本图书馆CIP数据核字（2021）第074179号

责任编辑：张智芊
责任校对：李美娜

交通建设工程施工企业安全生产管理实务
（2021版）
上海市交通建设工程管理中心
上海同济工程咨询有限公司　主编

*

中国建筑工业出版社出版、发行（北京海淀三里河路9号）
各地新华书店、建筑书店经销
逸品书装设计制版
北京京华铭诚工贸有限公司印刷

*

开本：787毫米×1092毫米　1/16　印张：30¾　字数：744千字
2021年5月第一版　2021年5月第一次印刷
定价：**65.00**元
ISBN 978-7-112-26093-5
（37599）

版权所有　翻印必究
如有印装质量问题，可寄本社图书出版中心退换
（邮政编码100037）

《交通建设工程施工企业安全生产管理实务（2021版）》编写委员会

主　　任：董爱华

委　　员：金宏松　张兴根　杨志杰　曹虹宇　杜　鹏

主　　编：张红梅

编写成员：卢曹康　刘　依　印　骏　李　强　蔡来炳
　　　　　王　宁　吴惠进　张吕伟　刘晓明　罗洋静
　　　　　喻思瑶

序

  依据国家发展规划和上海市城市总体规划，到2035年，上海要建成"安全便捷、经济高效、绿色智慧、开放融合"的现代化综合交通体系，交通发展达到世界领先水平，人民满意度显著提升，交通支撑城市发展的能力不断加强。这就意味着本市交通建设工程仍将长期面临"埋深更深、线路更长、构件更大、间距更近"等挑战，这也进一步要求工程参建各方的安全生产意识保持时刻紧绷，安全生产管理水平和技能水平要长期"在线"。

  安全高于一切，责任重于泰山。安全生产是关系人民群众生命财产安全的大事，是经济社会协调健康发展的标志，是党和政府对人民利益高度负责的要求。党中央、国务院历来重视安全生产工作。习近平总书记在党的十九大报告中指出："要树立安全发展理念，弘扬生命至上、安全第一的思想，健全公共安全体系，完善安全生产责任制，坚决遏制重特大安全事故，提升防灾减灾救灾能力。"

  为满足上海市交通建设工程安全生产管理需要，上海市交通建设工程管理中心自2017年起，组织编制《交通建设工程施工企业安全生产管理实务》，并定期进行修编，不断更新完善。该教材力图将我国现行交通建设工程领域的法律法规和各级规章制度紧密结合，并体现上海地区工程建设的特征和要求，力求为上海地区交通建设工程施工企业主要负责人以及交通建设工程施工现场一线的安全生产管理人员提供"百科全书"式的安全生产管理实务指南。希望通过传播安全知识，增强安全意识，提升安全素质，压紧压实安全生产责任，消除事故隐患，坚决遏制安全生产重特大事故，助力安全生产形势持续稳定向好，为着力实现超大城市精细化治理，加快建设具有世界影响力的社会主义现代化国际大都市，营造稳定的交通建设安全生产环境。

目 录

第一章 安全生产法律法规等有关文件 ················ 001
  1.1 法律 ················ 001
    1.1.1 《安全生产法》 ················ 001
    1.1.2 《特种设备安全法》 ················ 003
    1.1.3 《建筑法》 ················ 004
    1.1.4 《突发事件应对法》 ················ 005
    1.1.5 《消防法》 ················ 005
    1.1.6 《劳动法》 ················ 006
    1.1.7 《劳动合同法》 ················ 007
    1.1.8 《职业病防治法》 ················ 007
    1.1.9 《刑法》 ················ 008
    1.1.10 《公路法》 ················ 009
    1.1.11 《航道法》 ················ 009
    1.1.12 《港口法》 ················ 010
  1.2 行政法规 ················ 011
    1.2.1 《安全生产许可证条例》 ················ 011
    1.2.2 《工伤保险条例》 ················ 012
    1.2.3 《民用爆炸物品安全管理条例》 ················ 013
    1.2.4 《建设工程安全生产管理条例》 ················ 014
    1.2.5 《生产安全事故报告和调查处理条例》 ················ 016
    1.2.6 《危险化学品安全管理条例》 ················ 017
    1.2.7 《生产安全事故应急条例》 ················ 020
  1.3 部门规章和规范性文件 ················ 021
    1.3.1 《公路水运工程安全生产监督管理办法》 ················ 021
    1.3.2 《中华人民共和国海事行政许可条件规定》 ················ 025
    1.3.3 《水上交通事故统计办法》 ················ 026
    1.3.4 《安全生产违法行为行政处罚办法》 ················ 027
    1.3.5 《安全生产领域违法违纪行为政纪处分暂行规定》 ················ 027
    1.3.6 《水上水下活动通航安全管理规定》 ················ 028
    1.3.7 《企业安全生产费用提取和使用管理办法》 ················ 029
    1.3.8 《公路水运施工企业主要负责人和安全生产管理人员考核管理办法》
        ················ 031

  1.3.9 《公路水运工程生产安全事故应急预案》 032
  1.3.10 《突发事件应急预案管理办法》 033
  1.3.11 《建筑施工企业安全生产管理机构设置及专职安全生产管理人员配备办法》 034
  1.3.12 《生产安全事故应急预案管理办法》 035
  1.3.13 《对安全生产领域守信行为开展联合激励的实施办法》 037
  1.3.14 《安全生产责任保险实施办法》 037
  1.3.15 《安全生产领域举报奖励办法》 038
  1.3.16 《公路水运工程施工安全标准化指南》 039
  1.3.17 《公路水运工程平安工地建设管理办法》 043
  1.3.18 《危险性较大的分部分项工程安全管理规定》 044
  1.3.19 《中共中央、国务院关于推进安全生产领域改革发展的意见》 047
  1.3.20 《国务院安委会办公室关于全面加强企业全员安全生产责任制工作的通知》 050
  1.3.21 《国务院应对新型冠状病毒感染肺炎疫情联防联控机制关于做好新冠肺炎疫情常态化防控工作的指导意见》 052
 1.4 地方相关规定 053
  1.4.1 《上海市建设工程质量和安全管理条例》 053
  1.4.2 《上海市公路管理条例》 057
  1.4.3 《上海市建设工程施工安全监督管理办法》 058
  1.4.4 《上海市建设工程文明施工管理规定》 061
  1.4.5 《上海交通行业生产安全突发事件信息报告规定》 065
  1.4.6 上海市《关于加强本市建筑施工特种作业人员考核和持证上岗管理工作的通知》 066
  1.4.7 《上海市交通建设工程生产安全重大隐患排查治理挂牌督办实施办法》 067
  1.4.8 《上海市安全生产条例》 068
  1.4.9 上海市《本市交通建设工程施工现场新冠肺炎疫情常态化防控工作指引》 070
  1.4.10 《上海市交通委员会关于加强本市交通建设工程新型冠状病毒感染的肺炎疫情防控工作的通知》 072
 1.5 安全生产法律法规习题 073
  1.5.1 公路篇 073
  1.5.2 水运篇 084

第二章 安全生产管理 102
 2.1 安全生产管理理论 102
  2.1.1 安全生产管理的概念 102
  2.1.2 安全生产管理的要素 103

  2.1.3 安全生产管理的方针 ………………………………………… 104
  2.1.4 安全人机工程 …………………………………………………… 105
2.2 公路水运工程安全生产管理职责 …………………………………… 108
  2.2.1 公路水运工程施工企业安全生产责任和义务 ………………… 108
  2.2.2 公路水运工程施工企业安全生产管理人员职责 ……………… 109
2.3 安全生产管理基本制度 ………………………………………………… 114
  2.3.1 安全生产责任制度 ……………………………………………… 114
  2.3.2 安全生产组织管理制度 ………………………………………… 115
  2.3.3 安全生产例会制度 ……………………………………………… 116
  2.3.4 安全生产管理人员考核制度 …………………………………… 117
  2.3.5 安全生产教育与培训制度 ……………………………………… 117
  2.3.6 安全生产资金保障制度 ………………………………………… 119
  2.3.7 安全风险评估制度 ……………………………………………… 120
  2.3.8 安全技术交底制度 ……………………………………………… 120
  2.3.9 危险性较大工程专项方案编制、审批论证制度 ……………… 121
  2.3.10 特种设备及作业人员安全管理制度 …………………………… 125
  2.3.11 职业健康安全和劳动防护用品管理制度 ……………………… 126
  2.3.12 安全生产事故隐患排查和治理制度 …………………………… 127
  2.3.13 安全检查制度 …………………………………………………… 129
  2.3.14 安全生产事故应急管理制度 …………………………………… 131
  2.3.15 分包单位安全生产管理考评制度 ……………………………… 133
  2.3.16 安全生产事故报告制度 ………………………………………… 134
  2.3.17 企业负责人及项目负责人带班制度 …………………………… 136
  2.3.18 安全生产信用评价制度 ………………………………………… 137
  2.3.19 平安工地考核评价制度 ………………………………………… 138
  2.3.20 重大事故隐患清单管理制度 …………………………………… 140
  2.3.21 消防安全管理制度 ……………………………………………… 143
2.4 安全生产风险管理 ……………………………………………………… 145
  2.4.1 工程风险管理概述 ……………………………………………… 145
  2.4.2 工程风险评估方法 ……………………………………………… 148
  2.4.3 重大风险源辨识与监控 ………………………………………… 155
2.5 应对新冠肺炎疫情工作管理要点 …………………………………… 157
  2.5.1 新冠病毒的特点 ………………………………………………… 157
  2.5.2 常态化防控工作管理要点 ……………………………………… 158
2.6 安全生产管理习题 ……………………………………………………… 160
  2.6.1 公路篇 …………………………………………………………… 160
  2.6.2 水运篇 …………………………………………………………… 176

9

| 第三章 | 安全生产技术 | 192 |

3.1 公路水运工程分级标准 192
　　3.1.1 公路工程分级标准 192
　　3.1.2 水运工程分级标准 192
3.2 通用作业 193
　　3.2.1 钢筋工程 193
　　3.2.2 电焊与气焊作业 195
　　3.2.3 高处作业 195
　　3.2.4 爆破作业 198
　　3.2.5 模板工程 200
　　3.2.6 混凝土工程 202
　　3.2.7 软基处理工程 203
　　3.2.8 拆除工程 204
　　3.2.9 深基坑支护及开挖 205
　　3.2.10 盾构工程 206
3.3 施工现场标志标牌的安全要求 210
　　3.3.1 一般规定 210
　　3.3.2 施工现场标志标牌设置要求 210
3.4 个体安全防护 211
　　3.4.1 基本规定 211
　　3.4.2 安全帽 211
　　3.4.3 安全带 212
　　3.4.4 救生衣 212
　　3.4.5 防护服 214
　　3.4.6 防护鞋 215
　　3.4.7 防护手套 215
　　3.4.8 防护用具 215
3.5 文明与标准化施工 215
　　3.5.1 文明施工的定义 215
　　3.5.2 办公/生活区管理要求 215
　　3.5.3 施工工地边界设置 216
　　3.5.4 施工区域设置 216
　　3.5.5 防尘围网与网布设置 217
　　3.5.6 出入门及其内侧设置 217
　　3.5.7 施工铭牌设置 218
　　3.5.8 卫生防疫 218
　　3.5.9 环保控制措施 219
3.6 公路工程施工安全检查要点 219
　　3.6.1 路基工程施工安全检查要点 219

	3.6.2 路面工程施工安全检查要点	222
	3.6.3 桥涵工程施工安全检查要点	223
	3.6.4 隧道工程施工安全检查要点	226
	3.6.5 改扩建工程	244
3.7	水运工程施工安全检查要点	245
	3.7.1 码头工程施工安全检查要点	245
	3.7.2 防波堤、护岸工程施工安全检查要点	252
	3.7.3 船坞工程施工安全检查要点	254
	3.7.4 船闸工程施工安全检查要点	258
	3.7.5 疏浚和吹填工程施工安全检查要点	259
	3.7.6 码头设备安装施工安全检查要点	270
	3.7.7 预制构件安装	272
	3.7.8 桩基施工	274
	3.7.9 沉排、铺排及冲沙袋施工	276
3.8	工程船舶水上水下作业安全技术	277
	3.8.1 水上施工作业危险危害因素	277
	3.8.2 水上施工作业安全措施	277
3.9	轨道交通工程施工安全技术规范	281
	3.9.1 轨道交通工程施工企业安全基础管理要求	281
	3.9.2 施工前安全生产工作准备	282
	3.9.3 轨道交通工程施工安全生产检查要点	284
3.10	特殊季节与特殊环境施工安全检查要点	290
	3.10.1 雨季施工	290
	3.10.2 冬季施工	293
	3.10.3 高温季节施工	295
	3.10.4 热带气旋季节施工	295
	3.10.5 夜间施工	295
	3.10.6 能见度不良大气施工	296
	3.10.7 无掩护水域施工	296
	3.10.8 密闭空间、有限空间、受限空间安全技术	297
	3.10.9 水下作业	298
	3.10.10 其他特殊条件施工	299
3.11	装配式工艺与BIM技术施工安全检查要点	300
	3.11.1 装配式工艺简介	300
	3.11.2 装配式工艺预制、运输通用工程施工安全检查要点	300
	3.11.3 桥梁上部结构装配式安装工艺安全检查要点	305
	3.11.4 桥梁下部结构装配式工艺安全检查要点	311
	3.11.5 BIM技术与安全管理	313
3.12	新冠肺炎疫情防控工作技术要点	314

  3.12.1 工地消毒技术要点 ……………………………………………… 314
  3.12.2 酒精、含氯消毒剂、过氧乙酸等消毒用品使用安全要点 …… 316
  3.12.3 集中隔离医学观察场所设置基本要求 ………………………… 317
  3.12.4 新冠肺炎疫情感染性医疗废物应急处置技术要点 …………… 318
 3.13 安全生产技术习题 …………………………………………………… 318
  3.13.1 公路篇 …………………………………………………………… 318
  3.13.2 水运篇 …………………………………………………………… 347

第四章 典型案例分析 …………………………………………………………… 376
 4.1 公路工程生产安全事故案例 ………………………………………… 376
  4.1.1 ××高速公路路基工程土方坍塌事故 ………………………… 376
  4.1.2 钢筋骨架倾覆事故 ……………………………………………… 378
  4.1.3 脚手架拆除的事故 ……………………………………………… 379
  4.1.4 ××桥梁工程引桥支架坠落事故 ……………………………… 380
  4.1.5 ××大桥工程"3.5"起重伤害事故 …………………………… 381
  4.1.6 模板拆卸事故 …………………………………………………… 382
  4.1.7 架桥机侧翻事故 ………………………………………………… 383
  4.1.8 巨石挤压事故 …………………………………………………… 385
  4.1.9 隧道坍塌事故 …………………………………………………… 387
  4.1.10 山体滑坡事故 ………………………………………………… 388
 4.2 水运工程生产安全事故案例 ………………………………………… 389
  4.2.1 起重工落水淹溺死亡 …………………………………………… 389
  4.2.2 新入厂农民工落水淹溺死亡 …………………………………… 390
  4.2.3 重进度轻安全导致工人失踪 …………………………………… 391
  4.2.4 违章操作导致维修工触电死亡事故 …………………………… 392
  4.2.5 起重作业冒险蛮干导致起重工砸伤事故 ……………………… 393
  4.2.6 施工人员被钢丝绳缠绕、拉倒致死 …………………………… 393
  4.2.7 焊工落水死亡事故案 …………………………………………… 394
  4.2.8 新员工跨跳两船造成重伤事故 ………………………………… 395
  4.2.9 "驳31船"驾长落水死亡事故 ………………………………… 396
  4.2.10 厨房用火不慎，船舶火灾 …………………………………… 397
  4.2.11 绞吸挖泥船搁浅，主甲板没入水中 ………………………… 398

附录A 交通运输部办公厅关于印发《公路工程施工企业主要负责人和安全生产
    管理人员考核大纲》《水运工程施工企业主要负责人和安全生产管理人员
    考核大纲》的通知 ……………………………………………………………… 399
附录B 公路水运工程平安工地建设考核评价 …………………………………… 440
附录C 习题参考答案 ……………………………………………………………… 475

第一章 安全生产法律法规等有关文件

1.1 法律

法律由全国人民代表大会和全国人民代表大会常务委员会制定和修改，颁布后在全国范围内实行。公路水运工程涉及的主要法律包括《中华人民共和国安全生产法》(以下简称《安全生产法》)、《中华人民共和国特种设备安全法》(以下简称《特种设备安全法》)、《中华人民共和国建筑法》(以下简称《建筑法》)、《中华人民共和国突发事件应对法》(以下简称《突发事件应对法》)、《中华人民共和国消防法》(以下简称《消防法》)、《中华人民共和国劳动法》(以下简称《劳动法》)、《中华人民共和国劳动合同法》(以下简称《劳动合同法》)、《中华人民共和国职业病防治法》(以下简称《职业病防治法》)、《中华人民共和国刑法》(以下简称《刑法》)、《中华人民共和国公路法》(以下简称《公路法》)、《中华人民共和国航道法》(以下简称《航道法》)、《中华人民共和国港口法》(以下简称《港口法》)等。

1.1.1 《安全生产法》

《中华人民共和国安全生产法》由中华人民共和国第九届全国人大常委会第二十八次会议于2002年6月29日审议通过，自2002年11月1日起施行。

2014年8月31日，中华人民共和国第十二届全国人大常委会第十次会议通过《全国人民代表大会常务委员会关于修改〈中华人民共和国安全生产法〉的决定》，自2014年12月1日起施行。

《安全生产法》的立法目的在于加强安全生产工作，防止和减少生产安全事故，保障人民群众生命和财产安全，促进经济社会持续健康发展，《安全生产法》确定了我国安全生产管理的基本方针，即坚持"安全第一、预防为主、综合治理"的方针。

(1) 生产经营单位的安全生产保障

1) 从事生产经营活动应当具备的安全生产条件

① 生产经营单位是生产经营活动的基本单元

《安全生产法》第二条规定："在中华人民共和国领域内从事生产经营活动的单位(以下统称生产经营单位)的安全生产，适用本法。"在公路水运工程建设活动中，建设单位、施工单位、勘察设计单位和监理单位等均属于生产经营单位。

② 法定安全生产基本条件

《安全生产法》第十七条规定："生产经营单位应当具备本法和有关法律、行政法规和国家标准或者行业标准规定的安全生产条件；不具备安全生产条件的，不得从事生产经营活动。"

2）生产经营单位主要负责人的安全生产职责

《安全生产法》第五条明确规定："生产经营单位的主要负责人对本单位的安全生产工作全面负责。"对于公路水运工程施工企业而言，主要负责人是指对本企业生产经营活动、安全生产工作具有决策权的负责人，以及具体分管安全生产工作的负责人、企业技术负责人。

《安全生产法》第十八条首次以法律形式确定了生产经营单位主要负责人的七大安全生产职责：

（一）建立、健全本单位安全生产责任制；

（二）组织制定本单位安全生产规章制度和操作规程；

（三）组织制定并实施本单位安全生产教育和培训计划；

（四）保证本单位安全生产投入的有效实施；

（五）督促、检查本单位的安全生产工作，及时消除生产安全事故隐患；

（六）组织制定并实施本单位的生产安全事故应急救援预案；

（七）及时、如实报告生产安全事故。

3）劳动防护用品的规定

《安全生产法》第四十二条明确要求："生产经营单位必须为从业人员提供符合国家标准或者行业标准的劳动防护用品，并监督、教育从业人员按照使用规则佩戴、使用。"

4）生产经营单位的安全生产管理机构以及安全生产管理人员的职责

（一）组织或者参与拟订本单位安全生产规章制度、操作规程和生产安全事故应急救援预案；

（二）组织或者参与本单位安全生产教育和培训，如实记录安全生产教育和培训情况；

（三）督促落实本单位重大危险源的安全管理措施；

（四）组织或者参与本单位应急救援演练；

（五）检查本单位的安全生产状况，及时排查生产安全事故隐患，提出改进安全生产管理的建议；

（六）制止和纠正违章指挥、强令冒险作业、违反操作规程的行为；

（七）督促落实本单位安全生产整改措施。

（2）从业人员的权利和安全生产义务

1）知情权；

2）建议权；

3）批评权和检举、控告权；

4）拒绝权；

5）紧急避险权；

6）依法向本单位提出要求赔偿的权利；

7）获得符合国家标准或者行业标准劳动防护用品的权利；

8）获得安全生产教育和培训的权利；

9）自觉遵守规定的义务；

10）自觉学习安全生产知识的义务；

11）危险报告义务。

(3)生产安全事故的应急救援与调查处理

《安全生产法》第七十八条规定:"生产经营单位应当制定本单位生产安全事故应急救援预案,与所在地县级以上地方人民政府组织制定的生产安全事故应急救援预案相衔接,并定期组织演练。"

《安全生产法》第七十九条规定:"危险物品的生产、经营、储存单位以及矿山、金属冶炼、城市轨道交通运营、建筑施工单位应当建立应急救援组织;生产经营规模较小的,可以不建立应急救援组织,但应当指定兼职的应急救援人员。"

(4)生产安全事故调查处理的规定

《安全生产法》第八十条规定:"生产经营单位发生生产安全事故后,事故现场有关人员应当立即报告本单位负责人。

单位负责人接到事故报告后,应当迅速采取有效措施,组织抢救,防止事故扩大,减少人员伤亡和财产损失,并按照国家有关规定立即如实报告当地负有安全生产监督管理职责的部门,不得隐瞒不报、谎报或者迟报,不得故意破坏事故现场、毁灭有关证据。"

《安全生产法》第八十三条规定:"事故调查处理应当按照科学严谨、依法依规、实事求是、注重实效的原则,及时、准确地查清事故原因,查明事故性质和责任,总结事故教训,提出整改措施,并对事故责任者提出处理意见。事故调查报告应当依法及时向社会公布。事故调查和处理的具体办法由国务院制定。

事故发生单位应当及时全面落实整改措施,负有安全生产监督管理职责的部门应当加强监督检查。"

《安全生产法》第八十四条规定:"生产经营单位发生生产安全事故,经调查确定为责任事故的,除了应当查明事故单位的责任并依法予以追究外,还应当查明对安全生产的有关事项负有审查批准和监督职责的行政部门的责任,对有失职、渎职行为的,依照本法第八十七条的规定追究法律责任。"

《安全生产法》第八十五条规定:"任何单位和个人不得阻挠和干涉对事故的依法调查处理。"

1.1.2 《特种设备安全法》

《特种设备安全法》由中华人民共和国第十二届全国人民代表大会常务委员会第三次会议于2013年6月29日审议通过,自2014年1月1日起施行。

《特种设备安全法》的立法目的是为了加强特种设备安全工作,预防特种设备事故,保障人身和财产安全,促进经济社会发展。《特种设备安全法》适用于特种设备的生产(包括设计、制造、安装、改造、修理)、经营、使用、检验、检测和特种设备安全的监督管理。与公路水运工程安全生产相关的内容主要为使用方面,主要包括以下内容:

第三十二条:特种设备使用单位应当使用取得许可生产并经检验合格的特种设备。禁止使用国家明令淘汰和已经报废的特种设备。

第三十三条:特种设备使用单位应当在特种设备投入使用前或者投入使用后三十日内,向负责特种设备安全监督管理的部门办理使用登记,取得使用登记证书。登记标志应当置于该特种设备的显著位置。

第三十四条：特种设备使用单位应当建立岗位责任、隐患治理、应急救援等安全管理制度，制定操作规程，保证特种设备安全运行。

第三十九条：特种设备使用单位应当对其使用的特种设备进行经常性维护保养和定期自行检查，并作出记录。特种设备使用单位应当对其使用的特种设备的安全附件、安全保护装置进行定期校验、检修，并作出记录。

第四十条：特种设备使用单位应当按照安全技术规范的要求，在检验合格有效期届满前一个月向特种设备检验机构提出定期检验要求。特种设备检验机构接到定期检验要求后，应当按照安全技术规范的要求及时进行安全性能检验。特种设备使用单位应当将定期检验标志置于该特种设备的显著位置。未经定期检验或者检验不合格的特种设备，不得继续使用。

1.1.3 《建筑法》

《建筑法》由中华人民共和国第八届全国人大常委会第二十八次会议于1997年11月1日审议通过，自1998年3月1日起施行。

2011年4月22日，中华人民共和国第十一届全国人民代表大会常务委员会第二十次会议通过《全国人民代表大会常务委员会关于修改〈中华人民共和国建筑法〉的决定》，自2011年7月1日起施行。

《建筑法》的立法目的在于加强对建筑活动的监督管理，维护建筑市场秩序，保证建筑工程的质量和安全，促进建筑业的健康发展。

（1）建筑安全生产管理相关规定

1）《建筑法》共八十五条，分别从建筑许可、建筑工程发包与承包、建筑工程监理、建筑安全生产管理、建筑工程质量管理等方面作出了规定。其中第五章"建筑安全生产管理"共十六条，就建筑安全生产管理中若干重要问题作了明确规定，包括：

① 建筑工程安全生产管理必须遵循的基本方针和基本制度（第三十六条）；

② 建筑工程设计必须遵循保证工程安全性能的要求（第三十七条）。

2）对建筑施工企业提出的保证生产安全的要求，包括：

① 对施工企业编制施工组织设计的安全要求（第三十八条）；

② 对施工现场安全管理的要求（第三十九条、第四十五条）；

③ 对建立健全企业安全生产责任制的要求（第四十四条）；

④ 对建立健全劳动安全生产教育培训制度的要求（第四十六条）；

⑤ 禁止进行危及安全生产的违章指挥、违章作业（第四十七条）；

⑥ 为从事危险作业的职工办理意外伤害保险的要求（第四十八条）；

⑦ 对涉及建筑主体和承重结构变动的装修工程的安全要求（第四十九条）；

⑧ 对房屋拆除作业的安全要求（第五十条）；

⑨ 发生建筑安全事故的处理（第五十一条）；

⑩ 工程建设单位为保证建筑生产安全应当办理的批准手续（第四十二条）；

⑪ 有关行政主管部门对建筑安全生产监督管理的职责（第四十三条）。

（2）建筑施工企业的安全生产职责

《建筑法》对建筑施工企业的安全生产职责进行八个方面的规定：

① 编制施工组织设计；
② 对施工现场安全管理；
③ 建立健全企业安全生产责任制；
④ 建立健全劳动安全生产教育培训制度；
⑤ 从业人员的权利和义务；
⑥ 为从事危险作业的职工办理意外伤害保险；
⑦ 环境保护职责；
⑧ 事故报告职责。

1.1.4 《突发事件应对法》

《突发事件应对法》由第十届全国人民代表大会常务委员会第二十九次会议于2007年8月30日审议通过，自2007年11月1日起施行。与公路水运工程安全生产相关的内容主要有以下方面：

（1）所有单位应当建立、健全安全管理制度，定期检查本单位各项安全防范措施的落实情况，及时消除事故隐患；掌握并及时处理本单位存在的可能引发社会安全事件的问题，防止矛盾激化和事态扩大；对本单位可能发生的突发事件和采取安全防范措施的情况，应当按照规定及时向所在地人民政府或者人民政府有关部门报告。

（2）矿山、建筑施工单位和易燃易爆物品、危险化学品、放射性物品等危险物品的生产、经营、储运、使用单位，应当制订具体应急预案，并对生产经营场所、有危险物品的建筑物、构筑物及周边环境开展隐患排查，及时采取措施消除隐患，防止发生突发事件。

（3）公共交通工具、公共场所和其他人员密集场所的经营单位或者管理单位应当制订具体应急预案，为交通工具和有关场所配备报警装置和必要的应急救援设备、设施，注明其使用方法，并显著标明安全撤离的通道、路线，保证安全通道、出口的畅通。

（4）有关单位和人员报送、报告突发事件信息，应当做到及时、客观、真实，不得迟报、谎报、瞒报、漏报。

（5）受到自然灾害危害或者发生事故灾难、公共卫生事件的单位，应当立即组织本单位应急救援队伍和工作人员营救受害人员，疏散、撤离、安置受到威胁的人员，控制危险源，标明危险区域，封锁危险场所，并采取其他防止危害扩大的必要措施，同时向所在地县级人民政府报告；对因本单位的问题引发的或者主体是本单位人员的社会安全事件，有关单位应当按照规定上报情况，并迅速派出负责人赶赴现场开展劝解、疏导工作。

1.1.5 《消防法》

《消防法》由第九届全国人大常委会第二次会议于1998年4月29日审议通过，2008年10月28日第十一届全国人大常委会第五次会议修订，自2009年5月1日起施行。该法的目的在于预防火灾和减少火灾危害，加强应急救援工作，保护人身、财产安全，维护公共安全。《消防法》与公路水运工程安全生产相关的内容有以下几方面。

（1）消防设计的审核与验收

建设工程的消防设计、施工必须符合国家工程建设消防技术标准。建设、设计、施工、工程监理等单位依法对建设工程的消防设计、施工质量负责。

按照国家工程建设消防技术标准需要进行消防设计的建设工程，建设单位应当自依法取得施工许可之日起七个工作日内，将消防设计文件报公安机关消防机构备案，公安机关消防机构应当进行抽查。

依法应当经公安机关消防机构进行消防设计审核的建设工程，未经依法审核或者审核不合格的，负责审批该工程施工许可的部门不得给予施工许可，建设单位、施工单位不得施工；其他建设工程取得施工许可后经依法抽查不合格的，应当停止施工。

按照国家工程建设消防技术标准需要进行消防设计的建设工程竣工时，除国务院公安部门规定的大型的人员密集场所和其他特殊建设单位应当向公安机关消防机构备案，公安机关消防机构应当进行抽查。应当依法进行消防验收的建设工程，未经消防验收或者消防验收不合格的，禁止投入使用；其他建设工程经依法抽查不合格的，应当停止使用。

（2）工程建设中应当采取的消防安全措施

生产、储存、经营其他物品的场所与居住场所设置在同一建筑物内，应当符合国家工程建设消防技术标准；生产、储存、经营易燃易爆危险品的场所与居住场所不得设置在同一建筑物内，且两者应该保持一定的安全距离。

进入生产、储存易燃易爆危险物品的场所，必须执行国家有关消防安全的规定，禁止携带火种进入生产、储存易燃易爆危险物品的场所。禁止在具有火灾、爆炸危险的场所使用明火；因特殊情况需要使用明火作业的，应当按照规定事先办理审批手续。

进行电焊、气焊等具有火灾危险的作业人员和自动消防系统的操作人员，必须持证上岗，并严格遵守消防安全操作规程。消防产品的质量必须符合国家标准或者行业标准。

电器产品、燃气用具的产品标准，应当符合消防安全的要求。任何单位、个人不得损坏或者擅自挪用、拆除、停用消防设施、器材，不得埋压、圈占消火栓，不得占用防火间距，不得堵塞消防通道。

1.1.6 《劳动法》

《劳动法》由第八届全国人大常委会第八次会议于1994年7月5日审议通过，自1995年1月1日起施行。《劳动法》是调整劳动关系以及与劳动关系密切联系的其他关系的法律规范。

（1）用人单位在劳动安全卫生方面的职责

《劳动法》第五十二条规定："用人单位必须建立、健全劳动安全卫生制度，严格执行国家劳动安全卫生规程和标准，对劳动者进行劳动安全卫生教育，防止劳动过程中的事故，减少职业危害。"

《劳动法》第五十三条规定："劳动安全卫生设施必须符合国家规定的标准。新建、改建、扩建工程的劳动安全卫生设施必须与主体工程同时设计、同时施工、同时投入生产和使用。""劳动安全卫生设施"可分为以下四类：劳动安全设施、劳动卫生设施、个人防护设施、生产辅助设施。

（2）劳动安全卫生条件及劳动防护用品要求

《劳动法》第五十四条规定："用人单位必须为劳动者提供符合国家规定的劳动安全

卫生条件和必要的劳动防护用品。对从事有职业危害作业的劳动者应当定期进行健康检查。"

（3）建立伤亡事故和职业病统计报告和处理制度

《劳动法》第五十七条规定："国家建立伤亡事故和职业病统计报告的处理制度。县级以上各级人民政府劳动行政部门、有关部门和用人单位应当依法对劳动者在劳动过程中发生的伤亡事故和劳动者的职业病状况，进行统计、报告和处理。"

（4）对劳动者的职业培训

《劳动法》第五十五条规定："从事特种作业的劳动者必须经过专门培训并取得特种作业资格。"

（5）劳动者在劳动安全卫生方面的权利和义务

《劳动法》第五十六条规定："劳动者在劳动过程中必须严格遵守安全操作规程。劳动者对用人单位管理人员违章指挥、强令冒险作业，有权拒绝执行；对危害生命安全和身体健康的行为有权提出批评、检举和控告。"

1.1.7 《劳动合同法》

《全国人大常委会关于修改〈中华人民共和国劳动合同法〉的决定》由中华人民共和国第十一届全国人大常委会第三十次会议于2012年12月28日审议通过，自2013年7月1日起施行。其立法目的是为了完善劳动合同制度，明确劳动合同双方当事人的权利和义务，保护劳动者的合法权益，构建和发展和谐稳定的劳动关系。《劳动合同法》中有关公路水运工程安全生产的规定主要有：

用人单位在制订、修改或者决定有关劳动报酬、工作时间、休息休假、劳动安全卫生、保险福利、职工培训、劳动纪律，以及劳动定额管理等直接涉及劳动者切身利益的规章制度或者重大事项时，应当经职工代表大会或者全体职工讨论，提出方案和意见，与工会或者职工代表平等协商确定。

用人单位招用劳动者时，应当如实告知劳动者工作内容、工作条件、工作地点、职业危害、安全生产状况、劳动报酬，以及劳动者要求了解的其他情况；用人单位有权了解劳动者与劳动合同直接相关的基本情况，劳动者应当如实说明。

劳动者拒绝用人单位管理人员违章指挥、强令冒险作业的，不视为违反劳动合同。劳动者对危害生命安全和身体健康的劳动条件，有权对用人单位提出批评、检举和控告。

用人单位违章指挥、强令冒险作业危及劳动者人身安全的，劳动者可以立即解除劳动合同，不需事先告知用人单位。

违章指挥或者强令冒险作业危及劳动者人身安全的或劳动条件恶劣、环境污染严重，给劳动者身心健康造成严重损害的，依法给予行政处罚；构成犯罪的，依法追究刑事责任；给劳动者造成损害的，应当承担赔偿责任。

1.1.8 《职业病防治法》

2018年12月29日，第十三届全国人民代表大会常务委员会第七次会议通过《关于修改〈中华人民共和国劳动法〉等七部法律的决定》，对《中华人民共和国职业病防治法》进行了第四次修改。

(1）用人单位应当履行的职责

1）健康保障义务；

2）职业卫生管理义务；

3）保险义务；

4）报告义务；

5）卫生防护义务；

6）职业病危害检测义务；

7）职业病危害告知义务；

8）及时控制职业病危害事故义务；

9）培训教育义务；

10）健康监护义务；

11）落实职业病患者待遇义务；

12）特殊劳动者保护义务；

13）不得安排孕妇、哺乳期的女工从事对本人和胎儿、婴儿有危害的作业；

14）劳动者申请职业病诊断或鉴定时，用人单位应当如实提供职业病诊断所需的有关职业卫生和健康监护等资料。

（2）劳动者的权利

1）知情权；

2）培训权；

3）拒绝违章冒险权；

4）检举控告权；

5）特殊保障权；

6）参与决策权；

7）职业健康权；

8）损害赔偿权。

（3）劳动者的义务

《职业病防治法》也对劳动者的相关义务作出了规定，如履行劳动合同、遵守职业病防治法律法规规定、遵守用人单位工农业卫生规章、接受职业卫生培训、按规定使用职业卫生防护设施及个人防护用品、遵守操作规程等义务。

1.1.9 《刑法》

1997年颁布实施的《中华人民共和国刑法》（以下简称《刑法》），其中，第六次修正即《刑法修正案（六）》对"危害公共安全罪"进行了一些修改。公路水运工程安全生产领域中的犯罪主要涉及以下几个方面。

（1）重大责任事故罪

根据《刑法》第一百三十四条的规定，重大责任事故罪，是指在生产、作业中违反有关安全管理的规定，或者强令他人违章冒险作业，因而发生重大伤亡事故或者造成其他严重后果的行为。强令违章冒险作业罪，是指强令他人违章冒险作业，因而发生重大伤亡事故或者造成其他严重后果的行为。

（2）工程重大安全事故罪

根据《刑法》第一百三十七条的规定，工程重大安全事故罪，是指建设单位、设计单位、施工单位、工程监理单位违反国家规定，降低工程质量标准，造成重大安全事故的行为。本罪的犯罪构成是：

1）犯罪主体。本罪的主体是特殊主体，仅限于建设单位、设计单位、施工单位、工程监理单位及其责任人员。

2）犯罪的主观方面。本罪的主观方面表现为过失，但行为人违反国家规定，降低质量标准则可能是故意，也可能是过失。

3）犯罪客体。本罪的客体是公共安全和国家有关安全管理的法律制度，犯罪的客观方面。表现为违反国家规定，降低工程质量标准，造成重大安全事故的行为。

4）犯罪的客观方面。表现为违反国家规定，降低工程质量标准，造成重大安全事故的行为。

1.1.10 《公路法》

为了加强公路的建设和管理，促进公路事业的发展，适应社会主义现代化建设和人民生活的需要，于1997年7月3日第八届全国人民代表大会常务委员会第二十六次会议通过《中华人民共和国公路法》（以下简称《公路法》），自1998年1月1日起施行。

2017年11月4日，第十二届全国人民代表大会常务委员会第三十次会议决定，通过对《中华人民共和国公路法》作出修改，自2017年11月5日起施行。《中华人民共和国公路法》根据本决定作相应修改，重新公布。

《公路法》有关安全生产的法律规定主要有以下几方面。

（1）公路施工中的安全管理

《公路法》第三十二条规定："改建公路时，施工单位应当在施工路段两端设置明显的施工标志、安全标志。需要车辆绕行的，应当在绕行路口设置标志；不能绕行的，必须修建临时道路，保证车辆和行人通行。"

（2）公路养护作业中的安全管理

《公路法》第三十九条规定："为保障公路养护人员的人身安全，公路养护人员进行养护作业时，应当穿着统一的安全标志服；利用车辆进行养护作业时，应当在公路作业车辆上设置明显的作业标志。

公路养护车辆进行作业时，在不影响过往车辆通行的前提下，其行驶路线和方向不受公路标志、标线限制；过往车辆对公路养护车辆和人员应当注意避让。"

（3）路政管理中的安全管理

《公路法》第四十条规定："在大中型公路桥梁和渡口周围两百米、公路隧道上方和洞口外一百米范围内，以及在公路两侧一定距离内不得挖砂、采石、取土、倾倒废弃物，不得进行爆破作业及其他危及公路、公路桥梁，公路隧道、公路渡口安全的活动。"

1.1.11 《航道法》

（1）立法目的

规范和加强航道的规划、建设、养护、保护，保障航道畅通和通航安全，促进水路运输发展。

（2）遵循的原则

规划、建设、养护、保护航道，应当根据经济社会发展和国防建设的需要，遵循综合利用和保护水资源、保护生态环境的原则，服从综合交通运输体系建设和防洪总体安排，统筹兼顾供水、灌溉、发电、渔业等需求，发挥水资源的综合效益。

（3）航道建设相关规定

1）新建航道以及为改善航道通航条件而进行的航道工程建设，应当遵守相关规定，符合航道规划，执行有关的国家标准、行业标准和技术规范，并办理相关手续。

2）航道建设单位应当根据航道建设工程的技术要求，通过招标等方式选择具有相应资质的勘察、设计、施工和监理单位进行工程建设，对工程质量和安全进行监督检查，并对工程质量和安全负责。

3）航道建设单位应当自航道建设工程竣工验收合格之日起六十日内，将竣工测量图报送负责航道管理的部门。沿海航道的竣工测量图还应当报送海军航海保证部门。与航道有关的工程竣工验收前，建设单位应当及时清除影响航道通航条件的临时设施及其残留物。

4）进行航道工程建设应当维护河势稳定，符合防洪要求，不得危及依法建设的其他工程或者设施的安全。因航道工程建设损坏依法建设的其他工程或者设施的，航道建设单位应当予以修复或者依法赔偿。

5）禁止下列危害航道通航安全的行为：

① 在航道内设置渔具或者水产养殖设施的；

② 在航道和航道保护范围内倾倒砂石、泥土、垃圾以及其他废弃物的；

③ 在通航建筑物及其引航道和船舶调度区内从事货物装卸、水上加油、船舶维修、捕鱼等，影响通航建筑物正常运行的；

④ 危害航道设施安全的；

⑤ 其他危害航道通航安全的行为。

1.1.12 《港口法》

为了加强港口管理，维护港口的安全与经营秩序，保护当事人的合法权益，促进港口的建设与发展，2003年6月28日十届全国人大常委会通过《中华人民共和国港口法》，并于2004年1月1日起施行。2018年12月29日第十三届全国人民代表大会常务委员会第七次会议对该法进行第三次修正。

（1）港口建设要求

按照国家规定须经有关机关批准的港口建设项目，应当按照国家有关规定办理审批手续，并符合国家有关标准和技术规范。建设港口工程项目，应当依法进行环境影响评价。港口建设项目的安全设施和环境保护设施，必须与主体工程同时设计、同时施工、同时投入使用。

航标设施以及其他辅助性设施，应当与港口同步建设，并保证按期投入使用。港口内有关行政管理机构办公设施的建设应当符合港口总体规划，建设费用不得向港口经营人摊派。

港口设施建设项目竣工后,应当按照国家有关规定经验收合格,方可投入使用。港口设施的所有权,依照有关法律规定确定。

县级以上有关人民政府应当保证必要的资金投入,用于港口公用的航道、防波堤、锚地等基础设施的建设和维护。具体办法由国务院规定。

(2) 港口安全与监督管理

港口经营人必须依照《中华人民共和国安全生产法》等有关法律、法规和国务院交通主管部门有关港口安全作业规则的规定,加强安全生产管理,建立健全安全生产责任制等规章制度,完善安全生产条件,采取保障安全生产的有效措施,确保安全生产。港口经营人应当依法制定本单位的危险货物事故应急预案、重大生产安全事故的旅客紧急疏散和救援预案以及预防自然灾害预案,保障组织实施。

船舶进出港口,应当依照有关水上交通安全的法律、行政法规的规定向海事管理机构报告。海事管理机构接到报告后,应当及时通报港口行政管理部门。船舶载运危险货物进出港口,应当按照国务院交通主管部门的规定将危险货物的名称、特性、包装和进出港口的时间报告海事管理机构。海事管理机构接到报告后,应当在国务院交通主管部门规定的时间内作出是否同意的决定,通知报告人,并通报港口行政管理部门。但是,定船舶、定航线、定货种的船舶可以定期报告。

建设桥梁、水底隧道、水电站等可能影响港口水文条件变化的工程项目,负责审批该项目的部门在审批前应当征求港口行政管理部门的意见。

(3) 法律责任

有下列行为之一的,由县级以上地方人民政府或者港口行政管理部门责令限期改正;逾期不改正的,由作出限期改正决定的机关申请人民法院强制拆除违法建设的设施;可以处五万元以下罚款:①违反港口规划建设港口、码头或者其他港口设施的;②未经依法批准,建设港口设施使用港口岸线的,建设项目的审批部门对违反港口规划的建设项目予以批准的,对其直接负责的主管人员和其他直接责任人员,依法给予行政处分。

1.2 行政法规

行政法规是由国务院制定的法律规范性文件,颁布后在全国范围内实行。行政法规的名称一般为"条例""规定""办法"等。公路水运工程涉及的主要行政法规包括《安全生产许可证条例》《民用爆炸物品安全管理条例》《突发事件应急预案管理办法》《建设工程安全生产管理条例》《安全生产事故报告和调查处理条例》《内河交通管理条例》等。

1.2.1 《安全生产许可证条例》

《安全生产许可证条例》由中华人民共和国国务院于2004年1月13日首次发布,2014年7月29日国务院第54次常务会议对《安全生产许可证条例》进行修订并公布,自公布之日起施行。

(1) 安全生产许可证的颁发和管理

1) 本条例的适用范围

国家对矿山企业、建筑施工企业和危险化学品、烟花爆竹、民用爆炸物品生产企业实行安全生产许可证制度。企业未取得安全生产许可证的，不得从事生产活动。

2）建筑施工企业安全生产许可证的颁发和管理

国务院建设主管部门负责中央管理的建筑施工企业安全生产许可证的颁发和管理。省（自治区、直辖市）人民政府建设主管部门负责中央管理范围以外的建筑施工企业安全生产许可证的颁发和管理，并接受国务院建设主管部门的指导和监督。

（2）违反《安全生产许可证条例》应承担的法律责任

1）安全生产许可证颁发管理机关工作人员违反本条例的法律责任

安全生产许可证颁发管理机关工作人员有下列行为之一的，给予降级或者撤职的行政处分；构成犯罪的，依法追究刑事责任：

① 向不符合本条例规定的安全生产条件的企业颁发安全生产许可证的；

② 发现企业未依法取得安全生产许可证擅自从事生产活动，不依法处理的；

③ 发现取得安全生产许可证的企业不再具备本条例规定的安全生产条件，不依法处理的；

④ 接到对违反本条例规定行为的举报后，不及时处理的；

⑤ 在安全生产许可证颁发、管理和监督检查工作中，索取或者接受企业的财物，或者谋取其他利益的。

2）生产经营单位违反本条例规定应负的法律责任

违反本条例规定，未取得安全生产许可证擅自进行生产的，责令停止生产，没收违法所得，并处10万元以上50万元以下的罚款；造成重大事故或者其他严重后果，构成犯罪的，依法追究刑事责任。

违反本条例规定，安全生产许可证有效期满未办理延期手续，继续进行生产的，责令停止生产，限期补办延期手续，没收违法所得，并处5万元以上10万元以下的罚款。

违反本条例规定，转让安全生产许可证的，没收违法所得，处10万元以上50万元以下的罚款，并吊销其安全生产许可证；构成犯罪的，依法追究刑事责任。

1.2.2 《工伤保险条例》

《工伤保险条例》已于2003年4月16日国务院第五次常务会议讨论通过，自2004年1月1日起施行。《国务院关于修改〈工伤保险条例〉的决定》经2010年12月8日国务院第136次常务会议通过，自2011年1月1日起施行。

（1）目的及范围

为了保障因工作遭受事故伤害或者患职业病的职工获得医疗救治和经济补偿，促进工伤预防和职业康复，分散用人单位的工伤风险，制定本条例。

中华人民共和国境内的企业、事业单位、社会团体、民办非企业单位、基金会、律师事务所、会计师事务所等组织和有雇工的个体工商户（以下称用人单位）应当依照本条例规定参加工伤保险，为本单位全部职工或者雇工（以下称职工）缴纳工伤保险费。

中华人民共和国境内的企业、事业单位、社会团体、民办非企业单位、基金会、律师事务所、会计师事务所等组织的职工和个体工商户的雇工，均有依照本条例的规定享受工伤保险待遇的权利。

（2）工伤保险基金

工伤保险基金由用人单位缴纳的工伤保险费、工伤保险基金的利息和依法纳入工伤保险基金的其他资金构成。

用人单位应当按时缴纳工伤保险费。职工个人不缴纳工伤保险费。

用人单位缴纳工伤保险费的数额为本单位职工工资总额乘以单位缴费费率之积。

（3）工伤认定

第十四条　职工有下列情形之一的，应当认定为工伤：

（一）在工作时间和工作场所内，因工作原因受到事故伤害的；

（二）工作时间前后在工作场所内，从事与工作有关的预备性或者收尾性工作受到事故伤害的；

（三）在工作时间和工作场所内，因履行工作职责受到暴力等意外伤害的；

（四）患职业病的；

（五）因工外出期间，由于工作原因受到伤害或者发生事故下落不明的；

（六）在上下班途中，受到非本人主要责任的交通事故或者城市轨道交通、客运轮渡、火车事故伤害的；

（七）法律、行政法规规定应当认定为工伤的其他情形。

第十五条　职工有下列情形之一的，视同工伤：

（一）在工作时间和工作岗位，突发疾病死亡或者在48小时之内经抢救无效死亡的；

（二）在抢险救灾等维护国家利益、公共利益活动中受到伤害的；

（三）职工原在军队服役，因战、因公负伤致残，已取得革命伤残军人证，到用人单位后旧伤复发的。

职工有前款第（一）项、第（二）项情形的，按照本条例的有关规定享受工伤保险待遇；职工有前款第（三）项情形的，按照本条例的有关规定享受除一次性伤残补助金以外的工伤保险待遇。

第十六条　职工符合本条例第十四条、第十五条的规定，但是有下列情形之一的，不得认定为工伤或者视同工伤：

（一）故意犯罪的；

（二）醉酒或者吸毒的；

（三）自残或者自杀的。

1.2.3 《民用爆炸物品安全管理条例》

《民用爆炸物品安全管理条例》是为了加强对民用爆炸物品的安全管理，预防爆炸事故发生，保障公民生命、财产安全和公共安全制定的条例法规，自2006年9月1日起施行。2014年7月29日国务院第54次常务会议通过《关于修改部分行政法规的决定》，对本条例进行修正并公布，自公布之日起施行。

（1）《民用爆炸物品安全管理条例》适用范围

本条例的适用范围：民用爆炸物品的生产、销售、购买、进出口、运输、爆破作业和储存以及硝酸铵的销售、购买，适用本条例。

（2）《民用爆炸物品运输许可证》管理

1）《民用爆炸物品运输许可证》的办理

运输民用爆炸物品，收货单位应当向运达地县级人民政府公安机关提出申请，并提交包括下列内容的材料：

① 民用爆炸物品生产企业、销售企业、使用单位以及进出口单位分别提供的《民用爆炸物品生产许可证》《民用爆炸物品销售许可证》《民用爆炸物品购买许可证》或者进出口批准证明；

② 运输民用爆炸物品的品种、数量、包装材料和包装方式；

③ 运输民用爆炸物品的特性、出现险情的应急处置方法；

④ 运输时间、起始地点、运输路线、经停地点。

受理申请的公安机关应当自受理申请之日起3日内对提交的有关材料进行审查，对符合条件的，核发《民用爆炸物品运输许可证》；对不符合条件的，不予核发《民用爆炸物品运输许可证》，书面向申请人说明理由。

2）运输民用爆炸物品的要求

运输民用爆炸物品的，应当凭《民用爆炸物品运输许可证》，按照许可的品种、数量运输。经由道路运输民用爆炸物品的，应当遵守下列规定：

① 携带《民用爆炸物品运输许可证》；

② 民用爆炸物品的装载符合国家有关标准和规范，车厢内不得载人；

③ 运输车辆安全技术状况应当符合国家有关安全技术标准的要求，并按照规定悬挂或者安装符合国家标准的易燃易爆危险物品警示标志；

④ 运输民用爆炸物品的车辆应当保持安全车速；

⑤ 按照安全操作规程装卸民用爆炸物品，并在装卸现场设置警戒，禁止无关人员进入。

1.2.4 《建设工程安全生产管理条例》

《建设工程安全生产管理条例》（国务院令第393号）是根据《中华人民共和国建筑法》《中华人民共和国安全生产法》而制定的国家法规，目的是加强建设工程安全生产监督管理，保障人民群众生命和财产安全。由国务院于2003年11月24日发布，自2004年2月1日起施行。

（1）本条例的适用范围

在中华人民共和国境内从事建设工程的新建、扩建、改建和拆除等有关活动及实施对建设工程安全生产的监督管理，必须遵守本条例。

（2）施工单位的安全责任

施工单位从事建设工程的新建、扩建、改建和拆除等活动，应当具备国家规定的注册资本、专业技术人员、技术装备和安全生产等条件，依法取得相应等级的资质证书，并在其资质等级许可的范围内承揽工程。

施工单位主要负责人依法对本单位的安全生产工作全面负责。施工单位应当建立健全安全生产责任制度和安全生产教育培训制度，制定安全生产规章制度和操作规程，保证本单位安全生产条件所需资金的投入，对所承担的建设工程进行定期和专项安全检查，并做好安全检查记录。

施工单位的项目负责人应当由取得相应执业资格的人员担任，对建设工程项目的安全施工负责，落实安全生产责任制度、安全生产规章制度和操作规程，确保安全生产费用的有效使用，并根据工程的特点组织制定安全施工措施，消除安全事故隐患，及时、如实报告生产安全事故。

施工单位对列入建设工程概算的安全作业环境及安全施工措施所需费用，应当用于施工安全防护用具及设施的采购和更新、安全施工措施的落实、安全生产条件的改善，不得挪作他用。

施工单位应当设立安全生产管理机构，配备专职安全生产管理人员。

专职安全生产管理人员负责对安全生产进行现场监督检查。发现安全事故隐患，应当及时向项目负责人和安全生产管理机构报告；对违章指挥、违章操作的，应当立即制止。

专职安全生产管理人员的配备办法由国务院建设行政主管部门会同国务院其他有关部门制定。

建设工程实行施工总承包的，由总承包单位对施工现场的安全生产负总责。

总承包单位应当自行完成建设工程主体结构的施工。

总承包单位依法将建设工程分包给其他单位的，分包合同中应当明确各自的安全生产方面的权利、义务。总承包单位和分包单位对分包工程的安全生产承担连带责任。

分包单位应当服从总承包单位的安全生产管理，分包单位不服从管理导致生产安全事故的，由分包单位承担主要责任。

施工单位应当在施工组织设计中编制安全技术措施和施工现场临时用电方案，对下列达到一定规模的危险性较大的分部分项工程编制专项施工方案，并附具安全验算结果，经施工单位技术负责人、总监理工程师签字后实施，由专职安全生产管理人员进行现场监督：

（一）基坑支护与降水工程；

（二）土方开挖工程；

（三）模板工程；

（四）起重吊装工程；

（五）脚手架工程；

（六）拆除、爆破工程；

（七）国务院建设行政主管部门或者其他有关部门规定的其他危险性较大的工程。

对前款所列工程中涉及深基坑、地下暗挖工程、高大模板工程的专项施工方案，施工单位还应当组织专家进行论证、审查。

（3）安全生产事故的应急救援和调查处理

1）建立应急救援预案

施工单位应当制定本单位生产安全事故应急救援预案，建立应急救援组织或者配备应急救援人员，配备必要的应急救援器材、设备，并定期组织演练。

施工单位应当根据建设工程施工的特点、范围，对施工现场易发生重大事故的部位、环节进行监控，制定施工现场生产安全事故应急救援预案。实行施工总承包的，由总承包单位统一组织编制建设工程生产安全事故应急救援预案,工程总承包单位和分包单位按照应急救援预案,各自建立应急救援组织或者配备应急救援人员,配备救援器材、设备,并定期组织演练。

2)事故上报和调查

① 事故上报制度

施工单位发生生产安全事故,应当按照国家有关伤亡事故报告和调查处理的规定,及时、如实地向负责安全生产监督管理的部门、建设行政主管部门或者其他有关部门报告;特种设备发生事故的,还应当同时向特种设备安全监督管理部门报告。接到报告的部门应当按照国家有关规定,如实上报。

实行施工总承包的建设工程,由总承包单位负责上报事故。

② 事故记录和调查

发生生产安全事故后,施工单位应当采取措施防止事故扩大,保护事故现场。需要移动现场物品时,应当做出标记和书面记录,妥善保管有关证物。

建设工程生产安全事故的调查和对事故责任单位和责任人的处罚与处理,按照有关法律、法规的规定执行。

1.2.5 《生产安全事故报告和调查处理条例》

《生产安全事故报告和调查处理条例》由国务院第172次常务会议于2007年3月28日通过,自2007年6月1日起施行。

(1)本条例的目的和适用范围

1)本条例的目的

为了规范生产安全事故的报告和调查处理,落实生产安全事故责任追究制度,防止和减少生产安全事故,根据《中华人民共和国安全生产法》和有关法律,制定本条例。

2)本条例的适用范围

生产经营活动中发生的造成人身伤亡或者直接经济损失的生产安全事故的报告和调查处理,适用本条例;环境污染事故、核设施事故、国防科研生产事故的报告和调查处理不适用本条例。

(2)安全生产事故的分级

根据生产安全事故(以下简称:"事故")造成的人员伤亡或者直接经济损失,事故一般分为以下等级:

1)特别重大事故,是指造成30人以上死亡,或者100人以上重伤(包括急性工业中毒,下同),或者1亿元以上直接经济损失的事故;

2)重大事故,是指造成10人以上30人以下死亡,或者50人以上100人以下重伤,或者5000万元以上1亿元以下直接经济损失的事故;

3)较大事故,是指造成3人以上10人以下死亡,或者10人以上50人以下重伤,或者1000万元以上5000万元以下直接经济损失的事故;

4)一般事故,是指造成3人以下死亡,或者10人以下重伤,或者1000万元以下直接经济损失的事故。

本条所指"以上"包括本数,"以下"不包括本数。

（3）事故处理

1）应急救援

事故发生单位负责人接到事故报告后，应当立即启动事故相应应急预案，或者采取有效措施，组织抢救，防止事故扩大，减少人员伤亡和财产损失。

事故发生地有关地方人民政府、安全生产监督管理部门和负有安全生产监督管理职责的有关部门接到事故报告后，其负责人应当立即赶赴事故现场，组织事故救援。

2）事故现场保护

事故发生后，有关单位和人员应当妥善保护事故现场以及相关证据，任何单位和个人不得破坏事故现场、毁灭相关证据。

因抢救人员、防止事故扩大以及疏通交通等原因，需要移动事故现场物件的，应当做出标志，绘制现场简图并做出书面记录，妥善保存现场重要痕迹、物证。

3）事故上报时限要求

事故发生后，事故现场有关人员应当立即向本单位负责人报告；单位负责人接到报告后，应当于1小时内向事故发生地县级以上人民政府安全生产监督管理部门和负有安全生产监督管理职责的有关部门报告。

情况紧急时，事故现场有关人员可以直接向事故发生地县级以上人民政府安全生产监督管理部门和负有安全生产监督管理职责的有关部门报告。

安全生产监督管理部门和负有安全生产监督管理职责的有关部门逐级上报事故情况，每级上报的时间不得超过2小时。

1.2.6 《危险化学品安全管理条例》

《危险化学品安全管理条例》于2002年1月26日经中华人民共和国国务院令第344号公布，2011年2月16日国务院第144次常务会议第一次修订通过，根据2013年12月7日国务院令第645号发布的《国务院关于修改部分行政法规的决定》对本条例进行第二次修订。

（1）目的和适用范围

1）目的

为了加强危险化学品的安全管理，预防和减少危险化学品事故，保障人民群众生命财产安全，保护环境，制定本条例。

2）适用范围

危险化学品生产、储存、使用、经营和运输的安全管理，适用本条例。废弃危险化学品的处置，依照有关环境保护的法律、行政法规和国家有关规定执行。

本条例所称危险化学品，是指具有毒害、腐蚀、爆炸、燃烧、助燃等性质，对人体、设施、环境具有危害的剧毒化学品和其他化学品。

（2）生产、储存安全

1）生产、储存危险化学品的单位，应当对其铺设的危险化学品管道设置明显标志，并对危险化学品管道定期检查、检测。进行可能危及危险化学品管道安全的施工作业，施工单位应当在开工的7日前书面通知管道所属单位，并与管道所属单位共同制定应急预案，采取相应的安全防护措施。管道所属单位应当指派专门人员到现场进行管道安全保护指导。

2）建设单位应当对建设项目进行安全条件论证，委托具备国家规定的资质条件的机构对建设项目进行安全评价，并将安全条件论证和安全评价的情况报告报建设项目所在地设区的市级以上人民政府安全生产监督管理部门；安全生产监督管理部门应当自收到报告之日起45日内作出审查决定，并书面通知建设单位。

新建、改建、扩建储存、装卸危险化学品的港口建设项目，由港口行政管理部门按照国务院交通运输主管部门的规定进行安全条件审查。

3）对重复使用的危险化学品包装物、容器，使用单位在重复使用前应当进行检查；发现存在安全隐患的，应当维修或者更换。使用单位应当对检查情况作出记录，记录的保存期限不得少于2年。

4）危险化学品生产装置或者储存数量构成重大危险源的危险化学品储存设施（运输工具加油站、加气站除外），与周围场所、设施、区域的距离应当符合国家有关规定：

① 居住区以及商业中心、公园等人员密集场所；
② 学校、医院、影剧院、体育场（馆）等公共设施；
③ 饮用水源、水厂以及水源保护区；
④ 车站、码头（经依法许可从事危险化学品装卸作业的除外）、机场以及通信干线、通信枢纽、铁路线路、道路交通干线、水路交通干线、地铁风亭以及地铁站出入口；
⑤ 基本农田保护区、基本草原、畜禽遗传资源保护区、畜禽规模化养殖场（养殖小区）、渔业水域以及种子、种畜禽、水产苗种生产基地；
⑥ 河流、湖泊、风景名胜区、自然保护区；
⑦ 军事禁区、军事管理区；
⑧ 法律、行政法规规定的其他场所、设施、区域。

5）危险化学品应当储存在专用仓库、专用场地或者专用储存室内，并由专人负责管理。危险化学品的储存方式、方法以及储存数量应当符合国家标准或者国家有关规定。储存危险化学品的单位应当建立危险化学品出入库核查、登记制度。危险化学品专用仓库应当符合国家标准、行业标准的要求，并设置明显的标志。

储存危险化学品的单位应当建立危险化学品出入库核查、登记制度。

（3）使用安全

1）使用危险化学品的单位，其使用条件（包括工艺）应当符合法律、行政法规的规定和国家标准、行业标准的要求，并根据所使用的危险化学品的种类、危险特性以及使用量和使用方式，建立、健全使用危险化学品的安全管理规章制度和安全操作规程，保证危险化学品的安全使用。

2）国家对危险化学品经营（包括仓储经营，下同）实行许可制度。未经许可，任何单位和个人不得经营危险化学品。

（4）事故报告及应急救援

1）发生危险化学品事故，事故单位主要负责人应当立即按照本单位危险化学品应急预案组织救援，并向当地安全生产监督管理部门和环境保护、公安、卫生主管部门报告；道路运输、水路运输过程中发生危险化学品事故的，驾驶人员、船员或者押运人员还应当向事故发生地交通运输主管部门报告。

2）发生危险化学品事故，有关地方人民政府应当立即组织安全生产监督管理、环境保护、公安、卫生、交通运输等有关部门，按照本地区危险化学品事故应急预案组织实施救援，不得拖延、推诿。

有关地方人民政府及其有关部门应当按照下列规定，采取必要的应急处置措施，减少事故损失，防止事故蔓延、扩大：

① 立即组织营救和救治受害人员，疏散、撤离或者采取其他措施保护危害区域内的其他人员；

② 迅速控制危害源，测定危险化学品的性质、事故的危害区域及危害程度；

③ 针对事故对人体、动植物、土壤、水源、大气造成的现实危害和可能产生的危害，迅速采取封闭、隔离、洗消等措施；

④ 对危险化学品事故造成的环境污染和生态破坏状况进行监测、评估，并采取相应的环境污染治理和生态修复措施。

（5）法律责任

1）违反《危险化学品安全管理条例》第七十八条规定："有下列情形之一的，由安全生产监督管理部门责令改正，可以处5万元以下的罚款；拒不改正的，处5万元以上10万元以下的罚款；情节严重的，责令停产停业整顿：

① 进行可能危及危险化学品管道安全的施工作业，施工单位未按照规定书面通知管道所属单位，或者未与管道所属单位共同制定应急预案、采取相应的安全防护措施，或者管道所属单位未指派专门人员到现场进行管道安全保护指导的；

② 生产、储存危险化学品的单位未在作业场所和安全设施、设备上设置明显的安全警示标志，或者未在作业场所设置通信、报警装置的；

③ 危险化学品专用仓库未设专人负责管理，或者对储存的剧毒化学品以及储存数量构成重大危险源的其他危险化学品未实行双人收发、双人保管制度的；

④ 储存危险化学品的单位未建立危险化学品出入库核查、登记制度的；

⑤ 危险化学品专用仓库未设置明显标志的。"

2）违反《危险化学品安全管理条例》第八十条规定："生产、储存、使用危险化学品的单位有下列情形之一的，由安全生产监督管理部门责令改正，处5万元以上10万元以下的罚款；拒不改正的，责令停产停业整顿直至由原发证机关吊销其相关许可证件，并由工商行政管理部门责令其办理经营范围变更登记或者吊销其营业执照；有关责任人员构成犯罪的，依法追究刑事责任：

① 对重复使用的危险化学品包装物、容器，在重复使用前不进行检查的；

② 未根据其生产、储存的危险化学品的种类和危险特性，在作业场所设置相关安全设施、设备，或者未按照国家标准、行业标准或者国家有关规定对安全设施、设备进行经常性维护、保养的；

③ 未将危险化学品储存在专用仓库内，或者未将剧毒化学品以及储存数量构成重大危险源的其他危险化学品在专用仓库内单独存放的；

④ 危险化学品的储存方式、方法或者储存数量不符合国家标准或者国家有关规定的；

⑤ 危险化学品专用仓库不符合国家标准、行业标准的要求的；

⑥ 未对危险化学品专用仓库的安全设施、设备定期进行检测、检验的。"

1.2.7 《生产安全事故应急条例》

《生产安全事故应急条例》于2018年12月5日国务院第33次常务会议通过,自2019年4月1日起施行。

(1) 目的和适用范围

1) 目的

为了规范生产安全事故应急工作,保障人民群众生命和财产安全,根据《中华人民共和国安全生产法》和《中华人民共和国突发事件应对法》,制定本条例。

2) 适用范围

本条例适用于生产安全事故应急工作;法律、行政法规另有规定的,适用其规定。

(2) 生产经营单位的应急职责

生产经营单位应当加强生产安全事故应急工作,建立、健全生产安全事故应急工作责任制,其主要负责人对本单位的生产安全事故应急工作全面负责。

(3) 应急准备

1) 生产经营单位应当针对本单位可能发生的生产安全事故的特点和危害,进行风险辨识和评估,制定相应的生产安全事故应急救援预案,并向本单位从业人员公布。

2) 生产安全事故应急救援预案应当符合有关法律、法规、规章和标准的规定,具有科学性、针对性和可操作性,明确规定应急组织体系、职责分工以及应急救援程序和措施。有下列情形之一的,生产安全事故应急救援预案制定单位应当及时修订相关预案:

① 制定预案所依据的法律、法规、规章、标准发生重大变化;
② 应急指挥机构及其职责发生调整;
③ 安全生产面临的风险发生重大变化;
④ 重要应急资源发生重大变化;
⑤ 在预案演练或者应急救援中发现需要修订预案的重大问题;
⑥ 其他应当修订的情形。

3) 建筑施工单位等生产经营单位应当至少每半年组织1次生产安全事故应急救援预案演练,并将演练情况报送所在地县级以上地方人民政府负有安全生产监督管理职责的部门。

建筑施工单位等生产经营单位应当建立应急救援队伍,小型企业或者微型企业等规模较小的建筑施工单位,可以不建立应急救援队伍,但应当指定兼职的应急救援人员,并且可以与邻近的应急救援队伍签订应急救援协议。

建筑施工单位等生产经营单位应当根据本单位可能发生的生产安全事故的特点和危害,配备必要的应急救援器材、设备和物资,并进行经常性维护、保养,保证正常运转。

生产经营单位应当对从业人员进行应急教育和培训,保证从业人员具备必要的应急知识,掌握风险防范技能和事故应急措施。

(4) 应急救援

发生生产安全事故后,生产经营单位应当立即启动生产安全事故应急救援预案,采取下列一项或者多项应急救援措施,并按照国家有关规定报告事故情况:

① 迅速控制危险源，组织抢救遇险人员；
② 根据事故危害程度，组织现场人员撤离或者采取可能的应急措施后撤离；
③ 及时通知可能受到事故影响的单位和人员；
④ 采取必要措施，防止事故危害扩大和次生、衍生灾害发生；
⑤ 根据需要请求邻近的应急救援队伍参加救援，并向参加救援的应急救援队伍提供相关技术资料、信息和处置方法；
⑥ 维护事故现场秩序，保护事故现场和相关证据；
⑦ 法律、法规规定的其他应急救援措施。

1.3 部门规章和规范性文件

1.3.1 《公路水运工程安全生产监督管理办法》

《公路水运工程安全生产监督管理办法》已于2017年6月7日经第9次交通运输部部务会议通过，现予公布，自2017年8月1日起施行。交通部于2007年2月14日以交通部令2007年第1号发布、交通运输部于2016年3月7日以交通运输部令2016年第9号修改的《公路水运工程安全生产监督管理办法》同时废止。

（1）本办法的目的和适用范围

1）为了加强公路水运工程安全生产监督管理，防止和减少生产安全事故，保障人民群众生命和财产安全，根据《中华人民共和国安全生产法》《建设工程安全生产管理条例》《生产安全事故报告和调查处理条例》等法律、行政法规，制定本办法。

2）公路水运工程建设活动的安全生产行为及对其实施监督管理，应当遵守本办法。

3）本办法所称公路水运工程，是指经依法审批、核准或者备案的公路、水运基础设施的新建、改建、扩建等建设项目。

本办法所称从业单位，是指从事公路、水运工程建设、勘察、设计、施工、监理、试验检测、安全服务等工作的单位。

4）公路水运工程安全生产工作应当以人民为中心，坚持安全第一、预防为主、综合治理的方针，强化和落实从业单位的主体责任，建立从业单位负责、职工参与、政府监管、行业自律和社会监督的机制。

（2）公路水运工程安全生产条件

1）施工单位从事公路水运工程建设活动，应当取得安全生产许可证及相应等级的资质证书。施工单位的主要负责人和安全生产管理人员应当经交通运输主管部门对其安全生产知识和管理能力考核合格。

施工单位应当设置安全生产管理机构或者配备专职安全生产管理人员。施工单位应当根据工程施工作业特点、安全风险以及施工组织难度，按照年度施工产值配备专职安全生产管理人员，不足5000万元的至少配备1名；5000万元以上不足2亿元的按每5000万元不少于1名的比例配备；2亿元以上的不少于5名，且按专业配备。

2）从业单位应当依法对从业人员进行安全生产教育和培训。未经安全生产教育和培训合格的从业人员，不得上岗作业。

3）公路水运工程从业人员中的特种作业人员应当按照国家有关规定取得相应资格，方可上岗作业。

4）施工中使用的施工机械、设施、机具以及安全防护用品、用具和配件等应当具有生产（制造）许可证、产品合格证或者法定检验检测合格证明，并设立专人查验、定期检查和更新，建立相应的资料档案。无查验合格记录的不得投入使用。

5）特种设备使用单位应当依法取得特种设备使用登记证书，建立特种设备安全技术档案，并将登记标志置于该特种设备的显著位置。

6）翻模、滑（爬）模等自升式架设设施，以及自行设计、组装或者改装的施工挂（吊）篮、移动模架等设施在投入使用前，施工单位应当组织有关单位进行验收，或者委托具有相应资质的检验检测机构进行验收。验收合格后方可使用。

7）对严重危及公路水运工程生产安全的工艺、设备和材料，应当依法予以淘汰。交通运输主管部门可以会同安全生产监督管理部门联合制定严重危及公路水运工程施工安全的工艺、设备和材料的淘汰目录并对外公布。

从业单位不得使用已淘汰的危及生产安全的工艺、设备和材料。

8）从业单位应当保证本单位所应具备的安全生产条件必需的资金投入。

建设单位在编制工程招标文件及项目概预算时，应当确定保障安全作业环境及安全施工措施所需的安全生产费用，并不得低于国家规定的标准。

施工单位在工程投标报价中应当包含安全生产费用并单独计提，不得作为竞争性报价。

安全生产费用应当经监理工程师审核签认，并经建设单位同意后，在项目建设成本中据实列支，严禁挪用。

9）公路水运工程施工现场的办公、生活区与作业区应当分开设置，并保持安全距离。办公、生活区的选址应当符合安全性要求，严禁在已发现的泥石流影响区、滑坡体等危险区域设置施工驻地。

施工作业区应当根据施工安全风险辨识结果，确定不同风险等级的管理要求，合理布设。在风险等级较高的区域应当设置警戒区和风险告知牌。

施工作业点应当设置明显的安全警示标志，按规定设置安全防护设施。施工便道便桥、临时码头应当满足通行和安全作业要求，施工便桥和临时码头还应当提供临边防护和水上救生等设施。

10）施工单位与从业人员订立的劳动合同，应当载明有关保障从业人员劳动安全、防止职业危害等事项。施工单位还应当向从业人员书面告知危险岗位的操作规程。

施工单位应当向作业人员提供符合标准的安全防护用品，监督、教育从业人员按照使用规则佩戴、使用。

11）公路水运工程建设应当实施安全生产风险管理，按规定开展设计、施工安全风险评估。

设计单位应当依据风险评估结论，对设计方案进行修改完善。

施工单位应当依据风险评估结论，对风险等级较高的分部分项工程编制专项施工方案，并附安全验算结果，经施工单位技术负责人签字后报监理工程师批准执行。

必要时，施工单位应当组织专家对专项施工方案进行论证、审核。

12）建设、施工等单位应当针对工程项目特点和风险评估情况分别制定项目综合应急预案、合同段施工专项应急预案和现场处置方案，告知相关人员紧急避险措施，并定期组织演练。

施工单位应当依法建立应急救援组织或者指定工程现场兼职的、具有一定专业能力的应急救援人员，配备必要的应急救援器材、设备和物资，并进行经常性维护、保养。

13）从业单位应当依法参加工伤保险，为从业人员缴纳保险费。

鼓励从业单位投保安全生产责任保险和意外伤害保险。

（3）施工企业安全生产责任

1）从业单位应当建立健全安全生产责任制，明确各岗位的责任人员、责任范围和考核标准等内容。从业单位应当建立相应的机制，加强对安全生产责任制落实情况的监督考核。

2）施工单位应当按照法律、法规、规章、工程建设强制性标准和合同文件组织施工，保障项目施工安全生产条件，对施工现场的安全生产负主体责任。施工单位主要负责人依法对项目安全生产工作全面负责。

建设工程实行施工总承包的，由总承包单位对施工现场的安全生产负总责。分包单位应当服从总承包单位的安全生产管理，分包单位不服从管理导致生产安全事故的，由分包单位承担主要责任。

3）施工单位应当书面明确本单位的项目负责人，代表本单位组织实施项目施工生产。项目负责人对项目安全生产工作负有下列职责：

① 建立项目安全生产责任制，实施相应的考核与奖惩；

② 按规定配足项目专职安全生产管理人员；

③ 结合项目特点，组织制定项目安全生产规章制度和操作规程；

④ 组织制定项目安全生产教育和培训计划；

⑤ 督促项目安全生产费用的规范使用；

⑥ 依据风险评估结论，完善施工组织设计和专项施工方案；

⑦ 建立安全预防控制体系和隐患排查治理体系，督促、检查项目安全生产工作，确认重大事故隐患整改情况；

⑧ 组织制定本合同段施工专项应急预案和现场处置方案，并定期组织演练；

⑨ 及时、如实报告生产安全事故并组织自救。

4）施工单位的专职安全生产管理人员履行下列职责：

① 组织或者参与拟订本单位安全生产规章制度、操作规程，以及合同段施工专项应急预案和现场处置方案；

② 组织或者参与本单位安全生产教育和培训，如实记录安全生产教育和培训情况；

③ 督促落实本单位施工安全风险管控措施；

④ 组织或者参与本合同段施工应急救援演练；

⑤ 检查施工现场安全生产状况，做好检查记录，提出改进安全生产标准化建设的建议；

⑥ 及时排查、报告安全事故隐患，并督促落实事故隐患治理措施；

⑦ 制止和纠正违章指挥、违章操作和违反劳动纪律的行为。

5）施工单位应当推进本企业承接项目的施工场地布置、现场安全防护、施工工艺操作、施工安全管理活动记录等方面的安全生产标准化建设，并加强对安全生产标准化实施情况的自查自纠。

6）施工单位应当根据施工规模和现场消防重点建立施工现场消防安全责任制度，确定消防安全责任人，制定消防管理制度和操作规程，设置消防通道，配备相应的消防设施、物资和器材。

施工单位对施工现场临时用火、用电的重点部位及爆破作业各环节应当加强消防安全检查。

7）施工单位应当将专业分包单位、劳务合作单位的作业人员及实习人员纳入本单位统一管理。

新进人员和作业人员进入新的施工现场或者转入新的岗位前，施工单位应当对其进行安全生产培训考核。

施工单位采用新技术、新工艺、新设备、新材料的，应当对作业人员进行相应的安全生产教育培训，生产作业前还应当开展岗位风险提示。

8）施工单位应当建立健全安全生产技术分级交底制度，明确安全技术分级交底的原则、内容、方法及确认手续。

分项工程实施前，施工单位负责项目管理的技术人员应当按规定对有关安全施工的技术要求向施工作业班组、作业人员详细说明，并由双方签字确认。

9）施工单位应当按规定开展安全事故隐患排查治理，建立职工参与的工作机制，对隐患排查、登记、治理等全过程闭合管理情况予以记录。事故隐患排查治理情况应当向从业人员通报，重大事故隐患还应当按规定上报和专项治理。

10）事故发生单位应当依法如实向项目建设单位和负有安全生产监督管理职责的有关部门报告。不得隐瞒不报、谎报或者迟报。

发生生产安全事故，施工单位负责人接到事故报告后，应当迅速组织抢救，减少人员伤亡，防止事故扩大。组织抢救时，应当妥善保护现场，不得故意破坏事故现场、毁灭有关证据。事故调查处置期间，事故发生单位的负责人、项目主要负责人和有关人员应当配合事故调查，不得擅离职守。

11）作业人员应当遵守安全施工的规章制度和操作规程，正确使用安全防护用具、机械设备。发现安全事故隐患或者其他不安全因素，应当向现场专（兼）职安全生产管理人员或者本单位项目负责人报告。

作业人员有权了解其作业场所和工作岗位存在的风险因素、防范措施及事故应急措施，有权对施工现场存在的安全问题提出检举和控告，有权拒绝违章指挥和强令冒险作业。

在施工中发生可能危及人身安全的紧急情况时，作业人员有权立即停止作业或者在采取可能的应急措施后撤离危险区域。

（4）监督管理

交通运输主管部门对有下列情形之一的从业单位及其直接负责的主管人员和其他直接责任人员给予违法违规行为失信记录并对外公开，公开期限一般自公布之日起12个月：

① 因违法违规行为导致工程建设项目发生一般及以上等级的生产安全责任事故并承担主要责任的；

② 交通运输主管部门在监督检查中，发现因从业单位违法违规行为导致工程建设项目存在安全事故隐患的；

③ 存在重大事故隐患，经交通运输主管部门指出或者责令限期消除，但从业单位拒不采取措施或者未按要求消除隐患的；

④ 对举报或者新闻媒体报道的违法违规行为，经交通运输主管部门查实的；

⑤ 交通运输主管部门依法认定的其他违反安全生产相关法律法规的行为。

对违法违规行为情节严重的从业单位及主要责任人员，应当列入安全生产失信黑名单，将具体情节抄送相关行业主管部门。

（5）法律责任

1）从业单位及相关责任人违反本办法规定，有下列行为之一的，责令限期改正；逾期未改正的，对从业单位处1万元以上3万元以下的罚款；构成犯罪的，依法移送司法部门追究刑事责任：

① 从业单位未全面履行安全生产责任，导致重大事故隐患的；

② 未按规定开展设计、施工安全风险评估，或者风险评估结论与实际情况严重不符，导致重大事故隐患未被及时发现的；

③ 未按批准的专项施工方案进行施工，导致重大事故隐患的；

④ 在已发现的泥石流影响区、滑坡体等危险区域设置施工驻地，导致重大事故隐患的。

2）施工单位有下列行为之一的，责令限期改正，可以处5万元以下的罚款；逾期未改正的，责令停产停业整顿，并处5万元以上10万元以下的罚款，对其直接负责的主管人员和其他直接责任人员处1万元以上2万元以下的罚款：

① 未按照规定设置安全生产管理机构或者配备安全生产管理人员的；

② 主要负责人和安全生产管理人员未按照规定经考核合格的。

1.3.2 《中华人民共和国海事行政许可条件规定》

《交通运输部关于修改〈中华人民共和国海事行政许可条件规定〉的决定》（第二次修改）已于2017年5月17日经第8次交通运输部部务会议通过，2017年5月23日公布。

（1）本规定的目的和适用范围

为依法实施海事行政许可，维护海事行政许可各方当事人的合法权益，根据《中华人民共和国行政许可法》和有关海事管理的法律、行政法规以及中华人民共和国缔结或者加入的有关国际海事公约，制定本规定。

申请及受理、审查、决定海事行政许可所依照的海事行政许可条件，应当遵守本规定。

（2）海事行政许可条件

通航水域岸线安全使用许可的条件：

1）涉及使用岸线的工程、作业、活动已完成可行性研究；

2）已经岸线安全使用的技术评估，符合水上交通安全的技术规范和要求；

3）对影响水上交通安全的因素，已制定足以消除影响的措施。

通航水域上下水活动许可的条件：

1）水上水下活动已依法办理了其他相关手续；
2）水上水下活动的单位、人员、船舶、设施符合安全航行、停泊和作业的要求；
3）已制定水上水下活动的方案，包括起止时间、地点和范围、进度安排等；
4）对安全和防污染有重大影响的，已通过通航安全评估；
5）已建立安全、防污染的责任制，并已制定符合水上交通安全和防污染要求的保障措施和应急预案。

1.3.3 《水上交通事故统计办法》

《水上交通事故统计办法》由交通运输部于2014年9月30日发布，自2015年1月1日起施行。

（1）本办法的目的和适用条件

为保障水上交通事故统计资料准确、及时，提高水上交通安全管理水平，制定本办法。中华人民共和国管辖水域内发生的水上交通事故及中国籍船舶在中华人民共和国管辖水域以外发生的水上交通事故的统计和上报，适用本办法。

（2）水上交通事故的分类、分级

1）水上交通事故的分类

水上交通事故分为以下几类：①碰撞事故；②搁浅事故；③触礁事故；④触碰事故；⑤浪损事故；⑥火灾、爆炸事故；⑦风灾事故；⑧自沉事故；⑨操作性污染事故；⑩其他引起人员伤亡、直接经济损失或者水域环境污染的水上交通事故。

2）水上交通事故的分级

① 特别重大事故，指造成30人以上死亡（含失踪）的，或者100人以上重伤的，或者船舶溢油1000吨以上致水域污染的，或者1亿元以上直接经济损失的事故；

② 重大事故，指造成10人以上30人以下死亡（含失踪）的，或者50人以上100人以下重伤的，或者船舶溢油500吨以上1000吨以下致水域污染的，或者5000万元以上1亿元以下直接经济损失的事故；

③ 较大事故，指造成3人以上10人以下死亡（含失踪）的，或者10人以上50人以下重伤的，或者船舶溢油100吨以上500吨以下致水域污染的，或者1000万元以上5000万元以下直接经济损失的事故；

④ 一般事故，指造成1人以上3人以下死亡（含失踪）的，或者1人以上10人以下重伤的，或者船舶溢油1吨以上100吨以下致水域污染的，或者100万元以上1000万元以下直接经济损失的事故；

⑤ 小事故，指未达到一般事故等级的事故。

（3）水上交通事故的统计

1）水上交通事故的计算方法

统计水上交通事故，应当符合以下基本计算方法：

① 重伤人数参照国家有关人体伤害鉴定标准确定；

② 死亡（含失踪）人数按事故发生后7日内的死亡（含失踪）人数进行统计；

③ 船舶溢油数量按实际流入水体的数量进行统计；
④ 除原油、成品油以外的其他污染危害性物质泄漏按直接经济损失划分事故等级；
⑤ 船舶沉没或者全损按发生沉没或者全损的船舶价值进行统计；
⑥ 直接经济损失按水上交通事故对船舶和其他财产造成的直接损失进行统计，包括船舶救助费、打捞费、清污费、污染造成的财产损失、货损、修理费、检（查勘）验费等；船舶全损时，直接经济损失还应包括船舶价值；
⑦ 一件事故造成的人员死亡、失踪、重伤、水域环境污染和直接经济损失，如同时符合两个以上等级划分标准的，按最高事故等级进行统计。

2）船舶撞击事故统计

两艘以上船舶之间发生撞击造成损害的，按碰撞事故统计，计算方法如下：

① 事故件数统计为一件；每艘当事船舶的事故件数按照占本次事故当事船舶总数的比例进行统计；
② 伤亡人数、沉船艘数、船舶溢油数量、直接经济损失按发生伤亡、沉船、溢油及受损失的船舶方进行统计；
③ 事故等级按照所有当事船舶的人员伤亡、船舶溢油数量或者直接经济损失确定。

1.3.4 《安全生产违法行为行政处罚办法》

新修订的《安全生产违法行为行政处罚办法》于2015年4月2日以国家安全生产监督管理总局77号令公布，自2015年5月1日起施行。

（1）概述

为了制裁安全生产违法行为，规范安全生产行政处罚工作，依照行政处罚法、安全生产法及其他有关法律、行政法规的规定，制定本办法。

（2）安全生产违法行为行政处罚适用范围

县级以上人民政府安全生产监督管理部门对生产经营单位及其有关人员在生产经营活动中违反有关安全生产的法律、行政法规、部门规章、国家标准、行业标准和规程的违法行为（以下统称安全生产违法行为）实施行政处罚，适用本办法。

（3）安全生产违法行为行政处罚的种类

① 警告；
② 罚款；
③ 没收违法所得、没收非法开采的煤炭产品、采掘设备；
④ 责令停产停业整顿、责令停产停业、责令停止建设、责令停止施工；
⑤ 暂扣或者吊销有关许可证，暂停或者撤销有关执业资格、岗位证书；
⑥ 关闭；
⑦ 拘留；
⑧ 安全生产法律、行政法规规定的其他行政处罚。

1.3.5 《安全生产领域违法违纪行为政纪处分暂行规定》

《安全生产领域违法违纪行为政纪处分暂行规定》由监察部和国家安全生产监督管理总局于2006年11月22日公布，自公布之日起施行。

（1）立法的宗旨

制定这部规章的目的是为了加强安全生产工作，惩处安全生产领域违法违纪行为，促进安全生产法律法规的贯彻实施，保障人民群众生命财产和公共财产安全。

（2）适用范围

国家行政机关及其公务员，企业、事业单位中由国家行政机关任命的人员有安全生产领域违法违纪行为，应当给予处分的，适用本规定。

（3）国有企业及其工作人员在安全生产领域违法违纪行为

① 未取得安全生产行政许可及相关证照或者不具备安全生产条件从事生产经营活动的；

② 弄虚作假，骗取安全生产相关证照的；

③ 出借、出租、转让或者冒用安全生产相关证照的；

④ 未按照有关规定保证安全生产所必需的资金投入，导致产生重大安全隐患的；

⑤ 新建、改建、扩建工程项目的安全设施，不与主体工程同时设计、同时施工、同时投入生产和使用，或者未按规定审批、验收，擅自组织施工和生产的；

⑥ 被依法责令停产停业整顿、吊销证照、关闭的生产经营单位，继续从事生产经营活动的；

⑦ 对存在的重大安全隐患，未采取有效措施的；

⑧ 违章指挥，强令工人违章冒险作业的；

⑨ 未按规定进行安全生产教育和培训并经考核合格，允许从业人员上岗，致使违章作业的；

⑩ 制造、销售、使用国家明令淘汰或者不符合国家标准的设施、设备、器材或者产品的；

⑪ 超能力、超强度、超定员组织生产经营，拒不执行有关部门整改指令的；

⑫ 拒绝执法人员进行现场检查或者在被检查时隐瞒事故隐患，不如实反映情况的；

⑬ 有其他不履行或者不正确履行安全生产管理职责的；

⑭ 对发生的生产安全事故瞒报、谎报或者拖延不报的；

⑮ 组织或者参与破坏事故现场、出具伪证或者隐匿、转移、篡改、毁灭有关证据，阻挠事故调查处理的；

⑯ 生产安全事故发生后，不及时组织抢救或者擅离职守的。

1.3.6 《水上水下活动通航安全管理规定》

《交通运输部关于修改〈中华人民共和国水上水下活动通航安全管理规定〉的决定》由第十九次交通运输部部务会议于2016年8月31日通过，自2016年9月2日起施行。

（1）立法目的

为了维护水上交通秩序，保障船舶航行、停泊和作业安全，保护水域环境，依据《中华人民共和国海上交通安全法》《中华人民共和国内河交通安全管理条例》等法律法规。

（2）水上水下活动通航安全管理适用范围

公民、法人或者其他组织在中华人民共和国内河通航水域或者岸线上和国家管辖海域从事可能影响通航安全的水上水下活动，适用本规定。

（3）违法违纪行为的表现与处罚办法

有下列情形之一的，海事管理机构应当责令建设单位、施工单位立即停止施工作业，并采取安全防范措施：

① 因恶劣自然条件严重影响安全的；
② 施工作业水域内发生水上交通事故，危及周围人命、财产安全的；
③ 其他严重影响施工作业安全或通航安全的情形。

有下列情形之一的，海事管理机构应当责令改正，拒不改正的，海事管理机构应当责令其停止作业：

① 建设单位或者业主单位未履行安全管理主体责任的；
② 未落实通航安全评估提出的安全防范措施的；
③ 未经批准擅自更换或者增加施工作业船舶的；
④ 未按规定采取安全和防污染措施进行水上水下活动的；
⑤ 雇佣不符合安全标准的船舶和设施进行水上水下活动的；
⑥ 其他不满足安全生产的情形。

海事管理机构应当建立涉水工程施工单位水上交通安全诚信制度和奖惩机制。在监督检查过程中对发生的下列情形予以通告：

① 施工过程中，发生水上交通事故和船舶污染事故，造成人员伤亡和重大水域污染的；
② 以不正当手段取得许可证并违法施工的；
③ 不服从管理、未按规定落实水上交通安全保障措施或者存在重大通航安全隐患，拒不改正而强行施工的。

违反本规定，隐瞒有关情况或者提供虚假材料，以欺骗或其他不正当手段取得许可证的，由海事管理机构撤销其水上水下施工作业许可，注销其许可证，并处5000元以上3万元以下的罚款。

1.3.7 《企业安全生产费用提取和使用管理办法》

《企业安全生产费用提取和使用管理办法》由财政部、国家安全监管总局于2012年2月14日以财企〔2012〕16号印发，自公布之日起施行。

（1）制定目的

为了建立企业安全生产投入长效机制，加强安全生产费用管理，保障企业安全生产资金投入，维护企业、职工以及社会公共利益，制定本办法。

（2）安全生产费用的定义及管理原则

安全生产费用（以下简称："安全费用"）是指企业按照规定标准提取在成本中列支，专门用于完善和改进企业或者项目安全生产条件的资金。安全费用按照"企业提取、政府监管、确保需要、规范使用"的原则进行管理。

（3）安全费用提取标准

第七条：建设工程施工企业以建筑安装工程造价为计提依据。各建设工程类别安全费用提取标准如下：

1）矿山工程为2.5%；

2）房屋建筑工程、水利水电工程、电力工程、铁路工程、城市轨道交通工程为2.0%；

3）市政公用工程、冶炼工程、机电安装工程、化工石油工程、港口与航道工程、公路工程、通信工程为1.5%。

建设工程施工企业提取的安全费用列入工程造价，在竞标时，不得删减，列入标外管理。国家对基本建设投资概算另有规定的，从其规定。

总包单位应当将安全费用按比例直接支付分包单位并监督使用，分包单位不再重复提取。

第九条：交通运输企业以上年度实际营业收入为计提依据，按照以下标准平均逐月提取：

1）普通货运业务按照1%提取；

2）客运业务、管道运输、危险品等特殊货运业务按照1.5%提取。

（4）安全费用的使用和管理

1）安全生产费用的使用

建设工程施工企业安全费用应当按照以下范围使用：

① 完善、改造和维护安全防护设施设备支出（不含"三同时"要求初期投入的安全设施），包括施工现场临时用电系统、洞口、临边、机械设备、高处作业防护、交叉作业防护、防火、防爆、防尘、防毒、防雷、防台风、防地质灾害、地下工程有害气体监测、通风、临时安全防护等设施设备支出；

② 配备、维护、保养应急救援器材、设备支出和应急演练支出；

③ 开展重大危险源和事故隐患评估、监控和整改支出；

④ 安全生产检查、评价（不包括新建、改建、扩建项目安全评价）、咨询和标准化建设支出；

⑤ 配备和更新现场作业人员安全防护用品支出；

⑥ 安全生产宣传、教育、培训支出；

⑦ 安全生产适用的新技术、新标准、新工艺、新装备的推广应用支出；

⑧ 安全设施及特种设备检测检验支出；

⑨ 其他与安全生产直接相关的支出。

2）安全生产费用的管理

① 企业应当建立健全内部安全费用管理制度，明确安全费用提取和使用的程序、职责及权限，按规定提取和使用安全费用。

② 企业应当加强安全费用管理，编制年度安全费用提取和使用计划，纳入企业财务预算。企业年度安全费用使用计划和上一年安全费用的提取、使用情况按照管理权限报同级财政部门、安全生产监督管理部门、煤矿安全监察机构和行业主管部门备案。

③ 企业安全费用的会计处理，应当符合国家统一的会计制度的规定。

④ 企业提取的安全费用属于企业自提自用资金，其他单位和部门不得采取收取、代管等形式对其进行集中管理和使用，国家法律、法规另有规定的除外。

⑤ 各级财政部门、安全生产监督管理部门、煤矿安全监察机构和有关行业主管部

门依法对企业安全费用提取、使用和管理进行监督检查。

⑥ 企业未按本办法提取和使用安全费用的，安全生产监督管理部门、煤矿安全监察机构和行业主管部门会同财政部门责令其限期改正，并依照相关法律法规进行处理、处罚。

⑦ 建设工程施工总承包单位未向分包单位支付必要的安全费用以及承包单位挪用安全费用的，由建设、交通运输、铁路、水利、安全生产监督管理、煤矿安全监察等主管部门依照相关法规、规章进行处理、处罚。

⑧ 各省级财政部门、安全生产监督管理部门、煤矿安全监察机构可以结合本地区实际情况，制定具体实施办法，并报财政部、国家安全生产监督管理总局备案。

1.3.8 《公路水运施工企业主要负责人和安全生产管理人员考核管理办法》

为规范公路水运工程施工企业主要负责人和安全生产管理人员的安全生产考核管理工作，促进公路水运工程安全生产，交通运输部于2016年4月8日发布了《公路水运工程施工企业主要负责人和安全生产管理人员考核管理办法》，以交安监发〔2016〕65号印发，自2016年4月8日起施行。

（1）安全生产人员定义

1）施工企业主要负责人是指对本企业生产经营活动、安全生产工作具有决策权的负责人，以及具体分管安全生产工作的负责人、企业技术负责人。

2）施工企业安全生产管理人员是指企业授权的工程项目负责人、具体分管项目安全生产工作的负责人、项目技术负责人；企业或工程项目专职从事安全生产工作的管理人员。

（2）考核申请

1）申请考核人经所在施工企业通过管理系统向企业工商注册地的省（自治区、直辖市）人民政府交通运输主管部门提出申请考核材料。申请考核材料信息不全或信息内容不符合要求的，考核部门不予受理并告知企业理由，整改后可再次提交。

2）申请考核材料信息的真实性由申请考核人及其所在施工企业负责。

3）申请考核人的申请考核材料经考核部门审核合格后，对其进行考核。考核合格的，其考核结果须经7天公示，无异议的，在公示期满后20个工作日内由省级交通运输主管部门核发安全生产考核合格证书。对考核不合格的，应当通过企业通知本人并说明理由。

（3）证书的使用及管理

1）安全生产考核合格证书在全国范围内有效，省与省之间不得重复考核，证书有效期为3年。

2）安管人员从事公路水运工程安全生产管理工作时，应持有相应行业一个管理类别的安全生产考核合格证书。

3）安管人员变更证书中有关个人信息，应由其所在施工企业通过管理系统向考核部门申请。考核部门审核通过后，应在受理之日起20个工作日内办理完毕。

4）安管人员工作调动的，原企业应在5个工作日内通过管理系统向相关考核部门办理调出注销申请。由新聘企业通过管理系统向相关考核部门办理调入登记申请。考核部门均应在受理之日起10个工作日内办理完毕。

1.3.9 《公路水运工程生产安全事故应急预案》

《公路水运工程生产安全事故应急预案》于2018年3月28日由交通运输部印发，自公布之日起施行。

（1）概述

为切实加强公路水运工程生产安全事故的应急管理工作，指导、协调各地建立完善应急预案体系，有效应对生产安全事故，保障公路水运工程建设正常实施，制定本预案。

（2）适用范围

本预案适用于我国境内（除中国台湾、中国香港特别行政区和中国澳门特别行政区外）公路水运工程Ⅰ级事故的应对工作，以及需要由交通运输部支持处置的Ⅰ级以下事故的应对工作。自然灾害导致的公路水运工程生产安全事故可参照本预案进行处置。

本预案指导地方公路水运工程生产安全事故应急预案的编制以及地方交通运输主管部门、公路水运工程项目参建单位对公路水运工程生产安全事故的应对工作。

（3）预警信息来源

预警信息来源主要包括：

1）各级交通运输主管部门和相关单位上报的信息；

2）气象、海洋、水利、国土、安监等政府相关部门对外发布的橙色及以上级别的天气、海况、地质等灾害预警信息；

3）公路水运工程生产安全事故（或险情），以及上级部门对外发布的较大及以上生产安全事故情况通报或预警信息；

4）经交通运输主管部门核实的新闻媒体报道的信息。

（4）预防工作

1）各级交通运输主管部门预防工作

各级交通运输主管部门应了解辖区内公路水运工程项目重大风险、重大事故隐患的分布情况，对接收到的各类预警信息要及时转发，督促项目建设单位对辖区内重点工程项目的办公场所、驻地环境、施工现场等开展经常性的隐患排查，对发现的重大事故隐患要督促项目参建单位按规定报备，提前采取排险加固等防控措施，及时撤离可能涉险的人员、船机设备等。

各级交通运输主管部门应按规定接收自然灾害类预警信息，通过网络、短消息等多种方式及时转发橙色及以上级别的预警信息，提出防范要求，有效督促、指导项目参建单位做好灾害防御工作。

2）项目参建单位预防工作

项目参建单位均应指定专人接收预警信息，按照地方政府、行业主管部门的应急布置和项目级应急预案，提前做好各项事故预防工作。

项目建设单位应当牵头组织整个项目的事故预防工作，督促、指导项目其他参建单位按照职责做好各自的预防工作。项目施工单位应结合事故发生规律，有效开展安全风险评估与预控，认真排查各类事故隐患，制定重大事故隐患清单并组织专项治理，提前做好各项应对措施。

（5）应急响应

1）分级响应原则

公路水运工程生产安全事故应急响应级别分为Ⅰ、Ⅱ、Ⅲ、Ⅳ四级。当发生符合公路水运工程Ⅰ级事故情形时，交通运输部启动并实施Ⅰ级应急响应，并立即以《交通运输部值班信息》的形式，报中办信息综合室、国务院总值班室，应急组织机构按照本预案2.2款规定开展应急工作。

当发生符合公路水运工程Ⅱ、Ⅲ、Ⅳ级事故情形时，交通运输部视情启动Ⅱ级应急响应，应急响应内容主要包括密切跟踪突发事件进展情况，协助地方开展应急处置工作，派出现场工作组或者有关专家给予指导，协调事发地周边省份交通运输主管部门给予支持，根据应急处置需要在装备物资等方面给予协调等。

各地根据本地区实际情况制定并细化响应等级及应急响应措施。

对于Ⅰ、Ⅱ级生产安全事故，上级部门启动应急响应后，事发地应急响应级别不能低于上级部门的应急响应级别。

2）事故信息报送

公路水运工程生产安全事故发生后，项目施工单位应立即向项目建设单位、事发地交通运输主管部门和安全生产监督管理部门报告，必要时可越级上报。

事发地省级交通运输主管部门应急联络员或值班部门接报事故后，应当立即口头或短信报告部安质司应急联络员或部安质司责任处室相关人员，并按照《交通运输行业建设工程生产安全事故统计报表制度》要求，在1小时内将信息上报至部安质司，其中Ⅰ、Ⅱ级事故还应按照《交通运输突发事件信息报告和处理办法》的要求上报部应急办，并及时续报相关情况。

1.3.10 《突发事件应急预案管理办法》

2013年10月25日，国务院办公厅印发《突发事件应急预案管理办法》，分总则，分类和内容，预案编制，审批、备案和公布，应急演练，评估和修订，培训和宣传教育，组织保障，附则。

（1）《突发事件应急预案管理办法》的目的和适用范围

1）《突发事件应急预案管理办法》的目的

为规范突发事件应急预案（以下简称应急预案）管理，增强应急预案的针对性、实用性和可操作性，依据《中华人民共和国突发事件应对法》等法律、行政法规，制订本办法。

2）《突发事件应急预案管理办法》的适用范围

本办法所称应急预案，是指各级人民政府及其部门、基层组织、企事业单位、社会团体等为依法、迅速、科学、有序应对突发事件，最大程度减少突发事件及其造成的损害而预先制定的工作方案。

（2）应急预案的编制

1）应急预案的编制流程

单位和基层组织可根据应对突发事件需要，制定本单位、本基层组织应急预案编制计划。

应急预案编制部门和单位应组成预案编制工作小组,吸收预案涉及主要部门和单位业务相关人员、有关专家及有现场处置经验的人员参加。编制工作小组组长由应急预案编制部门或单位有关负责人担任。

2）应急预案的编制依据

① 编制应急预案应当在开展风险评估和应急资源调查的基础上进行。

a.风险评估。针对突发事件特点,识别事件的危害因素,分析事件可能产生的直接后果以及次生、衍生后果,评估各种后果的危害程度,提出控制风险、治理隐患的措施。

b.应急资源调查。全面调查本地区、本单位第一时间可调用的应急队伍、装备、物资、场所等应急资源状况和合作区域内可请求援助的应急资源状况,必要时对本地居民应急资源情况进行调查,为制定应急响应措施提供依据。

② 单位和基层组织应急预案编制过程中,应根据法律、行政法规要求或实际需要,征求相关公民、法人或其他组织的意见。

（3）应急演练的频率

专项应急预案、部门应急预案至少每3年进行一次应急演练。

1.3.11 《建筑施工企业安全生产管理机构设置及专职安全生产管理人员配备办法》

为规范建筑施工企业安全生产管理机构的设置,明确建筑施工企业和项目专职安全生产管理人员的配备标准,根据《中华人民共和国安全生产法》《建设工程安全生产管理条例》、《安全生产许可证条例》及《建筑施工企业安全生产许可证管理规定》,于2008年5月13日发布本办法,自发布之日起实施。

从事土木工程、建筑工程、线路管道和设备安装工程及装修工程的新建、改建、扩建和拆除等活动的建筑施工企业安全生产管理机构的设置及其专职安全生产管理人员的配备,适用本办法。

建筑施工企业安全生产管理机构专职安全生产管理人员在施工现场检查过程中具有以下职责：

（1）查阅在建项目安全生产有关资料、核实有关情况；
（2）检查危险性较大工程安全专项施工方案落实情况；
（3）监督项目专职安全生产管理人员履责情况；
（4）监督作业人员安全防护用品的配备及使用情况；
（5）对发现的安全生产违章违规行为或安全隐患,有权当场予以纠正或作出处理决定；
（6）对不符合安全生产条件的设施、设备、器材,有权当场作出查封的处理决定；
（7）对施工现场存在的重大安全隐患有权越级报告或直接向建设主管部门报告；
（8）企业明确的其他安全生产管理职责。

建筑施工企业安全生产管理机构专职安全生产管理人员的配备应满足下列要求,并应根据企业经营规模、设备管理和生产需要予以增加：

（1）建筑施工总承包资质序列企业：特级资质不少于6人；一级资质不少于4人；

二级和二级以下资质企业不少于3人。

（2）建筑施工专业承包资质序列企业：一级资质不少于3人；二级和二级以下资质企业不少于2人。

（3）建筑施工劳务分包资质序列企业不少于2人。

（4）建筑施工企业的分公司、区域公司等较大的分支机构（以下简称分支机构）应依据实际生产情况配备不少于2人的专职安全生产管理人员。

总承包单位配备项目专职安全生产管理人员应当满足下列要求：

（1）建筑工程、装修工程按照建筑面积配备：

1）1万平方米以下的工程不少于1人；

2）1万~5万平方米的工程不少于2人；

3）5万平方米及以上的工程不少于3人，且按专业配备专职安全生产管理人员。

（2）土木工程、线路管道、设备安装工程按照工程合同价配备：

1）5000万元以下的工程不少于1人；

2）5000万~1亿元的工程不少于2人；

3）1亿元及以上的工程不少于3人，且按专业配备专职安全生产管理人员。

分包单位配备项目专职安全生产管理人员应当满足下列要求：

（1）专业承包单位应当配置至少1人，并根据所承担的分部分项工程的工程量和施工危险程度增加。

（2）劳务分包单位施工人员在50人以下的，应当配备1名专职安全生产管理人员；50~200人的，应当配备2名专职安全生产管理人员；200人及以上的，应当配备3名及以上专职安全生产管理人员，并根据所承担的分部分项工程施工危险实际情况增加，不得少于工程施工人员总人数的5‰。

1.3.12 《生产安全事故应急预案管理办法》

2016年6月3日，国家安全生产监督管理总局令第88号公布，根据2019年7月11日应急管理部令第2号《应急管理部关于修改〈生产安全事故应急预案管理办法〉的决定》修正。

（1）本办法的目的

为规范生产安全事故应急预案管理工作，迅速有效处置生产安全事故，依据《中华人民共和国突发事件应对法》《中华人民共和国安全生产法》《生产安全事故应急条例》等法律、行政法规和《突发事件应急预案管理办法》（国办发〔2013〕101号），制定本办法。

（2）适用范围

生产安全事故应急预案（以下简称应急预案）的编制、评审、公布、备案、实施及监督管理工作，适用本办法。

（3）应急预案的管理原则

应急预案的管理实行属地为主、分级负责、分类指导、综合协调、动态管理的原则。

（4）应急预案的编制

1）生产经营单位主要负责人负责组织编制和实施本单位的应急预案，并对应急预案的真实性和实用性负责；各分管负责人应当按照职责分工落实应急预案规定的职责。

2）编制应急预案应当成立编制工作小组，由本单位有关负责人任组长，吸收与应急预案有关的职能部门和单位的人员，以及有现场处置经验的人员参加。

编制应急预案前，编制单位应当进行事故风险辨识、评估和应急资源调查。

3）生产经营单位应当根据有关法律、法规、规章和相关标准，结合本单位组织管理体系、生产规模和可能发生的事故特点，与相关预案保持衔接，确立本单位的应急预案体系，编制相应的应急预案，并体现自救互救和先期处置等特点。

生产经营单位应急预案分为综合应急预案、专项应急预案和现场处置方案。

生产经营单位风险种类多、可能发生多种类型事故的，应当组织编制综合应急预案。

对于某一种或者多种类型的事故风险，生产经营单位可以编制相应的专项应急预案，或将专项应急预案并入综合应急预案。

对于危险性较大的场所、装置或者设施，生产经营单位应当编制现场处置方案。事故风险单一、危险性小的生产经营单位，可以只编制现场处置方案。

4）生产经营单位组织应急预案编制过程中，应当根据法律、法规、规章的规定或者实际需要，征求相关应急救援队伍、公民、法人或其他组织的意见。

5）生产经营单位应当在编制应急预案的基础上，针对工作场所、岗位的特点，编制简明、实用、有效的应急处置卡。应急处置卡应当规定重点岗位、人员的应急处置程序和措施，以及相关联络人员和联系方式，便于从业人员携带。

（5）应急预案的评审、公布和备案

1）建筑施工单位可以根据自身需要，对本单位编制的应急预案进行论证，应急预案经评审或者论证后，由本单位主要负责人签署，向本单位从业人员公布，并及时发放到本单位有关部门、岗位和相关应急救援队伍。事故风险可能影响周边其他单位、人员的，生产经营单位应当将有关事故风险的性质、影响范围和应急防范措施告知周边的其他单位和人员。

2）受理备案登记的负有安全生产监督管理职责的部门应当在5个工作日内对应急预案材料进行核对，材料齐全的，应当予以备案并出具应急预案备案登记表；材料不齐全的，不予备案并一次性告知需要补齐的材料。逾期不予备案又不说明理由的，视为已经备案。对于实行安全生产许可的生产经营单位，已经进行应急预案备案的，在申请安全生产许可证时，可以不提供相应的应急预案，仅提供应急预案备案登记表。

3）生产经营单位应当组织开展本单位的应急预案、应急知识、自救互救和避险逃生技能的培训活动，使有关人员了解应急预案内容、熟悉应急职责、应急处置程序和措施。应急培训的时间、地点、内容、师资、参加人员和考核结果等情况应当如实记入本单位的安全生产教育和培训档案。

4）生产经营单位应当制定本单位的应急预案演练计划，根据本单位的事故风险特点，每年至少组织一次综合应急预案演练或者专项应急预案演练，每半年至少组织一次现场处置方案演练。

5）应急预案演练结束后，应急预案演练组织单位应当对应急预案演练效果进行评估，撰写应急预案演练评估报告，分析存在的问题，并对应急预案提出修订意见。

6）生产经营单位发生事故时，应当第一时间启动应急响应，组织有关力量进行救援,并按照规定将事故信息及应急响应启动情况报告安全生产监督管理部门和其他负有安全生产监督管理职责的部门。

7)生产安全事故应急处置和应急救援结束后,事故发生单位应当对应急预案实施情况进行总结评估。

1.3.13 《对安全生产领域守信行为开展联合激励的实施办法》

(1)立法目的

为认真贯彻落实《中共中央、国务院关于推进安全生产领域改革发展的意见》和国家发展改革委、国家安全监管总局等26部门联合印发的《关于对安全生产领域守信生产经营单位及其有关人员开展联合激励的合作备忘录》(以下简称《备忘录》),有效激励生产经营单位安全生产守信行为,推动形成褒奖诚信的社会氛围,制定本办法。

(2)适用范围

纳入安全生产守信联合激励对象的生产经营单位,须同时符合以下条件:

1)必须公开向社会承诺并严格遵守安全生产与职业健康法律、法规、标准等有关规定,严格履行安全生产主体责任。

2)生产经营单位及其主要负责人、分管安全负责人3年内无安全生产失信行为。

3)3年内未受到安全监管监察部门作出的行政处罚。

4)3年内未发生造成人员死亡的生产安全责任事故,未发现新发职业病病例。

5)安全生产标准化建设达到一级水平。

6)没有被其他行业领域认定为失信联合惩戒对象的记录。

(3)具体实施办法

1)符合本办法第二条所有规定条件的生产经营单位,可向所在地安全监管监察部门提出申请,经所在地安全监管监察部门审核确认后,报送省级安全监管监察部门。各省级安全监管监察部门进行审查核实,对符合条件的,于每月10日前报送国家安全监管总局。审核通过后,在总局政府网站和中国安全生产报公示,公示期15个工作日。公示无异议的,纳入守信联合激励对象,向社会公告并通报有关部门。

2)生产经营单位守信联合激励管理自公布之日起计算,期限为3年。管理期限届满前,其条件仍满足本办法第二条规定的,可按照本办法第四条规定程序,提前3个月重新提出申请。

3)生产经营单位相关情况发生变化时,要及时告知所在地安全监管监察部门,并逐级报送至国家安全监管总局。对不符合守信联合激励条件的,及时移出守信联合激励对象管理,并通报相关部门,同时向社会公布。

1.3.14 《安全生产责任保险实施办法》

(1)立法目的

为了规范安全生产责任保险工作,强化事故预防,切实保障投保的生产经营单位及有关人员的合法权益,根据相关法律法规和规定,制定本办法。

(2)安全生产责任保险的推行原则

坚持风险防控、费率合理、理赔及时的原则,按照政策引导、政府推动、市场运作的方式推行安全生产责任保险工作。

（3）安全生产责任险的相关规定

1）安全生产责任险的缴纳

① 安全生产责任保险的保费由生产经营单位缴纳，不得以任何方式摊派给从业人员个人。

② 煤矿、非煤矿山、危险化学品、烟花爆竹、交通运输、建筑施工、民用爆炸物品、金属冶炼、渔业生产等高危行业领域的生产经营单位应当投保安全生产责任保险。对生产经营单位已投保的与安全生产相关的其他险种，应当增加或将其调整为安全生产责任保险，增强事故预防功能。

2）承保与投保

① 安全生产责任保险的保险责任包括投保的生产经营单位的从业人员人身伤亡赔偿，第三者人身伤亡和财产损失赔偿，事故抢险救援、医疗救护、事故鉴定、法律诉讼等费用。

② 除被依法关闭取缔、完全停止生产经营活动外，应当投保安全生产责任保险的生产经营单位不得延迟续保、退保。

③ 生产经营单位投保安全生产责任保险的保障范围应当覆盖全体从业人员。

3）事故预防与理赔

① 生产经营单位应当及时将赔偿保险金支付给受伤人员或者死亡人员的受益人（以下统称受害人），或者请求保险机构直接向受害人赔付。生产经营单位怠于请求的，受害人有权就其应获赔偿部分直接向保险机构请求赔付。

② 同一生产经营单位的从业人员获取的保险金额应当实行同一标准，不得因用工方式、工作岗位等差别对待。

③ 各地区根据实际情况确定安全生产责任保险中涉及人员死亡的最低赔偿金额，每死亡一人按不低于30万元赔偿，并按本地区城镇居民上一年度人均可支配收入的变化进行调整。

对未造成人员死亡事故的赔偿保险金额度在保险合同中约定。

1.3.15 《安全生产领域举报奖励办法》

（1）立法目的

为进一步加强安全生产工作的社会监督，鼓励举报重大事故隐患和安全生产违法行为，及时发现并排除重大事故隐患，制止和惩处违法行为，制定本办法。

（2）对安全生产领域举报奖励的相关规定

1）任何单位、组织和个人（以下统称："举报人"）有权向县级以上人民政府安全生产监督管理部门、其他负有安全生产监督管理职责的部门和各级煤矿安全监察机构（以下统称负有安全监管职责的部门）举报重大事故隐患和安全生产违法行为。

2）本办法所称重大事故隐患，是指危害和整改难度较大，应当全部或者局部停产停业，并经过一定时间整改治理方能排除的隐患，或者因外部因素影响致使生产经营单位自身难以排除的隐患。

煤矿重大事故隐患的判定，按照《煤矿重大生产安全事故隐患判定标准》（国家安全监管总局令第85号）的规定认定。其他行业和领域重大事故隐患的判定，按照负有安全监管职责的部门制定并向社会公布的判定标准认定。

3）本办法所称安全生产违法行为，按照国家安全监管总局印发的《安全生产非法违法行为查处办法》（安监总政法〔2011〕158号）规定的原则进行认定。

4）核查处理重大事故隐患和安全生产违法行为的举报事项，按照下列规定办理：

① 地方各级负有安全监管职责的部门负责受理本辖区内的举报事项；

② 受理举报的负有安全监管职责的部门应当及时核查处理举报事项，自受理之日起60日内办结；情况复杂的，经上一级负有安全监管职责的部门批准，可以适当延长核查处理时间，但延长期限不得超过30日，并告知举报人延期理由。受核查手段限制，无法查清的，应及时报告有关地方政府，由其牵头组织核查。

5）经调查属实的，受理举报的负有安全监管职责的部门应当按规定对有功的实名举报人给予现金奖励。

多人联名举报同一事项的，由实名举报的第一署名人或者第一署名人书面委托的其他署名人领取奖金。

6）举报人接到领奖通知后，应当在60日内凭举报人有效证件到指定地点领取奖金；无法通知举报人的，受理举报的负有安全监管职责的部门可以在一定范围内进行公告。逾期未领取奖金者，视为放弃领奖权利；能够说明理由的，可以适当延长领取时间。

1.3.16 《公路水运工程施工安全标准化指南》

（1）本指南适用于新建、改（扩）建高速公路工程项目和大、中型水运工程项目，以及独立特大桥梁、特长隧道工程项目，其他工程项目可参照执行。

（2）施工单位安全生产责任体系

1）组织管理机构：工程项目施工单位安全生产领导小组，组长由项目经理担任，副组长由安全总监、副经理、总工程师担任，成员由各部门负责人，以及分包单位负责人组成。

2）安全生产条件：取得有效的施工企业安全生产许可证，具备法律法规等规定的相关资质和资格；建立健全安全生产责任制，制定相应的安全生产管理制度和操作规程；保证安全投入并规范使用；设置专职安全生产管理机构；企业主要负责人、项目负责人和专职安全生产管理人员（简称："三类人员"）必须取得交通运输主管部门颁发的"安全生产考核合格证书"；特种作业人员应经有关业务主管部门考核合格，取得特种作业操作资格证书，所有从业人员应按规定参加安全生产教育培训；应依法参加工伤保险，为从事危险作业的人员办理意外伤害险；按照"平安工地"考核标准，每月组织自查，作业场所和安全设施、设备、工艺等符合有关安全生产法律法规和标准规范的要求，为从业人员配备符合国家、行业标准劳动防护用品；按规定开展施工安全风险评估工作，实施重大风险源监控管理；制订生产安全事故应急救援预案，为应急救援组织或应急救援人员配备必要的应急救援器材、设备。

3）施工单位安全生产责任

施工单位是安全生产责任主体，主要负责人依法对本单位安全生产工作全面负责。

工程项目实行施工总承包的,总承包单位对施工现场安全生产负总责。

施工单位应定期开展安全检查评价和隐患治理工作,消除安全事故隐患。专职安全员应按规定每日巡查施工现场安全生产,并做好检查记录,发现安全事故隐患时,应及时向项目安全管理机构负责人报告;对违章指挥、违章操作的,应立即制止。

(3)安全生产风险评估:主要是指针对工程施工过程中各项作业活动、作业环境、施工设备(机具)、危险物品、施工方案中的潜在风险而开展的风险源辨识、分析、估测、预控等系列工作。评估程序:按照成立评估小组、制订评估计划、选择评估方法、开展风险分析、进行风险估测、确定风险等级、提出措施建议、编制评估报告的程序进行。风险等级:风险等级=事故可能性×事故严重程度。事故可能性应重点考虑物的状态、人的因素及施工管理缺陷。事故严重程度根据实际情况考虑人员伤亡、直接经济损失、工期延误、环境破坏、社会影响等方面的后果,可划分为四个等级(一般、较大、重大和特大)。

(4)安全生产检查与评价

1)一般规定:工程项目的建设单位、监理单位和施工单位均应制定相应的安全检查制度。进行检查的内容包括:①查物的状态是否安全;②查人的行为是否安全;③查安全管理是否完善。安全检查的主要形式有:验收性检查、定期检查、专项检查、经常性检查、季节性检查。

2)安全评价和改进:施工单位应以创建"平安工地"为安全管理目标,强化科学管理,每月应至少组织一次全面自查,重点检查"平安工地"建设情况、安全管理及工程现场安全生产情况,及时消除安全管理中的薄弱环节。工程参建单位每年应根据评定结果,对安全生产目标、考核指标、规章制度、操作规程等进行修改完善,持续改进。

(5)安全生产应急管理

① 一般规定:工程项目安全生产应急管理应遵循"以人为本、安全第一,居安思危、预防为主"的原则。实行施工总承包的,由总承包单位统一组织编制建设工程生产安全事故应急预案,工程总承包单位和分包单位应按照应急预案做好应急管理工作。② 应急预案:公路水运工程项目应急预案一般分为总体预案、专项预案和现场应急处置方案。③ 应急启动、救援与恢复。④ 预案演练。⑤ 事故报告和处理。

(6)安全技术管理与培训

1)一般规定:工程参建单位应重视施工本质安全技术管理。

2)安全技术措施。

3)专项施工方案:根据《建设工程安全生产管理条例》《公路水运工程安全生产监督管理办法》规定,工程项目危险性较大的分部分项工程应编制专项施工方案。超过一定规模的危险性较大的分部分项工程专项施工方案,应经专家论证,论证通过后方可实施。

4)安全技术交底:包括设计交底、施工交底和班组交底。

5)培训教育:工程参建单位应严格执行国家、地方、行业及企业对员工安全教育培训的有关规定,适时组织员工和特种作业人员的教育培训工作,从业人员应按规定持有效的资格证书上岗。未经安全生产教育培训考核或者培训考核不合格的人员,不得上岗作业。

(7)站场建设

包括一般规定、场站建设、驻地建设、拌和站、钢筋加工场、预制场、施工便道、民用爆炸物品库房、消防设施、标志标牌。

1)一般规定：施工现场出入口、施工起重机械等设备出入通道口和沿线交叉口应设置安全标志，安全标志包括禁止标志、警告标志、指令标志和提示标志。

2)标牌工程：概况牌、质量安全目标牌、管理人员名单及监督电话牌、安全文明施工牌、重大风险源告知牌、施工现场布置图。

(8)临时用电

1)一般规定：施工现场临时用电工程专用的电源中性点直接接地的220/380V三相四线制低压电力系统，必须符合下列规定：采用三级配电系统、采用TN-S接零保护系统、采用二级漏电保护系统；临时用电组织设计及变更必须履行"编制、审核、批准"的程序；施工现场临时用电方案编制人员应具备电气工程师资格，方案经相关部门审核及施工单位技术负责人批准，报监理单位审查通过后实施。安装、巡检、维修或拆除临时用电设备和线路必须由电工完成，并应有人监护。

2)用电管理：施工现场临时用电设备在5台及以上或设备总容量在50kW及以上者应编制用电组织设计，施工现场临时用电组织设计应包括下列内容：现场勘测、确定电源进线位置及线路走向、负荷计算、变压器的选择、设计配电系统、设计防雷装置、防护措施、安全用电措施和电气防火措施。

3)配电系统应设置总配电箱、分配电箱、开关箱，实行三级配电系统。

4)用电防护。

(9)个体安全防护

1)一般规定：从业人员在作业过程中，必须按照安全生产制度和劳动防护用品使用原则，正确佩戴和使用安全防护用品；未按规定佩戴和使用安全防护用品的，不得上岗作业。劳动安全防护用品必须符合国家标准和行业标准，不得超期使用。

2)个人防护用品劳动防护用品包括：安全帽、安全带、救生衣、防护服、防护鞋、防护手套、防护面具等。

(10)特种设备及专用设备防护：

1)一般规定：机械设备进场后，应分类建立管理台账，按照"一机一档"建立管理档案。应实施编号处理，现场悬挂安全操作规程、机械设备标识标牌。特种设备进场前，应按有关规定进行检验，证件齐全。特种设备安装调试、拆除应由具备相关资质单位承担，操作人员持证上岗。起重作业前，必须严格检查各部件可靠性和安全性。挂篮、滑模及自升式滑模等专用大型设备，安装完成后应组织验收。

2)塔式起重机：塔式起重机应设置力矩限制器、起重量限制器、塔式起重机起升限位、制动器等安全装置。遇六级以上大风或大雨、大雾、雷雨天气时，禁止起重作业。

3)门式起重机：行走轨道端头应设置车挡及防撞缓冲装置，小车、大车行走前，应检查行走限位器是否可靠有效，吊钩应设置灵敏有效的防脱钩装置，停止使用时，应使用夹轨器固定，临时停止时使用垫木固定。

4)架桥机：应设置有效的限位器，轨道尽头应设置缓冲器，架桥机垫木应使用硬杂木，一般不多于三层。遇六级(含)以上大风或雨雪中级(含)以上停止作业。

（11）常用设备及机具防护：一般规定、割机具、钢筋加工及木工机具、混凝土机械、卷扬机、潜水作业设备。

（12）施工船舶：① 一般规定：船舶航行应遵守《国际海上避碰规则》和《中华人民共和国内河避碰规则》等有关规定。船舶应保持国籍证书、船舶检验证书、船舶最低配员证书、电台执照等证书有效。施工船舶应按照船舶检验证书的要求配置通信、消防、救生及应急报警等设备，机舱宜加装漏水报警器。② 施工船舶作业许可。③ 自航式施工船舶作业：包括拖轮、起锚艇、交通艇、耙吸挖泥船的作业。④ 非自航式施工船舶作业：包括驳船、起重船、打桩船、混凝土搅拌船、铺排船、半潜船、绞吸挖泥船、链斗式挖泥船、铲斗式挖泥船作业。

（13）临边防护

1）一般规定：临边、洞口防护设施必须符合以下要求：使用的钢管、扣件、安全网等，必须有生产许可证、产品合格证、产品检测报告等。临边作业必须设置栏杆。立网和平网必须严格区分，绝不允许混用。动火作业区应使用阻燃型的密目式安全网。

2）桥面临边防护：上横杆高1.2m，下横杆高0.6m，立杆间距不得大于2m，立杆根部应设置高度不低于18cm的挡脚板，挡脚板应固定牢固。横杆搭接时，接头必须错开，相邻的两个接头不得在同一跨间。栏杆应能承受1kN的水平推力。

3）高墩防护：高墩施工中高处作业，应设置净宽大于80cm的操作平台，必须设置人员上下爬梯。作业高度超过20m时，宜设置避雷设施。

4）洞口防护：短边边长小于50cm的洞口，加设竹、木板进行遮盖；短边边长为50～150cm的洞口，必须设置临边防护栏杆，并在洞口上满铺竹夹板；边长或直径150cm以上的洞口，除设置临边防护栏杆外，洞口还要必须设安全平网。

5）深基坑防护：深度超过2m的基坑施工，必须设临边防护栏杆，防护栏杆距坑边距离应大于0.5m。基坑深度超过5m的，必须有专项支护设计，支护设计方案必须经专家论证审查合格后方可采用。基坑施工应设置有效的排水设施。坑（槽）沟边1m以内不得堆土、堆料、不得停放机械。基坑内必须设置人员上下通道。

6）水上作业防护：在大型临时设施两侧及配套周边设置临边防护栏杆并挂设安全网；栏杆内侧每隔50m距离应安放救生圈、救生衣等水上安全防护物品，作业人员工作时必须系安全带、穿救生衣。

7）高边坡防护：高边坡作业时，作业人员必须系安全带、戴好安全帽、穿防护鞋。施工前应检查坡体表面，及时清理坡面危石、悬石，并设置醒目的警示标志。

8）支撑体系防护：一般规定满堂架支撑体系防护、贝雷架支撑体系防护、登高设施。

9）脚手架防护：一般规定脚手架搭设构造要求、脚手架拆除防护。

10）跨线施工安全防护：一般规定桁架式安全防护棚、钢管脚手架设置安全防护棚。

11）沉箱出运安全防护：一般规定千斤顶顶升、沉箱溜放、沉箱顶推、台车移运、气囊出运。

12）隧道施工作业防护：一般规定、门禁管理、超前地质预报和监控量测、隧道施工防护、隧道逃生通道、安全预警系统、视频远程监控系统、隧道通信系统、应急逃生路线灯视引导系统。

1.3.17 《公路水运工程平安工地建设管理办法》

《公路水运工程平安工地建设管理办法》自2018年5月1日起施行，有效期5年。

（1）为加强公路水运工程平安工地建设，引导和激励从业单位加强安全生产工作，落实安全生产责任，提升安全管理水平，根据《中华人民共和国安全生产法》《建设工程安全生产管理条例》《公路水运工程安全生产监督管理办法》等法律法规和规章，制定本办法。

本办法适用于经依法审批、核准或者备案的公路水运基础设施的新建、改建、扩建工程在施工期间开展平安工地建设活动。

（2）公路水运工程项目应当具备法律、法规、规章和工程建设强制性标准规定的安全生产条件，并在项目招（投）标文件、合同文本，以及施工组织设计和专项施工方案中予以明确。从业单位应当保证本单位所应具备的安全生产条件必需的资金投入，任何单位和个人不得降低安全生产条件。

（3）公路水运工程项目从业单位应当贯彻执行安全生产法律法规和标准规范，以施工现场和施工班组为重点，加强施工场地布设、现场安全防护、施工方法与工艺、应急处置措施、施工安全管理活动记录等方面的安全生产标准化建设。

（4）公路水运工程实施安全风险分级管控。项目从业单位应当全面开展风险辨识，按规定开展设计、施工安全风险评估，依据评估结论完善设计方案、施工组织设计、专项施工方案及应急预案。

（5）安全生产事故隐患排查治理实行常态化、闭合管理。项目从业单位应当建立健全事故隐患排查治理制度，明确事故隐患排查、告知（预警）、整改、评估验收、报备、奖惩考核、建档等内容，逐级明确事故隐患治理责任，落实到具体岗位和人员。按规定对隐患排查、登记、治理、销号等全过程予以记录，并向从业人员通报。

（6）公路水运工程从业单位应当按要求制定相应的项目综合应急预案、施工合同段的专项应急预案和现场处置方案，并定期组织演练。依法建立项目应急救援组织或者指定工程现场兼职的、具有一定专业能力的应急救援人员，定期开展专业培训。结合工程实际编制应急资源清单，配备必要的应急救援器材、设备和物资，进行经常性维护、保养和更新。

（7）施工单位是平安工地建设的实施主体，应当确保项目安全生产条件满足《标准》要求，当项目安全生产条件发生变化时，应当及时向监理单位提出复核申请。合同段开工后到交工验收前，施工单位应当按照《标准》要求，每月至少开展一次平安工地建设情况自查自纠，及时改进安全管理中的薄弱环节；每季度至少开展一次自我评价，对扣分较多的指标及反复出现的突出问题，应当采取针对性措施加以完善。施工单位自我评价报告应报监理单位。

（8）平安工地建设考核评价按照百分制计算得分，考核结果在70分及以上的评定为合格，低于70分的评定为不合格。项目年度考核结果按照建设单位在本年度考核周期内考核结果累计的平均值计算。施工、监理合同段首次考核不合格的应当及时整改，建设单位应组织复评，复评仍不合格的施工、监理合同段应当全部停工整改，并及时向直接监管的交通运输主管部门报告。对已经发生重特大生产安全责任事故、经查实存在重大事故隐患、被列入安全生产黑名单的合同段直接评为不合格。年度考核结果由省级交通运输主管部门统一对外公示。

（9）直接监管的交通运输主管部门应当加大平安工地建设管理的督导力度，对存在平安工地建设流于形式、考核弄虚作假、评价结果不合格等情况的，应当要求项目建设单位组织整改、重新考核，并在信息系统中予以记录，情节严重的应当通报批评，约谈建设单位负责人、施工和监理企业法定代表人；对存在重大安全风险未有效管控、重大事故隐患未及时整改的施工作业，应当责令停工整改、挂牌督办；对存在违法违规行为的从业单位和人员，应当给予安全生产信用不良记录，依法实施行政处罚。

（10）交通运输部于每年二季度对外公布上一年度高速公路和大型水运工程建设项目平安工地建设监督抽查情况。

1.3.18 《危险性较大的分部分项工程安全管理规定》

2018年2月12日第37次住房和城乡建设部常务会议审议通过《危险性较大的分部分项工程安全管理规定》，以住房和城乡建设部令第37号发布，自2018年6月1日起施行；根据2019年3月13日《住房和城乡建设部关于修改部分部门规章的决定》（住房和城乡建设部令第47号）第一次修订。

（1）目的

为加强对房屋建筑和市政基础设施工程中危险性较大的分部分项工程安全管理，有效防范生产安全事故，制定本规定。

（2）适用范围

本规定适用于房屋建筑和市政基础设施工程中危险性较大的分部分项工程安全管理。

（3）危大工程范围

本规定所称危险性较大的分部分项工程（以下简称："危大工程"），是指房屋建筑和市政基础设施工程在施工过程中，容易导致人员群死群伤或者造成重大经济损失的分部分项工程。

（4）管理原则

国务院住房城乡建设主管部门负责全国危大工程安全管理的指导监督。

县级以上地方人民政府住房城乡建设主管部门负责本行政区域内危大工程的安全监督管理。

（5）专项施工方案

1）施工单位应当在危大工程施工前组织工程技术人员编制专项施工方案。实行施工总承包的，专项施工方案应当由施工总承包单位组织编制。危大工程实行分包的，专项施工方案可以由相关专业分包单位组织编制。

2）专项施工方案应当由施工单位技术负责人审核签字、加盖单位公章，并由总监理工程师审查签字、加盖执业印章后方可实施。危大工程实行分包并由分包单位编制专项施工方案的，专项施工方案应当由总承包单位技术负责人及分包单位技术负责人共同审核签字并加盖单位公章。

3）对于超过一定规模的危大工程，施工单位应当组织召开专家论证会对专项施工方案进行论证。实行施工总承包的，由施工总承包单位组织召开专家论证会。专家论证前专项施工方案应当通过施工单位审核和总监理工程师审查。专家应当从地方人民政府住房城乡建设主管部门建立的专家库中选取，符合专业要求且人数不得少于5名。与本工程有利害关系的人员不得以专家身份参加专家论证会。

4）专家论证会后，应当形成论证报告，对专项施工方案提出通过、修改后通过或者不通过的一致意见。专家对论证报告负责并签字确认。专项施工方案经论证需修改后通过的，施工单位应当根据论证报告修改完善后，重新履行上述第2）条规定的程序。专项施工方案经论证不通过的，施工单位修改后应当按照本规定的要求重新组织专家论证。

（6）现场安全管理

1）施工单位应当在施工现场显著位置公告危大工程名称、施工时间和具体责任人员，并在危险区域设置安全警示标志。

2）专项施工方案实施前，编制人员或者项目技术负责人应当向施工现场管理人员进行方案交底。施工现场管理人员应当向作业人员进行安全技术交底，并由双方和项目专职安全生产管理人员共同签字确认。

3）施工单位应当严格按照专项施工方案组织施工，不得擅自修改专项施工方案。因规划调整、设计变更等原因确需调整的，修改后的专项施工方案应当按照本规定重新审核和论证。涉及资金或者工期调整的，建设单位应当按照约定予以调整。

4）施工单位应当对危大工程施工作业人员进行登记，项目负责人应当在施工现场履职。项目专职安全生产管理人员应当对专项施工方案实施情况进行现场监督，对未按照专项施工方案施工的，应当要求立即整改，并及时报告项目负责人，项目负责人应当及时组织限期整改。施工单位应当按照规定对危大工程进行施工监测和安全巡视，发现危及人身安全的紧急情况，应当立即组织作业人员撤离危险区域。

5）监理单位应当结合危大工程专项施工方案编制监理实施细则，并对危大工程施工实施专项巡视检查。

6）监理单位发现施工单位未按照专项施工方案施工的，应当要求其进行整改；情节严重的，应当要求其暂停施工，并及时报告建设单位。施工单位拒不整改或者不停止施工的，监理单位应当及时报告建设单位和工程所在地住房城乡建设主管部门。

7）对于按照规定需要验收的危大工程，施工单位、监理单位应当组织相关人员进行验收。验收合格的，经施工单位项目技术负责人及总监理工程师签字确认后，方可进入下一道工序。危大工程验收合格后，施工单位应当在施工现场明显位置设置验收标识牌，公示验收时间及责任人员。

8）危大工程发生险情或者事故时，施工单位应当立即采取应急处置措施，并报告工程所在地住房城乡建设主管部门。建设、勘察、设计、监理等单位应当配合施工单位开展应急抢险工作。

9）危大工程应急抢险结束后，建设单位应当组织勘察、设计、施工、监理等单位制定工程恢复方案，并对应急抢险工作进行后评估。

10）施工、监理单位应当建立危大工程安全管理档案。施工单位应当将专项施工方案及审核、专家论证、交底、现场检查、验收及整改等相关资料纳入档案管理。监理单位应当将监理实施细则、专项施工方案审查、专项巡视检查、验收及整改等相关资料纳入档案管理。

（7）法律责任

1）建设单位违反《危险性较大的分部分项工程安全管理规定》，有下列行为之一的，责令限期改正，并处1万元以上3万元以下的罚款；对直接负责的主管人员和其他直接责任人员处1000元以上5000元以下的罚款：

① 未按照本规定提供工程周边环境等资料的；
② 未按照本规定在招标文件中列出危大工程清单的；
③ 未按照施工合同约定及时支付危大工程施工技术措施费或者相应的安全防护文明施工措施费的；
④ 未按照本规定委托具有相应勘察资质的单位进行第三方监测的；
⑤ 未对第三方监测单位报告的异常情况组织采取处置措施的。

勘察单位未在勘察文件中说明地质条件可能造成的工程风险的，责令限期改正依照《建设工程安全生产管理条例》对单位进行处罚；对直接负责的主管人员和其他直接责任人员处1000元以上5000元以下的罚款。

设计单位未在设计文件中注明涉及危大工程的重点部位和环节，未提出保障工程周边环境安全和工程施工安全的意见的，责令限期改正，并处1万元以上3万元以下的罚款；对直接负责的主管人员和其他直接责任人员处1000元以上5000元以下的罚款。

施工单位未按照本规定编制并审核危大工程专项施工方案的，依照《建设工程安全生产管理条例》对单位进行处罚，并暂扣安全生产许可证30日；对直接负责的主管人员和其他直接责任人员处1000元以上5000元以下的罚款。

施工单位违反《危险性较大的分部分项工程安全管理规定》，有下列行为之一的，依照《中华人民共和国安全生产法》《建设工程安全生产管理条例》对单位和相关责任人员进行处罚：

① 未向施工现场管理人员和作业人员进行方案交底和安全技术交底的；
② 未在施工现场显著位置公告危大工程，并在危险区域设置安全警示标志的；
③ 项目专职安全生产管理人员未对专项施工方案实施情况进行现场监督的。

2）施工单位违反《危险性较大的分部分项工程安全管理规定》，有下列行为之一的，责令限期改正，处1万元以上3万元以下的罚款，并暂扣安全生产许可证30日；对直接负责的主管人员和其他直接责任人员处1000元以上5000元以下的罚款：

① 未对超过一定规模的危大工程专项施工方案进行专家论证的；
② 未根据专家论证报告对超过一定规模的危大工程专项施工方案进行修改，或者未按照本规定重新组织专家论证的；
③ 未严格按照专项施工方案组织施工，或者擅自修改专项施工方案的。

3）施工单位有下列行为之一的，责令限期改正，并处1万元以上3万元以下的罚款；对直接负责的主管人员和其他直接责任人员处1000元以上5000元以下的罚款：

① 项目负责人未按照本规定现场履职或者组织限期整改的；
② 施工单位未按照本规定进行施工监测和安全巡视的；
③ 未按照本规定组织危大工程验收的；
④ 发生险情或者事故时，未采取应急处置措施的；
⑤ 未按照本规定建立危大工程安全管理档案的。

4）监理单位违反《危险性较大的分部分项工程安全管理规定》，有下列行为之一的，依照《中华人民共和国安全生产法》《建设工程安全生产管理条例》对单位进行处罚；对直接负责的主管人员和其他直接责任人员处1000元以上5000元以下的罚款：

① 总监理工程师未按照本规定审查危大工程专项施工方案的；

② 发现施工单位未按照专项施工方案实施，未要求其整改或者停工的；

③ 施工单位拒不整改或者不停止施工时，未向建设单位和工程所在地住房城乡建设主管部门报告的。

5）监理单位有下列行为之一的，责令限期改正，并处1万元以上3万元以下的罚款；对直接负责的主管人员和其他直接责任人员处1000元以上5000元以下的罚款：

① 未按照本规定编制监理实施细则的；

② 未对危大工程施工实施专项巡视检查的；

③ 未按照本规定参与组织危大工程验收的；

④ 未按照本规定建立危大工程安全管理档案的。

6）监测单位有下列行为之一的，责令限期改正，并处1万元以上3万元以下的罚款；对直接负责的主管人员和其他直接责任人员处1000元以上5000元以下的罚款：

① 未取得相应勘察资质从事第三方监测的；

② 未按照本规定编制监测方案的；

③ 未按照监测方案开展监测的；

④ 发现异常未及时报告的。

1.3.19 《中共中央、国务院关于推进安全生产领域改革发展的意见》

《中共中央、国务院关于推进安全生产领域改革发展的意见》于2016年12月18日印发，2016年12月18日实施。这是中华人民共和国成立以来第一个以党中央、国务院名义出台的安全生产工作的纲领性文件。

（1）总体要求

1）指导思想

进一步增强"四个意识"，紧紧围绕统筹推进"五位一体"总体布局和协调推进"四个全面"战略布局，牢固树立新发展理念，坚持安全发展，坚守发展绝不能以牺牲安全为代价这条不可逾越的红线，以防范遏制重特大生产安全事故为重点，坚持"安全第一、预防为主、综合治理"的方针，加强领导、改革创新，协调联动、齐抓共管，着力强化企业安全生产主体责任，着力堵塞监督管理漏洞，着力解决不遵守法律法规的问题，依靠严密的责任体系、严格的法治措施、有效的体制机制、有力的基础保障和完善的系统治理，切实增强安全防范治理能力。

2）基本原则

坚持安全发展。贯彻以人民为中心的发展思想，始终把人的生命安全放在首位，正确处理安全与发展的关系，大力实施安全发展战略，为经济社会发展提供强有力的安全保障。

坚持改革创新。不断推进安全生产理论创新、制度创新、体制机制创新、科技创新和文化创新，增强企业内生动力，推动安全生产与经济社会协调发展。

坚持依法监管。大力弘扬社会主义法治精神，运用法治思维和法治方式，深化安全生产监管执法体制改革，增强监管执法效能，提高安全生产法治化水平。

坚持源头防范。严格安全生产市场准入，构建风险分级管控和隐患排查治理双重预防工作机制，严防风险演变、隐患升级导致生产安全事故发生。

坚持系统治理。严密层级治理和行业治理、政府治理、社会治理相结合的安全生产治理体系，组织动员各方面力量实施社会共治。

3）目标任务

到2020年，安全生产监管体制机制基本成熟，法律制度基本完善，全国生产安全事故总量明显减少，职业病危害防治取得进展，重特大生产安全事故频发势头得到有效遏制，安全生产整体水平与全面建成小康社会目标相适应。到2030年，实现安全生产治理体系和治理能力现代化，全民安全文明素质全面提升，安全生产保障能力显著增强。

（2）健全落实安全生产责任制

1）明确地方党委和政府领导责任；

2）明确部门监管责任；

3）严格落实企业主体责任；

4）健全责任考核机制；

5）严格责任追究制度。

（3）改革安全监管监察体制

1）完善监督管理体制。依照有关法律法规和部门职责，健全安全生产监管体制，严格落实监管职责。坚持管安全生产必须管职业健康，建立安全生产和职业健康一体化监管执法体制。

2）改革重点行业领域安全监管监察体制。

3）进一步完善地方监管执法体制。

4）健全应急救援管理体制。按照政事分开原则，推进安全生产应急救援管理体制改革，强化行政管理职能，提高组织协调能力和现场救援时效。

（4）大力推进依法治理

1）健全法律法规体系。建立健全安全生产法律法规立改废释工作协调机制。

2）完善标准体系。鼓励依法成立的社会团体和企业制定更加严格规范的安全生产标准，结合国情积极借鉴实施国际先进标准。

3）严格安全准入制度。严格高危行业领域安全准入条件，优化工作流程，简化办事环节，实施网上公开办理，接受社会监督。

4）规范监管执法行为。完善安全生产监管执法制度，明确每个生产经营单位安全生产监督和管理主体，制定实施执法计划，完善执法程序规定，依法严格查处各类违法违规行为。

5）完善执法监督机制。

6）健全监管执法保障体系。

7）完善事故调查处理机制。坚持问责与整改并重，充分发挥事故查处对加强和改进安全生产工作的促进作用。

（5）建立安全预防控制体系

1）加强安全风险管控。地方各级政府要建立完善安全风险评估与论证机制，科学合理确定企业选址和基础设施建设、对重点行业、重点区域、重点企业实行风险预警控制，有效防范重特大生产安全事故。

2）强化企业预防措施。企业要定期开展风险评估和危害辨识。严格执行安全生产和职业健康"三同时"制度。大力推进企业安全生产标准化建设，实现安全管理。

3）建立隐患治理监督机制。制定生产安全事故隐患分级和排查治理标准。负有安全生产监督管理职责的部门要建立与企业隐患排查治理系统联网的信息平台，完善线上线下配套监管制度。

4）强化城市运行安全保障。定期排查区域内安全风险点、危险源，落实管控措施，构建系统性、现代化的城市安全保障体系，推进安全发展示范城市建设。

5）加强重点领域工程治理。深入推进对煤矿瓦斯、水害等重大灾害以及矿山采空区、尾矿库的工程治理。加快实施人口密集区域的危险化学品和化工企业生产、仓储场所安全搬迁工程。深化油气开采、输送、炼化、码头接卸等领域安全整治。实施高速公路、乡村公路和急弯陡坡、临水临崖危险路段公路安全生命防护工程建设。

6）建立完善职业病防治体系。将职业病防治纳入各级政府民生工程及安全生产工作考核体系，制定职业病防治中长期规划，实施职业健康促进计划并加以实施。加快职业病危害严重企业技术改造、转型升级和淘汰退出，加强高危粉尘、高毒物品等职业病危害源头治理。健全职业健康监管支撑保障体系，强化职业病危害基础研究、预防控制、诊断鉴定、综合治疗能力。

（6）加强安全基础保障能力建设

1）完善安全投入长效机制。加强中央和地方财政安全生产预防及应急相关资金使用管理，加大安全生产与职业健康投入，强化审计监督。加强安全生产经济政策研究，完善安全生产专用设备企业所得税优惠目录。落实企业安全生产费用提取管理使用制度，建立企业增加安全投入的激励约束机制。

2）建立安全科技支撑体系。优化整合国家科技计划，统筹支持安全生产和职业健康领域科研项目，加强研发基地和博士后科研工作站建设。开展事故预防理论研究和关键技术装备研发，加快成果转化和推广应用。

3）健全社会化服务体系。将安全生产专业技术服务纳入现代服务业发展规划，培育多元化服务主体。建立政府购买安全生产服务制度。支持发展安全生产专业化行业组织，强化自治自律。完善注册安全工程师制度。改革完善安全生产和职业健康技术服务机构资质管理办法。支持相关机构开展安全生产和职业健康一体化评价等技术服务，严格实施评价公开制度，进一步激活和规范专业技术服务市场。鼓励中小微企业订单式、协作式购买运用安全生产管理和技术服务。建立安全生产和职业健康技术服务机构公示制度和由第三方实施的信用评定制度，严肃查处租借资质、违法挂靠、弄虚作假、垄断收费等各类违法违规行为。

4）发挥市场机制推动作用。取消安全生产风险抵押金制度，建立健全安全生产责任保险制度，在矿山、危险化学品、烟花爆竹、交通运输、建筑施工、民用爆炸物品、金属冶炼、渔业生产等高危行业领域强制实施，切实发挥保险机构参与风险评估管控和事故预防功能。完善工伤保险制度,加快制定工伤预防费用的提取比例、使用和管理具体办法。积极推进安全生产诚信体系建设,完善企业安全生产不良记录"黑名单"制度,建立失信惩戒和守信激励机制。

5)健全安全宣传教育体系。将安全生产监督管理纳入各级党政领导干部培训内容。把安全知识普及纳入国民教育,建立完善中小学安全教育和高危行业职业安全教育体系。把安全生产纳入农民工技能培训内容。严格落实企业安全教育培训制度,切实做到先培训、后上岗。推进安全文化建设,加强警示教育,强化全民安全意识和法治意识。

1.3.20 《国务院安委会办公室关于全面加强企业全员安全生产责任制工作的通知》

《国务院安委会办公室关于全面加强企业全员安全生产责任制工作的通知》于2017年10月10日以安委办〔2017〕29号下发。

为深入贯彻《国务院安委会办公室关于全面加强企业全员安全生产责任制工作的通知》(以下简称《通知》)关于企业实行全员安全生产责任制的要求,全面落实企业安全生产(含职业健康,下同)主体责任,进一步提升企业的安全生产水平,推动全国安全生产形势持续稳定好转,保障施工生产的安全,现就全面加强企业全员安全生产责任制工作有关事项通知如下:

(1)高度重视企业全员安全生产责任制

1)明确企业全员安全生产责任制的内涵。企业全员安全生产责任制是由企业根据安全生产法律法规和相关标准要求,在生产经营活动中,根据企业岗位的性质、特点和具体工作内容,明确所有层级、各类岗位从业人员的安全生产责任,通过加强教育培训、强化管理考核和严格奖惩等方式,建立起安全生产工作"层层负责、人人有责、各负其责"的工作体系。

2)充分认识企业全员安全生产责任制的重要意义。全面加强企业全员安全生产责任制工作,有利于减少企业"三违"现象(违章指挥、违章作业、违反劳动纪律)的发生,有利于降低因人的不安全行为造成的生产安全事故,对解决企业安全生产责任传导不力问题,维护广大从业人员的生命安全和职业健康具有重要意义。

(2)建立健全企业全员安全生产责任制

1)依法依规制定完善企业全员安全生产责任制。企业主要负责人负责建立、健全企业的全员安全生产责任制。明确从主要负责人到一线从业人员(含劳务派遣人员、实习学生等)的安全生产责任、责任范围和考核标准。

2)加强企业全员安全生产责任制公示。企业要在适当位置对全员安全生产责任制进行长期公示。公示的内容主要包括:所有层级、所有岗位的安全生产责任、安全生产责任范围、安全生产责任考核标准等。

3)加强企业全员安全生产责任制教育培训。企业主要负责人要指定专人组织制定并实施本企业全员安全生产教育和培训计划。企业要将全员安全生产责任制教育培训工作纳入安全生产年度培训计划,通过自行组织或委托具备安全培训条件的中介服务机构等实施。要通过教育培训,提升所有从业人员的安全技能,培养良好的安全习惯。要建立健全教育培训档案,如实记录安全生产教育和培训情况。

4)加强落实企业全员安全生产责任制的考核管理。企业要建立健全安全生产责任制管理考核制度,对全员安全生产责任制落实情况进行考核管理。

(3)加强对企业全员安全生产责任制的监督检查

1)明确对企业全员安全生产责任制监督检查的主要内容。地方各级负有安全生产监督管理职责的部门要按照"管行业必须管安全、管业务必须管安全、管生产经营必须管安全"和"谁主管、谁负责"的要求,切实履行安全生产监督管理职责,加强对企业建立和落实全员安全生产责任制工作的指导督促和监督检查。监督检查的内容主要包括:

① 企业全员安全生产责任制建立情况。包括:是否建立了涵盖所有层级和所有岗位的安全生产责任制;是否明确了安全生产责任范围;是否认真贯彻执行《企业安全生产责任体系五落实五到位》等。

② 企业安全生产责任制公示情况。包括:是否在适当位置进行了公示;相关的安全生产责任制内容是否符合要求等。

③ 企业全员安全生产责任制教育培训情况。包括:是否制定了培训计划、方案;是否按照规定对所有岗位从业人员(含劳务派遣人员、实习学生等)进行了安全生产责任制教育培训;是否如实记录相关教育培训情况等。

④ 企业全员安全生产责任制考核情况。包括:是否建立了企业全员安全生产责任制考核制度;是否将企业全员安全生产责任制度考核贯彻落实到位等。

2)强化监督检查和依法处罚。地方各级负有安全生产监督管理职责的部门要把企业建立和落实全员安全生产责任制情况纳入年度执法计划,加大日常监督检查力度,督促企业全面落实主体责任。对企业主要负责人未履行建立健全全员安全生产责任制职责,直接负责的主管人员和其他直接责任人员未对从业人员(含被派遣劳动者、实习学生等)进行相关教育培训或者未如实记录教育培训情况等违法违规行为,由地方各级负有安全生产监督管理职责的部门依照相关法律法规予以处罚。建立健全安全生产不良记录"黑名单"制度,因拒不落实企业全员安全生产责任制和未进行安全培训而造成严重后果的,要纳入惩戒范围,并定期向社会公布。

(4)工作要求

1)加强分类指导。地方各级安全生产委员会、国务院安委会各成员单位要根据本通知精神,指导督促相关行业领域的企业密切联系实际,制定全员安全生产责任制,努力实现"一企一标准,一岗一清单",形成可操作、能落实的制度措施。

2)注重典型引路。地方各级安全生产委员会要充分发挥指导协调作用,及时研究、协调解决企业全员安全生产责任制贯彻实施中出现的突出问题。要通过实施全面发动、典型引领、对标整改等方式,整体推动企业全员安全生产责任制的落实。

3)营造良好氛围。地方各级安全生产委员会、国务院安委会各成员单位要以落实中央《通知》要求为契机,加大企业全员安全生产责任制工作的宣传力度,发动全员共同参与。促进企业改进安全生产管理,改善安全生产条件,提升安全生产水平,真正实现从"要我安全"到"我要安全""我会安全"的转变。

1.3.21 《国务院应对新型冠状病毒感染肺炎疫情联防联控机制关于做好新冠肺炎疫情常态化防控工作的指导意见》

(1) 坚持预防为主

1) 科学佩戴口罩

在人员密集的封闭场所,与他人小于1m距离接触时佩戴口罩。

2) 减少人员聚集

注意保持1m以上的社交距离。减少非必要的聚集性活动,减少参加聚集性活动的人员。尽量不前往人员聚集场所,尤其是密闭式场所。

3) 加强通风消毒

室内经常开窗通风,保持空气流通。公共场所、场站码头、公共交通工具要落实日常清洁、消毒等卫生措施。

4) 提高健康素养

养成"一米线"、勤洗手、戴口罩、公筷制等卫生习惯和生活方式。咳嗽、打喷嚏时注意遮挡。

(2) 落实"四早"措施

1) 及时发现

落实体温检测措施,加强预检分诊和发热门诊排查,做到对确诊病例、疑似病例、无症状感染者的"早发现",并按要求"早报告",不得瞒报、漏报、迟报。

2) 快速处置

24小时内完成流行病学调查,充分发挥大数据等优势,尽快彻底查明可能的感染源,做好对密切接触者的判定和追踪管理。落实"早隔离"措施,及时对确诊病例、疑似病例进行隔离治疗,对无症状感染者、密切接触者实行14天集中隔离医学观察。对可能的污染场所全面终末消毒。

3) 精准管控

依法依规、科学划定防控区域范围至最小单元(如楼栋、病区、居民小区、自然村组等),果断采取限制人员聚集性活动、封锁等措施,切断传播途径,尽最大可能降低感染风险。及时公布防控区域相关信息。

4) 有效救治

指定定点收治医院,落实"早治疗"措施,加强中西医结合治疗。及时有效全面收治轻症患者,减少向重症转化。坚持"四集中",对重症患者实施多学科救治,最大限度提高治愈率、降低病亡率。患者治愈出院后,继续集中或居家隔离医学观察14天。

(3) 突出重点环节

做好健康教育、环境卫生治理、出租房屋和集体宿舍管理、外来人员管理等工作。出现疫情的社区要加强密切接触者排查和隔离管理、终末消毒等工作,必要时采取限制人员聚集性活动、封闭式管理等措施。

(4) 强化支撑保障

各地可根据疫情防控工作需要和检测能力,进行科学评估,对密切接触者、境外入境人员、发热门诊患者、新住院患者及陪护人员等重点人群"应检尽检"。对其他人群实施"愿检尽检"。"应检尽检"所需费用由各地政府承担,"愿检尽检"所需费用由企事业单位或个人承担;检测收费标准由各地物价部门确定并公示。

(5) 加强组织领导

1) 落实企事业单位责任

各企事业单位要落实主体责任,严格执行疫情防控规定,健全防控工作责任制和管理制度,制定完善应急预案。

2) 动态调整风险等级和应急响应级别

各地要按照分区分级标准,依据本地疫情形势,动态调整风险等级和应急响应级别。要因地制宜、因时制宜,不断完善疫情防控应急预案和各项配套工作方案,一旦发生疫情,及时采取应急处置措施,实施精准防控。

1.4 地方相关规定

1.4.1 《上海市建设工程质量和安全管理条例》

《上海市建设工程质量和安全管理条例》由上海市第十三届人民代表大会常务委员会第三十一次会议于2011年12月22日通过,现予公布,自2012年3月1日起施行。

为了加强本市建设工程质量和安全管理,保障人民群众生命和财产安全,根据《中华人民共和国建筑法》《建设工程质量管理条例》《建设工程安全生产管理条例》和其他有关法律、行政法规,结合本市实际,制定该条例。本市行政区域内建设工程的新建、扩建、改建和既有建筑物、构筑物的拆除、修缮,以及相关监督管理活动,适用本条例。

(1) 建设单位的安全责任

1) 安全生产管理责任

第九条规定:"建设单位对建设工程质量和安全负有重要责任,应当负责建设工程各阶段的质量和安全工作的协调管理,并按照合同约定督促建设工程各参与单位落实质量和安全管理责任。"

2) 安全风险评估

第十条规定:"建设单位应当在可行性研究阶段,对建设工程质量和安全风险进行评估,并明确控制风险的费用。建设工程质量和安全风险包括建设和使用过程中的建设工程本体的风险以及对毗邻建筑物、构筑物和其他管线、设施的安全影响等。风险评估的具体办法由市人民政府另行制定。

建设单位应当将风险评估的内容提供给勘察、设计、施工和监理等单位,并要求相关单位在勘察文件、设计方案、初步设计文件、施工图设计文件、施工组织设计文件的编制过程中,明确相应的风险防范和控制措施。"

3) 提供安全生产专项经费责任

第十一条规定:"建设单位应当保证与建设需求相匹配的建设资金,并按照合同约定的价款和时间支付费用,不得随意压低勘察、设计、施工、监理、检测、监测等费用。

建设单位应当按照规定,在建设工程项目专户中单独列支安全防护措施费、监理费、检测费等费用。"

4）保证合理工期责任

第十二条规定:"建设工程发包前，建设单位应当根据建设工程可行性研究报告和建设工期定额，综合评估工程规模、施工工艺、地质和气候条件等因素后，确定合理的勘察、设计和施工工期。

在建设工程招标投标时，建设单位应当将合理的施工工期安排作为招标文件的实质性要求和条件。

勘察、设计和施工工期确定后，建设单位不得任意压缩；确需调整且具备技术可行性的，应当提出保证工程质量和安全的技术措施和方案，经专家论证后方可实施。调整勘察、设计和施工工期涉及增加费用的，建设单位应当予以保障。"

5）提供安全施工措施资料的责任

第十五条规定:"建设单位应当对建设工程毗邻建筑物、构筑物和其他管线、设施进行现场调查，并向勘察、设计、施工、监理等单位提供相关的调查资料和保护要求。"

6）严格执行标准的责任

第十七条规定:"建设单位不得对勘察、设计、施工、监理、检测等单位提出不符合法律、法规、规章和强制性技术标准规定的要求，不得违法指定建设工程材料、设备的供应单位。"

（2）勘查、设计单位责任

《上海市建设工程质量和安全管理条例》对勘查、设计单位的安全责任做出了明确规定。勘察、设计单位应当对勘察、设计质量负责。勘察、设计文件应当满足建设工程质量和安全的需要。

勘察单位应当在勘察作业前，根据强制性技术标准编制勘察大纲，并针对特殊地质现象提出专项勘察建议。勘察单位在勘察作业时，应当遵守勘察大纲和操作规程的要求，并确保原始勘察资料的真实可靠。发现勘察现场不具备勘察条件时，勘察单位应当及时书面通知建设单位并提出调整勘察大纲的建议。勘察文件应当满足国家规定的深度要求，标注勘察作业范围内地下管线和设施的情况，并标明勘察现场服务的节点、事项和内容等。

设计文件应当满足国家规定的深度要求。对建设工程本体可能存在的重大风险控制进行专项设计；对涉及工程质量和安全的重点部位和环节进行标注；采用新技术、新工艺、新材料、新设备的，明确质量和安全的保障措施；根据建设工程勘察文件和建设单位提供的调查资料，选用有利于保护毗邻建筑物、构筑物和其他管线、设施安全的技术、工艺、材料和设备；明确建设工程本体以及毗邻建筑物、构筑物和其他管线、设施的监测要求和监测控制限值；标明现场服务的节点、事项和内容。

勘察、设计单位应当在建设工程施工前，向施工、监理单位说明勘察、设计意图，解释勘察、设计文件。应当按照合同约定和勘察、设计文件中明确的节点、事项和内容，提供现场指导，解决施工过程中出现的勘察、设计问题。施工单位在施工过程中发现勘察、设计文件存在问题的，勘察、设计单位应当应施工单位要求到现场进行处理；勘察、设计文件内容发生重大变化的，应当按照规定对原勘察、设计文件进行变更。

勘察单位应当参加建设工程桩基分项工程、地基基础分部工程的验收，并签署意见。设计单位应当参加设计文件中标注的重点部位和环节的分部工程、分项工程和单位工程的验收，并签署意见。

（3）施工单位的责任和义务

1）依法取得相应资质、资格的责任

第二十七条规定："施工单位应当对建设工程的施工质量和安全负责。建设工程实行总承包的，分包单位应当接受总承包单位施工现场的质量和安全管理。

建设工程材料、设备的供应单位承担所供应材料、设备施工作业的，应当按照规定取得相应资质。"

第二十八条规定："施工单位应当组建施工现场项目管理机构，并根据合同约定配备相应的项目负责人、技术负责人、专职质量管理和安全管理人员等技术、管理人员。上述人员不得擅自更换，确需更换的，应当经发包单位同意，并不得降低相应的资格条件。

前款规定的人员应当是与施工单位建立劳动关系的人员。"

2）专项方案编制与审查责任

第二十九条规定："施工单位在施工前，应当根据建设工程规模、技术复杂程度等实际情况，编制施工组织设计文件。对国家和本市规定的危险性较大的分部工程、分项工程，应当编制专项施工方案，附具安全验算结果，并按照规定经过专家论证。"

施工组织设计文件、专项施工方案应当明确下列内容：

① 与设计要求相适应的施工工艺、施工过程中的质量和安全控制措施以及应急处置预案；

② 施工过程中施工单位内部质量和安全控制措施的交底、验收、检查和整改程序；

③ 符合合同约定工期的施工进度计划安排；

④ 对可能影响的毗邻建筑物、构筑物和其他管线、设施等采取的专项防护措施。

施工单位应当按照合同约定的施工工期进行施工，并按照技术标准和施工组织设计文件顺序施工，不得违反技术标准压缩工期和交叉作业。国家和本市规定的危险性较大的分部工程、分项工程施工时，项目负责人、专职安全管理人员应当进行现场监督。建设工程竣工验收合格后，施工单位应当清理施工现场的临时建筑物、构筑物和设施、设备，并撤离相应的人员。

3）依法用工责任

第三十二条规定："施工单位按照国家和本市有关规定实行劳务分包的，劳务分包单位应当具备相应的资质。

施工单位或者劳务分包单位应当与其施工作业人员签订劳动合同。

施工作业人员应当向市建设行政管理部门申领施工作业人员劳务信息卡。施工单位或者劳务分包单位应当及时将施工作业人员的身份信息、所在单位、岗位资格、从业经历、培训情况、社保信息等信息输入劳务信息卡。

施工作业人员进出施工现场时，施工单位应当按其持有的劳务信息卡进行信息登记。"

4）对作业人员教育培训责任

第三十三条规定："施工单位和劳务分包单位应当定期对施工作业人员开展教育培训和业务学习。未经教育培训或者考核不合格的人员，不得上岗作业。

从事特种作业的施工人员应当持证上岗。

对于首次上岗的施工作业人员，施工单位或者劳务分包单位应当在其正式上岗前安排不少于三个月的实习操作。

对初次进入建设工程劳务市场的施工作业人员,由建设行政管理部门或者其他有关部门采取措施,开展建设工程质量和安全的相关教育培训。教育培训经费在市区两级财政安排的教育费中单独列支。"

5）提供安全防护用具及安全作业环境责任

第三十四条规定:"施工单位应当向施工作业人员提供符合国家和本市规定标准的安全防护用具、安全防护服装和安全生产作业环境,并书面告知危险岗位的操作规程和违反操作规程操作的危害。

施工单位应当按照国家和本市有关规定,根据季节和天气特点,采取预警和安全防护措施;出现高温天气或者异常天气时,应当限制或者禁止室外露天作业。"

第三十七条规定:"对进入施工现场的安全防护用具、机械设备、施工机具及配件,施工单位应当核验其生产（制造）许可证、产品合格证;其中,对建筑起重机械,还应当核验其制造监督检验证明和首次使用备案证明。

施工现场的安全防护用具、机械设备、施工机具及配件应当由专人管理,并定期进行检查、维修和保养。"

6）特种设备管理责任

第三十八条规定:"施工单位安装、拆卸建筑起重机械的,应当编制安装和拆卸方案,确定施工安全措施,并由专业技术人员现场监督。

施工单位应当在建筑起重机械和整体提升脚手架、模板等自升式架设设施使用和拆除前,向建设行政管理部门或者其他有关部门登记。

建筑起重机械在使用过程中首次加节顶升的,应当经有相应资质的检验检测单位监督检验合格。

施工现场有多台塔式建筑起重机械作业的,施工单位应当根据实际情况,组织编制并实施防碰撞安全措施。"

7）事故报告责任

第三十九条规定:"建设工程施工过程中发生质量和安全事故时,施工单位应当立即启动应急处置预案,并及时报告建设行政管理部门或者其他有关部门。施工单位应当配合相关行政管理部门进行事故调查处理。

事故现场处置完毕后,施工单位应当制定并落实整改和防范措施。已经暂停施工的,经建设行政管理部门或者其他有关部门批准后方可复工。"

（4）监理单位的责任和义务

1）承担安全监理的责任

第四十一条规定:"监理单位应当代表建设单位对施工质量和安全实行监理,对建设工程施工质量和安全承担监理责任。"

2）设置机构、配备人员的责任

第四十三条规定:"监理单位应当组建施工现场项目监理机构,并根据合同约定配备相应的总监理工程师、专业监理工程师和监理员等人员。"

3）审查专项方案责任

第四十四条规定:"项目监理机构应当在建设工程开工前,负责审核施工单位报送的施工现场项目管理机构组建方案、质量和安全管理制度、施工组织设计文件、专项施工方案。审核意见经总监理工程师签署后，报建设单位。"

第四十五条规定："项目监理机构应当对进入施工现场的建设工程材料和设备进行核验，并提出审核意见。未经审核的建设工程材料和设备，不得在建设工程上使用或者安装。"

4）安全巡查责任

第四十六条规定："项目监理机构应当督促施工单位进行安全生产自查，并巡查施工现场安全生产情况。

项目监理机构应当对施工单位安全防护措施费的使用和管理进行审查，并报建设单位。

项目监理机构应当核查施工单位的资质、安全生产许可证以及项目负责人、专职安全管理人员和特种作业人员的资格证书。"

5）问题、事故报告责任：

第四十七条规定："项目监理机构应当按照市建设行政管理部门的规定，定期将施工现场的有关情况向建设行政管理部门或者其他有关部门报告。"

第四十八条规定："项目监理机构发现施工不符合强制性技术标准、施工图设计文件、施工组织设计文件、专项施工方案或者合同约定的，应当立即要求施工单位改正；施工单位拒不改正的，应当及时报告建设单位。

项目监理机构发现存在质量和安全事故隐患的，应当立即要求施工单位改正；情况严重的，应当要求施工单位暂停施工，并及时报告建设单位。

施工单位拒不改正或者不停止施工的，或者施工现场发生质量和安全事故的，项目监理机构应当立即向建设行政管理部门或者其他有关部门报告。建设行政管理部门或者其他有关部门应当立即到施工现场予以处置。"

1.4.2 《上海市公路管理条例》

（1）目的和依据

为了加强本市公路的建设和管理，促进公路事业的发展，发挥公路在经济建设、国防建设和人民生活中的作用，根据《中华人民共和国公路法》的规定，结合本市实际情况，制定本条例。

1999年11月26日，上海市第十一届人民代表大会常务委员会第十四次会议通过《上海市公路管理条例》，2003年10月10日，上海市第十二届人民代表大会常务委员会第七次会议进行了第一次修正，2015年7月23日，上海市第十四届人民代表大会常务委员会第二十二次会议进行了第二次修正。

第二十条规定："改建、扩建公路时，施工单位应当在施工路段两端设置明显的施工标志、安全标志。需要车辆绕行的，施工单位应当在绕行路口设置标志；不能绕行的，建设单位必须组织修建临时通行道路。"

（2）公路养护作业安全规定

第二十五条规定："公路养护作业单位按照下列安全规定进行养护作业：

1）根据公路的技术等级采取相应的安全保护措施，设置必要的交通安全设施；

2）公路养护人员应当穿着统一的安全标志服；

3）使用车辆进行养护作业时，应当在公路作业车辆上设置明显的作业标志；

4）在夜间和雨、雪、雾等恶劣天气进行养护作业时，现场必须设置警示灯光信号；

5）公路养护作业应当避让交通高峰时段；

6）公路养护作业车辆进行作业时，在不影响过往车辆通行的前提下，其行驶路线和方向不受公路标志、标线限制，但在高速公路上进行养护作业的车辆除外；

7）对高速公路的清扫保洁和绿化养护作业，应当以机械作业为主；确实需要人工养护作业的，养护作业单位应当采取切实有效的安全防护措施。"

（3）公路及公路用地范围内管理要求

第二十九条规定："公路及公路用地范围内禁止下列行为：

1）利用公路桥梁进行带缆、牵拉、吊装等施工作业，设置超过规定标准的高压电力线和易燃易爆的管线；

2）在公路桥梁下停泊船只，在桥孔内堆放易燃易爆物品、擅自明火作业、搭建永久性设施或者擅自搭建临时性设施；

3）取土或者爆破作业；

4）设置障碍，挖沟引水；

5）设置摊点、堆放物品、打场晒粮、种植作物、放养牲畜；

6）倾倒渣土、垃圾，焚烧各类废弃物；

7）堵塞公路排水沟渠、填埋公路边沟；

8）机动车滴漏、散落、飞扬物品或者随车人员向外抛物；

9）将公路作为检验机动车制动性能的场地；

10）损坏或者擅自涂改、移动公路附属设施；

11）损坏、污染公路和影响公路畅通的其他行为。"

1.4.3 《上海市建设工程施工安全监督管理办法》

1996年8月16日，上海市人民政府令第31号发布《上海市建设工程施工安全监督管理办法》，根据1997年12月19日上海市人民政府令第54号修正，根据2002年11月18日上海市人民政府令第128号修正，根据2010年12月20日上海市人民政府令第52号公布的《上海市人民政府关于修改〈上海市农机事故处理暂行规定〉等148件市政府规章的决定》修正并重新发布，自发布之日起实施。

（1）目的和适用范围

为了加强本市建设工程施工安全的管理，保障施工人员的人身安全，根据《中华人民共和国劳动法》《中华人民共和国安全生产法》和《建设工程安全生产管理条例》制定本办法。

本办法适用于本市行政区域内新建、改建、扩建各类建设工程的施工安全及其监督管理。

（2）建设单位的安全管理责任

1）建设单位应当负责下列与施工安全管理相关的协调工作：

① 在施工开始前，组织勘察、设计和施工单位进行勘察、设计文件的安全技术交底；

②对施工过程中涉及勘察、设计文件规定的安全问题,及时组织勘察、设计和施工单位进行协调。

2)建设单位将建设工程的勘察、设计和施工任务整体发包给一个单位总包的,应当由建设工程总包单位负责前款规定的协调工作。

(3)施工工地管理单位及其安全管理责任

1)施工工地管理单位应当全面负责施工现场的安全管理工作,保持施工工地的基本安全条件和状况符合有关的安全技术标准,并履行下列职责:

①在施工开始前,组织各施工单位共同编制施工组织设计,对各施工单位在施工安全技术措施上的衔接进行协调;

②对各施工单位在施工交接过程中或者交叉作业时出现的安全问题及时进行协调。

2)前款所称的施工工地管理单位,按照下列规定确定:

①建设单位或者建设工程总包单位将建设工程的施工任务发包给两个或者两个以上施工单位承包的,建设单位或者建设工程总包单位为施工工地管理单位;

②建设单位或者建设工程总包单位将建设工程的全部施工任务发包给一个施工单位承包的,该施工单位为施工工地管理单位。

3)建设单位作为施工工地管理单位的,应当配备与建设工程施工安全管理相适应的技术管理人员;未配备技术管理人员的,应当委托具有相应资质的监理单位履行本条第一款规定的职责。

(4)施工单位的安全管理责任

施工单位应当负责本单位承担的施工任务范围内全部的安全管理工作,但施工承包合同中另有约定的,从其约定。

(5)施工安全的教育、培训和考核

施工单位应当建立、健全对施工人员的日常安全教育、技术培训和考核的制度,并严格组织实施。

施工单位不得安排未接受过安全教育、技术培训并经考核合格的施工人员上岗作业。

(6)特种作业人员的培训和考核

从事电工、金属焊接、起重机械设备操作等特殊工种作业的人员,应当按照国家有关规定组织专业培训,经考核合格后持证上岗。

施工单位不得安排未取得有关特殊工种考核合格证明的作业人员从事特殊工种作业。

(7)施工安全管理责任人的确定

1)施工工地管理单位和施工单位应当在施工开始前,按照下列规定确定施工安全管理的责任人:

①施工工地管理单位在施工工地的主管人员为全面负责施工安全管理的责任人;

②施工单位在施工现场的项目经理为所在施工单位负责施工安全管理的责任人。

2)施工工地管理单位应当在施工开始前,将按照前款规定确定的责任人名单报市建管办或者区、县建设行政管理部门以及安全生产监督管理行政部门备案。

(8)施工安全管理员的配备

施工单位应当在施工开始前,根据建设工程的性质、规模和特点,配备规定数量的专职和兼职安全管理员,并明确其施工安全管理的具体职责范围。

(9) 施工安全技术措施和安全技术交底

施工单位在编制施工组织设计时,应当根据建设工程的性质、规模、特点以及施工现场的环境条件,制定和组织落实专项的施工安全技术措施,并向所有施工人员(包括按照有关规定使用的其他建筑劳务人员)进行安全技术交底。

施工安全技术措施应当符合有关的国家标准、行业标准或者地方标准。无国家标准、行业标准的,市建设交通委应当协同市质量技术监督部门制定有关的地方标准。

(10) 建设工程开工的安全条件限制

凡施工现场的状况不符合有关的安全技术标准或者不具备开工所需的安全条件的,不得开工;建设单位或者建设工程总包单位强行要求开工的,施工单位有权拒绝,并可以向市建管办或者区、县建设行政管理部门报告。

(11) 施工安全防护设施的设置

1) 施工单位应当按照有关的国家标准、行业标准或者地方标准,在施工现场设置安全防护设施,并达到下列要求:

① 根据建设工程的施工进度,及时调整和完善安全防护设施;

② 在施工现场的事故易发区域,设置专项的安全防护设施,并设立醒目的警示标志;

③ 根据季节或者天气特点,设置或者调整专项的安全防护设施,并进行相关的安全检查。

2) 建设工程涉及公共安全的,施工单位应当按照有关规定,在施工现场周围设置专项的公共安全防护设施。公共安全防护设施的有关费用应当在施工承包合同中约定;施工承包合同中未作约定的,应当由建设单位负担。

(12) 施工机械、机具和电气设备的安装、使用

施工单位安装、使用施工机械、机具和电气设备,应当符合下列规定:

1) 在安装前,应当按照规定的安全技术标准进行检测,经检测合格后方可安装;

2) 在使用前,应当按照规定的安全技术标准进行安全性能试验,经验收合格后方可使用;

3) 在使用期间,应当指定专人负责维护、保养,保证其完好、安全。

(13) 电气安全保护和防火安全

施工单位应当遵守施工现场电气安全保护和防火安全的有关规定,并达到下列要求:

1) 保持变配电设施和输配电线路处于安全、可靠的可使用状态;

2) 确保用火作业符合消防技术标准和规范,并保证消防设施的完好、有效。

(14) 施工中的专项安全技术交底

施工单位在施工过程中,应当根据施工组织设计和施工进度,向不同工种的施工人员进行专项的安全技术交底。

(15) 劳动防护用品的提供

施工单位应当及时向施工人员提供施工安全所必需的、符合规定标准的劳动防护用品。

(16) 施工人员作业的安全要求

1) 施工人员在施工过程中应当达到下列安全作业的要求:

① 按照施工安全技术标准和本工种的安全操作规程进行施工作业;

② 按照国家劳动保护的有关规定,正确使用个人劳动防护用品;

③发现施工现场安全异常情况,立即采取有效的防护措施,并向安全管理员或者施工安全管理责任人报告。

2)施工人员对管理人员违反施工安全技术标准或者安全操作规程的作业指令,有权拒绝执行,并可以向施工安全管理责任人或者安全监督员报告。

(17)施工现场的日常管理

施工工地管理单位和施工单位应当加强施工现场日常的安全巡视和检查,督促施工人员遵守本办法第十九条第一款的规定,发现安全事故隐患以及违反施工安全技术标准或者安全操作规程的行为,及时予以制止或者纠正。

(18)安全监督检查

安全监督机构应当对施工工地管理单位和施工单位执行本办法有关规定的情况进行定期检查或者抽查。

安全监督员发现安全事故隐患或者不符合规定要求的施工作业,应当责令施工工地管理单位、施工单位或者施工人员立即改正或者限期整改。

(19)施工伤亡事故的报告和处理

建设工程施工过程中发生伤亡事故的,施工工地管理单位和施工单位应当按规定向有关行政主管部门报告。

(20)对不符合施工安全规定的处理

对施工安全管理不符合本办法规定、情节严重的施工单位,市建设交通委应当按照国家有关规定,对其作出降低资质等级的处理。

1.4.4 《上海市建设工程文明施工管理规定》

2009年9月25日,上海市人民政府令第18号公布《上海市建设工程文明施工管理规定》,根据2010年10月30日上海市人民政府令第48号公布的《上海市人民政府关于修改〈上海市建设工程文明施工管理规定〉的决定》进行修正。

(1)目的、依据和定义

为加强本市建设工程文明施工,维护城市环境整洁,依据国家有关法律、法规的规定,结合本市实际情况,制定本规定。

规定所称文明施工,是指在建设工程和建筑物、构筑物拆除等活动中,按照规定采取措施,保障施工现场作业环境、改善市容环境卫生和维护施工人员身体健康,并有效减少对周边环境影响的施工活动。

(2)适用范围

在本市行政区域内从事建设工程和建筑物、构筑物拆除等有关活动及其监督管理,应当遵守本规定。

(3)管理部门

第四条规定:"市建设交通行政管理部门是本市建设工程文明施工的行政主管部门;市建筑市场管理机构负责本市建设工程文明施工的日常监督管理工作。

本市各区(县)建设行政管理部门负责所辖行政区域内建设工程文明施工的监督管理工作。

本市其他有关行政管理部门按照各自职责,协同实施本规定。"

（4）建设单位责任

1）工程招标和发包要求

第五条规定："建设单位在建设工程和建筑物、构筑物拆除招标或者直接发包时，应当在招标文件或者承发包合同中明确设计、施工或者监理等单位有关文明施工的要求和措施。"

2）文明施工措施费要求

第六条规定："建设单位在编制工程概算、预算时，应当按照国家有关规定，确定文明施工措施费用，并在招标文件或者工程承发包合同中，单独开列文明施工费用的项目清单。

建设单位应当在办理建设工程安全质量监督手续时，同时提供文明施工措施费用项目清单，并按照合同约定，及时向施工单位支付文明施工措施费。施工单位应当将文明施工措施费专款专用。"

3）现场调查要求

第七条规定："建设工程设计文件确定前，建设单位应当组织设计单位和相关管线单位，对建设工程周边建筑物、构筑物和各类管线、设施进行现场调查，提出文明施工的具体技术措施和要求。

建设单位应当将文明施工的具体技术措施和要求，以书面形式提交给设计单位和施工单位。"

（5）设计和施工要求

第八条规定："设计单位编制设计文件时，应当根据建设工程勘察文件和建设单位提供的文明施工书面意见，对建设工程周边建筑物、构筑物和各类管线、设施提出保护要求，并优先选用有利于文明施工的施工技术、工艺和建筑材料。

施工单位应当根据建设单位的文明施工书面意见，在施工组织设计文件中明确文明施工的具体措施，并予以实施；建设单位或者施工单位委托的专业单位进入施工现场施工的，应当遵守施工单位明确的文明施工要求。

施工单位应当配备专职文明施工管理人员，负责监督落实施工现场文明施工的各项措施。"

（6）监理要求

第九条规定："监理单位应当将文明施工纳入监理范围，并对施工单位落实文明施工措施、文明施工措施费的使用等情况进行监理。

监理单位在实施监理过程中，发现施工单位有违反文明施工行为的，应当要求施工单位予以整改；情节严重的，应当要求施工单位暂停施工，并向建设单位报告。施工单位拒不整改或者不停止施工的，监理单位应当及时向建设行政管理部门报告。

建设行政管理部门接到监理单位的报告后，应当及时到施工现场进行查处。"

（7）施工现场要求

1）施工铭牌设置要求

第十条规定："施工单位应当在施工现场醒目位置，设置施工铭牌。

施工铭牌应当标明下列内容：

①建设工程项目名称、工地四至范围和面积；

②建设单位、设计单位和施工单位的名称及工程项目负责人姓名；
③开工、竣工日期和监督电话；
④夜间施工时间和许可、备案情况；
⑤文明施工具体措施；
⑥其他依法应当公示的内容。"

2）围挡设置要求

第十一条规定："除管线工程、水利工程以及非全封闭的城市道路工程、公路工程外，施工单位应当在施工现场四周设置连续、封闭的围挡。建设工程施工现场围挡的设置应当符合下列要求：

①采用符合规定强度的硬质材料，基础牢固，表面平整和清洁；
②围挡高度不得低于2m；
③施工现场主要出入口的围挡大门符合有关规定；
④距离住宅、医院、学校等建筑物不足5m的施工现场，设置具有降噪功能的围挡；
⑤管线工程、水利工程以及非全封闭的城市道路工程、公路工程的施工现场，应当使用路拦式围挡。"

3）围网和脚手架架设要求

第十二条规定："除管线工程以及爆破拆除作业外，施工现场脚手架外侧应当设置整齐、清洁的绿色密目式安全网。

脚手架杆件应当涂装规定颜色的警示漆，并不得有明显锈迹。"

4）防治噪声和扬尘污染要求

第十三条规定："施工单位在施工中除应当遵守有关防治噪声和扬尘污染的法律、法规和规章外，还应当遵守以下规定：

①易产生噪声的作业设备，设置在施工现场中远离居民区一侧的位置，并在设有隔音功能的临房、临棚内操作；
②夜间施工不得进行捶打、敲击和锯割等作业；
③在施工现场不得进行敞开式搅拌砂浆、混凝土作业和敞开式易扬尘加工作业。"

5）渣土处置和建筑物、构筑物拆除要求

第十四条规定："施工单位进行渣土处置或者建筑物、构筑物拆除作业时，应当遵守以下规定：

①气象预报风速达到5级以上时，停止建筑物、构筑物爆破或者拆除建筑物、构筑物作业；
②拆除建筑物、构筑物或者进行建筑物、构筑物爆破时，对被拆除或者被爆破的建筑物、构筑物进行洒水或者喷淋；人工拆除建筑物、构筑物时，实行洒水或者喷淋措施可能导致建筑物、构筑物结构疏松而危及施工人员安全的除外；
③在施工工地内，设置车辆清洗设施以及配套的排水、泥浆沉淀设施；运输车辆在除泥、冲洗干净后，方可驶出施工工地；
④对建筑垃圾在当日不能完成清运的，采取遮盖、洒水等防尘措施；
⑤在施工现场处置工程渣土时进行洒水或者喷淋。"

6）道路管线施工要求

第十五条规定："城市道路工程或者管线工程施工，需要开挖沥青、混凝土等路面的，施工单位应当按照有关规定采用覆罩法作业方式。

在城市道路上开挖管线沟槽、沟坑，当日不能完工且需要作为通行道路的，施工单位应当在该道路上覆盖钢板，使其与路面保持平整。"

7）防治光照污染要求

第十六条规定："施工单位进行电焊作业或者夜间施工使用灯光照明的，应当采取有效的遮蔽光照措施，避免光照直射居民住宅。"

8）排水设施要求

第十七条规定："建设工程施工现场应当设置沉淀池和排水沟（管）网，确保排水畅通。

施工单位应当对工地泥浆进行三级沉淀后予以排放，禁止直接将工地泥浆排入城市排水管网或者河道。"

9）渣土堆放要求

第十八条规定："建设工程施工现场堆放工程渣土的，堆放高度应当低于围挡高度，并且不得影响周边建筑物、构筑物和各类管线、设施的安全。"

10）夜间施工备案要求

第十九条规定："除城市道路工程、管线工程施工以及抢险、抢修工程外，建设工程或者建筑物、构筑物拆除需要在夜间22时至次日凌晨6时施工的，施工单位应当根据《上海市环境保护条例》的有关规定，向环境保护管理部门办理夜间施工许可手续。

除抢险、抢修外，城市道路工程、管线工程需要在夜间22时至次日凌晨6时施工的，施工单位应当事先向建设行政管理部门备案。"

11）通行安全保障措施要求

第二十条规定："建设工程项目的外立面紧邻人行道或者车行道的，施工单位应当在该道路上方搭建坚固的安全天棚，并设置必要的警示和引导标志。

因建设工程施工需要，对道路实施全部封闭、部分封闭或者减少车行道，影响行人出行安全的，施工单位应当设置安全通道；临时占用施工工地以外的道路或者场地的，施工单位应当设置围挡予以封闭。"

12）施工现场生活区设置要求

① 施工现场设置生活区的，应当符合下列规定：

a. 生活区和作业区分隔设置；

b. 设置饮用水设施；

c. 设置盥洗池和淋浴间；

d. 设置水冲式或者移动式厕所，并由专人负责冲洗和消毒；

e. 设置密闭式垃圾容器，生活垃圾应当放置于垃圾容器内并做到日产日清。

② 在生活区设置食堂的，应当依法办理餐饮服务许可手续，并遵守食品卫生管理的有关规定。

③ 在生活区设置宿舍的，应当安装可开启式窗户，每间宿舍人均居住面积不得低于$4m^2$。

13）竣工后工地的清理要求

第二十二条规定："建设工程竣工备案前，施工单位应当按照规定，及时拆除施工现场围挡和其他施工临时设施，平整施工工地，清除建筑垃圾、工程渣土及其他废弃物。"

14）投诉

第二十五条规定："任何单位和个人发现施工活动有违反本规定情形的，可以向建设行政管理部门投诉。建设行政管理部门接到投诉后，应当及时进行处理，并将处理结果告知投诉人。"

1.4.5 《上海交通行业生产安全突发事件信息报告规定》

《上海交通行业生产安全突发事件信息报告规定》（沪交安〔2016〕695号）由上海市交通委员会第十一次主任办公会于2016年6月27日审议通过，自2016年8月15日起施行。

（1）报告时限

信息报告执行初报、续报和终报制度。

符合本规定第三条的信息，事发单位应在事发后30分钟内以口头方式、1小时内以书面方式（可包括但不限于现场图片等）向所属行业管理部门报告。

区县交通主管部门、委属相关单位在接报信息后，应在30分钟内以口头方式、1小时内以书面方式（可包括但不限于现场图片等）向委指挥中心报告。

特殊情况不能在规定时限内以书面形式报告的，应先以电话等形式报告，并说明理由，待条件许可时再补充。

重大事件、特别重大事件的处置信息应每日至少一报。

（2）报告内容

信息来源必须客观真实，内容应简明准确、要素完整、重点突出，应包括以下要素：

1）事件发生的时间、地点及信息来源；

2）事件起因、性质、基本过程、影响范围、已造成的后果（如遇险人数或死亡人数等）、可能造成的进一步危害以及要求帮助解决的问题；

3）已采取的处理措施，处置结果及下一步的工作计划；

4）信息报送单位、联系人及其联系方法等；

5）信息报告所需的其他要素。

（3）报告程序

1）事件涉及的行业企业，应根据本规定第六条的规定，向所属行业管理部门报告，并做好续报工作（接报通讯方式见附件2）。

2）相关行业管理部门接报信息后，应在规定时间内填写《上海交通行业生产安全突发事件信息报送稿》（见附件3）报委指挥中心，并做好续报工作。

3）委指挥中心在接报信息后，应立即报告委主要领导、分管领导、委有关职能处室。

4）如委领导对信息作出指示或提出要求，委指挥中心要迅速告知相关部门和单位。并按委领导批示，及时报市委、市府总值班室、交通运输部应急办等上级管理部门。

5）信息须经本单位值守应急机构负责人审核；事态紧急时，值班员可先行上报。

（4）信息补报

信息报告后出现新情况的，应当及时补报。

道路、水上交通事故自发生之日起7日内，事故造成的伤亡人数发生变化的，应当及时补报。其他行业事故自事故发生之日起30日内，事故造成的伤亡人数发生变化的应当及时补报。

（5）零报告

节假日、重大活动期间等敏感时段，实行信息每日零报告制度。具体报告的时间和时间间隔另行发文通知。

（6）责任追究

市交通委将信息报告统一纳入本市交通行业年度安全应急工作考核体系。有下列情况之一的，将视情节在行业内予以通报批评，并依法追究行政责任。

1）超过规定时限，经提醒仍未在指定时间内上报的；

2）故意不如实上报有关重要内容，经查证属实的；

3）故意隐瞒已发生的事件，经查证属实的；

4）出现重要信息、数据内容错报情况，超过48小时，未更正报送的；

5）市委、市政府、交通运输部及其他行业管理部门已掌握重要事件信息，涉及单位未按规定向市交通委报送的；

6）造成严重社会影响，被新闻媒体如实报道，而涉及单位未报送的；

7）符合信息报送范围，涉及单位未及时报送的。

1.4.6 上海市《关于加强本市建筑施工特种作业人员考核和持证上岗管理工作的通知》

《关于加强本市建筑施工特种作业人员考核和持证上岗管理工作的通知》（沪建交〔2009〕243号），自2010年1月1日起实行。

（1）适用工种

本通知适用范围为：在本市建设工程施工现场从事建筑电工、建筑施工脚手架（普通脚手架和附着升降式脚手架）架子工、建筑起重信号司索工、建筑起重机械（塔式起重机、施工升降机和物料提升机）司机、建筑起重机械（塔式起重机、施工升降机和物料提升机）安装拆卸工、吊篮安装拆卸（操作）工、桩工机械安装拆卸（操作）工、建筑焊割（操作）工的工种。

（2）领证对象

申请领证

凡属于本通知适用工种的本市特种作业人员，符合相应特种作业规定的年龄要求，具有初中（含）以上文化程度，近三个月内经二级乙等以上医院体检合格，且无妨碍从事施工现场相应特种作业的疾病和生理缺陷，又符合相应特种作业规定条件的，可申请参加相应工种应知应会考试，经考试合格者可取得中华人民共和国住房和城乡建设部监制的、盖有上海市城乡建设和交通委员会专用印章的《建筑施工特种作业人员操作资格证书》（以下简称《操作资格证书》）。

（3）考核内容

建筑施工特种作业人员应知应会培训考核，严格按照住房和城乡建设部《建筑施工特种作业人员安全技术考核大纲》执行。考核内容由施工现场安全技术理论和安全操作技能两个部分组成。现场安全技术理论考核不合格的，不得参加安全操作技能考核。

1.4.7 《上海市交通建设工程生产安全重大隐患排查治理挂牌督办实施办法》

（1）目的和适用范围

为贯彻落实交通运输部《公路水运工程生产安全重大事故隐患挂牌督办制度（暂行）》的通知要求，推动企业落实生产安全重大隐患排查治理责任，积极防范和有效遏制事故的发生，上海市交通建设工程安全质量监督站于2014年12月30日印发了《上海市交通建设工程生产安全重大隐患排查治理挂牌督办实施办法》。

本办法所称重大事故隐患是指在交通建设工程[公路和城市道路、轨道交通、枢纽场站、公交站点、公共停车场（库）、港口、航道、桥梁、隧道等]施工过程中，存在的危害和整改难度较大、可能导致群死群伤或造成重大经济损失的，应当全部或者局部停止作业，并经过一定时间整改治理方能排除的生产安全隐患。

本办法所称挂牌督办是指上海市交通建设工程安全质量监督站（以下简称："市交通质监站"）以下达督办通知书以及信息公开等方式，督促企业按照法律法规和技术标准，做好交通建设工程生产安全重大隐患排查治理的工作。

（2）责任主体及实施要求

交通建设工程施工企业是交通建设工程生产安全重大事故隐患排查、治理和防控的责任主体，应当建立健全重大事故隐患排查治理工作制度，并落实到每一个工程项目。企业及工程项目的主要负责人对所承建交通建设工程项目的重大事故隐患排查治理工作全面负责。

交通建设工程施工企业应当定期组织安全生产管理人员、工程技术人员和其他相关人员排查每一个工程项目的重大事故隐患，特别是对长大隧道或地质不良隧道作业、水（海）上作业、大型起重吊装作业、深基坑作业、盾构掘进作业、高支模作业等技术难度大、风险大的重要工程施工作业应重点定期排查。对排查出的重大事故隐患，应及时实施治理消除。不能立即消除的，在施工现场要设立风险告知牌和警戒区，告知作业人员风险，暂停该区域作业。

交通建设工程施工企业应及时将工程项目重大事故隐患排查治理的有关情况向建设单位报告。建设单位应积极协调勘察、设计、施工、监理、监测等单位，并在资金、人员等方面积极配合做好重大事故隐患排查治理工作。

（3）挂牌督办原则及流程

交通建设工程生产安全重大事故隐患治理挂牌督办按照"谁存在事故隐患，谁负责治理整改"原则，实行"业主组织、监理督促、施工治理"的工作机制。市交通质监站负责该工程项目的监督工程师对治理过程进行监督。

市交通质监站巡查发现或接到工程项目重大事故隐患举报经核实的，应及时向该工程建设单位下达《上海市交通建设工程生产安全重大事故隐患治理挂牌督办通知书》，同时在站网页上公开有关督办信息，接受社会监督。

项目施工企业要结合施工项目特点制定重大事故隐患治理整改方案，明确治理责任、目标、任务、方法、措施、资金、物资、人员、期限、安全措施、应急预案和过程监控等要求。监理企业对重大事故隐患治理整改要全过程进行监理，确认重大事故隐患消除后，由项目建设单位向市交通质监站报送整改治理报告，并书面提请解除督办。

市交通质监站收到建设单位提出的重大事故隐患解除督办申请后，根据"谁督办，谁复查"的原则，项目监督工程师应当立即进行现场复查。复查合格的，依照规定解除督办。审查不合格的，继续实施挂牌督办。

施工企业不认真执行《上海市交通建设工程生产安全重大事故隐患治理挂牌督办通知书》的，市交通质监站依法责令其整改；情节严重的依法责令停工整改；不认真整改导致生产安全事故发生的，依法进行行政处罚和追究企业和相关负责人的责任。

挂牌督办单位应建立挂牌督办管理台账和管理档案，由专人负责档案管理工作。

1.4.8 《上海市安全生产条例》

（1）总则

1）为了加强本市安全生产监督管理，防止和减少生产安全事故，保障人民群众生命和财产安全，促进经济发展和社会稳定，根据《中华人民共和国安全生产法》和其他有关法律、行政法规，结合本市实际，制定本条例。

2）安全生产管理应当以人为本，坚持"安全第一、预防为主、综合治理"的方针，实行政府领导、部门监管、单位负责、群众参与、社会监督的原则。建立和健全各级安全生产责任制。

3）生产经营单位是安全生产的责任主体。生产经营单位主要负责人对本单位的安全生产工作全面负责；分管安全生产的负责人协助主要负责人履行安全生产职责；其他负责人应当按照各自分工，负责其职责范围内的安全生产工作。

4）从业人员依法享有平等获得安全生产保障的权利，并应当依法履行安全生产方面的义务。

（2）生产经营单位的安全生产保障

1）生产经营单位应当具备法律、法规和强制性标准规定的安全生产条件。不具备安全生产条件的，不得从事生产经营活动。

2）生产经营单位主要负责人应当履行《中华人民共和国安全生产法》和其他法律、法规规定的职责，定期研究安全生产问题，向职工代表大会、股东大会报告安全生产情况，接受安全生产监管部门和有关部门的监督检查，接受工会、从业人员对安全生产工作的民主监督。

3）生产经营单位的安全生产管理机构和安全生产管理人员负有下列职责：贯彻国家安全生产的法律、法规和标准；协助制订安全生产规章制度和安全技术操作规程；开展安全生产检查，发现事故隐患，督促有关业务部门及时整改；开展安全生产宣传、教育培训，总结和推广安全生产的经验参与新建、改建、扩建的建设项目安全设施的审查，管理和发放劳动防护用品；组织编制本单位的生产安全事故应急预案，并定期开展演练；协助调查和处理生产安全事故，进行伤亡事故的统计、分析，提出报告；其他安全生产工作。

4）生产经营单位应当对下列人员及时进行安全生产教育和培训：新进从业人员；离岗六个月以上的或者换岗的从业人员；采用新工艺、新技术、新材料或者使用新设备后的有关从业人员。生产经营单位应当对在岗的从业人员进行定期的安全生产教育和培训。从业人员未经安全生产教育和培训合格的，不得上岗作业。

5）从事电工作业、焊接与热切割作业、高处作业、制冷与空调作业、冶金生产安全作业、危险化学品安全作业、烟花爆竹安全作业等特种作业的人员，应当按照国家有关规定经专门的安全作业培训，经考核合格取得特种作业操作资格证书后，方可上岗作业。

6）生产经营单位应当按照国家有关规定办理重大危险源备案，并采取下列监控措施：建立运行管理档案，对运行情况进行全程监控；定期对设施、设备进行检测、检验；定期进行安全评价；定期检查重大危险源的安全状态；制定应急救援预案，定期组织应急救援演练。

7）生产经营单位进行爆破、大型设备（构件）吊装、危险装置设备试生产、危险场所动火作业、有毒有害及受限空间作业、重大危险源作业等危险作业的，应当按批准权限由相关负责人现场带班，确定专人进行现场作业的统一指挥，由专职安全生产管理人员进行现场安全检查和监督，并由具有专业资质的人员实施作业。

8）生产经营单位应当为从业人员提供符合国家标准或者行业标准的劳动防护用品，并教育、督促从业人员正确佩戴、使用。生产经营单位不得以现金或者其他物品替代劳动防护用品的提供。

9）存在职业危害的生产经营单位应当依法建立职业危害防治制度，包括职业危害的防治责任、告知、申报、宣传教育、防护设施维护检修、日常监测、从业人员体检以及职业健康监护档案管理等内容。

10）生产经营单位应当根据本单位的生产经营特点进行经常性的安全生产检查，定期进行专业性的安全生产检查，每月至少进行一次综合性的安全生产检查。

11）生产经营单位对本单位的生产安全事故隐患治理负全部责任，发现事故隐患的，应当立即采取措施予以消除；对非本单位原因造成的事故隐患，不能及时消除或者难以消除的，应当采取必要的安全措施，并立即向安全生产监管部门和专项监管部门报告。

（3）从业人员的权利和义务

1）生产经营活动中，从业人员享有下列权利：在集体合同、劳动合同中，载明劳动安全、防止职业危害和工伤保险等事项；了解其作业场所、工作岗位存在的危险因素及防范、应急措施；对本单位安全生产工作中存在的问题提出建议、批评、检举和控告；拒绝违章指挥、强令冒险作业的要求；发现直接危及人身安全的紧急情况时，停止作业或者在采取可能的应急措施后撤离作业场所；因生产安全事故受到损害后提出赔偿要求；接受安全生产教育和培训，掌握本职工作所必需的安全生产技能；获得生产经营单位提供的符合国家和行业标准的劳动条件和劳动防护用品；因接触职业危害因素接受符合国家有关规定的职业健康检查；法律、法规规定的其他权利。

2）生产经营活动中，从业人员应当履行下列义务：严格遵守本单位的安全生产规章制度和操作规程；正确使用劳动防护用品；接受安全生产教育和培训；及时报告事故隐患和不安全因素；法律、法规规定的其他义务。

（4）安全生产监督管理

1）本市实行各级人民政府和有关部门安全生产行政责任制度。市和区、县人民政府及其有关部门的主要负责人对本地区、本行业的安全生产管理工作承担主要责任，其他分管负责人按照职责分工依法承担相应责任。

2）生产经营单位应当每年至少组织一次综合应急救援预案演练或者专项应急救援预案演练。高危行业、较大危险行业的生产经营单位，应当每半年至少组织一次综合应急救援预案演练或者专项应急救援预案演练。

（5）生产安全事故的应急、救援和调查处理

1）市和区、县人民政府应当建立、健全安全生产应急救援体系，根据本市突发公共事件总体预案，组织制定生产安全事故应急救援预案，确定应急救援队伍，储备应急救援物资、装备，加强安全生产应急救援资源共享和信息互通。应急救援预案应当包括建立应急指挥体系，明确相关部门的应急救援职责，确定应急救援队伍，确定应急救援技术专家、建立抢险装备等信息数据库，确定交通、医疗、物资、经费、治安等保障措施，进行应急救援预案演练等。

2）生产经营单位发生生产安全事故后，应当在一小时内向安全生产监管部门和专项监管部门报告；情况紧急时，应当在30分钟内向安全生产监管部门和专项监管部门报告。安全生产监管部门和专项监管部门应当逐级上报事故情况。每级上报均应当在一小时内完成口头上报，在两小时内完成书面上报。

3）生产安全事故发生后，生产经营单位应当立即启动相应的应急救援预案，迅速采取有效措施，组织抢救，防止事故扩大，减少人员伤亡和财产损失；市或者区、县人民政府以及安全生产监管部门、相关专项监管部门接到事故报告后，应当立即组织事故救援。

4）除法律、行政法规另有规定外，本市发生的生产安全事故按照下列规定进行调查：重大和较大生产安全事故，由市人民政府负责调查，市人民政府可以授权或者委托市安全生产监管部门或者其他有关部门组织调查；一般生产安全事故，由事故发生地区、县人民政府负责调查，区、县人民政府可以授权或者委托区、县安全生产监管部门或者其他有关部门组织调查。市人民政府认为必要时，可以调查区、县人民政府负责调查的事故。

（6）法律责任：违反本条例规定的行为，《中华人民共和国安全生产法》及其他有关法律、法规已有处罚规定的，依照其规定处罚；构成犯罪的，依法追究刑事责任。生产经营单位发生生产安全事故，造成他人人身、财产损害的，依照有关法律，承担赔偿责任。

1.4.9 上海市《本市交通建设工程施工现场新冠肺炎疫情常态化防控工作指引》

（1）明确责任主体

建立本市交通建设工程施工现场疫情常态化防控工作三级责任体系。

1）项目参建单位承担工地疫情常态化防控主体责任

由项目建设单位总牵头，会同施工总承包单位、监理单位、分包单位建立工地疫情防控小组（以下简称："疫情防控小组"），建立防控体系、制定工作方案、储备应急物资、完善应急预案、落实防疫措施。疫情防控小组由建设单位项目负责人担任组长，施

工总承包单位、监理单位项目负责人担任副组长，关键岗位人员担任组员，专人专岗，明确职责，并落实专人对接属地街镇主管部门、疾控部门和行业监管部门。

2) 行业监管部门承担工地疫情常态化防控监管责任

市、区交通建设主管部门根据"市区两级、分级管理"原则负责所辖工地疫情常态化防控监管责任。市管交通建设工地，由市交通安质监站组织监督检查执法。市交通委将适时组织督查。

3) 属地街镇承担工地疫情常态化防控属地责任

属地街镇应将辖区内工地纳入常态化管理范畴。

(2) 严格现场管控

1) 进场人员实施严控

疫情防控小组应在工地入口设立健康检查点，严把"入口关"。每个工地只开放一个出入口，对所有进场人员实施体温检测和"健康码"查验，并按规定要求来沪人员填写《健康信息登记表》，核实身份证号码、联系电话等关键信息，实行实名制登记。工地须单独设立临时隔离室，一旦发现来自或途径中高风险地区（包括与上述人员密切接触者），以及体温检测不合格的人员，务必在第一时间进行隔离，并通知所属街镇迅速处置，移交时办理好交接手续。来自或途经中高风险地区的人员，应按照相关规定，自觉向社区报告并接受管理。

2) 场内管理实施严管

疫情防控小组应按照卫生防疫要求，严把"场内关"。指定专人对参建各方所有进场人员每天早晚两次逐人进行体温检测，一人负责检测，一人负责复核，建立"一人一档"制度。办公区、生活区、施工区、材料加工和存放区等区域应分离，保持施工现场、食堂、厨房、宿舍以及厕所等场所的卫生清洁。保持室内空气流通，落实环境消毒制度（每日不少于两次），切实做好施工现场卫生和个人卫生防护，生活垃圾分类清理，严格按照卫生防疫要求处置口罩等医用防护用品垃圾。工地食堂采取分餐等措施，做到一人一具一用一消毒。每间宿舍居住人员不超过6人、人均不小于$4m^2$。

3) 外部隐患实施严防

疫情防控小组应按照外防输入要求，严把"外联关"。配送材料、物资和土方清运等外来车辆，需停留在"待检区"，在对车上人员进行现场体温检测合格后方可驶入，司乘人员做好实名制登记。生活保障物资应由专人外出采购，外出人员做好自身防护措施，出入时间、外出路线以及交通工具均做好登记备案。严格执行食品采购、加工、储存等卫生标准要求。不得违规饲养、宰杀和处置家禽或野生动物，切实保障食品安全。对有外出需求的人员，需经疫情防控小组出具同意外出书面批准单（签字盖章），经工地门卫核实并回收后方可外出。返场时，严格按照进场防控要求，加强管理。

4) 督导检查实施严查

开展疫情防控情况三级检查，严把"督查关"。各工地成立建设、施工、监理单位相关负责人员组成的检查组，对工地疫情防控体系建设、人员管理、场所清洁等要求落实情况开展自查，发现问题及时督促整改，闭环管理。行业监管部门对所辖工地开展督导检查，采用"四不两直"等方式，对工地落实防疫要求情况进行督查，一经发现工地存在防控责任和措施落实不到位，责令立即整改；情节严重的，责令停工整改，并依法进行处理。各工地应自觉接受属地街镇防疫检查督导。

（3）强化工作要求

1）统一思想认识

各单位要深入贯彻落实习近平总书记重要讲话和指示批示精神，深刻理解"常态化"不是"正常化"的管理要求，提高政治站位，强化责任意识，预防为主、科学管理、精准防控，慎终如始抓好疫情常态化防控工作。各单位要按照"及时发现、快速处置、精准管控、有效救治"的要求，结合实际制定疫情常态化防控工作专项方案，持续落实疫情常态化防控各项措施，做到疫情一日不解除，防控一刻不放松。

2）开展宣传教育

各相关单位要通过宣传栏、专题讲座、班前教育等方式，组织开展新冠肺炎病毒防控知识宣传，积极倡导卫生、除陋习，摒弃乱扔、乱吐的不文明行为，推广健康的生活方式，增强身体抵抗力，提高职工的自我防护能力，养成科学佩戴口罩、勤洗手、加强通风消毒、保持"一米线"、公筷制、咳嗽、打喷嚏注意遮挡等卫生习惯和生活方式。

3）加强信息报送

施工现场发现确诊患者、疑似病例、密切接触者等情况，应立即隔离，按照属地管理要求报告社区防疫、疾控部门进行处置，并按照突发事件报告要求，报告相关主管部门（市交通委指挥中心24小时值班电话：62598848，传真：62591160）。对存在瞒报、谎报、漏报、迟报疫情防控信息等情况的，将依法追究责任。

1.4.10 《上海市交通委员会关于加强本市交通建设工程新型冠状病毒感染的肺炎疫情防控工作的通知》

（1）加强人员管理

建设单位要组织施工总承包、监理等单位严格落实务工人员实名制管理制度，最大限度地减少工地现场人员流动，并全面掌握务工人员身体健康状况。一是加强对未离沪务工人员及来沪亲属的排摸，并向相应交通安质监机构登记报备。二是严格执行"三个覆盖"（入沪人员信息登记全覆盖、重点地区人员医学观察全覆盖、管理服务全覆盖）和"三个一律"（对入沪人员一律测量体温、对来自重点地区人员一律实施医学观察、对其他外来地区人员要求由其所在单位一律申报相关信息）要求，加强对新入沪务工人员的监测排查，并与属地卫生防疫部门密切联系。

（2）加强工地管理

对于当前正在施工或经批准后提前复工的工地，建设、施工总承包、监理等单位要切实落实各项疫情防控措施，配足防护用品，加强体温测量、落实环境消毒制度，保持施工现场、生活区域（工地食堂、宿舍以及厕所等场所）的清洁卫生，确保不留盲区和死角。施工总承包要建立健全卫生防疫应急预案。各项目部党组织要广泛发动群众、仅仅依靠群众，全面落实联防联控措施，充分发挥战斗堡垒作用。

（3）加强疫情防控

交通建设工地的疫情防控工作统一纳入属地监管，服从属地管理部门关于疫情防控工作的统一调度、统一监管。各单位要建立防控管理体系，严格落实主体责任，编制疫情防控预案，全面开展疫情防控宣传教育工作，提高现场人员的防控意识，自觉做好自身防护。

(4) 加强监督管理

各区交通建设主管部门、市交通安质监站应加强监督检查，督促交通建设工地严格落实疫情防控措施。对落实防控措施不力、擅自复工、信息报送不及时的单位，要严肃处理、严格执法。

(5) 加强信息报送

在防疫期间，交通建设工地实行工地疫情防控日报制度和快报制度，推动信息登记报告全覆盖，确保在第一时间按照卫生部门要求落实相关措施。日报制度，由各区交通建设主管部门、市交通安质监站负责于每日上午8时前报委交通指挥中心。快报制度，发生疫情的市属项目，由建设单位报委交通指挥中心，同步抄送市交通安质监站；发生疫情的区属项目，由区交通建设主管部门报委交通指挥中心。

1.5 安全生产法律法规习题

1.5.1 公路篇

(一) 单项选择题

1.特种设备使用单位应当按照安全技术规范的要求，在检验合格有效期届满前（　　）向特种设备检验机构提出定期检验要求。

A.半年　　　　B.十五日　　　　C.一个月　　　　D.一周

2.按照国家工程建设消防技术标准需要进行消防设计的建设工程，建设单位应当自依法取得施工许可之日起（　　）个工作日内，将消防设计文件报公安机关消防机构备案，公安机关消防机构应当进行抽查。

A.5　　　　B.7　　　　C.10　　　　D.14

3.2015年8月29日，中华人民共和国第十二届全国人大常委会十六次会议表决通过刑法修正案（　　）。

A.九　　　　B.七　　　　C.八　　　　D.十

4.下列犯罪中，犯罪主体为一般主体的是（　　）。

A.重大责任事故罪　　　　　　B.重大劳动安全事故罪
C.工程重大安全事故罪　　　　D.迟报瞒报事故罪

5.根据《生产安全事故报告和调查处理条例》，重大事故是指（　　）。

A.造成30人以上死亡，或者100人以上重伤，或者1亿元以上直接经济损失的事故

B.造成10人以上30人以下死亡，或者50人以上100人以下重伤，或者5000万元以上1亿元以下直接经济损失的事故

C.造成3人以上10人以下死亡，或者10人以上50人以下重伤，或者1000万元以上

5000万元以下直接经济损失的事故

　　D.造成3人以下死亡，或者10人以下重伤，或者1000万元以下直接经济损失的事故

6.事故报告应遵循逐级上报的原则，每级上报时间不得超过（　　）小时。
　　A.0.5　　　　　B.1　　　　　C.2　　　　　D.3

7.以下哪种费用不在企业安全生产费用中支出：（　　）。
　　A.为职工提供的工伤保险的支出　　　B.安全技能培训及进行应急救援演练支出
　　C.安全生产检查与评价支出　　　　　D.配备必要的应急救援器材、设备等支出

8.针对安全生产领域违法违纪行为的类别和表现，以下哪个不属于对公务员的处分种类（　　）。
　　A.警告　　　　B.留用察看　　　C.降级　　　　D.开除

9.建设项目对环境可能造成轻度影响的（　　）。
　　A.应当编制环境影响报告书　　　　B.应当编制环境影响报告表
　　C.应当填报环境影响登记表　　　　D.不需要编制表格

10.建设单位编制建设项目初步设计未落实防治环境污染和生态破坏的措施以及环境保护设施投资概算，未将环境保护设施建设纳入施工合同，或者未依法开展环境影响后评价的，（　　）。
　　A.由建设项目所在地县级以上环境保护行政主管部门责令限期改正，处20万元以上100万元以下的罚款
　　B.由建设项目所在地县级以上环境保护行政主管部门责令限期改正，处5万元以上20万元以下的罚款
　　C.由建设项目所在地环境保护行政主管部门责令限期改正，处5万元以上20万元以下的罚款
　　D.由建设项目所在地环境保护行政主管部门责令限期改正，处20万元以上100万元以下的罚款

11.安全生产信用评分分为（　　）三种情形。
　　A.安全生产责任事故扣分、不良行为扣分和失信扣分
　　B.安全生产责任不良行为扣分、失信扣分和奖励加分
　　C.安全生产责任事故扣分、不良行为扣分和奖励加分
　　D.安全生产责任事故扣分、失信扣分和奖励加分

12.依据《生产安全事故应急预案管理办法》应急预案的管理实行（　　）的原则。
　　A.属地为主、分级负责、分类指导、综合协调、动态管理
　　B.经营单位为主、分级负责、分类指导、综合协调、动态管理

C.属地为主、经营单位配合、分级负责、分类指导、综合协调、动态管理
D.属地为主、经营单位配合、员工施行、分级负责、分类指导、综合协调、动态管理

13.依据《生产安全事故应急预案管理办法》，生产经营单位应当根据有关法律、法规、规章和相关标准，结合本单位（　　），确立本单位的应急预案体系，编制相应的应急预案，并体现自救互救和先期处置等特点。
　　A.管理规模、组织管理体系、生产规模和可能发生的事故特点
　　B.管理规模、生产规模和可能发生的事故特点
　　C.管理规模、组织管理体系和可能发生的事故特点
　　D.组织管理体系、生产规模和可能发生的事故特点

14.依据《生产安全事故应急预案管理办法》，受理备案登记的负有安全生产监督管理职责的部门应当在（　　）个工作日内对应急预案材料进行核对，材料齐全的，应当予以备案并出具应急预案备案登记表；材料不齐全的，不予备案并一次性告知需要补齐的材料。逾期不予备案又不说明理由的，视为已经备案。
　　A.3　　　　　　　B.4　　　　　　　C.5　　　　　　　D.6

15.国家安全监管总局办公厅汇总各地区报送的信息，分送各业务司局审核把关。审核通过的，在总局政府网站和中国安全生产报公示，公示期（　　）个工作日。公示无异议的，纳入守信联合激励对象，向社会公告并通报有关部门。
　　A.10　　　　　　B.15　　　　　　C.20　　　　　　D.30

16.推行安全生产责任保险工作必须按照政策引导、政府推动、市场运作的方式进行，坚持（　　）的原则。
　　A.预防为主、税率合理、理赔及时　　B.预防为主、费率合理、理赔及时
　　C.风险防控、税率合理、理赔及时　　D.风险防控、费率合理、理赔及时

17.任何单位、组织和个人（以下统称："举报人"）有权向（　　）举报重大事故隐患和安全生产违法行为。
　　A.政府机关　　　　　　　　　　　　B.各级人民政府安全生产监督管理部门
　　C.负有安全生产监督管理职责的部门　D.县级以上煤矿安全监察机构

18.建立企业全过程安全生产和职业健康管理制度，需要做到（　　）"五到位"。国有企业要发挥安全生产工作示范带头作用，自觉接受属地监管。
　　A.安全责任、组织、投入、技术和应急救援
　　B.安全责任、管理、组织、技术和应急救援
　　C.安全责任、技术、投入、培训和应急救援
　　D.安全责任、管理、投入、培训和应急救援

19.地方各级负有安全生产监督管理职责的部门要按照"管行业必须管安全、管业务必须管安全、管生产经营必须管安全"和"谁主管、谁负责"的要求,切实履行安全生产监督管理职责,加强对企业建立和落实全员安全生产责任制工作的指导督促和监督检查。监督检查的内容主要包括( )
　　A.企业全员安全生产责任制执行、公示、培训、落实情况
　　B.企业全员安全生产责任制公示、培训、落实、考核情况
　　C.企业全员安全生产责任制建立、公示、培训、考核情况
　　D.企业全员安全生产责任制执行、公示、培训、考核情况

20.下列不属于从业单位建立健全安全生产责任制,各岗位应当明确的内容是( )。
　　A.责任人员　　　B.工作责任　　　C.责任范围　　　D.考核标准

21.风险等级按照可能导致安全生产事故的后果和概率,由高到低依次分为( )四个等级。
　　A.特大、重大、较大和一般
　　B.特大、重大、一般和较小
　　C.重大、较大、一般和较小
　　D.特大、较大、一般和较小

22.生产经营单位应针对本单位生产经营活动范围及其生产经营环节,按照相关法规标准要求,( ),明确风险辨识范围、方式和程序。
　　A.编制风险预防手册
　　B.编制风险辨识手册
　　C.编制风险预防措施手册
　　D.编制风险应急手册

23.从业人员发现隐患,应当立即向( )报告;接到报告的人员应当及时予以处理。
　　A.监理单位负责人
　　B.项目经理
　　C.安全生产管理部门负责人
　　D.现场安全生产管理人员或者本单位负责人

24.重大隐患报备包括( )三种方式。
　　A.首次报备、月度报备和不定期报备
　　B.首次报备、季度报备和不定期报备
　　C.首次报备、年度报备和不定期报备
　　D.首次报备、定期报备和不定期报备

25.对公示的信用评定结果有异议的,生产经营单位和从业人员可向( )进行申诉。
　　A.负有安全生产监督管理职责的交通运输管理部门
　　B.交通运输管理部门
　　C.作出不良行为认定的管理部门
　　D.政府相关部门

26.建设项目完工后,需要进行试运行的,其配套建设的职业病防护设施必须与主体工程同时投入试运行。试运行时间应当不少于____日,最长不得超过____日,国家有关部门另有规定或者特殊要求的行业除外。( )
　　A.15,90　　　B.30,90　　　C.15,180　　　D.30,180

27.各地区根据实际情况确定安全生产责任保险中涉及人员死亡的最低赔偿金额，每死亡一人按不低于（ ）万元赔偿，并按本地区城镇居民上一年度人均可支配收入的变化进行调整。

A.10 B.20 C.30 D.40

28.对举报重大事故隐患、违法生产经营建设的，奖励金额按照行政处罚金额的15%计算，最低奖励____元，最高不超过____元。（ ）

A.2000，10万 B.2000，30万 C.3000，10万 D.3000，30万

29.根据《国务院安委办关于实施遏制重特大事故工作指南构建双重预防机制的意见》，各地区要组织对公共区域内的安全风险进行全面辨识和评估，根据风险分布情况和可能造成的危害程度，确定区域安全风险等级，并结合企业报告的重大安全风险情况，汇总建立区域安全风险数据库，绘制（ ）安全风险空间分布图。

A.区域"红黄橙蓝"四色 B.区域"红黄蓝橙"四色
C.区域"红蓝黄橙"四色 D.区域"红橙黄蓝"四色

30.施工用电设备数量在____个及以上或设备总容量在____kW及以上者应编制用电组织设计。（ ）

A.5，50 B.5，100 C.10，50 D.10，100

31.劳动者的权力不包括（ ）。

A.知情权 B.拒绝违章冒险权
C.工程和岗位选择权 D.参与决策权

32.进行可能危及危险化学品管道安全的施工作业，施工单位应当在开工的（ ）日前书面通知管道所属单位，并与管道所属单位共同制定应急预案，采取相应的安全防护措施。管道所属单位应当指派专门人员到现场进行管道安全保护指导。

A.5 B.7 C.10 D.30

33.进行可能危及危险化学品管道安全的施工作业，施工单位未按照规定书面通知管道所属单位，或者未与管道所属单位共同制定应急预案、采取相应的安全防护措施，或者管道所属单位未指派专门人员到现场进行管道安全保护指导的，由安全生产监督管理部门责令改正，可以处（ ）的罚款，情节严重的，责令停产停业整顿。

A.2万以上5万元以下 B.5万元以下
C.5万以上10万元以下 D.10万以上20万元以下

34.建筑施工单位应当至少（ ）组织1次生产安全事故应急救援预案演练，并将演练情况报送所在地县级以上地方人民政府负有安全生产监督管理职责的部门。

A.每年 B.每半年 C.每月 D.每季度

35.危大工程施工应该编制专项施工方案。实行施工总承包的,专项施工方案应当由( )组织编制。危大工程实行分包的,专项施工方案可以由相关专业分包单位组织编制。
   A.建设单位   B.监理单位
   C.施工总承包单位   D.政府职能部门

36.对于超过一定规模的危大工程,施工单位应当组织召开专家论证会对专项施工方案进行论证。实行施工总承包的,由施工总承包单位组织召开专家论证会。专家论证前专项施工方案应当通过施工单位审核和总监理工程师审查。专家应当从地方人民政府住房城乡建设主管部门建立的专家库中选取,符合专业要求且人数不得少于( )名。与本工程有利害关系的人员不得以专家身份参加专家论证会。
   A.3   B.5   C.6   D.8

37.施工单位未按照本规定编制并审核危大工程专项施工方案的,依照《建设工程安全生产管理条例》对单位进行处罚,并暂扣安全生产许可证( )日。
   A.10   B.15   C.30   D.60

38.施工单位应当对危大工程施工作业人员进行登记,( )应当对专项施工方案实施情况进行现场监督,对未按照专项施工方案施工的,应当要求立即整改,并及时报告项目负责人,项目负责人应当及时组织限期整改。
   A.班组长   B.技术负责人
   C.专职安全生产管理人员   D.施工员

39.《中共中央国务院关于推进安全生产领域改革发展的意见》要求到( )年,实现安全生产治理体系和治理能力现代化,全民安全文明素质全面提升,安全生产保障能力显著增强。
   A.2020   B.2022   C.2025   D.2030

40.完善安全投入长效机制,要求落实( )制度,建立企业增加安全投入的激励约束机制。
   A.企业安全生产费用提取管理使用   B.安全生产风险抵押金
   C.安全生产责任保险   D.建立失信惩戒和守信激励

41.企业主要负责人要( )组织制定并实施本企业全员安全生产教育和培训计划。
   A.指定专人   B.安排人员   C.亲自   D.明确

42.受理备案登记的负有安全生产监督管理职责的部门应当在( )个工作日内对应急预案材料进行核对,材料齐全的,应当予以备案并出具应急预案备案登记表。
   A.3   B.5   C.7   D.10

43.生产经营单位应当制定本单位的应急预案演练计划,根据本单位的事故风险特点,每年至少组织____次综合应急预案演练或者专项应急预案演练,每半年至少组织____次现场处置方案演练。( )

  A.一,一   B.一,二   C.二,一   D.二,二

44.工地疫情防控小组由( )项目负责人担任组长。

  A.建设单位   B.施工总承包单位

  C.监理单位   D.分包单位

45.工地疫情防控小组应指定专人对参建各方所有进场人员每天进行( )逐人体温检测。

  A.1次   B.2次   C.3次   D.4次

46.一旦发现来自或途径中高风险地区,以及体温检测不合格的人员,务必在第一时间进行隔离,并通知( )迅速处置。

  A.建设单位 B.监理单位 C.施工总承包单位 D.所属街镇

47.新冠肺炎疫情常态化防控期间,每个工地可开放( )出入口。

  A.1个   B.2个   C.3个   D.4个

48.新冠肺炎疫情常态化防控期间,每日应进行( )环境消毒。

  A.1次   B.2次   C.3次   D.4次

(二)多项选择题

1.以下属于生产经营单位主要负责人的安全生产职责的有( )。

  A.建立、健全本单位安全生产责任制

  B.督促、检查本单位的安全生产工作,及时消除生产安全事故隐患

  C.及时、如实报告生产安全事故

  D.组织落实安全生产培训工作

  E.保证本单位安全生产投入的有效实施

2.以下属于工程重大安全事故罪犯罪主体的有( )。

  A.建设单位   B.设计单位   C.勘察单位

  D.施工单位   E.监理单位

3.依据《中共中央、国务院关于推进安全生产领域改革发展的意见》,加强安全生产工作需要坚持( )的原则。

  A.以人为本   B.安全发展   C.改革创新

  D.依法监管   E.源头防范

4.依据《中共中央、国务院关于推进安全生产领域改革发展的意见》，完善事故调查处理机制需要（　　）。

　　A.坚持问责与整改并重，充分发挥事故查处对加强和改进安全生产工作的促进作用。完善生产安全事故调查组组长负责制。

　　B.健全典型事故同级调查、跨地区协同调查和工作督导机制。

　　C.建立事故调查分析技术支撑体系，所有事故调查报告要设立技术和管理问题专篇，详细分析原因并全文发布，做好解读，回应公众关切。

　　D.对事故调查发现有漏洞、缺陷的有关法律法规和标准制度，及时启动制定修订工作。

　　E.建立事故暴露问题整改督办制度，事故结案后一年内，负责事故调查的地方政府和国务院有关部门要组织开展评估，及时向社会公开，对履职不力、整改措施不落实的，依法依规严肃追究有关单位和人员责任。

5.从事公路水路行业生产经营活动的企事业单位（以下简称："生产经营单位"）是安全生产风险管理的实施主体，其工作内容包括（　　）。

　　A.应依法依规建立健全安全生产风险管理工作制度

　　B.开展本单位管理范围内的风险辨识、评估等工作

　　C.进行安全监督检查

　　D.编制安全检查报表

　　E.落实重大风险登记、重大危险源报备和控制责任，防范和减少安全生产事故

6.安全生产事故隐患，是生产经营单位违反安全生产法律、法规、规章、标准、规程和安全生产管理制度等规定，或因其他因素在生产经营活动中存在的可能导致安全生产事故发生的（　　）。

　　A.人的不安全行为　　　B.物的不安全状态　　　C.场所的不安全因素
　　D.管理上的缺陷　　　　E.制度上的缺陷

7.属地负有安全生产监督管理职责的交通运输管理部门对生产经营单位隐患治理工作督促检查的主要内容应当包括（　　）。

　　A.贯彻落实管理部门关于隐患治理工作部署和要求的情况

　　B.隐患治理责任体系、岗位制度、工作程序、档案台账等建立、执行情况

　　C.重大隐患报备及统计分析情况

　　D.隐患整改措施落实情况

　　E.隐患告知和警示教育、责任追究情况

8.生产经营单位和从业人员应当自主填报安全生产信用信息。填报内容包括（　　）。

　　A.生产经营单位名称、法定代表人、地址和营业执照、经营资质、统一社会信用代码等基础信息

　　B.安全管理部门主要负责人以及技术负责人，安全应急救援措施等

C.从业人员姓名、性别、身份证号和从业资格等基础信息

D.安全生产责任事故和因不良行为被有关政府管理部门行政处罚（含通报批评）等失信信息

E.安全生产表彰、奖励和先进成果等信息

9.生产经营单位风险种类多、可能发生多种类型事故的，应当组织编制综合应急预案。综合应急预案应当规定（　　）等内容。

　A.应急组织机构及其职责　　　　　B.应急预案体系
　C.事故风险描述　　　　　　　　　D.预警及信息报告
　E.应急响应、保障措施、应急预案管理

10.下列属于建设项目职业病危害预评价报告应当符合职业病防治有关法律、法规、规章和标准的要求的主要内容是（　　）。

　A.建设项目概况，主要包括项目名称、建设地点、建设内容、工作制度、岗位设置及人员数量等

　B.建设项目职业病危害防治部门的主要负责人以及防治措施

　C.建设项目可能产生的职业病危害因素及其对工作场所、劳动者健康影响与危害程度的分析与评价

　D.对建设项目拟采取的职业病防护设施和防护措施进行分析、评价，并提出对策与建议

　E.评价结论，明确建设项目的职业病危害风险类别及拟采取的职业病防护设施和防护措施是否符合职业病防治有关法律、法规、规章和标准的要求

11.依据《对安全生产领域守信行为开展联合激励的实施办法》，纳入安全生产守信联合激励对象的生产经营单位，须符合的条件有（　　）。

　A.必须公开向社会承诺并严格遵守安全生产与职业健康法律、法规、标准等有关规定，严格履行安全生产主体责任

　B.生产经营单位及其主要负责人、分管安全负责人3年内无安全生产失信行为

　C.2年内未受到安全监管监察部门作出的行政处罚

　D.2年内未发生造成人员死亡的生产安全责任事故，未发现新发职业病病例

　E.安全生产标准化建设达到一级水平

12.安全生产责任保险的保险责任包括（　　）。

　A.投保的生产经营单位的从业人员人身伤亡赔偿
　B.投保的生产经营单位的从业人员财产损失赔偿
　C.第三者人身伤亡和财产损失赔偿
　D.事故抢险救援、医疗救护
　E.事故鉴定、法律诉讼等费用

13.核查处理重大事故隐患和安全生产违法行为的举报事项，遵循的规定有（   ）。
    A.地方各级负有安全监管职责的部门负责受理本辖区内的举报事项
    B.各级负有安全监管职责的部门都可以依照各自的职责直接核查处理辖区内的举报事项
    C.各类煤矿的举报事项由所辖区域内属地煤矿安全监管部门负责核查处理。各级煤矿安全监察机构直接接到的涉及煤矿重大事故隐患和安全生产违法行为的举报，应及时向当地政府报告，并配合属地煤矿安全监管等部门核查处理
    D.地方人民政府煤矿安全监管部门与煤矿安全监察机构在核查煤矿举报事项之前，应当相互沟通，避免重复核查和奖励
    E.举报事项不属于本单位受理范围的，接到举报的负有安全监管职责的部门应当告知举报人向有处理权的单位举报，或者将举报材料移送有处理权的单位，并采取适当方式告知举报人

14.构建企业双重预防机制的措施有（   ）。
    A.全面开展安全风险辨识   B.科学评定安全风险等级
    C.有效管控安全风险   D.实施安全风险公告警示
    E.建立完善隐患排查治理体系

15.强化政策引导和技术支撑需要（   ）。
    A.实施分级分类安全监管   B.完善相关政策措施
    C.深入推进企业安全生产标准化建设 D.充分发挥第三方服务机构作用
    E.强化智能化、信息化技术的应用

16.企业要在适当位置对全员安全生产责任制进行长期公示。公示的内容主要包括（   ）等。
    A.所有层级、所有岗位的安全生产责任
    B.所有层级、所有岗位的安全生产管理负责人
    C.所有层级、所有岗位的安全生产责任范围
    D.所有层级、所有岗位的安全生产责任考核方法
    E.所有层级、所有岗位的安全生产责任考核标准

17.建设项目需要配套建设的环境保护设施，必须与主体工程（   ）。
    A.同时申报   B.同时设计   C.同时施工
    D.同时竣工   E.同时投产使用

18.用人单位应当履行的职责包括（   ）。
    A.健康保障义务   B.职业卫生管理义务   C.损害赔偿义务
    D.职业病危害告知义务 E.培训教育义务

19.有下列情形之一的,生产安全事故应急救援预案制定单位应当及时修订相关预案( )。
   A.制定预案所依据的法律、法规、规章、标准发生重大变化
   B.应急指挥机构及其职责发生调整
   C.安全生产面临的风险发生重大变化
   D.重要应急资源发生重大变化
   E.应急救援人员有少量变化的

20.《中共中央、国务院关于推进安全生产领域改革发展的意见》中建立安全预防控制体系的内容包括:( )。
   A.加强安全风险管控　　B.强化企业预防措施　　C.建立隐患治理监督机制
   D.加强重点领域工程治理　E.建立安全科技支撑体系

21.企业全员安全生产责任制要通过加强教育培训培训、强化管理考核和严格奖惩等方式,建立起安全生产工作( )的工作体系。
   A.层层负责　　　　B.人人有责　　　　C.各负其责
   D.尽职减责　　　　E.失职追责

22.企业全员安全生产责任制包括( )的安全生产责任、责任范围和考核标准。
   A.主要负责人　　　B.一线从业人员　　C.含劳务派遣人员
   D.实习学生　　　　E.第三方机构人员

23.生产经营单位负责组织编制和实施本单位的应急预案,并对应急预案的真实性和实用性负责;应当按照职责分工落实应急预案规定的职责。( )
   A.安全总监　　　　B.技术负责人　　　C.主要负责人
   D.商务负责人　　　E.各分管负责人

24.新冠肺炎疫情常态化防控的"四早"措施包括:( )
   A.早发现　　　　　B.早报告　　　　　C.早隔离
   D.早治疗　　　　　E.早控制

25.工地疫情防控小组的核心责任人来自( )
   A.建设单位　　　　B.施工总承包单位　C.监理单位
   D.设计单位　　　　E.分包单位

26.各单位要按照( )的要求,结合实际,制定疫情常态化防控工作专项方案,持续落实疫情常态化防控各项措施,做到疫情一日不解除,防控一刻不放松。
   A.及时发现　　　　B.科学管理　　　　C.快速处置
   D.精准管控　　　　E.有效救治

27.施工现场发现（　　）等情况，应立即隔离，按照属地管理要求报告社区防疫、疾控部门进行处置，并按照突发事件报告要求，报告相关主管部门。
　　A.来自中高风险地区的人员　　　B.确诊患者
　　C.疑似病例　　　　　　　　　　D.密切接触者
　　E.未进行核酸检测的人员

28.建设单位应（　　），提高现场人员的防控意识，自觉做好自身防护。
　　A.建立防控管理体系　　　　　　B.严格落实主体责任
　　C.编制疫情防控预案　　　　　　D.全面开展疫情防控宣传教育工作
　　E.加强监督检查

（三）判断题
1.安全标志包括禁止标志、警告标志、指令标志、禁令标志和提示标志。（　　）
　　A.正确　　　　　　B.错误

2.各企事业单位要落实主体责任，严格执行疫情防控规定，健全防控工作责任制和管理制度，制定完善应急预案。（　　）
　　A.正确　　　　　　B.错误

3.工地应成立疫情防控小组，自行承担工地疫情常态化防控属地责任。（　　）
　　A.正确　　　　　　B.错误

4.工地疫情防控小组无须安排专人对接属地街镇主管部门、疾控部门和行业监管部门。（　　）
　　A.正确　　　　　　B.错误

5.新冠肺炎疫情常态化防控期间，施工人员可自由出入工地。（　　）
　　A.正确　　　　　　B.错误

6.对入沪人员一律测量体温、对来自重点地区人员一律实施医学观察、对其他外来地区人员要求由其所在单位一律申报相关信息。（　　）
　　A.正确　　　　　　B.错误

1.5.2　水运篇

（一）单项选择题
1.特种设备使用单位应当按照安全技术规范的要求，在检验合格有效期届满前（　　）向特种设备检验机构提出定期检验要求。
　　A.半年　　　　B.十五日　　　　C.一个月　　　　D.一周

2.按照国家工程建设消防技术标准需要进行消防设计的建设工程，建设单位应当自依法取得施工许可之日起（　　）个工作日内，将消防设计文件报公安机关消防机构备案，公安机关消防机构应当进行抽查。
　　A.5　　　　　　　B.7　　　　　　　C.10　　　　　　　D.14

3.2015年8月29日，十二届全国人大常委会十六次会议表决通过刑法修正案（　　）。
　　A.九　　　　　　　B.七　　　　　　　C.八　　　　　　　D.十

4.下列犯罪中，犯罪主体为一般主体的是（　　）。
　　A.重大责任事故罪　　　　　　　　B.重大劳动安全事故罪
　　C.工程重大安全事故罪　　　　　　D.迟报瞒报事故罪

5.根据《生产安全事故报告和调查处理条例》，重大事故是指（　　）。
　　A.造成30人以上死亡，或者100人以上重伤，或者1亿元以上直接经济损失的事故
　　B.造成10人以上30人以下死亡，或者50人以上100人以下重伤，或者5000万元以上1亿元以下直接经济损失的事故
　　C.造成3人以上10人以下死亡，或者10人以上50人以下重伤，或者1000万元以上5000万元以下直接经济损失的事故
　　D.造成3人以下死亡，或者10人以下重伤，或者1000万元以下直接经济损失的事故

6.事故报告应遵循逐级上报的原则，每级上报时间不得超过（　　）小时。
　　A.0.5　　　　　　B.1　　　　　　　C.2　　　　　　　D.3

7.以下哪种费用不在企业安全生产费用中支出（　　）。
　　A.为职工提供的工伤保险的支出　　　B.安全技能培训及进行应急救援演练支出
　　C.安全生产检查与评价支出　　　　　D.配备必要的应急救援器材、设备等支出

8.《船舶最低安全配员证书》由以下哪个机构统一印制（　　）。
　　A.国家安全生产监督管理总局　　　　B.中华人民共和国交通运输部
　　C.中华人民共和国海事局　　　　　　D.中华人民共和国海洋局

9.针对安全生产领域违法违纪行为的类别和表现，以下哪个不属于对公务员的处分种类：（　　）
　　A.警告　　　　　　B.留用察看　　　　C.降级　　　　　　D.开除

10.《海上交通安全法》规定当事人对罚款、吊销职务证书处罚不服，可以在接到处罚通知之日起（　　）天内，向人民法院起诉。
　　A.7　　　　　　　B.14　　　　　　　C.15　　　　　　　D.30

11.港口与航道工程安全费用提取标准为（　　）。
A.1%　　　　　B.1.5%　　　　　C.2%　　　　　D.2.5%

12.违反《海上交通安全法》第十六条规定，大型设施和移动式平台的海上拖带，未经船舶检验机构进行拖航检验，并报海事管理机构核准，依照《海上交通安全法》第四十四条的规定，对船长的处罚正确的是（　　）。
A.船长处以2000元以上2万元以下罚款
B.船长处以1000元以上1万元以下罚款
C.扣留船长适任证书6个月至12个月
D.船长处以1000元以上1万元以下罚款，扣留船长适任证书6个月至12个月

13.违反《内河交通安全管理条例》第四十六条、第四十七条的规定，遇险后未履行报告义务，或者不积极施救的，依照《内河交通安全管理条例》第七十六条的规定，对相关人员的处罚正确的是（　　）。
A.对责任船员给予警告
B.对责任船员给予扣留船员适任证书或者其他适任证件3个月至6个月直至吊销船员适任证书或者其他适任证件的处罚
C.直对船员处以1000元以上1万元以下的罚款
D.对责任船员给予扣留船员适任证书或者其他适任证件12个月以上直至吊销船员适任证书或者其他适任证件的处罚

14.建设项目对环境可能造成轻度影响的（　　）。
A.应当编制环境影响报告书　　　　B.应当编制环境影响报告表
C.应当填报环境影响登记表　　　　D.不需要编制表格

15.建设单位编制建设项目初步设计未落实防治环境污染和生态破坏的措施以及环境保护设施投资概算，未将环境保护设施建设纳入施工合同，或者未依法开展环境影响后评价的，（　　）。
A.由建设项目所在地县级以上环境保护行政主管部门责令限期改正，处20万元以上100万元以下的罚款
B.由建设项目所在地县级以上环境保护行政主管部门责令限期改正，处5万元以上20万元以下的罚款
C.由建设项目所在地环境保护行政主管部门责令限期改正，处5万元以上20万元以下的罚款
D.由建设项目所在地环境保护行政主管部门责令限期改正，处20万元以上100万元以下的罚款

16.安全生产信用评分分为（　　）三种情形。
A.安全生产责任事故扣分、不良行为扣分和失信扣分

B.安全生产责任不良行为扣分、失信扣分和奖励加分
C.安全生产责任事故扣分、不良行为扣分和奖励加分
D.安全生产责任事故扣分、失信扣分和奖励加分

17.依据《生产安全事故应急预案管理办法》应急预案的管理实行（　　）的原则。
A.属地为主、分级负责、分类指导、综合协调、动态管理
B.经营单位为主、分级负责、分类指导、综合协调、动态管理
C.属地为主、经营单位配合、分级负责、分类指导、综合协调、动态管理
D.属地为主、经营单位配合、员工施行、分级负责、分类指导、综合协调、动态管理

18.依据《生产安全事故应急预案管理办法》，生产经营单位应当根据有关法律、法规、规章和相关标准，结合本单位（　　），确立本单位的应急预案体系，编制相应的应急预案，并体现自救互救和先期处置等特点。
A.管理规模、组织管理体系、生产规模和可能发生的事故特点
B.管理规模、生产规模和可能发生的事故特点
C.管理规模、组织管理体系和可能发生的事故特点
D.组织管理体系、生产规模和可能发生的事故特点

19.依据《生产安全事故应急预案管理办法》，受理备案登记的负有安全生产监督管理职责的部门应当在（　　）个工作日内对应急预案材料进行核对，材料齐全的，应当予以备案并出具应急预案备案登记表；材料不齐全的，不予备案并一次性告知需要补齐的材料。逾期不予备案又不说明理由的，视为已经备案。
A.3　　　　　B.4　　　　　C.5　　　　　D.6

20.国家安全监管总局办公厅汇总各地区报送的信息，分送各业务司局审核把关。审核通过的，在总局政府网站和中国安全生产报公示，公示期（　　）个工作日。公示无异议的，纳入守信联合激励对象，向社会公告并通报有关部门。
A.10　　　　B.15　　　　C.20　　　　D.30

21.推行安全生产责任保险工作必须按照政策引导、政府推动、市场运作的方式进行，坚持（　　）的原则。
A.预防为主、税率合理、理赔及时　　B.预防为主、费率合理、理赔及时
C.风险防控、税率合理、理赔及时　　D.风险防控、费率合理、理赔及时

22.任何单位、组织和个人（以下统称"举报人"）有权向（　　）举报重大事故隐患和安全生产违法行为。
A.政府机关
B.各级人民政府安全生产监督管理部门

C.负有安全生产监督管理职责的部门
D.县级以上煤矿安全监察机构

23.建立企业全过程安全生产和职业健康管理制度,需要做到( )"五到位"。国有企业要发挥安全生产工作示范带头作用,自觉接受属地监管。
   A.安全责任、组织、投入、技术和应急救援
   B.安全责任、管理、组织、技术和应急救援
   C.安全责任、技术、投入、培训和应急救援
   D.安全责任、管理、投入、培训和应急救援

24.地方各级负有安全生产监督管理职责的部门要按照"管行业必须管安全、管业务必须管安全、管生产经营必须管安全"和"谁主管、谁负责"的要求,切实履行安全生产监督管理职责,加强对企业建立和落实全员安全生产责任制工作的指导督促和监督检查。监督检查的内容主要包括( )
   A.企业全员安全生产责任制执行、公示、培训、落实情况
   B.企业全员安全生产责任制公示、培训、落实、考核情况
   C.企业全员安全生产责任制建立、公示、培训、考核情况
   D.企业全员安全生产责任制执行、公示、培训、考核情况

25.规划、建设、养护、保护航道,应当根据( )的需要。
   A.综合利用和保护水资源、保护生态环境
   B.交通运输体系建设和防洪总体
   C.供水、灌溉、发电、渔业
   D.经济社会发展和国防建设

26.航道建设单位应当自航道建设工程竣工验收合格之日起( )日内,将竣工测量图报送负责航道管理的部门。沿海航道的竣工测量图还应当报送海军航海保证部门。
   A.30　　　　　　B.50　　　　　　C.60　　　　　　D.90

27.重大事故指( )。
   A.造成30人以上死亡(含失踪)的,或者100人以上重伤的,或者船舶溢油1000吨以上致水域污染的,或者1亿元以上直接经济损失的事故
   B.造成10人以上30人以下死亡(含失踪)的,或者50人以上100人以下重伤的,或者船舶溢油500吨以上1000吨以下致水域污染的,或者5000万元以上1亿元以下直接经济损失的事故
   C.造成3人以上10人以下死亡(含失踪)的,或者10人以上50人以下重伤的,或者船舶溢油100吨以上500吨以下致水域污染的,或者1000万元以上5000万元以下直接经济损失的事故
   D.造成1人以上3人以下死亡(含失踪)的,或者1人以上10人以下重伤的,或者

船舶溢油1吨以上100吨以下致水域污染的，或者100万元以上1000万元以下直接经济损失的事故

28.以下不属于统计水上交通事故应当符合的基本计算方法的是（　　）。
A.重伤人数参照国家有关人体伤害鉴定标准确定
B.死亡（含失踪）人数按事故发生后7日内的死亡（含失踪）人数进行统计
C.船舶溢油数量按实际流入水体的数量进行统计
D.一件事故造成的人员死亡失踪、重伤、水域环境污染和直接经济损失如同时符合3个以上等级划分标准的，按最高事故等级进行统计

29.实施海事行政处罚，应当遵循（　　）的原则。
A.合法、公开、公正，处罚与教育相结合
B.合法、公开、公平，处罚与教育相结合
C.合法、公开、公正，处置与教育相结合
D.合法、公开、公平，处置与教育相结合

30.违反安全营运管理秩序，有如下情况：（1）不掌控船舶安全配员；（2）不掌握船舶动态；（3）不掌握船舶装载情况等；造成严重后果的，按以欺骗手段取得安全营运与防污染管理体系符合证明或者临时符合证明，对相关负责人的处罚正确的是（　　）。
A.船舶所有人或者船舶经营人取得的安全营运与防污染管理体系符合证明或者临时符合证明予以撤销
B.责令停止航行或者作业；拒不停止航行或者作业的，暂扣船舶、浮动设施；情节严重的，予以没收
C.对船舶所有人或者船舶经营人处以5000元以上3万元以下罚款
D.对船长处以2000元以上2万元以下的罚款，情节严重的，并给予扣留船员适任证书6个月至24个月直至吊销船员适任证书的处罚

31.下列打捞或者拆除沿海水域内沉船沉物审批的条件不正确的是（　　）。
A.参与打捞或者拆除的单位、人员具备相应能力
B.已依法签订沉船沉物打捞或者拆除协议
C.从事打捞或者拆除作业的船舶、设施符合安全航行、停泊和作业的要求
D.符合附近军用或者重要民用目标的保护要求

32.防治船舶及其作业活动污染内河水域环境，实行（　　）的原则。
A.安全第一，预防为主，及时处置，综合治理
B.预防为主，防治结合，及时处置，综合治理
C.安全第一，防治结合，及时处置，综合治理
D.安全第一，预防为主，防治结合，综合治理

33.下列关于防治船舶污染内河水域环境管理一般规定正确的是（　　）。

A.150总吨及以上的油船、油驳和400总吨及以上的非油船、非油驳的拖驳船队应当制定《船上油污应急计划》。150总吨以下油船应当制定油污应急程序

B.400总吨及以上载运散装有毒液体物质的船舶应当按照交通运输部的规定制定《船上有毒液体物质污染应急计划》和货物资料文书，明确应急管理程序与布置要求

C.150总吨及以上载运散装有毒液体物质的船舶可以制定《船上污染应急计划》，代替《船上有毒液体物质污染应急计划》和《船上油污应急计划》

D.水路运输企业应当针对所运输的危险化学品的危险特性，制定防治船舶及其作业活动污染内河水域环境的应急预案，每年至少组织一次应急演练，并做好记录

34.下列不属于从业单位建立健全安全生产责任制，各岗位应当的明确的内容的是（　　）。

A.责任人员　　　　B.工作责任　　　　C.责任范围　　　　D.考核标准

35.对客运企业、散装危险化学品运输企业未建立岸基监控制度，或者未运用自动识别系统（AIS）等信息化手段对所属客船和散装危险化学品船实施动态监控的处罚正确的是（　　）。

A.由海事管理机构责令限期改正；逾期不改正的，处1000元以上1万元以下的罚款

B.由海事管理机构责令限期改正；逾期不改正的，处2000元以上2万元以下的罚款

C.由海事管理机构责令限期改正；逾期不改正的，处3000元以上3万元以下的罚款

D.由海事管理机构责令限期改正；逾期不改正的，处4000元以上4万元以下的罚款

36.风险等级按照可能导致安全生产事故的后果和概率，由高到低依次分为（　　）四个等级。

A.特大、重大、较大和一般　　　　B.特大、重大、一般和较小

C.重大、较大、一般和较小　　　　D.特大、较大、一般和较小

37.生产经营单位应针对本单位生产经营活动范围及其生产经营环节，按照相关法规标准要求，（　　），明确风险辨识范围、方式和程序。

A.编制风险预防手册　　　　B.编制风险辨识手册

C.编制风险预防措施手册　　D.编制风险应急手册

38.从业人员发现隐患，应当立即向（　　）报告；接到报告的人员应当及时予以处理。

A.监理单位负责人　　　　B.项目经理

C.安全生产管理部门负责人　　D.现场安全生产管理人员或者本单位负责人

39.重大隐患报备包括（　　）三种方式。

A.首次报备、月度报备和不定期报备

B.首次报备、季度报备和不定期报备

C.首次报备、年度报备和不定期报备
D.首次报备、定期报备和不定期报备

40.对公示的信用评定结果有异议的,生产经营单位和从业人员可向（　　）进行申诉。
A.负有安全生产监督管理职责的交通运输管理部门
B.交通运输管理部门
C.作出不良行为认定的管理部门
D.政府相关部门

41.建设项目完工后,需要进行试运行的,其配套建设的职业病防护设施必须与主体工程同时投入试运行。试运行时间应当不少于____日,最长不得超过____日,国家有关部门另有规定或者特殊要求的行业除外。（　　）
A.15,90　　　　B.30,90　　　　C.15,180　　　　D.30,180

42.各地区根据实际情况确定安全生产责任保险中涉及人员死亡的最低赔偿金额,每死亡一人按不低于（　　）万元赔偿,并按本地区城镇居民上一年度人均可支配收入的变化进行调整。
A.10　　　　　B.20　　　　　C.30　　　　　D.40

43.对举报重大事故隐患、违法生产经营建设的,奖励金额按照行政处罚金额的15%计算,最低奖励____元,最高不超过____元。（　　）
A.2000,10万　　B.2000,30万　　C.3000,10万　　D.3000,30万

44.根据《国务院安委办关于实施遏制重特大事故工作指南构建双重预防机制的意见》,各地区要组织对公共区域内的安全风险进行全面辨识和评估,根据风险分布情况和可能造成的危害程度,确定区域安全风险等级,并结合企业报告的重大安全风险情况,汇总建立区域安全风险数据库,绘制（　　）安全风险空间分布图。
A.区域"红黄橙蓝"四色　　　　B.区域"红黄蓝橙"四色
C.区域"红蓝黄橙"四色　　　　D.区域"红橙黄蓝"四色

45.施工用电设备数量在____个及以上或设备总容量在____kW及以上者应编制用电组织设计。（　　）
A.5,50　　　　B.5,100　　　　C.10,50　　　　D.10,100

46.内河交通安全管理应遵循（　　）。
A.安全第一、预防为主、警钟长鸣的原则
B.安全第一、预防为主、以物为本的原则
C.安全第一、预防为主、方便群众、依法管理的原则
D.以物为本、超前防范的原则

47.劳动者的权力不包括（　）。
A.知情权
B.拒绝违章冒险权
C.工程和岗位选择权
D.参与决策权

48.进行可能危及危险化学品管道安全的施工作业，施工单位应当在开工的（　）日前书面通知管道所属单位，并与管道所属单位共同制定应急预案，采取相应的安全防护措施。管道所属单位应当指派专门人员到现场进行管道安全保护指导。
A.5　　　　　B.7　　　　　C.10　　　　　D.30

49.进行可能危及危险化学品管道安全的施工作业，施工单位未按照规定书面通知管道所属单位，或者未与管道所属单位共同制定应急预案、采取相应的安全防护措施，或者管道所属单位未指派专门人员到现场进行管道安全保护指导的，由安全生产监督管理部门责令改正，可以处（　）的罚款，情节严重的，责令停产停业整顿。
A.2万以上五万以下
B.5万元以下
C.5万以上10万元以下
D.10万以上20万元以下

50.建筑施工单位应当至少（　）组织1次生产安全事故应急救援预案演练，并将演练情况报送所在地县级以上地方人民政府负有安全生产监督管理职责的部门。
A.每年　　　B.每半年　　　C.每月　　　D.每季度

51.危大工程施工应该编制专项施工方案。实行施工总承包的，专项施工方案应当由（　）组织编制。危大工程实行分包的，专项施工方案可以由相关专业分包单位组织编制。
A.建设单位　　B.监理单位　　C.施工总承包单位　D.政府职能部门

52.对于超过一定规模的危大工程，施工单位应当组织召开专家论证会对专项施工方案进行论证。实行施工总承包的，由施工总承包单位组织召开专家论证会。专家论证前专项施工方案应当通过施工单位审核和总监理工程师审查。专家应当从地方人民政府住房城乡建设主管部门建立的专家库中选取，符合专业要求且人数不得少于（　）名。与本工程有利害关系的人员不得以专家身份参加专家论证会。
A.3　　　　　B.5　　　　　C.6　　　　　D.8

53.施工单位未按照本规定编制并审核危大工程专项施工方案的，依照《建设工程安全生产管理条例》对单位进行处罚，并暂扣安全生产许可证（　）日。
A.10　　　　B.15　　　　C.30　　　　D.60

54.施工单位应当对危大工程施工作业人员进行登记，（　）应当对专项施工方案实施情况进行现场监督，对未按照专项施工方案施工的，应当要求立即整改，并及时报告项目负责人，项目负责人应当及时组织限期整改。

A.班组长 B.技术负责人
C.专职安全生产管理人员 D.施工员

55.《中共中央、国务院关于推进安全生产领域改革发展的意见》要求到（ ）年，实现安全生产治理体系和治理能力现代化，全民安全文明素质全面提升，安全生产保障能力显著增强。
A.2020 B.2022 C.2025 D.2030

56.完善安全投入长效机制，要求落实（ ）制度，建立企业增加安全投入的激励约束机制。
A.企业安全生产费用提取管理使用 B.安全生产风险抵押金
C.安全生产责任保险 D.建立失信惩戒和守信激励

57.企业主要负责人要（ ）组织制定并实施本企业全员安全生产教育和培训计划。
A.指定专人 B.安排人员 C.亲自 D.明确

58.受理备案登记的负有安全生产监督管理职责的部门应当在（ ）个工作日内对应急预案材料进行核对，材料齐全的，应当予以备案并出具应急预案备案登记表。
A.3 B.5 C.7 D.10

59.生产经营单位应当制定本单位的应急预案演练计划，根据本单位的事故风险特点，每年至少组织____次综合应急预案演练或者专项应急预案演练，每半年至少组织____次现场处置方案演练。（ ）
A.一，一 B.一，二 C.二，一 D.二，二

60.（ ）应当依法制定本单位的危险货物事故应急预案、重大生产安全事故的旅客紧急疏散和救援预案以及预防自然灾害预案，保障组织实施。
A.施工单位 B.监理单位 C.总包单位 D.港口经营人

61.船舶进出港口，应当依照有关水上交通安全的法律、行政法规的规定向（ ）报告。
A.海事管理机构 B.公安机关 C.当地人民政府 D.安监管理部门

62.违反港口规划建设港口、码头或者其他港口设施的；未经依法批准，建设港口设施使用港口岸线的，可以处（ ）以下罚款。
A.15万元 B.10万元 C.5万元 D.2万元

63.可通航30000吨级以上船舶的沿海港口工程属于（ ）水运工程建设项目。
A.特大型 B.大型 C.中型 D.小型

64.工地疫情防控小组由（　　）项目负责人担任组长。
A.建设单位　　　　　　　　B.施工总承包单位
C.监理单位　　　　　　　　D.分包单位

65.工地疫情防控小组应指定专人对参建各方所有进场人员每天进行（　　）逐人体温检测。
A.1次　　　　B.2次　　　　C.3次　　　　D.4次

66.一旦发现来自或途径中高风险地区，以及体温检测不合格的人员，务必在第一时间进行隔离，并通知（　　）迅速处置。
A.建设单位　　B.监理单位　　C.施工总承包单位　　D.所属街镇

67.新冠肺炎疫情常态化防控期间，每个工地可开放（　　）出入口。
A.1个　　　　B.2个　　　　C.3个　　　　D.4个

68.新冠肺炎疫情常态化防控期间，每日应进行（　　）环境消毒。
A.1次　　　　B.2次　　　　C.3次　　　　D.4次

（二）多项选择题

1.以下属于生产经营单位主要负责人的安全生产职责的有（　　）。
A.建立、健全本单位安全生产责任制
B.督促、检查本单位的安全生产工作，及时消除生产安全事故隐患
C.及时、如实报告生产安全事故
D.组织落实安全生产培训工作
E.保证本单位安全生产投入的有效实施

2.以下属于工程重大安全事故罪犯罪主体的有（　　）。
A.建设单位　　　　　B.设计单位　　　　　C.勘察单位
D.施工单位　　　　　E.监理单位

3.依据《中共中央、国务院关于推进安全生产领域改革发展的意见》，加强安全生产工作需要坚持（　　）的原则。
A.以人为本　　　　　B.安全发展　　　　　C.改革创新
D.依法监管　　　　　E.源头防范

4.依据《中共中央、国务院关于推进安全生产领域改革发展的意见》，完善事故调查处理机制需要（　　）。
A.坚持问责与整改并重，充分发挥事故查处对加强和改进安全生产工作的促进作用。完善生产安全事故调查组组长负责制

B.健全典型事故同级调查、跨地区协同调查和工作督导机制

C.建立事故调查分析技术支撑体系,所有事故调查报告要设立技术和管理问题专篇,详细分析原因并全文发布,做好解读,回应公众关切

D.对事故调查发现有漏洞、缺陷的有关法律法规和标准制度,及时启动制定修订工作

E.建立事故暴露问题整改督办制度,事故结案后一年内,负责事故调查的地方政府和国务院有关部门要组织开展评估,及时向社会公开,对履职不力、整改措施不落实的,依法依规严肃追究有关单位和人员责任

5.从事公路水路行业生产经营活动的企事业单位是安全生产风险管理的实施主体,其工作内容包括( )。

A.应依法依规建立健全安全生产风险管理工作制度

B.开展本单位管理范围内的风险辨识、评估等工作

C.进行安全监督检查

D.编制安全检查报表

E.落实重大风险登记、重大危险源报备和控制责任,防范和减少安全生产事故

6.安全生产事故隐患是生产经营单位违反安全生产法律、法规、规章、标准、规程和安全生产管理制度等规定,或因其他因素在生产经营活动中存在的可能导致安全生产事故发生的( )。

A.人的不安全行为　　B.物的不安全状态　　C.场所的不安全因素

D.管理上的缺陷　　　E.制度上的缺陷

7.属地负有安全生产监督管理职责的交通运输管理部门对生产经营单位隐患治理工作督促检查的主要内容应当包括( )。

A.贯彻落实管理部门关于隐患治理工作部署和要求的情况

B.隐患治理责任体系、岗位制度、工作程序、档案台账等建立、执行情况

C.重大隐患报备及统计分析情况

D.隐患整改措施落实情况

E.隐患告知和警示教育、责任追究情况

8.生产经营单位和从业人员应当自主填报安全生产信用信息。填报内容包括( )。

A.生产经营单位名称、法定代表人、地址和营业执照、经营资质、统一社会信用代码等基础信息

B.安全管理部门主要负责人以及技术负责人,安全应急救援措施等

C.从业人员姓名、性别、身份证号和从业资格等基础信息

D.安全生产责任事故和因不良行为被有关政府管理部门行政处罚(含通报批评)等失信信息

E.安全生产表彰、奖励和先进成果等信息

9.生产经营单位风险种类多、可能发生多种类型事故的,应当组织编制综合应急预案。综合应急预案应当规定(   )等内容。
   A.应急组织机构及其职责 B.应急预案体系   C.事故风险描述
   D.预警及信息报告   E.应急响应、保障措施、应急预案管理

10.下列属于建设项目职业病危害预评价报告应当符合职业病防治有关法律、法规、规章和标准的要求的主要内容的是(   )。
   A.建设项目概况,主要包括项目名称、建设地点、建设内容、工作制度、岗位设置及人员数量等
   B.建设项目职业病危害防治部门的主要负责人以及防治措施
   C.建设项目可能产生的职业病危害因素及其对工作场所、劳动者健康影响与危害程度的分析与评价
   D.对建设项目拟采取的职业病防护设施和防护措施进行分析、评价,并提出对策与建议
   E.评价结论,明确建设项目的职业病危害风险类别及拟采取的职业病防护设施和防护措施是否符合职业病防治有关法律、法规、规章和标准的要求

11.依据《对安全生产领域守信行为开展联合激励的实施办法》,纳入安全生产守信联合激励对象的生产经营单位,须符合的条件有(   )。
   A.必须公开向社会承诺并严格遵守安全生产与职业健康法律、法规、标准等有关规定,严格履行安全生产主体责任
   B.生产经营单位及其主要负责人、分管安全负责人3年内无安全生产失信行为
   C.2年内未受到安全监管监察部门作出的行政处罚
   D.2年内未发生造成人员死亡的生产安全责任事故,未发现新发职业病病例
   E.安全生产标准化建设达到一级水平

12.安全生产责任保险的保险责任包括(   )。
   A.投保的生产经营单位的从业人员人身伤亡赔偿
   B.投保的生产经营单位的从业人员财产损失赔偿
   C.第三者人身伤亡和财产损失赔偿
   D.事故抢险救援、医疗救护
   E.事故鉴定、法律诉讼等费用

13.核查处理重大事故隐患和安全生产违法行为的举报事项,遵循的规定有(   )。
   A.地方各级负有安全监管职责的部门负责受理本辖区内的举报事项
   B.各级负有安全监管职责的部门都可以依照各自的职责直接核查处理辖区内的举报事项
   C.各类煤矿的举报事项由所辖区域内属地煤矿安全监管部门负责核查处理。各级煤矿安全监察机构直接接到的涉及煤矿重大事故隐患和安全生产违法行为的举报,应及

时向当地政府报告,并配合属地煤矿安全监管等部门核查处理

D.地方人民政府煤矿安全监管部门与煤矿安全监察机构在核查煤矿举报事项之前,应当相互沟通,避免重复核查和奖励

E.举报事项不属于本单位受理范围的,接到举报的负有安全监管职责的部门应当告知举报人向有处理权的单位举报,或者将举报材料移送有处理权的单位,并采取适当方式告知举报人

14.构建企业双重预防机制的措施有(　　)。
　　A.全面开展安全风险辨识　　　　B.科学评定安全风险等级
　　C.有效管控安全风险　　　　　　D.实施安全风险公告警示
　　E.建立完善隐患排查治理体系

15.强化政策引导和技术支撑需要(　　)。
　　A.实施分级分类安全监管　　　　B.完善相关政策措施
　　C.深入推进企业安全生产标准化建设　D.充分发挥第三方服务机构作用
　　E.强化智能化、信息化技术的应用

16.企业要在适当位置对全员安全生产责任制进行长期公示。公示的内容主要包括(　　)等。
　　A.所有层级、所有岗位的安全生产责任
　　B.所有层级、所有岗位的安全生产管理负责人
　　C.所有层级、所有岗位的安全生产责任范围
　　D.所有层级、所有岗位的安全生产责任考核方法
　　E.所有层级、所有岗位的安全生产责任考核标准

17.国务院交通运输主管部门主管全国航道管理工作,并按照国务院的规定直接管理(　　)的重要干线航道和国际、国境河流航道等重要航道。
　　A.跨省　　　　　　B.地区　　　　　　C.自治区
　　D.地级市　　　　　E.直辖市

18.建设项目需要配套建设的环境保护设施,必须与主体工程(　　)。
　　A.同时申报　　　　B.同时设计　　　　C.同时施工
　　D.同时竣工　　　　E.同时投产使用

19.中国籍船舶在中国管辖水域以外发生水上交通事故,中国籍船舶(　　)应当在事故发生后24小时内向船籍港海事管理机构报告。
　　A.所有人　　　　　B.经营人　　　　　C.管理人
　　D.船长　　　　　　E.大副

20.海事行政处罚程序包括（　　）。
  A.简易程序			B.一般程序			C.听证程序
  D.执行程序			E.监督程序

21.船舶进入或者穿越禁航区许可的条件有（　　）。
  A.具备船舶航行、停泊、作业的安全、防污染和保安条件
  B.有因生命安全、防污染、保安等特殊需要进入和穿越禁航区的明确事实和必要理由
  C.禁航区的安全和防污染条件适合船舶进入或者穿越
  D.船舶满足禁航区水上交通安全和防污染的特殊要求，并已制定保障安全、防治污染和保护禁航区的措施和应急预案
  E.进入或者穿越军事禁航区的，已经军事主管部门同意

22.船舶检验机构的检验人员违反《船舶和海上设施检验条例》的规定，滥用职权、徇私舞弊、玩忽职守、严重失职，应依照《船舶和海上设施检验条例》第二十八条的规定，按其情节给予警告、暂停检验资格或者注销验船人员注册证书处罚的行为包括（　　）。
  A.超越职权范围进行船舶、设施检验
  B.擅自降低规范要求进行船舶、设施检验
  C.未按照规定的检验项目进行船舶、设施检验
  D.未按照规定的检验程序进行船舶、设施检验
  E.持有的检验证书属于伪造、变造、转让、买卖或者租借的

23.下列关于船舶污染事故调查处理规定的组织实施正确有（　　）。
  A.重大以上船舶污染事故由交通运输部组织调查处理
  B.重大船舶污染事故由国家海事管理机构组织调查处理
  C.较大船舶污染事故由直属海事管理机构或者省级地方海事管理机构负责调查处理
  D.一般等级及以下船舶污染事故由事故发生地海事管理机构负责调查处理
  E.较大及以下等级的船舶污染事故发生地不明的，由事故发现地海事管理机构负责调查处理

24.对船舶发生污染事故未按规定报告的或者未按规定提交《船舶污染事故报告书》的处罚正确的有（　　）。
  A.由海事管理机构责令停止违法行为，并处以1万元以上3万元以下的罚款
  B.由海事管理机构对船舶处以2万元以上3万元以下的罚款
  C.由海事管理机构责令改正，并对船舶处以5000元以上2万元以下的罚款
  D.对直接负责的主管人员和其他直接责任人员处以1万元以上2万元以下的罚款
  E.构成犯罪的，依法追究刑事责任

25.违反船舶安全营运管理秩序,有下列行为之一的,对船舶所有人或者船舶经营人处以5000元以上3万元以下罚款;对船长处以2000元以上2万元以下的罚款,情节严重的,并给予扣留船员适任证书6个月至24个月直至吊销船员适任证书的处罚(   )。

   A.未按规定取得船舶安全管理证书或者临时船舶安全管理证书从事航行或者其他有关活动

   B.隐瞒事实真相或者提供虚假材料或者以其他不正当手段骗取船舶安全管理证书或者临时船舶安全管理证书

   C.伪造、变造船舶安全管理证书或者临时船舶安全管理证书

   D.转让、买卖、租借、冒用船舶安全管理证书或者临时船舶安全管理证书

   E.未按规定取得安全营运与防污染管理体系符合证明或者临时符合证明从事航行或者其他有关活动

26.用人单位应当履行的职责包括(   )。
   A.健康保障义务　　　　　B.职业卫生管理义务　　　　C.损害赔偿义务
   D.职业病危害告知义务　　E.培训教育义务

27.有下列情形之一的,生产安全事故应急救援预案制定单位应当及时修订相关预案(   )。
   A.制定预案所依据的法律、法规、规章、标准发生重大变化
   B.应急指挥机构及其职责发生调整
   C.安全生产面临的风险发生重大变化
   D.重要应急资源发生重大变化
   E.应急救援人员有少量变化的

28.《中共中央、国务院关于推进安全生产领域改革发展的意见》中建立安全预防控制体系的内容包括(   )。
   A.加强安全风险管控　　B.强化企业预防措施　　C.建立隐患治理监督机制
   D.加强重点领域工程治理　E.建立安全科技支撑体系

29.企业全员安全生产责任制要通过加强教育培训培训、强化管理考核和严格奖惩等方式,建立起安全生产工作(   )的工作体系。
   A.层层负责　　　　　　B.人人有责　　　　　　C.各负其责
   D.尽职减责　　　　　　E.失职追责

30.企业全员安全生产责任制包括(   )的安全生产责任、责任范围和考核标准。
   A.主要负责人　　　　　B.一线从业人员　　　　C.含劳务派遣人员
   D.实习学生　　　　　　E.第三方机构人员

31.生产经营单位____负责组织编制和实施本单位的应急预案,并对应急预案的真实性和实用性负责;____应当按照职责分工落实应急预案规定的职责。( )
　　A.安全总监　　　　　　B.技术负责人　　　　　C.主要负责人
　　D.商务负责人　　　　　E.各分管负责人

32.港口建设项目的( ),必须与主体工程同时设计、同时施工、同时投入使用。
　　A.安全设施　　　　　　B.文明施工设施　　　　C.环境保护设施
　　D.生态保护设施　　　　E.海岸保护

33.新冠肺炎疫情常态化防控的"四早"措施包括( )。
　　A.早发现　　　　　　　B.早报告　　　　　　　C.早隔离
　　D.早治疗　　　　　　　E.早控制

34.工地疫情防控小组的核心责任人来自( )。
　　A.建设单位　　　　　　B.施工总承包单位　　　C.监理单位
　　D.设计单位　　　　　　E.分包单位

35.各单位要按照( )的要求,结合实际,制定疫情常态化防控工作专项方案,持续落实疫情常态化防控各项措施,做到疫情一日不解除,防控一刻不放松。
　　A.及时发现　　　　　　B.科学管理　　　　　　C.快速处置
　　D.精准管控　　　　　　E.有效救治

36.施工现场发现( )等情况,应立即隔离,按照属地管理要求报告社区防疫、疾控部门进行处置,并按照突发事件报告要求,报告相关主管部门。
　　A.来自中高风险地区的人员　　　　B.确诊患者
　　C.疑似病例　　　　　　　　　　　D.密切接触者
　　E.未进行核酸检测的人员

37.建设单位应( ),提高现场人员的防控意识,自觉做好自身防护。
　　A.建立防控管理体系　　　　　　　B.严格落实主体责任
　　C.编制疫情防控预案　　　　　　　D.全面开展疫情防控宣传教育工作
　　E.加强监督检查

(三)判断题

1.安全标志包括禁止标志、警告标志、指令标志、禁令标志和提示标志。( )
　　A.正确　　　　　　　　B.错误

2.各企事业单位要落实主体责任,严格执行疫情防控规定,健全防控工作责任制和管理制度,制定完善应急预案。( )

A.正确　　　　　　B.错误

3.工地应成立疫情防控小组,自行承担工地疫情常态化防控属地责任。( )

A.正确　　　　　　B.错误

4.工地疫情防控小组无须安排专人对接属地街镇主管部门、疾控部门和行业监管部门。( )

A.正确　　　　　　B.错误

5.新冠肺炎疫情常态化防控期间,施工人员可自由出入工地。( )

A.正确　　　　　　B.错误

6.对入沪人员一律测量体温、对来自重点地区人员一律实施医学观察、对其他外来地区人员要求由其所在单位一律申报相关信息。( )

A.正确　　　　　　B.错误

第二章 安全生产管理

2.1 安全生产管理理论

2.1.1 安全生产管理的概念

(1) 安全、本质安全

1) 安全

安全,泛指没有危险、不出事故的状态,具体是指生产系统中,人员免遭不可承受危险的伤害,避免造成人员伤亡、财产损失以及环境的破坏。因此,安全不但包括人身安全,还包括财产、环境等方面的安全。在生产过程中,安全条件是指不发生人员伤亡、职业病或设备、设施损害或环境危害的条件;安全状况是指不因人、机、环境的相互作用而导致系统失效、人员伤害或其他损失。

2) 本质安全

本质安全是指设备、设施或技术工艺含有内在的能够从根本上防止发生事故的功能。具体包括两方面的内容:

① 失误安全功能。指操作者即使操作失误,也不会发生事故或伤害,或者说设备、设施和技术工艺本身具有自动防止人的不安全行为的功能。

② 故障安全功能。指设备、设施或技术工艺发生故障或损坏时,还能暂时维持正常工作或自动转变为安全状态。

上述两种安全功能应该是设备、设施和技术工艺本身固有的,即在他们的规划设计阶段就被纳入其中,而不是事后补偿的。

本质安全是安全生产管理预防为主的根本体现,也是安全生产管理的最高境界。实际上,由于技术、资金和人们对事故的认识等原因,目前还很难做到本质安全,但应作为我们奋斗的目标。

(2) 安全生产、安全生产管理

1) 安全生产

安全生产是为了使生产过程在符合物质条件和工作秩序下进行,防止发生人身伤亡和财产损失等生产事故,消除或控制危险、有害因素,保障人身安全与健康、设备和设施免受损坏、环境免遭破坏的总称。

2) 安全生产管理

安全生产管理是管理的重要组成部分,是安全科学的一个分支。所谓安全生产管理,就是针对人们生产过程的安全问题,运用有效的资源,发挥人们的智慧,通过人们的努力,进行有关决策、计划、组织和控制等活动,实现生产过程中人与机器设备、物料、环境的和谐，达到安全生产的目标。

安全生产管理的目标是，减少和控制危害，减少和控制事故，尽量避免生产过程中由于事故所造成的人身伤害、财产损失、环境污染以及其他损失。

安全生产管理包括安全生产法制管理、行政管理、监督检查、工艺技术管理、设备设施管理、作业环境和条件管理等。

安全生产管理的基本对象是企业的员工，涉及企业中的所有人员、设备设施、物料、环境、财务、信息等各个方面。

安全生产管理的内容包括：安全生产管理机构和安全生产管理人员、安全生产责任制、安全生产管理规章制度、安全培训教育、安全生产档案、安全生产检查、危险源识别与监控、事故预防与应急管理等。

（3）事故、事故隐患、危险、危险源与重大危险源

1）事故

在生产过程中，事故是指造成人员死亡、伤害、职业病、财产损失或其他损失的意外事件。

事故的分类方法有很多种，综合考虑起因物、引起事故的诱导性原因、致害物、伤害方式等，将事故分为20类，分别为物体打击、车辆伤害、机械伤害、起重伤害、触电、淹溺、灼烫、火灾、高处坠落、坍塌、冒顶片帮、透水、放炮、瓦斯爆炸、火药爆炸、锅炉爆炸、容器爆炸、其他爆炸、中毒和窒息及其他伤害等。

2）事故隐患

事故隐患泛指生产系统中可导致事故发生的人的不安全行为、物的不安全状态和管理上的缺陷。

3）危险

危险是指某一系统、产品、或设备或操作的内部和外部的一种潜在的状态，其发生可能造成人员伤害、职业病、财产损失、作业环境破坏的状态。危险的特征在于其危险可能性的大小和危险的严重度与安全条件和概率有关。危险概率则是指危险发生（转变）事故的可能性即频度或单位时间危险发生的次数。危险的严重度或伤害、损失或危害的程度则是指每次危险发生导致的伤害程度或损失大小。

4）危险源

从安全生产角度，危险源是指可能造成人员伤害、疾病、财产损失、作业环境破坏或其他损失的根源或状态。

5）重大危险源

重大危险源是指在施工过程中，可能导致发生重大及以上等级生产安全事故的环境或物的不安全状态、人的不安全行为及管理存在的缺陷。

2.1.2 安全生产管理的要素

安全文化、安全法制、安全责任、安全科技、安全投入是保障安全生产的"五要素"。

（1）安全文化

安全文化即安全意识，是安全生产的灵魂。建设安全文化就是提高全民的安全素质，最终达到保障员工的生命安全、减少财产损失，保护环境。其重点就是要加强安全

宣传教育，普及安全常识，强化全社会的安全意识，强化公民的自我保护意识。

（2）安全法制

安全法制是安全生产的利器。要保证安全生产工作的顺利进行，必须坚持依法治安、依法生产，用法律法规来规范生产工作者的行为，使安全生产工作有法可依、有章可循，建立安全生产法制秩序。坚持"依法治安"，必须"立法""懂法""守法""执法"。"立法"，要建立、修订、完善安全生产管理相关的规定、办法、细则等，为强化安全生产管理提供法律依据。"懂法"，要实现安全生产法制化，"立法"是前提，"懂法"是基础。只有生产工作者学法、懂法、知法，才能为"以法治安"打好基础。"守法"，要把依法治安落实到安全生产管理全过程，必须把各项安全规章制度落实到安全生产管理全过程。"执法"，要坚持"以法治安"，离不开监督检查和严格执法。为此，要依法进行安全检查、安全监督，维护安全法规的权威性。

（3）安全责任

安全责任是安全生产的核心，必须层级落实安全责任。牢固树立安全责任意识，要以全面落实安全生产责任制为核心，坚持事前预防、事中监督、事后处理，多管齐下，使各个环节、各个阶段、各个岗位的安全责任都能得到有效落实。

（4）安全科技

安全科技是安全生产的动力。发展安全生产必须依靠先进的科学技术，创新安全科技将劳动者从繁重的体力、脑力劳动中解放出来，从风险大、危害大的作业环境和生产岗位上解放出来。应用先进的安全装置、防护设施、预测报警技术都是解放生产力、保护生产力、发展生产力的最重要途径，安全科学技术是安全生产的先导，是科学生产的延伸，是安全生产的强力技术支持和巨大的动力源泉。

（5）安全投入

安全投入是安全生产的保障，也是安全生产的物质及非物质保障，是保护生产力、提高生产力的重要表现形式。安全生产的硬件、软件的改造与更新，安全生产环境的改善必须投入，有投入才会有更高的回报。有计划的安全投入要见其实效，但不可忽视安全投入的迟后效应和公益效应。

2.1.3 安全生产管理的方针

（1）我国各阶段的安全生产方针

方针是一个国家或政党确定的引导事业前进的方向和目标，是为达到事业前进的方向和一定目标而确定的一个时期的指导原则。20世纪50年代初，我国提出了"生产必须安全、安全为了生产"的方针。1984年又提出了"安全第一，预防为主"方针。2002年颁布实施的《安全生产法》确立了"安全第一，预防为主"方针。2005年《中共中央关于制定"十一五"规划的建议》对安全提出"安全第一、预防为主、综合治理"的要求，标志着我国现阶段安全生产方针的正式产生。2014年新修订实施的《安全生产法》从法律角度确立了"安全第一、预防为主、综合治理"的方针。

（2）现阶段我国安全生产管理方针及其含义

"安全第一、预防为主、综合治理"是现阶段我国安全生产管理方针。它是一个完整的统一体系，是相辅相成、辩证统一的整体，且三者之间存在内在的严密逻辑关系。

安全第一是原则,预防为主是手段,综合治理是方法。安全第一是预防为主、综合治理的统帅和灵魂,没有安全第一的思想,预防为主就失去了思想支撑,综合治理就失去了整治依据。预防为主是实现安全第一的根本途径,只有把安全生产的重点放在建立事故预防体系上,超前采取措施,才能有效防止和减少事故。只有采取综合治理,才能实现人、机、物、环境的统一,实现本质安全,真正把安全第一、预防为主落到实处。

安全第一的含义,发展是执政兴国的第一要务。生产经营单位作为市场主体,追求利润的最大化理所当然。安全第一要说明的是安全与生产、效益及其他活动的关系,强调在从事生产经营活动中要突出抓好安全,始终不忘把安全工作与其他经济活动同时安排、同时部署,当安全工作与其他活动发生冲突与矛盾时,其他活动要服从安全,绝不能以牺牲人的生命、健康、财产损失为代价换取发展和效益。

预防为主的含义,预防为主是对安全第一思想的深化,从安全生产管理这门学科发展的历程看,我们经历了事后控制到事前预防的发展过程,也就是我们经常讲的关口前移,重心下移。含义是立足基层,建立起预教、预测、预报、预警等预防体系,以隐患排查治理和建设本质安全为目标,实现事故的预先防范体制。

综合治理的含义,综合治理从遵循和适应安全生产的规律出发,综合运用法律、经济、行政等手段,人管、法管、技防等多管齐下,并充分发挥社会、职工、舆论的监督作用,从发展规划、行业管理、安全投入、科技进步、经济政策、教育培训、安全文化以及责任追究等方面着手,建立安全生产长效机制,形成标本兼治、齐抓共管的格局。综合治理具体体现在,事前主动排查各类隐患,把事故消灭在萌芽状态;事故发生后,要查明事故的原因,分清事故责任,以便有针对性地制定防止同类事故再次发生的各项措施;同时对事故责任者、企业,还必须按照"有章必循、违章必究、依章处分"的原则,进行批评教育,并依照有关规章制度给予处分,令其吸取教训,警示教育全体人员要认真履行国家安全生产法规,遵守生产经营单位安全生产规章制度,杜绝有法不依、违章作业、违章指挥的现象,防止类似事故发生。

2.1.4 安全人机工程

(1)安全人机工程基本知识

安全人机工程是研究人、机、环境系统的本质安全,并使三者从安全的角度上达到最佳匹配,以确保系统高效、经济运行的一门应用科学。

安全人机工程主要研究人与机器的关系,主要包括以下4个方面:

1)分析机械设备及设施在生产过程中存在的不安全因素,并有针对性地进行可靠性设计、维修性设计、安全装置设计、安全启动和安全操作设计及安全维修设计等。

2)研究人的生理和心理特性,分析研究人和机器各自的功能特点,进行合理的功能分配,以构成不同类型的最佳人机系统。

3)研究人与机器相互接触、相互联系的人机界面中信息传递的安全问题。

4)分析人机系统的可靠性,建立人机系统可靠性设计原则,据此设计出经济、合理以及可靠性高的人机系统。

在人机系统中人始终起着核心和主导作用,机器起着安全可靠的保证作用。解决安全问题的根本是实现生产过程的机械化和自动化,让工业机器人代替人的部分危险操作，从根本上将人从危险作业环境中彻底解脱出来，实现安全生产。
（2）人的生理因素与安全的关系
1）视觉
① 暗适应与明适应
人眼对光亮度变化的顺应性，称为适应，适应有明适应和暗适应两种。
暗适应是指人从光亮处进入黑暗处，开始时一切都看不见，需要经过一定时间以后才能逐渐看清被视物的轮廓。暗适应的过渡时间较长，约需要30分钟才能完全适应。
明适应是指人从暗处进入亮处时，能够看清视物的适应过程，这个过渡时间很短，约需1分钟，明适应过程即趋于完成。
② 眩光
当人的视野中有极强的亮度对比时，由光源直射或由光滑表面的反射出的刺激或耀眼的强烈光线，称为眩光。眩光可使人感到不舒服，使可见度下降，并引起视力的明显下降。
③ 视错觉
人在观察物体时，由于视网膜受到光线的刺激，光线不仅使神经系统产生反应，而且会在横向产生扩大范围的影响，使得视觉印象与物体的实际大小、形状存在差异，这种现象称为视错觉。
④ 视觉损伤与视觉疲劳
视觉损伤。在生产过程中，除切屑颗粒、火花、飞沫、热气流、烟雾、化学物质等有形物质会造成对眼的伤害之外，强光或有害光也会造成对眼的伤害。长期从事近距离工作和精细作业的工作者，由于长时间看近物或细小物体，睫状肌必须持续地收缩以增加晶状体的白度。这将引起视觉疲劳，甚至导致睫状肌萎缩，使其调节能力降低。
2）听觉
听觉的功能有分辨声音的高低和强弱，还可以判断环境中声源的方向和远近。
① 听觉绝对阈限
听觉的绝对阈限是人的听觉系统感受到最弱声音和痛觉声音的强度。它与频率和声压有关。在阈限以外的声音，人耳感受性降低，以至不能产生听觉。声波刺激作用的时间对听觉阈值有重要的影响，一般识别声音所需要的最短持续时间为20～50ms。
② 听觉的辨别阈限
人耳具有区分不同频率和不同强度声音的能力。辨别阈限是指听觉系统能分辨出两个声音的最小差异。辨别阈限与声音的频率和强度都有关系。人耳对频率的感觉最灵敏，常常能感觉出频率微小的变化，而对强度的感觉次之，不如对频率的感觉灵敏。不过二者都是在低频、低强度时，辨别阈值较高。
③ 辨别声音的方向和距离
在正常情况下，人的两耳的听力是一致的。因此，根据声音到达两耳的强度和时间先后之差可以判断声源的方向。
④ 听觉的掩蔽
当几种声强不同的声音传到人耳时，只能听到最强的声音，而较弱的声音就听不到了，即弱声被掩盖了。一个声音被其他声音的干扰而听觉发生困难，只有提高该声音的

强度才能产生听觉,这种现象称为听觉的掩蔽。被掩蔽声音的听阈提高的现象,称为掩蔽效应。

3)人的感觉反应

人们在操纵机械或观察识别事物时,从开始操纵、观察、识别到采取动作,存在一个感知时间过程,即存在一段反应时间。

4)疲劳

超过生理负荷的激烈动作、持久的体力或脑力劳动、作业环境不良、单调乏味的工作、不良的精神因素、肌体状况不良以及长期劳逸安排不当等人的生理、心理因素及管理方面的因素,都是造成疲劳的原因。消除疲劳的途径归纳起来有以下几方面:通过改变操作内容、播放音乐等手段克服单调乏味的作业;改善工作环境,科学地安排环境色彩、环境装饰及作业场所布局,合理的温湿度,充足的光照等;避免超负荷的体力或脑力劳动,合理安排作息时间,注意劳逸结合等。

(3)人的心理因素与安全的关系

据事故统计资料表明,由人的心理因素而发生的事故占70%～75%,或者更多。

1)能力

能力是指一个人完成一定任务的本领,或者说,能力是人们顺利完成某种任务的心理特征。能力标志着人的认识活动在反映外界事物时所达到的水平。影响能力的因素很多,主要有感觉、知觉、观察力、注意力、记忆力、思维想象力和操作能力等。其中观察能力是智力结构的眼睛,记忆能力是智力结构的储存器,思维能力是智力结构的中枢,想象能力是智力结构的翅膀,操作能力是智力结构转化为物质力量的转换器。

2)性格

性格是人们在对待客观事物的态度和社会行为方式中区别于他人所表现出来的那些比较稳定的心理特征的总和。道德品质和意志特点是构成性格的基础。在安全生产中,有不少人就是由于鲁莽、高傲、懒惰、过分自信等不良性格促成了不安全行为而导致伤亡事故的。

3)气质

在安全生产工作中合理地选择不同气质的人担任不同的工作,以便充分发挥其所长,以利于完成任务,可减少事故的发生。在进行安全教育时,必须从人的气质出发,使用不同的教育手段;否则,不但达不到教育的目的,而且往往会产生副作用。

4)需要与动机

随着社会的发展,人为了个体和社会的生存,对安全、教育、劳动、交往的需要比对衣、食、住、行的需要更为强烈。其中对安全的需要(免除灾害、意外事故、疾病等安全需要)更为突出。安全是每个人的需要,也是家庭、社会、企业和国家的需要,只有将安全意识提高到这个水平,安全管理人员才能各尽其责,操作人员才能自觉地遵守安全操作规程,才能杜绝重复事故的发生,达到满足安全需要的目的。

5)情绪与情感

情绪是由肌体生理需要是否得到满足而产生的体验,属于人和动物共有的;而情感则是人的社会性需要是否得到满足而产生的体验,属于人类特有。不良情绪发展到一定程度能够主宰人的身体及活动情况,使人的意识范围变得狭窄,判断力降低,失去理智和自制力。带着这种情绪操纵机器极易导致不安全行为的发生。

6）意志

意志就是人自觉地确定目标，并调节自己的行动克服困难，以实现预定目标的心理过程，它是意识的能动作用表现。人们在日常生活和工作中，尤其是在恶劣环境中工作，必须有意志活动的参与，才能顺利地完成任务，所谓有志者事竟成，就是这个道理。

2.2 公路水运工程安全生产管理职责

2.2.1 公路水运工程施工企业安全生产责任和义务

施工企业是公路水运工程建设活动中的重要主体，在施工安全生产中处于核心地位。在工程建设施工中，消除事故隐患，防范安全事故的发生，确保施工安全生产，施工企业是关键，另外，施工企业也有责任在生产过程中为劳动者提供健康、安全的生活环境和工作条件。

安全生产作为企业经营管理的重要组成部分，发挥着极大的保障作用，不能将安全生产与企业效益对立起来，具体地说，企业应自觉贯彻"安全第一、预防为主、综合治理"的安全生产管理方针，严格遵守安全生产的相关法律、法规和标准，确保企业生产经营安全。

施工企业安全生产责任和义务主要包括：

（1）施工单位对列入建设工程概算的安全作业环境及安全施工措施所需费用，应当用于施工安全防护用具及设施的采购和更新、安全施工措施的落实、安全生产条件的改善，不得挪作他用。

（2）施工单位应当设置安全生产管理机构，配备专业齐全的安全生产管理人员，并向各施工现场派驻经考核合格的安全生产专职管理人员。在工程项目施工中开展安全生产的计划、布置、检查、总结、评比工作。

（3）施工单位应当根据工程项目特点制定各项安全生产管理制度和有针对性的安全技术措施或方案，编制安全生产事故应急预案。施工单位应当在危大工程施工前组织工程技术人员编制专项施工方案，经施工单位技术负责人审核签字、加盖单位公章，并由总监理工程师审查签字、加盖执业印章后方可实施。对于超过一定规模的危大工程，施工单位应当组织召开专家论证会对专项施工方案进行论证。专家论证前专项施工方案应当通过施工单位审核和总监理工程师审查。专家论证会后，应当形成论证报告，对专项施工方案提出通过、修改后通过或者不通过的一致意见。专家对论证报告负责并签字确认。

（4）施工现场的安全生产管理由施工单位负责。工程施工实行总承包的，总承包单位应当对全部工程施工现场的安全生产管理负责；总承包单位依法将工程分包给其他单位的，分包单位应当按照分包合同的约定对其分包工程施工现场的安全生产管理向总承包单位负责，总承包单位对分包工程施工现场的安全生产管理承担连带责任。

（5）开工前，施工单位应根据有关规定做好保障安全生产的准备工作，并按建设单位的要求将本项目安全生产的有关材料上报建设单位。

（6）施工单位项目管理或者专职技术人员应在工程开工前向一线作业班组、作业人员进行安全技术措施和操作规范交底，并书面告知危险岗位的操作规程和违章操作的危害。施工单位应当向作业人员提供安全防护用具和安全防护服装，作业人员有权对施工现场的作业条件、作业程序和作业方式中存在的安全问题提出批评、检举和控告，有权拒绝违章指挥和强令冒险作业。

（7）施工单位应当对安全生产管理人员和作业人员每年至少进行一次安全生产教育培训，教育培训情况应当记入个人业绩档案，安全生产教育培训或者考核不合格的，不得上岗作业。

（8）施工单位使用的起重机械和整体提升脚手架、挂篮和架桥机等自升式架设设施的使用达到国家规定的检验检测期限的，必须经具有专业资质的检验检测机构检测。经检测不合格的，不得继续使用。

（9）施工单位应当接受建设单位、监理单位及地方政府安全监督机构对其安全生产的监督检查。对于检查单位下达的整改意见通知，施工单位要立即予以整改。

（10）施工单位应根据国家有关规定和本项目安全生产事故应急预案的要求，建立应急救援组织，配备必要的应急救援器材及设备，并定期进行演练。

（11）施工现场发生安全事故时，施工单位应采取有效措施抢救人员和财产，保护事故现场，并立即向建设、监理单位和相关部门报告，因抢救人员、疏导交通等原因需要移动现场物件的，应当做出标志，绘制现场简图并做出书面记录，妥善保护现场重要痕迹、物证，有条件的应当拍照或录像。

2.2.2 公路水运工程施工企业安全生产管理人员职责

（1）公路水运工程施工企业安全生产管理人员的划分

按照《公路水运工程安全生产监督管理办法》规定，公路水运工程施工企业各级安全管理管理人员分为施工单位主要负责人、项目负责人和专职安全生产管理人员，也就是我们常说的安全生产管理三类人员。

1）施工单位主要负责人（A类），是指对本企业日常生产经营活动和安全生产工作全面负责、有生产经营决策权的人员，包括企业法定代表人、企业安全生产工作的负责人等。

2）项目负责人（B类），由企业法定代表人授权，负责公路水运工程项目施工管理的负责人，包括项目经理、项目副经理和项目总工。

3）专职安全生产管理人员（C类），是指在企业专职从事安全生产管理工作的人员，包括企业安全生产管理机构的负责人及其工作人员和施工现场专职安全员。

（2）主要负责人的安全生产职责

公路水运工程施工企业主要负责人对本单位的安全生产工作全面负责，是本单位安全生产工作的第一责任人。主要负责人应根据企业实际情况，合理调配企业的人力、财力、物力，满足企业安全生产的需要，具体包括施工企业的董事长、总经理或者总裁，其主要履行职责有：

1）建立、健全本单位安全生产责任制；

2）组织制定本单位安全生产规章制度和操作规程；

3）组织制定并实施本单位安全生产教育和培训计划；

4）保证本单位安全生产投入的有效实施；

5）督促、检查本单位的安全生产工作，及时消除生产安全事故隐患；

6）组织制定并实施本单位的生产安全事故应急救援预案；

及时、如实报告生产安全事故。

（3）分管生产安全负责人的安全生产职责

公路水运工程施工企业分管生产安全负责人是本单位安全生产工作的直接责任人，对企业安全生产负直接领导责任，主要履行以下职责：

1）负责本单位落实关于安全生产的法律法规、方针政策等重大事项的贯彻落实情况的督查检查和督促指导，亲自抓部署、抓督促、抓检查、抓落实；

2）负责落实企业安全生产责任制，组织制定企业安全生产各项规章制度和年度管理目标，并监督落实；

3）按照相关规定负责审核企业年度安全生产专项资金投入计划，督促本单位按规定比例提取安全费用，并督促落实到位；

4）定期组织召开安全生产专门会议，分析安全生产状态，总结经验教训，布置阶段性工作，解决存在的问题，制定防范措施；

5）对承建工程项目进行安全生产进行检查督察，加强对事故隐患和职业危害的监控预防措施，定期组织企业安全生产管理人员和从事危险性较大工种的作业人员进行教育培训，真正做到防患于未然；

6）组织制定应急救援预案，组织开展应急救援演练，依法做好生产安全事故报告和应急救援工作；

7）采用职业安全健康管理体系认证、风险评估、安全生产条件认证和安全评价评估等方法改进安全管理，落实安全防范措施，提高安全生产管理水平；

8）合理调配企业专职安全生产管理人员，并对其工作进行监督、指导以及考评，监督检查，定期检查企业各部门、分支机构以及各施工项目安全生产情况，对出现的问题及时督办；

法律法规及规章制度相关规定的其他职责。

（4）分管技术工作负责人的安全生产职责

施工企业分管技术工作负责人，对本单位的安全生产负技术领导责任，主要履行以下职责：

1）负责组织制定本单位安全技术规程和现场安全生产、文明施工管理标准并监督执行；

2）定期主持召开本单位安全技术会议，分析本单位的安全生产形势，研究解决安全技术问题；

3）负责新设备、新技术、新工艺和新材料安全技术保证工作；

4）施工生产过程中，保证安全防护措施符合要求，确保新建工程项目安全措施与主体工程同时设计、同时施工、同时验收投产，把好设计审查和竣工验收关；

5）根据相关技术标准和规范、规定要求，对所承担建设工程项目的施工组织设计进行审批，并组织相关专家对项目中超一定规模危大工程施工方案进行论证；

6）参与重大伤亡事故的调查，从技术方面分析事故原因，提出技术鉴定意见，制定防范和改进安全生产事故的技术措施；

对职工进行经常性的安全技术教育。

（5）企业其他负责人的安全生产职责

分管物资设备、经营管理、人力综合、财务管理等其他工作的负责人，在各自职责范围内承担相应的责任；

法律法规及规章制度相关规定的其他职责。

（6）安全管理机构专职安全员的安全生产职责

公路水运工程施工企业安全管理机构专职安全员对分管的安全生产工作负直接管理责任，主要履行以下职责：

1）承担本单位安全生产委员会以及安全生产各项日常工作，贯彻落实安全生产委员会的各项决议，协助主管领导检查落实情况；

2）贯彻落实有关建设工程安全生产的法律法规和政策性规定，监督、指导企业分支机构和各承建项目严格执行国家、地方有关安全生产技术标准和规范，负责组织起草本单位安全生产规章制度和安全操作规程；

3）指导和评价企业各部门和分支机构以及所承担建设工程项目的安全生产管理工作，并负责企业分支机构和所承担建设工程项目专职安全生产管理人员的管理、指导和考评；

4）对企业所承担建设工程项目施工组织设计中的安全技术措施提出指导性意见。并协助企业技术负责人组织专家对所承担建设工程项目中危险性较大的专项工程施工方案进行论证；

5）负责组织开展安全生产检查活动，定期组织对企业各施工项目安全生产专项检查，发现安全生产问题和隐患及时责成项目部限期或停工整改，并督促整改到位。情节严重的，应立即向企业分管负责人汇报。针对检查发现的问题，制定防范措施；

6）参与编制企业重大生产事故救援预案，并审查企业各施工项目的重大生产事故救援预案，定期组织相关人员进行演练；

7）负责企业安全生产信息的收集、统计、上报，定期制定安全生产专项资金投入计划，并对企业安全生产相关投入情况进行统计、核实。监督企业各项目施工安全生产费用的投入和使用情况；

8）生产安全事故发生后及时组织相关人员进行救援或采取有效措施，保护现场并及时报告，积极协助有关部门调查处理；

法律法规及规章制度相关规定的其他职责。

（7）项目经理的安全生产职责

认真贯彻执行国家有关安全生产的法律法规标准和规范，建立本项目的安全生产保证体系，组织编制本项目安全生产各项管理规章制度和管理方案和项目重大生产事故应急救援预案。

根据企业下达的年度安全生产、文明施工总目标，确定项目的安全生产、文明施工管理目标，并与分包单位、作业班组签订安全生产、文明施工管理责任书，督促分包单位编制各项安全生产管理规章制度、落实项目安全防护和文明施工各项措施。

工程项目开工前，按照《公路水运工程安全生产监督管理办法》的要求，完善项目开工安全生产条件，保证本项目安全费用的提取和有效使用，对安全培训和安全技术交底进行监督检查。

定期召开安全生产会议，组织安全生产检查和分析，针对存在的安全隐患，制定相应的整改和预防措施并落实。

组织本项目安全生产事故隐患排查整治工作，对发现的安全隐患，及时提出整改意见。对重大安全隐患，督促制定整改措施，并指定专人负责。

编制本项目安全措施和分部分项工程安全施工要点，制定项目安全保障措施或管理方案，组织施工现场施工临建设施的验收等工作。

组织制定项目施工现场生产安全事故应急救援预案，并组织演练。

发生事故后，积极组织抢救人员，按照规定的程序及时报告，积极配合事故的调查处理，并制定防止同类事故发生的安全技术和管理措施。

（8）项目主管生产安全副经理的安全生产职责

协助项目经理认真贯彻执行国家安全生产方针、政策、法规，落实各项安全生产管理制度。

每月主持召开一次项目安全生产会议，分析安全生产动态，研究、解决安全生产中的重大问题，及时将安全生产情况向项目经理汇报。

落实施工组织设计、施工方案中各项安全技术要求，组织实施项目总体和施工各阶段安全生产工作规划，严格执行安全技术措施审批制度，不断改善施工工作条件，保证安全生产。

随时掌握安全生产动态，保证安全保障体系工作的正常运转，配合项目经理组织定期、不定期安全生产检查，及时消除事故隐患，制止违章指挥和违章作业，杜绝重大事故的发生。

对施工过程中的安全技术交底、安全施工措施的落实执行情况进行监督检查。

组织工程项目安全生产的宣传教育工作，负责组织领导分包施工队伍各类人员的安全教育培训和考核审查工作。

负责因工伤亡事故的现场的保护、伤员抢救及协助事故调查、报告与处理。

负责组织制定、审核安全生产应急救援预案，组织应急预案的演习和评审工作，组织项目部安全技术人员进行危险源辨识和风险评价工作。

（9）项目总工程师的安全生产职责

认真贯彻执行国家安全技术标准、规范、规程和安全生产规章制度，对项目的安全技术工作负直接责任，结合项目工程特点，主持工程项目的安全技术交底。

负责编制工程项目施工组织设计、分部分项安全技术方案和专项方案，保证其可行性与针对性，并随时检查、监督、落实。

负责向管理人员进行特殊或关键部位的安全技术交底，并监督实施。

组织对从事特殊施工人员进行安全技术和施工人员的安全操作规程的日常培训，及时解决施工中出现的安全技术问题。

工程项目应用新技术、新工艺、新材料，要及时上报，经批准后方可实施，并严格执行相应的安全技术措施与安全操作规程与要求。

参加安全生产检查，对施工中存在的不安全因素，从技术方面提出整改意见和办法予以消除；参加因工伤亡及重大未遂事故的调查，从技术上分析事故原因，提出防范措施和意见。

负责应急救援和抢险工作的专家组织工作；参与生产安全事故的调查、分析及处理工作，协助项目经理进行技术方面的咨询和决策及技术协调。

（10）项目其他负责人的安全生产职责

项目分管物资设备、工程技术、质量、合同、财务管理等其他部门负责人，在各自职责范围内承担相应的安全生产责任。

（11）项目专职安全生产管理人员的安全生产职责

负责贯彻执行有关安全生产的法律、法规、规范、政策、标准，参与编制本项目安全生产各项管理规章制度和管理方案，分解、监督落实项目安全生产管理责任，并签字确认。每月定期对项目各管理岗位安全生产责任落实情况进行考评，并形成记录。

根据企业下达的年度安全生产总目标，确定项目的安全生产管理目标，并协助项目负责人与分包单位、作业班组签订安全责任书，督促落实、执行。

参与安全生产各项措施与方案的编制，严格监督检查施工班组对各项安全生产规章制度和安全操作规程的执行情况。配合有关部门做好对施工人员的三级安全教育、各工种换岗教育和特殊工种培训取证工作，并记录在案，健全各种安全管理台账。

对施工现场进行安全生产日常巡查和定期检查，制止违章指挥和违章作业，及时排除施工现场安全隐患，制定防范措施，当安全与生产发生冲突时，有权制止冒险作业，签发限时整改通知单。

在分部分项工程或重点部位、重点环节施工前，应及时督促现场技术员对施工作业人员进行安全技术交底。安全技术交底内容应当明确工程作业特点和所存在的重大危险源，提出危险源的具体预防措施和相应的安全标准以及相关应急救援预案的内容，并做好交底记录。

收集整理工程项目施工安全重大危险源清单，经项目负责人审核确认后，负责在施工现场醒目位置予以公示。制定重大危险源管理方案和保证措施，建立重大危险源的监控管理制度，对施工现场安全重大危险源实施动态监控。

检查劳动保护用品的质量，以及监督检查现场操作人员正确使用，对进入现场使用的各种安全用品及机械设备，配合材料部门进行验收检查工作。

负责项目特种作业人员持证情况的验证工作，参与施工现场施工起重设备、挂篮、架桥机等临时设施及安全防护设施验收工作，并保存验收记录。对不符合规定要求的，应及时向项目负责人和企业安全生产管理机构书面报告。

参加因工伤亡和重大未遂事故的调查，分析事故原因，提出改进意见和防范措施，并监督检查执行情况。负责项目一般事故的调查、分析，提出处理意见，协助处理重大工伤事故，并参与制订纠正和预防措施，防止事故再发生。

对项目安全生产管理资料进行归档整理。资料要与工程进度同步，内容要完整、真实有效。

2.3 安全生产管理基本制度

2.3.1 安全生产责任制度

(1) 建立安全生产责任制度的必要性及其目的

安全生产责任制度是根据我国"安全第一、预防为主、综合治理"的安全生产方针,按照"管生产必须管安全"的原则建立的,是企业岗位责任制的一个重要的组成部分,是安全生产管理各项制度中最基本、最核心的规章制度,也是落实安全生产事故行政责任追究的主要依据。建立安全生产责任制的目的一方面明确了企业各职能部门、各级管理人员及各岗位工作人员在安全生产工作中所承担的工作任务;另一方面确定了他们在企业安全生产中应履行的职责和所应承担的责任,使安全生产真正做到有法可依、有人负责、有人监督、有人落实。

(2) 安全生产责任制度的主要内容

企业安全生产责任制度的建立对企业主要负责人、安全管理部门和其他职能部门以及各类施工人员在管理和施工过程中应当承担的责任做出了明确规定,即将企业安全生产主体责任分解到施工单位主要负责人、项目负责人、班组长以及每个岗位的作业人员身上。因此,企业安全生产责任制度的编制必须根据企业自身特点和组织机构的设置、职能人员的编制来考虑安全生产职责。具体应包括以下七个方面的内容:

1) 物质保障责任

① 具备法律、法规和国家标准、行业标准规定的安全生产条件。

② 保证履行建设项目安全设施"三同时"的规定。

③ 依法为从业人员提供劳动防护用品,并监督、教育其正确佩戴和使用。

2) 资金保障责任

① 按规定提取和使用安全生产费用,确保资金投入满足安全生产条件需要。

② 按规定投保安全生产责任保险。

③ 依法为从业人员缴纳工伤保险费,保证安全生产教育培训的资金。

3) 机构设置和人员配备责任

依法设置安全生产管理机构,足额配备安全生产管理人员。

4) 安全生产规章制度制定责任

建立健全安全生产责任制和各项规章制度、安全生产操作规程。

5) 教育培训责任

依法组织从业人员参加安全生产教育培训,组织有关人员取得相关上岗资格证书。

6) 安全管理责任

① 依法加强安全生产管理。

② 定期组织开展安全检查。

③ 依法取得安全许可。

④ 依法对重大危险源实施监控。

⑤ 及时消除事故隐患。

⑥ 开展安全生产宣传教育。
⑦ 统一协调管理承包、承租单位的安全生产工作。
7) 事故报告和应急救援责任
① 按规定报告生产安全事故。
② 及时开展事故抢险救援。
③ 妥善处理事故善后工作。

2.3.2 安全生产组织管理制度

（1）建立安全生产组织管理制度的必要性及其目的

安全生产的组织管理制度是企业为了有效实施安全生产的组织管理所建立的一种规章，是指导、协调安全生产机构和部门的责任，实现安全生产各项工作目标的制度保证。为实现安全生产的总目标，满足安全生产管理组织工作实际的需要，各企业必须建立完善的安全生产组织保障体系，建立相应约束机制。

（2）安全生产组织管理制度的主要内容

1）安全生产委员会或安全生产领导小组的建立

① 公路水运工程施工企业应当建立由单位主要负责人任主任，主管生产、安全副职或总工程师任副主任、各职能部负责人任组员的安全生产委员会。安委会应设办事机构，一般办事机构设在本单位安全生产管理部门。

② 项目经理部要建立由项目经理任组长，主管生产、安全副经理任副组长，各职能部门负责人和所属工区主任或工班长任组员的安全生产领导小组，组织落实本单位安全生产规章制度，贯彻安全生产会议的决议，检查指导各作业队、工区、工班专兼职安全员的工作等。

2）安全生产组织机构的建立及设置要求

施工单位应当设立安全生产管理机构，配备专职安全生产管理人员。施工单位应当根据工程施工作业特点、安全风险以及施工组织难度，按照年度施工产值计划配备专职安全生产管理人员，不足5000万元的至少配备1名；5000万元以上不足2亿元的按每5000万元不少于1名的比例配备；2亿元以上的不少于5名，且按专业配备。施工企业应当依法设置安全生产管理机构，在企业主要负责人的领导下开展本企业的安全生产管理工作。

3）企业安全生产组织机构的主要工作内容

① 宣传和贯彻国家有关安全生产法律法规和标准。
② 编制并适时更新安全生产管理制度并监督实施。
③ 组织或参与企业生产安全事故应急救援预案的编制及演练。
④ 组织开展安全教育培训与交流。
⑤ 协调配备项目专职安全生产管理人员。
⑥ 制订企业安全生产检查计划并组织实施。
⑦ 监督在建项目安全生产费用的使用。
⑧ 参与危险性较大工程安全专项施工方案专家论证会。
⑨ 通报施工项目重大危险源的控制情况。

⑩ 组织开展安全生产评优评先表彰工作。
⑪ 组建立企业安全生产管理档案。
⑫ 考核评价分包企业安全生产业绩及项目安全生产管理情况。
⑬ 参加本企业生产安全事故的调查和处理工作。
⑭ 企业明确的其他安全生产管理职责等。

4）企业内部安全组织管理的重点
① 落实各级人员、各个岗位的安全生产责任制。
② 建立健全安全规章制度、安全操作规程并严格执行。
③ 实行安全目标管理，加强信息反馈和控制。
④ 坚持安全教育和培训，逐步提高全体职工安全技术水平和安全素质。
⑤ 开展各种安全检查、评价工作，将安全考核纳入职工绩效考核之中。
⑥ 保证安全技术措施的经费和施工项目安全生产的实施效果。
⑦ 重视事故的预防、事故的调查处理。
⑧ 不断总结经验，研究安全生产的新情况、新问题，应用新技术、新方法，以适应企业管理环境的不断变化。

2.3.3 安全生产例会制度

（1）安全生产例会制度的必要性及其目的

为加强企业安全生产工作的组织领导，及时传达贯彻上级有关安全生产工作要求，有效加强企业内部的沟通与联系，企业召开各种形式的安全生产会议是十分必要的。为明确安全生产会议的形式、内容、时间、地点等会议要求，全面实现安全生产例会的各项议程，企业必须建立安全生产例会制度。通过有计划的召开安全生产会议，可以全面了解和掌握安全生产工作动态，全面布置和安排安全生产工作，认真落实各项预防、预控和预警措施，达到减少违章、避免生产安全事故发生的目的。

（2）安全生产例会制度的主要内容

1）企业安全生产委员会会议

① 企业的安全生产委员会会议一般每季度召开一次，由安委会办公室负责召集，企业主要负责人主持，全体委员参加；时间、地点由会议组织者决定。

② 会议主要内容包括：传达国家、行业、地方及上级有关部门的重要文件和重要指示精神；总结一个阶段以来的安全生产工作经验，取得的效果，安全生产现状、难点和急需解决的突出问题，确定切实可行的对策；根据存在的问题和下一阶段生产经营的实际情况，确定安全管理的具体工作任务、安全监控的重点和阶段性目标；研究确定对为安全工作做出突出贡献的单位、部门、人员的表彰决定，通报安全生产事故及其对有关单位和责任人的处罚决定等。

③ 会议所议事项以及做出的决定应形成会议纪要，企业安委会办公室应负责督促、检查、考核会议决议的执行情况。

2）企业安全生产会议

① 企业的安全生产会议每月至少应该召开一次，由企业安全生产部门负责组织召开，会议由企业主管安全生产的负责人主持。参加会议的人员一般有：安全生产负责

人、技术负责人、专职安全员等。

②会议主要内容：传达贯彻上级有关安全生产方面的方针政策有关文件，并研究提出本企业的贯彻落实措施；检查上阶段的安全生产工作，部署下阶段的安全生产工作；对生产中存在的问题和事故隐患研究落实解决问题的措施和方法；对发生的安全生产事故按照"四不放过"的原则做出处理和决定；表彰和奖励安全生产典型任务和事迹等。

3）不定期安全生产会议

由企业安全生产各职能部门根据建设单位的要求、工程进展、生产的季节性和突发性等情况随时召开安全生产会议。

2.3.4 安全生产管理人员考核制度

（1）建立安全生产管理人员考核制度的必要性及其目的

为规范企业主要负责人、项目负责人和专职安全生产管理人员的行为，提高安全生产管理人员的责任感和使命感，增强安全管理人员的整体素质，企业必须建立安全生产管理人员考核制度。

（2）安全生产管理人员考核制度的主要内容

施工企业主要负责人是指对本企业生产经营活动、安全生产工作具有决策权的负责人，以及具体分管安全生产工作的负责人、企业技术负责人。施工企业安全生产管理人员是指企业授权的工程项目负责人、具体分管项目安全生产工作的负责人、项目技术负责人；企业或工程项目专职从事安全生产工作的管理人员。

安全生产管理人员（以下简称"安管人员"）具备从事公路水运工程安全生产管理工作必要的安全生产知识和管理能力。应为与施工企业存在劳动关系，被正式任命或授权任命相关职务及岗位的在岗人员。经施工企业年度安全生产教育和培训合格，且上一年度考核时无严重安全生产失信信息记录的，经考核部门考核合格，取得安全生产考核合格证书的人员。

施工企业应当建立安管人员安全生产教育和培训制度并建立档案，按有关规定对安管人员进行年度安全生产教育和培训，保证其具备必要的安全生产知识和管理能力。

安全生产知识考核内容包括：国家或行业安全生产工作的基本方针政策，安全生产方面的法律法规、规章制度和标准规范，安全生产基本理论和管理方法，公路（水运）工程安全生产技术等。

安全生产管理能力考核内容包括：公路（水运）工程安全生产组织管理或执行力、建立和执行安全生产管理制度、发现和消除安全事故隐患、报告和处置生产安全事故等。

安管人员从事公路水运工程安全生产管理工作时，应持有相应行业一个管理类别的安全生产考核合格证书。

2.3.5 安全生产教育与培训制度

（1）建立安全生产教育与培训制度的必要性及其目的

安全教育和培训不仅能加深各级领导和广大从业人员对安全生产方针和政策的认识，提高安全生产工作的责任感、使命感和法律意识，培养贯彻执行安全法律、法规以及各项规章制度的自觉性，而且能促使广大从业人员掌握所需的安全生产知识，提高安全操作技能和应急自救能力，达到提高全员安全素养、提高企业安全生产管理水平和防止事故，实现安全生产的目的。

（2）安全生产教育与培训制度的主要内容

1）安全教育培训的内容

① 生产经营单位主要负责人安全培训应当包括下列内容：

国家安全生产方针、政策和有关安全生产的法律、法规、规章及标准；安全生产管理基本知识、安全生产技术、安全生产专业知识；重大危险源管理、重大事故防范、应急管理和救援组织以及事故调查处理的有关规定；职业危害及其预防措施；国内外先进的安全生产管理经验；典型事故和应急救援案例分析；其他需要培训的内容。

② 生产经营单位安全生产管理人员安全培训应当包括下列内容：

国家安全生产方针、政策和有关安全生产的法律、法规、规章及标准；安全生产管理、安全生产技术、职业卫生等知识；伤亡事故统计、报告及职业危害的调查处理方法；应急管理、应急预案编制以及应急处置的内容和要求；国内外先进的安全生产管理经验；典型事故和应急救援案例分析；其他需要培训的内容。

2）安全教育培训的形式

① 企业组织的各类安全教育培训班；

② 三级安全教育培训；

③ 岗前安全教育培训；

④ 在作业现场作业前进行的班前"五分钟"的安全宣传教育；

⑤ 企业组织的各种安全技术知识讲座、竞赛；

⑥ 企业组织的"安全生产月"活动期间的技术交流，展览、张贴宣传画、标语，设置警示标志，以及利用媒体等方式进行的安全教育；

⑦ 召开安全例会、事故分析会、现场会，分析造成事故原因、责任、教训，制定事故防范措施；

⑧ 日常进行的广播、电影、电视、录像、网络等声像式安全教育是用现代技术手段，使安全教育真正寓教于乐。

3）安全教育和培训的对象

① 企业法定代表人、企业主管安全生产的领导和企业总工程师；

② 项目经理（独立承包工程负责人、施工队长）；

③ 企业专职安全管理人员；

④ 企业其他生产管理人员和技术人员；

⑤ 企业特种作业人员；

⑥ 企业新进场的从业人员；

⑦ 重新上岗的待岗、转岗、换岗、复工人员；

⑧ 企业其他的所有从业人员。

4）安全教育培训的时间和要求

按规定，施工企业应当对管理人员和作业人员每年至少要进行一次安全教育培训，其教育培训情况记入个人工作档案。安全生产教育培训考核不合格的人员，不得上岗。

① 生产经营单位主要负责人和安全生产管理人员初次安全培训时间不得少于32学时，每年再培训时间不得少于12学时。

② 生产经营单位新上岗的从业人员，岗前安全培训时间不得少于24学时。

5）企业三级安全教育的具体要求

① 公司级安全培训教育的主要内容是：国家和地方有关安全生产的方针、政策、法规、标准、规范、规程和企业的安全规章制度等，培训教育的时间不得少于15学时。

② 项目安全培训教育的主要内容是：工地安全制度、施工现场环境、工程施工特点及可能存在的不安全因素等，培训教育的时间不得少于15学时。

③ 班组安全培训教育的主要内容是：本工种的安全操作规程、事故安全案例、劳动纪律和岗位讲评等，培训教育的时间不得少于20学时。

2.3.6 安全生产资金保障制度

（1）建立安全生产资金保障制度的必要性及其目的

企业安全生产资金保障制度的目的是加强企业安全生产费用的统一管理；保证安全生产资金的有效投入；改善从业人员工作条件和工作环境，保障职工职业健康安全；进一步实现安全生产、文明施工和安全生产标准化管理；减少和防止生产安全事故的发生。

（2）安全生产资金保障制度的主要内容

1）安全生产资金保障制度的主要内容

① 安全生产资金是指企业按规定标准提取，在成本中列支，专门用于完善和改进企业安全生产条件所发生的各项资金。安全费用提取标准为：港口与航道工程1.5%、公路工程1.5%、铁路工程2.0%、城市轨道交通工程2.0%。

② 企业安全生产资金管理必须坚持"企业提取、政府监管、确保需要、规范使用"的原则进行管理。

③ 企业安全生产资金必须做到专项立户，由本单位财务部门统一管理，实行专款专用，不得挪作他用。

④ 企业安全生产第一责任人全面负责安全生产资金计划的审批，并保证资金的落实及合理使用等工作。

⑤ 企业的安监部门负责安全生产资金相关情况的监督检查，审计部门应定期对安全生产投入资金使用情况进行专项审计，并出具报告。

⑥ 企业安全生产资金保障制度还要明确使用计划、统计上报的时间、相关工作程序、职责权限、奖励与处罚等。

⑦ 上级安监、财务等主管部门要加强安全生产资金的监督管理，对未按照相关规定落实安全生产资金保障制度的单位给予处罚。对因未建立或不严格执行安全生产资金保障制度的单位和个人，造成企业安全生产责任事故的还应追究相关责任人的责任。

2）安全生产资金的使用范围

施工单位安全费用应当按照以下范围使用：用于完善、改造和维护安全防护设施设备（不含"三同时"要求初期投入的安全设施）支出；配备、维护、保养应急救援器材、设备支出和应急演练支出；开展重大危险源和事故隐患评估、监控和整改支出；安全生产检查、咨询、评价（不包括新建、改建、扩建项目安全评价）和标准化建设支出；配备和更新现场作业人员安全防护用品支出；安全生产宣传、教育、培训支出；安全生产适用的新技术、新装备、新工艺、新标准的推广应用支出；安全设施及特种设备检测检验支出；其他与安全生产直接相关的支出。

在公路水运工程施工中，对建设单位列入建设工程概算的安全生产资金应主要用于施工安全防护用具及设施采购和更新、安全施工保障措施的落实、安全生产条件改善等。

2.3.7　安全风险评估制度

（1）建立安全风险评估制度的必要性及其目的

安全风险评估制度是现代企业安全管理的重要手段之一，其目的就是对施工中的不同环境或不同时期的安全风险进行识别与分析，以及对安全风险产生的后果进行综合评价，并通过安全风险评价查找其存在的危险、有害因素并确定危险程度，提出合理可行的安全对策、措施及建议，使企业在生产运行期内的安全风险控制在安全、合理的范围内。建立安全风险评估制度对于企业建立健全符合企业实际的安全预控机制，整体提高企业安全管理水平，科学预测事故发生的后果都具有重大的意义。

（2）安全风险评估制度的主要内容

具体见安全风险管理相关章节。

2.3.8　安全技术交底制度

（1）建立安全技术交底制度的必要性及其目的

公路水运工程施工施工任务艰巨，安全风险巨大，新技术、新结构、新工艺、新材料和新设备也不断地被应用于水运工程中，安全生产技术和管理工作也随之更加复杂、多变。在这样错综复杂的环境下，安全技术交底就能真正起到指导施工，预防事故、保证施工安全的作用。建立技术交底制度可以有效地规范项目安全技术交底工作，提高从业人员的安全意识、安全知识和安全操作技能，减少伤亡事故的发生。

（2）安全技术交底制度的主要内容

1）交底的主要内容

① 告知施工过程中的作业危险特点、重大危险源及危害因素；

② 针对危险点和重大危险源制定具体预防措施；

③ 作业过程中应注意的安全事项；

④ 特殊工序的操作方法和相应的安全操作规程和标准要求；

⑤ 发生安全生产事故后应该采取的自救方法、紧急避险和紧急救援措施等。

2）交底的具体要求

① 安全技术交底由项目经理部技术负责人负责实施，实行逐级安全技术交底制度。横向涵盖各相关部门，纵向延伸到班组全体作业人员。从项目管理者、现场施工负责人直到现场具体操作人员都应接受安全技术交底，任何人未经安全技术交底不准作业。

② 安全技术交底的内容必须具体、明确、针对性和可操作性强。

③ 技术交底的内容应针对分部分项工程施工给作业人员带来的潜在或隐含的危险因素和存在问题。

④ 安全技术交底应优先交底采用新的安全技术方法和技术措施。
⑤ 安全技术交底应涵盖工程概况、施工方法、施工程序、安全技术措施等内容。
⑥ 安全技术交底必须保留书面签字记录。

2.3.9 危险性较大工程专项方案编制、审批论证制度

（1）建立危险性较大工程专项方案编制、审批论证制度的必要性及其目的

危险性较大工程施工中往往存在各种重大危险源，导致安全生产事故发生率高，因此是安全生产管理的重点和难点。建立危险性较大工程专项方案审批论证制度是为了保证危险性较大工程在施工前能够充分考虑施工过程中可能存在的各种重大危险源，编制专项施工方案并严格审批和论证，合理调整施工工艺和施工方法，研究制定可操作性强的预防和治理措施，保证每个施工工艺、施工方法中存在的危险危害因素得到有效控制和防护，避免或减少安全生产事故的发生。

（2）危险性较大工程专项方案编制、审批论证制度的主要内容

危险性较大的分部分项工程是指建筑工程在施工过程中存在的、可能导致作业人员群死群伤或造成重大不良社会影响的分部分项工程。危险性较大工程在施工前必须由施工单位根据地质水文条件、设计图纸要求、技术规范标准及国家和地方性法律法规等制定严谨可行的专项施工方案，对于超过一定规模的危险性较大的分部分项工程，施工单位应当组织专家对专项方案进行论证，经过审批和论证程序后方可施工。

对于危险性较大工程中存在的重大危险源，在专项施工方案中必须予以重点关注，制定相应措施，有效的控制或消除重大危险源，确保施工安全（表2-1）。

危险性较大分部分项工程范围　　表2-1

序号	类别	危险性较大分部分项工程	超过一定规模的危险性较大分部分项工程
1	基坑工程	（1）开挖深度超过3m（含3m）的基坑（槽）的土方开挖、支护、降水工程。 （2）开挖深度虽未超过3m，但地质条件、周围环境和地下管线复杂，或影响毗邻建、构筑物安全的基坑（槽）的土方开挖、支护、降水工程	开挖深度超过5m（含5m）的基坑（槽）的土方开挖、支护、降水工程
2	模板工程及支撑体系	（1）各类工具式模板工程：包括滑模、爬模、飞模、隧道模等工程。 （2）混凝土模板支撑工程：搭设高度5m及以上，或搭设跨度10m及以上，或施工总荷载（荷载效应基本组合的设计值，以下简称设计值）10kN/m^2及以上，或集中线荷载（设计值）15kN/m及以上，或高度大于支撑水平投影宽度且相对独立无联系构件的混凝土模板支撑工程。 （3）承重支撑体系：用于钢结构安装等满堂支撑体系	（1）各类工具式模板工程：包括滑模、爬模、飞模、隧道模等工程。 （2）混凝土模板支撑工程：搭设高度8m及以上，或搭设跨度18m及以上，或施工总荷载（设计值）15kN/m^2及以上，或集中线荷载（设计值）20kN/m及以上。 （3）承重支撑体系：用于钢结构安装等满堂支撑体系，承受单点集中荷载7kN及以上

续表

序号	类别	危险性较大分部分项工程	超过一定规模的危险性较大分部分项工程
3	起重吊装及起重机械安装拆卸工程	(1) 采用非常规起重设备、方法，且单件起吊重量在10kN及以上的起重吊装工程。 (2) 采用起重机械进行安装的工程。 (3) 起重机械安装和拆卸工程	(1) 采用非常规起重设备、方法，且单件起吊重量在100kN及以上的起重吊装工程。 (2) 起重重量300kN及以上，或搭设总高度200m及以上，或搭设基础标高在200m及以上的起重机械安装和拆卸工程
4	脚手架工程	(1) 搭设高度24m及以上的落地式钢管脚手架工程（包括采光井、电梯井脚手架）。 (2) 附着式升降脚手架工程。 (3) 悬挑式脚手架工程。 (4) 高处作业吊篮。 (5) 卸料平台、操作平台工程。 (6) 异型脚手架工程	(1) 搭设高度50m及以上的落地式钢管脚手架工程。 (2) 提升高度在150m及以上的附着式升降脚手架工程或附着式升降操作平台工程。 (3) 分段架体搭设高度20m及以上的悬挑式脚手架工程
5	拆除工程	可能影响行人、交通、电力设施、通信设施或其他建、构筑物安全的拆除工程	(1) 码头、桥梁、高架、烟囱、水塔或拆除中容易引起有毒有害气（液）体或粉尘扩散、易燃易爆事故发生的特殊建、构筑物的拆除工程。 (2) 文物保护建筑、优秀历史建筑或历史文化风貌区影响范围内的拆除工程
6	暗挖工程	采用矿山法、盾构法、顶管法施工的隧道、洞室工程	采用矿山法、盾构法、顶管法施工的隧道、洞室工程
7	其他	(1) 建筑幕墙安装工程。 (2) 钢结构、网架和索膜结构安装工程。 (3) 人工挖孔桩工程。 (4) 水下作业工程。 (5) 装配式建筑混凝土预制构件安装工程。 (6) 采用新技术、新工艺、新材料、新设备可能影响工程施工安全，尚无国家、行业及地方技术标准的分部分项工程	(1) 施工高度50m及以上的建筑幕墙安装工程。 (2) 跨度36m及以上的钢结构安装工程，或跨度60m及以上的网架和索膜结构安装工程。 (3) 开挖深度16m及以上的人工挖孔桩工程。 (4) 水下作业工程。 (5) 重量在1000kN及以上的大型结构整体顶升、平移、转体等施工工艺。 (6) 采用新技术、新工艺、新材料、新设备可能影响工程施工安全，尚无国家、行业及地方技术标准的分部分项工程

参照《危险性较大的分部分项工程安全管理规定》（住房城乡建设部令第37号）；住房和城乡建设部办公厅关于实施《危险性较大的分部分项工程安全管理规定》有关问题的通知。

1) 专项施工方案的编制

施工单位应当依据风险评估结论，对危险性较大分部分项工程编制专项施工方案，并附安全验算结果，经施工单位技术负责人审核签字、加盖单位公章，并由总监理工程师审查签字、加盖执业印章后方可实施。对超过一定规模的危大工程，施工单位应当组织召开专家论证会对专项施工方案进行论证。

专项方案编制人员应具有本专业中级及以上专业技术职称。实行施工总承包的，应由施工总承包单位组织编制。危大工程实行分包的，专项施工方案可以由相关专业分包单位组织编制。

危大工程专项施工方案的主要内容应当包括：

① 工程概况：危大工程概况和特点、施工平面布置、施工要求和技术保证条件；

② 编制依据：相关法律、法规、规范性文件、标准、规范及施工图设计文件、施工组织设计等；

③ 施工计划：包括施工进度计划、材料与设备计划；

④ 施工工艺技术：技术参数、工艺流程、施工方法、操作要求、检查要求等；

⑤ 施工安全保证措施：组织保障措施、技术措施、监测监控措施等；

⑥ 施工管理及作业人员配备和分工：施工管理人员、专职安全生产管理人员、特种作业人员、其他作业人员等；

⑦ 验收要求：验收标准、验收程序、验收内容、验收人员等；

⑧ 应急处置措施；

⑨ 计算书及相关施工图纸。

专项方案编制应遵循以下原则：

① 进行施工平面布置时，生活、生产设施要避开周边重大危险因素，不得对周边环境造成安全影响。对具有危险性的临时设施按有关规定进行布置并进行标识。

② 确定对施工作业有可能造成重大安全影响的周边危险因素，并制定相应的安全技术措施，消除这些危险因素。在无法消除的情况下，要制定相应的监控措施，必要时设计修建符合国家有关标准的安全防护设施，将其影响降至最低程度。

③ 根据设计文件、工期要求、施工环境，具体分析本项目施工的特点，找出施工过程中可能出现的不安全状态，针对这些不安全状态制定相应的技术措施。

④ 对施工过程进行作业流程分析，找出危险点，针对这些危险点制定相应的技术防范措施。

⑤ 安全技术措施的处置方法包括：消除与预防法、替代隔离法、设置薄弱环节方法、错位布局法、连锁法、警告法。

2）专项方案的审核、审批

① 专项方案应当由施工单位技术部门组织本单位生产、安全、技术质量等部门的专业技术人员进行审核。

② 实行施工总承包的，专项方案应当由总承包单位技术负责人及相关专业承包单位技术负责人审核。

③ 不需要专家论证的专项方案，须经施工单位技术负责人审核合格后报施工监理单位，项目总监理工程师审核通过，签字盖章后，由施工单位技术负责人批准实施。

3）专项方案的论证

具有一定规模的危险性较大的分部分项工程，专项方案应当由施工单位组织召开专家论证会。工程实行施工总承包的，由施工总承包单位组织召开专家论证会。论证审查的专项方案在审核论证会通过后实施。

方案中需要专家论证的主要内容包括：

① 专项施工方案内容是否完整、可行；

② 专项施工方案计算书和验算依据、施工图是否符合有关标准规范；

③ 专项施工方案是否满足现场实际情况，并能够确保施工安全。

4）专项施工方案修改

① 超过一定规模的危大工程专项施工方案经专家论证后结论为"通过"的，施工单

位可参考专家意见自行修改完善。

②结论为"修改后通过的"专家意见要明确具体修改内容,施工单位应当按照专家意见进行修改,并履行有关审核和审批手续后方可实施,修改情况应及时告知专家。

③专家组认为专项施工方案需做重大修改的,施工单位应当依据论证报告依据组织修改,履行相关审核手续,并重新组织专家进行论证。

施工单位必须严格执行专项方案,不得擅自修改经过审批的专项方案。如因设计、结构等因素发生变化,确需修订的,应重新履行审核、论证、审批程序。

5)方案交底

专项施工方案实施前,编制人员或者项目技术负责人应当向施工现场管理人员进行方案交底。施工现场管理人员应当向作业人员进行安全技术交底,并由双方和项目专职安全生产管理人员共同签字确认。

专项施工方案交底的主要内容为:

① 分部分项工程(或重要部位、关键工艺、特殊过程)范围;

② 施工生产条件;

③ 施工组织、计划安排;

④ 施工技术措施、特殊技术要求;

⑤ 资源投入及质量、安全及环保要求等。

安全技术交底的主要内容为:

① 分部分项工程概况;

② 施工时间、部位、具体作业工序;

③ 施工作业特点及可能存在的危险点;

④ 针对危险点的具体预防措施;

⑤ 作业中应遵循的安全操作规程以及注意的安全事项;

⑥ 发生事故后应及时采取的避难和急救措施。

6)试验管理

生产经营单位需根据危大工程施工组织计划及物资(设备)需用计划编制试验计划,报公司审核合规性、合理性。危大工程施工所需物资(设备)进场,项目材料部门组织工程、质检、安全等部门开展进场验收,对数量、质量和技术资料(合格证、检验报告)等验证,如存在问题予以拒收处理。试验工程师根据物资进场验收记录或施工通知单,按取样规范要求的数量、规格、部位等进行取样、标识及养护,并建立试验台账。试验工程师应及时送检并取回试验报告,提交项目技术负责人分析,试验合格情况及时通知项目工程管理及物资部门,不合格由项目技术负责人制定处置措施。检测结果不合格的报告严禁抽撤、替换或修改。

施工过程检验与试验主要项目如下:

① 工序试验,包括:钢筋焊接、钢筋机械连接件、混凝土试块、砂浆试块、回填土试验、压实度试验、渗水试验、地基系数K30、锚杆抗拔、大体积混凝土测温、网架结构焊接球和螺栓球节点检测等。

② 现场进行的检验,包括:预制构件、浅层、深层平板载荷、岩基载荷、岩石锚杆抗拔、土层锚杆、单桩竖向静荷载、岩石单轴抗压强度、钢构焊缝质量探伤检测等试验。

7）工序验收

对于按照规定需要验收的危大工程，施工单位、监理单位应当组织相关人员进行验收。验收合格的，经施工单位项目技术负责人及总监理工程师签字确认后，方可进入下一道工序。

具体管理要求：

① 应建立验收管理制度，明确项目不同类型危大工程工序验收的责任部门、责任人，明确验收的时间要求，应使用当地主管部门规定的危大工程各工序验收表格或企业内部制定的相关验收表格进行验收。

② 按照专项方案或使用说明验收，内容、数据应量化，结论明确，签名、日期完整。

③ 应当将专项施工方案及审核、专家论证、交底、现场检查、验收及整改等相关资料纳入档案管理。

④ 危大工程验收合格后，施工单位应当在施工现场明显位置设置验收标识牌，公示验收时间及责任人员。

2.3.10 特种设备及作业人员安全管理制度

（1）建立特种设备及作业人员安全管理制度的必要性及其目的

随着公路水运工程建设的迅速发展，工程施工机械化程度越来越高，然而由于施工机械设备本身和操作人员的原因，使得机械设备在使用中存在许多不安全因素，稍有疏忽，就可能发生机械伤害事故，对各企业财产和企业员工职业健康安全造成危害。为了杜绝或减少机械伤害事故的发生，确保机械设备及人员的安全，创造良好的施工环境，就必须建立特种设备及作业人员安全管理制度，加强对特种设备及其作业人员的安全管理。

（2）特种设备及作业人员安全管理制度的主要内容

1）特种设备的分类

根据相关法律法规，结合公路水运工程施工的实际特点，特种设备及作业人员安全管理制度中包含的特种设备包括满足特定条件的锅炉、压力容器、压力管道、电梯、起重机械、场（厂）内专用机动车辆等。

2）特种设备的安装与调试

① 对特种设备进行安装调试的单位应该具有相应的资格，使用单位需对承接该项工作的单位进行安全资格验证。

② 特种设备在安装调试前，使用单位应对特种设备安装调试承揽单位进行安全资质审查、验证后报上级质量技术监督行政主管部门备案，方可进行特种设备的安装调试。

③ 特种设备安装调试必须按照国家相关安全法规、标准进行。

④ 设备安装调试完成后，安装单位必须出具有关安装合格报告。使用单位还应组织有关部门组织验收，验收合格后方可投入使用。

3）特种设备的管理

① 特种设备使用单位应当使用符合安全技术规范要求的特种设备。检查验收时，应要求厂家提供设备的设计文件、产品质量合格证明、安装调试及使用维修保养说明等文件。

② 特种设备在投入使用前或者投入使用后 30 日内，特种设备使用单位应当向直辖市或者设区的市的特种设备安全监督管理部门登记。登记标志应当置于或者附着于该特种设备的显著位置。

③ 特种设备使用单位应当建立特种设备安全技术档案。

④ 特种设备使用单位应当对在用特种设备进行经常性日常维护保养，并做好记录；维护保养时发现异常情况应当及时处理。

⑤ 特种设备的使用单位每月至少进行一次专门的安全检查，发现问题及时处理，有效预防机械伤害事故的发生。

4）特种设备作业人员管理

特种设备作业人员是从事指特种设备安装调试、维修保养、指挥、操作等人员。

① 特种设备使用单位应当履行的义务包括：

制订特种设备安全操作规程和有关安全管理制度；保证特殊工种人员持证上岗，建立特种设备作业人员管理档案；对特种作业人员及时进行安全教育和培训；专项安全检查，确保持证上岗和按章操作；提供必要的安全作业条件，发放必要的个人安全防护用品、用具；定期组织从事危险危害作业的特殊工种作业人员进行身体健康检查；及时进行安全技术交底和危险危害因素书面告知。

② 特种设备操作作业人员的要求包括：

年满 18 周岁，且不超过国家法定退休年龄；经社区或者县级以上医疗机构体检健康合格，并无妨碍从事相应特种作业的器质性心脏病、癫痫病、美尼尔氏症、眩晕症、癔症、震颤麻痹症、精神病、痴呆症以及其他疾病和生理缺陷；具有初中及以上文化程度；具备必要的安全技术知识与技能；相应特种作业规定的其他条件。

③ 特种设备作业人员应当遵守规定包括：

作业时随身携带证件，并自觉接受用人单位的安全管理和质量技术监督部门的监督检查；积极参加特种设备安全教育和安全技术培训；严格执行特种设备操作规程和有关安全规章制度；拒绝违章指挥；发现事故隐患或者不安全因素应当立即向现场管理人员和单位有关负责人报告；接受安全技术交底，熟悉现场危险源及应急措施。

2.3.11 职业健康安全和劳动防护用品管理制度

（1）建立职业健康安全和劳动防护用品管理制度的必要性及其目的

建立职业健康安全和劳动防护用品管理制度的目的在于，规范企业劳动防护用品的管理，减少作业场所职业危害，降低职业病发生率，提高企业对于职业病和职业伤害的防控能力。它的重要意义在于，一方面有助于劳动者合法权益的实现，有助于劳动者生产作业环境的持续改进；另一方面有助于企业完善职业健康安全管理体系，有助于企业更好地开展职业病防治工作、预防或减少安全生产责任事故的发生。

（2）职业健康安全和劳动防护用品管理制度的主要内容

制定职业健康安全和劳动防护用品管理制度应根据国家和地方有关法律法规要求，并结合企业施工生产实际和劳动者作业环境中的特点来制定。

1）职业病防治管理

企业作为职业病防治和职业健康安全的责任主体应采取下列管理措施：

① 本企业要设置职业卫生管理机构或者组织，全面负责本单位的职业病防治工作；制定职业病防治计划和实施方案；建立健全职业卫生管理制度和操作规程；建立健全职业卫生档案和劳动者健康监护档案；建立健全工作场所职业病危害因素监测及评价制度；建立健全职业病危害事故应急救援预案。

② 设置有效的职业病防护设施，并为劳动者提供合格的职业病防护用品。

③ 优先采用有利于防治职业病和保护劳动者健康的新技术、新工艺、新材料。

④ 对产生严重职业病危害的作业岗位，应当在其醒目位置，设置警示标识和中文警示说明。警示说明应当载明产生职业病危害的种类、后果、预防以及应急救治措施等内容。

⑤ 对可能发生急性职业损伤的有毒、有害工作场所，设置报警装置，配置现场急救用品、冲洗设备、应急撤离通道和必要的泄险区。

⑥ 按照卫生行政部门的规定，定期对工作场所进行职业病危害因素检测、评价，检测、评价结果存入用人单位职业卫生档案，定期向所在地卫生行政部门报告并向劳动者公布。

⑦ 不得安排未成年人从事接触职业病危害的作业；不得安排孕期、哺乳期的女职工从事对本人和胎儿、婴儿有害的作业。

2）常见的劳动防护用品

公路水运工程常见的个人安全防护用品有：安全帽、安全带、安全网、防毒面具、防尘口罩、护目镜、高温鞋、绝缘鞋等。一般劳动的防护用品还包括：工作服、工作帽、风镜、雨衣、水靴、防寒服、毛巾、手套等。

3）劳动防护用品的配备与使用

① 企业应当按照《劳动防护用品选用规则》GB11651—2019和国家颁发的劳动防护用品配备标准以及有关规定，为从业人员配备劳动防护用品。

② 企业应当安排用于配备劳动防护用品的专项经费。企业不得以货币或者其他物品替代应当按规定配备的劳动防护用品。

③ 企业为从业人员提供的劳动防护用品，必须符合国家标准或者行业标准，不得超过使用期限。并督促、教育从业人员正确佩戴和使用劳动防护用品。

④ 企业应当建立健全劳动防护用品的采购、验收、保管、发放、使用、报废等管理制度。

⑤ 企业不得采购和使用无安全标志的特种劳动防护用品；购买的特种劳动防护用品须经本单位的安全生产技术部门或者管理人员检查验收。

⑥ 从业人员在作业过程中，必须按照安全生产规章制度和劳动防护用品使用规则，正确佩戴和使用劳动防护用品；未按规定佩戴和使用劳动防护用品的，不得上岗作业。

2.3.12 安全生产事故隐患排查和治理制度

（1）建立安全生产事故隐患排查和治理制度的必要性及其目的

安全生产事故隐患，是指未被事先识别或未采取必要防护措施可能导致安全生产事故的危险源或不利环境因素，具有潜在的对人身安全或健康构成伤害，造成财产损失或兼具其他损失的根源或情况。公路水运工程施工中人、机、料、物的协同作业、交叉作业频繁，安全管理难度大、事故隐患多，加强安全生产事故隐患的排查治理工作，建立企业安全生产事故隐患排查和治理制度将有效提高安全生产事故防控能力，保障安全生产顺利进行的必要手段和措施，预防和减少事故的发生，保障员工生命财产安全。

（2）安全生产事故隐患排查和治理制度的主要内容

1）事故隐患的排查治理

① 企业是事故隐患排查、治理和防控的责任主体。应当把隐患排查治理工作贯穿到生产活动全过程，建立实时检查、班检查、日排查等隐患排查治理制度，明确排查地点、项目、标准、责任，将隐患排查治理日常化。企业主要负责人对本单位事故隐患排查治理工作全面负责。

② 企业应成立事故隐患排查治理小组，由单位安全生产第一责任人任组长，定期组织安全生产管理人员、工程技术人员和其他相关人员排查本单位的事故隐患，并逐级落实从主要负责人到每个从业人员的隐患排查治理的范围和责任，做到不留空当，不留死角。

③ 企业应依照有关法律法规和文件要求制订具体方案，对安全生产规章制度、责任落实、安全管理组织体系、资金投入、人员培训、劳动纪律、现场管理、防控手段、事故查处以及安全生产基本条件、工艺系统、基础设施、技术装备、作业环境等方面组织检查。每月至少组织一次事故隐患排查工作，并下发隐患整改通知，限期整改，落实事故隐患排查治理工作责任。

④ 企业应将排查出的事故隐患分级建档，登记编号，对重大及特别重大的事故隐患应报上级管理部门。当事故隐患等级可能随时间、外界条件变化时，应注重动态监控并在档案中及时调整其等级，对升级为重大及特别重大的事故隐患予以补报，对降级的事故隐患亦应相应报告。

⑤ 受检单位在接受隐患整改通知后，应立即按照隐患整改通知的要求采取有效措施，按照"三限"原则对隐患进行整改治理；隐患整改完成后应形成隐患整改回执，将隐患整改情况及时报送至检查单位，并组织召开会议进行总结；受检单位在接到隐患整改回执后，应对整改情况进行复查核实。

⑥ 企业应加强对自然灾害的预防。对于因自然灾害可能导致事故灾难的隐患，应当按照有关法律、法规、标准的要求排查治理，采取可靠的预防措施，制订应急预案。在接到有关自然灾害预报时，应当及时向所属单位发出预警通知；发生自然灾害可能危及企业和人员安全的情况时，应当采取撤离人员、停止作业、加强监测等安全措施，并及时向当地人民政府及有关部门报告。

⑦ 企业接到有关部门下达的责令停产整改指令，必须立即停止生产，由主要负责人组织制订整改方案，并及时报送有关部门。制定整改方案应确定整改项目、整改目标、整改时限、整改作业范围、从事整改的作业人员，落实整改责任人、资金，还应包括安全技术措施和应急预案，以及职工安全教育和培训等内容。

⑧ 企业应建立奖惩机制，促进事故隐患的排查和治理工作。

2）事故隐患排查治理的报告

① 企业应每季或每半年对事故隐患排查治理情况进行统计分析，写出隐患排查治

理报告,并定期向有关部门报送隐患排查治理情况。

② 企业应当及时向所属单位和部门通报隐患排查与治理情况,提出下阶段事故隐患排查治理工作要点。

③ 重大事故隐患治理报告还应包括:隐患的现状及其产生原因;隐患的危害程度和整改难易程度分析;隐患治理方案等。

④ 隐患治理方案应包括:治理的目标和任务;采取的方法和措施;经费和物资的落实;负责治理的机构和人员;治理的时限和要求;安全措施和应急预案等。

3)事故隐患排查结果公示

企业应当如实向施工作业班组、作业人员详细告知作业场所和工作岗位存在的危险因素、危险特征及防范措施,由双方签字确认。在作业场所明显部位设置重大及特别重大的事故隐患公示牌;制定应急预案并告知作业人员与现场相关人员,必要时组织演练。

在上述场所应设置明显安全警示标志,在无法封闭施工的工地,还应当悬挂当日施工现场危险告知牌,以将危险告知路人和社会车辆。

4)事故隐患治理和验收销号

企业对处在危险区域或有潜在危险的驻地坚决搬迁,对有危险的作业点进行有效防范,对施工机具登记管理,在使用维修保养前应加强检查,对所有隐患的防范措施应一一审核是否有操作性,是否有效。监理单位应加强对防范整改的监督检查,并对施工单位的整改情况加以书面确认。工程建设单位也应制定相应的奖惩措施,对无防范措施或措施无效及整改不力的施工项目部严格惩处,对仍存在重大及特别重大事故隐患的场所、部位,立即停工整顿。

企业应建立本单位的安全生产事故隐患排查治理的验收销号标准。对已经按要求治理的事故隐患及时销号,解除监控。对难以按时消除的事故隐患,应编制监控措施,落实专门的责任人和整改时限。

2.3.13 安全检查制度

(1)建立安全检查制度的必要性及其目的

施工企业进行的安全检查工作是发现和消除安全管理缺陷、施工现场事故隐患,单位间交流经验,促进安全生产的有效措施;是企业安全生产管理体系运行中的重要环节,是安全生产管理工作的重要内容,也是防止事故发生、改善劳动条件的重要手段。通过安全检查可以及时掌握安全管理体系的运行情况和生产经营过程中的危险危害因素,以便有计划地制定相应措施,保证企业安全生产顺利进行。因此,企业必须建立、完善安全检查制度。

(2)安全检查制度的主要内容

1)安全检查的类型

安全检查可以分为定期性的、经常性的、季节性的、专业性的、综合性的安全检查的等形式。

2)安全检查的方法

常用的安全检查方法有一般检查法和安全检查评分表法。

① 一般检查法：主要看、听、闻、问、查、测、析。

看：看施工现场的环境和作业条件；看实物和施工人员的实际操作；看施工人员在施工过程中所做的记录和资料；看施工安全设施等。

听：听汇报、听介绍、听反映、听意见或批评、听建议、听机械设备的运转响声或承重物发出的微弱声等。

闻：对施工现场存在的包括油漆、化学材料、腐蚀物等的泄漏或挥发引起的有毒气体进行辨别。

问：向项目经理部的某项工作和作业有经验的人询问工作中的危险源和不利环境因素；对影响安全的问题进行详细询问、寻根究底。

查：在企业内部除了在现场查明问题、查出隐患、查对数据、查清原因、追查责任外，还可以查阅企业相关的事故、职业病记录，从中发现在本项目中可能存在的危险源与不利因素；从企业外部获取信息。从有关类似企业、类似项目、文献资料、专家咨询等方面获取有关危险源和不利因素信息，加以分析研究。

测：对重要的施工控制点进行测量；对重要的施工机械、安全防护设施以及重要的附件进行测试；对重要的物资进行检测以及必要的试验或化验。

析：实事求是分析安全事故的隐患、原因；弄清事故的时间、地点；研究事故受害者的工作环境、本人的情况，包括身体思想状况，作业中的工具、材料、机具设备情况，技术交底情况，对操作规程是否熟悉，是否持证上岗，现场管理情况等是否存在不安全因素，是哪些不安全因素，是如何诱发事故的等。

② 安全检查评分表法

安全检查评分表法是一种原始的、初步的定量分析方法，它通过事先拟定安全检查明细或清单从而对生产安全进行初步的诊断和控制。安全检查评分表是为系统地发现人—机—环境系统中的危险源和不利安全因素而事先拟定好的问题清单。它根据安全系统工程分解和综合的原理，事先把所要检查的对象加以剖析，把大系统分割成若干个小的子系统，然后确定检查项目，查出不安全因素所在，将检查项目按系统或子系统的顺序编制成表，并根据相应的规章制度、规范规程制定合适的检查标准或要求，采用对各分项打分的方式，将检查中发现的问题实事求是的记录在表格内，这种表就叫安全检查评分表。

③ 安全检查后必须进行总结，检查中发现安全隐患，应立即下达隐患整改通知书。被检查单位应立即组织整改。对于检查中发现重大隐患，不能够立即解决的，应下达停工指令。被检查单位接到停工指令，必须定人员、定措施，在规定时间内完成整改，经复验合格才能继续施工。

3）安全检查的内容

① 查意识：安全意识是人脑对生活、生产等活动中安全观念的反映，是对客观现实的反映，意识的存在会对事物发展进程起到巨大的促进或阻碍作用。应注意检查企业领导的思想路线，检查他们对安全生产是否有正确认识；是否把员工的安全健康放在了第一位；其次，检查企业领导和员工的安全意识。

② 查制度：安全检查也是对企业安全管理制度上的大检查，包括安全生产管理制度的落实情况和企业的安全教育制度的执行情况等。

③查隐患：安全检查的内容，主要以查现场、查隐患为主，通过深入生产现场工地，检查企业的劳动条件、生产设备，以及相应的安全防护设施是否符合安全要求。

④查整改落实：检查部位、任何环节出现的隐患，检查是否严格按照整改要求，及时落实整改，检查是否把安全隐患消灭在萌芽状态中，确保安全生产。检查企业对工伤事故是否及时上报，是否按照"四不放过"的原则严肃处理；是否已采用有效措施，防止类似事故重复发生。

⑤查岗位责任：企业岗位的责任落实至关重要，在检查中，必须对企业各级岗位人员的责任落实情况进行检查，尤其是涉及企业负责人（包括董事长、总经理、安全总监等）、项目经理、专职安全员的责任落实情况。

4）安全生产评价标准

公路水运施工企业应采取听取汇报、查阅安全规章制度和安全档案资料、全面检查所有在建施工现场等方法。在检查过程中，依据《施工企业安全生产评价标准》JGJ/T 77—2010所列项目对建筑施工企业安全生产条件、安全生产业绩、安全生产管理制度、资质、机构与人员管理、安全技术管理、设备与设施管理逐项打分，然后结合目标责任状综合评价安全生产能力，分为合格、基本合格、不合格三个等级，评价为不合格的单位或项目须限期整改，对不合格单位或整改后仍达不到合格标准的要进行相应处罚。

2.3.14 安全生产事故应急管理制度

（1）建立安全生产事故应急管理制度的必要性及其目的

公路水运工程施工过程中安全生产事故时有发生，人员伤亡和财产损失屡见不鲜，企业作为安全生产管理的责任主体，有义务对职工的安全、企业的信誉和社会的稳定负责，必须建立安全生产事故应急管理制度，落实安全生产事故应急措施，降低突发和偶然事件对安全生产的影响，不断提高对安全生产事故的应急能力，最大限度地减少事故中人员伤亡、财产损失、环境损害和社会影响。

（2）安全生产事故应急管理制度的主要内容

尽管安全生产事故的发生具有突发性和偶然性，但安全生产事故的应急管理不只限于事故发生后的应急救援行动。应急管理是对安全生产事故的全过程管理，贯穿于事故发生前、中、后的各个过程，充分体现了"预防为主，常备不懈"的应急思想。应急管理是一个动态的过程，包括预防、准备、响应和恢复四个阶段，尽管在实际情况中这些阶段往往是交叉的，但每一阶段都有自己明确的目标，而且每一阶段又是构筑在前一阶段的基础之上，因而预防、准备、响应和恢复的相互关联，构成了安全生产事故应急管理的循环过程。

1）安全事故应急管理的基本原则

①坚持"防止事故扩大，减少人员伤亡"的第一原则。发生各类安全生产事故时，以最快速度实施救援和处置。

②坚持"以人为本、时间就是生命"的原则。立即实施救援和处置。

③坚持"分工合作、落实责任"的原则。

④坚持"服从命令，听从指挥"的原则。发生事故时，各相关人员必须坚守工作岗位，保证联系方式畅通，应急救援机构所有成员必须无条件服从应急救援指挥机构的统

一调度、统一指挥。

2）安全生产事故应急管理的过程

① 预防：在应急管理中预防有两层含义，一是事故的预防工作，即通过安全管理和安全技术等手段，尽可能地防止事故的发生，实现本质安全；二是在假定事故必然发生的前提下，通过预先采取的预防措施，达到降低或减缓事故的影响或后果的严重程度。

② 准备：应急准备是应急管理过程中一个极其关键的过程。它是针对可能发生的事故，为迅速有效地开展应急行动而预先所做的各种准备，包括应急体系的建立、有关部门和人员职责的落实、预案的编制、应急队伍的建设、应急设备（施）与物资的准备和维护、预案的演练、与外部应急力量的衔接等，其目标是保持重大事故应急救援所需的应急能力。

③ 响应：应急响应是在事故发生后立即采取的应急与救援行动，包括事故的报警与通报、人员的紧急疏散、急救与医疗、消防和工程抢险措施、信息收集与应急决策和外部求援等。其目标是尽可能地抢救受害人员，保护可能受威胁的人群，尽可能控制并消除事故。

④ 恢复：恢复工作应在事故发生后立即进行。首先应使事故影响区域恢复到相对安全的基本状态，然后逐步恢复到正常状态。要求立即进行的恢复工作包括事故损失评估、原因调查、清理废墟等。在短期恢复工作中，应注意避免出现新的紧急情况，长期恢复包括厂区重建和受影响区域的重新规划和发展。在长期恢复工作中，应汲取事故和应急救援的经验教训，开展进一步的预防工作和减灾行动。

3）事故应急救援体系响应程序

事故应急救援系统的应急响应程序按过程可分为接警与响应级别确定、应急启动、救援行动、应急恢复和应急结束等几个过程。

① 接警与响应级别确定：接到事故报警后，按照工作程序，对警情做出判断，初步确定相应的响应级别。如果事故不足以启动应急救援体系的最低响应级别，响应关闭。

② 应急启动：应急响应级别确定后，按所确定的响应级别启动应急程序，如通知应急中心有关人员到位、开通信息与通信网络、通知调配救援所需的应急资源（包括应急队伍和物资、装备等）、成立现场指挥部等。

③ 救援行动：有关应急队伍进入事故现场后，迅速开展事故侦测、警戒、疏散、人员救助、工程抢险等有关应急救援工作，专家组为救援决策提供建议和技术支持。当事态超出响应级别无法得到有效控制时，向应急中心请求实施更高级别的应急响应。

④ 应急恢复：救援行动结束后，进入临时应急恢复阶段。该阶段主要包括现场清理、人员清点和撤离、警戒解除、善后处理和事故调查等。

⑤ 应急结束：执行应急关闭程序，由事故应急总指挥宣布应急结束。

(3) 安全生产事故应急救援预案的制定与演练

安全生产事故应急预案的编写应当根据本单位建设工程施工特点、范围，针对施工现场易发生重大事故的部位、环节进行监控，制定符合本单位实际的安全生产事故应急救援预案。

安全生产事故应急救援预案包括综合应急预案和专项应急预案。

1）综合应急预案的主要内容包括：
① 总则：编制的目的、依据、适用范围、应急预案体系、应急工作原则；
② 企业的危险性分析：企业概况、危险源与风险分析；
③ 组织机构及职责：应急组织体系、指挥机构及职责；
④ 预防与预警：危险源监控、预警行动、信息报告与处置；
⑤ 应急响应：响应分级、响应程序、应急结束；
⑥ 信息发布；
⑦ 后期处置；
⑧ 保障措施：通信与信息保障、应急队伍保障、应急物资装备保障、经费保障、其他保障；
⑨ 培训与演练；
⑩ 奖惩；
⑪ 附则：术语和定义、应急预案备案、维护和更新、制定与解释、应急预案实施。
2）专项应急预案的主要内容包括：
① 事故类型和危害程度分析；
② 应急处置基本原则；
③ 组织机构及职责：应急组织体系、指挥机构及职责；
④ 预防与预警：危险源监控、预警行动；
⑤ 信息报告程序；
⑥ 应急处置：响应分级、响应程序、处置措施；
⑦ 应急物资与装备保障。

2.3.15 分包单位安全生产管理考评制度

（1）建立分包单位安全生产管理考评制度的必要性及其目的

施工企业在法律和合同允许范围内把所承揽的工程的低端生产资源部分分包给劳务分包队伍和专业协作队伍，自身专注于增强和提高项目管理优势，是大型施工企业应对市场竞争、获得长足发展的有效途径之一。随着企业不断发展壮大，对于协作队伍的管理逐渐成为企业安全生产管理的重点。建立《安全生产考评价制度》对于企业合理规避分包工程的施工风险，增强事故风险的防控能力，完善安全生产管理体系，提高安全生产管理水平企业具有重要意义。

（2）安全生产考评制度的主要内容

企业应该组织生产、安全、技术质量等部门对分包单位进行安全生产考评，并建立分包单位安全生产考评档案。评价工作应遵循公平、公正、公开的原则，评价结果实行签认和公示、公告制度。安全生产考评管理工作实行统一管理、分级负责。

1）安全生产考评的方法

安全生产考评工作实行定期评价和动态评价相结合的方式。定期评价工作应每年开展一次，对分包单位上一年度的安全生产行为进行评价。动态评价根据实际生产情况随时进行，并根据评价结果及时调整安全生产评价等级。评价结果应实行分级管理，并逐级上报，经公示后加入分包单位安全生产考评档案。

2）安全生产信息评价的主要内容

企业在进行工程分包时，必须严格遵守法律规定，对首次分包工程的队伍，应作好以下资质审查：

① 严格审查施工方的营业执照、资质证书、安全生产许可证书、安全管理人员和特种作业人员持证情况等；

② 严格审查施工方的人员素质、机械设备、安全防护设备设施的使用和管理状况；

③ 调研相关方以往工作业绩，是否发生过安全生产事故等。

安全生产信用评价应每年进行一次，评价结果分合格、基本合格及不合格。对年内发生安全生产责任事故的单位一律评为不合格，严格实行"一票否决"制。

安全生产评价分为阶段性评价和综合评价。阶段性评价包括投标行为评价、履约行为评价和其他行为评价；综合评价作为分包单位安全生产信用的最终评价。

① 投标行为评价：分包工程项目招标时，开展对投标单位的资质审查，对于已合作过的投标单位，参考其安全生产信用评价结果。

② 履约行为评价：企业应与分包单位签订《安全生产管理协议》明确双方权责。企业结合日常安全生产管理，对分包单位履行《安全生产管理协议》的情况进行评价，对分包合同中承诺满足安全生产要求的施工人员和机械设备进行检查考评。

③ 其他行为评价：主要包括安全生产事故控制能力、安全生产奖罚情况、施工现场安全管理制度执行情况、施工安全检查及隐患排查治理情况。

④ 综合评价：分包工程验收交付前，企业对分包单位整个施工阶段安全生产情况进行总结，结合投标行为评价、履约行为评价和其他行为评价结果对分包单位做出安全生产信用评价。

3）安全生产考评的应用

① 安全生产考评结果作为企业及其所属单位在分包工程招标时，对投保单位综合考核评价的重要依据；

② 安全生产考评结果作为对分包单位阶段性考评的重要依据；

③ 安全生产考评价结果作为督促分包单位加大安全生产投入、提高安全生产管理水平的依据；

④ 安全生产考评结果作为企业清理、淘汰不合格分包单位的依据。

2.3.16　安全生产事故报告制度

（1）建立安全生产事故报告制度的必要性及其目的

为了规范安全生产事故的报告工作，及时开展布置事故应急救援等应对措施，最大限度地减少事故造成的损失，企业应根据法律法规的要求，结合企业生产实际，建立《安全生产事故报告制度》，这有利于规范事故报告和事故调查处理程序，有利于防范次生灾害和减少生产安全事故损失。

（2）安全生产事故报告制度的主要内容

1）安全生产事故分类

根据《生产安全事故报告和调查处理条例》（国务院令第493号）文中的有关规定，按照造成的人员伤亡或者直接经济的损失，安全生产事故分为以下四个等级：

①特别重大事故，是指造成30人以上死亡，或者100人以上重伤，或者1亿元以上直接经济损失的事故。

②重大事故，是指造成10人以上30人以下死亡，或者50人以上100人以下重伤，或者5000万元以上1亿元以下直接经济损失的事故。

③较大事故，是指造成3人以上10人以下死亡，或者10人以上50人以下重伤，或者1000万元以上5000万元以下直接经济损失的事故。

④一般事故，是指造成3人以下死亡，或者10人以下重伤，或者1000万元以下直接经济损失的事故。

2）安全生产事故报告的主要内容

①事故发生时间、地点、工程项目和事故单位名称；

②事故的简要经过，紧急抢险救援情况、事故已经造成或者可能造成的伤亡人数（包括下落不明的人数），初步估计的直接经济损失；

③事故原因的初步分析判定；

④事故发生后所采取应对措施和控制情况；

⑤事故报告单位、签发人及报告时间等。

事故报告应当及时、准确、完整，任何单位和个人对事故不得迟报、漏报、谎报或者瞒报。

报告方式可采取电话、传真、电子邮件的形式先行报告事故概况，有新情况及时续报，但应在12小时内补齐书面材料。

事故报告后出现新情况的，应当及时补报。自事故发生之日起30日内，事故造成的伤亡人数发生变化的，应当及时补报。道路交通事故、火灾事故自发生之日起7日内，事故造成的伤亡人数发生变化的，应当及时补报。

3）事故报告程序

事故发生后，现场有关人员应当立即报告现场安全生产负责人。现场安全生产负责人接到报告后应立即报告单位安全管理部门和企业主要负责人，并立即启动事故相应应急预案，或者采取有效措施，组织抢救，防止事故扩大，减少人员伤亡和财产损失。单位负责人接到报告后，应当于1小时内向事故发生地县级以上人民政府安全生产监督管理部门和负有安全生产监督管理职责的有关部门报告。

发生重大生产安全事故后，施工单位除向项目建设和监理单位报告外，还应立即将事故情况如实向事故所在地交通主管部门、地方安全监管部门报告。实行工程总承包的交通建设项目，由总承包单位负责上报。

4）事故处理的一般要求

事故处理应遵循"统一指挥、快速反应、各司其职、协同配合"的要求，各相关部门共同做好事故的应急处置工作。施工单位或上级交通主管部门可视具体情况派现场督导组参与事故调查处理工作。建设、施工等单位，在公安、消防、卫生等专业抢险力量到达现场前，应立即启动本单位的应急救援预案，全力开展事故抢险救援工作，防止事故扩大，尽量减少人员伤亡和财产损失。同时协助有关部门保护现场，维护现场秩序，妥善保管有关物证，配合有关部门收集证据。

2.3.17 企业负责人及项目负责人带班制度

（1）企业负责人及项目负责人带班制度的必要性及其目的

企业负责人和项目负责人在施工安全生产管理中发挥着重要作用，制定企业负责人及项目负责人带班制度，将有效落实安全生产主体责任，督促各级领导深入现场了解安全生产实际情况，增强安全意识，进一步改进和加强施工现场安全生产管理工作。通过企业负责人及项目负责人带班，将更好的落实安全生产相关法律、法规和行政规章，有效制止违章作业、违规操作现象，通过及时发现和消除事故隐患，排除施工中人的不安全行为和物的不安全状态，监督安全技术措施的落实，使重点部位、关键过程的安全处于受控状态，进而堵塞事故漏洞，不断改善劳动条件，提高全员安全意识，防止安全生产事故的发生。

（2）企业负责人及项目负责人带班制度的主要内容

施工企业应当建立企业负责人及项目负责人带班制度，明确带班的职责权限、组织形式，检查内容、方式以及考核办法等具体事项。

1）企业负责人带班检查

企业负责人带班检查是指由施工企业负责人带队实施对工程项目安全生产状况及项目负责人带班生产情况的检查。

① 建筑施工企业负责人是指项目总包、专业分包、劳务分包的企业法人代表、总经理、主管质量安全和生产工作的副总经理、总工程师和副总工程师。建筑施工企业负责人应当持有"A"类安全生产考核合格证书。企业法定代表人是落实企业负责人施工现场带班制度的第一责任人，对制度落实情况全面负责。

② 施工企业负责人应当到企业所属的每个项目部开展带班检查，重点检查工程项目的安全生产状况，以及项目负责人的带班生产情况。其次数每月不少于一次，总的带班检查日，每月不少于工作日的25%。

③ 超过一定规模的危险性较大分部分项工程施工时，或工地出现险情和重大隐患时，企业负责人应当到施工现场带班检查，督促项目进行整改，及时消除险情和隐患。对日常管理状况差的施工现场，应当增加带班检查频次。

④ 施工企业负责人检查记录应分别在施工企业和施工现场留存，并报施工现场监理备案，没有实施项目监理的报项目建设单位备案。

2）项目负责人带班生产

项目负责人带班生产是指项目负责人在施工现场组织协调工程项目的安全生产活动。

① 项目负责人是指建筑施工总包、专业分包企业项目经理和劳务分包企业项目管理人。项目负责人是工程项目安全管理的第一责任人，应对带班生产制度负责。项目负责人在同一时期只能担任一个工程项目的管理工作。

② 项目负责人带班期间要全面掌握安全生产状况，应对施工现场的机械、人员、材料、职工工作、生活等各方面情况进行全面检查，加强对重点部位、关键环节、危险源的检查，并指导现场人员的安全作业；及时发现和组织消除事故隐患和险情，及时制止违章违规行为，严禁违章指挥，杜绝安全生产事故的发生；认真做好带班生产记录并签字存档备查。

施工现场有超过一定规模的危险性较大分部分项工程施工、出现灾害性天气或发现重大隐患、出现险情等情况时，项目负责人等关键岗位人员必须在岗带班，及时采取紧急处置措施，并立即下达停工令，组织涉险区域人员及时有序撤离到安全地带。

③项目负责人应当确保每月在现场带班生产的实际时间不少于本月施工时间的80%，不得擅自脱岗。因其他事务需离开施工现场时，应向工程项目的建设单位请假，经批准后方可离开。离开期间应委托项目相关负责人负责其外出期间的日常工作。

④总包单位应对分包单位项目负责人带班生产情况进行考核，并作为对其安全生产标准达标的评判依据之一。

⑤施工企业应当建立项目负责人带班生产考勤制度。各单位应当有专人进行考勤，带班人员名单每天应当在施工进场的主要通道处进行公示。带班情况应当予以记录。

⑥项目负责人施工现场带班实现交接班制度。带班领导应当向接班的领导详细告知当前施工现场安全存在的问题、需要注意的事项等，并认真填写交接班记录。

⑦项目部应当建立项目负责人施工现场带班生产档案管理制度，并应有专人负责整理，并存档备查。

2.3.18 安全生产信用评价制度

为规范公路水路行业安全生产信用管理工作，促进交通运输生产经营单位及其关键岗位人员诚实守信、安全生产，严格按照"管生产必须管安全""谁生产谁负责"的原则落实企业安全生产主体责任，优胜劣汰，等级划分，营造交通运输生产经营单位良性竞争的市场环境，促使企业严格按照安全生产法等法律法规落实安全生产各项责任，保证交通运输行业生产安全。

（1）安全生产信用评价的对象及原则

1）安全生产信用评价对象包括中华人民共和国境内从事公路水路行业生产经营活动并具有独立法人资格的生产经营单位（含为公路水路行业安全生产提供技术和管理服务的机构）、安全生产关键岗位从业人员。

2）公路水路行业安全生产信用管理工作应遵循"守信激励、失信惩戒、公正透明、依法监管"的原则。

（2）安全生产信用分类分级与信息采集

生产经营单位安全生产信用管理按业务领域分为道路运输、水路运输、港口营运、交通工程建设、交通设施养护工程和其他等类型；从业人员安全生产信用管理分为生产经营单位主要负责人、主要技术负责人、安全管理人员和必须依法依规具有有关行业从业资格的人员四个类型。

1）生产经营单位和从业人员安全生产信用等级分为AA、A、B、C、D五个级别，AA为最高信用等级，D为最低信用等级。

2）生产经营单位和从业人员应当自主通过交通运输安全生产信用管理信息系统及时填报；新增或发生变化的信息，应在15个工作日内填报安全生产信用信息。

（3）安全生产信用等级评定

1）生产经营单位和从业人员信用基础分值为1000分，得分等于或高于1200分的评为AA级；信用得分低于1200分，等于或高于1000分的评为A级；信用得分低于1000

分,等于或高于800分的评为B级;信用得分低于800分,等于或高于600分的评为C级;信用得分低于600分的评为D级。

2)安全生产信用评分分为安全生产责任事故扣分、不良行为扣分和奖励加分三种情形。

3)生产经营单位和从业人员每项安全生产信用评分有效期为自确认之日起12个月。

4)生产经营单位和从业人员发生安全生产责任事故,存在重大事故隐患或存在严重不良行为且满足黑名单条件的,应同时纳入安全生产黑名单管理。

(4)安全生产信用评价信息公布与结果运用

1)生产经营单位和从业人员安全生产信用等级初次评定或发生变化的,由安全生产信用管理系统自动公示,公示期15个工作日。

2)生产经营单位或从业人员可针对失信行为采取消除后果和立即整改等措施进行信用修复。生产经营单位或从业人员信用修复完成后,可委托具有行业安全生产评估能力的第三方服务机构评估给出信用修复评估结论,并向具有管理权限的主管部门申请信用修复。

3)交通运输管理部门应将生产经营单位和从业人员安全生产信用评定结果作为行业综合信用评价的重要内容,行业综合信用等级不高于安全生产信用等级,并依法在相关行政许可、资质(格)审核、工程招投标、优惠政策、监管执法等方面,将安全生产信用评定结果作为差异化管理的重要依据。

4)交通运输管理部门应当对安全生产信用等级为AA的生产经营单位和从业人员,给予优惠和扶持,并在有关单位采购交通运输服务、招投标等方面予以鼓励和支持;对安全生产信用等级为D的生产经营单位和从业人员,应当根据其失信行为的严重程度,依法依规采取增加监督执法频次、作为重点监管监察对象、约谈、公开曝光、取消经营资质(格)或限制性经营、依法实施市场禁入或限入、从重处罚等措施予以惩戒,并可引导市场慎重选择其相关服务。

2.3.19 平安工地考核评价制度

为加强公路水运工程平安工地建设,引导和激励从业单位加强安全生产工作,落实安全生产责任,提升安全管理水平,进一步压实从业单位安全生产主体责任,促使项目从业单位以落实安全生产主体责任为核心,施工过程以风险防控无死角、事故隐患零容忍、安全防护全方位为目标,推进施工现场安全文明与施工作业规范有序的有机统一,借助平安工地建设,实现平安工地建设及考核管理工作全国一盘棋,进一步统一规范建设管理行为,促进安全生产信用建设,不断深化平安交通发展。

(1)平安工地建设主要内容

1)平安工地建设管理主要包括工程开工前的安全生产条件审核,施工过程中的平安工地建设、考核评价。

2)公路水运工程项目应当具备法律、法规、规章和工程建设强制性标准规定的安全生产条件,从业单位应当保证本单位所应具备的安全生产条件必需的资金投入。

3)公路水运工程项目从业单位应当依法依规制定完善全员安全生产责任制。

4)公路水运工程项目从业单位应当贯彻执行安全生产法律法规和标准规范,以施工现场和施工班组为重点,加强施工场地布设、现场安全防护、施工方法与工艺、应急处置措施、施工安全管理活动记录等方面的安全生产标准化建设。

5)公路水运工程应实施安全风险分级管控。全面开展风险辨识,按规定开展设计、施工安全风险评估,依据评估结论完善设计方案、施工组织设计、专项施工方案及应急预案。

6)安全生产事故隐患排查治理应建立健全事故隐患排查治理制度,实行常态化、闭合管理。

7)重大事故隐患应当在确定后5个工作日内向直接监管的主管部门报备,重大事故隐患整改应当制定专项方案,确保责任、措施、资金、时限、预案到位。

8)公路水运工程从业单位应当按要求制定相应的项目综合应急预案、施工合同段的专项应急预案和现场处置方案,并定期组织演练。具有应急救援人员,配备必要的应急救援器材、设备和物资。

(2)平安工地建设主体

施工单位是平安工地建设的实施主体,监理单位应当按照《标准》要求,每季度对监理范围内的合同段平安工地建设管理情况进行监督检查,建设单位是施工、监理合同段平安工地建设考核评价的主体,省级交通运输主管部门应当明确本地区各等级公路、水运工程平安工地建设监督管理责任主体。

(3)平安工地考核评价频次及要求

1)工程项目开工、危险性较大的分部分项工程开工前,施工单位应当将合同约定的安全生产条件落实情况向监理、建设单位申报。工程项目开工前,建设单位应按照本标准要求组织开展安全生产条件审核,对审核记录及结论负责,同时将审核结果报直接监管的交通运输主管部门。危险性较大的分部分项工程开工前,监理单位按照本标准要求及时开展安全生产条件审核,并将审核结果报建设单位。

2)项目施工单位负责组织平安工地建设,在合同段开工后、交工验收前,每月应当按照本标准至少开展一次自查自纠,每季度至少开展一次自我评价,自评结果报监理单位审核。

3)监理单位应当按照《标准》要求,每季度对监理范围内的合同段平安工地建设管理情况进行监督检查。

4)项目建设单位负责施工、监理合同段平安工地建设情况的考核评价工作,每半年应当按照本标准对项目全部的施工、监理合同段平安工地建设情况进行考核评价,并对自身安全管理行为进行自我评价。

5)地方各级交通运输主管部门应当根据职责分工,每年对辖区内公路水运工程项目建设单位的平安工地建设管理情况至少组织一次监督抽查,同时根据建设单位报送的平安工地建设考核评价情况,抽查不少于10%以上的施工、监理合同段。

(4)平安工地考核评价结果及运用

平安工地建设考核评价按照百分制计算得分,计算得分精确到小数点后1位。考核评价结果分为合格、不合格两类。考核评价分数70分及以上的为合格,70分以下为不合格。

施工合同段考核评价结果不合格的,该施工合同段应当立即整改,整改完成后由建设单位组织复评，复评仍不合格的施工合同段应当全部停工整改，并及时向直接监管的交通运输主管部门报告。对已经发生重特大生产安全责任事故、存在未及时整改的重大事故隐患、被列入安全生产黑名单的合同段，直接评为不合格。

项目因安全生产问题被停工整改2次以上，被主管部门通报批评、挂牌督办、行政处罚、约谈项目法人及企业法人或逾期不落实书面整改要求的，或者在考核评价过程中，发现存在明显安全管理漏洞、事故隐患治理不力反复存在的，考评组根据实际情况在工程项目计算得分的基础上扣5～15分。

2.3.20 重大事故隐患清单管理制度

为强化公路水运工程建设安全生产管理工作，推动重大事故隐患管理工作，遏制重、特大生产安全事故发生，企业应根据法律法规的要求，通过建立重大事故隐患清单，开展重大事故隐患治理工作，防范建设过程中可能导致发生重大及以上等级生产安全事故的环境或物的不安全状态、人的不安全行为及管理存在的缺陷。

（1）重大事故隐患清单的相关要求

1）交通运输部指导地方交通运输主管部门开展重大事故隐患清单管理工作。根据法律法规和标准规范以及公路水运工程建设领域施工安全管理实际，制定重大事故隐患清单管理制度及重大事故隐患行业基础清单。

2）公路水运工程施工企业是工程项目事故隐患排查治理的责任主体。应制定本单位生产安全事故隐患清单管理制度，明确管理程序、管理内容及相关职责，督促所承建公路水运工程项目做好工程项目的重大事故隐患清单管理及事故隐患排查治理工作。

3）施工单位在承建的公路水运工程项目开工前，依据工程实际，参照有关清单，制定工程项目的重大事故隐患清单，由施工单位项目负责人审核发布，并向施工企业法人单位备案。要将工程项目清单纳入岗前教育培训，并在相应作业区域公示。

4）当工程建设条件、施工环境、施工作业内容等发生变化，施工单位应对工程项目清单及时调整，并经审核重新备案。

5）建设过程中，施工单位应参照工程项目清单开展事故隐患排查，对发现存在重大事故隐患的作业区域应立即停止相关作业。根据重大事故隐患建立治理台账，台账应在工程项目清单的基础上明确治理负责人、治理时限及治理措施。按照治理措施进行隐患消除，治理完成后，由治理责任人签认并将治理台账存档。

6）施工企业法人单位、工程项目监理、建设单位应对施工单位的工程项目清单管理工作进行检查，督促施工单位及时排查治理重大事故隐患。

（2）公路工程重大事故隐患清单

公路工程重大事故隐患清单如表2-2所示。

公路工程重大事故隐患清单 表2-2

工程类别	施工环节	隐患编号	隐患内容	易引发事故类型
工程管理	方案管理	GG-001	未按规定编制或未按程序审批危险性较大工程或新工艺、新工法的专项施工方案；超过一定规模的危险性较大工程的专项施工方案未组织专家论证、审查；未按审批的专项施工方案施工	坍塌等

续表

工程类别	施工环节	隐患编号	隐患内容	易引发事故类型
辅助施工	工地建设	GF-001	施工驻地及场站设置在滑坡、塌方、泥石流、崩塌、落石、洪水、雪崩等危险区域	坍塌
		GF-002	施工现场、生产区、生活区、办公区等防火或临时用电未按规范实施	火灾
	围堰施工	GF-003	未按设计或方案要求施工围堰；未定期开展围堰监测监控，工况发生变化时未及时采取措施	坍塌、淹溺
		GF-004	碰撞、随意拆除、擅自削弱围堰内部支撑杆件或在其上堆放重物	
		GF-005	土石围堰无防排水和防汛措施；钢围堰无防撞措施；侧壁随意驻泊施工船舶	
	挂篮施工	GF-006	采用挂篮法施工未平衡浇筑；挂篮拼装后未预压、锚固不规范；混凝土强度未达到要求或恶劣天气移动挂篮	坍塌
通用作业	模板作业	GT-001	未按规范或方案要求安装或拆除模板（包括翻模、爬（滑）模、移动模架等）；各类模板使用的螺栓安装数量不足	坍塌
	支架作业	GT-002	未处置支架基础；支架未按规范或方案要求搭设、预压、验收	坍塌
		GT-003	支架搭设使用无产品合格证、未经检验或检验不合格的管材、构件	
	特种设备设施作业	GT-004	使用未经检验或验收不合格的起重机械	起重伤害
		GT-005	未按规范或方案要求安装拆除桥式、臂架式或缆索式等起重机械	
		GT-006	使用吊车、塔吊等起重机械吊运人员	
路基工程	高边坡施工	GL-001	含岩堆、松散岩石或滑坡地段的高边坡开挖、排险、防护措施不足	坍塌
	爆破施工	GL-002	未设置警戒区；爆破后未排险立即施工	爆炸
桥梁工程	深基坑施工	GQ-001	深基坑施工防护措施不足	坍塌
	墩柱施工	GQ-002	桥墩施工未搭设施工作业平台	
	梁板施工	GQ-003	梁板安装未采取防倾覆措施	
	拱桥施工	GQ-004	拱架支撑体系搭设、拆除不规范；拱圈施工工序、工艺或材料不符合规范	
隧道工程	洞口边、仰坡施工	GS-001	雨季、融雪季节，边、仰坡施工排险、防护措施不足；边、仰坡开挖未施做排水系统	坍塌
		GS-002	含岩堆、松散岩石或滑坡地段的边坡开挖、排险、防护措施不足	
	洞内施工	GS-003	雨季、融雪季节，浅埋或地表径流地段未开展地表监测	坍塌
		GS-004	未按规范或方案要求开展超前地质预报、监控量测	

续表

工程类别	施工环节	隐患编号	隐患内容	易引发事故类型
隧道工程	洞内施工	GS-005	开挖方法不符合设计或方案要求；开挖前未对掌子面及其临近的拱顶、拱腰围岩进行排险	坍塌
		GS-006	未按规范或方案要求初喷及支护；拱架、锚杆等材质不符合设计要求	
		GS-007	仰拱一次开挖长度不符合方案要求；Ⅲ级围岩仰拱距掌子面的距离大于90m；Ⅳ级围岩仰拱距掌子面的距离大于50m；Ⅴ级及以上围岩仰拱距掌子面的距离大于40m；仰拱拱架未闭合	
		GS-008	Ⅳ级围岩二衬距掌子面的距离大于90m，Ⅴ级及以上围岩二衬距掌子面的距离大于70m	
	瓦斯隧道施工	GS-009	工区任意位置瓦斯浓度达到限值；瓦斯检测与防爆设施不符合方案要求	瓦斯爆炸
	防火防爆	GS-010	隧道内土工布、防水板等易燃材料存在火灾隐患	火灾，爆炸
		GS-011	隧道内存放、加工、销毁民用爆炸物品；使用非专用车辆运输民用爆炸物品或人药混装运输	

（3）水运工程重大事故隐患清单

水运工程重大事故隐患清单如表2-3所示。

水运工程重大事故隐患清单　　　　　　　　　　表2-3

工程类别	施工环节	隐患编号	隐患内容	易引发事故类型
工程管理	方案管理	SG-01	危险性较大的分部分项工程未编制专项施工方案，方案未按程序审核批准，未按方案施工	各类事故
辅助施工	工地建设	SF-01	施工驻地及场站设置在易受山体滑坡、泥石流或易受潮水、洪水侵袭和雷击的区域	山体滑坡、泥石流自然灾害
		SF-02	施工现场办公区、生活区和作业区未分开设置或安全距离不足，易燃易爆物品仓库或其他危险品仓库的布置以及与相邻建筑物的距离不符合国家和有关部门的规定	火灾、爆炸
		SF-03	生产生活区防火及用电安全措施存在严重缺陷，安全通道不畅	火灾、爆炸
	围堰施工	SF-04	未按设计或方案要求施工围堰，未定期开展监测监控，工况发生变化时未及时采取措施	坍塌、淹溺
		SF-05	碰撞、随意拆除、擅自削弱钢围堰内部支撑杆件或在其上堆放重物	坍塌、淹溺
		SF-06	土石围堰无防排水和防汛措施；钢围堰无防撞措施，侧壁随意驻泊施工船舶	坍塌、船舶沉没
通用作业	支架作业	ST-01	未处置支架基础，支架未按规范或方案要求搭设、预压、验收	坍塌
		ST-02	支架搭设使用无产品合格证、未经检验或验收不合格的管材、构件	坍塌

续表

工程类别	施工环节	隐患编号	隐患内容	易引发事故类型
通用作业	模板作业	ST-03	未按规范或方案要求安装或拆除沉箱、胸墙、闸墙等处的模板	坍塌
	特种设备设施作业	ST-04	使用未经检验或验收不合格的起重机械	起重伤害
	施工船舶作业	ST-05	运输船舶无配载图，超航区运输，上下船设施不安全稳固	船舶沉没、淹溺
		ST-06	工程船舶防台、防汛、防突风无应急预案，或救生设施、应急拖轮等配备不足	船舶沉没
		ST-07	工程船舶改造、船舶与陆用设备组合作业未按规定验算船舶稳定性和结构强度等	船舶沉没、淹溺
码头工程	水下爆夯	SM-01	爆破器材无公安机关核定的准用手续，无领用退库等台账资料	爆炸
	沉箱浮运	SM-02	沉箱浮运未验算浮游稳定性	沉箱沉没
	深基坑施工	SM-03	深基坑无降（排）水方案或无施工监测措施	坍塌
		SM-04	基坑周边1米范围内随意堆载、停放设备	坍塌
航道整治、防波堤及护岸工程	铺排施工	SD-01	人员站立于正在溜放的软体排上方	淹溺

2.3.21 消防安全管理制度

消防工作是国民经济和社会发展的重要组成部分，是发展社会主义市场经济不可缺少的保障条件，消防工作直接关系人民生命财产的安全和社会的稳定。为贯彻"预防为主、防消结合"的消防工作方针，企业既要做好消防培训教育工作，更要注重安全防范工作，努力做好消防的普及工作，不断提高全员预防和抗御火灾的整体能力。

各单位应当遵守消防法律、法规、规章（以下统称："消防法规"），贯彻预防为主、防消结合的消防工作方针，履行消防安全职责，保障消防安全。

各单位的主要负责人是单位的消防安全责任人，对本单位的消防安全工作全面负责。

（1）单位的消防安全责任人应当履行的消防安全职责：

1）贯彻执行消防法规，保障单位消防安全符合规定，掌握本单位的消防安全情况；

2）将消防工作与本单位的生产、科研、经营、管理等活动统筹安排，批准实施年度消防工作计划；

3）为本单位的消防安全提供必要的经费和组织保障；

4）确定逐级消防安全责任，批准实施消防安全制度和保障消防安全的操作规程；

5）组织防火检查，督促落实火灾隐患整改，及时处理涉及消防安全的重大问题；

6）根据消防法规的规定建立专职消防队、义务消防队；

7）组织制定符合本单位实际的灭火和应急疏散预案，并实施演练。

（2）各单位要实施和组织落实的消防安全管理工作

单位可以根据需要确定本单位的消防安全管理人。消防安全管理人对单位的消防安全责任人负责，实施和组织落实下列消防安全管理工作：

1）拟订年度消防工作计划，组织实施日常消防安全管理工作；

2）组织制订消防安全制度和保障消防安全的操作规程并检查督促其落实；

3）拟订消防安全工作的资金投入和组织保障方案；

4）组织实施防火检查和火灾隐患整改工作；

5）组织实施对本单位消防设施、灭火器材和消防安全标志的维护保养，确保其完好有效，确保疏散通道和安全出口畅通；

6）组织管理专职消防队和义务消防队；

7）在员工中组织开展消防知识、技能的宣传教育和培训，组织灭火和应急疏散预案的实施和演练。

（3）消防安全教育、培训工作要求

1）每年以创办消防知识宣传栏、开展知识竞赛等多种形式，提高全体员工的消防安全意识；

2）定期组织员工学习消防法规和各项规章制度，做到依法治火；

3）各部门应针对岗位特点进行消防安全教育培训；

4）对消防设施维护保养和使用人员应进行实地演示和培训；

5）对新员工进行岗前消防培训，经考试合格后方可上岗；

6）因工作需要员工换岗前必须进行再教育培训。

（4）防火巡查、检查工作要求

1）落实逐级消防安全责任制和岗位消防安全责任制，落实巡查检查制度；

2）消防工作归口管理职能部门每日对公司进行防火巡查。每月对单位进行一次防火检查并复查追踪改善；

3）检查中发现火灾隐患，检查人员应填写防火检查记录，并按照规定，要求有关人员在记录上签名；

4）检查部门应将检查情况及时通知受检部门，各部门负责人应每日消防安全检查情况通知，若发现本单位存在火灾隐患，应及时整改；

5）对检查中发现的火灾隐患未按规定时间及时整改的，根据奖惩制度给予处罚。

（5）安全疏散设施管理工作要求

1）单位应保持疏散通道、安全出口畅通，严禁占用疏散通道，严禁在安全出口或疏散通道上安装栅栏等影响疏散的障碍物；

2）应按规范设置符合国家规定的消防安全疏散指示标志和应急照明设施；

3）应保持防火门、消防安全疏散指示标志、应急照明、机械排烟送风、火灾事故广播等设施处于正常状态，并定期组织检查、测试、维护和保养；

4）严禁在营业或工作期间将安全出口上锁；

5）严禁在营业或工作期间将安全疏散指示标志关闭、遮挡或覆盖。

（6）消防设施、器材维护管理工作要求

1）消防设施日常使用管理由专职管理员负责，专职管理员每日检查消防设施的使用状况，保持设施整洁、卫生、完好；

2）发现丢失、损坏应立即补充并上报。

（7）火灾隐患整改工作要求

1）各部门对存在的火灾隐患应当及时予以消除；

2）在防火安全检查中，应对所发现的火灾隐患进行逐项登记，并将隐患情况书面下发各部门限期整改，同时要做好隐患整改情况记录；

3）在火灾隐患未消除前，各部门应当落实防范措施，确保隐患整改期间的消防安全，对确无能力解决的重大火灾隐患应当提出解决方案，及时向单位消防安全责任人报告，并由单位上级主管部门或当地政府报告。

（8）灭火和应急疏散预案演练工作要求

1）制定符合本单位实际情况的灭火和应急疏散预案；

2）单位应当按照本单位灭火和应急疏散预案及国家有关规定，定期组织消防演练。消防安全重点单位应当每年进行至少两次消防演练；

3）演练结束后应召开讲评会，认真总结预案演练的情况，发现不足之处应及时修改和完善预案。

2.4 安全生产风险管理

2.4.1 工程风险管理概述

工程项目通常技术复杂、投资大、工期长、参与主体多，加上项目外部环境千变万化，使得工程项目运行过程中的不确定性大大增加，风险也随之而来，风险对工程质量、工期、费用及安全造成潜在的损失，通过对风险的防范措施的研究来降低风险产生的损失也变得越来越重要。工程建设项目的风险贯穿项目的全过程，每个阶段的风险因素都将对项目的预期产生偏离，在实践中如果对风险进行有效的管理，有利于减小实际结果与预期目标的偏离程度，降低风险损失，提高管理人员的管理效率和管理水平。

（1）工程风险

1）风险的定义

风险，通常是指在既定条件下的一定时间段内，由风险因素引起的可能情况和预期目标产生的偏离。其中包括两方面内容：一是风险意味着损失；二是损失出现与损失大小是概率事件，无法确定，只能用概率表示出现的可能性大小。

2）工程风险

工程风险是指在工程项目决策和实施过程中，造成实际结果与预期目标的差异性及其发生的概率。工程风险的差异性包括损失的不确定性和收益的不确定性。工程项目在其寿命周期中的风险，即工程项目在决策、勘察设计、施工以及竣工后投入使用各阶段，造成实际结果与预期目标的差异性及其发生的概率。例如，在工程建设中，工程风险可以定义为在整个工程项目全寿命过程中，自然灾害和各种意外事故的发生而造成的人身伤亡、财产损失和其他经济损失的不确定性。工程风险根据风险后果程度和风险发生概率的不同，划分为不同程度的风险等级。

3）工程风险因素

工程风险因素是增加损失频率和损失幅度增加的要素，是导致事故发生的潜在原因，是造成损失的直接或者间接原因。例如，桥梁所用的建筑材料的质量，设计的合理性，施工人员的技术能力都是造成结构倒塌的潜在风险。

工程风险因素主要有以下方面：人员风险、技术风险、环境风险、材料风险和机械设备风险等。

（2）工程风险管理

工程风险管理就是以降低工程项目中风险发生的可能性为目标，减轻风险的影响，实现工程项目的预期目标和经济安全；是人们对潜在的意外损失进行辨识、评估，并根据具体情况采取相应的措施进行处理，即在主观上尽可能有备无患或在无法避免时亦能寻求切实可行的补偿措施，从而减少意外损失。工程风险管理一般包括以下内容：工程风险管理规划、工程风险识别与分析、工程风险评估与预控、工程风险跟踪与监测、工程风险预警与应急以及工程风险管理工作评价。

（3）工程风险管理的作用

工程风险管理的作用主要体现在以下几个方面。

第一，工程风险管理为全面地处置工程风险提供了可能。工程风险管理建立在对风险的识别和分析的科学基础之上，它一方面能够提供系统科学的方法，比较每一个风险对策的成本和效率，寻求各种对策的最佳组合；另一方面给风险损失的出现与度量提供科学的计算基础，从而能够有效地识别与度量风险，为风险管理提供科学的决策基础。

第二，工程风险管理是一种综合的处置风险的方法，它对于各种控制风险的措施和手段加以综合利用。工程风险管理通过风险处置工具，既注重损失前的控制、转移与处理，也重视损失后的损失补偿，从而为风险的有效处置提供了可能。

第三，通过系统的处置与控制风险，保障了工程项目的顺利完成。工程风险管理的各种措施有助于把工程项目中面临的风险损失减小到最低程度，并在灾害损失发生后及时地提供必要的措施和应对。实际上，工程风险管理直接或者间接地减少了工程的费用支出。

（4）工程风险管理的内容

工程风险管理是一项综合性的管理工作，它是根据工程风险环境和设定的目标，对工程风险因素进行分析和评估，然后进行决策的过程，包括工程风险管理规划、工程风险识别与分析、工程风险评估与预控、工程风险跟踪与监测、工程风险预警与应急和工程风险管理工作评价等内容；风险管理工作流程应该包含风险识别与分析流程、风险评估与预控流程、风险预警与应急流程等；风险管理结束阶段，应汇总风险管理相关资料，并按档案管理规定，组卷归档。工程管理的总流程图如图2-1所示。

1）工程风险管理规划

工程风险管理规划是风险管理组织进行风险管理组织和进行风险管理的重要内容，是全部工程风险管理的基础部分。工程风险管理规划首先要明确风险管理的目标，工程风险管理工作的目标可分为以下两个方面：① 各类风险事件发生前，应尽可能选择较为经济、合理、有效的方法来减少或者避免风险事件的发生，将风险事件的发生的可能性和后果降至可能的最低程度；② 各类风险事件发生后，应共同努力、通力协作，立

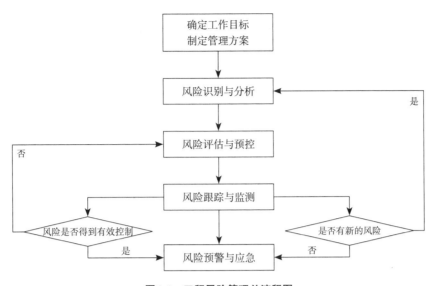

图2-1 工程风险管理总流程图

即采取针对性的风险应急预案和措施，尽可能减少人员伤亡、经济损失和周边环境影响等，使其尽快恢复到风险发生前的状态。

2）工程风险识别与分析

工程风险识别与分析，是进行工程风险管理的第二步，是寻找、辨别和分类存在于工程项目中的风险进行识别与分析、评估与预控、跟踪与监测、预警与应急的全过程管理。由于每一个工程项目本身就是一个复杂的系统，因而影响它的风险因素很多，影响关系错综复杂，有直接的、也有间接的，有明显的、也有隐含的，或是难以预料的，而且各个风险因素所引起后果的严重程度也不一样。当进行工程项目决策时，完全不考虑这些风险因素或是忽略了其中的主要因素，都将会导致决策的失误。但是如果对每个风险因素都考虑，又会使问题极其复杂化，因此就要对工程风险进行识别。

3）工程风险评估与预控

在识别工程风险之后，下一步就是工程风险评估与预控。在工程风险识别的基础上，通过对所搜集的大量详细损失资料加以分析，运用概率和数理统计、估计和预测工程风险发生的概率和损失幅度。工程风险的评估是对风险的定量化分析，可为风险管理者进行风险决策、管理技术选择提供可靠的科学数据，是工程风险管理中的重要而复杂的一环。在施工准备阶段，应结合项目工程的特点、周围环境和施工组织设计以及风险识别与分析的情况，进行工程风险评价。在施工过程中，应结合专项施工方案进行动态风险评价。风险评价应明确责任人，收集基本资料，依据风险等级标准和接受准则制定工作计划和评价策略，提出风险评价方法，编制工程风险评估报告。

4）工程风险跟踪与监测

工程实施单位应根据风险评估结果选择适当的风险处理策略，编制风险跟踪与监测实施计划并实施。风险跟踪应对风险的变化情况进行追踪和观察，及时对风险状态做出判断。工程风险跟踪与监测的内容包括：风险预防措施的落实情况、已识别风险事件特征值观测、对风险发生状态的记录等。工程风险跟踪与监测是动态过程，应根据工程环境的变化、工程的进展情况及时对施工质量安全风险进行修正、等级及监测检查，定期反馈，随时与相关单位沟通；根据风险跟踪与监测结果，对应风险接受等级高的事件进行处理。

5）工程风险预警与应急

综合考虑工程项目的目标、规模和能够接受的风险大小，以一定的方法和原则为指导，对工程项目面临的风险采取适当的措施，以降低风险发生的概率和风险事故发生带来的损失程度。工程实施单位应明确各风险事件响应的风险预警指标，根据预警等级采取针对性的防范措施。项目实施单位应建立风险预警预报体系和风险处置方案。风险预警与应急的内容包含：在工程施工期间对可能发生的突发风险事件，应根据突发风险事件可能造成的社会影响性、危害程度、紧急程度、发展势态和可控性等情况划分预警等级；针对工程施工项目的特点和风险管理的需要，宜建立风险监控和预警信息管理系统，通过监测数据分析，及时掌握风险状态；工程项目必须建立应急救援预案，并对相关人员进行培训和交底，保持相应能力；施工现场应配备应急救援物资和设备，并明确安全通道、应急电话、医疗设施、药品、消防设备等；针对各级风险事件，项目实施单位应建立健全应急演练机制，定期组织相关预案的演练，其上级管理部门应定期检查。

6）工程风险管理工作评价

在工程风险管理的不同阶段和不同时期，应对工程风险管理工作进行评价。其原因大致有两点：第一，风险管理的过程是动态的，风险在不断地变化，新的风险会产生，原有的风险会消失，上一工程中应对风险的方法也许就不能适用于下一个工程；第二，有时候做出风险管理的预警与应急时错误的，这需要通过检查和评价来加以发现，然后加以修正。

2.4.2 工程风险评估方法

公路水运工程项目施工环境复杂、工期长，与地质环境关系密切，所面临的不确定因素多而复杂，在风险管理过程中，对风险的评估标准的制定以及风险评估方法的运用极为重要，要想正确的把握风险及其程度，必须系统科学的识别评估各个风险。以下主要介绍工程风险评估的标准以及主要的风险评估方法。

（1）工程风险评估标准

1）风险评估依据

风险等级由风险发生概率等级和风险损失等级间的关系矩阵确定。风险发生概率的描述及等级应符合表2-4的规定。

风险发生概率描述及其等级　　　　　　表2-4

描述	等级	发生概率区间
非常可能	5级	0.3～1
可能	4级	0.03～0.3
偶尔	3级	0.003～0.03
不太可能	2级	0.0003～0.003
几乎不可能	1级	<0.0003

风险损失等级包括直接经济损失等级、周边环境影响损失等级以及人员伤亡等级，当三者同时存在时，以较高的等级作为该风险损失等级。风险发生后果的描述及等级应符合表2-5、表2-6和表2-7的规定。

直接经济损失等级 表2-5

损失等级	5级	4级	3级	2级	1级
经济损失（万元）	EL≥10000	5000≤EL≤10000	1000≤EL≤5000	500≤EL≤1000	EL≤500

注：EL=经济损失；参考国务院令第493号《生产安全事故报告和调查处理条例》(2007年6月1号)

周边环境影响损失等级 表2-6

损失等级	涉及范围	影响程度描述
5级	非常大	周围环境发生严重污染或破坏
4级	很大	周围环境发生较重污染或破坏
3级	大	周围环境发生污染或破坏
2级	较小	周边环境发生轻度污染或破坏
1级	很小	周围环境发生少量污染或破坏

注：周边环境指自然环境、周边场地及邻居建（构）筑物，市政设施等。

人员伤亡等级 表2-7

损失等级	5级	4级	3级	2级	1级
人员伤亡	死亡（含失踪)10人	死亡（含失踪)3～9人，或重伤10人以上	死亡（含失踪)1～2人，或重伤2～9人	重伤1人，或轻伤2～10人	轻伤1人

2）风险评估等级

风险的等级划分具有多种分法，不同行业的具体分法各不相同，如根据《城市轨道交通地下工程建设风险管理规范》GB 50652—2011将工程风险等级分为四个等级，美国根据大坝发生事故可能造成的灾害程度，对大坝进行等级划分，分别为高风险、重大风险和低风险三个等级。不同国家对风险等级的划分也不一样，如根据《公民保护中的风险分析方法》(2010)公布的做法，德国试图按照统一的方法与标准来评估各种类型突发事件的风险等级，该方法主要是以突发事件的发生可能性和损害规模为基础，将风险划分为四个等级。按照《建筑工程施工质量安全风险管理规范》DB31/T 688—2013将工程风险分为5级：

①5级风险，风险等级最高，风险后果是灾难性的，或造成恶劣社会影响；

②4级风险，风险较高，风险后果很严重，可能在较大范围内造成破坏或有人员伤亡；

③3级风险，风险一般，风险后果一般，对公路水运工程可能造成破坏的范围较小；

④2级风险，风险较低，风险后果在一定条件下可忽略，对公路水运工程本身以及人员等不会造成较大损失；

⑤1级风险，风险最低，风险后果可以忽略。

通过风险概率和风险损失得到风险等级，如表2-8所示。

风险等级矩阵表　　　　表2-8

风险等级	损失等级				
	5级	4级	3级	2级	1级
概率等级 5级	5级	5级	4级	4级	3级
4级	5级	4级	4级	3级	2级
3级	4级	4级	3级	2级	2级
2级	4级	3级	2级	2级	1级
1级	3级	2级	2级	1级	1级

3）风险接受准则

风险接受准则和风险等级的划分，对应不同风险等级的风险接受准则各不相同，如表2-9所示。

风险等级描述与接受准则　　　　表2-9

风险等级	风险描述	接受准则
5级	风险最高，风险后果是灾难性的，或造成恶劣的社会影响	完全不可接受，应立刻排除
4级	风险较高，风险后果很严重，可能在较大范围内造成破坏或有人员伤亡	不可接受，应立即采取有效的控制措施
3级	风险一般，风险后果一般，对公路水运工程可能造成破坏的范围较小	不希望发生，可均衡风险损失与风险控制成本采取适当的控制措施
2级	风险较低，风险后果在一定条件下可接受，对公路水运工程本身以及人员等不会造成较大损失	允许在一定条件下发生，但必须对其进行监控并避免其风险升级
1级	风险最低，风险后果可以忽略	可接受，但应尽量保持当前风险水平和状态

4）风险预警等级

根据风险可能造成的社会影响性、危害程度、紧急程度、发展势态和可控性等情况，将风险预警分为四个等级，具体规定如下：

① 4级风险预警，即红色风险预警，为最高级别的风险预警，是紧迫的，风险事故后果是灾难性的，并造成恶劣社会影响；

② 3级风险预警，即橙色风险预警，为较高级别的风险预警，风险事故发生后果很严重，可能在较大范围内对工程造成破坏或者有人员伤亡；

③ 2级风险预警，即黄色风险预警，为中等级别的风险预警，风险事故后果较大，可能对工程造成破坏或者有人员伤亡；

④ 1级风险预警，即蓝色风险预警，较低级别的风险预警，风险事故后果在一定条件下对工程本身以及人员、设备等不会造成损失较小。

（2）工程风险识别与分析方法

风险识别是从系统的观点出发，横观工程项目所涉及的各个方面，纵观项目建设的发展过程，将工程分解为比较简单的、容易被识别的基本单元；从错综复杂的关系中找出因素之间的最根本和本质的联系，在众多的影响因素中抓住主要因素，并且分析它们引起投入产出变化的严重程度。风险识别的主要内容是：识别引起风险的主要因素，识别风险性质，识别风险可能引起的后果。而风险通常有隐蔽特征，识别和衡量风险在风险管理中尤为重要。风险如果不能被识别，它就不能被控制、转移或者管理，因而风险识别是风险分析和采取措施前的一个必经过程，它是项目风险管理过程中的关键和首要步骤，必须采取系统、科学的方法，全面准确的对项目存在的风险进行识别。

在风险识别过程中可以使用很多方法，包括：专家调查法、工程结构-风险分解法（WBS-RBS法）、故障树分析法、事件树分析法、情景分析法、识别问讯法、财务报表法、流程分析法、现场勘测法、相关部门配合法、索赔统计记录法、环境分析法等。

1）专家调查法

专家调查法就是通过对多位相关专家的反复咨询和意见反馈，确定影响工程项目的主要风险因素，然后制成工程风险因素评估调查表，再由专家和相关工程人员对各种风险因素在工程建设期间出现的可能性以及风险因素出现后对工程项目的影响程度进行定性估计，最后通过对调查表的统计整理和量化处理获得各种风险因素的概率分布和对工程项目可能的影响结果。其中头脑风暴法与德尔菲法是用途较广具有代表性的两种方法。

① 头脑风暴法

头脑风暴法，就是以专家的创造性思维获得未来信息的一种直观预测和识别方法。这是一种以群体专家组成专家小组，利用专家的创造性思维，集思广益，获取未来信息的直观预测和识别方法。

② 德尔菲法

德尔菲法起源于20世纪40年代末期，最初由美国兰德公司首次提出并使用，很快就在世界上盛行起来。如今这种方法的应用已遍布经济、社会、工程技术等各个领域。德尔菲法具有广泛的代表性，较为可靠，并且具有匿名性、统计性和收敛性的特点。该方法被调查的专家主要分为两类：一类是从事工程项目风险管理的技术人员和管理人员；另一类是从事与工程项目相关领域的研究工作人员。德尔菲法依据系统的程序，采取匿名发表意见的方式，即专家之间不发生横向联系，只能与调查人员直接联系，通过多次调查专家对文件所提问题的看法，经过反复征询、归纳、修改，最后汇总成专家基本一致的看法，作为预测的结果。

用德尔菲方法进行项目风险预测与识别的过程是由项目风险小组选定与该项目有关领域的专家，并与这些适当数量的专家建议直接的函询联系，通过函询收集专家意见，然后加以综合整理，再匿名反馈给各位专家，再次询问意见。这样反复经过四到五轮，逐步使专家的意见趋于一致，作为最后预测和识别的依据。

2）工程结构-风险分解法（WBS-RBS法）

工程结构分解法是将工程分解成WBS树，风险分解成为RBS树，然后以工程分解树与风险分解树构建形成的WBS-RBS矩阵进行风险识别的方法。工程结构分解法是在分析工程项目的组成以及各组成部分之间的相互关系、工程项目与环境之间关系等前提下，识别其存在的不确定性，以及这一不确定性是否会对工程项目造成损失。

① 工程需要识别的风险载体很多，因此在进行结构分解时，有选择地进行确定结构分解的细化程度即分解级次。

② 其次，在风险分解过程中，必须以某一工程结构分解组成部分为对象分析它的潜在风险。该工程主要风险来自于工程设计环节、施工单位的技术水平与资质、施工现场管理和各个工种施工的接口衔接。基于这些环节的细化，最终形成风险分解树。

③ 最后，依据WBS-RBS矩阵进行该工程的风险识别。把工程结构分解组成部分作为矩阵的列，而风险分解树的最底层的风险作为矩阵的行，建立WBS-RBS矩阵。

3）故障树法

故障树分析法，简称FTA，是系统安全分析方法中应用最广泛的一种。故障树是由一些节点及它们之间的连线所组成的，每个节点表示某一具体故障，而连线则表示故障之间的关系。编制故障树通常采用演绎分析法，把不希望发生的且需要研究的事件对象作为顶事件放在第一层，找出造成顶事件发生的所有直接事件或因素，列为第二层，再找出第二层各事件发生的所有直接事件或因素列为第三层，如此层层向下，直至最基本的事件或与因素为止。

故障树分析图形符号包括事件符号（矩形、圆形、菱形和房形符号）、逻辑门符号（与门、条件与门、条件或门、限制门符号）及转移符号（转入、转出符号）三类。详细内容和要求可查看《故障树名词术语和符号》GB 4888—2009。

故障树分析法步骤如下：

① 明确分析的系统，即确定系统所包含的内容及其边界范围；

② 熟悉所分析的系统，即熟悉系统的整体情况，必要时根据系统的工艺、操作内容画出工艺流程及布置图；

③ 调查系统发生的各类事故，收集、调查所分析系过去、现在及将来可能发生的事故；

④ 确定故障树的顶事件；

⑤ 调查与顶事件有关的所有事件或因素，可以从人的因素、技术因素、环境因素以及管理因素等各方面调查与顶事件有关的所有事件或原因；

⑥ 故障树作图，就是按照演绎分析方法，从顶事件起，一级一级往下分析各自的直接事件或因素，根据之间的逻辑关系，用逻辑门连接上下层事件或因素，直至所要求分析深度，最后就形成一株倒置的逻辑树形图；

⑦ 故障树定性分析，定性分析是事故树分析的核心内容；找出控制事故可行性方案，并从故障树结构上分析各基本事件或因素的重要性，以便按轻重缓急分别采取对策。

4）风险识别方法比较

风险识别分析方法优缺点分析表如表2-10所示。

风险识别分析方法优缺点分析表　　　　　　　　　　表2-10

风险识别方法	优点	缺点
头脑风暴法	不进行讨论和评判，想出大量的风险因素，通过最终结果使专家相互启迪，相互补充，从而使专家产生"思维共振"，获得更多的未来信息，使预测结果准确而全面	定性的方法，容易受个人主观印象影响

续表

风险识别方法	优点	缺点
德尔菲法	无需数据和原始资料,避免了专家意见的相互影响,利用各领域专家的专业理论和丰富的实践经验,集思广益,做出比较全面的预测	过程比较复杂,花费时间较长
WBS-RBS法	使用简便易行,不增加工作量	操作过程复杂,需要管理者有大量的经验
故障树分析法	有很强的逻辑性,由因及果,有助于对工程项目本身及其外在影响因素的深刻认识,查明工程项目的风险因素,为风险评估提供定性与定量的依据,进而提供各种风险控制方法	操作过程复杂,要有充分的数据,对项目本身和环境有深刻认识

风险识别从某种角度来说是一种分类过程,在识别过程中,实际上对各种风险因素按概率大小和后果严重程度进行了分类。从风险识别要用到概率量度这一角度来看,它又是信息、搜索、探测和报警理论的一部分。

(3)工程风险评估方法

风险确认后,接着要做的就是风险评估。风险评估就是对识别出的风险做出进一步的分析,对其进行衡量和评价,为风险管理决策提供基础,从而将系统的损失减至最低,并将其控制在可接受水平。

工程风险评估方法常用的有层次分析法、可靠度法、模糊评判法、贝叶斯网络评估法和专家评审法等。

1)层次分析法

① 层次分析法基本概念

层次分析法(Analytical Hierarchy Process,AHP),又称AHP法,是一种定性和定量相结合的、系统化的、层次化的分析方法。它是将半定性、半定量问题转化为定量问题的行之有效的一种方法。

② 层次分析法的使用步骤

首先,分析系统中各因素之间的关系,建立系统的递阶层次结构。

其次,对于同一层次的各因素关于上一层中某一准则(目标)的重要性进行两两比较,构造出两两比较的判断矩阵。

然后,由比较矩阵计算被比较因素对每一准则的相对权重,并进行判断矩阵的一致性检验。

最后,计算各层次的因素权重,并进行排序。

2)模糊综合评判方法

在工程风险评价中,有些现象或者活动界限是模糊的,有的则是清晰的。对于这些模糊的现象或者活动只能采用模糊合集来描述,应用模糊数学进行风险评价。

模糊综合评判是将模糊数学方法与实践经验结合起来对多指标的性状进行全面评估。在风险评估实践中,有许多事件的风险程度是不可能精确描述的。如风险水平高,技术先进,资金充足,"高""先进""充足"等均属于边界不清晰的概念,即为模糊概念。诸如此类的概念与事件,既难以有物质上的确切含义,也难以用数据准确地表达出来,这类事件就属于模糊事件。

3）专家评分法

专家评分法也是一种定性描述定量化方法，它首先根据评价对象的具体要求选定若干个评价项目，再根据评价项目制订出评价标准，聘请若干代表性专家凭借自己的经验按此评价标准给出各项目的评价分值，然后对其进行结集。

专家评分法的特点：简便，根据具体评价对象，确定恰当的评价项目，并制订评价等级和标准；直观性强，每个等级标准用打分的形式体现；计算方法简单，且选择余地比较大；将能够进行定量计算的评价项目和无法进行计算的评价项目都加以考虑。

专家评分法应考虑以下五个方面的影响：

① 管理的条件：指能否抽出足够的、水平相应的管理工程的人员（包括工地项目经理和组织施工的工程师等）参加该工程；

② 工人的条件：指工人的技术水平和工人的工种、人数能否满足该工程的要求；

③ 设计人员条件：视该工程对设计及出图的要求而定；

④ 机械设备条件：指该工程需要的施工机械设备的品种、数量能否满足要求；

⑤ 工程项目条件：对该项目有关情况的熟悉程度，包含对项目本身、业主和监理情况、当地市场情况、工期要求、交工条件等。

4）贝叶斯网络评估法

贝叶斯网络评估法是一种以贝叶斯理论为基础，将相关领域的专家经验知识和有关数据相结合的有效工具。贝叶斯网络具备很强的描述能力，既能用于推理，还能用于诊断，非常适合于安全性评估。基于贝叶斯网络的风险评估方法能够有效地将专家经验、历史数据以及各种不完整、不确定性信息综合起来，提高建模效率和可信度，节省安全性信息获取的成本。

贝叶斯网络评估法可以通过图形直观地表达系统中事件之间的联系，通过节点之间的条件概率分布计算某个节点的联合概率及其各个状态的边缘概率。节点的概率由相邻的节点决定，并且可通过输入证据来更新，有效地减少了分析模型数据更新的工作量。在贝叶斯网络推理过程中，需要使用先验概率分布。工程的风险因素都具有不确定性，而且可用于风险评估的数据非常有限，很难将时间发生的概率用确定的数值表示。因此，将时间概率模型用风险发生概率语言变量来表示，建立机遇贝叶斯网络的工程风险评估模型，经过网络推理，实现安全风险概率推测。

贝叶斯分析是一种概率的推理结构，它提供了表示变量集之间概率依赖性的一个自然有效的方法，具有坚实的概率理论基础。贝叶斯分析方法是一种小样本估计法，由于它能利用验前积累的信息，减小样本试验的随机误差，因此可在样本量较小的情况下，得到较高的评估精度。

5）可靠度方法

结构可靠性是用可靠度来衡量的，其定义为：在规定的时间和条件下，结构完成预定功能的概率。它包括结构的安全性、适用性和耐久性这三个方面。换而言之，可靠度要解决的根本问题是：在给定一个或多个材料特性或几何尺寸，而这些特性具有随机的或不完全知道的性质，以及在某些方面，结构上作用的荷载具有随机的或不完全知道的特性的情况下，结构按预定方式正常工作的概率。对于结构可靠性这一学科，从其诞生到如今已经有了长足的发展：从基于概率论的随机可靠性到基于模糊理论的模糊可靠性以及近年来提出的非概率可靠性，使得这一理论日臻丰富和完善，并深入渗透到各个学科和领域。

2.4.3 重大风险源辨识与监控

在公路水运等交通工程建设项目中，由于不完善的施工管理和不断增加的规模和数量，容易导致在施工建设工程项目时事故频发，造成人员伤亡，使经济遭受重大损失。针对这些现实情况，为减少事故，有关部门相应出台了一系列标准和强制性规定。下面介绍公路水运等交通工程重大风险源识别与监控在安全生产风险管理中的意义和作用。

（1）公路水运工程重大风险源

重大风险源也称为重大风险因素，是指目前暂无迹象表明已构成危险，但有较大的可能构成危险的事物或因素。

公路水运工程施工重大风险因素是由于建设施工活动，可能导致施工现场及周围社区人员伤亡、财产物质损坏、环境破坏等意外的潜在不安全因素。

从公路水运工程项目及作业活动划分、风险因素可能导致的危险程度等方面分析，公路水运工程施工现场重大风险因素包括以下几类：

①危险性较大的分部分项工程，如：基坑开挖、围堰工程、水上水下工程、拆除与爆破工程、隧道工程、重大吊装安装工程、大型临时工程（支撑、支架、模板、便桥）等。

②危险性较大的作业活动，如：三级以上高处作业、受限空间作业、动火作业等。

③特种设备相关活动，如：塔吊、物料提升机、电梯安装与拆除作业，特种设备日常运行。

④现场临时用电配电、维护与使用活动。

⑤由于恶劣气候、不良地质条件等增加风险等级的相关活动。如：大风、大雾、沙尘暴、暴雨等恶劣天气下的作业活动。

（2）重大风险源动态监控

基于重大风险源的识别，采用风险评估方法对重大风险源进行评价，主要分析重大事故发生的可能性大小以及事故的影响范围、伤亡人数、经济损失、工程延迟等。在对重大风险源进行普查、分级，并制定有关重大风险源管控制度的基础上，明确安全生产企业的管理责任和管理要求，包括组织制度、报告制度、监控管理制度及措施、隐患整改方案、应急措施方案等，促使企业建立重大风险源控制机制，确保安全。

安全生产监督管理部门依据有关法规，对现存的重大风险源建立分级管理制度和要求，确定规范的现场监督方法，督促企业执行有关法规，建立监控机制，并督促隐患整改。同时与技术中介组织配合，根据企业的行业、规模等具体情况，提供监控的管理及技术指导。

重大风险源监控应建立实时的监控预警系统，应用系统论、控制论、信息论的原理和方法，结合自动检测与传感器技术、计算机仿真、计算机通信等现代高新技术，对工程的安全状况进行实时监控，严密监视那些可能使工程的安全状态向事故临界状态转化的各种参数变化趋势，及时给出预警信息或应急控制指令，把事故隐患消灭在萌芽状态。

依据《安全生产法》相关规定，对照《建设工程安全生产管理条例》《危险性较大的分部分项工程安全管理办法》《公路水运工程安全生产监督管理办法》等建设行业法规，公路水运工程重大风险源监控要求有以下方面。

1）重大风险源控制要求

① 分层次管控。重大风险源应按照公路水运工程风险评估的结论，充分考虑工程实际情况，按照不同风险等级，制定相适宜的风险控制措施。

② 重大风险源监控与工程监测。现场施工应建立重大风险源监控和预警预报体系，明确预警预报标准，通过对施工监控数据的动态管理，及时掌握其发展状态，发现异常或超过警戒值，应及时采取规避措施，做好风险事故处理准备工作。重大危险源监控必须由专业人员实施；需由专业队伍实施监控的，建设单位应委托具有相应资质的单位承担。工程监测作为工程重大危险源监控重要内容，监测单位应及时向建设、设计、监理、工程总承包等单位通报监测结果，对监测结果进行分析，并提出合理建议；监测数据达到监控预警值时，应立即通知有关各方采取措施，并向建设行政主管部门及工程安全监督机构报告。

③ 专项费用。施工重大风险源监控费用应纳入建设工程施工安全文明措施费范围。

④ 专家论证。重大风险源的施工作业活动或施工区段，其重大风险源的施工方案、监控与防治措施、应急预案，应按规定组织论证或复评估后方能实施。特重大建设项目的施工重大风险源监控技术方案应经过设区市及其以上工程质量安全协会等机构的论证通过。

⑤ 施工企业的重大风险源安全控制措施

a）在国家现行法律、法规的框架下，建立和完善施工单位与项目部的规章、制度体系，出台配套的实施细则，依法管理安全生产。

b）建立各级安全生产责任制，完善安全生产管理体系，制定本单位的施工安全管理制度。

c）建立施工现场重大风险源的公示和跟踪整改制度；加强现场巡视，对可能影响安全生产的重大风险源进行登记，掌握重大风险源的数量和分布状况。

d）施工生产单位、项目部对辨识出的重大风险源应体现在《施工组织设计》与安全技术交底中，并且每个工程除编制《施工组织设计》外，还应对有关的标准规范中的要求编制相应的专项措施（方案），对重大风险因素控制。

e）对评价出的重大风险因素，作为确定施工单位与项目部的年度目标和管理方案的依据。

f）各级安全员负责对本职责范围内的重大风险源进行监控，以确保有效的实施。

g）增强人员的安全技术素质，提高安全操作的标准化程度。

h）淘汰落后的技术、工艺，适度提高工程施工安全设防标准，从而提升施工安全技术与管理水平，降低施工安全风险。

i）制订和实行施工现场大型施工机械安装、运行、拆卸和外架工程安装的检验检测、维护保养、验收制度。

j）制订和实施项目施工安全承诺和现场安全管理绩效考评制度，确保安全投入，形成施工安全长效机制。

k）保证设备、设施本质安全化；本质安全化是安全生产中的一个必备条件，对于重大风险源而言，则是十分必要的，这就要求材料设备购买时必需选用合格的产品。

l）采用先进电子监控技术和监测信息系统，实施项目现场施工安全重大风险源及重点部位监控。

m）加强工人安全教育，除了对工人进行入厂三级教育、经常性教育、专业性教育外，还应加强重大危险源的识别、控制教育。

2）重大风险预警与应急

建立以施工安全责任主体包括（建设、勘察、设计、施工、监理及检测单位等）负责、政府监管的工程建设项目施工重大风险源预警与应急管理机制。在施工期间对可能发生的风险事件，应根据风险事件可能造成的社会影响性、危害程度、紧急程度、发展势态和可控性等情况划分预警等级。

明确各风险事件相应的风险预警指标，根据预警等级采取针对性的防范措施。高风险等级的风险事件应按照预案、预警、预防三阶段逐一明确要求，应采取完善专项施工方案及应急预案、开展施工监测与预警、提高现场防护条件、加强施工安全技术交底和危险告知等措施，防止重大险情或事故发生。

建立重大风险源及灾害的应急救援体系，施工现场应配备应急救援物资及设施，并明确安全通道、应急电话、医疗器械、药品、消防设备设施等，对相关人员进行培训和交底，保持响应能力，并定期进行应急演练。

（3）各类重大风险应对方法

重大风险因素的辨识方法有系统安全分析法和直接经验法。用系统安全工程评价的方法进行危险源的辨识称为系统安全分析法。施工现场危险源的辨识主要采用直接经验法，通过对照有关标准、规范、检查表，依靠辨识评价人员的经验和观察分析能力，或采用类比的方法，进行危险源的辨识。比如施工现场安全管理人员在安全检查时，根据《建筑施工安全检查标准》JGJ 59—2011进行对照评分，扣分的地方往往是施工现场存在着危险源的地方，这就是一种直接经验法。

对于重大风险因素，必须明确须达到的目标，确定完成时间，由责任部门制定专项安全施工方案，通过资金保证，明确相关人员的职责，来落实安全技术措施。公司安全生产监督部门应对专项施工方案及其控制执行情况进行检查。

2.5 应对新冠肺炎疫情工作管理要点

2.5.1 新冠病毒的特点

新型冠状病毒（2019-nCov）属于β署冠状病毒，对紫外线和热敏感，56℃30分钟、乙醚、75%乙醇、含氯消毒剂、过氧乙酸和氯仿等脂溶剂均可有效灭活病毒。基于目前的流行病学调查和研究结果，潜伏期为1～14天，多为3～7天；发病前1～2天和发病初期的传染性相对较强；传染源主要是新型冠状病毒感染的患者和无症状感染者；主要传播途径为经呼吸道飞沫和密切接触传播，接触病毒污染的物品也可造成感染，在相对封闭的环境中长时间暴露于高浓度气溶胶情况下存在经气溶胶传播的可能。由于在粪便、尿液中可分离到新型冠状病毒，应当注意其对环境污染造成接触传播或气溶胶传播。人群普遍易感。感染后或接种新型冠状病毒疫苗后可获得一定的免疫力，但持续时间尚不明确。

2020年1月20日发布的国家卫生健康委员会2020年第1号公告中，明确将新型冠状病毒感染的肺炎纳入《中华人民共和国传染病防治法》规定的乙类传染病，并采取甲类传染病的预防、控制措施。

2.5.2 常态化防控工作管理要点

（1）建立防控体系

1）结合项目实际制定疫情常态化防控工作方案，建立防疫工作机构，设置专职防疫管理岗位，建立健全疫情防控工作管理制度，认真落实日常管理。

2）重点落实项目"三个主体"责任，发挥"三个关键人"作用。建设单位承担总体指挥、协调和保障责任，施工单位承担具体组织实施责任，监理单位承担监理审查责任；建设单位项目负责人、施工单位项目经理、总监理工程师三个关键责任人各自职责明确、加强配合。

3）建立防疫检查制度和相应工作台账，定期检查施工现场人员、车辆、物资等防疫落实情况，以及办公室、食堂、卫生间、会议室、宿舍定期消毒保洁等各项措施执行情况。

4）强化属地管理，明确专人对接属地社区管理部门、疾控部门，加强信息资源联动。

（2）抓好人员管理

1）严格审核进场队伍资质和人员信息，依托"健康码"等大数据平台核查人员行踪轨迹和健康情况，核实无误进行登记后方可进场。严禁违法分包和私招乱雇，不使用零散工和无健康信息的劳务人员，不在项目之间无组织调配使用劳务人员。

2）实行全员健康管理，参建各方聘用人员"一人一档"，记录人员每日体温数据、"小五证"（身份证、上岗证、安全上岗合格证、居民暂住证、健康证）等信息，准确掌握人员流动和健康情况。

3）入境人员、中高风险地区、密切接触者及确诊治愈出院患者等，严格按照本市有关规定进行隔离观察，经核实"健康码"无误后，方可进入工地，并做好至少两周的健康监测和跟踪随访。

4）项目部应按照疫情常态化防控要求为员工配发防疫用品，并建立发放领用台账。

5）人员密集场所、与他人小于1m距离接触时应佩戴口罩。防疫人员、门卫保安、食堂服务人员、保洁员等重点人群应佩戴口罩。

（3）做好现场管理

1）施工单位应当在施工组织设计、专项施工方案中编制"疫情常态化防控"专篇内容，调整优化施工计划方案，安排错时错区施工，减少人员聚集和交叉作业等。

2）施工现场应封闭式管理，办公区、生活区、施工区、材料加工区等分区设置，围挡围墙设置完好，最大限度实现人员内部流动。尽量做到生活区到施工区封闭管理，鼓励设置专用通道或安排专车接送人员上下班。

3）施工现场设置符合标准的隔离室或隔离区。落实垃圾分类管理要求，设置专门垃圾箱处置废弃口罩等防疫物品,防止废弃防疫垃圾造成污染。

4)合理安排办公区、生活区和施工区的出入口,入口安排专人负责测温、核对人员身份和健康状况等,并做好记录,无关人员、车辆不得进入工地。

5)宿舍应安装可开启式窗户,定期通风消毒,每间宿舍宜按人均居住面积不低于$4m^2$确定。宿舍环境卫生保持良好,宜设置生活用品专柜、垃圾桶等生活设施。

6)改进办公模式,运用好信息化手段推行"网上办公"和视频会议,对确需召开的会议,严格控制会议频次和规模,尽量减少室内会议和缩短会议时间,最大限度降低人员聚集带来的传播风险。

7)加强施工现场巡查,检查作业环境是否满足疫情常态化防控要求,确保消毒物资设备安全使用,发现问题及时整改,消除疫情和安全隐患。

(4)加强应急管理

1)组织制定并实施疫情防控专项应急预案,设立现场应急指挥机构,明确应急处置程序和具体措施,保证应急工作机制运转顺畅。

2)根据工地实际落实防疫物资储备,主要包括符合国家及行业标准的口罩、防护服、一次性手套、酒精、消毒液、测温设备等必要的防疫物资和设备,建立物资储备台账,保障常态化使用需求。

3)开展应急演练,提升应急处置能力。一旦发现有发热、干咳等症状人员,快速妥善处置并及时报告。

4)一旦发现来自或途径中高风险地区(包括与上述人员密切接触者),以及体温检测不合格的人员,务必在第一时间进行隔离,并通知所属街镇迅速处置,移交时办理好交接手续。

(5)开展宣传教育

1)将卫生防疫教育纳入进场教育和每日岗前教育,加强人员培训。未经培训不得上岗,交底中应明确班前、班后人员消毒防控要点、防护用品使用、防护安全常识等内容,保证正确使用和存放酒精、消毒液、消毒设备等防疫物资,防止发生意外中毒或引发火灾事故。

2)选择开阔、通风良好的场地,分批次开展宣传教育活动。尽量保持人与人之间的接触距离在1m以上。

3)做好宣传教育和舆论引导工作,鼓励采取发放宣传单、张贴公告、发布信息等多种方式,引导从业人员正确认识疫情,积极配合防控,尽量避免外出和聚集性活动,提高防护能力。

4)落实人员及时跟进掌握最新疫情政策信息,精准落实疫情常态化防控各项措施和要求。

(6)落实防疫消毒

1)严格按照市疾控中心《工地消毒技术要点》要求,定期对施工现场开展消毒,加强施工现场环境卫生整治,消除卫生死角盲区。办公生活场所定期通风换气和清洁卫生,落实对办公室、食堂、卫生间、会议室等人员主要活动场所和频繁接触物品(部位)的消毒消杀工作。

2)做好垃圾储运、污水处理、沟渠及下水道疏通等工作,严禁垃圾偷倒乱倒。

3）加强电梯、盾构、顶管、起重机械驾驶室及操作室等密闭空间及长期接触部位清洁消毒工作，并做好消毒工作记录。危险区域落实专人监护。

4）保证施工现场内洗手设施的正常使用，并配备肥皂或洗手液。

5）施工机械宜专人专用，减少交叉使用。新进场设备车辆等应进行消毒。

（7）强化食堂管理

1）依法办理相关手续并严格执行卫生防疫规定，保障食堂用餐和食品安全，厨师、配菜员、保洁员等重点人群要佩戴口罩上岗。

2）严禁在工地饲养、宰杀家禽和野生动物，尽量避免采购进口食材，严禁生食和熟食用品混用，避免肉类生食，避免直接手触肉禽类生鲜材料。

3）采取分餐、错时用餐等措施，避免集体就餐、面对面就餐等现象发生，减少人员聚集。

4）食堂应保持干净整洁卫生，加强开窗通风和清洁消毒，加强餐具的清洁消毒，不具备消毒条件的要使用一次性餐具。

5）在食堂入口醒目位置放置免洗洗手液供就餐前后使用。

2.6 安全生产管理习题

2.6.1 公路篇

（一）单项选择题

1.在生产过程中，不发生人员伤亡、职业病或设备、设施损害或环境危害的条件，是指（　　）。

　　A.安全条件　　　B.本质安全　　　C.安全　　　D.安全状况

2.（　　）指操作人员即使操作失误，也不会发生事故或伤害，或者说设备、设施和技术工艺本身具有自动防止人的不安全行为的功能。

　　A.安全条件　　　B.故障安全功能　　　C.失误安全功能　　　D.安全状况

3.（　　）是为了使生产过程在符合物质条件和工作秩序下进行，防止发生人身伤亡和财产损失等生产事故，消除或控制危险、有害因素，保障人身安全与健康、设备和设施免受损坏、环境免遭破坏的总称。

　　A.安全管理　　　B.安全条件　　　C.本质安全　　　D.安全生产

4.安全生产管理的基本对象是（　　）。

　　A.财务　　　B.环境　　　C.设备设施　　　D.企业的员工

5.（　　）是安全生产的灵魂。

　　A.安全文化　　　B.安全法制　　　C.安全责任　　　D.安全投入

6.( )是安全生产的保障,也是安全生产的物质及非物质保障,是保护生产力、提高生产力的重要表现形式。

A.安全文化　　　B.安全法制　　　C.安全责任　　　D.安全投入

7.明适应是指人从暗处进入亮处时,能够看清视物的适应过程,这个过渡时间很短,约需( ),明适应过程即趋于完成。

A.1min　　　　B.5min　　　　C.10min　　　　D.30min

8.暗适应是指人从光亮处进入黑暗处,开始时一切都看不见,需要经过一定时间以后才能逐渐看清被视物的轮廓。暗适应的过渡时间较长,约需要( )才能完全适应。

A.1min　　　　B.5min　　　　C.10min　　　　D.30min

9.在生产过程中,强光或有害光会造成对眼的伤害,眼睛能承受的可见光的最大亮度值约为( ),如超过此值,人眼视网膜就会受到损伤。

A.$10^4 cd/m^2$　　B.$10^5 cd/m^2$　　C.$10^6 cd/m^2$　　D.$10^7 cd/m^2$

10.在工程建设施工中,( )是公路水运工程建设活动中的重要主体,在施工安全生产中处于核心地位,是消除事故隐患,防范安全事故的发生,确保施工安全生产的关键。

A.建设单位　　　B.监理单位　　　C.安监部门　　　D.施工企业

11.开工前,施工单位应根据有关规定做好保障安全生产的准备工作,并按要求将本项目安全生产的有关材料上报( )。

A.建设单位　　　B.监理单位　　　C.安监部门　　　D.县级以上政府部门

12.施工单位应当对安全生产管理人员和作业人员至少( )进行安全生产教育培训,教育培训情况应当记入个人业绩档案,安全生产教育培训或者考核不合格的,不得上岗作业。

A.每月一次　　　B.每季度一次　　　C.每半年一次　　　D.每年一次

13.( )是指设备、设施或技术工艺含有内在的能够从根本上防止发生事故的功能。

A.安全条件　　　B.本质安全　　　C.安全　　　D.安全状况

14.施工工地遇有下列情况之一时,可不用设置防护棚架( )。

A.施工立面紧邻街坊、人行通道或车行通道
B.搭设的脚手架需要占用人行或车行通道的
C.距离各类施工脚手架不小于1m且不大于3m的安全通道上方
D.在塔机平衡臂、起重臂旋转半径范围以外的人、车通道上方

15.安全生产信用评价对象包括哪些?( )

A.中华人民共和国境内从事公路水路行业生产经营活动并具有独立法人资格的生产经营单位（含为公路水路行业安全生产提供技术和管理服务的机构）

B.中华人民共和国境内从事公路水路行业生产经营活动并具有独立法人资格的生产经营单位（不含为公路水路行业安全生产提供技术和管理服务的机构）

C.安全生产关键岗位从业人员

D.中华人民共和国境内从事公路水路行业生产经营活动并具有独立法人资格的生产经营单位（含为公路水路行业安全生产提供技术和管理服务的机构）和安全生产关键岗位从业人员

16.生产经营单位和从业人员安全生产信用等级分为多少个级别？（　　）
A.4个　　　　　B.5个　　　　　C.6个　　　　　D.3个

17.生产经营单位和从业人员每项安全生产信用评分有效期为自确认之日起多少个月？（　　）
A.6个月　　　　B.12个月　　　　C.24个月　　　　D.3个月

18.平安工地建设管理主要包括哪些内容？（　　）
A.工程开工前的安全生产条件审核，施工过程中的平安工地建设、考核评价
B.工程开工前的安全生产条件审核，隐患排查治理
C.施工过程中的平安工地建设、考核评价
D.工程开工前的安全生产条件审核，施工过程中的平安工地建设，现场隐患排查治理

19.平安工地建设考核评价按照百分制计算得分，计算得分精确到小数点后1位。考核评价结果分为几类（　　）。
A.三类　　　　　B.四类　　　　　C.两类　　　　　D.五类

20.项目施工单位负责组织平安工地建设，在合同段开工后、交工验收前，应当按照本标准至少____开展一次自查自纠，至少____开展一次自我评价，自评结果报监理单位审核。（　　）
A.每月，每半年　　　　　　B.每月，每季度
C.每季度，每半年　　　　　D.每季度，每年

21.消防工作的方针（　　）。
A.预防为主，防消结合　　　　B.政府统一领导，部门依法监管
C.公民积极参与，单位方面负责　　D.消灭为主，防消结合

22.消防安全重点单位应当每年进行至少（　　）次消防演练。
A.1　　　　　B.2　　　　　C.3　　　　　D.4

23.风险,通常是指在既定条件下的一定时间段内,由风险因素引起的( )与预期目标产生的偏移。
A.严重性　　　　B.不稳定性　　　　C.恶劣情况　　　　D.可能情况

24.工程风险的差异性包括( )的不确定性。
A.损失和收益　　B.利润与工期　　　C.安全与质量　　　D.履约与工期

25.( )不属于工程风险因素。
A.人员风险　　　B.技术风险　　　　C.环境风险　　　　D.文化风险

26.海因里希的骨牌理论认为风险因素、风险事故(事件)和风险损失这三张骨牌之所以倾倒,主要是因为( )所致。
A.环境不良　　　B.机械设备质量　　C.人的失误　　　　D.安全投入不足

27.工程风险管理就是以降低工程项目中风险发生的( )为目标,减轻风险的影响,实现工程项目的预期目标和经济安全。
A.确定性　　　　B.可能性　　　　　C.不确定性　　　　D.多发性

28.以下不属于工程风险管理内容的是( )。
A.工程风险管理规划　　　　　　　B.工程风险识别与分析
C.工程风险评估与控制　　　　　　D.工程风险的不确定性与后果严重性

29.工程风险管理规划首先要明确风险管理的( )。
A.计划　　　　　B.目标　　　　　　C.途径　　　　　　D.方法

30.工程风险管理是一项综合性的管理工作,它是根据工程( )和设定的目标,对工程风险进行管控的过程。
A.风险环境　　　B.风险种类　　　　C.风险规划　　　　D.风险数量

31.在进行工程风险识别与分析工作时,要建立( )。
A.风险管控方法　B.风险管控制度　　C.已有风险清单　　D.风险范围划定

32.在进行风险等级评价后,要编制( )。
A.风险管控流程分析报告　　　　　B.环境风险报告
C.风险评估报告　　　　　　　　　D.人员风险报告

33.风险预警与应急应建立( )。
A.风险预警预报体系和风险处置方案　B.风险预警预报体系和风险管控体系
C.风险识别体系和风险处置方案　　　D.风险识别体系和风险管控体系

34.在工程风险管理的不同阶段和不同时期,应对工程风险管理工作进行评价,其主要原因是( )。

A.风险管理的过程是动态的

B.风险管理的过程是固定的

C.风险管理的预警与应急无错误的情况

D.风险管理的流程是固定的

35.风险等级由( )和风险损失等级间的关系矩阵确定。

A.风险发生概率等级 B.风险严重性等级

C.风险数量等级 D.风险管控方法

36.风险损失等级包括( )、周边环境影响等级以及人员伤亡等级。

A.间接经济损失等级 B.工期延误损失等级

C.直接经济损失等级 D.企业形象损失等级

37.当发生概率区间处于0.3~1之间时,其风险发生概率等级为( )。

A.3级 B.4级 C.2级 D.5级

38.当1000万元≤经济损失(EL)≤5000万元时,其直接经济损失等级为( )。

A.5级 B.4级 C.3级 D.2级

39.周边环境影响损失等级共有( )个级别。

A.1 B.2 C.3 D.5

40.人员伤亡情况为:死亡(含失踪)3~9人或重伤10人以上,则其人员伤亡等级为( )。

A.5级 B.3级 C.4级 D.2级

41.《城市轨道交通地下工程建设风险管理规范》GB 50652—2011将工程风险等级分为( )个等级。

A.4 B.3 C.5 D.6

42.当风险等级描述为:风险最高,风险后果是灾难性的,或造成恶劣的社会影响,则其接受准则应为( )。

A.允许在一定条件下发生 B.不希望发生

C.完全不可接受 D.不可接受

43.3级风险预警,其安全风险色为( )。

A.红色 B.灰色 C.黄色 D.橙色

44.以下不属于安全风险4色图中颜色的是（　　）。
A.白色　　　　　B.黄色　　　　　C.蓝色　　　　　D.红色

45.以下属于专家调查法是（　　）。
A.层次分析法　　　　　　　　B.主成分分析法
C.事故因果链分析法　　　　　D.头脑风暴法

46.工程结构分解法是将工程分解为（　　）树。
A.WBS　　　　　B.RBS　　　　　C.DBS　　　　　D.UBS

47.故障树分析法中作为顶事件放在第一层的是（　　）。
A.风险因素
B.直接事件
C.不希望发生的且需要研究的事件对象
D.最高级别风险

48.以下属于德尔菲法的特点是（　　）。
A.使用简单易行，不增加工作量
B.操作复杂，要有充分的数据
C.容易受个人主观印象影响
D.无需数据和原始资料，避免了专家的意见相互影响

49.在进行风险识别后，下一步工作是（　　）。
A.风险管控流程制定　　　　　B.风险预警
C.风险管控措施制定　　　　　D.风险评估

50.以下不属于工程风险评估方法的是（　　）。
A.生产流程分析法　　　　　　B.专家评分法
C.层次分析法　　　　　　　　D.贝叶斯网络评估法

51.结构可靠性包括结构的（　　）这三个方面。
A.安全性、适用性和破坏性　　B.安全性、适用性和易损性
C.安全性、适用性和耐久性　　D.危险性、适用性和耐久性

52.（　　）不属于BIM技术在风险管理上的作用。
A.展现工程风险部位和风险影响因素　B.能够完全控制工程风险
C.进行风险监控和记录　　　　　　　D.搭建有效的信息沟通平台

53.在以下重大危险源定义中，正确的是（　　）。

A.目前暂无迹象表明已构成危险,但有较大的可能构成危险的事物或因素

B.目前已构成危险的事物或因素

C.有较低的可能构成危险的事物体或因素

D.已经造成严重后果的事物或因素

54.以下属于《危险化学品重大危险源辨识》GB 18218—2018中规定的重大风险因素的是( )。

A.塔式起重机 B.爆破作业

C.施工现场的油库 D.施工现场的乙炔瓶

55.风险因素的分布,从时态上讲应考虑的时态有( )。

A.过去、现在、将来 B.过去、现在

C.现在、将来 D.过去、将来

56.以下不属于公路水运工程特点的是( )。

A.工期短 B.工期长 C.投资大 D.困难多

57.以下不属于公路水运工程施工现场重大风险因素的是( )。

A.危大工程 B.人工搬运

C.特种设备相关活动 D.恶劣气候条件

58.高度为( )及以上的落地式脚手架属于公路水运工程危险性较大的分部分项工程。

A.20m B.24m C.23m D.26m

59.( )及以上的边坡施工属于公路水运工程危险性较大的分部分项工程。

A.2m B.5m C.4m D.3m

60.工作压力大于或等于( )MPa的管道施工属于公路水运工程危险性较大的分部分项工程。

A.0.1 B.0.15 C.0.05 D.0.2

61.高处作业高度在( )时,称为3级高处作业。

A.20m以上至30m B.18m以上至30m

C.15m以上至30m D.15m以上至35m

62.特重大建设项目的施工风险源监控技术方案应经过( )及其以上工程质量安全协会等机构的论证通过。

A.区市 B.乡镇 C.省级 D.国家级

63.重大危险源应充分考虑工程实际情况,按照不同的(   ),制定相适宜的风险管控措施。
   A.发生可能性   B.风险级别   C.风险数量   D.后果严重性

64.高风险等级的风险事件按照(   )等三阶段逐一明确要求。
   A.预案、预警、预防   B.预案、预警、演练
   C.识别、预案、预警   D.识别、预警、预防

65.重大风险源辨识的方法有(   )。
   A.层次分析法、直接经验法   B.系统安全分析法、直接经验法
   C.系统安全分析法、德尔菲诺法   D.系统安全分析法、贝叶斯网络评估法

66.应急预案外部评审由施工单位组织外部有关专家和工程参建单位有关人员进行评审,包括(   )等。
   A.建设单位、监理单位   B.建设单位、勘察设计单位
   C.建设单位、检测单位   D.监理单位、勘察设计单位

67.应急处置中,现场的清理工作应由(   )负责,相关单位予以配合。
   A.应急救援队   B.政府相关部门
   C.事故单位   D.环保监测站

68.在新冠肺炎疫情常态化防控工作中,建设单位主要承担的责任为(   )。
   A.总体指挥、协调和保障责任   B.具体组织实施责任
   C.监理审查责任   D.前述三项责任均需承担

(二)多项选择题
1.安全生产管理包括安全生产(   )和作业环境和条件管理等。
   A.法制管理   B.行政管理   C.监督检查
   D.工艺技术管理   E.设备设施管理

2.事故隐患泛指生产系统中可导致事故发生的(   )。
   A.人的不安全行为   B.物的不安全状态   C.社会因素
   D.人的缺点   E.管理上的缺陷

3.在生产过程中,事故是指造成(   )的意外事件。
   A.人员死亡   B.伤害   C.职业病
   D.财产损失   E.其他损失

4.(   )是保障安全生产的"五要素"。

A.安全文化 B.安全法制 C.安全责任
D.安全科技 E.安全投入

5.( )是现阶段我国安全生产管理方针。
A.安全第一 B.以人为本 C.预防为主
D.综合治理 E.安全发展

6.安全人机工程是研究( )的本质安全,并使三者从安全的角度上达到最佳匹配,以确保系统高效、经济运行的一门应用科学。
A.设备 B.管理 C.人
D.机 E.环境系统

7.施工单位应当接受( )对其安全生产的监督检查。对于检查单位下达的整改意见通知,施工单位要立即予以整改。
A.建设单位 B.监理单位 C.地方政府安全监督机构
D.勘察单位 E.设计单位

8.公路水运工程施工企业各级安全管理人员分为( ),也就是我们常说的安全生产管理三类人员。
A.施工单位主要负责人 B.安全总监 C.总工程师
D.项目负责人 E.专职安全生产管理人员

9.安全生产管理的目标是,减少和控制危害,减少和控制事故,尽量避免生产过程中由于事故所造成的( )。
A.工期延误 B.人身伤害 C.财产损失
D.环境污染 E.其他损失

10.施工单位应当根据工程施工作业特点、安全风险以及施工组织难度配备安全生产管理人员,其配备要求为( )。
A.按照年度施工产值配备专职安全生产管理人员,不足5000万元的至少配备1名
B.按照年度施工产值配备专职安全生产管理人员,5000万元以上不足2亿元的按每5000万元不少于1名的比例配备
C.按照年度施工产值配备专职安全生产管理人员,5000万元以上不足2亿元的按每5000万元不少于2名的比例配备
D.按照年度施工产值配备专职安全生产管理人员,2亿元以上的不少于4名,且按专业配备
E.按照年度施工产值配备专职安全生产管理人员,2亿元以上的不少于5名,且按专业配备

11.下列关于安全生产信用评价信息公布与结果运用说法正确的是（　　）。

A.生产经营单位和从业人员安全生产信用等级初次评定或发生变化的，由安全生产信用管理系统自动公示，公示期15个工作日

B.生产经营单位或从业人员可针对失信行为采取消除后果和立即整改等措施进行信用修复，消除后果及立即整改后即可自动修复信用

C.交通运输管理部门应将生产经营单位和从业人员安全生产信用评定结果作为行业综合信用评价的重要内容，行业综合信用等级不高于安全生产信用等级

D.交通运输管理部门应当对安全生产信用等级为AA的生产经营单位和从业人员，给予优惠和扶持，并在有关单位采购交通运输服务、招投标等方面予以鼓励和支持

E.对安全生产信用等级为D的生产经营单位和从业人员，应当根据其失信行为的严重程度，依法依规采取增加监督执法频次、作为重点监管监察对象、约谈、公开曝光、取消经营资质（格）或限制性经营、依法实施市场禁入或限入、从重处罚等措施予以惩戒

12.关于平安工地建设的主要内容以下说法正确的是（　　）。

A.公路水运工程项目应当具备法律、法规、规章和工程建设强制性标准规定的安全生产条件，从业单位应当保证本单位所应具备的安全生产条件必需的资金投入

B.公路水运工程项目从业单位只用制定主要负责人安全生产责任制，可以不用制定全员安全生产责任制

C.公路水运工程项目从业单位应当贯彻执行安全生产法律法规和标准规范，以施工现场和施工班组为重点

D.安全生产事故隐患排查治理应建立健全事故隐患排查治理制度，实行常态化、闭合管理

E.公路水运工程从业单位应当按要求制定相应的项目综合应急预案、施工合同段的专项应急预案和现场处置方案，可以仅组织培训不开展应急演练

13.消防安全管理中，对安全疏散设施管理的要求有（　　）。

A.单位应保持疏散通道、安全出口畅通，严禁在安全出口或疏散通道上安装栅栏等影响疏散的障碍物，严禁占用疏散通道

B.应按规范设置符合国家规定的消防安全疏散指示标志和应急照明设施

C.应保持防火门、消防安全疏散指示标志、应急照明、机械排烟送风、火灾事故广播等设施处于正常状态，并定期组织检查、测试、维护和保养

D.严禁在营业或工作期间将安全出口上锁

E.严禁在营业或工作期间将安全疏散指示标志关闭、遮挡或覆盖

14.以下属于专家调查法的有（　　）。

A.头脑风暴法　　　　B.德尔菲法　　　　C.故障树法

D.层次分析法　　　　E.贝叶斯网络法

15.以下属于危险性较大的分部分项工程的有（　　）。
A.开挖深度4m的基坑　　　　　　B.隧道模
C.高度23m的落地式脚手架　　　　D.工作压力0.2MPa的管道施工
E.水深4m的水中作业

16.以下属于危险性较大的分部分项工程的有（　　）。
A.滑模　　　　　　　　　　　　　B.起重机械设备自身的安装、拆卸
C.拆除工程　　　　　　　　　　　D.爆破工程
E.盾构工程

17.以下属于危险性较大的分部分项工程的有（　　）。
A.开挖深度5m的基坑　　B.隧道模　　　C.悬挑式脚手架
D.地下暗挖工程　　　　　E.4m的边坡施工

18.以下属于危险性较大的作业活动的有（　　）。
A.高度为16m的高处作业　B.受限空间作业　　C.动火作业
D.塔吊作业　　　　　　　　E.电梯安装与拆除作业

19.以下属于危险性较大的作业活动的有（　　）。
A.物料提升机作业　　B.特种设备日常运行维护　C.二级高处作业
D.三级高处作业　　　E.受限空间作业

20.海因里希骨牌理论认为（　　）这三张骨牌之所以倾倒，主要是人的错误所致。
A.风险因素　　　　B.风险事故（事件）　　C.风险损失
D.风险类别　　　　E.风险位置

21.以下属于工程风险评估方法的有（　　）。
A.层次分析法　　　　　B.模糊综合评判法　　　C.专家评分法
D.贝叶斯网络评估法　　E.可靠度方法

22.高风险等级的风险事件应按照（　　）等阶段逐一明确要求。
A.预案　　　　　　　　B.预警　　　　　　　　C.预防
D.事前　　　　　　　　E.事中

23.以下属于风险识别方法的有（　　）。
A.头脑风暴法　　　　　B.德尔菲法　　　　　　C.WBS-RBS法
D.故障树分析法　　　　E.主成分分析法

24.环境风险是指由于自然现象如严寒、台风、暴雨、（　　）等风险因素可能给工程

施工带来影响和损失。
A.洪水　　　　　　B.潮汐　　　　　　C.火灾地震
D.地质灾害　　　　E.雷暴

25.在新冠肺炎疫情常态化防控工作中，在人员管理方面，项目部应注意（　　）。
A.严格审核进场队伍资质和人员信息，依托"健康码"等大数据平台核查人员行踪轨迹和健康情况
B.实行全员健康管理，参建各方聘用人员"一人一档"
C.严禁违法分包和私招乱雇，不使用来自中高风险地区的劳务人员
D.按照疫情常态化防控要求为员工配发防疫用品，并建立发放领用台账
E.人员密集场所、与他人小于1m距离接触时应佩戴口罩

26.在新冠肺炎疫情常态化防控工作中，在现场管理方面，项目部应注意（　　）。
A.施工单位应当在施工组织设计、专项施工方案中编制"疫情常态化防控"专篇内容，调整优化施工计划方案，安排错时错区施工，减少人员聚集和交叉作业等
B.施工现场应封闭式管理，办公区、生活区、施工区、材料加工区等分区设置，围挡围墙设置完好，最大限度实现人员内部流动
C.落实垃圾分类管理要求，设置专门垃圾箱处置废弃口罩等防疫物品，防止废弃防疫垃圾造成污染
D.对确需召开的会议，严格控制会议频次和规模，尽量减少室内会议和缩短会议时间
E.为最大限度减少人员流动，应尽量减少施工现场巡查的频次

27.在新冠肺炎疫情常态化防控工作中，在应急管理方面，项目部应注意（　　）。
A.组织制定并实施疫情防控专项应急预案，设立现场应急指挥机构，明确应急处置程序和具体措施，保证应急工作机制运转顺畅
B.根据工地实际落实防疫物资储备，主要包括符合国家及行业标准的口罩、防护服、一次性手套、酒精、消毒液、测温设备等必要的防疫物资和设备
C.做好应急预案，疫情期间应减少人员聚集，不宜开展应急演练
D.一旦发现有发热、干咳等症状人员，快速妥善处置并及时报告
E.一旦发现来自或途径中高风险地区（包括与上述人员密切接触者），以及体温检测不合格的人员，务必在第一时间进行隔离，并通知所属街镇迅速处置

28.在新冠肺炎疫情常态化防控工作中，应加强（　　）等密闭空间及长期接触部位清洁消毒工作，并做好消毒工作记录。
A.电梯　　　　　　　　B.盾构
C.顶管　　　　　　　　D.起重机械驾驶室及操作室
E.起重机械外表面

(三)判断题

1.安全是指生产系统中人员免遭不可承受危险的伤害。( )
A.正确   B.错误

2.不因人、机、环境的相互作用而导致系统失效、人员伤害或其他损失,是指安全状况。( )
A.正确   B.错误

3.失误安全功能指设备、设施或技术工艺发生故障或损坏时,还能暂时维持正常工作或自动转变为安全状态。( )
A.正确   B.错误

4.本质安全是安全生产管理预防为主的根本体现,也是安全生产管理的最高境界。实际上,由于技术、资金和人们对事故的认识等原因,目前还很难做到本质安全,只能作为我们的奋斗目标。( )
A.正确   B.错误

5.危险是指材料、物品、系统、工艺过程、设施或场所对人、财产或环境具有产生伤害的潜能,有可能失败、死亡或遭受损害的境况。( )
A.正确   B.错误

6.从安全生产角度,危险源是指可能造成人员伤害、疾病、财产损失、作业环境破坏或其他损失的根源或状态。( )
A.正确   B.错误

7.公路水运工程危险源是指在公路水运工程施工过程中可能造成人员伤亡、财产损失的施工作业活动、危险物质、不良自然环境条件等。( )
A.正确   B.错误

8.在生产过程中,事故隐患是指造成人员死亡、伤害、职业病、财产损失或其他损失的意外事件。( )
A.正确   B.错误

9.安全法制是安全生产的核心。( )
A.正确   B.错误

10.在人机系统中机器始终起着核心和主导作用,人起着安全可靠的保证作用。( )
A.正确   B.错误

11.解决安全问题的根本是实现生产过程的机械化和自动化,让工业机器人代替人的部分危险操作,从根本上将人从危险作业环境中彻底解脱出来,实现安全生产。( )
    A.正确　　　　　　B.错误

12.机械设计本质安全是指机械的设计者,在设计阶段采取措施来消除安全隐患的一种机械安全方法。( )
    A.正确　　　　　　B.错误

13.明适应是指人从光亮处进入黑暗处,开始时一切都看不见,需要经过一定时间以后才能逐渐看清被视物的轮廓。( )
    A.正确　　　　　　B.错误

14.当人的视野中有极强的亮度对比时,由光源直射或由光滑表面的反射出的刺激或耀眼的强烈光线,称为视错觉。( )
    A.正确　　　　　　B.错误

15.反应时间是指人从机器或外界获得信息,经过大脑加工分析发出指令到运动器官开始执行动作所需的时间。( )
    A.正确　　　　　　B.错误

16.施工单位对列入建设工程概算的安全作业环境及安全施工措施所需费用,应当用于施工安全防护用具及设施的采购和更新、安全施工措施的落实、安全生产条件的改善,也可适当用于其他用途。( )
    A.正确　　　　　　B.错误

17.工程施工实行总承包的,总承包单位应当对全部工程施工现场的安全生产管理负责;总承包单位依法将工程分包给其他单位的,分包单位应当按照分包合同的约定对其分包工程施工现场的安全生产管理向总承包单位负责,总承包单位对分包工程施工现场的安全生产管理承担连带责任。( )
    A.正确　　　　　　B.错误

18.施工单位项目管理或者专职技术人员应在工程开工前向一线作业班组、作业人员进行安全技术措施和操作规范交底,并口头告知危险岗位的操作规程和违章操作的危害。( )
    A.正确　　　　　　B.错误

19.施工单位应根据国家有关规定和本项目安全生产事故应急预案的要求,建立应急救援组织,配备必要的应急救援器材及设备,并不定期进行演练。( )
    A.正确　　　　　　B.错误

20.施工单位主要负责人(A类),是指对本企业日常生产经营活动和安全生产工作全面负责、有生产经营决策权的人员,包括企业法定代表人、企业安全生产工作的负责人等。( )
   A.正确   B.错误

21.危大工程实施前,施工现场管理人员应当向作业人员进行安全技术交底,并由双方签字确认,不需要项目专职安全生产管理人员签字确认。( )
   A.正确   B.错误

22.生产经营单位和从业人员安全生产信用等级分为AA、A、B、C、D五个级别,AA为最低信用等级,D为最高信用等级。( )
   A.正确   B.错误

23.生产经营单位和从业人员信用基础分值为1000分,得分等于或高于1200分的评为AA级。( )
   A.正确   B.错误

24.大部分的施工、监理合同段考核评价结果均合格,工程项目总体考核评价结果便为合格。( )
   A.正确   B.错误

25.发生3起一般及以上生产安全责任事故,负有主要责任的施工合同段直接评为不合格,负有直接责任的监理合同段在考核评价得分基础上直接扣10分。( )
   A.正确   B.错误

26.施工、监理合同段考核评价结果不合格的,该施工、监理合同段应当立即整改,整改完成后由建设单位组织复评,复评仍不合格的施工、监理合同段应当全部停工整改,并及时向直接监管的交通运输主管部门报告。( )
   A.正确   B.错误

27.公路工程重大事故隐患清单中,使用未经检验或验收不合格的起重机械,未按规范或方案要求安装拆除桥式、臂架式或缆索式等起重机械,使用吊车、塔吊等起重机械吊运人员,易引发事故类型为起重伤害。( )
   A.正确   B.错误

28.风险等级矩阵表中,风险被分为5级。( )
   A.正确   B.错误

29.风险预警等级分为4级。( )

A.正确　　　　　　B.错误

30.高度为25m的落地式脚手架属于危险性较大的分部分项工程。（　）
A.正确　　　　　　B.错误

31.高度5m的高处作业属于危险性较大的作业活动。（　）
A.正确　　　　　　B.错误

32.受限空间作业属于危险性较大的作业活动。（　）
A.正确　　　　　　B.错误

33.动火作业不属于危险性较大的作业活动。（　）
A.正确　　　　　　B.错误

34.电梯安装与拆除作业属于危险性较大的作业活动。（　）
A.正确　　　　　　B.错误

35.2m的边坡施工不属于危险性较大的分部分项工程。（　）
A.正确　　　　　　B.错误

36.爆破工程不属于危险性较大的分部分项工程。（　）
A.正确　　　　　　B.错误

37.拆除工程不属于危险性较大的分部分项工程。（　）
A.正确　　　　　　B.错误

38.风险，通常是指在既定条件下的一定时间段内，有风险因素引起的可能情况和预期目标产生的偏离。（　）
A.正确　　　　　　B.错误

39.选择开阔、通风良好的场地，分批次开展宣传教育活动。尽量保持人与人之间的接触距离在1m以上。（　）
A.正确　　　　　　B.错误

40.为做好新冠疫情防护工作，应对新进场设备车辆进行消毒。（　）
A.正确　　　　　　B.错误

41.采取分餐、错时用餐等措施，避免集体就餐、面对面就餐等现象发生，减少人员聚集。（　）

A. 正确 B. 错误

2.6.2 水运篇

(一) 单项选择题

1. 在生产过程中,不发生人员伤亡、职业病或设备、设施损害或环境危害的条件,是指( )。
   A. 安全条件　　B. 本质安全　　C. 安全　　D. 安全状况

2. ( )指操作人员即使操作失误,也不会发生事故或伤害,或者说设备、设施和技术工艺本身具有自动防止人的不安全行为的功能。
   A. 安全条件　　B. 故障安全功能　　C. 失误安全功能　　D. 安全状况

3. ( )是为了使生产过程在符合物质条件和工作秩序下进行,防止发生人身伤亡和财产损失等生产事故,消除或控制危险、有害因素,保障人身安全与健康、设备和设施免受损坏、环境免遭破坏的总称。
   A. 安全管理　　B. 安全条件　　C. 本质安全　　D. 安全生产

4. 安全生产管理的基本对象是( )。
   A. 财务　　B. 环境　　C. 设备设施　　D. 企业的员工

5. ( )是安全生产的灵魂。
   A. 安全文化　　B. 安全法制　　C. 安全责任　　D. 安全投入

6. ( )是安全生产的保障,也是安全生产的物质及非物质保障,是保护生产力、提高生产力的重要表现形式。
   A. 安全文化　　B. 安全法制　　C. 安全责任　　D. 安全投入

7. 明适应是指人从暗处进入亮处时,能够看清视物的适应过程,这个过渡时间很短,约需( ),明适应过程即趋于完成。
   A. 1min　　B. 5min　　C. 10min　　D. 30min

8. 暗适应是指人从光亮处进入黑暗处,开始时一切都看不见,需要经过一定时间以后才能逐渐看清被视物的轮廓。暗适应的过渡时间较长,约需要( )才能完全适应。
   A. 1min　　B. 5min　　C. 10min　　D. 30min

9. 在生产过程中,强光或有害光会造成对眼的伤害,眼睛能承受的可见光的最大亮度值约为( ),如超过此值,人眼视网膜就会受到损伤。
   A. $10^4 cd/m^2$　　B. $10^5 cd/m^2$　　C. $10^6 cd/m^2$　　D. $10^7 cd/m^2$

10.在工程建设施工中,( )是公路水运工程建设活动中的重要主体,在施工安全生产中处于核心地位,是消除事故隐患,防范安全事故的发生,确保施工安全生产的关键。
   A.建设单位   B.监理单位   C.安监部门   D.施工企业

11.开工前,施工单位应根据有关规定做好保障安全生产的准备工作,并按要求将本项目安全生产的有关材料上报( )。
   A.建设单位   B.监理单位   C.安监部门   D.县级以上政府部门

12.施工单位应当对安全生产管理人员和作业人员至少( )进行安全生产教育培训,教育培训情况应当记入个人业绩档案,安全生产教育培训或者考核不合格的,不得上岗作业。
   A.每月一次   B.每季度一次   C.每半年一次   D.每年一次

13.( )是指设备、设施或技术工艺含有内在的能够从根本上防止发生事故的功能。
   A.安全条件   B.本质安全   C.安全   D.安全状况

14.施工工地遇有下列情况之一时,可不用设置防护棚架( )。
   A.施工立面紧邻街坊、人行通道或车行通道
   B.搭设的脚手架需要占用人行或车行通道的
   C.距离各类施工脚手架不小于1m且不大于3m的安全通道上方
   D.在塔机平衡臂、起重臂旋转半径范围以外的人、车通道上方

15.安全生产信用评价对象包括哪些?( )
   A.中华人民共和国境内从事公路水路行业生产经营活动并具有独立法人资格的生产经营单位(含为公路水路行业安全生产提供技术和管理服务的机构)
   B.中华人民共和国境内从事公路水路行业生产经营活动并具有独立法人资格的生产经营单位(不含为公路水路行业安全生产提供技术和管理服务的机构)
   C.安全生产关键岗位从业人员
   D.中华人民共和国境内从事公路水路行业生产经营活动并具有独立法人资格的生产经营单位(含为公路水路行业安全生产提供技术和管理服务的机构)和安全生产关键岗位从业人员

16.生产经营单位和从业人员安全生产信用等级分为多少个级别?( )
   A.4个   B.5个   C.6个   D.3个

17.生产经营单位和从业人员每项安全生产信用评分有效期为自确认之日起多少个月?( )
   A.6个月   B.12个月   C.24个月   D.3个月

18.平安工地建设管理主要包括哪些内容？（ ）
A.工程开工前的安全生产条件审核，施工过程中的平安工地建设、考核评价
B.工程开工前的安全生产条件审核，隐患排查治理
C.施工过程中的平安工地建设、考核评价
D.工程开工前的安全生产条件审核，施工过程中的平安工地建设，现场隐患排查治理

19.平安工地建设考核评价按照百分制计算得分，计算得分精确到小数点后1位。考核评价结果分为几类（ ）。
A.三类　　　　　B.四类　　　　　C.两类　　　　　D.五类

20.项目施工单位负责组织平安工地建设，在合同段开工后、交工验收前，____应当按照本标准至少开展一次自查自纠，____至少开展一次自我评价，自评结果报监理单位审核。（ ）
A.每月，每半年　　　　　　　B.每月，每季度
C.每季度，每半年　　　　　　D.每季度，每年

21.消防工作的方针（ ）。
A.预防为主，防消结合　　　　B.政府统一领导，部门依法监管
C.公民积极参与，单位方面负责　D.消灭为主，防消结合

22.消防安全重点单位应当每年进行至少（ ）次消防演练。
A.1　　　　　B.2　　　　　C.3　　　　　D.4

23.风险，通常是指在既定条件下的一定时间段内，由风险因素引起的（ ）与预期目标产生的偏移。
A.严重性　　　B.不稳定性　　　C.恶劣情况　　　D.可能情况

24.工程风险的差异性包括（ ）的不确定性。
A.损失和收益　B.利润与工期　　C.安全与质量　　D.履约与工期

25.（ ）不属于工程风险因素。
A.人员风险　　B.技术风险　　　C.环境风险　　　D.文化风险

26.海因里希的骨牌理论认为风险因素、风险事故（事件）和风险损失这三张骨牌之所以倾倒，主要是因为（ ）所致。
A.环境不良　　B.机械设备质量　C.人的失误　　　D.安全投入不足

27.工程风险管理就是以降低工程项目中风险发生的（ ）为目标，减轻风险的影

响，实现工程项目的预期目标和经济安全。

  A.确定性   B.可能性   C.不确定性   D.多发性

28.以下不属于工程风险管理内容的是（   ）。

  A.工程风险管理规划   B.工程风险识别与分析

  C.工程风险评估与控制   D.工程风险的不确定性与后果严重性

29.工程风险管理规划首先要明确风险管理的（   ）。

  A.计划   B.目标   C.途径   D.方法

30.工程风险管理是一项综合性的管理工作，它是根据工程（   ）和设定的目标，对工程风险进行管控的过程。

  A.风险环境   B.风险种类   C.风险规划   D.风险数量

31.在进行工程风险识别与分析工作时，要建立（   ）。

  A.风险管控方法   B.风险管控制度

  C.已有风险清单   D.风险范围划定

32.在进行风险等级评价后，要编制（   ）。

  A.风险管控流程分析报告   B.环境风险报告

  C.风险评估报告   D.人员风险报告

33.风险预警与应急应建立（   ）。

  A.风险预警预报体系和风险处置方案   B.风险预警预报体系和风险管控体系

  C.风险识别体系和风险处置方案   D.风险识别体系和风险管控体系

34.在工程风险管理的不同阶段和不同时期，应对工程风险管理工作进行评价，其主要原因是（   ）。

  A.风险管理的过程是动态的

  B.风险管理的过程是固定的

  C.风险管理的预警与应急无错误的情况

  D.风险管理的流程是固定的

35.风险等级由（   ）和风险损失等级间的关系矩阵确定。

  A.风险发生概率等级   B.风险严重性等级

  C.风险数量等级   D.风险管控方法

36.风险损失等级包括（   ）、周边环境影响等级以及人员伤亡等级。

  A.间接经济损失等级   B.工期延误损失等级

C.直接经济损失等级　　　　　　　D.企业形象损失等级

37.当发生概率区间处于0.3～1之间时，其风险发生概率等级为（　　）。
A.3级　　　　　B.4级　　　　　C.2级　　　　　D.5级

38.当1000万元≤经济损失（EL）≤5000万元，其直接经济损失等级为（　　）。
A.5级　　　　　B.4级　　　　　C.3级　　　　　D.2级

39.周边环境影响损失等级共有（　　）个级别。
A.1　　　　　　B.2　　　　　　C.3　　　　　　D.5

40.人员伤亡情况为：死亡（含失踪）3～9人或重伤10人以上，则其人员伤亡等级为（　　）。
A.5级　　　　　B.3级　　　　　C.4级　　　　　D.2级

41.《城市轨道交通地下工程建设风险管理规范》GB 50652—2011将工程风险等级分为（　　）个等级。
A.4　　　　　　B.3　　　　　　C.5　　　　　　D.6

42.当风险等级描述为：风险最高，风险后果是灾难性的，或造成恶劣的社会影响，则其接受准则应为（　　）。
A.允许在一定条件下发生　　　　B.不希望发生
C.完全不可接受　　　　　　　　D.不可接受

43.3级风险预警，其安全风险色为（　　）。
A.红色　　　　　B.灰色　　　　　C.黄色　　　　　D.橙色

44.以下不属于安全风险4色图中颜色的是（　　）。
A.白色　　　　　B.黄色　　　　　C.蓝色　　　　　D.红色

45.以下属于专家调查法是（　　）。
A.层次分析法　　　　　　　　　B.主成分分析法
C.事故因果链分析法　　　　　　D.头脑风暴法

46.工程结构分解法是将工程分解为（　　）树。
A.WBS　　　　　B.RBS　　　　　C.DBS　　　　　D.UBS

47.故障树分析法中作为顶事件放在第一层的是（　　）。
A.风险因素

B.直接事件
C.不希望发生的且需要研究的事件对象
D.最高级别风险

48.以下属于德尔菲法的特点是（　　）。
A.使用简单易行，不增加工作量
B.操作复杂，要有充分的数据
C.容易受个人主观印象影响
D.无需数据和原始资料，避免了专家的意见相互影响

49.在进行风险识别后，下一步工作是（　　）。
A.风险管控流程制定　　　　　B.风险预警
C.风险管控措施制定　　　　　D.风险评估

50.以下不属于工程风险评估方法的是（　　）。
A.生产流程分析法　　　　　B.专家评分法
C.层次分析法　　　　　　　D.贝叶斯网络评估法

51.结构可靠性包括结构的（　　）这三个方面。
A.安全性、适用性和破坏性　　　B.安全性、适用性和易损性
C.安全性、适用性和耐久性　　　D.危险性、适用性和耐久性

52.（　　）不属于BIM技术在风险管理上的作用。
A.展现工程风险部位和风险影响因素　　B.能够完全控制工程风险
C.进行风险监控和记录　　　　　　　　D.搭建有效的信息沟通平台

53.在以下重大危险源定义中，正确的是（　　）。
A.目前暂无迹象表明已构成危险，但有较大的可能构成危险的事物或因素
B.目前已构成危险的事物或因素
C.有较低的可能构成危险的事物体或因素
D.已经造成严重后果的事物或因素

54.以下属于《危险化学品重大危险源辨识》GB 18218—2018中规定的重大风险因素的是（　　）。
A.塔式起重机　　　　　　　B.爆破作业
C.施工现场的油库　　　　　D.施工现场的乙炔瓶

55.风险因素的分布，从时态上讲应考虑的时态有（　　）。
A.过去、现在、将来　　　　B.过去、现在

C.现在、将来　　　　　　　　D.过去、将来

56.以下不属于公路水运工程特点的是（　　）。
A.工期短　　B.工期长　　C.投资大　　D.困难多

57.以下不属于公路水运工程施工现场重大风险因素的是（　　）。
A.危大工程　　　　　　　　B.人工搬运
C.特种设备相关活动　　　　D.恶劣气候条件

58.高度为（　　）及以上的落地式脚手架属于公路水运工程危险性较大的分部分项工程。
A.20m　　B.24m　　C.23m　　D.26m

59.（　　）及以上的边坡施工属于公路水运工程危险性较大的分部分项工程。
A.2m　　B.5m　　C.4m　　D.3m

60.工作压力大于或等于（　　）MPa的管道施工属于公路水运工程危险性较大的分部分项工程。
A.0.1　　B.0.15　　C.0.05　　D.0.2

61.高处作业高度在（　　）时，称为3级高处作业。
A.20m以上至30m　　　　　B.18m以上至30m
C.15m以上至30m　　　　　D.15m以上至35m

62.特重大建设项目的施工风险源监控技术方案应经过（　　）及其以上工程质量安全协会等机构的论证通过。
A.区市　　B.乡镇　　C.省级　　D.国家级

63.重大危险源应充分考虑工程实际情况，按照不同的（　　），制定相适宜的风险管控措施。
A.发生可能性　　B.风险级别　　C.风险数量　　D.后果严重性

64.高风险等级的风险事件按照（　　）等三阶段逐一明确要求。
A.预案、预警、预防　　　　B.预案、预警、演练
C.识别、预案、预警　　　　D.识别、预警、预防

65.重大风险源辨识的方法有（　　）。
A.层次分析法、直接经验法　　B.系统安全分析法、直接经验法
C.系统安全分析法、德尔菲诺法　　D.系统安全分析法、贝叶斯网络评估法

66.应急预案外部评审由施工单位组织外部有关专家和工程参建单位有关人员进行评审，包括（　　）等。
   A.建设单位、监理单位　　　　　B.建设单位、勘察设计单位
   C.建设单位、检测单位　　　　　D.监理单位、勘察设计单位

67.应急处置中，现场的清理工作应由（　　）负责，相关单位予以配合。
   A.应急救援队　　　　　　　　　B.政府相关部门
   C.事故单位　　　　　　　　　　D.环保监测站

68.在新冠肺炎疫情常态化防控工作中，建设单位主要承担的责任为（　　）。
   A.总体指挥、协调和保障责任　　B.具体组织实施责任
   C.监理审查责任　　　　　　　　D.前述三项责任均需承担

（二）多项选择题

1.安全生产管理包括安全生产（　　）和作业环境和条件管理等。
   A.法制管理　　　　B.行政管理　　　　C.监督检查
   D.工艺技术管理　　E.设备设施管理

2.事故隐患泛指生产系统中可导致事故发生的（　　）。
   A.人的不安全行为　B.物的不安全状态　C.社会因素
   D.人的缺点　　　　E.管理上的缺陷

3.在生产过程中，事故是指造成（　　）的意外事件。
   A.人员死亡　　　　B.伤害　　　　　　C.职业病
   D.财产损失　　　　E.其他损失

4.（　　）是保障安全生产的"五要素"。
   A.安全文化　　　　B.安全法制　　　　C.安全责任
   D.安全科技　　　　E.安全投入

5.（　　）是现阶段我国安全生产管理方针。
   A.安全第一　　　　B.以人为本　　　　C.预防为主
   D.综合治理　　　　E.安全发展

6.安全人机工程是研究（　　）的本质安全，并使三者从安全的角度上达到最佳匹配，以确保系统高效、经济运行的一门应用科学。
   A.设备　　　　　　B.管理　　　　　　C.人
   D.机　　　　　　　E.环境系统

7.施工单位应当接受（　　）对其安全生产的监督检查。对于检查单位下达的整改意见通知，施工单位要立即予以整改。

　　A.建设单位　　　　B.监理单位　　　　C.地方政府安全监督机构
　　D.勘察单位　　　　E.设计单位

8.公路水运工程施工企业各级安全管理管理人员分为（　　），也就是我们常说的安全生产管理三类人员。

　　A.施工单位主要负责人　B.安全总监　　　　C.总工程师
　　D.项目负责人　　　　E.专职安全生产管理人员

9.安全生产管理的目标是，减少和控制危害，减少和控制事故，尽量避免生产过程中由于事故所造成的（　　）。

　　A.工期延误　　　　B.人身伤害　　　　C.财产损失
　　D.环境污染　　　　E.其他损失

10.施工单位应当根据工程施工作业特点、安全风险以及施工组织难度配备安全生产管理人员，其配备要求为（　　）。

　　A.按照年度施工产值配备专职安全生产管理人员，不足5000万元的至少配备1名
　　B.按照年度施工产值配备专职安全生产管理人员，5000万元以上不足2亿元的按每5000万元不少于1名的比例配备
　　C.按照年度施工产值配备专职安全生产管理人员，5000万元以上不足2亿元的按每5000万元不少于2名的比例配备
　　D.按照年度施工产值配备专职安全生产管理人员，2亿元以上的不少于4名，且按专业配备
　　E.按照年度施工产值配备专职安全生产管理人员，2亿元以上的不少于5名，且按专业配备

11.下列关于安全生产信用评价信息公布与结果运用说法正确的是（　　）。

　　A.生产经营单位和从业人员安全生产信用等级初次评定或发生变化的，由安全生产信用管理系统自动公示，公示期15个工作日
　　B.生产经营单位或从业人员可针对失信行为采取消除后果和立即整改等措施进行信用修复，消除后果及立即整改后即可自动修复信用
　　C.交通运输管理部门应将生产经营单位和从业人员安全生产信用评定结果作为行业综合信用评价的重要内容，行业综合信用等级不高于安全生产信用等级
　　D.交通运输管理部门应当对安全生产信用等级为AA的生产经营单位和从业人员，给予优惠和扶持，并在有关单位采购交通运输服务、招投标等方面予以鼓励和支持
　　E.对安全生产信用等级为D的生产经营单位和从业人员，应当根据其失信行为的严重程度，依法依规采取增加监督执法频次、作为重点监管监察对象、约谈、公开曝光、取消经营资质（格）或限制性经营、依法实施市场禁入或限入、从重处罚等措施予以惩戒

12.关于平安工地建设的主要内容以下说法正确的是（　　）。
　　A.公路水运工程项目应当具备法律、法规、规章和工程建设强制性标准规定的安全生产条件，从业单位应当保证本单位所应具备的安全生产条件必需的资金投入
　　B.公路水运工程项目从业单位只用制定主要负责人安全生产责任制，可以不用制定全员安全生产责任制
　　C.公路水运工程项目从业单位应当贯彻执行安全生产法律法规和标准规范，以施工现场和施工班组为重点
　　D.安全生产事故隐患排查治理应建立健全事故隐患排查治理制度，实行常态化、闭合管理
　　E.公路水运工程从业单位应当按要求制定相应的项目综合应急预案、施工合同段的专项应急预案和现场处置方案，可以仅组织培训不开展应急演练

13.消防安全管理中，对安全疏散设施管理的要求有（　　）。
　　A.单位应保持疏散通道、安全出口畅通，严禁在安全出口或疏散通道上安装栅栏等影响疏散的障碍物，严禁占用疏散通道
　　B.应按规范设置符合国家规定的消防安全疏散指示标志和应急照明设施
　　C.应保持防火门、消防安全疏散指示标志、应急照明、机械排烟送风、火灾事故广播等设施处于正常状态，并定期组织检查、测试、维护和保养
　　D.严禁在营业或工作期间将安全出口上锁
　　E.严禁在营业或工作期间将安全疏散指示标志关闭、遮挡或覆盖

14.以下属于专家调查法的有（　　）。
　　A.头脑风暴法　　　　　B.德尔菲法　　　　　C.故障树法
　　D.层次分析法　　　　　E.贝叶斯网络法

15.以下属于危险性较大的分部分项工程的有（　　）。
　　A.开挖深度4m的基坑　　　　　B.隧道模
　　C.高度23m的落地式脚手架　　　D.工作压力0.2MPa的管道施工
　　E.水深4m的水中作业

16.以下属于危险性较大的分部分项工程的有（　　）。
　　A.滑模　　　　　　　　B.起重机械设备自身的安装、拆卸
　　C.拆除工程　　　　　　D.爆破工程
　　E.盾构工程

17.以下属于危险性较大的分部分项工程的有（　　）。
　　A.开挖深度5m的基坑　　B.隧道模　　　　　C.悬挑式脚手架
　　D.地下暗挖工程　　　　E.4m的边坡施工

18.以下属于危险性较大的作业活动的有（　　）。
A.高度为16m的高处作业　B.受限空间作业　　　　C.动火作业
D.塔吊作业　　　　　　　E.电梯安装与拆除作业

19.以下属于危险性较大的作业活动的有（　　）。
A.物料提升机作业　　B.特种设备日常运行维护　C.二级高处作业
D.三级高处作业　　　E.受限空间作业

20.海因里希骨牌理论认为（　　）这三张骨牌之所以倾倒，主要是人的错误所致。
A.风险因素　　　　B.风险事故（事件）　　　C.风险损失
D.风险类别　　　　E.风险位置

21.以下属于工程风险评估方法的有（　　）。
A.层次分析法　　　　B.模糊综合评判法　　　　C.专家评分法
D.贝叶斯网络评估法　E.可靠度方法

22.高风险等级的风险事件应按照（　　）等阶段逐一明确要求。
A.预案　　　　　　B.预警　　　　　　　　　C.预防
D.事前　　　　　　E.事中

23.以下属于风险识别方法的有（　　）。
A.头脑风暴法　　　　B.德尔菲法　　　　　　　C.WBS-RBS法
D.故障树分析法　　　E.主成分分析法

24.环境风险是指由于自然现象如严寒、台风、暴雨、（　　）等风险因素可能给工程施工带来影响和损失。
A.洪水　　　　　　　B.潮汛　　　　　　　　　C.火灾地震
D.地质灾害　　　　　E.雷暴

25.在新冠肺炎疫情常态化防控工作中，在人员管理方面，项目部应注意（　　）。
A.严格审核进场队伍资质和人员信息，依托"健康码"等大数据平台核查人员行踪轨迹和健康情况
B.实行全员健康管理，参建各方聘用人员"一人一档"
C.严禁违法分包和私招乱雇，不使用来自中高风险地区的劳务人员
D.按照疫情常态化防控要求为员工配发防疫用品，并建立发放领用台账
E.人员密集场所、与他人小于1m距离接触时应佩戴口罩

26.在新冠肺炎疫情常态化防控工作中，在现场管理方面，项目部应注意（　　）。
A.施工单位应当在施工组织设计、专项施工方案中编制"疫情常态化防控"专篇内

容，调整优化施工计划方案，安排错时错区施工，减少人员聚集和交叉作业等

B.施工现场应封闭式管理，办公区、生活区、施工区、材料加工区等分区设置，围挡围墙设置完好，最大限度实现人员内部流动

C.落实垃圾分类管理要求，设置专门垃圾箱处置废弃口罩等防疫物品，防止废弃防疫垃圾造成污染

D.对确需召开的会议，严格控制会议频次和规模，尽量减少室内会议和缩短会议时间

E.为最大限度减少人员流动，应尽量减少施工现场巡查的频次

27.在新冠肺炎疫情常态化防控工作中，在应急管理方面，项目部应注意（　　）。

A.组织制定并实施疫情防控专项应急预案，设立现场应急指挥机构，明确应急处置程序和具体措施，保证应急工作机制运转顺畅

B.根据工地实际落实防疫物资储备，主要包括符合国家及行业标准的口罩、防护服、一次性手套、酒精、消毒液、测温设备等必要的防疫物资和设备

C.做好应急预案，疫情期间应减少人员聚集，不宜开展应急演练

D.一旦发现有发热、干咳等症状人员，快速妥善处置并及时报告

E.一旦发现来自或途径中高风险地区（包括与上述人员密切接触者），以及体温检测不合格的人员，务必在第一时间进行隔离，并通知所属街镇迅速处置

28.在新冠肺炎疫情常态化防控工作中，应加强（　　）等密闭空间及长期接触部位清洁消毒工作，并做好消毒工作记录。

A.电梯　　　　　　　　B.盾构
C.顶管　　　　　　　　D.起重机械驾驶室及操作室
E.起重机械外表面

（三）判断题

1.安全是指生产系统中人员免遭不可承受危险的伤害。（　　）
A.正确　　　　　　B.错误

2.不因人、机、环境的相互作用而导致系统失效、人员伤害或其他损失，是指安全状况。（　　）
A.正确　　　　　　B.错误

3.失误安全功能指设备、设施或技术工艺发生故障或损坏时，还能暂时维持正常工作或自动转变为安全状态。（　　）
A.正确　　　　　　B.错误

4.本质安全是安全生产管理预防为主的根本体现，也是安全生产管理的最高境界。实际上，由于技术、资金和人们对事故的认识等原因，目前还很难做到本质安全，只能

作为我们的奋斗目标。（   ）
    A.正确   B.错误

5.危险是指材料、物品、系统、工艺过程、设施或场所对人、财产或环境具有产生伤害的潜能，有可能失败、死亡或遭受损害的境况。（   ）
    A.正确   B.错误

6.从安全生产角度，危险源是指可能造成人员伤害、疾病、财产损失、作业环境破坏或其他损失的根源或状态。（   ）
    A.正确   B.错误

7.公路水运工程危险源是指在公路水运工程施工过程中可能造成人员伤亡、财产损失的施工作业活动、危险物质、不良自然环境条件等。（   ）
    A.正确   B.错误

8.在生产过程中，事故隐患是指造成人员死亡、伤害、职业病、财产损失或其他损失的意外事件。（   ）
    A.正确   B.错误

9.安全法制是安全生产的核心。（   ）
    A.正确   B.错误

10.在人机系统中，机器始终起着核心和主导作用，人起着安全可靠的保证作用。（   ）
    A.正确   B.错误

11.解决安全问题的根本是实现生产过程的机械化和自动化，让工业机器人代替人的部分危险操作，从根本上将人从危险作业环境中彻底解脱出来，实现安全生产。（   ）
    A.正确   B.错误

12.机械设计本质安全是指机械的设计者，在设计阶段采取措施来消除安全隐患的一种机械安全方法。（   ）
    A.正确   B.错误

13.明适应是指人从光亮处进入黑暗处，开始时一切都看不见，需要经过一定时间以后才能逐渐看清被视物的轮廓。（   ）
    A.正确   B.错误

14.当人的视野中有极强的亮度对比时，由光源直射或由光滑表面的反射出的刺激

或耀眼的强烈光线,称为视错觉。( )

   A.正确　　　　　B.错误

15.反应时间是指人从机器或外界获得信息,经过大脑加工分析发出指令到运动器官开始执行动作所需的时间。( )

   A.正确　　　　　B.错误

16.施工单位对列入建设工程概算的安全作业环境及安全施工措施所需费用,应当用于施工安全防护用具及设施的采购和更新、安全施工措施的落实、安全生产条件的改善,也可适当用于其他用途。( )

   A.正确　　　　　B.错误

17.工程施工实行总承包的,总承包单位应当对全部工程施工现场的安全生产管理负责;总承包单位依法将工程分包给其他单位的,分包单位应当按照分包合同的约定对其分包工程施工现场的安全生产管理向总承包单位负责,总承包单位对分包工程施工现场的安全生产管理承担连带责任。( )

   A.正确　　　　　B.错误

18.施工单位项目管理或者专职技术人员应在工程开工前向一线作业班组、作业人员进行安全技术措施和操作规范交底,并口头告知危险岗位的操作规程和违章操作的危害。( )

   A.正确　　　　　B.错误

19.施工单位应根据国家有关规定和本项目安全生产事故应急预案的要求,建立应急救援组织,配备必要的应急救援器材及设备,并不定期进行演练。( )

   A.正确　　　　　B.错误

20.施工单位主要负责人(A类),是指对本企业日常生产经营活动和安全生产工作全面负责、有生产经营决策权的人员,包括企业法定代表人、企业安全生产工作的负责人等。( )

   A.正确　　　　　B.错误

21.危大工程实施前,施工现场管理人员应当向作业人员进行安全技术交底,并由双方签字确认,不需要项目专职安全生产管理人员签字确认。( )

   A.正确　　　　　B.错误

22.生产经营单位和从业人员安全生产信用等级分为AA、A、B、C、D五个级别,AA为最低信用等级,D为最高信用等级。( )

   A.正确　　　　　B.错误

23. 生产经营单位和从业人员信用基础分值为1000分,得分等于或高于1200分的评为AA级。( )
   A. 正确　　　　　B. 错误

24. 大部分的施工、监理合同段考核评价结果均合格,工程项目总体考核评价结果便为合格。( )
   A. 正确　　　　　B. 错误

25. 发生3起一般及以上生产安全责任事故,负有主要责任的施工合同段直接评为不合格,负有直接责任的监理合同段在考核评价得分基础上直接扣10分。( )
   A. 正确　　　　　B. 错误

26. 施工、监理合同段考核评价结果不合格的,该施工、监理合同段应当立即整改,整改完成后由建设单位组织复评,复评仍不合格的施工、监理合同段应当全部停工整改,并及时向直接监管的交通运输主管部门报告。( )
   A. 正确　　　　　B. 错误

27. 在水运工程重大事故隐患清单中,围堰施工未按设计或方案要求施工,未定期开展监测监控,工况发生变化时未及时采取措施,易引发事故类型为坍塌、淹溺。( )
   A. 正确　　　　　B. 错误

28. 风险等级矩阵表中,风险被分为5级。( )
   A. 正确　　　　　B. 错误

29. 风险预警等级分为4级。( )
   A. 正确　　　　　B. 错误

30. 高度为25m的落地式脚手架属于危险性较大的分部分项工程。( )
   A. 正确　　　　　B. 错误

31. 高度5m的高处作业属于危险性较大的作业活动。( )
   A. 正确　　　　　B. 错误

32. 受限空间作业属于危险性较大的作业活动。( )
   A. 正确　　　　　B. 错误

33. 动火作业不属于危险性较大的作业活动。( )
   A. 正确　　　　　B. 错误

34.电梯安装与拆除作业属于危险性较大的作业活动。（ ）
    A.正确   B.错误

35.2m的边坡施工不属于危险性较大的分部分项工程。（ ）
    A.正确   B.错误

36.爆破工程不属于危险性较大的分部分项工程。（ ）
    A.正确   B.错误

37.拆除工程不属于危险性较大的分部分项工程。（ ）
    A.正确   B.错误

38.风险，通常是指在既定条件下的一定时间段内，有风险因素引起的可能情况和预期目标产生的偏离。（ ）
    A.正确   B.错误

39.选择开阔、通风良好的场地，分批次开展宣传教育活动。尽量保持人与人之间的接触距离在1m以上。（ ）
    A.正确   B.错误

40.为做好新冠疫情防护工作，应对新进场设备车辆进行消毒。（ ）
    A.正确   B.错误

41.采取分餐、错时用餐等措施，避免集体就餐、面对面就餐等现象发生，减少人员聚集。（ ）
    A.正确   B.错误

第三章 安全生产技术

3.1 公路水运工程分级标准

为加强工程安全管理，切实提高施工单位现场安全管控水平，现场安管人员需了解公路水运工程分级标准，依照标准确认所在项目的等级划分，并以此为依据，针对不同等级工程，在安全管理责任制、安全队伍建设、施工组织设计及专项方案编制、安全技术交底、分包方管理等方面采取相应措施，确保安全生产，避免生产安全事故的发生。

3.1.1 公路工程分级标准

（1）一类工程：高速公路工程；特大桥、特长和长隧道工程；存在超过一定规模的危险性较大的分部分项工程的公路工程。

（2）二类工程：一级公路；中、大桥及中隧道工程；存在危险性较大的分部分项工程的公路工程。

（3）三类工程：达不到二类标准的公路工程。

3.1.2 水运工程分级标准

水运工程分级标准表如表3-1所示。

水运工程分级标准　　　　　　表3-1

序号	建设项目		计量单位	大型	中型	小型
1	沿海港口工程	集装箱、件杂、多用途等	吨级	≥20000	10000～20000	＜10000
		散货、原油	吨级	≥30000	10000～30000	＜10000
2	内河港口工程		吨级	≥1000	300～1000	＜300
3	通航建筑与整治工程		吨级	≥1000	300～1000	＜300
4	航道工程	沿海	吨级	≥30000	10000～30000	＜10000
		内河	吨级	≥1000	300～1000	＜300
5	修造船水工工程	船坞	船舶吨级	≥10000	3000～10000	＜3000
		船台、滑道	船体重量	≥5000	1000～5000	＜1000
6	防波堤、导流堤等水工工程		最大水深（米）	≥6	＜6	
7	其他水运工程项目	沿海	受监的建安工程费（万元）	≥6000	2000～6000	＜2000
		内河	受监的建安工程费（万元）	≥4000	1000～4000	＜1000

3.2 通用作业

3.2.1 钢筋工程

钢筋工程是构筑物建造过程的主要分项工程。施工过程中作业工序复杂、工作面广、施工时间较长、作业人员数量多。在港口及航道工程中，钢筋混凝土结构应用广泛，在整个工程中占有相当重要的地位。其施工特点：工程量大，钢筋种类多，加工工序多、劳动强度大、工艺复杂，质量要求高，施工环境恶劣，受潮汐、风浪条件限制。

（1）普通钢筋加工安全要求

1）钢筋施工场地、钢筋制作棚应满足作业要求，照明灯具必须加装防护网罩。制作棚内的各种原材料、半成品、废料等按规格、品种分别堆放整齐。作业前应对机械设备进行检查，合格后方可使用。

2）钢筋加工机械的安装应坚实稳固，保持水平位置。固定式机械应有可靠基础，移动式的机械作业时应对行走轮进行制动。

3）作业前，必须检查机械设备、作业环境、照明设施等，待运转正常后再开始工作。

4）操作人员必须熟悉钢筋机械的构造性能和用途，并按照清洁、调整、紧固、防腐、润滑的要求保养机械。

5）机械运行中停电时，应立即切断电源。收工时，按顺序停机、拉闸、锁好电闸箱门、清理作业场所。电路故障必须由专业电工排除，严禁非持证电工接、拆、修电气设备。

6）采用机械进行除锈、调直、断料和弯曲等加工时，机械传动装置要设防护罩，并由专人使用和保管。电机等设备要妥善进行保护接地或接零。

7）作业后应清理场地，切断电源，锁好电闸箱。

8）预应力张拉施工各种仪表应保持完好，并进行定期标定。

9）钢筋冷弯作业时，弯曲钢筋的作业半径内和机身不设固定销的一侧不得站人或通行。

10）钢筋冷拉作业区内端应装设防护挡板，冷拉钢筋卷扬机应置于视线良好位置并应设置地锚。钢筋或牵引钢丝两侧3m内及冷拉线两端不得站人或通行。

11）钢筋对焊机应安装在室内或防雨棚内，并应设可靠的接地、接零装置。多台并列安装对焊机的间距不得小于3m。对焊作业闪光区四周应设置挡板。

12）作业高度超过2m的钢筋骨架应设置脚手架或作业平台，钢筋骨架应有足够的稳定性。

13）吊运预绑钢筋骨架或成捆钢筋应确定吊点的数量、位置和捆绑方法，不得单点起吊。

14）作业平台等临时设施上存放钢筋不得超载。

15）雷雨天气不得进行露天钢筋加工作业。

（2）钢筋冷拉施工安全要求

1）根据冷拉钢筋的直径，合理选用卷扬机，卷扬钢丝绳应经封闭式导向滑轮并和被拉钢筋方向成直角。卷扬机的位置必须使操作人员能见到全部冷拉场地，距离冷拉中线不少于5m。

2）冷拉场地在两端地锚外侧设置警戒区，装设防护栏杆及警告标志。严禁无关人员在此停留。操作人员在作业时必须离开钢筋至少2m以外。

3）用配重控制的设备必须与滑轮匹配，并有指示起落的记号，没有指示记号时，应有专人指挥。配重框提起时高度应限制在离地面300mm以内，配重架四周应有栏杆及警告标志。

4）作业前应检查冷拉夹具，夹齿必须完好，滑轮、拖拉小车应润滑灵活，拉钩及防护装置均应齐全牢固，确认良好后方可作业。

5）卷扬机操作人员必须看到指挥人员发出信号，并待所有人员离开危险区后方可作业。冷拉应缓慢、均匀地进行，随时注意停车信号或见到有人进入危险区时，应立即停拉，并稍稍放松卷扬钢丝绳。

6）作业后，应放松卷扬钢丝绳，落下配重，切断电源，锁好电闸箱。

（3）钢筋制作、安装

① 绑扎基础钢筋时，应按施工设计规定摆放钢筋支架或马凳架起上部钢筋，绑扎的钢筋骨架高度超过2m时，应搭设脚手架或作业平台，作业人员不得直接爬踏钢筋骨架作业和攀登骨架上下。

② 高处绑扎和安装钢筋，注意不要将钢筋集中堆放在模板或脚手架上，特别是水上大型混凝土承台施工时，承台底模板上不得集中堆放或超重码放钢筋，应检查支撑是否牢固。

③ 钢筋骨架应有足够的稳定性，稳定性不足时应用临时支撑拉牢，以防倾倒。

④ 采用机械进行除锈、调直、断料和弯曲等加工时，机械传动装置要设防护罩，并由专人使用和保管。电机等设备要妥善进行保护接地或接零。

⑤ 切断钢筋时，禁止超过机械的负载能力。切断低合金钢筋等特种钢筋，应用高硬度刀片。

⑥ 钢筋焊接时，必须先对电气设备、操作机构和冷却系统等进行检查，并用试电笔检查机体外壳有无漏电。

⑦ 起吊钢筋骨架，下方禁止站人，必须待骨架降落到离地1m以下时准靠近，就位支撑完成后，方可摘钩。

⑧ 吊运短钢筋应使用吊笼，吊运超长钢筋应加横担，捆绑钢筋应使用钢丝绳千斤头，双条绑扎，禁止用单条千斤头或绳索绑吊。

⑨ 露天吊运、搬运、绑扎钢筋，应注意不要靠近和碰撞电线。并注意与裸体电线的安全距离（1kV以下≥4m，1～10kV≥6m）。

⑩ 港口及航道工程中，运送钢筋通过临时便桥应严格控制每次运送的钢筋重量；船舶装运钢筋时，应均衡摆放，不得超载或偏载。

（4）预应力张拉安全管理要求

1）预应力张拉机具设备应按规定校验、标定。

2）张拉作业现场应设警戒区，应按要求设立防护挡墙或挡板等安全防护措施，张拉及放张程序应符合设计要求，张拉过程中出现异常现象应立即停止张拉作业，检查、排除异常。

3）先张法施工，张拉台座应经设计验算，强度、刚度和稳定性应符合要求。张拉完毕后，应妥善保护张拉施锚两端。正式施工前应进行试张拉，张拉及放张过程中预制台座区域及张拉台座两端不得站人，已张拉的预应力钢筋不得电焊、站人。

4）后张法施工，高处张拉作业应搭设张拉作业平台、张拉千斤顶吊架，平台应加设防护栏杆和上下扶梯，张拉作业时千斤顶后方不得站人，管道压浆作业人员应佩戴护目镜。

3.2.2 电焊与气焊作业

（1）焊接与热切割作业人员应按照有关规定经专业机构培训，并应取得相应的从业资格，持证上岗。

（2）焊接与热切割作业人员应按规定正确佩戴、使用劳动防护用品。

（3）在焊、割工作现场10m范围内，应配备相应的消防器材，禁止存放易燃、易爆物品。焊接铜、铝、铁、锡等有色金属时，必须通风良好，采取防毒措施（戴防毒面罩或呼吸滤清器等）。

（4）在高空焊割或施焊稳定性差的工作区时，应配备安全带，采取安全防护措施，防止高空坠落或工件倒塌；禁止将导线绕挂在身上，地面应指定专人监护。

（5）焊接、切割完后要及时清理工作场所，切断电源，将焊接、切割设备和工具摆放在指定地点，消除隐患或待被焊接物冷却后，才可离开工作场所。

（6）使用过危险化学品的容器、设备、管道、舱室等，动火前必须清洗，并经测爆合格，方可作业。

（7）密闭空间内实施焊接及切割，气瓶及焊接电源应置于密闭空间外。

（8）密闭空间焊接作业应设置通风、绝缘、照明装置和应急救援装备。

（9）密闭空间焊接作业应设专人监护，金属容器内照明设备的电压不得超过12V。

（10）高处电焊、气割作业，作业区周围和下方应采取防火措施，按要求配备消防器材，并应设专人监护。

（11）雨天严禁露天电焊作业。潮湿区域作业人员必须在干燥绝缘物体上进行焊接作业。

3.2.3 高处作业

（1）高处作业与高处作业的分级

按照我国《高处作业分级》标准，将高处作业的高度表述为：作业区各作业位置至相应坠落高度基准面之间的垂直距离中的最大值，称为该作业区的高处作业高度。凡在坠落高度基准面2m以上（含2m）有可能坠落的高处进行的作业，均称为高处作业。坠落高度基准面是指可能坠落范围内最低处的水平面。

高处作业高度在2~5m（包括5m），为一级高处作业；5~15m（包括15m），为二级高处作业；15~30m（包括30m），为三级高处作业；30m以上，为四级高处作业，共四个区段。

（2）高处作业安全控制要求

1）高处作业不得同时上下交叉进行。

2）高处作业下方警戒区设置应符合现行《高处作业分级》GB 3608 的有关规定。

3）高处作业人员不得沿立杆或栏杆攀登。高处作业人员应定期进行体检。诊断患有心脏病、贫血、高血压、癫痫病、恐高症及其他不适宜高处作业的疾病时，不得从事高处作业。

4）高空作业人员应正确佩戴安全帽，身穿紧口工作服，脚穿防滑鞋，腰系安全带。在有坠落可能的部位作业时，必须把安全带挂在牢固的结构上，安全带应高挂低用，不可随意缠在腰上，安全带长度不应超过 3m。作业时要严格遵守各项劳动纪律和安全操作规程，严禁酒后和过度疲劳的人员进行登高作业。

5）高处作业中的安全标志、工具、仪表、电气等设施和各种设备，必须在施工前进行检查，确认其完好，方能投入使用。

6）施工中对高处作业的安全技术设施，发现有缺陷或隐患时，必须立即停止作业，待消除缺陷或隐患后方可恢复施工。

7）高处作业中所用的物料，均应堆放平稳，不应妨碍通行和装卸。工具应随手放入工具袋；作业中的走道、通道板和登高用具，应随时清扫干净；拆卸下的物件及余料和废料应及时清理运走，不得任意乱置或向下丢弃；传递物件禁止抛掷。

8）雨天进行高处作业时，必须采取可靠的防滑措施。遇有六级以上强风、浓雾等恶劣气候，不得进行露天攀登或悬空高处作业。台风暴雨后，应对高处作业安全设施逐一加以检查，发现有松动、变形、损坏或脱落等现象时，立即修理、完善。

9）因作业需要临时拆除或变动安全防护设施时，必须经施工技术负责人同意，采取相应的可靠措施，作业后应立即恢复。

10）高处作业安全设施的主要受力杆件构造应符合现行规范标准。

11）雨雪季节应采取防滑措施。

12）高处作业上下应设置联系信号或通信装置，并指定专人负责。

（3）高处作业场所临边防护要求

1）坠落高度基准面 2m 及以上进行临边作业时，应在临空一侧设置防护栏杆，上横杆离地面高度一般为 1.2m，下横杆离地面高度为 0.6m；防护栏杆必须自上而下用安全网封闭，或在栏杆下边设置严密固定的高度不低于 0.18m 的挡脚板或 0.4m 的挡脚笆。应采用密目式安全立网或工具式栏板封闭。

2）分层施工的楼梯口、楼梯平台和梯段边，应安装防护栏杆；外设楼梯口、楼梯平台和梯段边还应采用密目式安全立网封闭。

3）建筑物外围边沿处，应采用密目式安全立网进行全封闭，有外脚手架的工程，密目式安全立网应设置在脚手架外侧立杆上，并与脚手杆紧密连接；没有外脚手架的工程，应采用密目式安全立网将临边全封闭。

4）施工升降机、龙门架和井架物料提升机等各类垂直运输设备设施与建筑物间设置的通道平台两侧边，应设置防护栏杆、挡脚板，并应采用密目式安全立网或工具式栏板封闭。

5）各类垂直运输接料平台口应设置高度不低于1.8m的楼层防护门，并应设置防外开装置；多笼井架物料提升机通道中间，应分别设置隔离设施。

6）进行攀登作业时，作业人员要从规定的通道上下，不得在构筑物的其他部位攀爬，也不得任意利用吊车臂架等施工设备进行攀登。

7）进行悬空作业时，要设有牢靠的作业立足处，并视具体情况设防护栏杆，搭设架手架、操作平台，使用马凳，张挂安全网或其他安全措施；作业所用索具、脚手板、吊篮、吊笼、平台等设备，均需经技术鉴定方能使用。

8）进行上下交叉作业时，注意不得在上下同一垂直方向上操作，下层作业的位置必须处于依上层高度确定的可能坠落范围之外。不符合以上条件时，必须设置安全防护层。

9）结构施工自二层起，凡施工人员进出的通道口（包括井架、施工电梯的进出口），均应搭设安全防护棚。高度超过24m时，防护棚应设双层。

10）建筑施工进行高处作业之前，应进行安全防护设施的检查和验收。验收合格后，方可进行高处作业。

11）脚手架的搭设、拆除作业属悬空、攀登高处作业，其作业人员必须按照国家有关规定经过专门的安全作业培训，并取得特种作业操作资格证书后，方可上岗作业。

12）钢管脚手架的搭设应符合现行行业标准《建筑施工扣件式钢管脚手架安全技术规范》JGJ 130—2011的规定。

13）登高用的人行塔梯应根据施工需要和工况条件进行设计，人行塔梯在高度方向上应每隔4～6m设一平台，踏步高度不宜大于30cm，踏步梯应设置防滑设施和安全护栏。

14）人行塔梯安放时，地基应稳固，四脚应垫平，并应用底脚螺栓等进行封固。塔梯安放在驳船上，四脚应与甲板焊牢，必要时还应增设斜撑或缆风绳等。

（4）安全网使用的安全规定

1）高层建筑施工作业必须张挂建筑安全网。

2）当建筑物的高度超过4m时，必须设置一道随墙体逐渐上升的建筑安全网，以后每隔4m再设一道固定建筑安全网。

3）在外架、桥式架，上下对孔处都必须设置建筑安全网。建筑安全网的架设应里低外高，支出部分的高低差一般在50cm左右；支撑杆件无断裂、弯曲；网内缘与墙面间隙要小于15cm；网最低点与下方物体表面距离要大于3m。建筑安全网架设所用的支撑、木杆的小头直径不得小于7cm，竹竿小头直径不得小于8cm，撑杆间距不得大于4m。

4）建筑安全网在使用前应检查是否有腐蚀及损坏情况。

5）施工中要保证建筑安全网完整有效、支撑合理、受力均匀，网内不得有杂物。搭接要严密牢靠，不得有缝隙，搭设的建筑安全网不得在施工期间拆移、损坏，必须到无高处作业时方可拆除。

6）因施工需要暂拆除已架设的建筑安全网时，施工单位必须通知、征求搭设单位同意后方可拆除。施工结束必须立即按规定要求由施工单位恢复，并经搭设单位检查合格后，方可使用。

7）要经常清理网内的杂物，在网的上方实施焊接作业时，应采取防止焊接火花落在网上的有效措施；网的周围不要有长时间严重的酸碱烟雾。

8）建筑安全网在使用时必须经常地检查，并有跟踪使用记录，不符合要求的建筑安全网应及时处理。

9）建筑安全网在不使用时，必须妥善的存放、保管，防止受潮发霉。

10）新网在使用前必须查看产品的铭牌：首先看是平网还是立网，立网和平网必须严格地区分开，立网绝不允许当平网使用。

11）在架设立网时，底边的系绳必须系结牢固。

12）建筑安全网产品必须带有有效的生产厂家的生产许可证、产品合格证。

（5）安全网

安全网是用来避免、减轻人员坠落所造成的伤害及避免物体打击伤害的网具。要选用经有关部门检测、检验，有合格证的安全网。安全网与架体连接不宜绷得太紧，系结点要沿边分布均匀、绑牢，并系挂在安全网的受力主绳上。

1）安全网作防护层时，必须封挂严密牢靠，密目安全网用于立网防护，水平防护必须采用平网，不准用立网代替平网。

2）安全网搭设完毕，要仔细、认真地进行检查验收；在施工过程中，还应经常进行检查。网内不得积聚杂物，对破损的安全网要及时更换。

3）安全网、安全带应由专人发放、保管和检查，并应存放在干燥、通风、避光、无化学品污染和尖锐物的仓库或专用场所。

3.2.4 爆破作业

（1）爆破工程施工的一般安全要求

1）从事爆破工作的爆破员、安全员、保管员应按照有关规定经专业机构培训，并取得相应的从业资格。

2）爆破作业单位实施爆破项目前，应按规定办理审批手续，批准后方可实施爆破作业。

3）爆破作业和爆破器材的采购、运输、储存等应按照现行《民用爆炸物品安全管理条例》和《爆破安全规程》GB 6722—2014执行。

4）预裂爆破、光面爆破、大型土石方爆破、水下爆破、重要设施附近及其他环境复杂、技术要求高的工程爆破应编制爆破设计方案，制定相应的安全技术措施；其他爆破可编制爆破说明书，并经有关部门审批同意。

5）经审批的爆破作业项目，爆破作业单位应于施工前3天发布公告，并在作业地点张贴，施工公告内容应包括：工程名称、建设单位、设计施工单位、安全评估单位、安全监理单位、工程负责人及联系方式、爆破作业时限等。

6）爆破作业必须设警戒区和警戒人员，起爆前必须撤出人员并按规定发出声、光等警示信号。

7）爆炸源与人员、其他保护对象的安全距离应按地震波、冲击波和飞散物三种爆破效应分别计算，取最大值。

8）钻孔装药应拉稳药包提绳，配合送药杆进行。在雷管和起爆药包放入之前发生卡塞时，应用长送药杆处理，装入起爆药包后，不得使用任何工具冲击和挤压。

9）盲炮检查应在爆破15min后实施，发现盲炮应立即安全警戒，及时报告并由原爆破人员处理。电力起爆发生盲炮时应立即切断电源，爆破网络应置于短路状态。

10）雷电、暴雨、雪天不得实施爆破作业。强电场区爆破作业不得使用电雷管。遇能见度不超过100m的雾天等恶劣天气不得露天爆破作业。

11）水下电爆网路的主线和连接线应强度高、电阻小、防水、柔韧、绝缘。波浪、流速较大水域中的爆破主线应呈松弛状态，并应与伸缩性小的导向绳固定。

12）投药船离开投放药包地点前，应进行详细检查，船底、船舵、螺旋桨、缆绳和其他附属物不得挂有药包、导线等物品。

13）水下爆破引爆前，警戒区内不得滞留船舶和人员。

（2）爆破前后的安全检查和处理

1）爆破前的安全检查和处理

① 爆破工作开始前，必须确定危险区的边界，并设置明显的标志。

② 地面爆破应在危险区的边界设置岗哨，使所有通路经常处于监视之下，每个岗哨应处于相邻岗哨视线范围之内。

地下爆破应在有关的通道上设置岗哨。回风巷应使用木板交叉钉封或设支架路障，并挂上"爆破危险区，不准入内"的标志。爆破结束，巷道经过充分通风后，方可拆除回风巷的木板及标志。

③ 爆破前必须同时发出音响和视觉信号，使危险区内的人员都能清楚地听到和看到。

第一次信号——预告信号。所有与爆破无关人员应立即撤到危险区以外，或撤至指定的安全地点。向危险区边界派出警戒人员。

第二次信号——起爆信号。确认人员、设备全部撤离危险区，具备安全起爆条件时，方准发出起爆信号。根据这个信号准许爆破员起爆。

第三次信号——解除警戒信号。未发出解除警戒信号前，岗哨应坚守岗位。除爆破工作领导人批准的检查人员以外，不准任何人进入危险区，经检查确认安全后，方准发出解除警戒信号。

2）爆破后的安全检查和处理

① 爆破后，爆破员必须按规定的等待时间进入爆破地点，检查有无冒顶、危石、支护破坏和盲炮等现象。

② 爆破员如果发现冒顶、危石、支护破坏和盲炮等现象，应及时处理，未处理前应在现场设立危险警戒标志。

③ 只有确认爆破地点安全后，经当班爆破班长同意，方准人员进入爆破地点。

④ 每次爆破后，爆破员应认真填写爆破记录。

（3）水下爆破

水下爆破是指被爆岩体上部有水介质覆盖的爆破。水下爆破的作业方式和爆破原理与陆域爆破大致相同，都是利用炸药爆炸释放的能量对介质做功，达到疏松、破碎或抛掷岩土的目的。但由于中间介质水的影响，比一般岩土爆破作业环境复杂，施工难度大、危险因素多。

水下爆破按照其处理对象及作业方式不同一般分为：裸露爆破、钻孔爆破、硐室爆破、软基处理爆破、水下沉船、沉物处理爆破等。

爆破施工作业的一般规定包括：

1）爆破单位及爆破人员，必须具有相应的爆破资质和资格证书。

2）爆破作业，必须按审批的爆破设计书或爆破说明书施工。

3）爆破作业及爆破器材的管理、运输、储存、检验和销毁等，均应符合国家现行《爆破安全规程》GB 6722—2014和现行行业标准《水运工程爆破技术规范》JTS 204—2008的有关规定。

4）各作业施工船舶、机械及电器设备等，必须制订安全操作规程，作业人员应严格遵守，不得违章指挥、违章操作、违反劳动纪律。

5）爆破作业前，必须设置警戒区、安排警戒人员和警戒船。爆破警戒区内的非爆破作业船舶和无关人员等，必须撤离。

6）进入施工现场人员，必须正确佩戴和使用劳动防护用品、用具。

7）夜间作业时，必须配备足够的照明设施。

8）用船舶运送爆破器材和起爆药包时，应采用专用船。如采用普通船舶时，应采取防电、防震及隔热措施，并应避免剧烈的颠簸或碰撞。

9）在水下爆破施工中，应经常对钻爆船的杂散电流进行监测。当杂散电流大于30mA时，严禁采用普通电雷管起爆。

10）采用钻孔爆破船施工时，临时存放的炸药和雷管必须分舱放置，严禁混放。

11）内河水位暴涨、暴落或海上风速≥6级、波高大于0.8m时，不得进行水下钻孔或装药。

12）采用专用爆破电桥导通网路或校核电阻时，电桥的工作电流必须小于30mA，且应在装药完毕、其他施工人员撤离现场后，方可导通网路或校核电阻。

3.2.5 模板工程

在浇筑各种钢筋混凝土构件前，必须按照构件的形状和规格安装坚固的模板，使它能够承受施工过程中的各种荷载，以确保混凝土浇筑作业的顺利进行。拆除模板作业应在混凝土达到设计或规定的强度后进行。

（1）前期准备

1）做好模板工程施工前的准备工作，这是保证模板工程安全施工的先决条件。模板工程施工前必须编制切实可行的施工方案，要根据混凝土的自重力、侧压力、风力、浇筑速度和其他施工荷载等计算模板的强度、刚度和稳定性。受潮水影响的模板系统，还应考虑水流、波浪力的作用。

2）施工方案由施工企业的工程技术人员编制，并经上一级技术部门审批合格，企业技术负责人审核并签字后才可进行施工。

3）施工方案应包括模板的制作、安装（机械吊装）、拆除等施工程序、方法及安全措施。

4）现场施工技术负责人应向有关人员作安全技术交底，特别是新的模板工艺，必须通过试验，并培训操作人员。安全技术交底应具有时效性、针对性。

（2）大型模板的制作和安装

1）大型模板的制作和安装特别强调其支撑系统的重要性，必须单独编制安全专项施工方案。当搭设高度为8m及以上，搭设跨度为18m及以上，施工总荷载15kN/m² 及以上，集中线荷载20kN/m² 及以上的混凝土模板支撑工程，施工单位还应组织专家对专项方案进行论证。

2）专项施工方案应当强调施工安全保证措施：模板支撑系统搭设及混凝土浇筑区域管理人员组织机构、施工技术措施、模板安装和拆除的安全技术措施、施工应急救援预案，模板支撑系统在搭设、钢筋安装、混凝土浇捣过程中及混凝土终凝前后模板支撑系统位移的监测、监控措施等。

3）大型模板支撑系统搭设前，项目工程技术负责人或方案编制人员应当根据专项施工方案和有关规范、标准的要求，对现场管理人员、操作班组、作业人员进行安全技术交底，并履行签字手续。安全技术交底的内容应包括模板支撑工程的工艺、工序、作业要点和搭设安全技术要求等，并保留记录。

4）大型模板制作所使用的材料，应具有材质证明，并符合国家现行标准的有关规定。

5）模板焊接部位必须牢固、焊缝应均匀，焊缝尺寸应符合设计要求，焊渣应清除干净，不得有气渣、气孔、咬肉、裂纹等缺陷。

6）大型钢模板上应设置工作平台和爬梯，工作平台上应设置防护栏杆和限载标志。

7）安装大型模板要认真执行施工方案，严格按设计吊点吊安模板并确保支撑系统稳固可靠。模板起吊应平稳，不得偏斜和大幅度摆动。起重指挥人员和操作人员必须站在安全可靠的地点，严禁人员随大型模板一同起吊。

8）安装大型模板必须做到随吊随安装，必要时模板与模板之间应同时就位、同时调直，以防倾倒。

9）大型模板安装就位后，要进行检查验收。同时设专业人员将大型模板串联，并与避雷网络接通，防止电击伤人。

10）混凝土浇筑中要指派专人对模板支撑系统进行监护，发现异常情况，应立即停工。

（3）模板的拆除

1）模板拆除前，必须确认混凝土强度已经达到要求，承重模板应在混凝土强度达到能够承受自重及其他可能叠加的荷载或在混凝土强度达到相应数值要求后方可拆除。水下和水位变动区模板拆除时间应适当延后。设计有规定的要按设计规定执行。

2）在模板拆除区域设警戒线，张挂安全警戒标志牌，设专人监护，对施工人员进行安全技术交底。拆模的顺序和方法应根据模板设计的规定进行，如果模板设计无规定时，要严格遵守自上而下、先装后拆、后装先拆的原则，先拆除非承重模板，后拆承重模板。拆模应彻底，严禁留有未拆除的悬空模板。

3）拆除钢模板时，严禁猛撬、硬砸、大面积撬落或拉倒，防止伤人和损坏物料。禁止拆模人员在上下同一垂直面上作业，防止发生人员坠落和物体打击事故。

4）大模板的拆除顺序与模板组装顺序相反，拆除时应注意模板的稳定性，防止碰撞。大模板拆除后停放的位置，无论是短期停放还是较长期停放，一定要支撑牢固，采取防倾倒措施。

3.2.6 混凝土工程

混凝土工程施工部位繁多，有陆上、水上、水下、高处等，施工条件较复杂，施工情况各异，是建筑施工中的最常见的一道工序。但混凝土的搅拌、运输和灌注的工艺设备多种多样，存在诸多不安全因素。

（1）前期准备

1）搅拌机的安装一定要平稳、牢固。长期固定使用时，应埋置地脚螺栓；在短期使用时，应在机座上铺设木枕或撑架找平，牢固放置。

2）混凝土搅拌站应按设计要求安装在有足够承载力的稳固基础上。操作平台上，应设置安全护栏。

3）混凝土搅拌前，操作人员应确认搅拌、供料、控制等系统运行正常。

4）运转时，严禁将头或手伸入料斗与机架之间查看，不得用手拿用工具或物件伸入搅拌筒内。

5）搅拌机不得超负荷使用，运转中严禁保养、维修。维修保养搅拌机，必须拉闸断电，锁好电箱挂好"严禁合闸"安全警示标志牌，并有专人监护。

6）搅拌机的下料斗处砂石堆板结需要松动时，必须两人同时操作，一人操作，一人监护；必须站在安全稳妥的地方，并有安全措施，严禁盲目冒险作业。

7）搬运袋装水泥时，必须按顺序逐层从上往下阶梯式搬运，严禁从下边抽取。堆放时，垫板应平稳、牢固，按层码垛整齐，必须压碴码放，高度不得超过10袋。水泥码放不得紧靠墙壁。

（2）混凝土浇筑

1）采用吊罐浇筑混凝土时，起吊、运送、卸料应由专人指挥，吊罐下不得站人。

2）采用泵送混凝土作业，要对输送泵和布料系统的管道、接头和卡箍进行检查并做耐压试验。泵送混凝土时，操作人员应随时监视各种仪表和指示灯，发现异常，应立即停机检查。

3）采用布料臂浇筑混凝土时，应设专人牵引、移动输送泵出灰软管。

4）浇灌2m高度以上混凝土构件时，操作人员应站在脚手架或平台上作业。不得直接站在模板或支撑上操作。浇灌人员不得直接在钢筋上踩踏、行走。

5）浇筑结束清洗管道时，作业人员不得靠近管道端部的软管；拆卸混凝土输送管道接头前，应释放管内剩余压力。

6）混凝土振动器应安装漏电保护装置，保护接零应安全可靠。作业时操作人员应穿绝缘胶鞋并戴绝缘手套。

7）电缆线应满足操作所需的长度。严禁用振动器自身的电缆线拖拉或吊挂电动机。

8）作业停止需移动振动器时，应先关闭电动机，再切断电源。不得用软管拖拉电动机。

9）孔道高压灌浆时，应严格按照规定压力进行，喷嘴与孔口应紧固，输浆管与压浆泵应连接牢固。排浆或堵孔应戴好防护眼镜，作业人员不得面对排浆孔，防止浆液打击伤人。

（3）混凝土养护

1）使用覆盖物养护混凝土时，预留孔洞必须按照规定设安全标志，加盖或设围栏，不得随意挪动安全标志及防护设施。

2）使用电热法养护混凝土时，应设警示牌、围栏，无关人员不得进入养护区域。严禁折叠使用电热毯，不得在电热毯上压重物，不得用金属丝捆绑电热毯。

3）洒水养护混凝土应避开配电箱和周围电气设备。

4）高处混凝土养护宜采用自动喷淋或涂刷养护液等工艺。

5）蒸汽养护操作和冬季施工测温人员，不得在混凝土养护坑（池）边沿站立或行走，应注意脚下孔洞与磕绊物等。加热用的蒸汽管应架高并用保温材料包裹。

6）高压釜蒸养混凝土构件不得超温、超压，要定期校验压力表、温度计和安全阀等。

7）蒸养前对安全装置进行检查，紧固釜盖的定位闭锁装置；蒸养完毕，待高压釜的内外压力相等后开启釜盖。开启时，操作人员应位于釜盖侧面。

3.2.7 软基处理工程

软基处理工程是指通过排水固结、振动水冲、强夯、深层搅拌桩等各种施工方法对软土地基进行加固处理。

（1）为防止打设机械的倾覆，要求软基处理施工场地必须进行平整，施工机械底部范围内高差不宜大于20cm。对于地基承载力较差地段还需采取垫枕木、沙袋、竹架、荆芭等辅助措施，以防止机械沉陷或倾覆。

（2）软基处理施工前，应对施工机械、桩锤及附属设施进行检查、维修和保养，确保施工设备处于良好工作状态。并在作业中，定期对施工设备的安全性和可靠性进行检查。

（3）陆上两台及以上砂桩或排水板打设机械同时作业时，打设机械之间要有一定的安全距离。安全距离应大于2.5倍的机身高度。当设备间横向距离无法达到2.5倍机身高度要求时，宜使设备间纵向错开，纵向间保持2.5倍机身高度的安全距离，同时必须采取有效的防倾覆措施。

（4）排水板打设机在斜坡上行走时，需采取以下措施：

1）坡度不得大于设备铭牌规定的允许倾角；

2）倾角范围内应将排水板打设机的重心置于斜坡上方。大于倾角范围的爬坡，必须将排水板机桩架拆卸后，方可爬坡；

3）排水板打设机不得在斜坡上回转。

（5）打设排水板过程中应随时观察套管的下沉情况，当发现下沉速度突然减缓、套管发生过量弯曲等现象时，应立即停止沉管。在确保安全情况下，移动打设机在原位置附近按相关规定补打。

（6）打设机械应避免停放在潮汐、河水可能侵袭或雨季易于积水的地方。

（7）振沉砂桩或碎石桩等打设机械在沉管过程中，当遇有软弱土层时，应控制桩管下沉速度，避免下沉速度过快而发生人身伤亡事故。当遇有块石、硬层等障碍物时，应立即停止沉管，避免发生桩管断裂。

（8）起吊灌料斗应缓慢平稳，不得碰撞桩管或打设机架。

（9）向桩管内灌砂或碎石时，灌料斗的下方不得站人。操作灌料斗控制绳的人员亦应站在安全位置。

（10）启动振动锤或振动器前应发出警示信号，作业人员应撤至安全区域。

（11）振冲的初始阶段应控制振冲器下沉速度，一般控制在每分钟1～2m。在振冲过程中，若发现地面出现异常塌陷，应及时拔出振冲器，并移开起重机。

（12）深层拌和处理机作业时须采取以下安全措施：

1）深层拌和处理机就位后应将机架摆放平整、稳定，并应采取制动措施；

2）处理机移位时，须由专人看护和移动电缆线；

3）深层拌和处理机施工时，桩架出现摇晃、偏斜等异常现象，应立即停止作业。

（13）强夯机组装应按现行行业标准《建筑机械使用安全技术规程》JGJ 33—2012的有关规定设置起重机辅助门架。

（14）强夯施工应设置警戒区，警戒区的警戒范围应通过试夯确定，但不得少于起重机吊臂长度的1.5倍。夯击时，作业人员应撤至安全区或采取其他可靠安全防护措施，非作业人员不得进入警戒区。

（15）修理夯锤或清理夯锤通气孔应将夯锤平放于专用支墩上，不得在吊起的夯锤下方作业。

（16）履带式起重机起吊夯锤或负载行走时，总重力不得超过允许起重力的70%，夯锤或重物应处于起重机的正前方，且离地面的高度不宜大于0.5m，地面应坚实、平整。

（17）在强夯过程中发生黏性土吸锤时，夯锤不得直接强行起吊，须清理完夯锤周围的黏性土后再进行起吊。

3.2.8 拆除工程

拆除工程一般可分为人工拆除、机械拆除、爆破拆除三大类。根据被拆除建筑物的高度、面积、结构形式可采用不同的拆除方法。

拆除施工的安全防护采用脚手架、安全网、施工平台等，必须由专业人员搭设。由项目经理组织技术、安全部门的有关人员验收合格后，方可投入使用。安全防护设施验收时，应按类别逐项查验，并应有验收记录。

作业人员必须配备相应的劳动保护用品，如安全帽、安全带、防护眼镜、防护手套、防护工作服等，并应正确使用。在爆破拆除作业施工现场周边，应按照现行国家标准的规定，设置相关安全标志，并设专人巡查。

（1）拆除工程安全技术管理包括：

1）建筑物拆除应符合现行行业标准的有关规定。

2）拆除工程开工前，应根据工程特点、构造情况、工程量及有关资料编制安全施工组织设计或方案。爆破拆除和被拆除建筑面积大于1000m²的拆除工程，应编制安全施工组织设计；被拆除建筑面积小于或等于1000m²的拆除工程，应编制安全技术方案。

3）拆除工程的安全施工组织设计或方案，应由专业工程技术人员编制，经施工单位技术负责人、总监理工程师审核批准后实施。施工过程中，如需变更安全施工组织设计或方案，应经原审批人批准，方可实施。

4）拆除工程施工前，必须由工程技术人员对施工作业人员进行书面安全技术交底，并履行签字手续，特种作业人员必须持有效证件上岗作业。

5）进入施工现场的人员，必须戴安全帽。凡在2m及以上高处作业时，必须正确使用安全带。拆除现场的作业区域应设置醒目的安全警示标志，并采取安全警戒措施。非作业人员不得进入拆除区。雾、雨、雪天或风力大于等于6级的天气，应停止露天拆除作业。

6）建筑物拆除施工严禁采取上下立体交叉作业的施工方法。水平作业的各工位间距必须保持足够的安全距离。建筑物拆除应采用自上而下、逐层分段、先水上后水下的拆除方法。拆除梁、板或悬臂构件应事先采取有效的防止构件自行下落的措施。

7）拆除建筑物的栏杆、护桩、面板等构件，应与结构物整体拆除相协调。承重梁、桁架、桩等应待其所承载的全部构件拆除后，再进行拆除。

8）夜间拆除作业必须有足够照明。施工现场拆除作业中所涉及的临时用电，必须按照《施工现场临时用电安全技术规范》JGJ 46—2005的有关规定执行。

9）水上建筑物拆除应搭设水上工作平台或使用浮动设施进行拆除作业。作业人员不得站在有危险的被拆除构件上作业。

10）施工单位必须依据拆除工程安全施工组织设计或方案，划定危险区域。施工前应通报施工注意事项，拆除工程有可能影响公共安全和周围居民的正常生活的情况时，应在施工前发出告示，做好宣传工作，并采取可靠的安全防护措施。拆除的构件或建筑垃圾应及时清理，运至指定地点，不得倾入施工水域。当日拆除施工结束后，所有人员、船机设备及施工机具应撤至拆除物可能自行倒塌影响范围以外。

11）拆除施工必须监测被拆除建筑物的位移变化，当发现建筑物有不稳定的趋势时，必须停止拆除作业。

12）只进行部分拆除的建筑物应先将保留部分进行加固，再进行切割式分离拆除。

（2）预应力结构拆除安全管理

1）既有无黏结预应力结构开洞前应根据原结构设计的基本情况、使用功能，对原结构的使用状态及预应力筋进行验算，保证原结构的安全性能。

2）既有无黏结预应力结构应根据开洞后的结构布置，对开洞的结构及相邻的结构进行内力与变形计算，并应按规定验算无黏结预应力结构开洞后的承载力、裂缝宽度、局部承压等，复杂板块可采用有限元方法进行分析计算；需要加固时应确定其加固方案，并对加固施工方案提出要求，洞口边可采用洞口平面内加边框梁或洞边加梁的加固措施。

3）无黏结预应力结构拆除前，应先了解预应力筋的分布状况，制定具体的拆除和相关构件的支撑方案，并应有可靠的安全防护措施。拆除前宜先将应切断的预应力筋放松或采取措施降低其应力，严禁直接切断预应力筋。

4）切割预应力筋前，应根据原设计图纸及实际状况，计算预应力筋切割后的回缩长度。在预应力筋应力释放和切割时应采用专用工具对预应力筋临时锚固，并应采取安全防护措施，确保施工安全。

3.2.9 深基坑支护及开挖

随着建筑技术的发展，基坑支护技术也在蓬勃发展，目前使用较多的支护方式有板桩、地下连续墙、放坡等。如何选择开挖方式及支护方式，要结合施工区域的具体地理环境、地质情况、水文情况、周边建构筑物情况等综合考虑，对于各类支护方式，应进行承载能力、地下水控制、基坑周边环境及支护结构等方面的计算和验算。施工过程中，应严格按照施工方案的规定及时进行支护工作，并做好开挖过程中的监测。

（1）板桩支护安全规定

1）板桩的类型、规格和支护材料等应符合设计要求。

对于板桩支护的基坑开挖工程，在板桩支护施工前，应对采购板桩的类型、规格和其他支护材料进行详细的检测及验收，验收合格后方可进场。

2）板桩围堰的基坑必须按支护结构设计和降排水要求分层支护、分层开挖，在支撑结构未形成前严禁超挖。

由于支护结构的稳定性、承载力等均是按照方案中规定的开挖和支护方式进行计算，现场若发生上述违规行为，则会导致计算所依据的施工环境发生变化，易导致支护结构的稳定性、承载力不足而发生基坑坍塌事故。

3）钢板桩墙的转角桩应采用原钢板桩纵向割下的带锁口的肢体焊接而成的异形板桩，围囹与板桩间应密实接触。

4）板桩支护结构应按设计施工。板桩墙围囹和支撑结构上不得堆放重物或机械设备。

（2）地下连续墙施工安全规定

1）地下连续墙施工应符合现行行业标准《板桩码头设计与施工规范》JTS 167—3—2009的有关规定。

《板桩码头设计与施工规范》JTS 167—3—2009为强制性行业标准，自2009年9月1日起施行。该标准对地下连续墙施工可能产生质量安全事故的因素做出相应要求或强制性规定，地下连续墙施工应严格做到符合相关标准条文，消除或减少施工存在的质量、安全隐患，确保施工质量安全。

2）在回填土、塌方区或土质松软的地质条件下进行的连续墙施工，应对场地及施工道路进行处理。地基承载力应满足施工荷载的要求。

3）地下连续墙的导沟开挖段应设置导墙、围挡和安全警示标志。导墙应具有足够的强度和稳定性。

4）成槽施工中，泥浆大量流失或槽壁严重坍塌的，必须立即停机，并及时采取处理措施。地下连续墙成槽施工中，泥浆大量流失或槽壁严重坍塌的，必须立即停机，分析导致原因。如做好地质勘探、探明有无流沙、承压水等不利因素，检查泥浆稠度等，并根据具体原因及时采取相应处理措施。

5）地下连续墙用作挡土结构应待地下连续墙的混凝土强度达到设计值后，方可按施工程序分层开挖。

3.2.10 盾构工程

盾构是在钢壳体保护下完成隧道掘进、出渣、管片拼装等作业，由主机和后配套设备组成的全断面推进式隧道施工机械设备。根据开挖面的稳定方式，分为土压平衡式盾构、泥水平衡式盾构、敞开式盾构和气压平衡式盾构。

(1) 前期准备

1) 施工前,应对施工地段的工程地质和水文地质情况进行调查,必要时应补充地质勘查。

2) 对工程影响范围内的地面建(构)筑物应进行现场踏勘和调查,对需加固或基础托换的建(构)筑物应进行详细调查,必要时应进行鉴定,并应提前做好施工方案。

3) 对工程影响范围内的地下障碍物、地下构筑物及地下管线等应进行调查,必要时应进行探查。

4) 根据工程所在地的环境保护要求,应进行工程环境调查。

(2) 盾构选型与配置

1) 盾构选型与配置应适用、可靠、先进、经济,配置应包括刀盘、推进液压缸、管片拼装机、螺旋输送机、泥水循环系统、铰接装置、渣土改良系统和注浆系统等。

2) 盾构选型依据应包括工程地质和水文地质勘查报告、隧道线路及结构设计文件、施工安全、施工环境及其保护要求、工期条件、辅助施工方法、类似工程施工经验等。

3) 辅助设施应根据盾构类型、掘进方法和施工工艺要求等配置。

(3) 工作井的设置

1) 工作井设置应根据地质条件和环境条件,选择安全经济和对周边影响小的施工方法。

2) 始发工作井的长度应大于盾构主机长度3m,宽度应大于盾构直径3m。

3) 接收工作井的平面内净尺寸应满足盾构接收、解体和调头的要求。

4) 始发、接收工作井的井底板应低于始发和到达洞门底标高,并应满足相关装置安装和拆卸所需的最小作业空间要求。

5) 工作井预留洞门直径应满足盾构始发和接收的要求。

6) 洞门圈、密封及其他预埋件等应在盾构始发或接收前按要求完成安设,并应符合质量要求。

(4) 盾构施工安全管理要求

1) 基本要求

① 施工前,应根据盾构设备状况、地质条件、施工方法、进度和隧道掘进长度等条件,选择通风方式、通风设备和隧道内温度控制措施。

② 隧道内作业场所应设置照明和消防设施,并应配备通信设备。

③ 隧道和工作井内应设置足够的排水设备。

④ 隧道内作业位置与场所应保证作业通道畅通。

⑤ 当存在可燃性或有害气体时,应使用专用仪器进行检测,并应加强通风措施,气体浓度应控制在安全允许范围内。

⑥ 隧道内空气温度不应高于32℃。

⑦ 隧道内噪声不应大于90dB。

2) 盾构始发安全管理

① 盾构始发前应验算盾构反力架及其支撑的刚度和强度,反力架应牢固支撑在始发井结构上。盾构反力架整体倾斜度应与盾构基座的安装坡度一致。

② 应根据工程水文地质条件、盾构机类型、盾构工作井的围护结构形式等因素加

固盾构工作井端头地基，承载力应满足始发要求。

③应拆除刀盘不能直接破除的洞门围护结构。拆除前始发工作井端头地基加固与止水效果应良好。拆除时，应将洞门围护结构分成多个小块，从上往下逐个依次拆除，拆除作业应迅速连续。

④洞门围护结构拆除后，盾构刀盘应及时靠紧开挖面。

⑤盾构始发时应在洞口安装密封装置；盾尾通过洞口后，应尽早稳定洞口。

⑥盾构始发时，始发基座应稳定，盾构不得扭转。

⑦千斤顶应均匀顶进，反力架受力应均匀。

⑧负环脱出盾尾后，应立即对管片环向进行加固。

3）盾构掘进安全管理

①盾构应在始发段50～100m进行试掘进，并应根据地质情况、施工监测结果、试掘进经验等因素选用掘进参数。

②土压平衡盾构掘进，开挖土体应充满土仓，并应核算排土量和开挖量。泥水平衡盾构掘进，泥浆压力与开挖面水土压力、排土量与开挖量应保持平衡。掘进过程中，应采取防止螺旋输送机发生喷涌的措施。

③盾构机不宜长时间停机。

④盾构刀具检查和更换地点应选择地质条件好、地层稳定的地段。

⑤维修刀盘应对刀盘前方土体采取加固措施或施作竖井。

⑥盾构设备应在机器停止操作时维修；液压系统维修前，应关闭相关阀门并降压；电气系统维修前，应关闭系统；空气和供水系统维修时，应关闭相应阀门并降压；刀盘、拼装机等旋转设备部件区域维修前，设备应停止运转。

4）管片拼装安全管理

盾构管片拼装应设专人指挥。管片拼装时，拼装设备与管片连接应稳固，管片拼装和吊运范围内不得有人和障碍物，拼装完的管片应及时固定。

5）盾构接收安全管理

①盾构到达前应拆除洞门围护结构，拆除前，工作井端头地基承载力、止水应满足要求。拆除时应控制凿除深度。洞口应安装止水密封装置。

②盾构距到达接收工作井15m内，应调整掘进速度、开挖压力等参数，减小推力、降低推进速度和刀盘转速，控制出土量并监测土仓内压力。

③隧道贯通前10环管片应设置管片纵向拉紧装置，贯通后应快速顶推并迅速拼装管片。

④隧道贯通前10环管片应加强同步注浆和即时注浆，盾尾通过洞口后应及时密封管片环与洞门间隙。

6）盾构过站、掉头及解体安全管理

①过站、掉头托架或小车的强度、刚度和稳定性应满足盾构过站、掉头及解体的需要。

②盾构过站、掉头应观察盾构转向或移动状态。应控制好盾构掉头速度，并应随时观察托架或小车变形、焊缝开裂等情况。

③举升盾构机应同步、平稳。

④ 牵引平移盾构应缓慢平稳，钢丝绳应牢固。
⑤ 盾构解体前应关闭各个系统，各个部件应支撑牢固。

7）盾构洞门、联络通道施工安全管理

① 洞口负环拆除前，应二次注浆。
② 联络通道施工前，应加固开挖范围及上方地层。
③ 拆除联络通道交叉口管片前，应加固管片壁后土体和联络通道处管片。
④ 隧道内施工平台应与机车运输系统保持安全间距。

8）特殊地质和施工环境条件下的盾构施工安全管理

① 应制订监控量测方案，并应根据监控量测结果及时调整掘进参数。
② 浅覆土地段应根据地质、水文条件与施工环境采取地基加固、设置抗浮板或加盖板等处理措施。
③ 小净距隧道施工前，应加固隧道间土体；先建隧道管片壁后应注浆，隧道内应支设钢支撑；后建隧道施工应控制掘进速度、土仓压力、出渣量、注浆压力等。
④ 小半径曲线段隧道施工应制订防止盾构配套台车和编组列车脱轨或倾覆的措施。
⑤ 盾构下穿或近距离通过既有建（构）筑物、地下管线前，应详细调查并评估施工对该地段既有建（构）筑物、地下管线的影响，并应根据实际情况加固受盾构掘进影响的地基或基础、控制掘进参数，且应加强观测既有建（构）筑物的沉降、位移。
⑥ 大坡度地段机车和盾构机后配套台车应设置防溜装置。

（5）施工运输

施工运输应根据隧道直径、长度、纵坡、盾构类型和掘进速度，选择运输方式、运输设备及其配套设施。运输设备性能应安全可靠，运输能力应满足施工要求。

1）隧道内水平运输可采用有轨、无轨或连续皮带机等运输方式，垂直运输宜采用门式或悬臂式起重机等运输方式。

2）轨道应平顺，钢轨与轨枕间应牢固，轨枕和轨距拉杆应符合安装规定，并应设专人养护轨道。

3）皮带输送机机架应坚固、平顺。启动皮带输送机前应发出声光警示，应空载试转，各部位运转应正常，皮带应连接牢固、松弛度适中。应在达到额定转速后均匀装料，并应设专人检查皮带运转情况。

4）机车安全装置应可靠有效，机车行驶速度不得大于10km/h，经过转弯处或接近岔道时不得大于5km/h，靠近工作面100m距离内不得大于3km/h并应打铃警示，车尾接近盾构机台车时不得大于3km/h。

5）机车在启动和行驶过程中应启动警铃、电喇叭等警示装置。开车前应前后检查，各类物件应平稳放置、捆绑牢固，不得超载、超宽和超长运输。

6）泥水平衡盾构应采用泥浆泵和管道组成的管道输送系统。

7）根据最大起重量，应对提升设备能力和索具、挂钩和杆件的强度等进行检算。

8）运输设备应有防溜车或防坠落措施，操作、维护和保养应符合操作规程要求。

（6）施工监测

1）施工监测范围应包括周边环境、隧道结构和岩土体。

2）施工监测方案和应急预案应根据设计要求，并结合施工环境、工程地质和水文地质条件、掘进速度等制定。

3）施工监测方案应根据监测对象变形量和变形速率等进行调整，对突发的变形异常情况应及时启动应急预案。

4）地面和隧道内监测点宜在同一断面布设；盾构通过后，处于同一断面内的监测数据应同步采集，并应收集同期盾构掘进参数。

5）施工监测仪器和设备应满足测量精度、抗干扰性和可靠性等要求。

6）监测点应埋设在能反映变形、便于观测、易于保存的位置。

3.3 施工现场标志标牌的安全要求

3.3.1 一般规定

（1）施工现场出入口、施工起重机械等设备出入通道口和沿线交叉口应设置安全标志，安全标志包括禁止标志、警告标志、指令标志和提示标志。其使用按照现行《安全标志及其使用导则》GB 2894—2008规定执行。

（2）标牌用于工程驻地、施工现场明示相关信息，主要包括工程概况牌、质量安全目标牌、管理人员名单及监督电话牌、安全文明施工牌、重大风险源告知牌、施工现场布置图等。

（3）标志应采用坚固耐用的材料制作。有触电危险的场所应使用绝缘材料。边缘和尖角应适当倒棱，呈圆滑状，带有毛边处应打磨光滑。

（4）标志的设置位置应合理、醒目，能使观测者引起注意、迅速判读、有必要的反应时间或操作距离。主要机具、设备及施工工序操作规程牌，应设置在操作室或操作区域。

（5）标志不应设在门、窗、架等可移动的物体上。标志前不得放置妨碍认读的障碍物。

（6）经常检查标志的状态，保持清洁醒目、完整无损。如发现有破碎、变形、褪色等不符合要求时，应及时修整或更换。

（7）根据工程特点和不同的施工阶段，现场安全标志牌要及时准确地增补、删减或变动，实施动态管理。

3.3.2 施工现场标志标牌设置要求

（1）标牌的内容

1）工程概况牌

工程概况牌应标明工程名称、工程范围、建设单位、设计单位、质量安全监督单位、监理单位、施工单位等内容。

2）质量安全目标牌

质量安全目标牌应标明施工合同段的安全目标、考核指标、质量目标、分项工程一次验收合格率、创奖（杯）等内容。

3）管理人员名单及监督电话牌

管理人员名单及监督电话牌应对项目经理、技术负责人、安全负责人、工点相关负责人员、总监、监理工程师、现场监理员姓名及监督电话等进行公示。

4）安全文明施工牌

安全文明施工牌应将安全生产管理制度、文明生产管理制度相关内容在现场告知；必要时可将"三宝""四口""五临边"的相关安全标识牌一起宣传告知。

5）重大风险源告知牌

重大风险源告知牌应明确风险位置、风险源特征、风险防范措施、现场监督负责人及电话号码等内容。

施工单位负责及时填写更新重大风险源告知内容，监理单位负责监督。

6）施工现场布置图

施工现场布置图应对现场的布置采用图示方式表达，注明位置、面积、功能。

（2）标牌设置要求

施工单位项目部驻地、施工工区驻地、隧道洞口、大型桥梁、互通立交、港口施工区、预制场、拌和场、钢筋加工场等集中作业区域应设置工程概况牌、质量安全目标牌、管理人员名单及监督电话牌、安全文明施工牌、重大风险源告知牌和施工现场布置图等。

3.4 个体安全防护

3.4.1 基本规定

（1）公路工程施工应为从业人员配备合格的安全防护用品和用具，并定期更换。从业人员在施工作业区域内，必须按照安全生产管理制度和劳动防护用品使用规则，正确佩戴和使用安全防护用品和用具；未按规定佩戴和使用安全防护用品的，不得上岗作业。

（2）安全防护用品必须符合相关国家标准和行业标准，不得超期使用。

（3）安全防护用品包括：安全帽、安全带、救生衣、防护服、防护鞋、防护手套、防护面具等。

3.4.2 安全帽

（1）安全帽应有以下永久性标志：制造厂名称、商标、型号、制造日期、生产合格证和检验证明、生产许可证编号、"LA"安全标志。

（2）安全帽应在有效期内使用。每年一次定期检查，发现异常现象不得佩戴。

（3）戴安全帽前应将帽扣调整带按自己头形调整到适合位置，然后将帽内弹性带系牢。缓冲衬垫的松紧由带子调节，人的头顶和帽体内顶部的空间垂直距离应控制在25～50mm，一般不应小于32mm。不得将安全帽歪戴，或把帽檐反戴。安全帽的下领带必须扣在领下，并系牢，松紧应适度。

（4）安全帽应保持整洁，不应涂刷油漆，禁止搁置在火源周边，或在阳光下暴晒。在现场室内作业也应佩戴安全帽。

3.4.3 安全带

（1）安全带类型有全身式安全带、双肩式安全带等。

（2）安全带的有效期一般为3～5年，发现异常应提前报废。使用频繁的绳子，应经常进行外观检查，发现异常时，立即更换或报废。

（3）每条安全带应有以下永久性标志：制造厂名称、商标、型号、制造日期、生产合格证和检验证明、生产许可证编号、"LA"安全标志。

（4）2m以上的悬空作业，必须使用安全带。使用中，应可靠地挂在牢固的地方，高挂低用，且应防止摆动，避免明火和尖锐边角。在无法直接挂设安全带的地方，应挂设能供安全带钩挂的安全母索、安全栏杆等。

（5）安全带严禁擅自接长使用，使用3m及以上的长绳时必须增加缓冲器。

3.4.4 救生衣

救生衣又称救生背心，是一种救护生命的服装，设计类似背心，采用尼龙面料或氯丁橡胶、浮力材料或可充气的材料、反光材料等制作而成。一般使用年限为5～7年，是在船界、舰艇、海上缉私、水上施工、水上运动、打捞、领航、抗洪防汛、海钓休闲等领域应用。穿在身上具有足够浮力，使落水者头部能露出水面。

（1）救生衣的分类

1）按用途可以分为：船用、海用、航空用等。

2）按式样可以分为：脖挂式、腰挂式、腰包式等。

此处介绍的主要是充气救生衣和腰带式充气救生衣。

（2）充气救生衣

充气救生衣通过手动和自动两种充气方式，适用于客货轮、游艇、军用、水警、水上缉私艇、水上施工作业、海上钻井平台、抗洪救灾、打捞防汛、领航、水文、水利等领域的水上逃生工具，如图3-1所示。

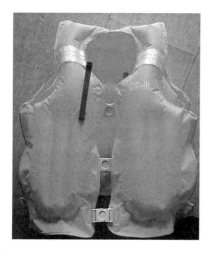

充气前
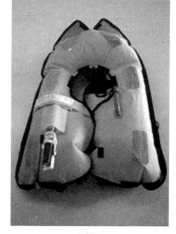
充气后

图3-1 背心式充气救生衣

水上施工作业必须穿戴救生衣，救生衣不得有破损，否则不应穿戴。把救生衣从头套下穿在身上，浮力袋大的一面置于身体前面，把腰带分别从左右侧绕身一周，在胸前用力收紧系牢。

（3）腰带式充气救生衣（水上安全带）

腰带式充气救生衣也可以称为水上安全带，是一种实用新型的逃生装置，体积小巧，像一条腰带一样可以系在腰部，遇到紧急情况下，可以迅速变成救生衣，提供最佳安全保护，如图3-2所示。使用时，在一般情况下，安全带如一条腰带系在腰部，体积小巧，不妨碍人们的活动自由。克服了传统救生衣在夏天的闷热不适之感。当在水中遇到紧急情况时，只要拉开充气拉阀的拉索，可在5秒的时间内充气变成救生圈达到8公斤以上的浮力，从腋下向上托起人体，使人们在水中迅速获得必要浮力，将人的头部浮出水面，从而获得安全救护。

充气前　　　　　　　充气后

图3-2　腰带式充气救生衣

（4）工作原理

1）手动充气：落水前或后用力拉动充气装置上的拉绳，使拉杆转至不小于90度，刺针刺破气瓶膜片，高压CO_2气体冲入气囊，气体膨胀后产生浮力。

2）自动充气：落水后救生衣浸入水中使自动装置内水敏感元件软化，撞针失去阻挡，弹簧伸张推动撞针刺破气瓶封口膜片CO_2气体充入气囊而产生浮力。

3）吹嘴为单向阀式，吹气后单向阀自动关闭。

（5）腰带式充气救生衣遇险时的使用

1）下水前将救生衣穿好，将插扣插紧。如果时间允许，可以用嘴吹方式将救生圈充气。

2）紧急情况下或已落入水中，迅速抓住拉绳小球，用力向下拉动，5秒内气囊充气，使落水者漂浮。

3）装有自动充气装置的救生圈，落水后在5±0.5秒内会自动充气，如自动失灵，可拉动绳球进行手动充气（该阀是手动、自动双功能）。

（6）救生衣正确使用方法

1）检查救生衣是否有破损，确保救生衣无裂缝或刺洞。外罩上的这类破损表明充气气室可能已经与导致破损的部件接触。如果发现这些瑕疵，在进行维修检测前不能继续使用。

2）检查自动充气装置所处状况，自动充气装置的指示部件会告知自动充气装置是否已经正确安装待使用。请参照自动充气装置附近的充气装置指示部件检查说明。

3）检查CO_2钢瓶，当自动充气装置发生作用的时候，装有CO_2气体的钢瓶会对救生衣充气。需要检查安装的CO_2钢瓶尺寸正确并且先前未使用过。检查钢瓶时，将钢瓶拧下，观察螺口平面，钢瓶上无显示内装气体是否装满的部件，如果发现螺口平面有破损现象，需更换钢瓶。

（7）充气救生衣排气说明

用连在口吹管上的帽盖插进口吹管末端按压口吹阀（位于口吹管末端）。在按压口吹阀的同时，轻轻将气体从气囊中排出。不能将救生衣气囊卷曲来排气。如果由于某种原因口吹阀保持敞开，多次按压阀门。如果不能释放的话，该救生衣需要进行维修。

（8）充气救生衣的维护

救生衣的使用寿命很大程度上取决于怎样使用和维护，要避免在有太阳光的地方储藏。紫外线会减弱合成材料的性能。过长时间的处于高温和湿度较大的环境中，会缩短其使用寿命。我们知道这些因素会降低材料性能，每次使用环境又有所不同，因此没有一种确定的方法来预估其使用寿命。鉴于此原因，使用者必须遵照维护和清洁说明并进行维护和性能检查，这样才能确保救生衣的最长使用寿命（图3-3）。

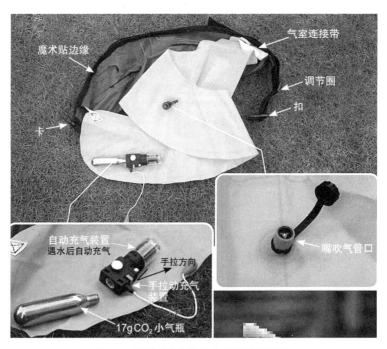

图3-3　腰带式充气救生衣构造及原理图

3.4.5　防护服

（1）现场作业人员应按工种要求配置棉质工作服，特殊作业人员应配置特殊作业防护服。

（2）焊工工作服宜为帆布等材质的阻燃服。

（3）为防止潜水时体温散失过快，水下作业人员必须穿着潜水服。

3.4.6 防护鞋

（1）作业人员应根据现场情况正确穿着防护鞋，电工、电焊工必须穿着绝缘鞋。
（2）绝缘鞋必须在规定的电压范围内使用，每半年进行一次预防性试验。

3.4.7 防护手套

（1）从事电工、电焊作业以及接触强酸、强碱材料的作业人员应使用防护手套。
（2）防水、耐酸碱手套使用前，应仔细检查，不得破损。

3.4.8 防护用具

（1）从事金属切割、混凝土及岩石打凿作业人员必须使用护目镜。
（2）电焊作业人员必须配备焊接防护面罩，气焊作业人员应配备焊接防护眼镜。
（3）防灰尘、烟雾、轻微毒性或刺激性较弱的有毒气体的防护镜，必须密封、遮边无通风孔，与面部接触严密，镜架应耐酸、耐碱。
（4）混凝土作业人员、沥青作业人员、隧道钻孔清渣作业人员必须佩戴防尘口罩或防尘面罩。

3.5 文明与标准化施工

3.5.1 文明施工的定义

文明施工是指在建设工程和建筑物、构筑物拆除等活动中，按照规定采取措施，保障施工现场作业环境、改善市容环境卫生和维护施工人员身体健康，并有效减少对周边环境影响的施工活动。

3.5.2 办公/生活区管理要求

（1）临时用房应使用砖墙房或定型轻钢材质活动房。临时用房应满足牢固、美观、保温、防火等要求。底层办公（生活）区内地面基础应压实，应采用素混凝土或水泥砂浆硬化地面，厚度应大于0.05m。
（2）办公（生活）区临时用房应设置符合通风要求的开启窗，窗户开启应符合国家相关标准。
（3）搭设单层临时用房，其檐口高度不应小于2.8m，搭设三层及以上临时房，应按规定报审。临时用房搭设完工后，应按规定经验收合格后投入使用。靠近江、河或沿海搭设的临时用房应用砖墙房或集装箱房，采用彩钢板时应经过专家论证。临时用房临近各堤防的距离应符合国家相关规定。
（4）办公（生活）区临时用房，禁止使用竹、油毡等易燃和对人体有害的材料搭建。屋顶材料禁止使用石棉瓦。
（5）工地内设置办公/生活区的，应用分隔围挡与施工作业区明显分隔。分隔围挡可采用砌体、板材、栏栅、网板等坚固美观材料。

（6）严禁在建筑物内地下室安排人员住宿，严禁非本工地工作人员在施工工地内的宿舍住宿，严禁在未竣工的建筑物内设置员工宿舍。住宿人员在宿舍内严禁私拉电线、私接插座，严禁使用大功率取暖电器、电饭煲、电炒锅。严禁宿舍内设置通铺。

3.5.3 施工工地边界设置

（1）建设工程施工现场边界应以不妨碍交通和人、车通行为原则，必须设置连续封闭的围护设施，必须保持围护设施完好、整洁，保持施工现场与外界的有效隔离。严禁无围护施工，严禁使用污损围护。

（2）一般区域施工现场围挡设置高度不应低于2m，重点区域施工现场围挡设置高度不应小于2.5m，重点区域临街围挡宜结合环境选用仿古、园林造型、灯光、墙面绘画等点缀措施。

围挡应采用彩钢夹芯板、砌体或其他能满足强度要求的硬质材料。围挡材料应满足硬度和耐燃性要求。

（3）公路工程施工边界应采用定型化施工路栏设置。

定型化施工路栏分为长度为1.8m平直式、长度为1.8m对称折叠式和长度为0.9m平直式三种类型，高度均为1.2m。定型化施工路栏应用金属型材和玻璃钢栏板制作，正面或背面应满足抗风力强度5级以上，金属架应涂刷黄黑色相间警示漆，圆形金属分隔撑挡应粘贴反光膜，玻璃钢栏板为淡黄色。

定型化施工路栏应连续封闭围护，施工路栏之间连接紧扣牢固，安放整齐划一、垂直平整，并保持整洁、无破损。

3.5.4 施工区域设置

（1）施工现场应按照平面布置图设置各类区域。各类建材应按规定设置标牌，实施分类堆放，并应符合下列要求：

1）施工现场总平面布局和设置应合理有序。现场区域内应包括临时设施区、场内道路区、现场作业区、施工设备及机具定点放置区、材料（成品、半成品、原材料）和建筑垃圾堆放区或仓库、总电源和主要消防设施位置等。各区域应设明显的标牌，以及相关警示标志。

2）施工现场堆放的各类建材物资，应分别按规定的区域或位置实施分类堆放，并按规定设置相应的物品标志牌。

3）堆放物品的方式应按物品的种类分别堆放，堆放应整齐有序，稳定牢固，物品堆叠高度不应大于1.6m。圆形物品塔型堆叠时，不应大于四层，最底层外围应加垫块垫稳。

4）各类建材物品每垛堆放的占地面积不宜大于$100m^2$。垛与垛的距离不应小于1m，垛与墙的距离不应小于1m，垛与梁、柱的距离不应小于0.5m。主要通道的宽度不应小于2m。

（2）施工现场、加工区和生活区的道路及场地应做硬化处理，并应符合下列要求：

1）施工现场、加工区和生活区的道路及场地，应事先进行现场平面布置的总体设计，确定各区域的边界和相对平面标高及排水设施，并在实地进行放样和组织实施。

2）重点区域的建筑施工现场内施工人员通道应用0.05～0.1m厚的C20混凝土硬化，办公生活区场地用0.1～0.12m厚的C20混凝土硬化，生产加工场地用0.15m厚的C20及以上混凝土硬化。

3）用作车辆通行的道路应采用混凝土铺设，并满足车辆行驶和抗压要求。工地出入门门口及连接社会道路与施工现场的通道的宽度不应小于门墩与门墩外径距离。

4）车辆通行道路以外的其他场地和一般区域的建筑施工、办公场地，可采用混凝土或铺砖等其他硬化方式处理，宜优先使用能回收重复利用的预制砖、板等材料。

5）场内硬地坪应保持基本平整。凡各类场地未按规定实施硬化处理的，不得施工。

3.5.5 防尘围网与网布设置

（1）各类脚手架或外露性临边安全防护构架的外立面，应使用密目式安全网或开孔型不透尘安全网布封闭围护或包裹，使用密目式安全网应符合抗贯穿性、阻燃性相关标准和规定，使用开孔型不透尘安全网布应符合抗贯穿性、阻燃性、光反射控制、毒性控制、抗风荷载强度等相关标准和规定。

（2）使用密目式安全网或开孔型不透尘安全网布作封闭时，应严密、牢固、平整、美观，其封闭高度应高出作业面不小于1.5m。

（3）脚手架外立面使用开孔型不透尘安全网布作封闭围护，高度大于24m时，施工单位应实施论证验算，确保脚手架支撑体系和拉接强度满足安全要求。

（4）高架道路、桥梁工程的作业面所涉及的脚手架外侧临边，应使用开孔型不透尘网布实施包裹。

（5）施工单位应负责对密目式安全网或开孔型不透尘安全网布定期进行检查、清洗、维修和更换，重点区域应每季一次、一般区域应半年一次，确保其整洁、无破损。

（6）严禁使用彩条布以及其他不符合强度要求的塑制材料作为施工工程外立面围护或围挡。

3.5.6 出入门及其内侧设置

（1）使用围挡的施工工地或异地安置的办公（生活）区应设置出入门，出入门应采用平移或向内开启式方式；施工工地应设置不少于2个出入门。

（2）出入门总宽度不应小于5m，总高度应小于围挡高度0.2m，其上边沿应和围挡顶部保持平齐。

（3）出入门应采用金属板材和金属型材作实体式制作，并符合强度要求。出入门制作不得采用敞口式或栏栅式。

（4）出入门与围挡结合处应砌筑门墩，其高度应高出围挡不小于0.2m，并与围挡紧密连接；门墩可使用商品预拌砂浆进行砌筑和粉刷；鼓励使用工具化的门墩。

（5）出入门应保持清洁、无锈痕、无破损和开启障碍，其外侧应书写施工单位名称，并可同时绘制企业标识或标志。

（6）出入门内侧应设置门卫室，总面积不宜小于4m²，配备必需的办公桌椅，悬挂管理制度，建立来（访）客登记台账和车辆进出登记台账。

（7）重点区域各出入门内侧门卫室应设视频监视设备，视频监视设备应确保24小时有效工作，并保持视频的日常监视记录。临近通行道路的，应在门墩上方设置警示灯。

（8）出入门前或内侧若设置旗杆时，应设置不少于3根并为奇数的防锈蚀性金属旗杆。居中的旗杆为中华人民共和国国旗专用旗杆，应高于其他旗杆0.5m。旗杆基础应设置坚固的旗台，并应设置旗杆防护设施。

（9）出入门内侧应规范设置工程概况牌、管理人员名单及监督电话牌、消防保卫（防火责任）牌、安全生产牌、文明施工牌、重大风险源告知牌和施工现场平面图等。各图牌内径尺寸高度宜为1.2m、宽度宜为0.8m，外径下沿离地高度宜为0.8m。图牌框架及其支撑构件均应采用防锈蚀性强的金属材料制作，并确保图牌安置的稳定性和牢固性，图牌应连续排列。

（10）使用定型化施工路栏的占路施工工地，其出入口应设置在施工路段的两端，并使用定型化施工路栏作为移动式出入门，严禁在交通通行道路上设置出入口。

3.5.7 施工铭牌设置

（1）设置围挡的工地，在其出入门一侧的围挡外，横向距离门墩1m、离地距离0.7m（重点区域1.2m）处，应设置外径高1.2m、宽1.8m的施工铭牌，其边宽宜为0.03m。施工铭牌底色应为白色，边框颜色和字体应使用深红色，字体横向书写。

（2）施工铭牌外径尺寸宽1.8m、高1.2m，管线单项施工铭牌外径尺寸宽1.2m、高1m，其边宽均为0.03m。施工铭牌底色应为白色，边框颜色和字体应使用深红色，字体横向书写。

（3）设置定型化施工路栏的工地，应在各施工路段的两端设置可移动式施工铭牌，其底部搁置高度为离地0.5m，版面搁置斜角均为60度，铭牌搁置架应使用金属杆件制作，确保稳固，满足施工铭牌搁置时整体抗风力应达到7级以上。

（4）抢修工程施工铭牌外径尺寸宽1m、高0.8m，其边宽均为0.03m。施工铭牌底色应为白色，边框颜色和字体应使用深红色，字体横向书写，其支撑体系为直立式金属构架。

（5）拆除工程施工铭牌在其出入门一侧的围挡外，横向距离门墩1m、离地距离0.7m（重点区域1.2m）处，应设置外径尺寸宽1m、高0.8m，其边宽均为0.03m；拆除工程设置围挡封闭时，因特殊原因在出入口未设置门墩的，其施工铭牌的挂置应以围挡与出入口交界处为边界，横向距离该边界1m、离地距离0.7m（重点区域1.2m）处。施工铭牌底色应为白色，边框颜色和字体应使用深红色，字体横向书写，挂放在围挡上。

3.5.8 卫生防疫

（1）办公（生活）区和施工现场要制定除"四害"管理制度，落实专人管理。配置足量、有效的除"四害"器具，及时清除黑臭积水，定时喷洒和安放除"四害"药物。

（2）施工工地在现场或异地设置食堂时，食堂工作人员应持有有效健康证明，严格遵守"三白""四勤"的卫生管理规定。

（3）施工现场应设置饮水棚室，并配置密封式保温桶，保温桶应加盖加锁。饮水棚室和保温桶应落实专人管理，茶水工应持有效健康证上岗，保持日常清洁卫生。禁止使用公共饮水杯。

（4）施工现场宜设医务室，并应配备药箱、担架等急救器材，配备止血药等常用急救药品。

（5）办公（生活）区宜设置传染病隔离室。

（6）施工工地建筑垃圾应定点集中管理，设置垃圾箱房或隔离围栏。建筑垃圾、生活垃圾须分类堆放，并由专人管理，及时清运。

3.5.9　环保控制措施

（1）施工单位应采取有效措施控制噪声、扬尘、强眩光、污水及其他污染物，将对周边居民和环境的影响降到最低限度。

（2）施工组织设计中应有环保、便民措施，控制施工扬尘、噪声专项方案。

（3）施工现场应采用低噪声的工艺、技术、设施、设备，减少对周边环境的影响。工地项目部应与社区和公安交警部门建立共建协议，遵守文明施工规定。

3.6　公路工程施工安全检查要点

3.6.1　路基工程施工安全检查要点

路基工程施工依据是《公路工程施工安全技术规范》JTG F90—2015第5.10节和第6章等相关规定进行安全检查，确保路基工程施工安全。

（1）土方工程

1）土方工程的开挖和填筑按照经审批的施工组织设计或者专项施工方案组织实施，并采取安全技术措施。

2）施工前必须清除地上障碍物和勘定地下工程、管线的准确位置，做好标识，并采取有效的保护措施。严禁使用机械对地下管线进行探察。

3）土方开挖应符合下列规定。

① 从上而下开挖，人工挖土2人操作间距横向不得小于2m，纵向不得小于3m。禁止采用挖空底脚方法开挖土方或者不良地质岩石。

② 明挖放坡宽度大于土质自然破裂线宽度；开挖深度1.5m以上，且无条件放坡的，设置固壁支撑。固壁支撑应经过安全验算并随挖深增加。

③ 坑、槽、沟边缘1m以内不得堆放弃土、机械或者其他杂物，并在距边缘1m处设置截水沟。

④ 机械开挖应设专人指挥。机械放置平台保持稳定，挖掘前要先发出信号。严禁人员进入机械旋转范围。

⑤ 多台机械开挖，挖土间距应大于10m以上。多台阶开挖应验算边坡稳定，确定挖土机离台阶边坡底脚安全距离。

⑥ 基坑、沟槽、坑井边缘设置不低于1.2m高的防护栏杆和夜间警示灯。人员上下应走马道或梯子，严禁蹬踏固壁支撑上下。

⑦ 基坑内应有良好的排水设施。当开挖深度超过邻近建筑物（构筑物）基础深度

时，应采取加固固壁支撑，控制降水，对建筑物进行沉降和位移观测。一旦发现异常应立即通知人员撤离现场，并组织建筑物内人员撤离危险建筑。

⑧深基坑、深井、深沟内的开挖具备良好的通风条件，并经常检测有毒、有害气体，不得在有毒、有害气体超标情况下施工。遇有文物或者不可辨认的物品应立即向上级报告，并做好现场保护，严禁随意敲打、玩弄或丢弃。

4）土方填筑应符合下列规定：

①从硬实地面向软土地面逐步填筑，并压实。

②设专人指挥，具有回转车道。

③倾倒前应先发出信号，检查倾倒位置是否有人或机械、物资；严禁在填筑坡脚下站人。

④划定危险区域，并设专人监控。

⑤夜间或者视线不良条件下施工，应增加照明。

⑥大量土方的开挖及填筑除符合以上规定外，尚应符合有关强制性标准的规定。

5）土方工程常用机械（推土机、铲运机、正铲挖土机、反铲挖土机、拉铲挖土机、抓铲挖土机、装载机、自卸汽车、压实机械）等安全要点。

①作业前，应查明施工场地明（暗）设置物、地下敷设管道（包括电线、电缆、给水、排水、煤气、通信、供暖等管道）、地下坑道等的地点及走向，并采用明显标识表示。严禁在离电缆1m距离以内作业。

②机械不得靠近架空输电线路作业，并应与架空输电导线的安全距离不得小于《施工现场临时用电安全技术规范》JGJ 46—2005规范的规定。

③在施工中遇下列情况之一时，应立即停工，待符合作业安全条件时，方可继续施工。

a.填挖区土体不稳定，有发生坍塌危险时。

b.气候突变，发生暴雨、水位暴涨或山洪暴发时。

c.在爆破警戒区内发出爆破信号时。

d.地面涌水冒泥，出现陷车或因雨发生坡道打滑时。

e.工作面净空不足以保证安全作业时。

f.施工标志、防护设施损毁失效时。

g.配合机械作业的清底、平地、修坡等人员，应在机械回转半径以外工作。当若在回转半径内工作时，应停止、制动机械回转后，方可作业。

h.雨季施工，机械作业完毕后，应停放在较高的坚实地面上。

（2）石方工程

1）石方爆破作业

①爆破相关手续是否齐全。

②爆破施工单位资质的审核。

③检查爆破影响范围安全防范措施是否符合施工组织设计的要求，爆破前是否已落实。

④检查爆破器材出厂合格证、质量检验报告。

⑤检查爆破模拟试验结果。

⑥检查爆破孔位置、数量、孔深是否符合设计要求。

⑦检查炸药埋置品种、质量、深度和孔口及塞实情况。

⑧检查雷管线路网络是否符合设计要求。

⑨检查爆破结果是否达到了设计要求。

2)石方爆破作业,以及爆破器材的管理、加工、运输、检验和销毁等工作应按国家现行的《爆破安全规程》GB 6722—2014执行。

3)爆破器材应按规定要求进行检验,对失效及不符合技术条件要求的不得使用。

4)爆破工作有专人指挥。确定的危险区边界应有明显的标志、警戒区四周派设警戒人员。警戒区内的人、畜撤离,施工机具应妥善安置。预告、起爆、解除警戒等信号应有明确的规定。

5)石方地段爆破后,确认已经解除警戒,作业面上的悬岩石也经检查处理后,清理石方人员方准进入现场。

(3)防护工程

1)边坡防护作业,搭设牢固的脚手架。

2)砌石工程自下而上砌筑。片石改小,不得在脚手架上进行。护墙砌筑时,墙下严禁站人。抬运石块上架,跳板应坚固,并设防滑条。

3)抹面、勾缝作业必须先上后下。严禁在砌筑好的坡面上行走,上下用爬梯。架上作业时,架下不准有人操作或停留,不得上面砌筑、下面勾缝。

4)砂浆拌和机、砂浆喷射机等有关施工机械按照国家有关规定及操作规程进行作业。

5)挡墙挖基应视土质、湿度和挖掘的深度设放安全边坡(表3-2),否则应设置相适应的围壁支撑。

基坑坡度表 表3-2

坑壁土质	坑壁坡度		
	基坑顶缘无载重	基坑顶缘有静载	基坑顶缘有动载
砂类土	1:1	1:1.25	1:1.5
碎卵石类土	1:0.75	1:1	1:1.25
轻亚黏土	1:0.67	1:0.75	1:1
亚黏土	1:0.33	1:0.5	1:0.75
极软岩	1:0.25	1:0.33	1:0.67
软质岩	1:0	1:0.1	1:0.25
硬质岩	1:0	1:0	1:0

6)人工挖基作业时,从基坑内抛上的土方应边挖边运。用土台分层抛掷传运出土时,台阶宽度不得小于0.7m,高度不得大于1.5m。基坑上边缘暂时堆放的土方至少应距坑边0.8m以外,堆放高度不得超过1.5m。

(4)基层施工

1)消解石灰,不得在浸水的同时边投料、边翻拌,人员应远避,以防烫伤。

2)装卸、撒铺及翻动粉状材料时,检查劳动防护用品的穿戴。操作人员应站在上风侧，轻拌轻翻减少粉尘。散装粉状材料宜使用粉料运输车运输，否则车厢上应采用篷布遮盖。装卸尽量避免在大风天气下进行。

3）稳定土拌和机作业

① 应根据不同的拌和材料，选用合适的拌和齿。

② 在拌和过程中，不能急转弯或原地转向，严禁使用倒挡进行拌和作业。遇到底层有障碍物时，应及时提起转子，进行检查处理。

4）碎石撒布机作业

① 自卸汽车与撒布机联合作业，应紧密配合，以防碰撞。

② 作业时无关人员不得进入现场，以防碎石伤人。

5）洒水车在上下坡道及弯道运行中，不得高速行驶，并避免紧急制动。

6）洒水车驾驶室外不得载人。

3.6.2 路面工程施工安全检查要点

路面工程施工应依据《公路工程施工安全技术规范》JTG F90—2015第7章等相关规定进行安全检查，确保路面工程施工安全。

（1）水泥混凝土路面

1）人工摊铺

① 装卸钢模时，逐片轻抬轻放，不得随意抛掷。

② 混凝土振捣器（含插入式、附着式、平板式振动器）使用应遵守下列规定。

a.插入式振捣器电源上应安装漏电保护装置，外壳重复接地，安全可靠。

b.附着式、平板式振捣器轴承不应承受轴向力，在使用时，电动机轴应保持水平状态。装置振捣器的构件模板应坚固可靠，其面积应与振捣器额定振捣面积相适应。

c.操作人员应经过用电知识培训，作业时应穿戴绝缘胶鞋和绝缘手套。

d.电缆线应满足操作所需的长度。电缆线上不得堆压物品或让车辆挤压，严禁用电缆线拖拉或吊挂振捣器。

e.振捣器不得在初凝的混凝土、地板、脚手架和干硬的地面上进行试振，在检修或作业间断时应断开电源。

f.作业停止需移动振捣器时，应先关闭电动机，再切断电源。不得用软管拖拉电动机。

2）切缝、养护

① 切缝机锯缝时，刀片夹板的螺母应紧固，各连接部位和安全防护罩应完好正常。

② 切缝前应先打开冷却水，冷却水中断时应停止切缝。

③ 切缝时刀片要缓缓切入，并注意割切深度指示器，当遇有较大的切割阻力时，应立即升起刀片检查。停止切缝时应先将刀片提离板面后才可停止运转。

④ 薄膜养护的溶剂，一般具有毒性和易燃等特性，应做好贮运装卸的安全工作。喷洒时应站在上风，穿戴安全劳动防护用品。

（2）旧路面凿除

1）旧路面凿除宜分小段进行，以免妨碍交通。

2）用镐开挖旧路面时，周围不得有人站立或通行。锤击钢钎，使锤人应站在扶钎人的侧面,使锤者不得戴手套,锤柄端头应有防滑措施。

3)利用机械破碎旧路面时,应有专人统一指挥,操作范围内不得有人,铲刀切入地面不宜过深,推刀速度应缓慢。

3.6.3 桥涵工程施工安全检查要点

桥涵工程施工过程中,各种新技术、新工艺、新设备、新材料应用,在高塔、高墩和深水基础的大跨径桥梁施工中,采用了各种先进的施工机械设备,如大型基础施工机械设备,大型运输设备、大型船舶等。因此,对作业人员进行安全生产教育培训,并依据《公路工程施工安全技术规范》JTG F90—2015第8章等有关规定对各个施工环节进行安全检查。

(1)桥涵施工一般安全要求

1)桥涵工程施工前,应详细核对设计图纸和文件。高墩、大跨、深水、结构复杂的大型桥梁施工,应对施工安全技术措施做专题调查研究,采取切实可靠的先进技术、设备和防护措施。中、小桥涵工程施工应制定针对性的安全技术措施计划。每单项工程,在开工前应根据规程规定安全操作细则,并向施工人员进行安全技术交底。

2)桥涵工程施工的辅助结构、临时工程及大型设施等,均应按有关规定做好安全防护措施,各项安全设施完成后,应经检验合格,方能使用。

3)特殊结构的桥涵,采用新技术、新工艺、新材料、新设备时,制定相应的有针对性的安全技术措施,通过试验和检验,证明可行后方可实施。

4)桥涵工程施工,应尽量避免双层或多层同时作业,双层同时作业或桥下通航、通车及行人通道等立体施工时,应设防护棚、防护网、防撞装置和醒目的警示标志、信号等,切实做好安全防护措施。有电焊作业的桥梁,防护棚应具绝缘、防火性能。手持式电动工具,应按规定在电箱加设漏电保护器。

5)通航江河上的桥涵工程,施工前应与当地港航监督部门联系,商定有关通航、作业安全事宜,办理水上施工许可证等必要的手续,否则,不得施工。遇有六级(含六级)以上大风等恶劣天气时,应停止高处露天作业、缆索吊装及大型构件起重吊装等作业。禁止施工人员酒后驾驶场内施工车辆及操作危险等级较高的施工设备作业。

6)高大的自行式施工机械在移动转场过程中应放倒钻架和桅杆,在高压线下施工时应采用相关技术措施,保持最小安全距离。

7)沿海桥梁台风汛期季节施工应做好防台风、潮汐准备工作,大跨径桥梁上部构造合拢段工期安排宜避开台风汛期,在台风汛期来临时停止一切施工作业。

8)任何工程的施工应尽量避开夜间施工。因连续不间断要求进行夜间施工的工程,施工现场应有足够的照明。

(2)基础工程施工安全与检查要点

1)明挖基础

①检查基坑开挖的方法、顺序以及支撑结构的安全施工,按照施工组织设计中的规定进行。

②检查采用挖土机械开挖基坑时,留意坑内作业人员。留人在坑内操作时,挖土机械应暂停作业;开挖基坑的人员不得在坑壁下休息。

2）围堰

① 随时检查挡板、板桩等挡土设施的稳定牢固状况；当基坑较深时，应在合适位置设置人员上下扶梯。施工中，遇有流沙、涌沙或支撑变形等异常情况，应立即停止挖掘，并立即撤出作业人员。在切实采取加固措施安全后，方可继续开挖。

② 采用吸泥船吹沙筑岛时要对船体吃水深度、停泊位置、管路射程及连接方法等，进行严格检查和试验。

③ 钢板桩及钢筋混凝土板桩围堰

a.施工前应对打桩机、卷扬机及其配套机具设备、绳索等，进行全面检查，经试验、检定合格后方可施工。

b.检查系索人员有稳固地点立足、佩戴安全帽、佩戴安全带，施工中应经常检查机械设备，发现异常情况应立即停机检修。

④ 套箱围堰

a.拖船牵引浮运钢套箱时应检查各个部门配备有效的通信器材，建立统一的指挥机构。

b.钢套箱拆除，应检查施工作业人员按施工组织设计规定的程序进行。

3）沉井基础

施工现场管理人员应观察周围区域，如有障碍建筑，应采取必要的安全措施；并在沉井顶面设置安全防护围栏。井内、井上搭设的抽水机台座、水力机械管道等施工设施，均应架设牢固。井顶上的机具应设防护挡板，小型工具宜装箱存放。在沉井刃脚和井内横隔墙附近不得有人停留、休息，以防止坠物伤人。

4）钻孔灌注桩基础

① 钻机就位后，应对钻机及其配套设备进行全面检查，钻机平台和作业平台，特别是水上钻机平台应搭设坚固牢靠，并满铺脚手板，设防护栏、走道。杂物及障碍物应及时清除。

② 检查在作业中各类钻机，由本机的或机管负责人指定操作人员操作，其他人不得登机。

5）沉入桩基础

各种沉桩及桩架等拼装完成后，应对机具设备及安全防护设施，如作业平台、护栏、扶梯、跳板等进行全面检查验收，确认合格，方可施工。降雪或冰冻时，应及时清除。

6）挖孔、沉管灌注桩基础

施工现场管理人员应督促施工作业人员要按照操作规程和相关要求的规定进行施工，保障孔内挖土人员的安全，经常保持孔内的通风。

7）拔桩作业

利用柴油或蒸气打桩机拔桩筒，应垂直吊拔，不准斜拉。当桩筒入土较深，吊拔困难时，要采取辅助措施，严禁硬拔；吊桩时要慢起，桩下部要系溜绳，控制稳定。

8）管柱基础

管柱振动下沉作业前，应安排安全人员对邻近的建（构）筑物、临时设施及相邻管柱的安全和稳定进行检查，必要时采取安全防护措施。

(3)墩台工程施工安全检查要点

1)就地浇筑的墩台

① 就地浇筑混凝土墩台时,应按《预制场地安全管理与检查要点》进行检查。

② 用吊斗浇筑混凝土时,应提醒施工部门设专人指挥,下部的作业人员躲开,上部人员不得身倚栏杆推吊斗,严禁吊斗碰撞模板及脚手架。

2)砌筑墩台

① 砌筑墩台前,应检查已搭设好的脚手架、作业平台、护栏、扶梯等安全防护设施安全、可靠。

② 检查作业人员按照设计宽度、坡度施工,并符合安全要求。

3)滑模施工

① 高桥墩(台)、塔墩、索塔等高层结构,采用滑升模板施工时,应按照高处作业的安全规定,现场加设安全防护设施,人员穿戴好个人劳动防护用品,根据工程特点,编制单项施工专项方案及其安全技术措施,并向参加滑模施工人员进行安全技术交底。

② 拆除滑模设备时,应做好安全防护措施。拆除时可视吊装设备能力,分组拆除或吊至地面上解体,以减少高处作业量和杆件变形。拆除现场应划定警戒区。警戒线到建筑物边缘的安全距离不得小于10m。

4)就地浇筑上部结构

① 在钢筋混凝土或预应力混凝土就地浇筑时,应检查搭设的脚手架、作业平台、护栏及安全网等安全防护设施。

② 作业前,应对机具设备及其拼装状态、防护设施等进行检查,主要机具应经过试运转验证。

③ 在支架上浇筑混凝土应对支架进行预压试验,以检查支架的承载能力和稳定性,消除非弹性变形。

④ 施工中,应随时检查支架和模板,发现异常状况,及时采取措施。

⑤ 就地浇筑水上各类上部结构,按照水上作业安全规定进行施工、作业。

5)悬臂浇筑法施工

① 采用桁架挂篮施工时,应遵守下列规定:

a.施工前,应制定安全技术措施。挂篮组拼后,要进行全面检查,并做静载试验;挂篮两侧前移要对称平衡进行,大风雷雨天气不得移动挂篮,挂篮移动到位以后,要检查前后锚点、吊带、后锚锚固到位。挂篮移动中应设旁站监控。

b.在墩上进行零号块施工并以斜拉托架做施工平台时,应检查施工单位在平台边缘处安设安全防护设施。墩身两侧斜拉托架平台之间搭设的人行道板连接牢固。

c.使用的机具设备(如千斤顶、滑车、手拉葫芦、钢丝绳等)应进行检查,不符合规定的严禁使用。

d.检查墩身预埋件和斜拉钢带的位置及坚固程度,符合设计要求。

e.遇有大风及恶劣天气时,应停止作业。

② 双层作业时,督促操作人员严守各自岗位职责,防止疏漏和掉落铁件工具等。

③ 挂篮使用时,应经常检查后锚固筋、千斤顶、手拉葫芦、张拉平台及保险绳等完好可靠。底模高程调整时,应设专人统一指挥。作业人员脚下应铺设稳固的脚手板,

身系安全带。

④挂篮在安装、行走及使用中，应严格控制荷载，防止过大的冲击、振动。如需在挂篮上另行增加设施（如防雨棚、立井架、防寒棚等），不得损坏挂篮结构及改变其受力形式。

⑤挂篮拼装及悬臂组装中，危险性较大，在高处及深水处作业时，应设置安全网，满铺脚手板，设置临时护栏。

⑥使用水箱作平衡配重时，其位置、加水量等应符合设计要求。给水排水设施和方法，应稳妥可靠。施工中，对上述情况要进行经常性安全检查。

⑦底模荡移前，详细检查挂篮位置、后端压重及后吊杆安装情况符合要求。应先将上横梁两个吊带与底模下横梁连接好，确认安全后，方可荡移。

⑧挂篮行走时，要缓慢进行，速度应控制在0.1m/min以内。挂篮后部，各设一组溜绳，以保安全。滑道要铺设平整、顺直，不得偏移，并随时注意观察，发现问题及时处理。

⑨浇筑合拢段混凝土时，在悬臂端预加压重，随浇筑进程，加载逐步撤出时，应自上而下进行。撤出压重时，应注意防止砸伤。

⑩箱梁混凝土接触面的凿毛工作，要有安全防护设施，所用手锤柄应牢固。作业人员之间，应有一定的安全距离。

（4）上部构造（预制、拼装）工程安全检查要点

详见3.11装配式工艺与BIM技术施工安全检查要点。

（5）拱桥施工

拱架制作与安装的过程中，应按设计要求，具有足够的强度、刚度和稳定性。拱架须经验算，经试验或预压，并满足防洪、流水、排水、航运等安全要求。

（6）跨线桥及通道桥涵施工

桥梁跨越公路、铁路或其他线路时，施工前，应编制专门的安全施工组织设计，并与相关部门协商有关事宜，并签订必要的安全协议。内容包括：利用行车间隔时间进行安装的计划、安全防护以及在发生紧急情况时的应急处理措施等。

（7）斜拉桥、悬索桥施工

斜拉桥和悬索桥（吊桥）的索塔施工，属于高处或超高处作业，应根据结构、高度及施工工艺的不同情况，制定相应的专门安全施工组织设计、安全作业指导书（操作规程）。

一般情况，混凝土、钢筋混凝土及预应力混凝土索塔，参照墩台施工及滑模施工的安全控制要点。

（8）钢桥施工

钢梁杆件组装，应在平整的作业台上进行，其基础应有足够的承载力。钢梁拼装前，应按设计要求检验杆件和零部件达到设计标准。

3.6.4 隧道工程施工安全检查要点

隧道工程施工是高速公路建设施工依据《公路工程施工安全技术规范》JTG F90—2015第9章等有关规定对各个施工环节进行安全检查。

（1）一般检查要点

1）隧道施工前应开展安全风险评估，辨识施工过程中的主要危险源及危害因素，制定安全防护措施，并应根据工程建设条件、技术复杂程度、地质与环境条件、施工管理模式，以及工程建设经验，对隧道工程实施动态风险控制和跟踪处理。

2）隧道施工应按设计文件规定的施工方法制订施工方案，地质条件发生变化时，应及时进行设计变更。

3）压力容器操作人员应按照有关规定经专业机构培训，并应取得相应的从业资格。

4）施工现场布设应符合下列规定：

①临时设施的设置除应符合有关规范规定外，尚应避开高边坡、陡峭山体下方、深沟、河流、池塘边缘等区域。

②弃渣场地应设置在不易溃塌、不产生滑坡的安全地段，不得堵塞河流、泄洪通道。

③隧道内供风、供水、供气管线与供电线路应分别架设，照明和动力线路应分层架设。

④供电线路架设应遵循"高压在上、低压在下，干线在上、支线在下，动力线在上、照明线在下"的原则。110V以下线路距地面不得小于2m，380V线路距地面不得小于2.5m，6～10kV线路距地面不得小于3.5m。

5）隧道洞口管理应符合下列规定：

①隧道洞口应设专人负责进出人员登记及材料、设备与爆破器材进出隧道记录和安全监控等工作。

②隧道施工应建立洞内外通信联络系统。

③长、特长及高风险隧道施工应设置稳定可靠的视频监控系统、门禁系统和人员识别定位系统。

6）隧道洞口与桥梁、路基等同一个工点有多个单位同时施工或洞内不同专业交叉作业时，应共同制定现场安全措施。

7）隧道内施工不得使用以汽油为动力的机械设备。

8）通风机、抽水机等隧道安全设备应配备备用设备。

9）隧道内作业台车、台架应满足施工安全要求，高处作业安全防护设施应符合规范规定。

10）隧道洞口、开关箱、配电箱、台车、台架、仰拱开挖等危险区域应设置明显的警示标志。洞内施工设备均应设反光标识。

11）隧道内应按要求配备消防器材。

12）应根据危险源辨识情况编制隧道坍塌、突水、突泥、触电、火灾、爆炸、窒息、有害气体等应急预案并应配备相应的应急资源。

13）高压富水隧道钻孔作业应采取防突水、突泥冲出的反推或拴锚等措施。

14）不良地质隧道地段应遵循"早预报、预加固、弱爆破、短进尺、强支护、早封闭、勤量测、快衬砌"的原则施工。

15）超前地质预报和监测方案应作为必要工序，统一纳入施工组织管理。

16）施工隧道内不得明火取暖。

17）隧道内严禁存放汽油、柴油、煤油、变压器油、雷管、炸药等易燃易爆物品。

（2）洞口与明洞

1）洞口施工前，应先清理洞口上方及侧方可能滑塌的表土、灌木及山坡危石等。

2）洞口的截、排水系统应在进洞前完成，并应与路基排水顺接，不得冲刷路基坡面、桥台锥体、农田屋舍，土质截水沟、排水沟应随挖随砌。

3）石质边、仰坡应采用预留光爆层法或预裂爆破法，不得采用深眼大爆破或集中药包爆破开挖。

4）洞口边、仰坡坡面防护应符合要求，洞口施工应监测边、仰坡变形。

5）洞口开挖应先支护后开挖、自上而下分层开挖、分层支护。不得掏底开挖或上下重叠开挖。陡峭、高边坡的洞口应根据设计和现场需要设安全棚、防护栏杆或安全网，危险段应采取加固措施。洞口工程应及早完成。

6）洞口附近存在建（构）筑物且使用爆破掘进的，应采用控制爆破技术，并应监测振动波速及建（构）筑物的沉降和位移。

7）洞口施工应采取措施保护周围建（构）筑物、既有线、洞口附近交通道路。

8）洞口开挖宜避开雨季、融雪期及严寒季节。

9）明洞施工应符合下列规定：

① 明洞开挖前，洞顶及四周应设防水、排水设施。

② 明洞应自上而下开挖。石质地段开挖应控制爆破炸药用量，开挖后应立即施作边坡防护。

③ 开挖松软地层边、仰坡应随挖随支护。

④ 衬砌强度未达到设计的70%、防水层未完成时，不得回填。

10）明洞槽不宜在雨天开挖。

（3）开挖

1）长度小于300m的隧道，起爆站应设在洞口侧面50m以外；其余隧道洞内起爆站距爆破位置不得小于300m。

2）装药、起爆、通风、盲炮处置等应符合现行《爆破安全规程》GB 6722—2014的有关规定。

3）爆破后应按先机械后人工的顺序找顶，并应安全确认。

4）机械开挖应根据断面和作业环境选择机型、划定安全作业区域，并应设置警示标志。

5）人工开挖应设专人指挥，作业人员应保持安全操作距离。

6）两座平行隧道开挖，同向开挖工作面纵向距离应根据两隧道间距、围岩情况确定，且不宜小于2倍洞径。

7）隧道双向开挖面间相距15～30m时，应改为单向开挖。停挖一端的作业人员和机具应撤离。土质或软弱围岩隧道应加大预留贯通的安全距离。

8）涌水段开挖宜采用超前钻孔探水查清含水层厚度、岩性、水量与水压。

9）全断面法施工应符合下列要求：

① 应控制一次同时起爆的炸药量。

② 地质条件较差地段应对围岩进行超前支护或预加固。

10）台阶法和环形开挖预留核心土法施工，除应符合现行《公路隧道施工技术规范》JTG F60—2009的有关规定外，尚应符合下列规定：

① 围岩较差、开挖工作面不稳定时，应采用短进尺、上下台阶错开开挖或预留核心土措施，宜采用喷射混凝土、注浆等措施加固开挖工作面。

② 应根据围岩条件和初期支护钢架间距确定台阶上部开挖循环进尺，上台阶每循环开挖支护进尺Ⅴ、Ⅵ级围岩不应大于1榀钢架间距，Ⅳ级围岩不得大于2榀钢架间距。

③ 围岩较差、变形较大的隧道，上部断面开挖后应立即采取控制围岩及初期支护变形量的措施。

④ 台阶下部断面一次开挖长度应与上部断面相同，且不得超过1.5m。

⑤ 台阶下部开挖后应及时喷射混凝土封闭。

11）中隔壁法施工应符合现行《公路隧道施工技术规范》JTG F60—2009的有关规定，且同侧上、下层开挖工作面应保持3～5m距离。

12）双侧壁导坑法施工应符合下列规定：

① 及时施工，初期支护并尽早封闭成环。

② 侧壁导坑形状应近似于椭圆形断面。

③ 导坑跨度宜为隧道跨度的1/3。

④ 左右导坑前后距离不宜小于15m。

⑤ 导坑与中间土体同时施工时，导坑应超前30～50m。

13）仰拱开挖施工应符合下列规定：

① Ⅳ级及以上围岩仰拱，每循环开挖长度不得大于3m，不得分幅施工。

② 仰拱与掌子面的距离，Ⅲ级围岩不得超过90m，Ⅳ级围岩不得超过50m，Ⅴ级及以上围岩不得超过40m。

③ 底板欠挖硬岩应采用人工钻眼松动、弱爆破方式开挖。

④ 开挖后应立即做作初期支护。

⑤ 栈桥等架空设施强度、刚度和稳定性应满足施工要求；栈桥基础应稳固；桥面应做防侧滑处理；两侧应设限速警示标志，车辆通过速度不得超过5km/h。

（4）管幕法

1）一般管幕法作业流程如图3-4所示。

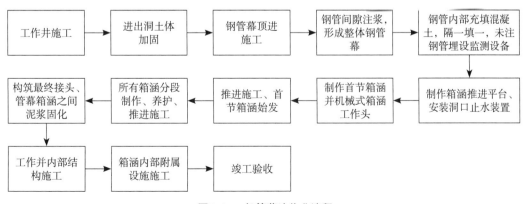

图3-4 一般管幕法作业流程

2）施工作业必须按序施工，严禁将作业程序颠倒。作业断面不准上下同时交叉施工。

3）管幕—箱涵施工作业期间，现场施工管理人员必须旁站监控管理。

4）顶进期间隧道内作业必须配备通风设备，确保人员职业健康，隧道内平台配备氧气瓶，防止有害气体造成的人员呼吸困难及窒息。

5）井下设专人对洞口移动电缆状况进行监控，顶进过程中使电缆保持松弛状态，防止电缆因拖拽受损。吊放顶铁时，注意电缆位置，防止顶铁挤压、碰撞电缆。

6）在工作井内吊装管材和顶铁时，及时提醒井下作业人员注意避让，严禁站在重物下方。

7）在工作井上沿龙门吊主梁下安装照明灯具，保证夜间施工有足够的照明。

8）高压电缆、开关柜、变压器等高压设备，悬挂醒目的警告标志。

9）每次制作高压电缆接头后，必须按照有关规定进行耐压测试，合格以后才能使用。

10）管道内设备发生故障或检修时，必须在断电、泄压后才可进行操作，严禁带电、带压作业。

（5）装渣与运输

1）装渣与运输应符合现行《公路隧道施工技术规范》JTG F60—2009的有关规定。

2）运渣车辆应状态完好、制动有效，不得载人、超载、超宽、超高运输。

3）装渣、卸渣及运输作业场地的照明应满足作业人员安全的需要，隧道内停电或无照明时，不得作业。

4）长、特长隧道施工有轨运输应配备载人列车，并设专人操作。

5）无轨运输应设置会车场所、转向场所及行人的安全通路。

（6）支护

1）围岩自稳程度差的地段应先进行超前支护、预加固处理，并应符合设计要求。

2）应随时观察支护各部位，支护变形或损坏时，作业人员应及时撤离现场。

3）喷射混凝土、锚杆、钢筋网、超前小导管、管棚支护施工应符合现行《公路隧道施工技术规范》JTG F60—2009的有关规定。焊接作业区域内不得有易燃易爆物品，下方不得有人员站立或通行。

4）钢架施工除应符合现行《公路隧道施工技术规范》JTG F60—2009的有关规定外，尚应符合下列规定：

① 钢架底脚基础应坚实、牢固。

② 相邻的钢架应连接成整体。

③ 已安装的钢架发生扭曲变形时，应及时逐榀更换，不得同时更换相邻的钢架。

④ 下部开挖后，钢架应及时接长、落底，钢架底脚不得左右同时开挖。

⑤ 拱脚开挖后应立即安装拱架、施作锁脚锚杆，锁脚锚杆数量、长度、角度应符合设计要求。

⑥ 拱脚不得脱空，不得有积水浸泡。

⑦ 临时钢架支护应在隧道钢架支撑封闭成环，并满足设计要求后拆除。

（7）衬砌

1）软弱围岩及不良地质隧道的二次衬砌应及时施作，二次衬砌距掌子面的距离Ⅳ

级围岩不得大于90m，Ⅴ级及以上围岩不得大于70m。

2）隧道内不得加工钢筋。

3）衬砌钢筋安装应设临时支撑，临时支撑应牢固可靠并有醒目的安全警示标志。

4）钢筋焊接作业在防水板一侧应设阻燃挡板。

5）衬砌台车应经专项设计，衬砌台车、台架组装调试完成应组织验收，并应试行走，日常使用应按规定维护保养。

6）拱架、墙架和模板拆除应符合现行《公路隧道施工技术规范》JTG F60—2009的有关规定。

7）仰拱应分段一次整幅浇筑，并应根据围岩情况严格限制分段长度。

（8）辅助坑道

1）横洞、平行导坑施工应符合现行《公路隧道施工技术规范》JTG F60—2009的有关规定。平行导坑宜采用单车道断面，间隔200m左右应设置一处错车道。错车道的有效长度宜为1.5倍施工车辆的长度。

2）开挖前应妥善规划并完成斜井、竖井井口周边的截水、排水系统和防冲刷设施、斜井洞门、竖井锁口圈应及早施作。

3）开挖前应检查斜井、竖井与正洞连接处的围岩稳定情况，应根据检查结果确定并实施超前预加固措施。开挖后，应及时支护和监控量测。

4）斜井施工应符合下列规定：

① 无轨运输斜井内运输道路应硬化，并应采取防滑措施；长隧道斜井无轨运输道路综合纵坡不得大于10%；单车道的斜井，每隔一定距离应设置错车道，其长度应满足安全行车要求。

② 无轨运输进洞载物车辆车速不得大于8km/h，空车车速不得大于15km/h，出洞爬坡车速不得大于20km/h。

③ 有轨运输井口应设置挡车器，并设专人管理；在挡车器下方5～10m及接近井底前10m处应各设一道防溜车装置；长大斜井每隔100m应分别设置防溜车装置，井底与通道连接处应设置安全索；车辆行驶时，井内严禁人员通行与作业。

④ 有轨运输井身每30～50m应设置躲避洞，井底停车场应设避车洞，井底附近的固定设备应置于专用洞室。

⑤ 斜井口、井下及提升绞车应有联络信号装置。每次提升、下放与停留应有明确的信号规定。

⑥ 斜井中牵引运输速度不得大于5m/s，接近洞口与井底时不得大于2m/s，升降加速度不得大于$0.5m/s^2$。

⑦ 斜井提升设备应按规定装设符合要求的防止过卷装置、防止过速装置、限速器、深度指示器、警铃、常用闸和保险闸等保险装置。

⑧ 斜井提升、连接装置和钢丝绳应符合安全使用的要求，并应定期检查。

⑨ 人员不得乘斗车上下；当斜井垂直深度超过50m时，应有运送人员的专用设施。

⑩ 运送人员的车辆应设顶盖，并装有可靠的防坠器；车辆中应装有向卷扬机司机发送紧急信号的装置。

5）竖井施工应符合现行《公路隧道施工技术规范》JTG F60—2009的有关规定，

提升机、罐笼、绞车应符合现行《矿井提升机和矿用提升绞车安全要求》GB 20181—2006 和《罐笼安全技术要求》GB 16542—2010 的有关规定，尚应符合下列规定：

① 井口应配置井盖，除升降人员和物料进出外，井盖不得打开。井口应设防雨设施，通向井口的轨道应设挡车器。井口周围应设防护栏杆和安全门，防护栏杆的高度不得小于 1.2m。

② 竖井井架应安装避雷装置。

③ 竖井吊桶、罐笼升降作业应制订操作规程，并严格执行。

④ 每次爆破后，应有专人清除危石和掉落在井圈上的石渣，并检查初期支护和临时支撑，清理完后方可正常工作。当工作面附近或未衬砌地段发现落石、支撑发响、大量涌水时，作业人员应立即撤出井外，并报告处理。

（9）防水和排水

1）隧道防水板施工作业台架应设置消防器材及防火安全警示标志，并应设专人负责。照明灯具与防水板间距离不得小于 0.5m，不得烘烤防水板。

2）隧道排水作业应符合下列规定：

① 隧道内反坡排水方案应根据距离、坡度、水量和设备情况确定。抽水机排水能力应大于排水量的 20%，并应有备用台数。

② 隧道内顺坡排水沟断面应满足隧道排水需要。

③ 膨胀岩、土质地层、围岩松软地段应铺砌水沟或用管槽排水。

④ 遇渗水漏水面积或水量突然增加，应立即停止施工，人员撤至安全地点。

3）斜井及竖井排水应符合下列规定：

① 斜井应边掘进边排水；涌水量较大地段应分段截排水。

② 竖井、斜井的井底应设置排水泵站；排水泵站应设在铺设排水管的井身附近，并应与主变电所毗邻；泵站应留有增加水泵的余地。

③ 水箱、集水坑处应挂设警示牌标识，并对设备进行挡护。

（10）通风、防尘及防有害气体

1）施工通风应符合下列规定：

① 隧道施工独头掘进长度超过 150m 时，应采用机械通风；通风方式应根据隧道长度、断面大小、施工方法、设备条件等确定，主风流的风量不能满足隧道掘进要求时，应设置局部通风系统。

② 隧道施工通风应纳入工序管理，由专人负责。

③ 隧道施工通风应能提供洞内各项作业所需要的最小风量，风速不得大于 6m/s；每人供应新鲜空气不得小于 3m³/min，内燃机械作业供风量不宜小于 4.5m³/(min·kW)；全断面开挖时风速不得小于 0.15m/s，导洞内不得小于 0.25m/s。

④ 长及特长隧道施工应配备备用通风机和备用电源。

⑤ 通风机应装有保险装置，发生故障时应自动停机。

⑥ 通风管沿线应每 50～100m 设立警示标志或色灯。

⑦ 通风管安装作业台架应稳定牢固，并应经验收合格。

⑧ 主风机间歇时，受影响的工作面应停止工作。

2）防尘、防有害气体应符合下列规定：

① 作业过程中，空气中的氧气含量不得低于19.5%；不得用纯氧通风换气。

② 空气中的一氧化碳（CO）、二氧化碳（CO_2）、氮氧化物（NO_x）等有害气体浓度不得超过规范中的容许值。

③ 隧道施工应采取综合防尘措施，并应配备专用检测设备及仪器。隧道内存在矽尘的作业场作，每月应至少取样分析空气成分一次、测定粉尘浓度一次。

④ 隧道作业人员应配备防尘口罩、耳塞等个人劳动保护用品，并定期安排作业人员体检。

（11）风、水、电供应符合要求

1）施工供风符合下列规定：

① 空气压缩机站应设有防水、降温和防雷击设施。

② 供风管的材质及耐风压等级应满足相应要求，供风管不得有裂纹、创伤和凹陷，管内不得留有残余物和其他脏物。

③ 供风管应铺设平顺、接头严密，软管与钢风管的连接应牢固，风管应在空压机停机或关闭闸阀后拆卸。

④ 不得在空压机风管进出口和软管旁停留人员或放置物品。

2）施工供水的蓄水池应设防渗漏措施和安全防护设施，且不得设于隧道正上方。

3）施工供电与照明符合下列规定：

① 非瓦斯隧道施工供电应规范规定。

② 瓦斯隧道供电照明应符合现行《煤矿安全规程》的有关规定。

③ 隧道外变电站应设置防雷击和防风装置。

④ 隧道内设置6～10kV变电站时，变压器与周围及上下洞壁的最小距离不得小于0.3m，变电站周围应设防护栏杆及警示灯。

⑤ 成洞地段固定的电线路应采用绝缘良好的胶皮线架设，施工地段的临时电线路应采用橡套电缆。竖井、斜井地段应采用铠装电缆，瓦斯地段输电线应使用密封电缆。

⑥ 涌水隧道电动排水设备、瓦斯隧道通风设备以及斜井、竖井内电气装置应采用双回路输电，并应设可靠的切换装置和防爆措施。

⑦ 动力干线上的每一分支线，装设开关及保险装置。严禁在动力线路上加挂照明设施。

⑧ 隧道施工用电按设计要求设置双电源或自备电源。自备发电机组与外申线路电源联锁，严禁并列运行。

⑨ 隧道内照明灯光应保证亮度充足、均匀及不闪烁，采用普通灯光照明时，其照度应符合现行《公路隧道施工技术规范》JTG/T 3660—2020的有关规定。

⑩ 作业地段照明电压不宜大于36V，成洞段和不作业地段宜采用220V。照明灯具宜采用冷光源。

⑪ 漏水地段应采用防水灯具，瓦斯地段应采用防爆灯具。

⑫ 隧道内用电线路和照明设备应设专人负责检查和维护，检修电路与照明设备应切断电源。

（12）不良地质和特殊岩土地段

1）富水软弱破碎围岩隧道施工应符合下列规定：

① 施工过程应加强对隧道围岩和支护结构变形、地下水变化的监测，并应依据监

测结论动态调整设计和施工参数。

②应严格控制开挖循环进尺,初期支护应及时施作。

③应遵循"防、排、堵、截"相结合的原则治水。

④施工中出现浑水、突水、突泥、顶钻、高压喷水、出水量突然增大、坍塌等突发性异常情况应立即停止施工、分析异常原因,并应妥善处理。

2）岩溶地质隧道施工应符合下列规定：

①应先开展地质调查,并根据综合地质预报对溶洞里程、影响范围、规模、类型、发育程度和填充物、储水及补给情况、岩层稳定程度以及与隧道的相对位置等做出预测分析,制定防范措施。

②应遵循"因地制宜、综合治理"的原则施工。

③隧道溶洞与地表水存在水力关系时,宜在旱季进行溶洞处理和隧道施工。

④岩溶段爆破开挖应严格控制单段起爆药量和总装药量,控制爆破振动。

⑤应备用足够数量的排水设备。

3）含水沙层和风积沙隧道施工应符合下列规定：

①含水沙地段开挖应遵循"先治水、后开挖"的原则,风积沙地段开挖应遵循"先加固、后开挖"的原则；循环进尺应严格控制,并应加强监控量测。

②开挖完成后,应及时支护、尽早衬砌、封闭成环。施工过程中应遇缝必堵,严防沙粒从支护缝隙中漏出。

4）黄土隧道施工应符合下列规定：

①施工前,应验证黄土的年代、成因、含水率、强度、压缩性、孔隙率、抗水性等情况,掌握详细的地质信息。

②进洞前,洞口的防排水系统应施作完毕。应采取回填夯实、填土反压、改变地表水径流等方法处理地表和浅埋段的冲沟、陷穴、裂缝。

③宜在旱季开挖洞口,雨季施工应采取控制措施。

④含水率较大的地层应及时排水,不得浸泡墙脚、拱脚。

⑤施工中应密切观察垂直节理。

⑥施工中应密切监测拱脚下沉情况。

5）膨胀岩土地质隧道施工应符合下列规定：

①施工前应查明膨胀岩的岩性、规模、各向异性程度、吸水性、固岩强度比、水文地质、膨胀机理等情况,选择合适的施工方法和预控措施。

②除常规监测项目外,尚应加强监测围岩净空位移、围岩压力,并应根据监测结果及时调整预留变形量和支护参数。

③应控制开挖循环进尺,逐次开挖断面各分部,分部开挖不得超前独进。

④隧道开挖断面轮廓应圆顺。

⑤隧道开挖后应尽快初喷混凝土封闭岩面,并应控制施工用水,加强施工用水管理,岩面不得受水浸泡。

6）岩爆地质隧道施工应符合下列规定：

①施工中应加强围岩特性、岩爆强度等级、水文地质情况等的预报、预测和分析。

②宜在围岩内部应力释放后采用短进尺开挖,每循环进尺宜为$1.0 \sim 2.0\text{m}$,光面

爆破的开挖面周壁宜圆顺。

③ 拱部及边墙应布设预防岩爆锚杆，施工机械重要部位应加装防护钢板。

④ 每循环内对暴露的岩面应加大监测及找顶频次。

⑤ 施工过程中应密切观察岩面剥落、监听岩体内部声响情况，出现岩爆迹象，作业人员应及时撤离。

7）软岩大变形地质隧道施工应符合下列规定：

① 施工过程中应加强围岩岩性、地应力、水文地质、地质构造、变形机理分析，确定可能产生的变形程度与危害。

② 施工过程中应监测拱顶下沉、周边位移、底鼓、围岩内部位移、支护结构变形等情况，并应依据监测结果及时调整支护参数和预留变形量。发现变形异常应及时处理。

③ 应严格控制循环进尺，仰拱、二衬应及时施作、封闭成环。

8）含瓦斯隧道施工应符合下列规定：

① 施工前应编制专项施工方案、超前地质预报方案、通风设计方案、瓦斯监测方案、应急预案、作业要点手册等。

② 应建立专门机构，并设专人做好瓦斯检测、记录和报告工作，瓦斯监测员应按照相关规定经专门机构培训，并应取得相应的从业资格。

③ 各作业面应配备瓦检仪，高瓦斯工点和瓦斯突出地段应配置高浓度瓦检仪和自动检测报警断电装置，瓦斯隧道人员聚集处应设置瓦斯自动报警仪。

④ 瓦斯检测应至少选择瓦斯压力法、综合指标法、钻屑指标法、钻孔瓦斯涌出初速度法、"R值指标法"中的两种方法，并需相互验证。

⑤ 瓦斯含量低于0.5%时，应每0.5～1h检测一次；瓦斯含量高于0.5%时，应随时检测，发现问题立刻报告。当有煤与瓦斯突出危险时，如压力增大、变化异常时，应加大检测频率。

⑥ 进入隧道施工前，应检测开挖面及附近20m范围内、断面变化处、导坑上部、衬砌与未衬砌交界处上部、衬砌台车内部、拱部塌穴等易积聚瓦斯部位、机电设备及开关附近20m范围内、岩石裂隙、溶洞、采空区、通风不良地段等部位的瓦斯浓度。隧道内瓦斯浓度限值及超限处理措施应符合规定。

⑦ 通风设施应保持良好状态，并应配置一套备用通风装置，各工作面应独立通风。

⑧ 风筒、风道、风门、风墙等设施应保持封闭，施工中应设专人维修和保养，不得频繁开启风门。

⑨ 应配置两套电源供电，并应采用双电源线路，电源线不得分接隧道以外任何负荷。

⑩ 应按规定设置灭火器、消防水池、消防沙等消防设施。

⑪ 应采用湿式钻孔开挖，装药前、放炮前和放炮后，爆破工、班组长和瓦斯检测员现场检查瓦斯浓度并参加爆破全过程。

⑫ 爆破作业应使用煤矿许用炸药和煤矿许用瞬发电雷管或煤矿许用毫秒延期电雷管，并应使用防爆型发爆器起爆。

⑬ 爆破母线应成短路状态，并包覆绝缘层。

⑭ 炮孔应使用炮泥填堵，填料应采用黏土或不燃性材料。

⑮ 起爆网络应由工作面向起爆站依次连接。

⑯ 揭煤地段施工宜采用微振动控制爆破掘进，并应根据煤层产状、厚度范围选定石门揭煤方法，爆破后应及时喷锚支护、封闭瓦斯，仰拱、二衬瘦及时施工，衬砌背后应及时压浆填充空隙。

⑰ 铲装石渣前应浇湿石渣。

⑱ 开挖完成后应及时喷锚支护、封闭围岩、堵塞岩面缝隙。

⑲ 瓦斯隧道严禁两个作业面之间串联通风。洞口20m范围内严禁明火。严禁使用黑火药或冻结、半冻结的硝化甘油类炸药，同一工作面不得使用两种不同品种的炸药。

⑳ 高瓦斯工区和瓦斯突出工区的电气设备与作业机械使用防爆型。

9）冻土隧道施工应符合下列规定：

① 洞口段应根据季节温度的变化采取保温措施，换填、保温、防护排水等设施宜在春融前完成，季节性冻土段宜安排在非冻季节施工。施工前应查明冻土类别、含水率及分布规律、结构特征、厚度以及物理力学性质。

② 洞口应设置防寒保温门，洞口边、仰坡应"快开挖、快防护"。

③ 开挖爆破后，应及时喷锚支护封闭围岩。

（13）盾构施工

1）盾构始发应符合下列规定：

① 盾构始发前应验算盾构反力架及其支撑的刚度和强度，反力架应牢固支撑在始发井结构上。盾构反力架整体倾斜度应与盾构基座的安装坡度一致。

② 应根据工程水文地质条件、盾构机类型、盾构工作井的围护结构形式等因素加固盾构工作井端头地基，承载力应满足始发要求。

③ 应拆除刀盘不能直接破除的洞门围护结构。拆除前始发工作井端头地基加固与止水效果应良好。拆除时，应将洞门围护结构分成多个小块，从上往下逐个依次拆除，拆除作业应迅速连续。

④ 洞门围护结构拆除后，盾构刀盘应及时靠紧开挖面。

⑤ 盾构始发时应在洞口安装密封装置；盾尾通过洞口后，应尽早稳定洞口。

⑥ 盾构始发时，始发基座应稳定，盾构不得扭转。

⑦ 千斤顶应均匀顶进，反力架受力应均匀。

⑧ 负环脱出盾尾后，应立即对管片环向进行加固。

2）盾构掘进应符合下列规定：

① 盾构应在始发段50～100m进行试掘进，并应根据地质情况、施工监测结果、试掘进经验等因素选用掘进参数。

② 土压平衡盾构掘进，开挖土体应充满土仓，并应核算排土量和开挖量。泥水平衡盾构掘进，泥浆压力与开挖面水土压力、排土量与开挖量应保持平衡。掘进过程中，应采取防止螺旋输送机发生喷涌的措施。

③ 盾构机不宜长时间停机。

④ 盾构刀具检查和更换地点应选择地质条件好、地层稳定的地段。

⑤ 维修刀盘应对刀盘前方土体采取加固措施或施作竖井。

⑥ 盾构设备应在机器停止操作时维修；液压系统维修前，应关闭相关阀门并降压；电气系统维修前，应关闭系统；空气和供水系统维修时，应关闭相应阀门并降压；刀

盘、拼装机等旋转设备部件区域维修前，设备应停止运转。

3）盾构管片拼装应设专人指挥。片拼装和吊运范围内不得有人和障碍物，管片拼装时，拼装设备与管片连接应稳固，管拼装完的管片应及时固定。

4）盾构接收应符合下列规定：

① 盾构到达前应拆除洞门围护结构，拆除前，工作井端头地基承载力、止水应满足要求。拆除时应控制凿除深度。洞口应安装止水密封装置。

② 盾构距到达接收工作井15m内，应调整掘进速度、开挖压力等参数，减小推力、降低推进速度和刀盘转速，控制出土量并监测土仓内压力。

③ 隧道贯通前10环管片应设置管片纵向拉紧装置，贯通后应快速顶推并迅速拼装管片。

④ 隧道贯通前10环管片应加强同步注浆和即时注浆，盾尾通过洞口后应及时密封管片环与洞门间隙。

5）盾构过站、掉头及解体应符合下列规定：

① 过站、掉头托架或小车的强度、刚度和稳定性应满足盾构过站、掉头及解体的需要。

② 盾构过站、掉头应观察盾构转向或移动状态。应控制好盾构掉头速度，并应随时观察托架或小车变形、焊缝开裂等情况。

③ 举升盾构机应同步、平稳。

④ 牵引平移盾构应缓慢平稳，钢丝绳应牢固。

⑤ 盾构解体前应关闭各个系统，各个部件应支撑牢固。

6）盾构洞门、联络通道施工应符合下列规定：

① 洞口负环拆除前应二次注浆。

② 联络通道施工应编制专项施工方案。

③ 联络通道施工前应加固开挖范围及上方地层。

④ 拆除联络通道交叉口管片前应加固管片壁后土体和联络通道处管片。

⑤ 隧道内施工平台应与机车运输系统保持安全间距。

7）特殊地质和施工环境条件下的盾构施工应符合下列规定：

① 应制订监控量测方案，并应根据监控量测结果及时调整掘进参数。

② 浅覆土地段应根据地质、水文条件与施工环境采取地基加固、设置抗浮板或加盖板等处理措施。

③ 小净距隧道施工前，应加固隧道间土体；先建隧道管片壁后应注浆，隧道内应支设钢支撑；后建隧道施工应控制掘进速度、土仓压力、出渣量、注浆压力等。

④ 小半径曲线段隧道施工应制订防止盾构配套台车和编组列车脱轨或倾覆的措施。

⑤ 盾构下穿既有建（构）筑物、地下管线前，应详细调查并评估施工对该地段既有建（构）筑物、地下管线的影响，并应根据实际情况加固受盾构掘进影响的地基或基础、控制掘进参数，且应加强观测既有建（构）筑物的沉降、位移。

⑥ 大坡度地段机车和盾构机后配套台车应设置防溜装置。

8）盾构施工运输应符合下列规定：

① 皮带输送机机架应坚固、平顺。启动皮带输送机前应发出声光警示，应空载试

转,各部位运转应正常,皮带应连接牢固、松弛度适中。应在达到额定转速后均匀装料,并应设专人检查皮带运转情况。

②轨道应平顺,钢轨与轨枕间应牢固,轨枕和轨距拉杆应符合安装规定,并应设专人养护轨道。

③机车安全装置应可靠有效,机车行驶速度不得大于10km/h,经过转弯处或接近岔道时不得大于5km/h,靠近工作面100m距离内不得大于3km/h并应打铃警示,车尾接近盾构机台车时不得大于3km/h。

④机车在启动和行驶过程中应启动警铃、电喇叭等警示装置。开车前应前后检查,各类物件应平稳放置、捆绑牢固,不得超载、超宽和超长运输。

（14）水下隧道

1）钻爆法施工的水下隧道应符合下列规定：

①应加强超前地质预测预报,查明掌子面前方地质情况,并应采取有效防治措施。

②洞口浅埋段应进行预支护和注浆加固。

③隧道穿越断层、破碎带、风化深槽等软弱不良地层,应采取超前预加固,并做好支护。

④围岩薄弱部位、高水压地段施工应采取防突涌、突水措施。注浆孔口应加设防突和止浆球阀装置,现场排水设备应充足。

⑤水下隧道应设置分段隔水闸门,应采取分段式集、排水井坑排水。

2）盾构法施工的水下隧道除应符合有关规定外,尚应符合下列规定：

①水下隧道掘进宜选用泥水平衡盾构掘进机。

②洞门凿除前应探孔进行水位实时监测,并应做好洞门止水密封。

3）沉管法施工的水下隧道应符合下列规定：

①基槽浚挖作业前,应对隧址处海床和航道的演进历史进行充分调查。

②沉管浮运前,应检验沉管水密性能,掌握施工水域水文、气象信息。

③沉管起浮后,应核实沉管浮运时的干舷高度,监控管节浮态变化,并应及时处理。

④管节浮运、沉放时的水文、气象等工况条件应满足施工要求。浮运过程应设警戒船跟随。

⑤管节沉放到位后,沉管端头封闭门应按规定程序拆除。6管节安装完成后,应按照规定报有关部门,并应在两岸设置禁止抛锚等警示标志。

（15）特殊地段

1）浅埋段不宜采用全断面法施工。

2）浅埋段应加强地表沉降、拱顶下沉的量测；偏压隧道应加强对围岩的监测；地面有建（构）筑物时应采用控制爆破技术,并应监测爆破振动及变形。

3）浅埋段地表冲沟、陷穴、裂缝等应回填夯实、砂浆抹面,并处理地表水。

4）偏压隧道施工前,应根据土压情况对偏压段进行平衡、加固处理。

5）偏压隧道靠山一侧应加强支护,每次开挖进尺不得超过一榀钢架间距,并应及时封闭。

6）下穿隧道施工前应按照规定办理相关手续,编制保证交通安全和周围结构安全的专项施工方案。

7）下穿隧道应加强监控量测工作，及时掌握隧道拱顶、净空变化及地表沉降情况。

8）桩基托换法施工应检测托换桩、托换梁及既有建（构）筑物，并应验算沉降、应力、裂缝、变形和桩顶横向位移。

（16）小净距及连拱隧道

1）地质条件不同的两孔隧道，宜先开挖地质条件较差的隧道，后开挖地质条件较好的隧道。

2）小净距隧道施工应符合下列规定：

①小净距隧道洞口切坡宜保留两隧道间原土体。

②两隧道工作面应错开施工，先行洞与后行洞掌子面错开距离应大于2倍隧道开挖宽度。应严格控制爆破振动。

③后行隧道应根据围岩情况先加固中岩墙，极软弱围岩段应加固两隧道相邻侧拱架基础。

④宜采用光面爆破技术，并应采用低威力、低爆速炸药；爆破时另一洞内作业人员也应撤离。

3）连拱隧道施工应符合下列规定：

①应根据中导洞探察的岩层情况确定合理的施工方案，主洞上拱部开挖应在中隔墙混凝土达到设计要求的强度后进行。

②中导洞不得作为爆破临空面。

③应在先行洞模筑衬砌混凝土达到设计要求的强度后进行后行洞的开挖和衬砌。

④主洞开挖时，左、右两洞开挖掌子面错开距离宜大于30m。

⑤应监测连拱隧道中隔墙的位移，并应及时对中隔墙架设水平支撑；后开挖隧道一侧的中隔墙和主洞之间的空隙宜回填密实或支撑稳固。

（17）附属设施工程

1）设备洞、横通道及其他洞室施工应符合下列规定：

①洞室及与正洞连接地段爆破作业前，应根据围岩级别、扩挖断面大小选择合理的开挖爆破参数。

②安全距离以内的所有人员应撤离至安全区域。

③洞室的永久性防水、排水工程应与正洞一次同时完成。

④设备洞及横通道等处的施工宜采用喷锚支护，围岩不稳定时应增设钢架支撑。支护应紧跟开挖。与正洞连接地段，支护应予以加强。

2）装饰工程施工应符合下列规定：

①隧道装饰区域应设置作业区警示标志及人员、机械绕行线路标志。

②各类装修原材料应分类存放并设置警示标志，并应配备防火、防爆消防设备；易燃、易爆等材料应设专人负责管理。

3）通风机、蓄水池、电力管线及压力管道铺设等其他附属设施施工应符合规范的有关规定。

（18）超前地质预报和监控量测

1）超前地质预报和监控量测方案应根据隧道地质条件、支护参数、施工方法以及设计要求编制，主要应包括工程简介、监测目的、监测项目、监测机构、监测方法、监测仪器、测点布置、量测频率、监测管理标准等内容。复杂工程监测方案应经论证。

2）施工监测信息应及时分析、反馈，变化异常区段应加强监测，并提出相应的对策措施。

3）监测仪器、元器件及其构成的监测系统应可靠、耐久、稳定，并按要求进行相应的校对、标定和检查。

4）施工监测应建立数据记录、计算、分析、复核及审核制度，数据应准确、可靠，具有可追溯性。

5）施工期间隧道所在区域发生地震、滑坡、泥石流等不良地质灾害后，应加强监测，并提出相应对策措施。

6）超前地质预报作业应符合下列规定：

① 地质预报工作应在隧道找顶作业结束后进行，高地应力区隧道应待工作面支护完成后进行。工作前应观察操作空间上方、周围、开挖工作面附近安全状态。

② 区域地质条件复杂的隧道，应根据区域地质勘测资料，选择以钻探法为主，结合物探法、地质调查法的多种预测预报方法综合分析。

③ 应按动态设计原则，并根据地质复杂程度确定预报方案。

④ 地质调查法应在隧道开挖排险结束后进行，钻探法、物探法应待工作面支护完成或之后进行。

⑤ 地质调查应落实安全防护措施、完善防护设施。作业区域照明的光照度应满足数据采集和预报作业人员安全操作的需要。

⑥ 钻探法预报钻孔孔口管应安装牢固，钻机使用的高压风、高压水的各种连接部件应采用符合要求的高压配件，管路连接应安设牢固、经常检查。

⑦ 震波反射法预报炸药量不得大于75g。

7）监控量测作业应符合下列规定：

① 应对观测点周围环境状态进行观察判断，随时观察工作环境及周边安全状态。监控量测过程中应保证作业平台稳定牢固、安全防护到位，作业时应照明充足。

② 在富水区隧道安装量测仪器或进行钻孔时，发现岩壁松软、掉块或钻孔中的水压、水量突然增大，以及有顶钻等异常情况时，应停止钻进，并监测水情。当发现情况危急时，应立即撤出所有危险区域的作业人员，并采取处理措施。

③ 隧道附近有重要建（构）筑物、设施设备和其他保护对象时，应对建（构）筑物进行变形和沉降观测；隧道采用爆破施工时，应按现行《爆破安全规程》GB 6722—2014进行爆破监测。

（19）逃生与救援

1）隧道施工应配备应急救援机械设备、监测仪器、堵漏和清洗消毒材料、交通工具、个体防护设备、医疗设备和药品、生活保障和救援物资等，应进行定期检查、维护和更新，保持有效，不得挪用救援物资及救援设备。

2）隧道施工应建立兼职救援队伍。

3）隧道通风、供水及供电设备应纳入正常工序管理，设专人负责管理。施工过程中应加强通风效果检测，供水供电管道、线路应通畅，同时应设置备用设备和备用电源。

4）隧道内交通道路及开挖作业等重要场所应设置安全应急照明和应急逃生通道标

志，应急照明应有备用电源并保证光照度符合要求。

5）软弱围岩隧道开挖掌子面至二次衬砌之间应设置逃生通道，随开挖进尺不断前移，逃生通道距离开挖掌子面不得大于20m。逃生通道的刚度、强度及抗冲击能力应满足安全要求，逃生通道内径不宜小于0.8m。

6）长、特长及高风险隧道应设报警系统及逃生设备、临时急救器械和应急生活保障品等。

7）隧道施工期间各施工作业面应安装有应急照明装置的报警系统装置。

（20）沉管隧道

沉管隧道工程施工应对下述各个环节进行安全检查，并符合相应规定。

1）管节预制

① 管节预制应根据预制管节数量、可连续性要求选择干坞法或工厂法。当管节数量多、连续性要求高时，宜选择工厂法预制工艺；当管节数量较少、连续性要求不高时，宜选择干坞法（包括传统干坞与移动干坞）预制。

② 采用整体式管节时，宜根据现场条件及施工能力合理进行分段、分步浇筑；采用节段式管节时，宜以节段为基本预制单元实施全断面一次性匹配浇注。

整体式管节一般按照底板、外墙、中墙和顶板先后浇注混凝土，通过在墙体设置冷却水管、后浇带等方式控制混凝土开裂。节段式管节长度划分要考虑实际施工能力和工艺控制水平，实现一次性匹配浇注完全部混凝土，确保节段混凝土浇筑的整体质量。

③ 管节预制施工前应进行混凝土配合比设计，并制定混凝土抗裂专项方案。

④ 原材料选择和管节混凝土配制应满足高性能混凝土耐久性相关指标要求。

⑤ GINA、OMEGA等专用橡胶制品应设专门仓库及保护设施。

⑥ 管节结构预制施工控制的主要参数应该包括：管节混凝土等级、抗渗标号；管节钢筋强度；管节之间接头件受力性能；管节永久性钢结构件的材料防腐性能指标。

⑦ 管节结构外形尺寸及混凝土的容重应满足施工图设计要求。

2）管节坞内移动、出坞及寄放

① 坞内注水前，应确认管节结构和辅助安装设施的制作安装质量满足设计、施工要求。

管节预制出现的缺陷须在预制阶段修复完毕，修复的结构应满足设计、施工要求，例如混凝土质量、端钢壳和管顶舾装预埋件安装等。

② 管节注水前，应校核管节重量、注水的水容重及管节的干舷高度、起浮水位。

管节起浮前，应对管节的干舷高度进行计算校核，对管节起浮后的姿态预判。

③ 管节出坞前，应对出坞、寄放作业水域的潮位、水流进行不少于连续30天的24小时不间断实测，以掌握作业区域的水位和水流相关规律，并校核起浮、出坞作业的潮水水位。管节起浮、出坞及漂浮寄放期间的富裕水深不宜小于0.5m。

由于海水容重可能的变化，入海口附近容重变化更为显著，受波浪影响，管节在浮运或漂浮寄放过程中存在升沉运动，从而使管节的吃水深度不可避免地产生变化，因此要考虑管节浮运或寄放时的富裕水深。根据施工经验，水深富裕值宜取≥0.5m。

④ 出坞、浮运航道宜先用多波束扫床。发现浅点并采取措施处理后，应再采用硬扫床方式进行最终验收。

⑤管节的寄放可根据环境条件选择漂浮和坐底方式，寄放期间应采取标示警示牌、设置警戒船及巡查人员等措施确保管节的安全。

⑥管节出坞及寄放施工的检验应符合相应的施工及质量验收标准。

3）管节浮运

①管节浮运周期应根据沉放区和寄放区的距离、浮运路线上的气象水文情况、浮运作业窗口、工期要求等确定。

②浮运路线应根据施工区现有航道的位置、水深、锚地情况、管节尺寸和吃水等情况确定。

③管节浮运作业气象窗口宜安排在白天时段，并与管节沉放安装作业一并考虑。

④浮运作业窗口应考虑窗口时长要求、水文气象作业限制条件、施工区域水文气象的长期和短期预报数据等因素，可采用作业窗口预报系统确定。

管节浮运作业窗口预报系统通过接收和分析施工海域的水文、气象的实时监测数据，并对比满足作业的水文、气象限制条件，选取满足作业窗口的时间段。

⑤管节浮运作业的水文、气象限制条件应综合考虑管节稳定性及缆绳受力性能、船机设备配置等因素，可结合物理模型试验或理论分析等手段进行确定，施工环境复杂时宜进行浮运演练验证施工工艺，并应满足以下条件：管节浮运时水流速度不宜大于1.0m/s；管节浮运时最大有效波高不宜大于0.6m；管节浮运不应选择在大雨、大雾、雷暴等恶劣天气下进行，能见度不小于1000m，风力不大于6级，阵风速度不大于10m/s。

4）基槽开挖与回填防护施工

①应按设计文件要求认真编制施工组织设计，建立质量管理体系，科学合理组织施工，积极采用新技术、新设备、新工艺，提高经济效益。

②应按设计文件和批复的施工组织设计，在对区域水文、地质、气象、施工设备能力等分析研究的基础上选择合理可行的施工设备、施工方法和工作参数。

③应根据航道宽度、深度、水流、通航船舶密度等资料编制水上交通疏解、警戒或封航专项方案，并报通航管理部门审批。

④水上作业应申请办理水上施工许可证，并应与海事、交管中心等管理部门及相关单位沟通协商。

⑤应遵守环境保护规定，减少对环境的不利影响。

5）地基及基础施工

①施工前应核对设计图纸与地质勘查资料，并根据调查的基础资料编制专项施工方案，确定施工方法，选择施工船舶和机械，制定施工工艺和安全质量保证措施。

②地基及基础处理施工前，发现地质情况与设计要求不符时，应停止施工并及时上报设计等相关各方。

③应调查并掌握施工区域的气象与环境、水文与水质资料，地形与地下构筑物分布及结构，航道与船舶航行情况等基础资料。

④应通过典型施工试验确定施工参数及验证基础处理效果，优化施工工艺。

⑤应对所使用原材料取样试验，其质量等指标应符合国家现行标准的规定和设计要求。

⑥应采取合理可行的保护措施，防止对水域生态环境的影响。

⑦基础及垫层施工的检验应符合现行沉管隧道施工及质量验收标准。

6）管节沉放安装

①管节沉放前应在作业水域设置标记，并向有关部门申请航道管制，配置警戒船只对施工附近海域进行示警，避免容易引起较大船行波的大型船舶靠近施工区域。

②管节沉放作业窗口选择应综合考虑气象水文预报情况、沉放安装设备等因素。

③管节沉放方式应综合考虑管节的设计参数、施工海域环境条件、水深地质条件、设备配备情况进行选择。

④沉放安装的系泊设计荷载应根据管节尺寸及环境条件确定，锚泊系统应综合考虑施工区域地质条件，沉放安装施工工艺、抛锚设备及工艺、锚体结构等因素。

⑤当沉放安装出现异常时，应根据作业窗口期和异常原因，选择临时系泊区域等待或将其浮运回管节寄放区。

⑥当采用先铺法施工管节基床时，管节安装前应对碎石基床进行检查，如有回淤超过设计要求，应进行清淤；当采用后铺法施工时，管节安装前应进行硬扫基床，并检查核对临时支承垫块的位置、标高及安装的垂直度。

⑦管节安装潜水作业应考虑施工风险、效率、成本等因素具体要求可参照《空气潜水安全要求》GB 26123—2010、《混合气潜水安全要求》GB 28396—2012等有关规定执行。

7）管节施工测量技术与控制

①施工前，应熟悉设计图纸，并收集当地水文、水质、混浊度等有关测量资料，明确管节水下对接精度要求，制定施工测量专项方案。

施工测量专项方案包括施工测量控制网建立与施测、模板安装形变测量、沉管顶推监测、端钢壳安装测量、沉管安装定位测量等。施工控制网应覆盖测区，以确保测量在控制网内具有较好的几何图形强度，实现在测区内达到较高的测量精度。

②施工控制网的建立，应充分利用勘察设计阶段已有控制网。

③施工控制网选点和埋设应满足下列要求：

a.相邻点之间有良好的通视条件；

b.采用电磁波测距时，测距边应避免通过发热体并避免视线背景部分有反光物体；测站应避免受电磁场干扰，离开高压线5m以外；

c.GPS点位应选在方便使用和保存的位置，在地平仰角15°以上的视野内没有障碍物，并避开电磁辐射源和可能产生多路径效应误差的地点、光滑反射物体；

d.平面和高程控制点共点时，管节预制控制点应采用带强制对中标志的观测墩。

常规边角测量、电磁波测距均需要控制点间通视，以利于正常观测。GPS点间要求通视，主要考虑后续监测中全站仪测量需要而设定。采用强制对中装置有利于消除设备对中误差对测量要素观测精度的影响。

④施工控制网的施测应符合国家及有关行业测量标准规定等级的作业要求、精度指标、技术要求和数据处理方法等。

国家测绘标准主要包括《国家一、二等水准测量规范》GB/T 12897—2006、《国家三、四等水准测量规范》GB/T 12898—2009、《全球定位系统（GPS）测量规范》GB/T 18314—2009、《国家三角测量规范》GB/T 17942—2016、《工程测量规范》GB 50026—

2007 等。

⑤ 首级控制网作为测量基准,应遵照国家现行测绘标准统一布设、复测和维护。

3.6.5 改扩建工程

(1) 改扩建工程安全一般规定

1) 不中断交通进行公路改扩建工程施工安全要求

① 按照现行《道路交通标志和标线》GB 5768—2009、《公路养护安全作业规程》JTG H30—2015 和交通组织方案设置作业控制区。

② 定期对交通安全设施进行检查和维护。

2) 施工路段两端及沿线进出口处应设置明显的临时交通安全设施。

3) 爆破作业前应临时中断交通;爆破后应立即清理道路上的土、石,检修公路设施,应确认达到行车条件后开放交通。

4) 边通车边施工路段,通车路段的路面应保持清洁。

5) 半幅施工作业区与车行道之间应设置隔离设施,设专人和通信设备指挥交通,疏导车辆;弯道顶点附近不宜堆放物料、机具。

6) 在居民区周边或公共场所附近开挖沟槽时,应设防护设施,夜间应设置照明灯和警示灯。

7) 作业人员应穿着反光服,佩戴贴有反光带的安全帽。

(2) 拆除工程安全管理

1) 拆除工程安全一般规定

① 拆除工程开工前,应根据工程特点、构造情况、工程量及有关资料编制安全施工组织设计或方案。

② 拆除工程的安全施工组织设计或方案,应由专业工程技术人员编制,经施工单位技术负责人、总监理工程师审核批准后实施。施工过程中,如需变更安全施工组织设计或方案,应经原审批人批准,方可实施。

③ 拆除工程项目负责人是拆除工程施工现场的安全生产第一责任人。项目经理部应设专职安全员,检查落实各项安全技术措施。

④ 在恶劣的气候条件[如:大雨、大雪、浓雾,六级(含以上大风等)]影响施工安全时,严禁拆除作业。

⑤ 拆除工程施工从业人员应办理相关手续,签订劳动合同,进行安全培训,考试合格后,方可上岗作业。拆除工程施工前,必须由工程项目技术负责人对施工作业人员进行书面安全技术交底,并履行签字手续。特种作业人员必须持有效证件上岗作业。

⑥ 施工现场临时用电必须按照《施工现场临时用电安全技术规范》JGJ 46—2005 的有关规定执行。夜间施工必须有足够照明。电动机械和电动工具配电箱或开关箱必须装设漏电保护器,其保护零线的电气连接应符合要求。

⑦ 拆除工程施工过程中,当发生险情或异常情况时,应立即停止施工,查明原因,及时排除险情;发生生产安全事故时,要立即组织抢救,保护事故现场,并向有关部门报告。

⑧ 拆除施工采用的脚手架、安全网,必须由专业人员搭设。由项目经理组织技术、

安全部门的有关人员验收合格后，方可投入使用。安全防护设施验收时，应按类别逐项查验，并应有验收纪录。

⑨ 施工单位必须依据拆除工程安全施工组织设计或方案，划定危险区域。施工前应通报施工注意事项，拆除工程有可能影响公共安全和周围居民的日常生活的情况时，应在施工前发出告示，做好宣传工作，并采取可靠的安全防护措施。

2）桥梁拆除的安全控制要求

① 拆除作业基本安全要求

a. 应根据所拆除建（构）筑物的结构特点及施工环境要求，确定拆除施工的段落、层次、顺序和方法。

b. 拆除施工应从上至下，逐层、分段实施，不得立体交叉作业。

c. 当拆除工程对周围相邻建筑安全可能产生危险时，应采取相应保护措施。

d. 拆除现场应设置围挡、警示标志，非作业人员不得进入拆除现场。

e. 拆除施工中的高处作业、起重作业、爆破作业等专项作业应符合《公路桥涵施工技术规范》JTG/T F3650—2020 的相关规定。

f. 拆除施工作业人员和机具应处于稳固位置；必须进行临时悬吊作业时，应系好悬吊绳和安全绳；悬吊绳和安全绳应分别锚固，锚固位置应牢固。

② 桥涵拆除安全要求

a. 拆除旧桥、旧涵时，在旧桥的两端应设置禁止通行的路障及标志，夜间应悬挂警示灯。

b. 拆除梁或悬臂构件应采取防坠落、防坍塌措施。

c. 定向拆除墩、柱时，应采取控制倒塌方向的措施。

d. 拆除的材料应及时清理、分类放置，不得随意抛掷。

3.7 水运工程施工安全检查要点

3.7.1 码头工程施工安全检查要点

（1）构件预制场

构件预制场应按 4.7.2 装配式工艺预制、运输通用工程施工安全检查要点进行检查。

（2）沉箱出运

沉箱出运应根据《水运工程施工安全防护技术规范》JTS 205—1—2016 第6章的规定，对各个作业环节进行安全检查，主要检查内容是：

1）陆上预制滑道下水沉箱起浮出运

① 检查施工人员进入现场个人安全防护用具使用情况。

② 在吊车使用前检查吊索具，确认完好后方可进行作业。

③ 使用上下沉箱的软梯前进行安全性检查。

④ 水上、地面通信畅通，并密切合作。

⑤ 沉箱溜放前，应清理现场并对沉箱质量和溜放程序进行检查复核，确认合格无误后，方可进行溜放工作。

⑥顶升设备使用前,应严格检查千斤顶、油泵、油管、电器线路等设施的完好性,确认完好后方可使用。

⑦沉箱溜放前,应仔细检查轨道固定螺栓的完好性、钢丝绳和卷扬机是否正常、轨道(尤其水下部分)有无障碍物等。

以上所有工序符合安全生产管理规定的要求,并均应做好工序安全检查记录备查。

2)陆上预制气囊出运

①施工前对气囊的规格、额定工作压力严格计算确定,其材料和制作符合安全技术要求,并报监理审查。

②对气囊通过的场地进行平整和清扫,确保气囊通过的场地无尖锐物和障碍物。

③对气囊托运应设置相应的后溜系统,处理好牵引和后溜系统的问题,出运前检查各系统的可靠性。

④气囊充气时应缓慢进行,并注意检查各气囊压力的变化,移动前,气囊全部展开。

⑤沉箱出运过程中,应随时注意观察气囊的滚动情况,防止气囊自扭转或相邻气囊叠压。

⑥沉箱上半潜驳前,应保持半潜驳处于合适的潮位及调整好纵横向平衡。

⑦沉箱上半潜驳后,其支垫、气囊放气应协调一致,支垫位置及固定方式应满足结构安全和运输安全的要求。

以上所有工序符合安全生产管理规定的要求,并均应做好工序安全检查记录备查。

(3)水上作业

水上作业应对以下内容进行安全检查,确保水上作业安全防护符合《水运工程施工安全防护技术规范》JTS 205—1—2016的相关规定。

1)日常现场检查

①单人进行水上作业时,应有人看护。

②检查进入施工现场的水上施工作业人员,穿救生衣和戴安全帽,严禁酒后上岗作业。

③检查施工作业船舶按有关规定在明显处设置昼夜显示的信号及醒目标志。

④查施工作业船舶按海事部门确定的安全要求,设置必要的安全警戒标志或警戒船。

⑤查施工船舶靠岸后人员上下船,搭设符合安全要求的跳板,并在跳板下设置安全网。

⑥交通船应按额定的数量载人,严禁超员,船上按规定配备救生设备。

⑦水上作业船舶如遇有大风、大浪、雾天时,超过船舶抗风浪等级或能见度不良时,督促施工单位停止作业。

⑧在水上搭设的作业平台,牢固可靠,悬挂的避碰标志和灯标应符合有关安全技术规定;水上作业平台应配备必要的救生设施和消防器材。

2)基床、岸坡开挖

①施工单位挖泥作业,应在泥驳靠泊本船系缆稳妥后,挖掘机才能进行作业。夜间挖泥作业时,施工船舶应按有关规定悬挂信号灯标志;作业区域及周边设置充分的照明设施。

②挖掘机工作时,作业半径范围内禁止站人,以免造成人身伤亡。

③挖掘机起动前,操作员事先发出信号;抓斗自由落体时,严禁紧急制动。

④基床、岸坡开挖过程中,应勤测水深,加强水下地形测量,以保持岸坡稳定。

3)基床抛石、夯实

①施工现场作业船只(含辅助作业船舶)及抛石人员应服从抛石指挥人员统一指挥,不得擅自进入作业区,不得随意乱抛。

②施工现场所有作业人员,工作前备好劳动防护用品,水上作业配备救生设备。

③石料装船时,严禁超载、偏载。

④施工现场作业,船只不得在未施工完的构筑物上带缆。

⑤夯实船舶的夯锤及机具符合安全技术要求,并经常检查钢丝绳及索具等是否处于完好状态。

⑥基床夯实施工时,周围应设置安全警戒线,不允许其他船舶靠近。

⑦采用爆破夯实基床施工,制订专项安全施工方案,报送监理审查;实施爆破夯实基床施工时,严格执行水下爆破作业的有关规定。

4)潜水作业

①潜水作业严格执行潜水作业安全操作规程;潜水设备和装具通过有关法定部门定期检验合格,并在作业前进行安全检查和做好记录备查。

②潜水作业前,应掌握潜水作业水域施工船舶的锚缆布设及移动范围情况,并制定应急处置措施,并向潜水人员进行安全技术交底,并做好记录备查。

③潜水作业区域和作业船舶,在明显处设信号旗、信号灯及醒目标志,严禁无关船舶进入潜水作业区域。

④施工单位在潜水作业前,检查潜水员和水上辅助作业人员之间的信号联络装置的可靠性;工作时随时检查信号绳和潜水软管,避免与水下障碍物或自相缠绕发生事故。

⑤潜水作业前,充分了解作业现场的水深、流速、流向、风速、水质、水文及地质等情况,不符合安全要求时严禁作业;作业过程中随时注意观察现场变化情况,达不到安全作业要求时,应立即停止作业。

⑥每次潜水作业均应设专人指挥,配合人员服从统一指挥,信号绳、氧气管应由专人保管。

⑦每次潜水作业均应认真填写潜水日志备查。

5)水上安装结构及构件

①水上安装结构及构件等吊装前,应严格检查起重机具、索具的安全性和可靠性,并进行试吊后,方可正式施工。

②检查安全施工技术措施的落实情况,查找安全隐患。

③检查施工作业期间,施工船舶按海事部门确定的安全要求,设置必要的安全警戒标志或警戒船。

④检查起重吊装指挥人员和操作人员严格按设备操作规程作业。

⑤检查预制构件吊运时的混凝土强度是否符合规范规定和设计要求,如需提前吊运,验算,并报送监理审查。

⑥预制构件吊运时,应使各吊点同时受力;采用绳扣吊运时,其吊点位置偏差不能超过设计规定允许偏差位置。

⑦驳船装运构件时，应注意甲板的强度和船体的稳定性，宜采用宝塔式和对称的间隔方法装驳，驳船甲板面上要均匀铺设垫木，构件宜均匀对称地摆放在垫木上；吊运构件时，应使船体保持平稳；驳船运输构件时，应根据构件种类、船舶性能和运输工况等对构件进行封固。

⑧检查施工所需的脚手架、作业平台、防护栏杆、上下梯道、安全网等设备，并处于良好状态。

⑨采用机械吊装前，应检查机械设备和绳索的安全性和可靠性，特别是钢丝绳；对大型构件，应先进行试吊；各种起重机具均不得超负荷使用。

⑩吊装作业应由专人统一指挥，与其他操作人员密切配合，严格执行规定的指挥信号；操作人员应按照指挥人员的信号进行作业，当信号不强或错误时，操作人员不得盲目执行。

⑪吊钩的中心线通过构件的重心，严禁倾斜吊卸构件，安装构件时平起稳落。

⑫检查吊装梁、板等构件时，符合起重吊装的有关安全规定。

⑬水上作业船舶如遇有大风、大浪、雾天时，超过船舶抗风浪等级或能见度不良时，停止作业。

6）水上现浇混凝土工程

①检查临水作业安全防护设施及操作人员安全防护的情况。

②检查现场设备用电、接电箱及线路连接符合安全生产要求。

③检查夜间施工安全措施、现场照明符合安全生产要求。

④检查混凝土施工前搭设脚手架、临时施工通道和作业平台的情况，设置的防护栏杆和安全网符合安全生产要求。

⑤检查模板及支撑系统的连接固定是否符合安全要求。

⑥检查模板作业场地安全设施设置情况；模板作业场地四周应设置围栏、防火通道等，并配备必需的防火器具；作业场内严禁烟火；作业场地应避开高压线路，安全用电。

⑦采用机械吊运模板时，检查机械设备和绳索的安全性和可靠性，起吊后下面不得站人或通行；模板下放至距地面1m时，作业人员方可靠近操作。

⑧检查钢筋加工场地满足安全作业要求，机械设备的安装牢固、稳定，施工单位作业前应对机械设备进行检查，合格后方可使用；作业后要清理场地，切断电源，锁好电闸箱。

⑨各类钢筋加工机械严格按操作规程使用和安全防护设施设置；作业时，非作业人员不得进入现场；加工较长的钢筋时，配备专人帮扶，并听从操作人员指挥，不得任意推拉。

⑩采用泵送或吊斗运送混凝土施工时，检查其安全技术措施符合安全生产要求。

⑪严格按操作规程使用各类焊接、气割（焊）设备，如电弧焊、直（交）流电焊机、埋弧自动、半自动焊机、对（点）焊机、乙炔气割（焊）等。

⑫检查高处作业所需工具装在工具袋内；作业人员传递工具不得抛掷或将工具放在平台和木料上，更不得插在腰带上。

⑬浇筑混凝土时，应设专人指挥；检查泵送混凝土输送臂移动范围内不准站人。

浇筑过程中应设专人看模，一旦发现模板或支撑出现异常状况，则立即停止施工，检查分析排除安全隐患后方可继续浇注。

⑭混凝土振捣器应由专人操作，检查作业人员穿戴个人安全劳动防护用品；检查振捣器电箱有漏电保护装置，接地或接零安全可靠；振捣器电缆线应满足操作所需的长度，检查电缆线上面不准堆压物品，不准用电缆线拖拉或吊挂振捣器。

⑮检查拆除模板作业划定禁行区和制订相应安全措施。

⑯检查水上施工过程中设置安全警戒和配备救助船舶。

⑰水上作业船舶如遇有大风、大浪、雾天时，超过船舶抗风浪等级或能见度不良时，督促施工单位停止作业。

7）抛石棱体，倒滤层及后方回填

①施工现场的安全警示标志和防护设施满足要求。

②施工前进行施工车辆、设备和船舶的安全检查，并做好记录，监理将抽查有关安全自检记录，杜绝设备带故障作业。

③抛填时，作业船只、车辆均需服从抛石指挥人员统一指挥，不得擅自进入作业区，不得随意乱抛。

④现场检查，检查施工船舶作业情况，随时检查运石料的船舶或车辆装载情况，不得超载、超高运输。

⑤督促测量人员勤测水深，加强水下地形测量，以保持岸坡稳定。

⑥检查施工船舶靠岸后人员上下船，搭设符合安全要求的跳板。

⑦交通船应按额定的数量载人，严禁超员，船上按规定配备救生设备。

⑧水上作业船舶如遇有大风、大浪、雾天时，超过船舶抗风浪等级或能见度不良时应停止作业。

（4）陆上作业

陆上作业符合《水运工程施工安全防护技术规范》JTS 205—1—2016相关规范要求，检查的主要内容是：

1）陆上沉桩

①严格施工机械进场报验制度，现场核查施工机械具有有关主管部门核发的各类有效证件，以及操作人员有与岗位相适应的证书。

②进行施工安全技术措施内部交底，并做好记录备查。

③检查施工现场保持平整清洁；检查打桩机（架）轨道平顺、准确、牢固，轨道端部设置止轮器等。

④检查桩架拼装完成后，施工单位对机具设备及安全防护设施，如作业平台、护栏、扶梯、跳板等进行全面检查验收，确认合格后方可施工。

⑤打桩机移位时，应由专人指挥；禁止将桩锤悬起，严禁随移位随起锤，机架移到桩位上稳固后方准起锤；远距离移机时，应事先拆除管路与电缆。

⑥机拆装时，特别是在起落机架时，应由专人指挥；桩架长度半径内不准有非拆装人员，并禁止任何人在机架下穿行或停留。

⑦降落桩锤，不准猛然骤落；在起吊板桩或桩锤时，严禁作业人员直接在吊钩或桩架下停留及作业。

⑧桩锤维修时,必须把桩锤放落在地上或平台上,严禁在桩锤悬挂状态下进行维修。

⑨大风及恶劣天气时,督促施工单位停止沉桩;雷雨时,作业人员不得在桩架附近停留。

⑩(预应力)钢筋混凝土板桩、钢板桩等应检查合格后才能起吊;起吊时,在设计吊点处拴紧吊具。

⑪吊桩时,应由专人指挥;桩的下部要拴以溜绳,在指挥人员发出信号后方可作业。

⑫沉桩时,检查严格按照操作规程的规定作业,出现异常情况,应立即停止沉桩。

⑬作业间隙,应将桩锤固定在桩架龙门的方木上,作业人员不得在其下面走动或停留。

⑭检查沉桩完成后,应对露出地面的桩头采取安全防护措施。

2)地下连续墙施工

①导墙应在各种施工荷载作用下保证有足够的强度和稳定性。

②检查钻机就位后对钻机及其配套设备进行全面检查,保持良好状态;钻机安设平稳、牢固,钻架应加设斜撑或缆风绳。

③检查钻机平台和作业平台等搭设牢固,各种安全防护设施完备,各种杂物及障碍物应及时清除。

④检查各类钻机在作业时,由专人操作,并持证上岗,其他人不得登机。

⑤卷扬机套筒上的钢丝绳应排列整齐;作业时,严禁作业人员跨越钢丝绳;卷扬机卷筒上的钢丝绳不得全部放完,至少保留3圈;严禁手拉钢丝绳卷绕;钻机钻进时,卷扬机变速器的换挡,要事先停车,挂上挡后,方可开车操作。

⑥使用正、反循环及潜水钻机时,经常对电机和电缆线进行检查,发现损坏应立即处理。

⑦施工过程中,应设专人观测槽内水位的高度和泥浆的稠度,当泥浆大量流失或槽壁严重坍塌时,必须立即停机,及时采取处置措施。

⑧遇有大风及恶劣天气时,应停止沉桩;雷雨时,作业人员不得在桩架附近停留。

⑨钻机停钻,将钻头提出槽外,置于钻架上,严禁将钻头停留槽内过久。

⑩检查已施工完成的槽段设置明显的安全防护标志。

⑪检查钢筋加工场地满足安全作业要求;机械设备的安装牢固、稳定,施工作业前应对机械设备进行检查,合格后方可使用;作业后,要清理场地,切断电源,锁好电闸箱。

⑫检查各类钢筋加工机械是否严格按操作规程使用和安全防护设施设置情况;作业时,非作业人员不得进入现场;加工较长的钢筋时,配备专人帮扶,并听从操作人员指挥,不得任意推拉。

⑬检查施工人员严格按操作规程使用各类焊接、气割(焊)设备,如电弧焊、交(直)流电焊机、埋弧自动、半自动焊机、对(点)焊机、乙炔气割(焊)等。

⑭检查是否严格按操作规程使用混凝土搅拌设备。

⑮钢筋网片要具有足够的刚度,可采取加焊钢筋桁架或在主筋平面内加斜拉条等措施;起吊要慢起慢落,控制平稳。

⑯检查吊放预制地下墙板时，符合起重吊装的有关安全规定；吊装作业应由专人统一指挥，与其他操作人员密切配合，执行规定的指挥信号。

3）陆上现浇上部结构混凝土工程

①检查施工现场的交通安全工作，施工现场应设立明显标志并由专人看管和负责指挥，维护交通和施工安全。

②检查施工机电设备有专人负责保管、修理。

③检查模板作业场地安全设施设置情况；模板作业场地四周应设置围栏、防火通道等，并配备必需的防火器具；作业场内严禁烟火；作业场地应避开高压线路，安全用电。

④检查支立模板按工序操作规程执行。

⑤检查钢筋加工场地满足安全作业要求，机械设备的安装牢固、稳定；作业前应对机械设备进行检查，合格后方可使用；作业后，要清理场地，切断电源，锁好电闸箱。

⑥检查各类钢筋加工机械，严格按操作规程使用和安全防护设施设置情况；作业时，非作业人员不得进入现场；加工较长的钢筋时，配备专人帮扶，并听从操作人员指挥，不得任意推拉。

⑦检查严格按操作规程使用各类焊接、气割（焊）设备，如电弧焊、交（直）流电焊机、埋弧自动、半自动焊机、对（点）焊机、乙炔气割（焊）等。

⑧严格按操作规程使用混凝土搅拌设备。

⑨施工现场做好各种混凝土输送车辆的安全管理工作，混凝土输送车辆不得超载和超速行驶，车辆停稳后方可卸料。

⑩混凝土施工前搭设脚手架、临时施工通道和作业平台的情况，设置的防护栏杆和安全网符合安全生产要求，并处于良好状态。

⑪检查塔吊或汽车吊浇注混凝土时，起吊、运送、卸料有专人负责；现场施工人员应注意吊斗的升降和移动，检查起重臂移动范围内不准站人。

⑫检查泵送过程中，布料杆会碰到障碍物，尤其应远离高压线路；督促任何人不得接近布料杆下的危险区域，布料杆不能作起重机使用；泵送工作时，变幅应平稳，严禁猛起猛落。

⑬混凝土振捣器应由专人操作，检查作业人员穿戴个人安全劳动防护用品；检查振捣器电箱安装漏电保护装置，接地或接零安全可靠；振捣器电缆线应满足操作所需的长度，电缆线上面不准堆压物品，作业人员不准用电缆线拖拉或吊挂振捣器。

⑭施工过程中，作业人员应随时检查支架和模板，发现异常情况及时采取措施；支架和模板的拆除，应按设计和施工规定的程序进行，并应设置禁行区和制定相应安全措施。

（5）码头设施安装

1）检查护舷安装现场的水上作业安全防护设施符合安全生产要求。

2）施工吊装前，应检查起重设备机具及索具的安全状况，防止物体坠落造成意外伤害。

3）检查起重吊装施工及安装人员服从指挥人员的指挥。

3.7.2 防波堤、护岸工程施工安全检查要点

（1）防波堤、护岸工程的主要结构形式

1）防波堤、护岸、航道整治建筑物工程主要结构形式分为斜坡式和直立式两大类。

2）斜坡式结构根据各类使用地区的地质和水文条件差异可分为抛石斜坡堤和袋装砂堤心斜坡堤，其护面可采用干砌块石、抛埋大块石、人工块体、模袋混凝土等形式。

3）斜坡式防波堤、护岸和航道整治建筑物作用不尽相同，由于斜坡堤在施工阶段抵抗波浪能力很弱，外海作业受波浪影响较大，因此充分考虑施工过程中堤身的安全和稳定。

（2）防波堤、护岸工程施工主要工序

斜坡式结构主要分为护底、堤身、护面三大部分。

① 护底部分一般有抛石护底和软体排护底。护底部分的主要工序有抛石、混凝土连锁块预制、软体排土工织物缝制、软体排铺设等。

② 堤身部分有抛石和袋装砂堤心，倒滤层有碎石倒滤层、混合倒滤层和土工织物倒滤层。堤身部分的主要工序有堤心石抛石及理坡、袋装砂堤心充灌、倒滤层铺设、垫层石抛石及理坡、压脚棱体抛石及理坡、护坦抛石等。

③ 护面层包括人工块体吊安、干砌块石或干砌条石、浆砌块石、浇筑模袋混凝土等各种不同的护面形式。护面部分的主要工序有预制人工护面块体（模板、混凝土）、护面块体安放、护面块石抛理等。

（3）主要工序安全检查要点

水上作业、混凝土构件预制等安全检查依据《水运工程施工安全防护技术规范》JTS 205—1—2016 相关规范。

1）土工织物的缝制

① 检查土工织物的缝制加工车间、仓库、堆场等场所，按有关规定配备足够的灭火器材，设置明显的防火警示标志。

② 检查作业人员熟悉消防器械使用方法；检查对超过保质期的及时更换。

③ 检查配电箱及所有电器设备接地或接零安全可靠，移动设备安装有效漏电保护装置。

④ 检查缝纫机等加工设备专人负责，并保持其完好状况。

⑤ 检查夜间作业架设满足安全和作业要求的照明设施。

2）土工布的铺设

① 在沿海施工前，应注意做好防风、防浪、涨落潮的防范及准备工作。

② 铺排船定位工作完成后，铺排船船长亲自检查钢缆、沉链等连接情况，确认无异常后方可进行施工。

③ 开工展布之前，召开作业会议，由船长交代任务，制订安全措施，明确分工，必要时召开船员大会进行动员和布置。

④ 土工布铺设时应由专人指挥，船上和水下要协调配合。

⑤ 铺设前检查吊机、船机、电器等设备正常，发现问题及时处理，防止发生机海损事故。

⑥ 土工布存放及施工现场严禁烟火，防止发生火灾事故。

⑦ 施工用电符合安全用电的规定；电杆、电箱、电源电线的安装检查符合标准；使用新电源先检查后才正式使用，并做好接地线的保养和防雷措施。

⑧ 潜水作业时严格按操作规程进行操作，以免发生人身安全事故。

3）抛石及理坡

① 定位船及抛石船锚碇后，应在涉及航域范围内设置警示标志；抛锚时，锚链滚滑附近不得站人。

② 要特别注意抛石地段的位置，设立水上浮标，防止发生船只搁浅；驳船抛石不得超载，以免发生危险。

③ 作业船只及抛石人员应服从指挥人员统一指挥，不得擅自进入作业区。

④ 搬石应从上而下分层进行，以防塌落损伤手脚，并随时周边安全情况。

⑤ 在块石上负重行走，注意安全，以防石头翻滚滑动造成事故。

⑥ 用起重设备吊起大块石，有关绳索、夹具完好；推石落水要注意安全，站立于适当的位置，不要站在石头推出方向上，以防石头打回伤人。

⑦ 夜间施工时，有足够的照明及信号。

⑧ 及时了解当地的气象和水文情况，遇有大风天气应停止水上作业并加固锚缆，若风力继续增大时，应转移安全地区避风；遇有雨、雾天气，视线不清时，船只应挂示规定灯信号或按规定鸣号，必要时应停止航行或作业。

⑨ 采用开底抛石船作业，应考虑船型、水位、作业波高、卸抛石体高度、船只卸石瞬间惯性下沉量、富余水深等因素，确定开底船作业水深要求。

⑩ 采用定位船配合作业，抛石船泊靠时，应保持船体稳定；两船体连接时，连接牢固、稳定可靠。

⑪ 抛石过程中打水砣测量水深时，暂停抛石；在潜水工作区，停船抛锚，抛石人与潜水人员取得联系，在确保潜水人员安全的情况下方能进行。

⑫ 反铲理坡应由专人指挥，作业半径内禁止站人，防止发生意外；配备登陆艇辅助作业，潮高时反铲及时上登陆艇撤回。

⑬ 上堤机械收工后，应视情况离开堤坝，防止风浪冲击造成机损事故。

⑭ 经常检查潜水器具、空压机等，及时保养维修，且空压机应有专人负责；潜水方驳作业要配备值班机动船，并保持联系。

⑮ 作业前检查潜水员和信号员之间的信号装置的可靠性，潜水作业应有专人指挥，配合人员服从统一指挥；工作时注意信号绳和潜水软管与水下障碍物缠绕，以免发生事故。

⑯ 注意收听天气预报，波高大于规定作业允许波高时，应停止作业。

⑰ 海上长途运输，要经常与陆上联系，遇有风浪或突风要及时就近避风。

4）装砂堤心的充灌

① 检查进入施工现场和水上施工作业人员，穿救生衣、戴安全帽，严禁酒后上岗，严禁船员在船期间饮酒。

② 施工现场的用电线路、用电设施的安装和使用符合安装规范和安全操作规程，严禁任意拉线接电；施工现场设有保证施工安全要求的夜间照明，危险潮湿场所的照

明以及手持照明灯具，尤其下雨天施工，采用符合安全要求的电压。

③施工用电包括电箱及其他电器设备由专业电工操作，其他人员不得随便操作。

④水上施工作业区域和施工作业船舶，在明显处设置昼夜显示信号灯及醒目标志；与施工作业无关的船舶，不得进入施工作业区域，防止发生事故。

⑤施工过程中，施工船舶每天收听天气预报，有6级（包括6级）以上风浪，施工船舶到安全地带避风。

⑥夜间作业要有足够的照明，要互相关心，互相照顾，并应及时清点作业人员。

⑦乘坐交通船时，应根据船舶定员乘坐，不得超载，同时穿好救生衣。

⑧开启高压水枪时，先看好地点方位，在保证安全的情况下才能开启，使用过程中要防止枪嘴脱手伤人。

⑨各项操作要有统一的指挥手势，并由专人指挥，避免出现混乱，造成事故。

5）护面块体的安放

①技术交底的同时进行安全交底，说明本项目或本工序的安全注意事项和防范。

②严格执行各岗位的安全操作规程，禁止违章作业和违章指挥。

③注意查找施工过程中的安全隐患，发现问题及时反馈和整改，并且提出改进措施。

④在施工过程中，运输设备、起重设备、索具要定期进行检查，防止发生事故。

⑤块体起吊和安装过程中要有专人指挥。

⑥潜水员配合作业时，要保证联系正常，要经常检查通信设备，发现问题及时解决。

3.7.3 船坞工程施工安全检查要点

（1）干船坞主要施工工序

1）基坑开挖及降水；

2）坞室混凝土底板的施工；

3）坞室立墙的施工；

4）坞首的施工；

5）船坞灌水、排水系统的施工；

6）其他配套设施的施工。

（2）船坞工程施工安全检查要点

干船坞采用明开法施工，则其基坑及降水、整体式混凝土坞墙、坞首及坞口的浇筑施工中的模板与脚手架等安全检查要点，参见船闸工程相关内容。安全检查依据《水运工程施工安全防护技术规范》JTS 205—1—2016。

1）坞墙

坞墙一般采用明开法方案，但由于船厂受场地约束，坞墙也有采用地下连续墙方式施工。混凝土板桩、钢板桩也是传统的坞墙结构（可参见码头安全检查要点）。本节仅以地连墙为例，阐述坞墙施工安全检查要点。

①地下连续墙

a.导沟上开挖段设置防护设施，防止人员或工具杂物等坠落泥浆内。

b.挖槽施工过程中，如需中止时，应把挖槽机械提升到导墙的位置。

c.在特别软弱土层、塌方区、回填土或其他不利条件下施工时，应按专项施工组织设计进行。

d.在触变泥浆下工作的动力设备，无电缆自动放收机构时，设有专人收放电缆，并经检查防止破损漏电。

e.地下连续墙的混凝土达到设计强度后，进行基坑开挖；如用地下连续墙作为挡土墙的基坑，开挖时，应严格按照程序设置围檩支撑或土中锚杆。

② 支护结构

对基坑支护结构，应编制专项施工方案（必要时组织专家论证、审查），附具安全验算结果，经施工单位技术负责人审批，并报送监理审查后方可实施。

a.基坑的支护结构在整个施工期间具有足够的强度和刚度，当地下水位较高时，具有良好的隔水、防漏、排水性能；安装、使用和拆除支锚系统的各个不同阶段施工，符合专项施工方案的要求。

b.若采用钢筋混凝土地下连续墙作基坑开挖的支护结构时，检查其支撑系统以及施工方法符合专项施工方案的要求；对开挖深度不大的基坑，若采用不设支撑系统的自立式地下连续墙，也应编制专项施工方案，并报送监理审查。

c.若采用排桩式挡土墙作基坑开挖的支护结构时，应检查所采用的钢筋混凝土预制方桩或板桩、钻（冲）孔灌注桩、大直径沉管灌注桩等，特别是桩型选择、桩身直径、入土深度、混凝土强度等级和配筋、排桩布置等，符合专项施工方案的要求；对支锚系统是否需要设置应在专项施工方案中予以明确，并按照有关桩基础施工的规定进行施工，保证施工质量和安全。

③ 支撑结构

由于坞室较宽，需采用锚拉结构，应特别注意锚桩设置在土的破坏范围之外。

a.锚杆选用的螺纹钢筋使用前已清除油污和浮锈，以便增强黏结的握裹力，防止发生意外。

b.锚固段设置在稳定性较好的土层或岩层中，锚固段长度符合专项施工方案中的有关计算结果，锚固段已用水泥砂浆灌注密实。

c.钻孔时对已有管沟、电缆等地下埋设物的保护措施已经落实。

d.施工前的抗拔试验符合专项施工方案中锚杆抗拔拉力的有关计算结果，验证可靠后方可施工。

e.经常检查锚头紧固和锚杆周围的土质情况。

f.锚杆钻机设置的安全可靠反力装置，在有地下承压水地层中钻进时，孔口设置可控制的防喷装置，一旦发生漏水、涌沙时，能及时堵住孔口。

g.定期检查电源电路和电器设备及电器设备安全接地、接零情况；执行施工现场临时用电安全技术规范有关规定的情况，确保用电安全。

2）坞底板

为减少厚度，一般采用锚拉式坞底板。施工单位应编制专项施工方案（必要时组织专家论证、审查），附具安全验算结果，经施工单位技术负责人审批，报送监理审查后方可实施。

本条仅阐述采用沉管灌注桩作锚桩时的安全检查要点。

① 桩尖埋设位置与设计桩位相符，以保证钢管套入桩尖后保持两者轴线一致。

② 对钢管施加的锤击（或振动）力符合专项施工方案的要求，施加力应落于钢管中心，严禁打偏锤。

③ 在成孔过程中，随时注意桩管深入情况，控制好收放钢丝绳的长度；向上拔管时符合专项施工方案的规定，应垂直向上，边振动边拔，遇到卡管时，不得强行蛮拉。

④ 如出现需二次"复打"方式时，已清除钢管外的泥沙，前后两次沉管的轴向相重合。

⑤ 振动沉管法成孔时，开机前操作人员发出警告信号，振动锤下有人；如采用收紧钢丝绳加压时，操作人员应随桩管沉入，随时调整钢丝绳，防止抬起机架。

⑥ 沉管桩施工时，孔口和桩架附近有人站立或停留。

⑦ 停止作业时，将桩管底部放到地面垫木上，不得悬吊在桩架上。

⑧ 桩管打到预定深度后，将桩锤提升到4m以上锁住，锁住后方可进行检查桩管及浇筑混凝土等后续工序。

混凝土底板及坞口混凝土的浇筑施工，与船闸工程现浇混凝土施工相同。

3）坞首

坞首较多采用重力式整体结构（与重力式码头结构类似），也有采用排水泵房及灌水阀房设在坞首侧墙内的形式。本条重点阐述泵房采用沉井结构时安全检查要点。

① 编制专项施工方案时，应重点检查沉井下沉四周影响区域内有高压电线杆、地下管道、固定式机具设备和永久性建筑物等；如有或设置时，制订了相应的安全措施。

② 现场空压机的储气罐安全阀，输气管和供气控制编号，并由专人负责；当有潜水员工作时，是否设有滤清器，进气口设置符合有关规定。

③ 沉井的制作高度符合专项施工方案的要求，如重心太高或高度（一般不应超过12m）已超过沉井短边或直径，应进行调整及验算；如特殊情况确需加高，应有可靠的计算数据，并采取必要的安全技术措施。

④ 沉井井顶周围需设置安全可靠的防护栏杆和作业人员上下的安全通道。沉井内的水泵、水力机械管道等施工设施架设牢固，以防止坠落。

⑤ 在抽承垫木施工时，有专人统一指挥，并分区域、按次序进行。

⑥ 抽承垫木及下沉时，人员不准从刃脚、底梁和隔墙下通过。

⑦ 采用抓斗抓土施工时，井孔内人员和设备已事先撤出，并停止其他作业；如不能撤出时，采取可靠的安全措施，保证井孔内人员的安全。

⑧ 采用机吊人挖土斗装满后，井下人员已躲开并发出起吊信号及起吊的施工程序；如有违章作业，应立即制止。

⑨ 水力机械处于良好状态，使用前应进行试运转，各连接处应严密不漏水。

⑩ 采用井内抽水强制下沉施工工艺时，井上人员已离开沉井；如不能离开时，采取可靠的安全措施，保证人员的安全。

⑪ 沉井如由不排水转换为排水下沉时，抽水后经过观测，并确认沉井已经稳定后方可下井作业。

⑫ 如采用沉井下沉时，加载助沉施工工艺，加载平台经过计算，并在加载或卸荷范围内，停止其他作业。

⑬ 沉井水下混凝土封底时，工作平台搭设牢固，导管周围设有栏杆，并安全可靠；

编制专项施工方案时,平台的荷载除考虑人员和机具质量外,还应考虑漏斗和导管堵塞后,装满混凝土时的悬吊质量。

4)坞门安装

安装坞门视坞门质量可以采用吊车、门机等方法进行安装,其安全检查要点如下。

① 施工作业前应对操作人员进行安全技术交底,操作人员应对现场工作环境、行驶道路、架空电线、建筑物以及构件质量和分布等情况有全面了解。

② 现场起重机作业具备足够的工作场地,并已清除或避开起重臂活动范围内的障碍物。

③ 各类起重机设有音响清晰的喇叭、电铃或汽笛等信号装置,并在起重臂、吊钩、吊篮(吊笼)、平衡重等转(运)动体上标以鲜明的色彩标志。

④ 现场起重吊装指挥人员作业时与操作人员密切配合,执行规定的指挥信号;操作人员按照指挥人员的信号进行作业,当信号不清或错误时,操作人员不得盲目执行,确认后方可执行。

⑤ 操纵室远离地面的起重机,在正常指挥发生困难时,地面及作业层(高处)的指挥人员能够采用对讲机等有效的通信联络方式进行指挥。

⑥ 在6级以上大风或大雨、大雪、大雾等恶劣天气时,停止起重吊装作业;雨、雪过后作业前,应先试吊,确认制动器灵敏、可靠后方可进行作业。

⑦ 起重机指示器、力矩限制器、起重量限制器以及各种行程限位开关等安全保护装置,完好齐全、灵敏可靠,且不得随意调整或拆除;严禁利用限制器和限位装置代替操纵机构。

⑧ 操作人员在进行起重机回转、变幅、行走和吊钩升降等动作前,音响警告信号有效。

⑨ 起重机作业时,起重臂和重物下没人停留、工作或通过;重物吊运时,严禁从人上方通过、严禁用起重机械运输人员。

⑩ 操作人员按规定的起重性能作业,不准超载。

⑪ 操作人员使用起重机时,进行斜拉、斜吊和起吊地下埋设或凝固在地面上的重物以及其他不明重量物体的作业,如有发现应立即制止。

⑫ 起吊重物时,绑扎平稳、牢固,不得在重物上再堆放或悬挂零星物件;易散落物件使用吊笼栅栏固定后方起吊;标有绑扎位置的物件,按标记绑扎;吊索与物件的夹角符合有关规定;吊索与物件棱角之间加设垫块。

⑬ 在起吊载荷达到起重机额定起重量90%及以上时,施工人员先进行了试吊,并对起重机的稳定性、制动器的可靠性、重物的平稳性、绑扎的牢固性等确认安全后才起吊;对易晃动的重物设拉绳。

⑭ 重物起升和下降速度平衡、均匀,不得突然制动;左右回转平稳,不得在回转未停稳前做反向动作;非重力下降式起重机,不得带载自由下降。

⑮ 起吊重物不得长时间悬挂在空中;作业中如遇突发故障,采取措施将重物降落到安全地方,并关闭发动机或切断电源后进行检修;在突然停电时,应立即把所有控制器拨到零位,断开电源总开关,并采取措施使重物降到地面。

⑯ 起重使用的钢丝绳有生产厂家签发的产品技术性能和质量证明文件;当无证明

文件时，经过试验、检验合格后方可使用。

⑰起重机使用的钢丝绳，其结构形式、规格及强度符合该型起重机出厂说明书的要求；钢丝绳与卷筒连接牢固，放出钢丝绳时，卷筒上应至少保留三圈，收放钢丝绳时应防止钢丝绳打环、扭结、弯折和乱绳，不得使用扭结、变形的钢丝绳。

3.7.4 船闸工程施工安全检查要点

（1）船闸工程施工主要工序
1）基坑开挖及降水处理（明开法）；
2）围堰支护；
3）地基处理；
4）船闸混凝土施工；
5）闸门的安装；
6）输水系统及配套。

（2）船闸施工安全检查要点

船闸施工安全检查依据《水运工程施工安全防护技术规范》JTS 205—1—2016。

1）明挖法施工安全检查要点

①土方开挖过程中，严格按专项施工方案的要求放坡；并随时检查边坡的稳定状态；如发现有异常现象（如裂缝或部分坍塌等情况）是应及时采取措施。

②土方开挖过程中，同时作业的两台挖土机的安全距离符合安全要求；在挖土机工作范围内，不得进行其他作业，如有，应立即制止。

③挖土顺序由上而下进行，严禁先挖坡角或逆坡挖土；检查人员上下是否架设支撑靠梯并采取防滑措施。

④地表上的挖土机作业或停放时，离边坡的距离符合安全距离要求。

⑤检查地表上堆放重物时，距土坡安全距离是否满足边坡稳定安全要求，一般不得小于10m。

⑥为防止边坡雨水冲刷和浸润线影响边坡稳定，设置防冲刷设施、安全护栏和警示标志。

⑦为防止人员和物体滚下，设置可靠的安全护栏和警示标志，特别是夜间施工的照明及警示标志满足安全生产的要求。

⑧严禁施工人员从基坑顶向坑底抛扔材料、物品等，以防伤人。

2）围堰支护施工安全检查要点

大型深基槽一般选用钢板桩围堰、地下连续墙、排桩式挡土墙、旋喷墙等作结构支护必要时应设置支撑或接锚系统予以加固。在地下水丰富的场地，宜优先选用钢板桩围堰、地下连续墙等防水较好的支护结构。

①坑的支护结构在整个施工期间具有足够的强度和刚度，当地下水位较高时具有良好的隔水、防漏、排水性能；安装、使用和拆除支锚系统的各个不同阶段，施工符合专项施工方案的要求。

②采用钢（木）坑壁支撑时，随挖随撑，撑牢，并及时进行加固或更换。

③钢（木）支撑的拆除时，按回填次序进行，对多层支撑按安全施工程序逐层拆

除;拆除支撑时,为防止附近建筑物和结构物等产生破坏,采取加固措施。

④采用钢(木)板桩、钢筋混凝土预制桩或灌注桩作坑壁支撑时,其安全检查要点如下。

a.打桩时产生的振动和噪声等对邻近建筑物、构筑物、仪器设备和城市环境造成影响。

b.土质较差、开挖后土可能从桩间挤出时,应采取措施防止土体渗漏或采用止水板桩作坑壁支撑。

c.在桩附近挖土时,采取防止桩身受到损伤的措施。

d.采用钢筋混凝土灌注桩时,桩的混凝土强度达到设计强度等级后方进行挖土作业。

e.拔除桩后的孔穴及时回填和夯实。

⑤采用钢(木)桩、钢筋混凝土桩作坑壁支撑并加设锚杆时,其安全检查要点如下。

a.锚杆选用的螺纹钢筋使用前已清除油污和浮锈,以便增强黏结的握裹力,防止发生意外。

b.锚固段的设置在稳定性较好的土层或岩层中,锚固段长度是否符合专项施工方案中的有关计算结果,锚固段是否已用水泥砂浆灌注密实。

c.钻孔时对已有管沟、电缆等地下埋设物采取保护措施。

d.施工前的抗拔试验,符合专项施工方案中锚杆抗拔拉力的有关计算结果,验证可靠后方可施工。

e.检查锚头紧固和锚杆周围的土质情况。

f.检查锚杆钻机安设安全可靠的反力装置,在有地下承压水地层中钻进时,孔口是否安设可控制的防喷装置,一旦发生漏水、涌沙时能及时堵住孔口。

g.定期检查电源电路和电器设备及电器设备安全接地、接零。

h.若采用钢板桩围堰作深基坑开挖的支护结构时,所采用的钢板类型,特别是桩型的选择、长度、桩尖入土深度、导架、围囹支撑或锚拉系统等,符合专项施工方案要求,并按照有关桩基础施工的规定进行施工。

3.7.5 疏浚和吹填工程施工安全检查要点

疏浚是指用人力、水力或机械方法为拓宽、加深水域而进行的水下土石方开挖工程,分为基建性疏浚和维护性疏浚,是港口与航道工程的主要施工工艺。吹填是指将挖泥船挖取的泥砂,通过排泥管输送到指定地点进行填筑的作业,是临水水域造陆的主要工程手段之一。船舶的安全防护是疏浚和吹填工程的重要内容。

疏浚和吹填工程施工安全检查依据是《水运工程施工安全防护技术规范》JTS 205—1—2016,安全检查要点是:

(1)一般要求

疏浚和吹填工程在目前大多采用疏浚与吹填相结合的施工方法,特别是基建性疏浚,将大量的疏浚土用于吹填造地。

1)现场踏勘

疏浚和吹填工程在施工作业前应进行现场踏勘,了解和掌握施工水域的相关资料,并根据施工现场工况条件合理选择疏浚船舶。其主要内容包括:

①水文资料：包括波浪、潮汐、水位、流速、流向、流态等。
②气象资料：包括风、雪、雨、雾以及寒流和热带气旋的影响。
③土质条件：要掌握相应范围的地质情况。
④水上水下设施：包括码头、平台、航标、桥梁、水下管道、电缆等固定设施和管线、围栏、渔具等临时设施。
⑤障碍物情况：礁石、沉船、抛石及其他废弃物分布情况。
⑥过往船舶的密度及其航行规律，施工对航道和航行船舶的影响程度。
⑦当地港航部门的特殊规定和对施工安全管理的具体要求。
⑧在库区、坝区下游或回水变动区施工应预先了解水库调度运行方式。

2）施工准备

根据工程要求、工况条件以及选择的船舶，从设备、人员、措施等方面做好开工前准备。

①办理好施工许可证和航行通告等相关手续。
②保证船舶设备处于适航状态，各类证书齐全、有效。
③配备有效的通讯、消防、救生、堵漏等安全设备，保证其技术状态良好。
④根据施工作业区域的实际情况和季节变化，制定防台、防风、防火、防雾等预案，在水上、水下建筑物和障碍物附近疏浚作业应根据设计要求制定专项施工方案。
⑤进行危险源辨识和安全技术交底。
⑥设置必要的安全作业区和警戒区，对抛出的锚、锚缆和水上、水下管线以及陆地吹填区域应设置安全警示标志。
⑦必要时设置或选择水上避风锚地。

3）施工作业

在疏浚和吹填施工作业中，应满足以下要求：

①施工船舶应遵守《国际海上避碰规则》和《中华人民共和国内河避碰规则》等有关规定，在核定航区或作业水域内施工，并按规定显示号灯、号型。
②施工人员要严格执行安全操作规程和值班、交接班制度，杜绝违章指挥、违章作业和违反纪律的现象发生。
③疏浚施工中挖到危险或不明物应及时报告有关部门，不得随意处置。
④船舶值班人员要保持正规瞭望，夜间用探照灯照射四周；在狭窄水道或来往船舶较多的水域施工时，要在规定的通讯频道派专人值守，并及时沟通避让方式。
⑤施工船舶位于或跨越通航水域的锚缆或管线应沉底，保证留有足够的通航水深。
⑥在流速较大的水域作业时，应保持船首向与水流向基本一致，若确需横流作业时，应采取相应的安全措施。
⑦施工中应加强设备的检查、养护和更新，避免因设备故障造成危险局面。

4）泥浆浓度伽马仪由专人负责使用管理。检查或维修由具有相应资质的厂家和专业人员进行。

由于泥浆浓度伽马仪采用的是放射性元素，一旦发生泄漏，极易对人体产生辐射伤害。因此，应严格按照有关规定加强管理。

(2) 耙吸式挖泥船施工作业

1) 航行安全

① 作业时，驾驶人员应保持正规瞭望，通信设备在指定频道守听，加强与过往船舶的联系和沟通，通报船位和动态，明确避让意图，谨慎操作，安全会让。情况紧急时，应主动采取防止碰撞措施。

② 施工过程中航向要保持稳定，不准急剧大角度转向；遇有横向强风、流压时，船舶航向应与风向、流向保持适当修正角，要防止吸泥管被压到船底。

③ 施工中进出挖槽和掉头时，要看清周围环境，确保无碍其他船舶、设施安全。浅水区掉头应控制车速和舵角。

④ 能见度不良和夜间施工时，应派专人瞭望，正确使用助航设备，时刻注意他船动态和测定船位。

⑤ 施工中航速应控制在2.5节左右；卸泥时应微速或停车，风浪较大时应顶浪或顺浪，避免横浪作业。

2) 操耙作业

① 施工前检查疏浚设备与施工工况的配合情况，并与机泵舱联系妥当。到达施工水域后摆正船位、减慢船速后确认钢索、吊架及吸泥管状况正常再下耙。

② 下耙时，先检查限位开关的灵敏度和可靠性，再将泥管及耙头提到最高限位置，方可启动吊架。

③ 下放泥耙后，泥耙的吊索应保持垂直状态，不得松弛。波浪补偿器跳动较大、耙头工作异常应立即起耙检查，并测出船位，准确记录。

④ 作业中挖到水下障碍物会出现船舶突然降速、偏向和抖动现象，应立即起耙检查。起耙前应先减速和停泵。

⑤ 清除耙头杂物时，应携带通信工具并有专人监护，作业人员要正确站位，穿戴好防护用品，并使用专用工具清除。同时要仔细检查耙头、泥管、起吊收绞装置等部件有无磨损、拆裂、螺栓松动等现象。

3) 卸泥作业

① 浅水区卸泥应有适宜的富余水深，防止泥沙堆积在船底影响船舶航行和泥门触底受损，采用逐步开启泥门的方法。

② 边抛作业时，在不影响周围船舶和设施安全的情况下，应偏向水流的下方抛卸。

③ 吹填作业应保持船舶处于平衡状态。靠泊码头吹填应根据水位涨落及时调整系缆长度；艏吹作业应控制船舶偏摆。遇有不良工况船身晃动较大时，应立即停止作业，并拆除管线接口。

(3) 绞吸（斗轮）式挖泥船施工作业

1) 定位钢桩收放作业

① 绞吸式挖泥船进入施工区要有专人指挥，待船停稳，检查水深合适后开始放钢桩；如有流速，可先放桥架或抛锚，船舶停稳后再下钢桩。

② 沉放或起升定位钢桩时，人员不得在液压顶升装置和定位钢桩附近通过或停留。

③ 要根据施工区域水深、潮差和土质情况，适当起放定位钢桩，防止钢桩倾倒或淤桩失落。

④船舶横向移动或停泊时,不得将双钢桩同时插入泥层。受风、浪影响停工时,须抛锚停泊,严禁沉放定位钢桩。

⑤船舶移位时,不得调整定位钢桩;船舶调遣时,须将定位钢桩进行倒桩封固。

2)疏浚作业

①施工作业前,确认排泥管口稳固,并在浮管侧及排泥管口设立警示标志。启动泥泵前,要观察浮管两侧是否有碍安全的船舶和设施,排泥管线附近的船舶及管口附近的人员应撤离。

②疏浚作业中,应根据土质条件和泥层厚度确定换桩角度或台车进距,控制分层厚度,防止船舶前移量和挖泥厚度过大导致搁桥、塌方、横移困难等隐患产生。

③遇硬质泥层时,要控制绞刀旋转速度,调节横移锚缆,防止绞刀、滚刀或绞断锚缆。

④清理绞刀或吸泥口杂物时,应关闭绞刀动力源开关,锁定桥架保险,排净回水;作业人员应穿戴好防护用品,携带通信器材和专用工具,并设专人监护。

⑤施工中,需要对排泥管线进行检查、整理或松放缆时,应先减速或停泵。作业人员应穿戴好防护用品,携带通信器材和专用工具,并设专人监护。

⑥抛、移锚作业时,作业现场应保持与操控室的通信畅通,统一指挥,相互配合,作业人员站位要适当。

(4)冲吸(吸盘)式挖泥船施工作业

1)自航边抛疏浚作业

①船舶进入施工区,要密切注意流态、水深和周围环境的变化,逆流由下游深水区驶近施工区,先减速、稳船,当确认周围无碍其他船舶和人员安全时,方可下放吸盘头至泥面,启动泥泵施工。

②应根据泥层厚度和泥沙流动性适当调整进速;排泥口应转向下风、下流一侧抛泥。

③浅漕内施工,应用舵桨控制船艏向与挖槽线保持一致,谨防船尾受风流和边抛作用力的影响,偏离挖槽搁浅。

④使用舵桨控制船位不可在高速状态下大角度转动舵桨,严禁两舵桨的排出流对冲。

⑤施工中挖泥操纵与舵桨操纵要服从统一指挥,密切配合,当需要移位和升降吸盘头时,应先稳船再操作升降绞车。

2)定泊尾排疏浚作业

①采用艏交叉锚定泊施工时,保证吸盘头始终处于两锚缆的下方,防止盘头压断锚缆,尾锚应尽量避免与排泥管发生缠绕。

②当需要锚艇协助抛锚时,登艇人员穿好救生衣。挖泥船先逆流慢速驶进施工区停稳后下放吸盘头至泥面稳船。锚艇先靠施工船一舷接锚,顺向拖出一定安全距离后方可横过施工船头。作业人员站位要适当。

③开工前要对锚缆、管口设置警示标志,注意是否有碍作业安全的行人和船舶,合泵前要通知排泥管线、排泥管口附近的船舶和人员撤离。

④疏浚作业中,当有船通过时,应先将吸盘头下放到泥面稳船,再将过船一侧的锚缆松放沉入河底。

⑤在有水上、水下建筑物和障碍物区域施工时,要严格控制绞进速度,避免冲击过大,造成建筑物或盘头受损。

⑥施工中需要对排泥管线进行检查、整理或松放缆时,应先减速或停泵,作业人员应穿戴好防护用品,携带通信器材和专用工具,并设专人监护。

(5) 链斗式挖泥船施工作业

1) 船位控制操纵

①链斗式挖泥船施工一般采用逆流作业,定位时应根据施工水域条件确定抛锚顺序和选择适当的锚位。

②挖泥摆动时,应先动船首,后动船尾。并应根据土质和斗桥下放深度,观察泥斗充泥量和锚机负荷,合理控制横移速度,防止斗链出轨。

③进距应根据土质和泥层厚度适当调整,发现塌方应迅速松放主锚缆,移船躲避。主锚缆的托缆船应按规定显示信号。

④在通航水域施工时,锚缆应压缆到底,有辅助船舶靠离挖泥船时,挖泥船应积极配合,必要时松出锚缆,预防船舶碰撞受损。

2) 链斗运行操纵

①启动链斗前,应清除斗链附近的障碍物,作业人员离开后,方可慢速启动斗链,慢速空转正常后,将斗桥下放到适当深度,左右摆动正常后,再挖泥。

②斗桥下放至预定深度,斗链未着底,收紧边缆,确认泥驳靠妥,皮带运输机或卸泥槽已放下,并转动正常,方可启动斗链挖泥。

③挖泥作业时,应密切注意斗链运转状况和斗桥动态,发现异常声响立即停车。

④硬土质施工地段,遇风浪大,有损坏设备可能时,应暂停施工。短时间停止施工,应提高斗桥,保持最低水位时,斗链不着底,以免损坏设备。

⑤作业人员上斗桥作业时,通道及作业场所应冲洗干净,并作防滑处理。斗、链拆装前要上好保险装置并显示船舶减速信号。吊车作业要有专人指挥。

3) 装驳作业

①松放卸泥槽或皮带运输机要在驳船靠泊系妥后进行,收绞卸泥槽或皮带运输机则在驳船解缆之前,以防卸泥槽或皮带运输机触损驳船或伤人。

②根据装载情况,适时调整泥驳系缆,保证系泊安全,防止偏载。

③清除泥井中障碍物,停止一切挖泥操纵,悬挂"禁止启动"标志,清除泥井上方可能坠落的物体,确认上述措施执行后,作业人员方可进入泥井;井内作业须有专人监护。

(6) 抓斗式挖泥船施工作业

1) 锚泊作业

①抓斗式挖泥船宜采用顺流施工,在流速不大或有往复潮流的地区可采用逆流施工。应根据作业环境确定抛锚顺序。

②锚泊作业中,作业人员应注意周围水域船舶动态,通知无关船舶离开作业区域,作业人员站位要适当。

③施工中,泥驳靠离挖泥船或有其他船舶通过时,应松放锚缆。装驳时,要根据泥驳干舷高度的变化调整系缆。

2) 抓斗挖泥作业

① 挖泥作业前，抓斗机操作人员事先发出警示信号，在泥驳靠妥后才能作业。作业半径范围内禁止站人，以免造成人身伤亡。

② 抓斗下放时，严禁突然刹车。开挖强风化岩或块石时，应控制抓斗下放速度，不得强行合斗。

③ 升降、摆动抓斗作业时，防止抓斗碰撞泥驳或缆绳。

④ 夜间工作时，作业船周围和挖掘机上应有充分的照明。

⑤ 抓斗机不得超负荷运行，抓到不明物体应立即停止作业并探明情况。

⑥ 抓到大石块、水泥墩等重物时，应减缓起落和转动速度，防止砸坏泥驳。

3) 抓斗维修作业

① 抓斗的索链缠绕抓斗时，应停止作业，排除故障。作业人员不得攀爬或站在处于悬吊状态的抓斗上作业。

② 检修吊臂或其他属具应将吊臂放于固定支架上，并停车、断电、悬挂"禁止启动"安全警示标志。

③ 检修、调换抓斗应将抓斗放于专用斗架上或固定牢固，拆装抓斗重件应使用吊机或滑车组。

（7）铲斗式挖泥船施工作业

1) 钢桩操作

① 铲斗式挖泥船定位时，要有专人统一指挥，在安全船速下放下定位桩固定船位。下桩时，钢桩及其顶升装置附近人员撤离。

② 在软土质施工时，抬船操作应注意要逐渐均匀地增加对钢桩的压力，并注意调整抬船高度，施工时严禁单桩抬船，以防单面受力将桩压弯。

③ 在前移操作时，前移距应根据后桩倾角和当时的水深来计算。后桩的倾斜角最大不得超过20°，拔出前钢桩应分级加荷，逐步拔出。

2) 铲斗挖泥作业

① 参照抓斗挖泥作业的有关要求执行。

② 在开挖风化岩或硬土时，为了避免强力挖掘的反作用力，将铲斗及旋回机构推向已挖的一侧，影响施工安全，宜采用隔斗挖泥法。且回旋角应适当减小，避免前桩单侧受力过大。

③ 为保证设备安全挖泥分层厚度，应根据斗高和土质决定，不宜超过1.8～2.0倍斗高。

3) 铲斗维修作业

参照抓斗维修作业的相关要求执行。

（8）吹泥船施工作业

1) 泊位安全

吹泥船应选择近岸深水区抛锚固定，锚要抓牢。周围的水域应能保证运泥船进出挡和靠离作业安全。

2) 吹泥作业

① 吹泥前，排泥管线附近的人员和船舶应撤离，并应与排泥区作业人员取得联系。

②吸口或吸泥泵要待泥驳靠妥后，方可下放泥舱作业。

③清理沉石箱应在关闭泵机并在操纵台上悬挂"禁止启动"安全警示标志后进行。

④吸泥管堵塞后应关闭泵机并在操纵台上悬挂"禁止启动"安全警示标志。清除堵塞物应设专人监护。

（9）泥驳施工作业

1）航行作业

①泥驳航行时，驾驶人员应保持正规瞭望，通信设备应在指定频道守听，加强与过往船舶的联系和沟通，通报船位和动态，明确避让意图，谨慎操作，安全避让。

②非自航泥驳在航行过程中，注意瞭望，保持与拖轮的联系，协助拖轮做好航行的安全工作。

③靠离挖泥船时，要减速慢行，提前通知挖泥船收回舷外突出物或松放锚缆。

④卸泥时，泥驳应降低航速，不得在横浪或转向航行过程中卸泥。

2）装舱作业

①泥驳不得超载。泥驳装载过程中的纵横倾角应在允许范围内。

②装泥过程中不得在泥驳舱内打捞杂物，确需打捞时应停止装泥作业。

③泥驳的甲板工作场所及通道应保持整洁、通畅，及时清理油渍、污泥等，不得堆放杂物。

④装舱作业时，要注意船舶吃水变化，适时调整系缆长度。

3）卸泥作业

①泥驳卸泥时，应控制卸泥速度，减少由于速度过快对船体造成较大的振动。

②浅水区卸泥时，要有足够的富裕水深，防止泥沙堆积损坏泥门。

③清除泥舱内较重杂物时，绳索、卡具及捆绑方式应安全可靠。提升前，舱下人员应撤离。用泥驳的绞缆机向外拖拽杂物时，绞缆人员应站在缆绳的侧面，其他人员不得靠近缆绳。

（10）吹填区围堰施工作业

1）在整个施工过程中，应使施工船舶、排泥管、围堰、排水口协调地工作。建立有效的通信联系并实行巡逻值班，随时掌握吹填区进度、质量、泥沙流失、围堰和排水口的安全情况。

2）吹填区应设立警示标志，禁止外来人员进入吹填区嬉戏和逗留，以免引起溺水事故。

3）管线人员在调节溢水水门高度或开关水门阀时，应至少两人同行并穿好救生衣。

4）在筑堰与吹填工作同时进行时，要注意筑堰工作所用电线架空，移动排泥管时切忌在电线上滚过，以防压破电线造成触电事故。

5）堰顶的排泥管应堆放稳固，防止滑落伤及路人。

6）对围堰尤其是土围堰易冲刷的地方要重点防护，防止围堰决口造成人员伤亡和环境污染事故。

7）排泥口的管架要稳定牢固，管口应设立危险警示标志；禁止人员在排泥管出口处逗留。

8）排泥管线对接时，操作人员应站在固定管线的一则；调整管线对接螺孔时，作业人员不得将手指伸入法兰孔内；紧固螺栓时，作业人员的身体各部位均不得进入排泥管下部。

（11）排泥管线敷设施工作业

排泥管线是疏浚船舶输送泥浆到吹填区的管道线路，主要包括：水面自浮管、水下沉江管、陆上管线三种类型，排泥管线作为疏浚和围海吹填工程中的主要设备，其布设的合理性，直接影响到疏浚船舶的生产效率和吹填工程质量，排泥管线铺设应满足《水运工程施工安全防护技术规范》JTS 205—1—2016和《疏浚工程技术规范》JTJ 319有关规定。

1）排泥管线的架设

排泥管线铺设时，应根据疏浚船舶的总扬程、吹填区至取土区的地形、地貌、排距、吹填高程、水位和潮汐变化等条件综合考虑。

① 水面自浮管线的铺设

水面自浮管线是直接连接挖泥船尾的出泥管和吹填区水陆管架头或水下管进口端点站的管线，铺设水面自浮管线时，应根据水流、风向铺设成平滑的弧形，并抛锚固定水面自浮管线。水面自浮管线不宜过长，在风浪、流速较大的地区，宜在300～500m之间。在水陆管架连接处和水下管线连接处还应设双向管子锚和三向管子锚加以固定。当排泥管线需通过桥孔、桩群时，排泥管线可能会与桥墩和桩群发生碰撞，损坏排泥管线，此时排泥管应抛锚加以固定，避免排泥管线与桥墩和桩群的接触。施工区域的水上管线应每间隔50m设置一个安全警示标志，夜间应设置白光环照灯。固定浮管的锚，应设置锚标。

水面自浮管线铺设一般是在风浪小的水域先进行连接，然后将分段管线拖到预定的位置，按顺流、顺风的方向逐段连接后再就位。水面自浮管线铺设作业，在海上和内河，顺流和逆流均不相同，一般按下列方法和顺序进行作业。

② 内河单向流地区铺设

a.顺流水面自浮管线铺设

将事先连接好的水面自浮管线由拖轮或锚艇顶流拖至挖泥船尾，使管线下游口对上挖泥船出泥管口，用船上后绞锚机将管口调整位置后卡接好；

拖轮或锚艇领直管线后，抛锚等候浮管与挖泥船出泥管卡接；

拖轮继续拖管线转向吹填区方向或水下管进口端点站，同时管线工作人员将事先准备好的领水管子锚按预定距离逐一抛下；

当下游管口端部摆移到吹填区水陆管架头或水下管进口端点站时，与水陆管架头或水下管进口端点站上的排泥管相接，与排泥管相接的最后一对浮管可抛"八字"锚固定。

b.逆流水面自浮管线铺设

将事先连接好的水面自浮管线由拖轮或锚艇拖至吹填区水陆管架头或水下管进口端点站附近（如水陆管架头附近水深无法满足拖轮或锚艇吃水要求，可改用机动小船拖至或抛设缆绳，由陆上工作人员牵引），先将浮管出口端与水陆管架头或水下管进口端点站上的排泥管相接，与排泥管相接的最后一对浮管可抛"八字"锚固定，然后由拖轮或锚艇拖浮管下游端，顶至挖泥船尾与挖泥船出泥管连接。

③ 海区或感潮河段水面自浮管线铺设

海区或感潮河段的水面自浮管线铺设一般利用高平潮进行,其方法如下:

先将连接好的浮管与水陆管架头或水下管进口端点站连接固定好;

将浮管的另一端与挖泥船尾的出泥管连接好;

用拖轮或锚艇顶管线使之平顺无"死弯",及时分别将涨、落潮方向的管子锚抛设置妥当。

④ 水上管线安全作业要求

水上管线施工作业时危险性大,极易发生事故,施工时规范操作。

在水上拼接自浮管线时,作业人员穿戴救生衣和安全帽,不能单独作业,必须是两个人以上,并应由锚艇配合,夜间施工应有足够的照明;当有船只配合施工作业时,需要指定专人负责指挥,其他作业人员不得随意指挥。有两条及两条以上船只参加水上作业时,严禁脚踩两船作业,对从事水上作业的工具应仔细检查,钢丝绳、手拉葫芦等应有足够的安全强度,避免因涌浪作用而崩断,工具传递不得扔掷,以防失落或伤人;在船只与水上设备发生触碰之前,驾驶员与接卡操作人员之间要相互提醒,避免发生人员落水或磕碰事故。

当在风浪、流速较大的水域接拆管线时,由于需要工作船的配合,操作人员要上到管线浮筒上工作,属于危险性较大的作业。操作人员稍有疏忽就会发生人员落水事故,所以作业人员应系牢保险绳,同时,工作船上还应配带有保险绳的救生圈,并设监护人员,当发生人员落水事故时,监护人员可立即将配备带保险绳的救生圈抛给落水人员,以及时进行抢救。风浪大,管线晃动严重时,人员停止在管线上作业。

2) 水下沉管的铺设

因浮管管线跨越航道、港区会影响通航,且由于铺设浮管过长,会导致施工时管道阻力损耗较大和施工管理的复杂性,从而降低施工船舶的适应性,施工中经常使用水下排泥管。采用水下沉管铺设施工技术,对于减少施工干扰,便利交通航行,提高施工船舶的施工效率和适应性十分有利。

水下沉管一般只用于跨越主航道、对港区作业有干扰的地段或浮管过长的施工区。水下管线不宜用得过长,铺设宜选择在水流缓慢、河床变化较小、冲淤变化不大的河段或海域进行。

水下沉管的下沉和起浮是通过改变排泥管线的自身重量来实现的,当往沉管管道内灌水,使沉管管道的重量大于沉管自身产生的浮力时,管线就下沉。在采用挖泥船自吹注水沉管时,管线注水端受力较大,将管线用锚固定。挖泥船在注水时速度不宜过快,若注水速度快,会发生部分管线下沉过快,损坏或折断管线,造成危险。当向已沉好的沉管管道内注入压缩空气后,沉管管道内的水被逐步排出,沉管的重量逐步减轻,当压缩空气注入一定程度,使沉管线重量小于自身所产生的浮力而起浮。在采用空压机充气起浮水下管线时,管内所受压强大,所以充气管的耐压强度应满足一定的要求,起浮前还要检查空压机安全阀完好有效,接口绑扎连接牢固,防止气管吹爆或接口脱落伤人。

在实际作业时,有时还需直接用锚艇起吊水下管线,而水下管线重力较大,水下淤泥对其有一定的吸附力,有时水下会有重物压住管线,所以吊力和起吊索具应通过计算确定,起吊时应缓慢施力,避免吊索瞬间断裂伤人。

在通航水域沉放沉管前,需要申请发布《航行通告》,要求过往船舶在下放水下管线期间避开此水域或慢速通过。并要在沉放沉管水域设置警戒船只，防止有些船只冒险通过。

3）陆上管线的铺设

陆上管线铺设时一般是直接将分段排泥管运至施工现场，逐段进行拼接，最终形成管线。陆上管线铺设时应满足下列要求：

① 设陆上管线时，应选择交通方便的道路、堤线、河岸或海岸一侧布置，并远离房舍、仓库、货场等建筑物，尽量避免穿越障碍物，应避免与铁路、高速公路等交叉。管线走向应平顺，尽量减少弯曲，在平坦地区铺设管线可直接敷设于地面，遇高低不平的地面时，应架空、铲平或垫平；对于受潮水影响、铺设在斜坡段或坝顶上的排泥管线，需要进行固定。

② 在水陆管线相接处应设有水陆管架，水陆管架位置和标高要适合潮差变化，不能因过量而产生顺吊或倒吊，使水陆管架因潮差原因损坏。布设安排尽量做到适中，应采用橡胶管柔性连接，使水陆管之间平顺。

③ 陆上管线转向、上下坡合拢时要精确测量，合理使用短、弯管、平令、斜令。应尽可能使用一个弯度管为妥，使其平顺转向减少阻力。

④ 排泥钢管法兰之间应装设密封圈，紧固水密。使用的排泥管应经过检查、测厚，并根据工程需要确定厚度要求。

⑤ 陆上管线铺设时，遇管线在跨越或通过小河浜、潮间带、低洼的沼泽、浅水区等，或进入吹填区需要，则均应布设排泥管架。

⑥ 吹填区内陆上管线的布置要求：

a.排泥管进入吹填区的入口应远离排水口，以延长泥浆流程。管线的布置应满足设计标高、吹填范围、吹填厚度的要求，并应考虑吹填区的地形、地貌，几何形状对管线布置的影响。

b.排泥口的管线架应稳定牢固，斜撑与水平杆应相互牵拉形成整体，增加管架的稳定性。排泥管出口标高应高出于吹填标高 0.5m 左右，以免在吹填施工过程中管头埋入影响吹填施工进行。

c.排泥管线的间距应根据设计要求、泥泵功率、吹填土的特性、吹填土的流程和坡度等因素确定。

d.吹填区内管线的布设间距、走向、干管与支管的分布除应考虑上述因素外，还应根据施工现场、影响施工因素的变化等及时调整。

e.应根据管口的位置和方向，排水口底部高程的变化及时延伸排泥管线。在吹填区应设若干水尺，观测整个吹填区的填土标高的变化，指导排泥管线的调整和管理工作。

f.当吹填砂中含有较多的细颗粒土时，应在排泥管线上设置三通管、转向阀或转向闸板，在排泥管口上设置扩散板、渗漏孔、挡板等，防止淤泥聚集。

g.在铺设陆上管线需吊运作业，且管线自重较大，施工过程中危险性大，为避免发生安全事故，施工时满足以下安全作业要求：

• 陆上排泥管线铺设时一般设有管线堆场，管线堆放时成塔式错层堆放，为保证吊车装卸操作安全，一般不得超过6层（含6层）；配置桥式起重机的堆场，最高不得超过7层（含7层）。排泥管无论临时或长久堆放于堆场金字塔最底层首末两节排泥管下部用两块以上三角砌块垫实。

- 排泥管线固定堆场危险处应悬挂"当心坠落"等警示牌。
- 堆放场地使用的各类起重机应有声光报警装置；作业时，起重机支腿应用垫木垫实。
- 雨天进行电焊、气割管线作业，应搭设防雨遮棚。
- 移动式发电机、空压机工作区域设置警戒带。
- 排泥管线对接时，操作人员应站在固定管线的一侧。

排泥管线对接时，需要机械设备或器械协助将活动管线与固定管线进行对接，如机械设备、器械故障或人员误操作，引起活动管线脱落，操作人员要站在固定管线一侧。

- 调整管线对接螺栓孔的位置时，不得将手指伸入法兰孔内。紧固管线对接螺栓时，作业人员身体的各部位，不得进入排泥管下部。

在管线对接过程中需用撬棍调整法兰孔，持撬棍的人员应采用托扶的方式，以免钢管摆动伤害手掌；在管线对接时，如果胶垫孔与钢管孔对不正，不能将手指伸入法兰孔，要用撬棍；在紧固螺丝时，一般顺序是先上部、再两肋、后下部。当紧固钢管底部的螺丝时，不能将身体伸到管子下方，以免发生意外伤害。

- 吹填区的排泥管口应设立"停留危险"警示标志，禁止人员在排泥管出口站立。
- 铺设管线时，若需用电线架空，移动排泥管时，切忌在电线上滚过，以防压破电线造成触电事故。

（12）排泥管线的拖运

排泥管线拖运方式一般有海上拖带调遣与装驳调遣两种。排泥管线海上拖带调遣与装驳调遣应满足船舶检验部门和海事部门的有关规定，符合《水运工程施工安全防护技术规范》JTS 205—1—2016和《疏浚工程技术规范》SL 17—90有关规定。

1）水上管线海上拖带调遣及装驳调遣应按照安全、经济的原则制定调遣方案，并报相关部门批准后方可实施。

2）自航装管驳船应在本船航区内自航调遣。不适合在海上长途拖航的浮管、沉江管应采用装驳方式调遣。船舶调遣时，各种证书齐全有效，符合航区安全航行的要求，并经过船舶检验部门的检验和海事部门的批准。

3）水上管线出海拖带调遣操作

①水上管线管拖带调遣航行前，航行主管部门会同拖轮制定拖带调遣方案，落实海上拖带具体措施及航行线路，并事先收听调遣所经海域的气象预报，保证拖带过程安全。

②管线拖航前，浮筒经过漂浮试验，保证浮筒的水密性。浮筒两侧链条及卡带应完好，卡带螺栓应拧紧，首尾管用堵板密封。

③拖轮拖带调遣时，应严格按照事先确定的航行调遣路线，短途无风浪情况下可以捐拖，便于照应；中途或风浪稍大时，施以吊拖，避免船管横向之间碰撞。

④拖缆宜采用尼龙缆，也可采用钢缆，但每段管线都配备拖航时所使用的保险缆。

⑤拖航时管线两侧宜各系一根钢丝缆，连接各节浮筒，并应收紧，受力一致。

为了使多节浮筒形成整体，需用钢丝绳将其串在一起，防止管线被大浪打散。选择质量好的浮筒放在前部，以增加拖航强度，每套管线前端要配不少于5m的龙须缆，龙须缆应从导缆桩引出，并在易磨损处包扎防磨材料以防磨断。

⑥拖轮拖带浮筒、管线时,拖带的管线长度应根据拖轮的拖力、水文气象、航道条件等因素确定。根据中国船级社《海上拖航指南》1997中4.1.5条的规定,拖轮的拖带能力应满足在静水中的拖航速度不小于5kn。拖带航行时,风力宜小于6级。

⑦被拖管线上应设置号灯、号型,其高度应高出管线1.5m,且应正确显示。

为避免其他船舶碰撞拖带管线,在管线上安装信号灯、号型显示,管线首尾两端各设一盏环照白灯,中间每隔80～100m应加设一盏。在管线的末端应设一个菱形体号型,管线的长度超过200m时还应在首端增设一个菱形体号型。号灯、号型的高度应高出管线1.5m。

⑧拖轮在拖带调遣航行途中,若发现有异常情况,应立即采取相应措施,并将管线拖运至流速小的浅水区域处置。

3.7.6 码头设备安装施工安全检查要点

(1)码头设备安装施工特点

码头设备安装工程主要是指港口装卸作业的大型机械设备和供电、通信、导航、给水排水、消防、环保、控制、供热等配套工程设备安装。

码头设备安装工程的施工,特别是港口装卸作业的大型机械设备,用专用船舶整机运输至码头上岸,现场主要进行调试工作;煤炭或矿石码头的移动式装船机、单或双悬臂式堆料机、悬臂式斗轮取料机等,大部分组件运至现场后,进行现场安装和调试工作。

(2)码头设备安装施工安全检查依据是《水运工程施工安全防护技术规范》JTS 205—1—2016。

1)起重船作业

①检查作业准备工作

a.核查起重船的主要性能指标,满足拟吊重物的安装要求。

b.起重船吊装方法、工艺、船舶安全率、主要吊具、索具、绳扣准备情况等符合起重船操作规程的规定;制订的船舶安全紧急预案符合施工组织设计中安全技术措施的规定。

c.起重船的安全保护装置灵敏可靠等。

②监督起重作业过程

a.巡视检查起重作业时,起重物体的质量在规定负荷内,不准超重。

b.吊点位置是否合理,吊钩应在物体正上方垂直起吊,禁止斜吊或用吊钩拖拉重物。

c.正式起吊前,重物经过试吊,如发现不平衡、不稳或制动不良,应放下重新调整。

d.在起吊的重物上及重物下不准站人;重物吊到空中时,不准车辆、行人及其他船舶在下面通过,且操作人员不得离开操作岗位。

e.重物起吊前,检查、计算船体吃水符合有关规定。

f.起吊过程执行相关操作规程,起吊过程速度平稳均匀,禁止忽快、忽慢或突然制动;注意吊钩上升高度,避免吊钩到达顶点;吊起的重物件放落时,要慢速,校正安放位置,准确就位。

g.专人统一指挥吊装施工;吊重物移船时,各绞车应听从指挥信号,做到松紧均匀,避免突然停止或启动而使重物在空中摆动。

h.作业休息时,不准将物体吊挂在空中。

i.当两艘起重船共吊一个重物时,必须编制专项施工方案,经批准后方可实施;两船应统一指挥、互相联系,保持重物吊起同一高度,上升、下降、前进、后退速度同步。两船的实际起重重量严禁超过本船额定起重能力的80%,并且钩绳必须处于垂直状态。

j.夜间作业时,工作地点设置的照明设施符合安全作业的有关要求;照明设施不妨碍指挥和操作人员视线。

k.遇到大于或等于6级风时,应停止作业。

l.起吊过程中,如需吊杆旋转和升降时:

在操纵旋转起重机时,操纵人员熟悉各种变幅角度(吊臂伸出距离)的安全吊重能力。

在操纵吊臂变幅时,吊臂伸出距离应与规定的吊重相适应,禁止吊重时吊杆伸出超过规定的水平距离。

吊臂的旋转速度应缓慢,并不能防止碰撞周围的人、船只、构件及码头设施。

起重机吊臂在满负荷时,应尽可能避免吊臂变幅操作,如确因工作需要变幅时,吊臂变幅角度不得超出允许的范围,以免造成事故。

③结束起吊工作

重物起吊到安装位置后,连接和固定牢固;待该重物与其他构件所有应该安装的高强螺栓、销轴以及焊接点完成,确保已按图纸要求安装完成时,方可摘去起重船的吊钩。

2)堆取料机安装作业

堆料机和取料机的安装工程是港口设备安装中常见的施工作业,其安全检查要点如下。

①施工组织设计所制定的安全管理规章制度,专项安全施工技术措施(方案);与施工人员进行详细的安全技术交底;安装过程,按施工组织设计的方案安装调试大纲的要求,先分项工程后分部工程,有序进行。

②高处作业、焊接作业、吊装作业等凡与此有关的安全要点,认真检查。

③钢梁等大型结构件拼装时,应在平整的作业台上进行,其基础应有足够的承载力;各种杆件,宜事先组拼、组合后,用吊机吊装。

④高强螺栓、螺母、垫圈等使用前应按有关规定进行复验,合格后才能使用,拧紧力矩、抗滑移系数均符合规范要求。

⑤钢构件组拼时,定位销钉冲钉定位足够,待全部装入高强螺栓,并完成初拧力矩后,方可松除吊钩。

⑥钢构件起吊前,应了解所吊构件的质量、重心位置、所吊高度,以采取相适应的起吊方案。

⑦高处安装高强螺栓,搭设的脚手架符合要求,所用工具使用工具袋装好带上。

⑧堆取料机安装前,检查导轨的接地系统,符合设计要求,其接地电阻值不应大于4Ω。堆取料机用的6000V柔性电缆安装时,不允许用绳索拖拉,不允许破坏其绝缘保护层;安装前,耐压和绝缘试验合格后使用。

⑨机上所安装的变压器、高压电机(一般为6000V),通电前,经有资质的测试单

位进行耐压和绝缘试验合格后送电。

⑩ 液压系统现场配装的液压管路，应先下料预装，尺寸合格后，必须经过清洗管路内壁后方能正式安装。

3）调试、运转和联合试运转作业

码头用电设备安装完成后，需进行调试运转，特别是进行多台设备联合试运转，检验安装工程质量与性能符合设计要求。

① 调试运转按调试运转大纲规定的程序、方法、步骤进行。

② 按先单机试运转，在单机试运转合格的基础上，进行联合试运转的程序实施；先进行空载试运转，再进行有载试运转；有载试运转时，先轻载，逐步过渡到额定负载量。

③ 试运转时，设有统一的指挥信号和足够的通信联络手段，重点部位和故障点是否设专人负责。

④ 试运转时，设置动作操作监护人员，以防误操作。

⑤ 易产生火灾、爆炸、有害气体泄漏处，配备足够的消防器材及防爆防毒器材，必要时，申请专业消防队伍协助。

4）港口装卸设备整体上岸

港口采用港机整体运输上岸的工艺安全管理与检查要点：

① 核承运方与本单位编制的《港机设备整体上岸实施方案》（方案中应包括设计单位针对整机上岸各种作业工况时，码头结构受力的分析结果及意见）；

② 检查整机上岸作业的安全技术措施现场落实情况；

③ 现场轨道、垫木、顶升点的设置符合设计及规范要求；

④ 现场卷扬机、地牛等辅助作业设备的安全性能符合要求；

⑤ 安全警戒线及标志布置符合安全生产要求；

⑥ 会同有关各方对港机上岸后的码头结构及设备的完好性检查；

⑦ 整机调试安全检查工作可参阅前述。

3.7.7 预制构件安装

水运工程预制构件种类较多，预制构件的起吊、出运和安装都涉及起重作业。尤其必须高度重视预制构件的安装安全技术措施的制订与实施。

（1）混凝土梁、板、靠船构件安装

1）构件装船后，应根据运输和安装水域的工况条件，对构件进行必要的封固。

2）安装前，应根据构件的重力、种类和形状，选配适宜的起重设备、绳扣及吊装索具。构件上的杂物应清理干净。

3）吊装前，应明确指挥人员，统一指挥信号或手势，并明确作业人员的分工。

4）构件起吊后，起重设备在旋转、变幅、移船和升降钩时，应缓慢、平稳，吊安的构件不得随意碰撞其他物件。起重船的锚缆严禁兜拽基桩和已安构件。

5）构件安装时，应使用控制绳控制其摇摆，待构件稳定且基本就位后，安装人员方可扶握和安装。

6）受风、浪或水流影响的梁、板、靠船构件等安装后，应立即采取封固措施，以免坠落。

(2) 防波堤护面块体安放

1) 吊运护面块体的自动脱钩，必须安全、可靠。

2) 护面块体起吊时，必须待钩绳受力、块体尚未离地、挂钩人员退至安全位置后，方可起钩吊运。

3) 护面块体起吊后，严禁碰撞船舶或其他物体，以免自动脱钩后砸伤人员。

4) 安放后的扭工字块、扭王字块和四角锥等异形块体上，不得站人，以防块体滚落。需调整块体位置时，必须采取可靠的安全防护措施。

(3) 方块、半圆体及无底大圆筒吊安

1) 方块、半圆体及无底大圆筒装驳时，应按照装驳布置图由里向外、对称装船。运距较远、海况恶劣时，应对其进行封固。

2) 吊安方块、半圆体及无底大圆筒的马腿、卡钩、吊架、销轴、吊索及索具，均应计算确定。

3) 在高处系挂大圆筒吊装索具时，应在大圆筒系点的内外设置作业平台和上下人员的爬梯，并符合安全规定。

4) 吊安方块、半圆体及无底大圆筒的吊索，受力应均匀，严禁马腿、卡钩、销轴不正或吊架倾斜时吊运。

5) 吊安方块、半圆体的马腿、卡钩，宜采用锻造或铸造件。采用焊接件时，必须对焊口进行探伤检验，合格后方可使用。

6) 当方块、半圆体、大圆筒入水后，必须服从潜水员的指挥。信号不明，严禁移船或动钩。

7) 当方块、半圆体或大圆筒底面距基床顶面约0.2～0.5m且稳定后，潜水人员方可靠近。用木板、方木做缝时，严禁将手、臂伸入块体缝中。

8) 半圆体吊安完毕后，必须检查马腿、卡钩或销轴是否已与构件完全脱开，无误后，方可起钩、移船。

(4) 大型混凝土套箱、箱梁安装

1) 大型混凝土套箱、箱梁安装前，应根据套箱或箱梁的结构、重力、海况条件等，选定运输和起重船舶，并制订吊装方案和临时加固措施。

2) 吊运套箱、箱梁的吊架或扁担梁以及吊点，必须进行受力计算，并经技术负责人审核后，方可投入使用。

3) 套箱或箱梁的临时支撑点，应进行受力计算，布置应合理，满足承重要求且稳定、牢固。

4) 套箱或箱梁吊安时，控制套箱或箱梁摆动的控制绳，宜使用起重船上的绞缆机和缆绳。

5) 套箱或箱梁安装后，临时封固未完成前，不得降钩或移船。

(5) 沉箱安装

1) 半潜驳装运沉箱至下潜坑后，应检查、调整沉箱与半潜驳之间四根交叉控制缆绳的松紧度，以防沉箱处于漂浮状态后撞击半潜驳。

2) 半潜驳的下潜坑深度，必须满足半潜驳最大潜深的要求。

3）沉箱浮出半潜驳前，必须制订浮出或助浮的专项施工方案及安全操作程序，并指定专人统一指挥。

4）半潜驳下潜前，应按规定均匀地向沉箱各舱格灌注压载水，并满足浮游稳定或起重船助浮吊重的要求。

5）半潜驳重载下潜、沉箱起浮时，风力、波高、流速等工况条件，必须符合半潜驳设计性能和沉箱起浮的安全要求。

6）用起重船助浮安装沉箱时，必须待吊装绳扣与沉箱挂牢后，方可向舱格内灌水。起重船应根据灌水量的增加缓慢降钩，吊重不宜超过允许负荷80%。

7）沉箱安装时，应根据施工水域的风力、波浪、流速大小以及施工工艺等研究确定。一般情况下，风力应≤6级，波高应≤0.8m，流速应≤1.0m/s。

8）沉箱安装后，应及时在沉箱顶部设置高潮位时不得被水淹没的安全警示标志。

（6）扶壁安装

1）吊装扶壁的绳扣，应根据扶壁的外形尺寸、重心位置和重力合理配置。扶壁起吊后，不得发生偏斜。

2）扶壁装驳时，肋板应平行于驳船的纵轴线，扶壁的重心应位于驳船的纵轴线上或与驳船的纵轴线平行且对称。

3）扶壁安装后，应及时用型钢与已安装的扶壁连为一体，或在扶壁的底板上抛填墙后填料等，以防扶壁在风、浪、水流作用下倾覆。

3.7.8 桩基施工

沉桩作业是高桩码头施工的主要工序，既有水上作业，又有高处作业，尤其是在吊桩过程中，基桩在空中由水平转变为竖直的过程危险性较大，作业人员大多处于临边作业，因此，沉桩作业的安全防护和安全操作技术更显得非常重要。水上锤击、振动、水冲沉桩安全规定包括：

（1）管桩的吊点数量、位置应根据桩长、桩重、断面尺寸和材质等经计算后确定。起吊混凝土时，捆绑位置与设计吊点位置的偏差不得大于20cm，以免混凝土桩断裂。吊点应在桩上标示，以方便操作人员作业，捆绑好后，指挥人员要对捆绑吊点检查确认。

（2）吊桩式背板或套戴替打时，指挥人员应密切注视架上操作人员的站位和桩、锤移动等情况，缓慢升降桩锤和替打，指挥信号、手势应准确。

1）立桩到入龙口时，打桩指挥和船舶指挥人员应协调一致，操机人员应准确无误地按照指挥人员的指令操作，防止指挥信号和操作失误导致机损、人员伤亡事故。

2）响锤前几击，应采用低锤施打，防止因地质较软造成空锤或桩、锤、替打突然骤降发生安全事故。

（3）锤击沉桩过程中，指挥人员应随时观察桩、锤、替打的运行状态，发现以下问题应立即停锤。待查明原因，采取相应的技术措施后，再恢复沉桩。

1）桩的贯入度反常；

2）桩身突然下降（溜桩）；

3）桩身突然移位，发生过大倾斜；

4)桩身出现严重裂缝和桩头破损。

（4）斜桩定位时打桩机应缓慢变幅，变幅不得超过限值。

（5）沉桩或拔桩时，电动振动锤的电流不得超过规定值。超过规定值必须立即停止作业。

（6）水冲式沉桩方法有三种，即内冲内排、内冲外排和外冲外排。当遇圆块石等障碍物时，采取锤击与冲水同时进行沉桩。水冲沉桩应根据不同土质合理控制射水嘴的入泥深度，射水嘴一次入泥不得过深，以防输水管或接头爆裂。

（7）水上打桩船和运桩船驻位应按船舶驻位图抛设锚缆，并应设置浮鼓，锚缆不得互绞。浮鼓在夜间按规定显示灯色。

（8）船舶在陆域设置的地锚其耐抗拉力应满足使用要求。以防走锚而发生船舶碰撞事故。地锚和缆绳通过的区域应设立明显的安全警示标志，必要时应有专人看守。严禁其他船舶从地锚缆绳的下方通过。

（9）打桩架上的作业人员应站在电梯笼内或作业平台上操作。作业人员应按高处作业的规定使用安全防护用品。电梯笼升降前，应将电梯笼回至水平原位并插牢固定销后方可进行升降，以防电梯笼兜拽桩锤、桩架或缆绳，发生事故。

（10）打桩船作业时，应随时观察锚缆附近的情况，注意其他作业船舶和人员的动态。移船时，锚缆不得拌桩。如桩顶被水淹没，应在桩顶上设置高出水面的安全警示标志。

1）预防桩船锚缆瞬间，绷紧受力掀翻过往小船或被其他船舶碰撞。

2）在发现地锚的缆绳范围内有人时，应立即停止绞缆，通知人员离开后方可继续绞缆。

3）吊立桩入龙口时，桩身的起吊高度应根据桩长、水深和下吊桩扣至桩尖的距离确定，防止桩尖触及泥面而造成断桩。

4）如已沉桩的桩顶被水淹没，应在桩顶上设置高出水面的安全警示标志，防止被打桩船的缆绳兜拽或其他船舶碰撞。

（11）吊立桩时，打桩船应将吊起的桩离开运桩驳船一定距离，并应缓慢均匀地升降吊钩，以防碰撞运桩驳船或作业人员。

1）桩被水平吊起后，高于运桩驳船一定高度后，打桩船即可启动绞车移船。打桩船在移位时应注意锚缆位置，防止缆索拌桩或伤人。

2）应缓慢均匀地升降吊钩，当桩身被吊起至适当高度后再立桩入龙口。桩身入龙口后，由经纬仪或GPS定位，使桩到达指定位置。

（12）在可能溜桩的地质条件下，打桩作业人员应认真分析地质资料，并采取预防溜桩的措施。包括选用合适桩锤、控制锤击力度等，制订的安全措施要向施工人员交底。

（13）封闭式桩尖的管桩沉桩，应采取防止管桩上浮的措施。在砂性土中施打开口或半封闭桩尖的管桩时，应采取防止发生泥浆上涌措施。

（14）水上悬吊桩锤沉桩应设置固定桩位的导桩架和工作平台。导桩架和工作平台应牢固可靠，并在工作平台的外侧设置安全栏杆。沉桩开始前，打桩作业人员均应离开导桩架和工作平台，以确保作业人员的安全。

（15）沉桩后应及时进行夹桩，打桩结束后对已打完的桩应及时进行夹桩，可用型钢将桩群纵横连接起来，形成一个框架式的整体，提高桩基抵抗水平力的能力和整体稳定性。

1）及时夹桩。沉桩后，应及时采用夹桩木夹桩或用型钢加固，使桩群形成一个受力整体，提高桩基的稳定性。

2）保持安全距离。在停止施工后，所有作业船舶都必须尽可能远离已打桩，或保持一定的安全距离，防止因船舶"走锚"而碰桩。严禁在已打好的桩上系缆。

3）设置警示标志。在已沉完的桩基区二端设置警示标志，夜间设置红灯，悬挂警示标牌。

3.7.9 沉排、铺排及冲沙袋施工

沉排是用土工织物或梢料捆扎组成，将石块、混凝土块等重物压沉于水底，作护底、护脚用的排状物。沉排、铺排和冲沙袋施工是航道工程或围堤工程中进行护滩、护底、护坡、围堰、筑堤的常用施工方法。

（1）铺排船施工作业安全防护技术

铺排船主要用于排体的铺设作业，可根据施工水域水深、波浪和流速的不同，采用顺水流方向或垂直水流方向铺排。

1）铺排船定位作业

①铺排船定位，应在拖轮的辅助下进行，拖航时，滑板应拉起并与船舶锁定，抛锚时，应按顺序抛锚或出缆，安全定位。

②排船定位工作完成后，应检查钢缆、沉链等连接情况，确认无异常后，方可进行下道施工工序。

③铺排船定位必须要求所有缆绳受力均匀，使船舶摆动不得超过规定要求。定位完成后，铺排工应按照铺排的操作规程进行工作。

④锚泊后，铺排的滑板应根据水位气象条件放置适宜的位置；设有滑板的侧舷严禁靠泊其他船舶。

2）起重作业

①铺排船上的起重设备吊装及展开排布应有专人指挥。卷排时，排布上、滚筒和制动器周围不得站人。

②吊运混凝土连锁块排体应使用专用吊架，排体与吊架连接应牢固。吊放排体过程中应使用控制绳等措施控制其摆动，吊起的排体降至距甲板面1m左右时，施工人员方可对排体进行定位。

（2）干滩和浅水人工铺排作业安全防护

干滩和浅水人工铺排作业工艺简单，易于操作，但应注意：

1）作业中，搬运压载体时要加强防护措施，防止作业人员受伤。

2）浅水区作业，作业人员应观察水情变化，严禁在走沙水或深水区边缘作业。

（3）冲沙袋施工作业安全防护

冲沙袋施工主要是利用高压冲水将泥沙稀释成泥浆，再由冲沙泵输送到沙枕袋、冲沙袋进行冲灌的作业。在干滩或浅水区采用人工作业，在深水区则采用抛枕船抛枕或专

用抛沙袋船施工,须采取以下安全防护措施:

1)冲沙袋冲灌前,灌沙口、输沙管接头及高压水管接头应连接牢固。冲灌时,高压水枪不得射向人员或电器设备。

2)冲沙袋或沙枕沉放前,应检查沉放架的制动装置。电器设备应设专人操控。

3)水上抛放冲沙袋或沙枕沉放时,船上的活动物件应固定,作业人员不得站在船舶舷边。

4)冲沙泵或高压水泵的吸口应采用支架、滑车和绳索吊设。升降吸头不得直接提拽泵体本身电缆。

5)在沿海施工,还应做好防风、防浪工作,并注意涨落潮对施工作业的影响。

3.8 工程船舶水上水下作业安全技术

3.8.1 水上施工作业危险危害因素

参照危险、有害因素的辨识分类方法,水上施工作业的危险危害因素辨识情况。

(1)按照水上施工工程地质、地形地貌、水文、气象条件、周围环境、水上运输交通条件、自然灾害等方面。

(2)从水上施工功能分区、防火间距和安全距离、风向、危险有害物质设施(水上氧气站、乙炔气站、压缩空气站、水上加油站等)、动力设施(混凝土搅拌船、起重船、拖轮、大型垂直运输设备等)、临时通航水道、临时码头设施等方面。

(3)从水上大型构件的运输、装卸、工程船舶的水上拖航、施工区工程船舶的作业环境等方面。

(4)按照分部分项工程的工艺过程进行识别,对水上分部分项工程施工方案的设计阶段,通过合理的设计进行考查;对方案采取了预防性技术措施和减少危险危害的措施进行考查;对易发生故障和危险性较大的地方设置了醒目的安全色、安全标志和声光警示装置等。

(5)对于水上施工工艺设备可从高温、低温、高压、腐蚀、振动、关键部位的备用设备、控制、操作、检修和故障、失误时的紧急异常情况等方面进行识别;对水上施工大型船机设备可从运动部件和工件、操作条件、检修作业、误运转和误操作等方面进行识别;对电器设备可从触电、断电、火灾、爆炸、误运转和误操作、静电、雷电等方面。

(6)从水上施工作业区域的作业环境考虑,注意识别存在毒物、噪声、振动、高温、低温、辐射、粉尘、水污染及其他有害因素。

3.8.2 水上施工作业安全措施

本节主要结合路桥工程施工的特点,参照水上施工作业的实际情况,列出对水上施工危险性大、施工作业环境复杂的船机设备运行、人员水上施工作业和重点分部分项工程等的安全防护措施。

（1）船舶施工安全防护措施

1）一般规定

在施工水域进行施工作业前，按《水上水下施工作业通航安全管理规定》规定申请办理《施工许可证》《航行通告》等手续；施工船舶按《交通部沿海港口信号规定》等相关规定显示信号和灯号，遵守《中华人民共和国海上交通安全管理规定》《国际海上避碰规则》《中华人民共和国内河避碰规则》等法律法规以及地方有关船舶航行、停泊或作业的管理规定；施工船舶在施工水域抛锚定位，不得超出航行通告所规定的水域范围，在所抛锚的锚位设置浮漂，标示锚位，提醒过往船舶注意避让，在施工现场，白天垂直悬挂RY信号旗，晚上垂悬显示绿红信号灯；施工船舶在进入施工现场时悬挂国旗，按规定甚高频频道24小时正常守听，值班船员加强值班、瞭望，注意过往船舶，与之保持联系，谨慎避让。

2）专项应急防护措施

① 船舶防台、防季风等灾害性气象条件的安全措施

根据施工水域的水文气象条件，适时建立健全防台风、防季风等灾害性气象条件的组织机构，编制专项应急预案并组织实施，对船员进行防灾害性天气的安全交底，提高船员防灾知识和技术水平，落实防灾具体措施。

按照施工现场现有船舶的情况，合理布置自航船、非自航船与拖轮的配备方式，做好防台风、防季风前的各项准备工作，在灾害性天气来临之前，监督检查各船舶防灾害性天气准备工作的落实情况。依据灾害性天气的发展情况及各船舶技术状态、现场工作情况、周围环境等条件，合理掌握各船舶起锚时间、起锚顺序、拖航方式及起航时机，早作决定，使船舶有充裕的防御准备时间。

3）防止工程船舶撞墩措施

施工船舶在施工水域按规定显示信号和灯号，沉桩完毕的群桩、承台按海事部门的要求配备航标灯，其灯光、灯质符合国家规范要求。现场施工船舶均需配备足够的符合施工水域地质情况的锚设备，防止船舶因走锚而发生撞墩事故，同时现场配备港作经验丰富、动力足够的拖轮在施工现场值班，当出现作业船舶走锚或其他紧急情况时，能及时救助；所有作业船舶在施工现场定位锚泊时，离施工完成的结构物应留有足够的安全距离，并安排好值班人员；大型作业及运输船舶进出施工水域时，须在港作拖轮的指挥配合下实施；各船舶均按规定收听天气预报，并记录，当有大风时，所有施工船舶撤离，到指定的位置靠泊或抛锚。

4）船舶防污染应急措施

对于生活垃圾，在船上、施工作业点配备专用垃圾回收容器，指定专人进行回收、填埋、销毁；燃油过驳时，由专人负责监督管理整个加油过程，不得污染水域，洒滴在甲板上的油污要立即清除、洗净，并有专人负责监督；船上所有用过的带油的抹布、废旧回丝等应放入指定的加盖铁桶内，并及时交付有关部门回收，做好记录；机舱污水应首先经污水处理装置处理合格后，按国家标准进行排放。

船舶因碰撞、搁浅、触礁或因不可抗拒的力量而沉没时，可能会造成对该水域的污染。船舶在海上发生污染事故时，事故船舶船长应立即启动《船上油污应急计划》《船舶海洋污染应急计划》，按照分工，分头行动：

① 船长、轮机长分别指挥动员甲板部、轮机部船员，立即查清发生溢出的部位及有关情况。

② 船长负责按报告程序和规定向当地海事部门报告船名、时间、地点和污染情况，有新情况时，及时补充报告。

③ 船员按《船上油污应急计划》《船舶海洋污染应急计划》方案实施应急响应，采取转驳、堵漏、关闭有关阀门等紧急措施。

④ 船长、轮机长要根据受损情况、污染情况，指导船员作好自身的安全防护，自救人员穿着防护服，戴防毒呼吸器，其余船员尽可能处于上风位等安全场所。

⑤ 关好门窗、通风口，以防毒气、可燃气体进入船员生活区及其他舱室，造成人员中毒和火灾事故。

⑥ 事故船舶在保证自身船员安全的情况下，积极组织本船的消防队员进行抢险和控制，在外界救援实施前，由事故船舶全面负责污染的控制工作。

5）船舶发生走锚、断缆时的应急措施

工程船舶在施工现场作业或停泊时，因风、流、浪的影响，极易发生走锚、断缆事故，对本船或他船发生威胁，产生触礁、搁浅、碰撞他船或构筑物，发生伤亡事故。

值班人员注意观察本船附近的周围环境和船舶动态，与过往船舶联系，利用参照物或GPS确定本船船位。发现本船走锚时，可通过放长锚缆或抛下备用锚，阻止走锚事故的发生，同时报告船长。如放长锚缆或抛用备锚后，船舶继续走锚，则与附近值班拖轮联系，利用拖轮避免走锚事故的发生，同时发出警报，提醒过往船舶注意避让。船舶在拖带航行或停泊时发生断缆事故时，则根据当时的环境条件，可采取紧急抛锚或拖轮协助，避免事故的发生。

值班人员在值班时发生他船走锚时，应立即通过高频电话有效声响设备发出警报联系，同时向当地海事部门报告他船动态情况。如他船走锚对本船构成威胁时，则本船应立即采取有效的避让措施，防止碰撞。

（2）部分重点分部、分项工程安全防护措施

1）钢护筒、钢吊箱等大型构件整体吊运、安装安全注意事项

吊运、安装前，注意收听天气预报，在天气较好的情况下进行起吊、安装作业，起吊时机应选择在高平潮进行。吊运、安装整体结构安全经工程技术、安全、质检部门、监理验收合格，由技术负责人、总监理工程师签字后方可起吊。起重指挥人员在起吊前必须检查所有的吊点、吊耳、卡环、钢丝绳等的安全性能符合要求。严格执行起重作业安全操作规程，严禁违章指挥、违章操作。起吊安装前必须先经过试吊，经过静置20分钟，确认各项安全性能指标达到规范要求后方可实施起吊安装过程。

2）索塔施工安全措施

索塔施工的脚手架搭设，所使用的工具安全可靠，扳手尾端系绳，套在手腕上或腰间，切割钢管头或铁件系牢，防止高空坠落伤人；悬空作业处层层设置安全平网和立网，立网高出每层施工面1.5m，平网随施工高度而提升，网格、网距、受力等符合规范要求（安全网防火，重量轻），形成绕封闭的高空作业系统；支撑管对接处应设置操作平台或设挂篮，作业人员系好安全带。高空作业所需的工索具及零星材料等，应放在工具包内或临时固定，严禁上下抛掷工具及物件。工具等使用时用绳索拴牢，以防止高

空坠落。高空作业所需的氧气、乙炔瓶应装入铁框中提升吊运,作业台面处的氧气、乙炔瓶用绳索绑扎牢固,防止滚动和坠落。各类电气设备按建筑施工现场用电安全规范要求,安全接地有效时,安装防漏电保护装置,注意合理布设支撑体系安装所需的电力传输线路和焊机接线,规范布设供配电、用电系统,防止高空漏电、触电、电击事故。施工设备及工程设施有防雷击装置。塔吊、电梯经检验合格取证后方可使用,塔吊及电梯运行,严格执行起重机安全操作规程,并填写设备运行日志。各类电气及机械设备有专人操作。起重工要严格执行起重吊装"十不吊"的规定,吊点选择合理、信号统一、哨音明亮、手势清晰。风力超过6级以上时,停止起吊作业。

3)斜拉索施工安全措施

① 参加斜拉索挂索施工人员进行安全技术交底,熟知挂索施工的程序。并按高空作业的要求戴好安全帽,系好安全带,水上作业穿好救生衣。严格执行各自岗位及设备的安全操作规程。参加挂索的特殊工种人员持有效特种作业人员操作证上岗,指挥人员与操作人员距离较远时用对讲机联系。

② 塔肢挂索前要检查塔顶卷扬机性能的完好,卷扬机与塔顶平台的连接焊缝,导向轮钢丝绳不得有断裂断丝,确认无误方能进行塔肢挂索。索盘架在运索平车上要保持放索架的平衡,放索架脚撑牢固可靠,索架两边应焊斜支撑,防止运索平车随放索变化而偏心倾覆。控制放索机的放索速度,牵引卷扬机固定稳妥,钢丝绳导向牢固,控制索盘旋转的钢丝绳与索盘垂直。

③ 卷扬机把斜拉索吊至桥面孔口时应上两副夹片,夹片螺栓拧紧。桥面前端牵引导向用25号槽钢预埋在桥面混凝土里,确保受拉点牢固。在挂边跨合龙桥面压索时,人员应站在桥中心面,严禁站桥边,防止夹片滑松,索松会伤人。边跨上螺帽的小吊篮,必须做牢固,并用钢丝绳套在钢筋上,吊篮上的安全网、脚手板牢固,防止松散掉落。塔内框的脚手架稳定可靠,操作平台用5cm木板满铺并用铁丝捆牢。每提升一次操作平台,必须在平台下面挂好安全网,索孔内严禁掉物至桥面。

④ 挂索或桥面压索、夹板不能变形,焊缝无裂纹,螺栓无损伤。夹板安装时,要用胶皮保护,以保持斜拉索索皮不受损伤,螺栓要拧紧。

⑤ 桥面挂篮(检修小车)压索前,应检查桥面卷扬机的性能,其锚固绳卡松动,钢丝绳断丝,钢丝绳走向与其他物体相摩擦。挂篮(检修小车)前端滑车应随时保持完好,吊耳焊缝牢固,销轴不得变形。压索前,检查张拉机构是否正常,连接丝杆与斜拉索应顺直,严禁使用变形和损伤的连接杆作业。

⑥ 斜拉索两端千斤顶的张拉杆,应用探伤仪进行检查,每挂5对索应检查一次,张拉杆应有足够的安全系数,严禁使用疲劳及变形的张拉杆。

⑦ 塔肢内放软牵引索时,与起吊的卷扬机配合好,严禁不同步放索,千斤顶每放一次钢绞线,保险夹片上好,确保放索安全。

⑧ 叉头、连接杆安装时,不得用手去摸,安装好之后,连接杆与斜拉索顺直,严禁连接杆不直。

⑨ 拉索挂好之后,在拆卸斜拉索起吊夹片时,采用的吊笼要牢固,用四点吊。其底部用铁皮满封,防止零星物坠落伤人,拆卸操作人员系好安全带。斜拉索起吊夹片下严禁站人。风力在6级以上禁止作业。

3.9 轨道交通工程施工安全技术规范

城市轨道交通以运能大、能耗低、污染少、速度快、安全、准时的优点，成为城市交通的主动脉和生命线，解决城市"出行难"的社会问题。由于工程施工大多穿越城市中心区，政府、社会、建设单位各方广为关注。

城市轨道交通建设包括车站基坑、区间隧道、联络通道、风井及附属设施、设备安装等，其投资大、技术难、周期长、环境复杂、事故多，且以地下工程为主，具有风险大、专业多、工期紧、环境复杂、交叉施工频繁等特点。

管控安全风险就是减少人员伤亡和财产损失、减少破坏环境，工程风险管理需要针对不同施工阶段的具体内容和要求，完成风险管理活动。

3.9.1 轨道交通工程施工企业安全基础管理要求

（1）城市轨道交通工程建设活动遵循先勘察、后设计、再施工的原则，按基本建设程序，保证各阶段合理的工期和造价，实施全过程安全风险管理。

（2）施工单位对工程项目的施工安全负责，从事城市轨道交通工程施工活动，需具备相应资质，依法取得安全生产许可证，不得转包或者违法分包。

施工单位主要负责人对本单位施工安全工作全面负责，项目负责人对所承担工程项目的施工安全质量负责；单位主要负责人、项目负责人和专职安全生产管理人员应依法取得安全生产考核合格证书；项目负责人应取得相应执业资格和相关工作经验；建筑施工特种作业人员应持证上岗。

施工单位项目负责人原则上在一个工程项目任职，如确需在其他项目兼任的，应征得建设单位书面同意。

（3）施工单位需建立健全安全质量责任制和管理制度，加强对施工现场项目管理机构的管理；项目安全管理人员专业、数量应符合相关规定，并满足项目管理需要。

（4）施工总承包单位对施工现场安全生产负总责。

总承包单位依法将工程分包给专业分包单位的，专业分包合同应明确各自的安全责任。总承包单位和专业分包单位对专业分包工程的安全生产承担连带责任。

总承包单位和专业分包单位依法进行劳务分包的，总承包单位和专业分包单位应对劳务作业进行管理。

（5）施工单位应按合同约定的工期编制合理的施工进度计划，不盲目抢进度、赶工期；施工单位不得以低于成本的价格竞标。

（6）施工单位应将安全措施费用用于施工安全防护用具及安全设施的采购、更新、措施落实、安全生产条件的改善等，不得挪作他用。

（7）施工单位应对工程周边环境核查，与建设单位提供的资料不一致的，应向建设单位及时提出补充完善。

（8）施工单位应按规定对危险性较大分部分项工程（含可能对工程周边环境造成严重损害的分部分项工程）编制专项施工方案。对超过一定规模的危险性较大分部分项工程专项施工方案应组织专家论证。

专项施工方案应按设计处理措施、专项设计和工程实际情况编制,并经施工单位技术负责人和总监理工程师签字后实施。

(9)工程施工前,施工单位项目技术人员应就有关施工安全质量的技术要求向项目职能人员、施工作业班组、作业人员作详细交底说明,由双方签字确认。

(10)施工单位应指定专人保护施工现场地下管线及地下构筑物,在施工前将基本情况、相应保护及应急措施等向施工作业班组和作业人员详细交底说明,并在现场设置明显标识。

(11)施工单位应对工程支护结构、围岩以及工程周边环境等进行施工监测、安全巡视和综合分析,及时向设计、监理单位反馈监测数据和巡视信息。发现异常时,及时通知建设、设计、监理等单位,并采取应对措施。

施工单位应按设计要求和工程实际编制施工监测方案,并经监理单位审查后实施。

(12)施工单位应按施工图设计文件和施工技术标准施工,落实设计文件中提出的保障工程安全质量的设计处理措施,不得擅自修改工程设计。盾构法隧道施工应具有施工管理体系,应建立质量控制和检验制度,并应采取安全和环境保护措施;盾构类型和技术性能应满足工程地质和水文地质条件、线路条件、环境保护和隧道结构设计的要求。

施工单位应按规定和合同约定对建筑材料、构配件、设备等进行检验。未经检验或检验不合格的,不得使用。

对涉及结构安全的试块、试件及有关材料,施工单位应在监理单位见证下,按规定进行现场取样,并送有相应资质的质量检测单位进行质量检测。

(13)建筑起重机械安装完成后,施工单位应委托具有相应资质的检测检验机构进行检验,经检验合格并经验收合格后方可使用。施工单位应按规定向工程所在地建设主管部门办理建筑起重机械使用登记手续。

(14)施工单位应按有关规定对管理人员和作业人员进行安全质量教育培训,教育培训情况记入个人工作档案。教育培训考核不合格的人员,不得上岗。

(15)施工单位应按规定做好安全资料的收集、整理和归档,保证安全文件真实、完整。

3.9.2 施工前安全生产工作准备

(1)总承包单位营业执照、资质、安全生产许可证、特殊工种和三类人员安全上岗证书。

(2)安全管理体系、项目部的组织体系(主要内容:管理制度、岗位职责、落实对应的责任制度)。

(3)大临设施专项工程施工方案;施工组织设计(方案);安全生产施工组织设计(方案)(内部组织学习交底);安全生产施工应急预案(以单位工程内部组织学习交底);文明施工、环境保护专项工程施工方案(内部组织学习交底);临时用电专项工程施工方案;(车站结构、隧道盾构、联络通道,分别编写、审批);盾构施工专项施工方案和应急预案应根据盾构类型、地质条件和工程实践制定。

(4)测量专项工程施工方案;(车站围护结构、车站主体结构、隧道盾构、联络通道，分别编制）；施工前，应对施工地段的工程地质和水文地质情况进行调查，必要时应补充地质勘查；对工程影响范围内的地面建（构）筑物应进行现场踏勘和调查，对需加固或基础托换的建（构）筑物应进行详细调查，必要时应进行鉴定，并应提前做好施工方案；对工程影响范围内的地下障碍物、地下构筑物及地下管线等应进行调查，必要时应进行探查；根据工程所在地的环境保护要求，应进行工程环境调查。

（5）对管线位置、走向、埋深、检查等与管线产权单位取得联系，管线详细参数需调查、标注清楚，做好检测保护；对建（构）筑物，核实其修建时间、基础型式的现状等情况做好相应记录，进行影像资料的收集，制定保护措施。

（6）组织各方对围护结构设计图纸的会审及设计交底。

（7）工程原材料、半成品和成品进场应进行验收，质量合格后方可使用；施工现场的场地应满足工作井、龙门吊、管片存放、浆液站、泥浆处理设施、材料、渣土堆放、充电间、供配电站、控制室、库房等生产设施用地和施工运输要求；施工期间应监控盾构姿态；盾构法隧道施工应实施项目信息化管理，宜配置远程监控系统；施工期间应对邻近的建筑物、地下管线、道路与轨道交通线路等进行监测，并应对重要或有特殊要求的建（构）筑物采取必要的技术措施；大型机械设备（盾构机）报审及特种作业人员上岗证或操作证的报审。

（8）对进场作业人员进行安全培训及三级安全技术交底。

（9）各分部分项工程，分包单位资质；（包含：安全管理体系）。

（10）地下连续墙专项工程施工安全方案（包含导墙）；地下连续墙钢筋笼吊装专项工程施工方案（需专家评审）（内部组织学习交底）。

（11）围护结构钻孔灌注桩、立柱桩、抗拔桩专项工程施工方案（以单位工程可合并编制，但各项内容必须分别详细编写）；高压旋喷桩专项工程施工方案；盖挖逆作顶板段专项工程施工方案（风险性大，是否需专家评审，由建设或当地安质监督部门确定）。

（12）盾构机（顶管机）的进出洞（包含进出场拼装、拆卸）、联络通道施工、冰冻法施工方案（内部组织学习交底）。

（13）各子单位工程、分部分项工程划分表。

（14）施工前应根据设计的大面积混凝土浇筑施工安全方案。

（15）隧道预制构件的吊装、拼装、运输方案。

（16）安全生产检查前准备：项目适用的法律法规、标准规范收集学习、领会透彻，现场各个工序、阶段的危险源辨识和环境因素识别清楚，动态监控安全生产隐患排查治理有效，纠正措施落实符合要求。

（17）施工的各类报表；洞口前土体加固和洞门圈密封止水装置检查验收；施工组织设计应满足质量、安全、工期和环保要求；施工前应进行技术培训与技术交底；施工前应根据工程特点和环境条件，完成测量和监测的准备工作。

3.9.3 轨道交通工程施工安全生产检查要点

（1）盾构法/TBM隧道施工安全检查要点（《城市轨道交通建设项目管理规范》GB 50722—2011、《盾构法隧道施工及验收规范》GB 50446—2017）

1）选型

新购盾构机/TBM组织选型论证，重复使用维修改造的盾构机/TBM组织适用性验收。盾构选型时应综合考虑，并对不同选择进行风险分析评估后择其优者。

2）施工方案

编制重要部位/工序（始发、接收、解体、掉头、过站，端头加固，围护结构破除，负环及洞门管片拆除，穿越重要建筑物、管线、水体、既有轨道线路，盾构开仓换刀，联络通道等）的专项施工方案，穿越、首次盾构开仓（换刀）、联络通道等专项方案经专家论证，对不采纳专家意见的要进行说明，按设计编制、审批施工监测方案，必测项目符合规范规定，应急预案、专项施工方案、监测方案的内容齐全、针对性强，有文字交底记录。

3）安装调试

新造或改造盾构机/TBM或其配套设备有出厂质量、验收合格文件，盾构机/TBM维修后主要系统（液压系统、集中润滑系统、电气系统、PLC系统、人闸、密封等）有测试或检测（记录），安装调试完成后组织现场验收，保持记录。盾构机安装调试完成，其电气系统安全性应经过绝缘电阻、接地电阻和绝缘耐压测试合格，并确认各项技术指标符合要求，盾构机能够正常运转后，方可开始掘进施工。

4）始发/接收

按关键节点条件验收管理规定进行始发或接收前的条件验收，按专项方案对始发与接收井端头进行加固，洞门凿除前对端头加固改良后进行土体抽芯检测，在洞门掌子面钻孔探测地质情况，盾构洞门按设计要求制作洞圈（钢环）和密封装置，始发前对反力架或托架受力进行验算，对反力架、托架进行安装质量及焊缝检测并确认合格；接收对托架受力进行验算，托架进行安装质量及焊缝检测并确认合格；始发按方案对负环管片采取限位、固定措施到位，始发与接收对管片采取限位、固定措施，按要求对管片螺栓进行复紧。

5）掘进施工

进行试掘进结果优化掘进参数，掘进参数异常、姿态异常、地面沉降超限，采取有效纠正措施；施工过程详细记录掘进参数、注浆量、出土量、豆砾石填充量（TBM）等，同步注浆配比按设计方案实施，注浆量足够、注浆及时、注浆压力达到要求；按规定组织穿越既有重要建（构）筑物、既有轨道线路（含铁路）的条件验收，穿越既有地铁线、建（构）筑物和特殊地段前对设备和刀具进行检查，满足连续掘进要求；长期停滞在地质软弱地层，制定并采取防止沉降、坍塌、渗漏等措施，定期进行维修保养，记录齐全。

6）隧道施工运输

车辆停驶时采取防溜车措施，车辆安全、警示装置或动力、制动功能等不存在故障，"带病"行驶；车辆不超速行驶，隧道内有限速标志，平板车不载人，车辆连接可靠，有保险链，不超载、超限；轨道端头有车挡，联络信号合理、准确，车辆、轨道有日常检修保养记录，采取人车分行措施，行车区域内施工作业有安全防护措施。

7) 开仓、刀具更换、调头、过站和空推、解体

制定开仓操作规程，作业人员无违规操作；按专项方案进行地层加固，开仓条件验收和开仓审批；经气体检测合格，人员才能进仓作业；常压开仓过程中要安排专人观察土仓内掌子面地质情况，盾构气压作业人员持证作业，盾构气压作业前对作业人员、控制室内气压或闸门管理员进行专门的培训、教育、安全技术交底；盾构气压环境内无易燃易爆物，作业人员穿戴全棉防护用品；气压作业使用安全电压，防爆照明灯具，盾构气压作业采取两种不同动力空压机保证不间断供气，作业人员气压作业时间或加、减压时间符合带压进仓作业规范规定，气压作业区与常压作业区之间或隧道与外部要有通信设施，开仓作业全过程做好记录。

① 开仓作业

宜预先确定开仓作业的地点和方法，并应进行相关准备工作；开仓作业地点宜选择在工作井、地层较稳定或地面环境保护要求低的地段；开仓作业前，应对开挖面稳定性进行判定；当在不稳定地层开仓作业时，应采取地层加固或压气法等措施，确保开挖面稳定；气压作业前，应完成下列准备工作（应对带压开仓作业设备进行全面检查和试运行；应配置备用电源和气源，保证不间断供气；应制定专项方案与安全操作规定）；气压作业前，开挖仓内气压必须通过计算和试验确定。

② 气压作业

刀盘前方的地层、开挖仓、地层与盾构壳体间应满足气密性要求；应按施工专项方案和安全操作规定作业；应由专业技术人员对开挖面稳定状态和刀盘、刀具磨损状况进行检查；作业期间应保持开挖面和开挖仓通风换气，通风换气应减小气压波动范围；进仓人员作业时间应符合国家现行标准《空气潜水减压技术要求》GB/T 12521—2008和《盾构法开仓及气压作业技术规范》CJJ 217—2014的规定。

③ 盾构机调头、过站和空推

调头和过站前，应进行施工现场调查、编制技术方案及现场准备工作。调头和过站设备应满足安全要求；调头和过站时应有专人指挥，专人观察盾构的移动状态，避免方向偏离或碰撞；掉头和过站后应完成盾构管线的连接工作。

盾构空推应符合规定要求（导台或导向轨道水平和竖直方向的精度应满足设计要求；应控制盾构推力、速度和姿态，并应监测管片变形；采取措施挤紧管片防水密封条，并应保持隧道稳定）。

④ 盾构解体

盾构解体前，应制定解体方案，并应准备解体使用的吊装设备、工具和材料等；盾构解体前，应对各部件进行检查，并应对流体系统和电气系统进行标识；对已拆卸的零部件应进行清理、修理，配置一定的工位器具，进行适当的保护。

8) 洞门及联络通道施工

按关键节点条件验收规定进行条件验收，按专项方案对通道周围地层加固，对加固效果进行土体抽芯检测；联络通道管片拆除前进行地质条件探测，洞门、联络通道施工现场按应急预案准备抢险物资，负环及洞门、联络通道管片拆除现场设立专人安全管理，负环及洞门、联络通道管片拆除按方案施工；联络通道施工前后一定范围内管片

按方案进行支撑保护；洞门或联络通道管片拆除后，及时封闭，不出现渗漏、掉渣等。

9）管片堆放与管片拼装

管片堆放场地坚实、平整，有排水措施，通道通畅；管片堆放不超高堆放纵横间距符合要求；隧道内拼装机旋转范围无人或障碍物，管片吊运、拼装过程中连接牢固，有防滑脱装置；管片翻转、吊运、拼装设备有定期保养记录，不带病作业。

10）安全防护与保护

按规定进行隧道内机械通风（不发生风管破损、漏风，吊挂不平直）新鲜风量充足；有害气体检测装置定期进行检测；遇到特殊地层如瓦斯或其他有毒有害气体超限时，处理措施有效，按规定设置警示、通信、排水、消防器材；压力软管耐压强度满足设计要求，布置于作业区及人行道范围内的压力软管有采取防脱、限位措施，照明设置足够；通道畅通，防护措施规范。

11）施工监测

按监测方案进行监测点设置、监测频率符合监测方案，测点破坏及时恢复；按设计及工程情况及时处理监测数据反馈、指导施工，监测数据达到预警或报警值时，按规定程序处理，按规定有进行盾构机通过后，地层空洞进行隐患探测。

施工前，应根据盾构设备状况、地质条件、施工方法、进度和隧道掘进长度等条件，选择通风方式、通风设备和隧道内温度控制措施；隧道内作业场所应设置照明和消防设施，并应配备通信设备和应急照明；隧道和工作井内应设置足够的排水设备；隧道内作业位置与场所应保证作业通道畅通；当存在可燃性或有害气体时，应使用专用仪器进行检测，并应加强通风措施，气体浓度应控制在安全允许范围内。

① 施工作业环境气体应符合下列规定：空气中氧气含量不得低于20%（按体积计）；甲烷浓度应小于0.5%（按体积计）。

② 有害气体容许浓度应符合下列规定：一氧化碳不应超过30mg/m³；二氧化碳不应超过0.5%（按体积计）；氮氧化物换算成二氧化氮不应超过5mg/m³。

③ 粉尘容许浓度：空气中含有10%及以上的游离二氧化硅的粉尘不得大于2mg/m³；空气中含有10%以下的游离二氧化硅的矿物性粉尘不得大于4mg/m³。

④ 隧道内空气温度不应高于32℃。

⑤ 隧道内噪声不应大于90dB。

⑥ 施工通风应符合下列规定：宜采取机械通风方式；按隧道内施工高峰期人数计，每人需供应新鲜空气不应小于3m³/min，隧道最低风速不应小于0.25m/s。

⑦ 施工中产生的废渣和废水等应及时处置。

⑧ 施工中，应采取措施避免施工噪声、振动、水质和土壤污染及地表下沉等对周边环境造成影响。

（2）矿山法隧道施工安全检查要点（《铁路隧道工程施工质量验收标准》TB/T 10417—2003、《爆破安全规程》GB 6722—2014）。

1）施工方案

对工程周边环境核查，编制、审批、专家论证专项施工方案（含降水）或爆破作业方案，对专家意见修改的，要说明；方案对特殊部位、工艺（特殊地质地段，有毒气体地层，穿越既有轨道线/建构筑物，降水，洞口、横通道、竖井或正洞连接处，非标准段采用高支模施工，工程周边环境保护等）明确专门措施，方案全面，可操作性强；编制隧道施工监测方案，方案监测项目、监测频次符合规范或设计，现场应急预案针对性、操作性强，有文字交底记录。

2）地层超前支护加固

按设计要求及规范超前支护、加固，保护地下管线等工程周边环境，超前加固前掌子面按要求封闭；大管棚或小导管的材质、规格、长度、间距、外插角等符合规范、设计和方案要求，（管棚、超前小导管或开挖面深孔）注浆参数符合设计、方案要求，超前支护、加固效果满足开挖安全要求。

3）降水排水

降水效果满足安全作业要求，降水引发临近建（构）筑物等工程周边环境过量变形，能及时采取措施；降水井施组符合设计或施工方案要求，降水井损坏后影响降水效果能及时采取补救措施；地面洞口防水、排水系统完善，隧道设排水沟和水泵，掌子面、路面不积水。

4）洞口工程

进出洞实名登记记录齐全；洞口落实方案加固措施（包括防范边坡滚石落下），横通道、竖井或正洞连接处按要求加固，路堑及边坡、仰坡自上而下施工，有施作截水系统；按设计要求对洞口邻近建（构）筑物采取完善的保护措施。

5）隧道开挖

开挖工法符合设计要求，开挖循环进尺符合设计、施工方案，相邻隧道作业面纵间距符合设计、施工方案；作业面周围支护牢固，松动石块清除；核心土留置，或台阶长度、导洞间距符合要求，掌子面及时支护，掌子面与二次衬砌距离满足相关安全距离要求；支护参数按地质变化及时调整，进行开挖面地质描述和地质超前预报。

6）爆破施工

爆破器材符合国家及行业标准，爆破器材存储、运输和处置符合有关规定；起爆设备或检测仪表按规定定期标定，装药量不超出设计和方案限制值，"盲炮"处理符合有关安全规定，爆破时人员、设备与爆破点的距离符合爆破安全距离，有安全防护措施。

7）初期支护

型钢、钢格栅、混凝土、锚杆、网片等支护材料符合设计、规范要求，钢架间距不超过允许值，钢架连接符合要求；钢架底部垫实、连接筋间距、搭接长度及焊缝等符合设计文件要求，锚杆及锁脚锚管材质、规格、长度及花眼符合设计、方案要求，锚管按设计要求注浆，按设计和方案要求及时封闭成环，支护变形、损坏能及时处理，及时进行初支背后回填注浆；喷混凝土无裂缝、脱落或钢筋、锚杆不外露，喷射混凝土厚度、强度达到设计、规范要求，初支断面侵限处理（换拱）符合方案。

8）防水作业

现场按规定配备消防器材，采取措施防止电焊焊渣飘落到防水材料上，热风口不对人，射钉枪枪口不准对人。

9）二次衬砌

模板台车有稳定性验算，工作平台、扶手、栏杆、人行梯符合安全要求；模板台车移动时有指挥，设备、电线、管路撤除有保护；模板台车堵头拆除有防护，设安全警示标志，非标准段采用高支模施工时，落实方案中的专门措施。

　　10）作业架防护

　　作业架设有工作平台及围栏防护，作业架脚手板铺设严密、牢固，设置登高扶梯。

　　11）隧道运输

　　竖井垂直运输材料过程中，井下作业人员撤离至安全地带；运输车辆有产品合格证明；洞内运输车辆制动有效，人料不混载、超载、超宽、超高运输；洞内车辆照明、信号系统、车辆限速、警告标志完善，车辆启动前需检查、鸣笛；隧道道路周边物体不侵界。

　　施工运输应根据隧道直径、长度、纵坡、盾构类型和掘进速度，选择运输方式、运输设备及其配套设施。运输设备性能应安全可靠，运输能力应满足施工要求。

　　隧道内水平运输可采用有轨、无轨或连续皮带机等运输方式，垂直运输宜采用门式或悬臂式起重机等运输方式；泥水平衡盾构应采用泥浆泵和管道组成的管道输送系统；根据最大起重量，应对提升设备能力和索具、挂钩和杆件的强度等进行检算；运输设备应有防溜车或防坠落措施，操作、维护和保养应符合操作规程要求。

　　① 水平运输：有轨运输的轨道应保持平稳、顺直、牢固，并应进行养护。当采用卡车、内燃机车牵引时，不应对环境空气造成影响；当长距离运输时，宜在适当位置设置会车道；牵引设备的牵引能力应满足隧道最大纵坡和运输重量的要求；车辆配置应满足出渣、进料及盾构掘进速度的要求；隧道内水平运输宜设置专用通道。

　　② 垂直运输：垂直运输方式应根据工作井深度和盾构施工速度等因素确定；提升设备的提升能力应满足出渣和进料的要求；当垂直运输时，应根据安全需要采取稳定措施；操作人员应按指令作业，物件吊运应平稳；垂直运输通道内不得有障碍物。

　　③ 管道运输：当采用泥水平衡盾构时，管道运输系统应满足出渣和掘进速度的要求；当长距离运输时，应在适当距离设置管道运输接力设备；输送泵和管道应定期检查和维修。

　　12）施工监测

　　按监测方案确定对拱顶下沉、隧道收敛、爆破振动影响等项目进行监测；按规定对受施工影响范围内建（构）筑物、既有地铁线路、重要管线和道路等进行监（观）测；监测点设置或监测频率符合监测方案，监测点受破坏能及时恢复，按设计及工程情况及时处理监测数据并反馈、指导施工，监测数据达到预警或报警值时，按规定及时、有效处理。

　　13）作业环境

　　职业危害防治措施交底，进行氧气及瓦斯、沼气、粉尘检测，风、水、电线路按施组设计要求布设；作业面新风量、风速恰当，满足要求；人员进洞前爆破后，通风时间不得少于方案规定；凿岩、放炮、喷射混凝土等扬尘作业采取防尘措施，照明光线足够；作业人员在粉尘较大场所戴防尘口罩，在凿岩等噪声较大场所戴防噪声护具。

　　（3）轨行区施工安全检查要点（《城市轨道交通技术规范》GB 50490—2009）

　　1）调度、方案及安全协议

　　轨行区施工或运输单位设置调度室（员），轨行区作业有计划并批准；与建设单位签订安全协议，制定作业安全方案，对施工人员作业安全交底。

　　2）施工请销点

　　未经许可人员进入轨行区或物体侵入轨行区，不准超施工作业令批准的区域施工，作业完毕销点或延时销点；撤离前清场彻底，轨行区不遗留物料工具；作业完毕后人员清点，无人滞留轨行区。

3）轨行区施工安全

成品保护，不损伤道床、钢轨及扣件；不准使用钢轨、水管作为电焊电流回路，不向轨行区乱扔建筑垃圾；搭设脚手架、堆放的材料或机具、安装管线、电缆（含预留端）牢固，不存在侵入行车界限隐患；隧道内照明足够，作业人员戴安全帽、穿荧光衣，施工区域两端设置红闪灯等警示装置；未经允许不登乘工程、轨道车，或攀爬运行车辆；不在车辆间、车辆与车挡间工作和穿行，手推车不得在轨行区溜车，不准躺在道床上休息，不准在轨行区内追逐打闹；未经许可，不准在轨行区使用易燃易爆品或有毒物品。

4）行车安全

轨行区上方预留孔洞（车站和区间竖井）设安全防护，不得擅自扳动道岔或拆卸道岔设备；工程列车停车时要制动或加铁靴防止溜车，使用非机动梯车、小推车等要设置制动、防溜、防倾覆装置；工程车辆不偏载、超载和超限界；车辆安全制动有效，车辆连接可靠；隧道内有限速标志，车辆不超速行驶，平板车不违规搭载人，轨道端头有车挡，车辆警示装置有效，联络信号准确；工程车驾驶人持证上岗，工程车进场验收，按规程保养检修；在信号系统启用轨道电路期间，梯车、小推车使用绝缘轮；预留孔洞、出入口有防洪措施，泵房完好，轨行区不积水。

（4）机电设备工程安全检查要点（《城市轨道交通机电设备安装工程质量验收规范》DG/TJ 08—2006）

1）施工方案

专项施工方案，按规定审批，方案操作性强；超过一定规模、复杂程度的机电设备安装、拆除作业按规定对专项施工方案组织专家论证，对不采纳专家意见的要说明。

2）人员配备

特殊工种和机械设备操作人员持证上岗，使用工种规定的个人劳防用品，现场设置专职监管人员，大型吊装时安排专人监护，作业人员（包括分包、租赁单位人员）经专门教育和安全技术交底；不得随意拆改现场安全防护设施和设备；作业前进行班前安全交底活动。

3）起重吊装条件验收

移动式起重机械进场验收，使用前进行就位检查，吊运体积较大或接近额定载荷构件时，配重设置符合说明书要求，起重机与架空线路安全距离符合规范要求；起重机作业地面承载能力符合说明书要求，采取地面铺垫加固措施达到要求，支腿伸展到位。

4）索具

索具采用编结连接时，编结部分的长度符合规范要求；索具采用绳夹连接时，绳夹的规格、数量及绳夹间距符合规范要求；索具安全系数符合规范要求，吊索规格匹配，机械性能符合设计要求。

5）操作控制

起重机吊运设备前要试吊，吊物起升下降速度平稳，无突然制动现象，无转向操作不当，一侧回转未停稳时进行反向动作情况，在满负荷或近满负荷时，降落臂杆无同时进行两个动作,设备报警后,提醒操作人员采取措施。吊装重量明确(包括埋在地下)物体;被吊物体吊具不得载人,吊装散物时捆扎牢靠,采用专用吊笼时物料装放不得过满,吊运气瓶用专用吊篮,吊装时棱刃物不得与钢丝绳直接接触,不超载作业;作业现场照明充足;作业结束对起重机械采取锁紧、固定及其他防移动、防倾覆等措施。

承载载荷、就位及指挥按专项施工方案执行,多机协作中单机荷载不准超过额定荷载的80%,单机升降、运行幅度恰当,速率不准过快;吊索系挂点符合专项施工方案要求。起重吊装作业划定警戒区,设专人警戒或设警戒标志,无关人员莫入,作业时起重臂下不准有人停留或吊运物体从人的正上方通过。

6)过程管理

施工作业前设施、设备经验收,要明晰设计意图与设备要求,统一设备名称、代号、安装位置,明确设备尺寸、安装方式等。

起重机和吊物边缘与架空线的最小水平距离要大于安全距离,搭设安全防护设施,悬挂警告标志;使用的特种设备经检查验收合格,安装、拆除、维护设备单位有资质;易燃易爆易损等危险物品的吊装、拆除、储存、运输符合规定要求。

临时用电设备5台或者总容量在50kW以上的需编临时用电施组,按规定审批;电气设备不带电的外露导电部分,做保护接零;现场施工的电力系统不准利用大地作相线和零线;在容器内、管道内、孔洞内等有限空间及危险场所作业使用安全电压;执行三相五线制,保护零线和工作零线不准混接,临时配电符合三级配电二级保护要求;开关箱安装匹配的漏电保护器,动作灵敏;配电室(柜)保护地线、漏电保护器完好;手持照明、电动工具或潮湿场所使用安全电压。

洞口临边设置防护栏、盖板、安全网,上下楼梯口设置防护栏杆;氧气瓶、乙炔瓶、表具、皮管和空压机的筒、阀、表检定合格有效;电焊作业佩戴劳防用品、消防器材、人员监护,人员证照、动火证等措施符合规定。

管线施工、管沟开挖、吊、装、挂、拆安全措施符合专项方案和管理规定要求;轨道上不准放置各种物品材料,距离接触网2m范围内施工,办理停电手续,专人监护;按清点批复指定的区域、时间作业,期间需要根据作业位置及时调整警告警示标志位置。

线路敷设完毕、设备安装前对所有线路进行绝缘电阻测量,每根电缆所有线芯之间及线芯对地之间都应进行遥测(有屏蔽层的线缆,每芯线对屏蔽层遥测),保证线路的绝缘程度达到规范要求。

安装、调试的基础、吊装、螺栓紧固、固定、噪声控制、渗漏控制等要求符合施组的规定。安装调试人员的劳动保护和施工作业遵守(登高作业、临边防护监管、调试送电方案、设备验收)相关规定。

3.10 特殊季节与特殊环境施工安全检查要点

3.10.1 雨季施工

"雨季"是指每年降水比较集中的湿润多雨季节。在此季节常常出现大雨和暴雨,其降水量约占年总量的70%左右。雨季施工面临雨多、风大等不利环境因素的影响，科学合理组织施工，采取安全技术措施，积极应对雨季施工面临的各种危险状况，对降低施工风险、保障企业生产安全，具有积极意义。

(1) 雨季施工总要求

1) 确保信息畅通。夏季施工由于暴风雨等恶劣天气的不确定性和突发性，对破坏程度难以进行预测，因此，需要加强对气象信息的把握，做好信息化管理工作，及时采取有效的安全措施，作业前实施安全技术交底。

2) 防护的全面性。施工现场涉及现场和临时设施的安全防护以及全体人员的安全。因此，在制定安全措施时一定要全面、细致、周到，不可因事小而不为，从而留有隐患，带来损失。

3) 科学组织施工。编制施工组织设计时要充分考虑雨期施工的特点，将不宜在雨季施工的（工序）提前或延后安排，根据天气情况合理做好作业调度，风雨天气尽量安排在室内施工作业，遇到较大的暴风雨天气应停止施工。

4) 制定应急预案。雨期施工应根据现场施工条件，制定防汛抢险救灾预案。各种防护设施要进一步加固，要确保抢险救灾物资、人员到位，发生险情立即实施启动应急响应。

(2) 雨季施工准备

1) 雨季到来前，应制定防洪、防汛安全应急预案。

2) 雨季前，大型施工围堰、堤坝和土石边坡等应采取加固和防坍塌措施，易受水流冲刷的部位应采取防冲或导流措施。

3) 雨季来临前，对基坑、变电站或干施工河道的排水设施应进行检查、修复或完善。

4) 保证道路畅通，根据路面实际情况分别硬化或加铺沙砾、炉渣等材料，并按要求加高起拱。

5) 潮湿多雨季节需要定期检测机电设备的绝缘电阻和接地装置，不符合要求的设备停止使用。电气设施、设备采取防雨措施。

① 防雨。所有机械棚要搭设牢固，防止倒塌、淋雨。所有露天机电设备采取防雨、防淹措施，可搭设防雨棚或用防雨布封存，机械安装基础要略高于地面，四周要有较好的排水条件。安装接地装置，移动电箱的漏电保护装置要可靠灵敏有效。

② 防雷击。夏季是雷电多发季节，雷雨季节到来前，对施工现场的烟囱、水塔、高层脚手架、易燃易爆品仓库及起重、打桩、混凝土筒仓等设备的避雷装置应进行检查。

③ 防触电。施工现场用电符合三级配电两级保护要求，三级电箱定期作重复接地，接地电阻小于10Ω，定期检查各种设备设施的绝缘电阻；电线电缆合理埋设/挂设，不得使用老化或破损的电缆；职工宿舍要配置安全电压，遇暴风雨天气，要安排专业电工现场值班检查，必要时立即拉闸断电；所有员工下班前将设备、工具电源断开。

6) 对材料仓库定期检查，及时维修，四周排水良好，墙基坚固，不漏雨渗水。钢材等材料存放采取相应的遮盖、填高防雨措施，确保材料的质量安全。

7) 按防汛要求设置连续、畅通的排水设施和配备应急物资，如水泵、发电机及相关的器材，塑料布、油毡等材料。

(3)重点分项工程雨季施工

1)基础工程和土方开挖

基础工程施工受雨水影响较大,如不采取有关防范措施,将可能对施工安全及施工质量产生严重影响。因此在雨季施工作业前实施安全技术交底,应注意以下几点:

① 雨季开挖基槽(坑)或管沟时,应注意边坡稳定,必要时可适当放缓边坡坡度或设置支撑。施工时应加强对边坡和支撑的检查。

② 防止边坡被雨水冲塌,可在边坡上加钉钢丝网片,并抹上5cm细石混凝土,也可用土工布遮盖边坡。

③ 雨季施工的工作面展开不宜过大,应逐段、逐片的分期完成。雨量大时,应停止大面积的土方施工;基础挖到标高后,及时验收并浇筑混凝土垫层;被雨水浸泡后的基础,应做必要的挖方回填等恢复基础承载力的工作;重要工程或特殊工程应抢在雨期前完成。

④ 为防止基坑浸泡,开挖时要在基坑内做排水沟、集水井,并增添必要的排水设备;位于底下的池子和地下室,施工时应考虑,浇捣后遇有大雨时,地下水上升往往会造成地下室和池子上浮的事故。

⑤ 对雨前回填的土方,应及时进行碾压并使其表面形成一定的坡度,以便雨水能自动排出。

⑥ 对于堆积在施工现场的土方,应在四周做好防止雨水冲刷的措施。如在周围放置条石以阻止土方被雨水冲刷至开挖好的基槽(坑)或管沟内,或者回填已完工的一些基础构筑。

基础施工完毕,应抓紧进行基坑四周回填工作。停止人工降水(排水)时,应验算箱形基础抗浮稳定性、地下水对基础的浮力。抗浮稳定系数不应小于1.2,以防止出现基础上浮或者倾斜事故。如抗浮稳定系数不能满足要求时,应继续抽水,直到满足抗浮稳定系数要求时为止。发生大暴雨时,水泵不能及时有效的降低积水高度时,应迅速将积水灌注入箱形基础之内,以增加基础的抗浮能力。

2)混凝土工程

① 模板脱模剂在涂刷前要及时掌握天气预报,以防被雨水冲掉。

② 遇到大雨应停止浇筑混凝土,已浇筑的部位应加以覆盖。现浇混凝土应根据结构情况和可能,考虑留置施工缝。

③ 雨期施工时,需要对混凝土粗细骨料含水量的实施测定,及时调整用水量。

④ 大面积的混凝土浇筑前,要了解2～3天的天气预报,尽量避开大雨时期。混凝土浇筑现场要准备足够的防雨材料,以备浇筑时突然遇雨进行覆盖。

⑤ 模板支撑下的回填土要夯实,并加好垫板,雨后及时检查下沉情况。

⑥ 下雨时不得露天进行钢筋焊接、对焊等作业,必要时应做好防雨工作或将施工作业移至室内进行;刚焊接好的钢筋接头部位应防雨水浇淋,以免接头骤然冷却发生脆裂。

3)吊装工程

① 构件堆放地点要平整坚实,周围要做好排水,严禁构件堆放区积水、浸泡。

② 采用汽车吊进行吊装作业前,要检查、加固机身支撑基础,并按规定试吊,确

保吊车稳定、可靠。

③采用起重船进行起重吊装作业前,各类作业船舶要采取防滑措施。

④由于构件表面及吊装绳索被淋湿,导致绳索与构件之间摩擦系数降低,可能发生构件滑落等严重的安全事故,此时可采取增加绳索与构件表面粗糙度等措施来保证吊装工作的安全进行。

⑤雨天吊装应扩大禁行范围,增派人手进行警戒。

⑥雨天视线不足100m时,或在4m内作业人员之间、作业人员与构件之间无法辨认时,应停止作业;6级以上风力或暴雨天气停止一切吊装作业。

⑦对于大型物件、小区间、危险部位或者水上通航地点的吊装,需要编制专项吊装施工方案,得到批准,落实安全措施以后,作业前实施安全技术交底,才能实施吊装作业。

3.10.2 冬季施工

根据当地气象资料,室外日平均气温连续5天稳定低于5℃,即为进入冬季。冬季施工持续低温、大的温差、强风、雨雪和冰冻,需要做好防火、防爆、防冻、防滑、防中毒和防交通事故的"五防"工作,对深基坑开挖、起重机械、高空作业、临时用电及临建设施等重点部位和重点环节的监控,作业前实施安全技术交底。

(1) 防冻

1) 施工场地、运输道路积水、结冰;脚手架,脚手板有冰雪积留时,施工前应清除干净。检查作业人员的劳动保护用品的穿戴和配备。

2) 工地临时水管应埋入冻土层以下或用草包等材料保温。水箱存水,下班前应放尽。

3) 电缆线铺设要防砸、防碾压、防电线冻结在冰雪之中,大风雪后应对用电线路进行检查,防止电缆线断线和破损造成触电事故。

4) 遇有雪天、风力大于等于6级的天气或电梯滑道、电缆结冰时,施工现场的外用电梯应停止使用,并将梯笼降至底层,切断电源。

5) 重视施工机械设备的防冻防凝。所有在用的施工机械设备应结合例行保养进行一次换季保养,换用适合寒冷季节气温的燃油、润滑油、液压油、防冻液和蓄电池液等。对于长期停用的机械设备,应放净设备和容器内的存水,并逐台检查做好记录;对于正常使用的机械设备,工作结束停机后要求将设备内存水放净。

6) 在封冻河流上施工,应制定安全技术措施,并应根据当地的气温、结冰期、冰层厚度、冰层质量、施工荷载,结合施工经验等确定施工工艺。施工人员和机械设备需在冰上作业应经充分论证,并进行载荷试验后方可实施。冰上作业还应满足下列要求:

①冰层应与水面直接接触,冰层下应无城市、工业排水或其他能加速冰层融化的污水流过;

②车辆在冰上行驶事先对冰路进行探测,冰路两侧应设置标志。载重车的冰路应远离未冻实的水域300m以上,行人冰路应远离未冻实的水域100m以上;

③行车的冰面应平整、无凹形冰面、无冰坡、无厚雪掩盖;

④凿开的冰槽边缘应设置围挡。单人不得进行冰上作业;

⑤冰上使用吊机作业应在吊机下铺设钢木垫排；

⑥施工前应在冰面上设置沉降观测点，施工中应随时进行观测。当冰面发生明显凹状变形或裂缝时，应立即停止作业；

7）内河流冰期施工应及时掌握水温、流量、流速变化和上游闸坝放水信息。流冰前，水上在建构筑物、临时设施和施工船舶等应采取防撞措施，并应在施工现场的上游布设破冰防线。

8）船舶甲板上的泡沫灭火器、油水管路和救生艇的升降装置等均应采取防冻措施。

9）冰冻期不宜在封冻水域进行长途调遣拖航。

（2）防滑

1）强化防坠落管理。基坑周边进行有效防护，并设置明显的警示标志，严禁堆放大量的物料和堆土；对建筑物临边、屋面临边及预留洞口、电梯井口、楼梯临边等安全防护设施设置围护。

2）冬季施工现场的道路、工作平台、斜坡道和脚手板等均应采取防滑措施。作业前，工作平台、脚手架、斜坡道和船舶甲板上的冰雪应清除干净。

3）登高作业人员采取防滑、防冻措施，穿防滑鞋、戴防护手套等，戴好安全帽、系好安全带。不得攀爬结冰的登高软梯、起重臂架，不得在结冰的高处平台、水上墩台、桩帽和横梁上作业。

（3）防火防爆

1）防火安全内容列入岗前教育，存在易燃易爆物品的区域，落实严禁烟火的措施，建立各级防火安全责任制度。

2）消防设施及器材配备齐全，符合规定的要求，在入冬前进行一次全面检查。

3）统一管理冬季取暖，宿舍的公用取暖设施设专人管理，防止电器火灾，生活区严禁使用大电流电器（如电炉子、电热管取暖和做饭，禁止使用自制的电褥子，电热毯使用后应及时断电）。

4）冬季施工时，冻结的氧气瓶、乙炔瓶、阀门、胶管等严禁使用明火烘烤或开水加热，采用热水解冻时水温应控制在40℃以下。

（4）预防中毒

1）室内办公、住宿或工作区域严禁使用电炉、碘钨灯等取暖。采用煤炭炉取暖，有防火和通风换气措施，防止一氧化碳中毒。燃气热水器安装在通风良好的地方，使用时保持通风，防止发生煤气中毒事故。

2）员工食堂的管理，规章制度、餐饮许可证、人员健康证齐全，落实"三白（口罩、衣服、帽子）"、生熟分开、进货渠道、留样菜管理、开水桶上锁、清洁卫生防疫措施，预防发生食物中毒事件。

（5）预防交通事故

1）定期开展行车安全教育，建立车辆管理制度，落实防冻、防滑、防雾、防火、防止疲劳驾驶等具体措施，定期实施对车辆进行维修和保养，采用符合冬季使用的防冻液、润滑油和制动液，发动机和散热器外壳要安装防寒保温罩，刹车系统、转向系统、灯光系统完好，做到定期检查、计划维修、合理使用，车况保持良好。

2）教育驾驶员自觉遵守交通规则和职业道德，严禁酒后开车、无证驾驶、疲劳驾驶，做到礼让"三先"，提高驾驶员的行车安全意识，确保行车安全。

3）遇严重冰雪路面要求加装防滑链，车辆行进中应保持行车距离，并适当拉长车距降低车速，防止追尾事故的发生。汽车通过结冰的河流、沟渠时，应下车仔细检查冰层的厚度和强度，在确认绝对安全的情况下方可通行。

3.10.3 高温季节施工

高温作业国家规定，当日最高气温达到35℃（含35℃）以上，露天工作以及不能采取有效措施将工作场所温度降低到33℃以下的环境温度中工作。

（1）有针对性开展防暑降温宣传教育，加大高温作业安全措施实施的检查力度，注意饮食卫生，按时发放防暑降温物品、高温费，增加防暑降温措施，员工休息设施、防晒通风和降温设施设置。远离基地的施工现场应设置医疗救护点。高温季节施工应合理调整作业时间，宜避开高温时段。

（2）施工船舶的舱室应经常打开舱盖进行通风透气，并在打开的舱口处设置安全防护装置。施工船舶的呼吸管道应保持畅通。

（3）施工现场使用和存放的易燃易爆物品应采取防晒措施。

3.10.4 热带气旋季节施工

热带气旋是生成于热带或副热带洋面上，具有有组织的对流和确定的气旋性环流的非锋面性涡旋的统称，包括热带低压、热带风暴、强热带风暴、台风、强台风和超强台风。强烈的热带气旋常伴有狂风、巨浪、暴雨、风暴潮，是一种破坏力很强的天气系统。

每年5～10月都有热带气旋登陆我国，尤以7～9月登陆我国的热带气旋次数最多，危害最大，因此热带气旋季节施工应采取以下有效防范措施。

（1）施工单位应建立、健全防抗热带气旋的组织、指挥系统和应急抢险队伍，根据现场施工情况，制定相应施工安全措施和应急预案。

（2）施工现场应按预案的要求，在灾害前对在建工程、车间、仓库、临时建筑、生活和办公用房等进行防风加固，疏通排水沟渠，配备防抗热带气旋的材料、物资和设备、设施。

（3）陆域施工机械设备和运输机械应选择不被水淹、避风条件较好的存放场地或转移，大型固定机械应制定加固或快速拆卸方案。临时发电机组、值班专车和必要的救护设备等提前到位。抢险队伍和医务人员处于戒备状态。

（4）施工单位应落实船舶避风锚地和施工人员的转移地点，落实监护和调遣拖轮。

（5）发布热带气旋警报后，施工单位立即启动应急响应。

施工单位和施工现场的指挥系统在灾害天气期间实施24h专人值班制度，按时收听气象预报和查阅有关台风信息，跟踪掌握热带气旋动向。

3.10.5 夜间施工

工期或在工程施工过程中有些施工工艺连续完成，施工企业需要安排夜间施工。市区夜间施工，项目部应提前向有关部门申报夜间施工有关手续，获得主管部门批准后方可实施，夜间施工作业前实施安全技术交底，采取下列安全防护措施。

（1）夜间作业必两人或两人以上一起进行，禁止一人单独作业；大规模的夜间作业，作业前和收工时各班组、各工段要清点人数，作业中要有安全监管措施。

（2）施工船舶或作业场所应设置满足施工要求照明设备；作业现场的预留孔洞、上下道口及沟槽等危险部位应设置夜间警示标志；夜间施工用电设备有专人看护，确保用电设备及人身安全。

（3）施工船舶应按规定显示航行、作业和停泊的号灯；探照灯或其他照明设备的光束不得直接照射施工船舶、机械的操作和指挥人员；碍航的水上设施、未完工程等，应设置警示照明灯。

3.10.6 能见度不良天气施工

"能见度不良"是指任何由于雾、霾、下雪、暴风雨、沙暴或其他类似原因而使能见度受到限制的情况。可导致施工现场作业人员的瞭望受到限制，作业前实施安全技术交底，应采取下列安全防护措施。

（1）船舶雾航按《国际海上避碰规则》和《中华人民共和国内河避碰规则》的有关规定执行。停航通告发布后，停止航行。

（2）自航施工船舶应预先了解、掌握航标布设、通航密度、船舶活动规律和锚泊船只的分布情况及航道边缘以外水深。

（3）船舶航行时，驾驶人员应按规定鸣放雾号，减速慢行，注视雷达信息，并派专人进行瞭望；航行中突然遭遇浓雾应立即减速，并测定船位。

（4）视程不足100m时，或在4m内作业人员之间、作业人员与构件之间无法辨认时，应停止打桩、起重安装等作业。

（5）夜间气候恶劣的情况下，严禁施工作业。

3.10.7 无掩护水域施工

无掩护水域一般是指离岸距离500m以上无天然或建筑物掩护的水域。作业前实施安全技术交底，无掩护水域施工作业应采取以下措施。

（1）施工船舶的作业性能满足无掩护水域的工况条件；施工前，施工单位应根据非自航施工船舶的数量、大小和种类，配备适量适航的监护拖轮和救生设施。

（2）远离陆域基地的海上施工现场应配备通信和救护等设施，并宜设置供施工人员临时食宿的住宿船和交通工作船。避风锚地应选择在距离施工现场相对较近、水文气象条件较好的水域。

（3）非自航施工船舶应配备防风锚，并应对锚机、锚缆采取加固、加长措施。

（4）停止作业后，施工船舶应将起重钩、桩锤、抓斗、臂架及属具等进行封固。

（5）施工单位应向气象台站收集中长期天气及海浪预报，并每天按时收听当地的气象和海浪预报。

3.10.8 密闭空间、有限空间、受限空间安全技术

（1）施工作业人员及职责

密闭空间、有限空间、受限空间作业前，应首先明确作业负责人、监护人员和作业人员，并明确相关的职责，落实相关安全管理措施。其他单位职责可参照《密闭空间作业职业危害防护规范》GBZ/T 205—2007相关要求。

密闭空间作业负责人

负责密闭空间作业的安全，确认进入密闭空间作业的人员已经经过相关教育、培训，确认现场应急救援设施已经完备，确认进入人员的安全防护措施已经完备，确认作业完成后人员和设施已经全部撤离密闭空间，发现不符合进入密闭空间的情况下终止人员进入，禁止无关人员进入。

密闭空间监护人员

负责密闭空间作业的全过程监护，应具有相关职业能力并经过培训，发生紧急情况时能及时组织撤离，履行监护职责时不受其他职责干扰。

密闭空间作业人员

实施密闭空间作业，应经过密闭空间作业教育、培训，掌握逃生路线，遵守密闭空间作业安全操作规程，能正确使用密闭空间作业安全设施和个人防护用品，身体不适时应主动联系监护人或负责人。

（2）密闭空间作业范围

密闭空间是指与外界相对隔离，进出口受限，自然通风不良，人员进入后从事非常规、非连续作业的有限空间。

（3）密闭空间作业管理要求

1）密闭空间作业条件

① 氧气含量：不小于19.5%；

② 有毒有害气体浓度：二氧化硫小于$5mg/m^2$、二氧化碳小于$9000mg/m^2$、硫化氢小于$10mg/m^2$、一氧化碳小于$20mg/m^2$，其他有毒有害气体浓度均应低于GBZ 2.1规定浓度；

③ 可燃气体浓度：低于爆炸下限的10%；

④ 通风后，仍不满足以上（1）（2）条要求的，应按照《呼吸防护用品的选择、使用与维护》GB/T 18664—2002要求，佩戴呼吸性防护用品；

⑤ 通风后，仍不满足以上（3）条要求的，所使用器具应达到防爆要求。

2）密闭空间作业前

① 应对项目所涉及的密闭空间作业进行排摸；

② 对项目密闭空间作业的风险进行辨析和危险性评价；

③ 编制项目的密闭空间施工作业管理规程，明确密闭空间作业管理流程；

④ 编制密闭空间作业专项方案；

⑤ 对管理人员和相关分包队伍进行密闭空间作业安全交底，对涉及密闭空间作业的所有人员进行安全教育和培训；

⑥ 严格执行作业审批制度和人员准入制度；

⑦ 密闭空间作业前，配置救援安全设施，并布设到位。

3）密闭空间作业时

①应严格执行"先通风、再检测、后作业"的原则；

②配备相匹配的检测仪器，并经过相关鉴定机构鉴定合格；

③设置明显的安全警示标志，设置密闭空间危险源告知牌；

④应持续强制性通风，并保证密闭空间体积换气2次/小时的通风量；

⑤作业人员要求配置全身式安全带、反光背心、安全鞋、头戴式或便携式灯具、生命绳等个人防护设施，并正确穿戴。

4）密闭空间作业后

①作业完成后，监护人员和作业人员应进行检查，确认密闭空间内无人员、杂物、遗留火星后，方可撤离；

②作业完成后，应对入口进行临时封闭，并悬挂禁止进入等安全警示标志；

③作业完成后，对周边安全设施进行复位检查，并切断临时用电电源。

（4）密闭空间作业应急管理要求

在密闭空间作业前，应编制完成密闭空间作业专项应急预案和密闭空间作业应急处置措施，完成密闭空间作业应急救援器材的配置工作，开展一次针对性应急演练，作业发生险情后，应立即报告上级领导。救援人员应在做好自身防护后，再实施救援，严禁在不具备条件的情况下盲目施救。

3.10.9 水下作业

为了保证潜水员在潜水过程中的作业安全和潜水作业的顺利实施。不管是一般性的潜水作业，还是特殊性的应急抢修；无论使用何种潜水装具，采取何种潜水作业方式，潜水作业的组织者和潜水员都必须熟悉和遵循有关的潜水作业组织原则、制定潜水计划以及潜水作业的基本步骤等安全操作规程。因此，潜水作业前要实施安全技术交底，并满足以下安全检查要点：

（1）潜水员应按照有关规定经专业机构培训，并应取得相应的从业资格。潜水作业前，潜水员应掌握下潜任务、下潜环境、工作部位、水深、流速、流向等，对潜水员进行技术交底，并执行有关的安全操作规定。

（2）潜水及加压前应对潜水设备进行检查，确认良好后方可进行作业。

（3）供给潜水员呼吸用的气源纯度，必须符合国家有关规定。

（4）潜水作业点的水面上不得进行起吊作业或有船只通过；在2000m半径内不得进行爆破作业，在200m半径内不得有抛锚、振动打桩、锤击打桩、空气幕沉井下沉、电击鱼类等作业，在2000m半径内不得进行爆破作业。

（5）水面有超过4级浪时，不得进行潜水作业。

（6）通风式重潜水作业应符合下列规定：

1）潜水员下潜或上升时，供气软管、信号绳、下潜导绳应分开。

2）潜水员不得在杂乱杆件档内穿越；不得穿越隔梁进入其他井孔。

3）检查或排除机动船推进器上的绞缠物时，应派专人在机房内看守。

4）水下作业面高低悬殊较大时，供气软管和信号绳应适量收紧。

5）信号绳和供气软管放出、收回的速度，应与潜水员下潜或上升的速度保持一致。

（7）轻潜水作业应符合下列规定：

1）潜水时间应根据潜水深度计算确定。

2）深潜水时应配备潜水医生及必要的潜水减压设备。

（8）流速大于1m/s时，进行潜水作业应符合下列规定：

1）潜水员的头盔面罩应加防护罩，压铅、潜水鞋、下潜导绳的坠砣应加重，供气软管、信号绳应作拉力试验。

2）潜水工作船应抛锚在潜水作业点上游。

3）下潜员应使用安全带，套在下潜导绳上下潜或上升；在水底，不得抛开导向绳，应减少用气量，行走时应面向上游。

（9）夜间潜水作业时，除潜水工作船、潜水平台应有照明外，还应安装照明度较大的灯具，照在潜水点的水面上。

（10）炎热环境潜水作业时，潜水前应将储气筒充满压缩空气，储气筒上面应安装冷水管降温，待压缩空气冷却后再使用或用冷气泵供气；在沉井或管柱内潜水，应有通风设备。

（11）寒冷环境潜水作业应符合下列规定：

1）潜水前供气管路应用压缩空气吹通几分钟，接头部位用棉垫包裹。

2）水面有浮冰时，供气软管、信号绳与断冰接触处应有防止磨损或割断的措施。

3）潜水梯的横撑、潜水员行走的路面或厚冰上，应有防滑的措施。

（12）在水库中潜水作业时，应派专人看守闸门点，在潜水员未出水之前，不得开启闸门。

（13）在沉井、围堰内潜水作业应符合下列规定：

1）井内水位应高于沉井外的水位，多孔沉井各孔内的水位应一致。

2）井内壁不得有钢筋、扒钉头、铁钉头等外露；严禁潜水员穿越邻孔。

3）井内吸泥清基，吸泥机和高压射水枪的闸阀应派人看守，由潜水电话员指挥。

4）潜水员用手扶持吸泥机作业时，应制定安全防护措施，严禁用手和脚去探摸吸泥机头部或骑在吸泥机弯头上。

（14）水下起吊作业应符合下列规定：

1）作业前应熟悉被起吊物件的结构、沉没原因，并制定打捞方案。

2）在起吊时，潜水员应将沉没物件拴牢，待潜水员上升出水后，方可起吊出水。

3）打捞沉船、钢结构、圆筒等物件时，严禁潜水员在沉船、钢架、圆筒内穿行。

4）潜水员不得在悬浮水中的物体上工作，不得从悬空物件和锚链下穿越。

（15）水下焊接或切割作业应符合下列规定：

1）潜水员应熟练掌握焊接及切割技术和作业要领。

2）电焊钳、割刀把、电缆等必须绝缘，头盔外面和领盘应涂一层绝缘漆或包裹一层薄橡皮。

3）电路在水面部分应安装自动接触器或闸刀开关，由电话员看管。

3.10.10 其他特殊条件施工

特殊条件施工主要是指在不良地质等特殊环境条件下所进行的施工作业。作业过程中作业人员面临着诸多突发性的危险。因此，施工作业前实施安全技术交底。要采取以下措施，预防安全事故的发生。

（1）在可能发生地质灾害的区域内，施工单位应相应制定预防洪水、泥石流、滑坡或塌方等安全技术措施和应急预案。

（2）傍山施工应对施工现场周边山坡上的危石进行处理。

（3）在风暴潮易发区施工时，临水岸坡应采取防冲、消浪等措施。

（4）在地震频发区施工，应制定相应的安全措施和应急救援预案。

3.11 装配式工艺与BIM技术施工安全检查要点

3.11.1 装配式工艺简介

桥梁装配式工艺就是将立柱、盖梁、小箱梁及防撞墙等桥梁构件在专业加工场完成工厂预制，在构件相应位置预留连接套筒，运至现场安装，通过张拉、注浆从而形成桥梁整体的工艺形式。高速公路高架桥、城市高架桥和轨道交通高架桥建设的结构特点和施工环境需求非常适合装配式工艺技术的应用。该工艺主要有以下优点：

（1）对于工程规模较大的项目，施工机械成本和预制成本可以得到充分的摊销。

（2）工厂化生产的桥梁构件有利于质量和精度的控制。

（3）可以最大限度地降低施工对既有交通车道的挤占、减少临时施工用地、缩短施工占用时间。

（4）减轻对周围环境的影响，减少施工现场作业人员的数量及工人长时间高空作业时间（外场作业人员可减少70%以上），降低施工风险。

（5）缩短现场施工作业周期，同时也提高了监控人员的工作效率，给现场安全、文明施工管理创造了有利环境。

城市发展必须走可持续发展道路，城市桥梁的建设也应当引入能耗低、污染少的新技术。而新型桥梁装配式施工技术有着现场施工时间缩短、交通管理费用降低、利于控制环境污染、事故发生风险降低、交通参与者负面评价少、施工质量容易保证、建设费用降低、气候影响小和劳动力减少等诸多优势，能够解决现阶段城市桥梁施工中减小交通影响的和降低能耗的需求。装配式工艺技术是一种非常重要的桥梁快速施工技术，研究该工艺技术具有很强的实际意义。

3.11.2 装配式工艺预制、运输通用工程施工安全检查要点

（1）预制场地安全检查要点

预制场地的选择，场地的平面布置及场内的道路、运输和水电设施，应满足施工现场的安全规定要求，安全检查的要点是：

1）检查预制场内安全警示标志的设置是否合理。

2）检查作业人员劳防用品是否齐全，并按规定正确使用。

3）仓库及作业场内防火通道、防火器具配备情况是否符合消防要求。

4）检查模板、钢筋、脚手材料堆放是否满足安全管理规定。

5）检查设备用电、电线架设是否满足《施工现场临时用电安全技术规范》JGJ 46—2005（安全用电）要求。

6）检查施工现场的电闸箱、电气线路、手动电动工具、漏电保护器的安装等是否符合电气安全技术规定。

7）检查钢筋调直、切断、弯曲、冷拉等机械的使用是否满足安全管理规定。

8）检查电焊、气焊设施及作业时是否满足安全管理规定。

9）乙炔瓶、氧气瓶储存、运输、使用是否满足安全管理规定。

10）检查构件预制所有工序是否符合安全生产管理规定的要求，并均应做好工序安全检查记录备查。

11）大型设备应有安全检查维修保养记录，不允许设备带病运行。

12）检查模板支立及拆除、吊运作业是否满足安全作业要求。

13）检查高空作业安全防护设施设置是否满足安全管理规定。

14）预制场地四周应设有良好的排水设施，并设置满足施工需要的照明设施。

15）预制场内料场、料仓应有完整的防尘装置或设施。

（2）主要机械安全检查要点

1）搅拌站

① 施工单位应检查操作点是否设置平稳的作业平台及防护栏杆及上下扶梯。

② 施工单位应检查搅拌站的电器设备和线路的绝缘是否良好。搅拌站内，所有机械设备的转动部分，必须设有防护装置。高大的搅拌站应设置避雷装置，台风季节应增设缆风绳并采取加固措施。

③ 搅拌站的机械设备安装完毕，施工单位要重点检查设备安装稳定牢固情况，电机连接与绝缘情况，制动器、离合器、升降器是否灵活可靠，轨道滑轮是否良好，钢丝绳有无断裂或损坏等。确认良好后，进行空载运转，经试运转，全部机械达到正常后，方可作业。

2）发电机组

① 工期较长的大型工程，施工单位应把发电机组设置在安全可靠的机房内，其基础应平整坚实，必要时应设置在混凝土基座上，机房内应配备消防设备，并配有安全操作规程与安全管理制度。

② 发电机应设接地保护，接地电阻不得大于4Ω。发电机连接配电盘及通向所有配电设备的导线，必须绝缘良好，接线牢固。

③ 施工单位的发电机电源应与外电线路电源联锁，严禁并列运行。

④ 发电机附近不得放置易燃、易爆物品。

3）皮带运输机

① 移动式皮带运输机运转作业前，应将行走轮用三角木对称楔紧。固定式皮带运输机，应安装在牢固的基础上。

② 空载启动后，应检查各部位的运转和皮带的松弛度，如无异常，在达到额定转速后，方可均匀装料。

③ 严禁运转中进行修理和调整。作业人员不得从皮带运输机下面穿过或跨越输送带。

④ 输送大块物料时，输送带两侧应加设挡板或栅栏等防护装置。运料中，应及时清除输送带上的粘连物。停机后要切断电源。

4）混凝土输送泵

① 混凝土泵（泵车）应设置在作业棚内，安装应稳定、牢固。泵车安设未稳前，不得移动布料杆。作业前，应对输送泵、电气设备进行认真测检，保证其正常、灵敏、可靠。

② 泵送前，应对管路、管节、管卡及密封圈的完好度进行认真检查，保证其完好、可靠、有效。不得使用有破损、裂缝、变形和密封不合格的管件，并应符合下列要求：

a.管路布设要平顺。在高处、转角处应架设牢固，防止串动移位。

b.管路应设专人经常检查，遇有变形、破裂时，应及时更换，防止崩裂。遇有管路移动，应及时调顺就位。

c.混凝土泵在运转时发生故障，应立即停机检查，不得带病作业。

d.混凝土输送泵车操作人员，应熟悉和遵守泵车的操作规程和安全技术规定。

e.拆卸管路接头前，应把管内剩余压力排除干净，防止因管内存有压力而引起事故。

f.遇五级以上大风时，泵车不得使用布料杆作业。

g.作业结束采用空气清洗管道时，操作人员不得靠近管道端部。

（3）混凝土拌和及灌注安全检查要点

1）人工手推车上料时，手推车不得松手撒把。运输斜道上，应设有防滑设施。

2）机械上料时，在铲斗（或拉铲）移动范围内不得站人。铲斗下方严禁有人停留或通过。

3）向搅拌机内倾倒水泥，宜采用封闭式加料斗。为减少进出料口的粉尘飞扬，应加设防护板。操作人员应佩戴劳动防护用品。

4）作业结束时，应将料斗放下，落入斗坑或平台上。

5）制梁台座的地基应坚实平整、不沉陷，台座抗倾安全系数不应小于1.5。

6）灌制预制梁混凝土时，应搭设作业平台和斜道，并检查，保证稳固可靠。不得在模板上作业。

7）机具升吊模板，吊点位置必须正确，调整位置时，不得徒手操作；大型拼装式模板安装就位后应及时支撑固定，保持模板整体稳定。

8）制梁模板与工作平台的支撑不宜互相连接，确需连接时，应用支撑加固。

9）先张法预应力混凝土简支梁施工应符合下列规定：

① 张拉中使用的工具和锚具（锚环及锚塞），在使用前应作外观检验，已有裂伤者严禁使用。

② 高压油泵与千斤顶之间的连接点、接口应严密，油泵操作人员应戴防护眼镜。

③ 油泵开启后，进回油速度与压力表指针升降应平稳，安全阀应灵敏可靠；张拉中出现异常应立即停机检查。

④ 张拉或放松预应力时，必须采取安全防护措施。操作人员应站在千斤顶的两侧，当采用楔块放松预应力筋时，应控制楔块同步滑出。

⑤ 灌筑混凝土时，捣固棒（振捣器）不得撞击钢丝（钢束）。

10）后张法预应力混凝土简支梁施工应符合下列规定：

① 振动器应安装牢固，电源线路必须绝缘耐压，防水性能良好。

② 预应力钢绞线整梳、编束时，在切口端应用铁线扎紧。搬运时，支点距离不得大于3m，相互间应配合作业。

③抽拔胶管时，应防止胶管断裂。

④采用金属波纹管制孔时，应防止划伤手脚。

⑤钢绞线穿束后，梁端应设围栏和挡板，严禁撞击锚具、钢束及钢筋。

⑥管道压浆时，应严格按规定压力进行。施压前，应调整好安全阀。关闭阀门时，作业人员应站在侧面，并戴防护眼镜。

11）电动振捣器的使用应符合下列规定要求：

①操作人员要佩戴安全劳动防护用品。配电盘（箱）的接线宜使用电缆线，以确保安全。

②在大体积混凝土中作业时；电源总开关应放置在干燥处。多台振捣器同时作业，应设集中开关箱，并有专人负责看管。

③风动振捣器的连接软管，应仔细检查，不得有破损或漏气，使用时应逐渐开大通气阀门。

④作业前，对振捣器及配套设备均应进行全面检查，必须符合规定要求，安全可靠。

（4）预制构件存放、运输安全检查要点

1）预制构件场内存放、运输安全检查要点

①存放场应有坚实的存梁台座和地面排水系统。梁片存放时，应支垫牢固，不得偏斜，并有防止梁体倾覆的措施。

②采用就地横移梁片铺设的专用轨道应平顺，轨距正确，轨道接头不得有错台、错牙，道床无沉陷。

③梁片的起顶、支垫、卸顶应对称平衡，支垫牢固。

④梁体移位交换支点时，千斤顶起落高度不得超过有效顶升行程。移动梁体时，两端行程应同步。

⑤梁体运送中出现支撑松动，应停止牵引。

⑥采用滑道横移梁片时，滑道位置应与卸梁轴线垂直，两股滑道之间的距离必须一致。滑道应有足够的强度和稳定性。

⑦梁片滑移时梁底面与滑道之间，必须加设滑板，两侧应有能随梁体移动的保护支撑。

⑧梁片移动、装运、存放时，必须按要求设置支撑点，在梁端两侧应支撑牢固。

⑨梁片起吊装车运输时，两端的高差不得大于30cm，并符合下列装卸要求：

a.装卸工作必须符合起重机械安全管理规程中的有关规定。工作前应检查装卸工具和设备情况，不符合要求的严禁使用。

b.吊车装卸时，停留起吊设备的场地应平整、坚硬，避开沟渠、坑洞或松软土质，对吊车撑脚的支垫，应保证起吊时车身平稳，吊车前后车轮应固定牢靠。拖车、平板车应有制动刹车装置，前后轮下应安放三角木等作辅助刹车。

c.起吊钢丝绳必须按规定选用并绑扎牢固，吊钩和吊绳应保持垂直，不得斜吊。

d.起吊前应进行吊臂空载试转，检查角度、高度，确认回转范围内没有吊件上下可能遇到的障碍物。

e.吊件不得长时间悬空停留，如需停留时，操作人员不得离开岗位，并设专人监护，悬空吊件严禁越过人身或吊机驾驶室。

f.在成堆的预制件中起吊，应防止相邻构件倒塌或翻滚，对未起吊构件必须捆牢。

g.装车时，构件重心应放在车厢中心位置处，并将构件绑扎牢固，支垫平稳。

⑩ 梁片用千斤顶装车运送时，千斤顶的起重吨位不得小于梁重的1.2倍。横移时，应保持梁体的平衡和稳定，两端不得同起同落。

2）预制构件场外平板拖车运输安全检查要点

① 在运输前，应对运输线路的等级、坡度、曲线半径、路面完整情况、沿途公路桥梁、涵洞的安全承载能力，桥涵高度、宽度等进行全面调查，必要时应采取加固措施。

② 运输超限构件必须向有关部门申报，经批准后，在指定的路线上行驶。牵引车上应悬挂安全信号标志，超高部件应设专人看护，并配有适当的工具备用。

③ 大型预制构件平板拖车运输，时速宜控制在5km/h以内。简支梁的运输，除在横向加斜撑防止倾覆外，平板车上的搁置点必须设有转盘。

④ 运输超高、超宽、超长构件时，必须向有关部门申报，经批准后，在指定路线上行驶。牵引车上应悬挂安全标志。超高的构件应有专人照看，并配备适当工具，保证在有障碍物情况下安全通过。

⑤ 平板拖车运输构件时，除一名驾驶员主驾外，还应指派一名助手协助瞭望，及时反映安全情况和处理安全事宜。平板拖车上不得坐人。

⑥ 重车下坡应缓慢行驶，并应避免紧急刹车。驶至转弯或险要地段时，应降低车速，同时注意两侧行人和障碍物。

⑦ 在雨、雪、雾天通过陡坡时，必须提前采取有效措施。

⑧ 装卸车应选择平坦、坚实的路面为装卸地点。装卸车时，机车、平板车均应刹闸。

3）预制构件水上运输安全检查要点

① 水上运输作业应报当地港航管理部门，获得批准后，在指定的时间和水域进行。如需临时封闭航道时，还应请当地港航管理部门的人员予以现场督导。

② 装运构件时，应根据驳船的载运能力装载，不准超载航运。大型构件放落到船舱，如构件重量不够，则应用重物压仓，以提高船只稳定性。

③ 应检查驳船装载的预制构件位置是否适中，是否用撑木、垫木将构件安放平稳。

④ 拖轮牵引构件时，应事先了解航线经过处的水深、流速、障碍物等情况，并制定拖轮牵引方案。如使用多只拖轮牵引时，应配备对讲机或移动电话等通信器材，并有统一的指挥机构。拖轮牵引驳船行进时，速度要缓慢，不得急转弯。

⑤ 当拖轮将浮运船拖至安装地点后，应交由安装负责人指挥，浮船就位锚固后，方可开走拖轮。

⑥ 大型预制构件在水运中，应根据构件的高度确定露出水面的高度，并不应小于0.5m。

⑦ 在深水航道行船时，船上工作人员应备救生设备。遇有雨雪、大风天气人在船上走动时，应注意防滑。

⑧ 用船只接送施工人员时，应由船员确定人数，不得超员，乘船人员必须遵守乘船规则，服从船员和安全员指挥。

⑨ 拖轮拖运构件时，应随时检查牵引索和大型构件的可靠性和稳定性。发现有异常现象时，应及时采取处理措施。

⑩ 冬季施工，驳船上的冰雪应清扫干净，并应在走道上铺防滑垫。

3.11.3 桥梁上部结构装配式安装工艺安全检查要点

桥梁上部结构装配式安装工艺主要包括：上部箱梁、防撞墙的装配安装施工工艺，施工环境主要包含水上施工和陆上施工，本节主要介绍预制节段箱梁拼装水上施工的安全检查要点。

（1）通用技术安全要点

1）构件在脱模、移运、堆放、吊装时，混凝土的强度不应低于设计所要求的吊装强度，一般不得低于设计强度的85%。设计有要求时，按设计要求执行。对孔道已压浆的预应力混凝土构件，其孔道水泥浆的强度不应低于设计要求，如设计无规定时，不低于规范要求。

2）安装构件时，支承结构（墩台、盖梁）的强度应符合设计要求。支承结构和预埋件（包括预留锚栓孔、锚栓、支座钢板等）的尺寸、标高及平面位置应符合设计要求。检查安装的构件必须平起稳落，就位准确，与支座密贴。

3）构件安装前必须检查其外形和构件的预埋件尺寸和位置，其允许偏差不得超过设计规定，如设计无规定时，不得超过验收规范的相关规定。

4）构件安装就位完毕并经过检查校正符合要求后，才允许焊接或浇筑接头（缝）混凝土，以固定构件。

5）分层、分段安装的构件在后续安装时，必须在先安装的构件进行了可靠固定和受力较大的接头混凝土达到设计要求的强度后，方可进行。如设计无规定时，应达到设计强度的85%后方可进行。

6）分段拼装梁的接头混凝土或砂浆，其强度不应低于构件的设计强度。不承受内力的构件的接缝砂浆，其强度不应低于M10。

7）预制安装构件施工不宜在夜间进行，禁止工人疲劳上岗。各种大型吊装作业，在连续紧张作业一阶段后（如一孔梁、板或一较大工序等）应适当进行人员休整，避免长时间处于高度紧张状态，并定时检查、保养、维修吊装设备等。

8）装配式构件（梁、板）的安装，应制定安装方案，并建立统一的指挥系统。施工难度、危险性较大的作业项目应组织施工技术、指挥、作业人员进行培训。还应检查所有起重设备是否符合国家关于特种设备的安全规程，并进行严格管理。

9）架桥机架梁应符合下列规定：

① 选用悬臂式架桥机、单梁式架桥机、双梁式架桥机和铺轨架桥机进行架梁作业时，均应按现行的有关规定执行。

② 用其他类型架桥机架梁时，应根据架桥机的性能，按现行国家标准《起重机安全规程》GB 6067—2010和《铁路架桥机架梁技术规程》Q/CR 10213—2017制订安全操作细则，并经批准后执行。

③ 架梁前应对桥头路基进行压道。压道时，严禁使用已组装的架桥机压道；当压道出现路基下沉严重时，应对路基进行加固。

④ 架桥机通过地段的线路净空应满足架桥机的要求。

⑤ 在大坡道上停车对位、架梁时，应设专人安放止轮器和操作紧急制动阀。吊梁小车或行车的制动装置必须可靠，并设制动失灵的保险设施。

⑥ 下坡道架梁时，应在架梁列车后方安装脱轨器及防止车辆脱钩的措施。

⑦ 架梁时应保持规定风压。

⑧ 应有专人防止运梁小车向下坡方向溜动，并备有止溜木楔和止轮器。

⑨ 当风力导致架桥机梁臂不稳定时，应停止架梁对位。对位后应用枕木支垫架桥机背风面，并用钢丝穿滑车拉住大臂前端，配合摆臂速度收放。

⑩ 架梁时应由专人检查/加固，非作业人员应撤离架桥作业范围。

⑪ 拼装式架桥机结构应按设计制造，并符合现行国家标准《起重机设计规范》GB/T 3811—2008的有关规定。临时支架搭设应牢固可靠，并与架桥机的行走轨道相对应。轨道安装应平顺，道床无沉陷，轨距和轨缝应符合安全要求。

⑫ 拼装式架桥机架梁前应进行静/动载试验和试运转，静载试验的荷载为额定起重量的1.25倍，动载试验的荷载为额定起重量的1.1倍；架梁时，应安装超载限制器/提升（下降）限位器/缓冲器/制动器/止轮器等装置。架桥机就位后，应使前后支点稳固。用液压爬升（下落）梁体时，爬升杆应同步，其高差不得大于90mm。梁体在架桥机上纵、横向移动时，应平缓进行。

⑬ 拼装式架桥机到下一桥孔架梁时，台车及前后龙门天车的位置应符合设计规定；当桥梁的一端在运梁台车上，而另一端在龙门天车上吊起准备前移时，龙门天车与运梁台车应同步。

⑭ 拼装式架桥机应定期对重要部件（如轮/轨/吊钩/钢丝绳等）进行探伤检查。

10）龙门吊机架梁应符合下列规定：

① 吊机走行轨道的地基应坚实、稳固、无沉陷，软弱地基应加固，轨距水平、接头、坡度应符合要求。

② 吊机拼装时，应设置缆风绳稳固支撑塔架。

③ 吊机架梁跨墩起吊时，应有确保梁体起吊和横移时的稳定措施。

④ 吊机（拼装式吊机）拆除时，应切断电源。将龙门架底部垫实，并在龙门架顶部拉好缆风绳和安装临时连接梁。拆下的杆件、螺栓、材料等应吊放下落，严禁抛掷。

11）顶推法架设预应力混凝土梁应符合下列规定：

① 预应力混凝土采用顶推方式架设时，应编制相应的安全技术措施。

② 顶推力引起的墩顶位移值，不得超过允许位移值。

③ 单点顶推、多点顶推、集中顶推时，动力应统一控制，达到同步。

④ 采用多点顶推，主顶和助顶的顶推力应保持恒定不变。保险千斤顶不得产生偏移和倾斜。

⑤ 在顶推梁体时，应对导梁桥墩、临时墩、滑道、梁体位置等进行观测，发现位移或超顶应及时处理。

⑥ 梁体在顶推中，台座及墩顶的导梁应设保险装置。

12）悬臂拼装预应力混凝土节段梁应符合下列规定：

① 悬拼吊架走行时的抗倾覆稳定安全系数不应小于1.5。

② 同一"T"构上的两端的节段吊架应同时对称悬拼。吊架走行应同步、等距，其允许差值不得大于30cm。走行时，滑道上应设限位器。

③ 悬拼吊架起吊梁体节段时，梁体起吊应保持水平。当起吊梁段走行至拼装位置

时，吊机尾部应用锚杆锚固。节段安装稳固后，方准拆除临时锚固或临时支架。

13）移动造桥机悬臂拼装预应力混凝土节段梁应符合下列规定：

① 移梁小车、起重小车、电动或液压卷扬机、造桥机走行系统的限位和制动装置，应安全可靠。

② 造桥机拼装完成后，应进行检查，并先试运转和试吊。试吊时，应作好应力测试，合格后方可使用。

③ 合龙时，两端的连接装置应牢固可靠，在吊架上应全封闭保护。吊装作业，不得碰撞悬拼吊架和梁体。

14）移动支（模）架法架设预应力混凝土梁应符合下列规定：

① 当在地面用移动支（模）架架设预应力混凝土梁时，地基基础应有足够的承载能力；当选用架空移动支（模）架架设预应力混凝土梁时，导梁安装应平稳、坚固，其抗倾覆稳定安全系数应大于1.5。滑道和支架支腿应能保证支（模）架的稳定和移动。

② 支架平移搭设的临时支墩必须牢固。在支架平台及走行道上，应满铺脚手板，四周应安装栏杆、贝雷梁下应挂安全网。

③ 支墩顶贝雷纵梁安装的导链应由专人指挥。支架横移时，各支墩应同步作业，速度不应大于0.1m/min，横移时如有异常，应停止作业进行加固。

15）混凝土梁支座安装应符合下列规定：

① 顶落梁共同作用的多台千斤顶应选用同一类型。

② 顶落梁时，应有保险设施，每个桁架亦不得两端支点同时起落。施顶或纵横移时，应缓慢平稳，各道工序应派专人检查。

③ 悬臂拼装连续梁进行体系转换前，必须对支座（铸钢支座）检查验收。

④ 安装大型盆式橡胶支座，墩顶两侧应搭设操作平台，墩顶作业人员应待支座吊至墩顶并稳定后再扶正就位。

16）安装涵洞预制盖板时，检查施工作业人员是否用撬棍等工具拨移就位。单面配筋的盖板上应标明起吊标志。吊装涵管应绑扎牢固。

（2）预制构件安装作业安全检查要点

1）吊装前，应检查安全技术措施及安全防护设施等准备工作是否齐备，检查机具设备、构件的重量、长度及吊点位置等是否符合设计要求，严禁无方案、无准备盲目施工。

2）施工所需的脚手架、作业平台、防护栏杆、上下梯道、安全网必须齐备。水上施工应配足救生设施，深水施工应备救护用船。

3）旧钢丝绳在使用前，应检查其破损程度。每一节距内折断的钢丝，不得超过5%。对大型构件、重构件的吊装须使用新的钢丝绳，使用前也要检验。

4）重大的吊装作业应先进行试吊。按设计吊重分阶段进行观测，确定无误后，方可进行正式吊装作业。施工时，工地主要领导及专兼职安全员应在现场亲自指挥和监督。

5）遇有大风及雷雨等恶劣天气时，应停止作业。

6）根据吊装构件的大小、重量，选择适宜的吊装方法和机具，不准超负荷。

7）吊钩的中心线，必须通过吊体的重心，严禁倾斜吊卸构件。吊装偏心构件时，应使用可调整偏心的吊具进行吊装。

8）起吊大型及有突出边棱的构件时，应在钢丝绳与构件接触的拐角处设垫衬。起吊时,离开作业地面0.1m后,暂停起吊,经检查确认安全可靠后,方可继续起吊。

(3)水上运输船舶安全检查要点

1)运梁船舶必须证件齐全有效,并配备足够的安全及救生设施。船长必须熟悉本航线的水域情况、避风锚地等。

2)船舶、设备必须服从项目部的安全管理、安全监督,定期安全检查,落实船舶的防台、防汛等安全技术措施。

3)参加构件运输的船舶在航行前必须认真检查船舶各项设施的完好状态,了解未来3天内的天气情况,并做好记录。能见度低于2000m、风力在7级以上(包括7级)禁止开航。

4)航行过程中必须严格遵守《内河交通安全条例》《船舶定线航行制度》及《船舶安全管理规定》。

5)运输船舶在航行过程中必须开启无线电通信设备,随时与沿线海事部门保持联系,并定时向项目部报告船舶的所在位置、航行情况等。

6)运输船舶在航行过程中突遇天气变化和大风(7级以上)等险情时,应及时寻找就近的锚地抛锚避风,不得冒险航行,并及时报告项目部。

7)船舶停泊时,驾、机部门领导应安排船员进行设备检查和维护工作;工作时间外应留足够的人员值班,其余船员经部门领导同意船长批准才能离船,归船时不得迟到。

(4)施工船舶安全管理检查要点

1)施工班组在上班前必须进行上岗交底、上岗检查、上岗记录的"三上岗"和每周一次的"一讲评"活动,并记入班组安全活动台账,由登陆艇运送的施工人员在上下船时必须进行人数清点。

2)所有投入施工的船舶,无论是生产、生活运输等船舶均首先由船检部门出具的准航证书,船舶管理部门应按各类船舶的不同功能按规定进行维修、保养,保证其运行安全。施工船舶应悬挂各自功能的旗号。如遇雾天,按规定鸣号或敲雾钟,各类船舶应有完整的靠驳和护舷设施。

3)所有施工船只应配备足够的安全、消防、救生设施,有足够的燃油、淡水及副食品的储藏。

4)施工船舶、拖轮等应安装有完善的GPS系统,保证有全天候的导航和通信系统。航行的船舶应了解施工区域,临近水域停泊船只的安全距离,同时在驶近作业区域时,还应注意垂直上方施工点的工况。

5)对于运输施工设备的船舶应将所运输的物件均匀地布置在甲板上,并进行可靠的帮扎和固定,以防在航行中的颠簸发生滑移及坠落。

6)建立、健全各级安全生产责任制,责任落实到人;进行全面的有针对性的安全技术交底;特种作业人员必须培训考试合格后持证上岗;新工人必须进行公司、项目部和班组三级教育。

7)建立定期安全检查制度,明确重点岗位和施工环节,查出隐患必须定人限时整改。

8)所有进入施工现场人员,必须遵守"安全生产纪律",起重作业严格遵守"十不吊"规定。焊割作业遵守"十不烧"规定。施工作业点的施工人员必须穿戴救生衣。高空作业必须戴好安全带,并扣好保险钩。施工现场按规定悬挂安全标牌及配置灭火器材。

9)施工用电中照明、配电箱、开关箱架空线接地接零等部位必须严格按规程操作、布置。电工必须持有效证件上岗，实行定期检查。

10）大型机械的保险、限位、防护、指示器必须齐全可靠，驾驶、指挥人员必须持有效证件上岗，按规定要求进行操作。

（5）水上施工通信保障

1）通信系统是生产、生活顺利运转的基本要求，水上施工尤显关键，由于施工作业面大，施工船只多，需有条不紊的统一指挥，没有有序的通信系统，工程施工将得不到保证。

2）现场通信系统拟采用：单边带（SSB）、甚高频电话（VHF）、手持式对讲机、数字式手机。

3）除此之外，在陆上生活基地可设置工程指挥部的网页，必要时，水上生活基地可设置电脑，随时浏览网页上的施工通信、简报等。

4）良好的通信环境是保证各生活基地，包括施工现场间的有序进行，同时给安全施工带来支持。

（6）船舶的避风浪措施

1）根据海洋气象预报台传送的水文气象资料，按紧急程度通过无线电传真及时传送至施工现场和作业船舶，告知施工人员，以便对灾害性天气预先或及时做出反应。

2）在特殊气象条件下，可采取的三种方案：一是风力在6级以内（含6级），施工船进行正常作业。二是风力在6～8级（含8级），暂停施工作业，施工船原地锚泊待命并检查锚具的抗风能力、钢缆的磨损程度，必要时进行加固或增加锚具数量。三是当风力达到8级以上，甚至是热带风暴和台风时，则进行紧急避风措施。有自航能力的船舶则立即驶离作业区域，无自航能力的驳船采用绑拖的方法将各类船舶拖运至避风港。

3）常用船舶的作业条件按6级风考虑，6级以上确需作业的应制定特殊措施，防止因风浪引发的人员落江，船舶损坏事故发生。避风港选址如下：

① 在一般条件下，小型施工船舶停靠在施工平台侧面避风。
② 遇6～7级以上大风时，小型施工船舶可进入基地码头避风。
③ 遇8级以上大风时，中型施工船舶可进入基地码头避风。
④ 遇10级以上大时，大型施工船舶可进入专用码头避风。

（7）成品保护安全检查要点

1）在桥区设立安全监督机构，配备巡逻艇，配备助航标志设施等，以免过往运输船舶误撞在建工程的桩、墩等结构（已建在水中的桩基、墩台、墩身，架桥机拼装使用桥面箱梁，施工栈桥，临时码头及其他临时构筑物）。

2）首先作业船长了解整个施工概况和水上结（构）筑物的概貌，特别是与上部结构配合施工的船舶，不可避免地要进入施工区域时，航行要缓慢，且顶水靠泊；已抛锚停泊的船舶移动时，缆车应慢速运转，作平稳移动。

3）已建桩基、墩台，可在水上相应位置设置小型浮筒，醒目地告知该部位不宜航行或碰撞，另外，已建墩台可按实际情况作类似于船舶、码头的护舷。桩基和墩台、墩身严禁带缆。

4）平台桩完成后墩台上部结构要尽快施工；对于桩完成但上部结构还没有施工的墩台桩基，在桩顶设置露出高潮位的警示旗、灯等信号，防止过往船只误撞。

5）夜间应在已建结构部位悬挂闪光信号灯，或在浮筒上涂刷反光油漆。

6）架桥机、龙门吊在桥面箱梁上安装过程中，应注意不得随意破坏箱梁结构，未经允许不得在桥面上从事危及箱梁内在质量和外观质量的行为，并注意防止油污染桥面。

7）栈桥的维护，应严格按照栈桥管理办法执行，不得在栈桥上违章作业。

（8）架桥机操作安全检查要点

架桥机的施工，包括架桥机的行走、架桥机的固定就位、节段的运输和起吊、节段的固定、节段的调整、节段的黏结和预应力筋的张拉等步骤。每个步骤，均须谨慎操作、仔细检查，以保证作业安全。

施工顺序应严格遵守质量控制和检测方案，一项检查合格以后才能开展下一个项目的安装工作，以达到质量和安全的双重保障。每一项工作结束后，均须填写相应表格并由相关负责人签字认可。

1）安全作业一般要求

① 架桥机操作人员和信号人员，必须经专门培训（包括介绍架桥机施工方案、施工安全分析、定期安全讲座等），并由有关部门发放合格证，而且注意合格证注明仪器类型与架桥机实际配置类型的异同。

② 特殊工种的工作人员，应持证上岗，装吊工、铆工、电工等均应按规定进行体检，合格者方准工作，从事高空作业的人员，不得患有心脏病、高血压、癫痫病及贫血病。

③ 工作前严禁喝酒，并应有充分的睡眠。

④ 高空作业人员应佩戴安全带。

⑤ 实行专人专机管理，机长负责制，严格交接班制度，确保在所有吊装过程中机长始终在现场进行指挥。

⑥ 吊装过程中，所有现场工作人员应佩戴安全帽，通过设路障确保不相关人员远离吊装现场。

⑦ 吊梁作业用的工具上下应装入工具袋内，严禁上抛下接。

⑧ 脚手板及捆扎材料等应经过检查，确认合格后，方可使用。

⑨ 架桥机及桥墩台上有作业人员通行或工作地点，均应设置梯子、栏杆和工作平台。

⑩ 进行高空电焊作业时，当桥梁附近有建筑物或易燃物品，应设置防护屏或采取其他防护措施。

⑪ 吊梁现场的电线，电缆线不宜穿越轨道。当有必要从轨道下面横向通过时，应有防止电线、电缆线被刮断、轧坏、踢动的防护设施。

⑫ 在桥梁墩台上的作业人员应使用安全电压的工作灯。

⑬ 电源开关应加箱加锁，并指定专人负责开合电闸。

⑭ 架桥机上配置的灭火设备应定位定人负责维护，确保灭火设备处于有效期内。

⑮ 新安装的或经大修后的设备，必须按说明书要求进行整机试运转。架桥机应由专人定期检查与维护，并建立完备的设备技术档案；发现有问题的配件（损坏、磨损严重等），应及时更换；并查找造成该情况的原因。

⑯ 在架桥机停机地点应派人巡守监护，严禁非工作人员随意走上架桥机，除值班司机外，严禁其他人员进入架桥机操作室，严防架桥机的电气设备和其他部件等丢失。

2）架桥机操作前要求

① 认真阅读架桥机使用说明书，操作员必须遵照该架桥机说明书的要求使用。

②检查轨道处桥面是否符合说明书要求。清扫轨道及桥面路基,不得有障碍物,以免发生电缆线被拉断或架桥机出轨事故。

③检查各安全装置是否齐全有效。检查方法应该在做空载试车同时进行各限位试验,不能只检验安全装置的完好程度而不按规定作运行试验。

④对架桥机各部位中发生问题能导致重大事故和情况不正常的处所和设备,吊梁前必须按本规程的有关规定预行检查,弄清情况,消除隐患。

⑤当影响架桥机稳定的外界环境(桥梁以及气候变化等)存在不正常情况时,应进行安全预检。

⑥确保提升锚具表面与锚孔干净,无水泥浆等杂物。

⑦检查架桥机与预制节块连接是否可靠。包括提升锚具、夹片及架桥机与节块的连接构件等。

⑧做空载试运行。施工中运梁小车的各种运行动作,都要在使用前,用不同速度进行空车试验,试车中注意各部件及传动声响的检查。

⑨未按规定进行安全预检前,不得进行下一步作业。

3)架桥机操作中要求

①第一次吊重物时,不要吊起后立即提升到所需高度,要先进行试吊,做到慢起钩(以达到减少惯性力),重物离地面50cm左右时稍停,确认没有问题时再继续起升。

②当挂好吊杆索具,起升吊钩钢丝绳绷紧时,操作人员要立即远离吊重物,更不能站在运梁小车的下方,防止重物坠落和臂杆塌落伤人。

③司机得到指挥人员明确的信号后方可开始操作,动作前首先鸣铃示意。如发现信号不清,不要随意操作。

④提升重物前,要确保重物的真实重量,要做到不超过规定的荷载,不得超载作业。

⑤不准起吊被埋住、冻粘的物件,否则因重量不清,易发生超载事故。禁止做快速回转,因为回转速度过快会造成构件就位困难、架桥机过大扭转和重物的离心力容易发生危险。

⑥提升重物过程中,应密切注视重物的水平情况,一旦倾斜超限,应先停止提升操作,调整水平后,继续提升到规定高度。

⑦重物在水平向移动时,应严格控制移动速度。接近目标位置时,应提前减速,避免重物由于惯性发生撞击事故。

⑧整跨节段预应力张拉完成后,将荷载从吊杆传递给桥墩支座,拆除吊杆时应遵循左右对称的原则。

⑨操作中遇大风(六级以上)等恶劣天气,应停止工作,将吊钩升起,夹好轨钳。当风力达十级以上时,吊钩落下钩住梁体,并在架桥机身上拉四根钢丝绳,固定在桥面上。

4)架桥机操作后要求

工作完毕,运梁小车开到轨道中间位置停放,吊钩升到距主桁架2～3m处,松开回转制动装置,所有控制器到零位,切断电源,夹紧轨钳。

3.11.4 桥梁下部结构装配式工艺安全检查要点

桥梁下部结构装配式工艺主要包括:下部结构的立柱、盖梁的装配安装施工工艺,本节主要介绍预制立柱及盖梁的施工安全检查要点：

（1）下部构件预制安全检查要点

1）立柱、盖梁预制均采用专业加工场制作，钢筋采用专用钢筋加工弯曲机加工后通过胎架制作完成。加工车间机械设备繁多，作业工人必须严格按照作业规程操作。

2）龙门吊基础、构件制作和堆放场地台座基础必须进行承载力验算并进行加固处理，避免构件在制作或存放过程中出现扭曲和失稳。

3）钢筋笼及构件吊装运输必须进行吊点和专用吊具设计（等强度），立柱混凝土浇筑平台必须要有防坠落设施。

4）超过1.5m高钢筋模块加工，必须搭设稳固的操作平台，并具有防坠落功能。

5）立柱模板与防坠落设施应经过一体化设计，满足施工需要。

6）盖梁在起吊前，应经过张拉、压浆，其强度必须达到设计强度要求。

7）立柱翻转设施应对相关受力杆件进行强度验算。

8）根据反馈现场实际吊装工况，确定构件出厂装车的方向，以减少构件在现场不必要的翻转，避免安全事故的发生。

9）其他检查要点请参照5.7.3相关内容。

（2）下部构件现场拼装安全检查要点

1）准备阶段

根据各构件特点，以及不同的运输线路状况，应编制相对应的交通组织设计或专项安全交通方案，所选择的道路应满足各项工序施工要求，安全检查要点如下：

① 吊装专项安全方案应有针对性的安全技术措施，包括符合强制性标准的防高处坠落的应急预案，超过一定规模的危大工程方案应有专家评审，并对各方的审查意见进行补充、修改和完善。交通组织设计或专项安全交通方案需经当地交警、路政部门审核同意，并办理了相应认可手续。

② 做好对相关管理人员和作业人员有针对性的安全技术交底，并留有记录。

③ 履带吊安装、拆除必须编制专项安全方案，且必须由有符合资质的专业队伍负责实施。履带吊安装完成，必须经检测机构检测合格并完成不合格项的整改后，方可投入使用。

④ 吊机司机、司索工及指挥人员等特种作业人员应持有操作证，确保特种人员持证上岗。

⑤ 构件吊点的设置应安全合理，起运、卸载的机械状况与机械站位的地基基础能否满足要求；用于现场吊装用吊机负荷应根据现场实际构件重量确定，计算必须满足规范要求并富有一定的安全系数，其起重作业性能必须符合或高于《方案》所选用相关吊机的技术参数。

⑥ 构件安装人员应对施工场地进行实地踏勘，根据现场条件，采用合理吊装工况，明确构件吊装顺序和进场方向。构件运输时，构件与车辆是否捆绑牢固可靠，是否悬挂安全警示标志（或灯具）。

⑦ 吊机行走作业区域地基必须平整、结实，对局部地基处理不到位的区域，采用路基箱板或走道板进行铺垫。尤其注意，因故暂停施工后，恢复施工时，或大雨过后，要重新检查作业区域内的地基情况。

⑧ 构件运输行走路线必须事前进行全线实地调查，净高及转弯半径必须满足运输车辆与构件的通行要求；通过桥梁的承载力必须进行验算，构件运输车辆经过重要道口与路段或人员相对密集区域时，应有专人负责安全疏导工作；运输车辆应按照经交通管理及路政部门同意指定的路线行驶。

⑨ 对超高构件运输，应对运输车辆进行专门设计，以尽量降低高度通过限制净空。根据构件的重量及长度配置合理的运输车辆。运输车辆应有专人照看，并配备适当工具，保证在有障碍物情况下安全通过。构件在车辆运输过程中应稳固可靠，超出车厢部分，应有明显的标识。

2）现场安装

① 吊装作业前，施工现场必须设置警戒线，设立必要的安全警示标牌和交通导向标志。吊装设备与基坑边必须保持一定的安全距离。

② 构件吊装要经过试吊，确认平稳可靠后，才能起吊。起吊时的一切动作要以缓慢速度进行，严禁同时进行两个动作，严禁吊机超负荷运行。

③ 构件吊装作业时，技术负责人和安全管理人员必须在现场进行监控。对未封交地段，应安排专门人员疏解交通，确保吊装作业时交通安全。

④ 加强对履带吊日常检查、保养和维修，确保履带吊安全装置的良好。

⑤ 参与张拉、注浆登高作业人员上下必须使用升降机。登高车应有管理制度，操作人员挂牌操作。高空作业人员必须培训后上岗且佩戴安全带和安全帽，安全带应有可靠的系挂。

⑥ 检查张拉、注浆操作平台安全防护栏杆的高度（不得小于1.2m），并在操作平台四周加设密目网和踢脚板。

⑦ 做好施工现场临时用电管理，满足"一机、一箱、一闸、一漏"要求，电缆无破损，其布设满足《施工现场临时用电安全技术规范》JGJ 46—2005（安全用电）要求。

⑧ 吊机与路边高压线必须按照《施工现场临时用电安全技术规范》JGJ 46—2005要求，并保持足够的安全距离。

⑨ 夜间施工必须要有充足的照明，各项工序或作业区的结合部位要有明显的发光标志，施工人员必须穿戴反光警示服装。

⑩ 夜间施工时，应采取环境保护措施，降低噪声，防止光污染，避免居民投诉。

⑪ 如遇六级以上大风或大雨，不得进行吊装及高空作业。

3.11.5 BIM技术与安全管理

交通运输部发布《关于打造公路水运品质工程的指导意见》（交安监发〔2016〕216号）中指出，推进建筑信息模型（BIM）技术，积极推广工艺监测、安全预警、隐蔽工程数据采集、远程视频监控等设施设备在施工管理中的集成应用。

目前，许多建设单位已经认识到BIM技术对于提高工程安全管理的间接作用。普遍认为BIM可有效提高施工质量并控制返工率，这将会一定程度上降低事故的发生，也同样会降低施工成本，达到既经济又安全的施工。在施工过程中通过BIM信息管理，各建设阶段的流程可以得到有效控制。同时通过BIM技术的应用，建立预防机制，可以直观的规范安全生产行为，使生产各环节符合有关安全生产法律法规和标准规范的要求,促使人、机、料、环境处于良好的状态,并持续改进,不断加强使用企业在安全生产过程中规范化建设。

(1) BIM 3D平台

通过BIM 3D平台对整个施工过程中的安全管理进行可视化管理,达到全真模拟。通过这样的平台,项目管理人员在施工前就可以清楚下一步要施工的所有内容以及自己在下一步工作中的工作职能,因而可以确保管理人员在安全管理过程中能够按照施工方案进行有组织、有秩序的管理;了解现场的资源使用情况,把控现场的安全管理环境等,大大增加过程管理的可预见性。同时,BIM 3D平台也能够促进施工工程中的有效沟通,可以有效地进行评估施工方法、发现问题,解决问题,真正的运用PDCA循环来提高工程的安全管控能力,从根本上改变原来传统的施工组织模式、工作流程和施工计划。

(2) 可视化

BIM模型可以提供可视化的施工空间。BIM模型的可视化是动态的,施工空间随着工程的进展会不断地变化,它将影响到工人的施工安全。

通过可视化模拟施工状况,施工人员可以形象地看到施工工作面、施工机械位置的情形,并评估施工进展中这些工作空间的可用性、安全性;施工安全生产管理人员能清楚地了解每一步的施工流程,将整个过程分解为一步一步地施工活动,能及时发现问题,提出解决方法,同时进行模拟验证,这样在工程施工前,绝大多数的施工风险和问题都能被得到控制。

利用BIM的可视化功能,准确、清晰地向施工人员展示及传递建筑设计意图。通过4D施工过程模拟,帮助施工人员理解、熟悉施工工艺和流程,并识别危险源,避免由于理解偏差造成施工质量与安全问题。还可加快、加深对工程参与人员培训的速度及深度,真正做到质量、安全、进度、成本管理和控制的人人参与。

(3) 现场信息实时采集

结合现场实际情况,施工管理人员利用相机、手机、IPAD等拍照方式,实时监控现场施工质量、安全管理情况,需将信息录入至BIM模型之中,为原有模型再增加一项新的质量信息维度。质量信息中,包含了质量情况、时间、具体内容、处理情况等,并加入现场采集的实时信息,形成完整质量信息,与BIM模型中特定构件进行关联。

对出现的质量、安全问题,在建筑信息模型中通过现场相关图像、视频、音频等方式关联到相应构件与设备上,记录问题出现的部位或工序,分析原因,进而制定并采取解决措施。同时,收集、记录每次问题的相关资料,积累对类似问题的预判和处理经验,为日后工程项目的事前、事中、事后控制提供依据。

3.12 新冠肺炎疫情防控工作技术要点

3.12.1 工地消毒技术要点

工地日常应加强清洁工作,保持环境整洁干净,并按以下要求开展预防性消毒工作(表3-3)。

工地预防性消毒工作要点　　　　　　　　　　表 3-3

消毒对象	消毒方式、频次与要点	消毒因子、浓度及消毒时间	注意事项
室内空气	1.开窗自然通风，每日至少两次，每次30min以上。 2.不能开窗通风或通风不良的，可使用电风扇、排风扇等机械通风方式。 3.必要时使用循环风空气消毒机消毒，应持续开机消毒	循环风空气消毒机，建议杀菌因子为纳米或等离子	1.循环风空气消毒机使用时应关闭门窗。 2.按产品使用说明书使用循环风空气消毒机，确认其使用时房间可否有人及适用面积
空调等通风设备	1.排风扇等机械通风设备每周清洗消毒1次。 2.分体空调设备过滤网和过滤器每两周清洗消毒1次	250～500mg/L含氯（溴）或二氧化氯消毒液浸泡或喷洒，消毒10～30min	1.消毒前先去除挡板上的积尘、污垢。 2.停止集中空调系统使用
物体表面	1.经常接触的物体表面每天消毒2次。 2.不易触及的物体表面每天消毒1次。 3.使用消毒湿巾或使用浸有消毒剂的抹布擦拭消毒，或使用常量喷雾器喷洒消毒	1%过氧化氢湿巾及消毒液或250mg/L含氯（溴）消毒液或100～250mg/L二氧化氯消毒液。消毒10～30min	1.有肉眼可见的污染时，应先去除可见污染后再行消毒。 2.擦拭时应完全覆盖物体表面、无遗漏，喷洒时应将物体表面完全润湿。 3.不得与清洗剂合用
地面、墙壁	1.一般情况下，墙面不需要进行常规消毒；地面每天消毒两次。 2.采用拖拭或常量喷雾器喷洒消毒	250～500mg/L含氯（溴）或100～250mg/L二氧化氯消毒液，消毒10～30min	1.消毒前先清除地面的污迹，其他同物体表面。 2.喷洒至表面完全润湿
楼梯扶手、门把手、对讲器按钮	1.每天消毒2～3次。 2.使用消毒湿巾或使用浸有消毒剂的抹布擦拭消毒，或使用常量喷雾器喷洒消毒	1%过氧化氢湿巾及消毒液或250mg/L含氯（溴）消毒液或100～250mg/L二氧化氯消毒液。消毒10～30min	1.有肉眼可见的污染时，应先去除可见污染后再行消毒。 2.擦拭时应完全覆盖物体表面、无遗漏，喷洒时应将物体表面完全润湿。 3.不得与清洗剂合用
洗手水池、便器	1.每天消毒两次。 2.使用消毒湿巾或使用浸有消毒剂的抹布擦拭消毒，或使用常量喷雾器喷洒消毒	500～1000mg/L含氯（溴）或200～500mg/L二氧化氯消毒液。消毒10～30min	1.每次清洁后再进行消毒。 2.擦拭时应完全覆盖物体表面、无遗漏，喷洒时应将物体表面完全润湿。 3.不得与清洗剂合用
毛巾、台布等纺织品	1.毛巾应专人使用。 2.每月清洗消毒1～2次	1.流通蒸汽100℃作用20～30min。 2.煮沸消毒作用20～30min。 3.在阳光下暴晒4h以上	1.煮沸及流通蒸汽计算时间均从水沸腾时开始。 2.煮沸消毒时纺织品需完全浸没
餐饮具	1.餐饮具专人使用，用后清洗，保持干净。 2.共用的餐饮具每餐使用后消毒	1.流通蒸汽100℃作用20～30min。 2.煮沸消毒作用20～30min	1.煮沸及流通蒸汽计算时间均从水沸腾时开始。 2.煮沸消毒时餐饮具需完全浸没
饮水机	1.每天消毒1次。 2.水嘴消毒可用棉签蘸取消毒液伸进水嘴中进行擦拭消毒，或用灼烧水嘴	1.蘸取75%乙醇伸进水嘴中进行擦拭消毒。 2.棉签蘸取乙醇点燃，用火焰在水嘴处灼烧10s	消毒完成后打开水嘴冲10s以上，去除消毒剂残留

对于重点人员隔离观察期间的消毒按照《上海市防控新型冠状病毒感染的肺炎疫情重点人员隔离观察工作流程和要求》中的消毒要求执行。消毒人员应做好相应的个人防护措施。

出现可疑症状的人员时，工地在区疾病预防控制中心的指导下对可疑病例生活和工作等可能污染等场所开展终末消毒工作。具体消毒方法按照《上海市新型冠状病毒感染的肺炎疫情防控方案》中"上海市新型冠状病毒感染的肺炎现场消毒技术指南"要求执行。消毒人员应做好相应的个人防护措施。

3.12.2 酒精、含氯消毒剂、过氧乙酸等消毒用品使用安全要点

（1）酒精

酒精（化学名称"乙醇"），在常温常压下是一种易燃、易挥发的无色透明液体，其蒸汽与空气可以形成爆炸性混合物，遇明火、高热能引起爆炸燃烧。酒精蒸汽比空气重，能在较低处扩散到较远的地方，遇火源会着火回燃。酒精在空气中爆炸极限为3.3%～19%，当空气中的酒精含量达到3.3%以上，遇到火源会发生闪爆；当达到19%，温度等于或大于13℃以上时，遇到火源就会闪燃。

使用时应注意：

1）注意通风。在室内使用酒精时，需要保证良好通风。

2）正确使用。使用酒精时不要靠近热源、避开明火。不建议用于电器表面消毒，必须使用时，应先关闭电源，待电器冷却后使用。每次取用后，必须迅速将容器封闭，严禁敞开放置，防止挥发。

3）安全存放。生产经营单位应将酒精储存于危险化学品仓库或危险化学品储存柜内。不能将酒精与高锰酸钾等强氧化剂放在一起。

4）容器包装。酒精存放应首选玻璃或专用的塑料容器，并有可靠的密封措施，严禁使用无盖的容器。包装物外部应有明显标识和警示标志，以防止误服误用。

5）应急处置。如酒精溢散，应及时擦拭处理。如酒精意外引燃，可使用干粉灭火器、二氧化碳灭火器等进行灭火，小面积着火也可用湿毛巾、湿衣物覆盖灭火。如酒精在室外燃烧，可以使用沙土覆盖。

（2）含氯消毒剂

含氯消毒剂是指溶于水产生具有灭杀微生物活性的次氯酸的消毒剂。这类消毒剂包括无机氯化合物（如84消毒液、次氯酸钙、氯化磷酸三钠等）、有机氯化合物（如二氯异氰尿酸钠、三氯异氰尿酸、氯铵T等）。含氯消毒剂具有一定的氧化性、腐蚀性以及致敏性，过量或长时间接触可导致人体灼伤，与其他物质混用，有可能发生化学反应引起中毒。

使用时应注意：

1）采取防护。含氯消毒剂一般具有很强的刺激性或腐蚀性，如果长时间直接和人体接触，对人的皮肤和黏膜有较大的刺激，调配及使用时必须佩戴橡胶手套。

2）单独使用。严格按产品说明书要求使用，含氯消毒剂严禁与其他消毒或清洁产品混合使用，特别是盐酸等酸性物质。如84消毒液与洁厕剂混合，会产生有毒气体，刺激人体咽喉、呼吸道和肺部而引发中毒。

3）规范用途。含氯消毒剂的漂白作用与腐蚀性一般较强，严禁与酸性物质接触，最好不要用于衣物的消毒，必须使用时浓度要低，浸泡的时间不要太长。

4）安全存放。含氯消毒剂应储存于阴凉、通风处，远离火种、热源，避免阳光直射。包装物外部应有明显标识和警示标志，防止无关人员误服误用。

5）应急处置。皮肤沾染含氯消毒剂原液时，必须立即用大量流动清水冲洗，眼部溅到含氯消毒剂时要用清水或生理盐水连续冲洗，并迅速送医治疗。误服后可立即喂食牛奶、蛋清等，以保护胃黏膜减轻损害，然后进行催吐，并马上送往医院进行救治。

（3）过氧乙酸

过氧乙酸消毒剂是一种强氧化剂，为无色液体，有强烈刺激性气味，具有酸性腐蚀性，必须稀释后使用。过氧乙酸可分解为乙酸、氧气，与还原剂及天那水、汽油等有机物接触会发生剧烈反应，有燃烧爆炸的危险。

使用时应注意：

1）采取防护。应严格按照过氧乙酸消毒液的浓度和使用说明进行稀释，稀释及使用时必须佩戴橡胶手套，操作要轻拿轻放，避免剧烈摇晃，防止溅入眼睛、皮肤、衣物上。

2）正确使用。过氧乙酸消毒液具有一定的毒性，在进行室内喷洒消毒时浓度不宜过高，以免危害人体。在进行室内熏蒸消毒时，人员应撤离现场，熏蒸结束室内通风15分钟后人员方可进入。过氧乙酸对金属有腐蚀性，不能用于对金属物品的消毒。

3）安全存放。过氧乙酸消毒液应储存于阴凉、通风处，远离火种、热源，避免阳光直射。包装物外部应有明显标识和警示标志，防止无关人员误服误用。

4）应急处置。皮肤沾染过氧乙酸消毒液原液时，必须立即用大量流动清水冲洗，眼部溅到过氧乙酸消毒液时要用清水或生理盐水连续冲洗，并迅速送医院治疗。遇燃烧，可使用雾状水、二氧化碳、沙土灭火。

3.12.3 集中隔离医学观察场所设置基本要求

（1）集中隔离医学观察场所应当相对独立，与人口密集居住与活动区域保持一定防护距离，远离污染源，远离易燃易爆产品生产、储存区域，以及存在卫生污染风险的生产加工区域，不得在医疗机构设置集中隔离场所。

（2）集中隔离医学观察场所应当为合法建筑，其基础设施必须符合国家现行的建筑安全、消防安全、抗震防灾、城市建设、环境保护等标准要求，配备有保证集中隔离人员正常生活的基础设施。优先选择楼层较低的建筑作为隔离场所，确保室内各类设施的安全，尤其高楼层窗户、阳台、天井等应当加强封闭式安全防护。

（3）集中隔离医学观察场所内部根据需要分为生活区、医学观察区和物资保障供应区等，分区标示要明确。

（4）集中隔离医学观察场所应当具备通风条件，能够为集中隔离医学观察对象提供独立房间和独立卫生间，满足日常消毒措施的落实。

（5）集中隔离医学观察场所的房间内及楼层的卫生间均应配备肥皂或洗手液、流动水和消毒液。每个房间在卫生间和生活区各放置一个垃圾桶，桶内均套上医疗废物包装袋。

（6）最好具有独立化粪池。污水在进入市政排水管网前，进行消毒处理，消毒后污水应当符合《医疗机构水污染物排放标准》GB 18466—2005；如无独立化粪池，则用专门容器收集排泄物，消毒处理后再排放，消毒方式参照特定场所消毒技术方案中粪便与污水消毒方法。

3.12.4 新冠肺炎疫情感染性医疗废物应急处置技术要点

为应对新冠病毒产生的医疗废物都属于感染性废物，包括被确诊或疑似患者血液、体液、排泄物污染的物品，如使用过的棉签、纱布等敷料、一次性卫生用品、一次性医疗器械等。

新冠肺炎疫情防治过程中产生的感染性废物必须进行分类收集，不得与其他医疗废物和生活垃圾混堆混装，严格按照《医疗废物专用包装袋、容器和警示标志标准》HJ 421—2008要求，规范使用双层黄色医疗废物收集袋封装后，再置于指定周转桶（箱）或一次性专用包装容器中，同时包装表面应有"感染性废物"标识。

图 3-5　感染性废物标识

收集的感染性医疗废物应转运到卫生防疫部门指定场所进行无害化处置。应对贮存设施和投加点进行必要的改造，以控制环境风险。医疗废物收集、贮存、转运、处置过程中应加强人员卫生防护。确不具备转运和集中焚烧处置条件的地区，可对涉疫垃圾、废弃口罩等，采用石灰、含氯消毒剂或0.5%过氧乙酸等消毒剂定时喷洒，进行就地消毒后焚烧处置。

3.13　安全生产技术习题

3.13.1　公路篇

（一）单项选择题

1.施工现场开挖沟槽边缘与埋设电缆沟槽边缘的安全距离不得小于（　　）m。
A.0.5　　　　　　B.1.0　　　　　　C.1.5　　　　　　D.2.0

2.总配电箱应设在靠近电源的区域；分配电箱应设在用电设备或负荷相对集中的区域；开关箱与分配电箱的距离不得大于＿＿＿m，开关箱应靠近用电设备，与其控制的固

定式用电设备水平距离不宜大于____m。（　　）
A.20、3　　　　B.20、5　　　　C.30、3　　　　D.30、5

3.支架支撑使用前应预压，预压荷载应为支架需承受全部荷载的（　　）。
A.1.00～1.05　　B.1.05～1.10　　C.1.10～1.15　　D.1.15～1.20

4.双机抬吊宜选用同类型或性能相近的起重机，负载分配应合理，单机载荷不得超过额定起重量的（　　）%。两机应协调起吊和就位，起吊速度应平稳缓慢。
A.75　　　　　B.80　　　　　C.85　　　　　D.90

5.盲炮检查应在爆破（　　）min后实施，发现盲炮应立即安全警戒、及时报告并由原爆破人员处理。电力起爆发生盲炮时，应立即切断电源，爆破网络应置于短路状态。
A.5　　　　　B.10　　　　　C.15　　　　　D.20

6.软弱围岩隧道开挖掌子面至二次衬砌之间应设置逃生通道，随开挖进尺不断前移，逃生通道距离开挖掌子面不得大于____m。逃生通道的刚度、强度及抗冲击能力应满足安全要求，逃生通道内径不宜小于____m。（　　）
A.30、1.0　　　B.25、1.0　　　C.20、0.8　　　D.15、0.8

7.软弱围岩及不良地质隧道的二次衬砌应及时施作，二次衬砌距掌子面的距离Ⅳ级围岩不得大于____m，Ⅴ级及以上围岩不得大于____m。（　　）
A.100、80　　　B.90、70　　　C.80、60　　　D.70、40

8.隧道施工独头掘进长度超过（　　）m时应采用机械通风；通风方式应根据隧道长度、断面大小、施工方法、设备条件等确定，主风流的风量不能满足隧道掘进要求时，应设置局部通风系统。
A.500　　　　B.300　　　　C.150　　　　D.100

9.隧道作业过程中，空气中的氧气含量不得低于（　　）%；不得用纯氧通风换气。
A.21.5　　　　B.20.5　　　　C.19.5　　　　D.18.5

10.双壁钢围堰应按设计要求制造，并进行（　　）试验。
A.抗浮　　　　B.水稳　　　　C.水密　　　　D.强度

11.墩身高度超过（　　）宜设施工电梯。
A.30m　　　　B.35m　　　　C.40m　　　　D.50m

12.沙漠地区施工，外出作业每组不得少于（　　）人。
A.2　　　　　B.3　　　　　C.4　　　　　D.5

13.施工现场生产区、生活区、办公区应分开设置,距离集中爆破区应不小于( )。
A.200m	B.300m	C.500m	D.1000m

14.海拔( )以上地区,施工作业应严格执行高海拔地区有关规定。
A.800m	B.2500m	C.3000m	D.5000m

15.两台起重机联合起吊同一物体时,各起重设备的实际起重量,严禁超过其额定起重能力的( ),且钩绳必须处于垂直状态。
A.60%	B.70%	C.80%	D.90%

16.采用布料臂浇筑混凝土时,应设( )牵引、移动输送泵出灰软管。
A.专人	B.专用设备	C.专用工具	D.专用标志

17.吊安方块、半圆体的马腿、卡钩,宜采用锻造或铸造件。采用焊接件时,必须( ),合格后方可使用。
A.对焊件进行强度试验	B.对焊件进行检验
C.对焊口进行探伤检验	D.对焊件进行试吊

18.根据《公路路基施工技术规范》JTG/T 3610—2019的规定,软土路堤的填筑过程中,应严格控制填土速率,其中控制坡脚水平位移每昼夜不得大于( )。
A.0.5cm	B.1.0cm	C.2.0cm	D.3.0cm

19.在现场燃气、热力、给水排水管道( )m范围内挖土时,必须在燃气、热力、给水排水单位人员的监护下采取人工开挖。
A.0.5	B.1	C.1.5	D.2

20.在公路工程中,挡土墙的基础宽与墙高之比应为( )。
A.1/2～1/3	B.1/2～2/3	C.1/3	D.2/3

21.在路基工程中,滑坡地段挖土方时,不宜在( )施工。
A.冬季	B.春季	C.风季	D.雨季

22.在路基工程中,斜坡上挖土方,应做成坡势以利( )。
A.蓄水	B.泄水	C.给水	D.行走

23.在路基工程中,膨胀土地区开挖前的准备工作是( )。
A.推土方案	B.回填土准备工作
C.排水工作	D.边坡加固工作

24.用镐开挖旧路面时,人员应并排前进,左右间距应不少于( )。
A.0.5m　　　　　B.1.0m　　　　　C.1.5m　　　　　D.2.0m

25.SS型施工升降机绳头在卷筒上的固定必须采用( )方式。
A.绳夹固定　　　B.压板固定　　　C.楔形装置固定　D.锥形装置固定

26.对升降机( )时,必须设有双向安全器。
A.无对重
B.带对重且对重质量小于吊笼自重
C.带对重且对重质量大于吊笼自重　D.带对重且对重质量等同于吊笼自重

27.铲运机在斜坡横向作业时,机身必须保持平稳。作业中不得( )。
A.回转　　　　　B.倒退　　　　　C.停止　　　　　D.前进

28.用推土机推倒树干时必须注意树干倒向和( )。
A.树木粗细　　　B.树木长短　　　C.高空障碍物　　D.地面空旷程度

29.大型推土机在深沟、基坑或陡坡地区作业时,应有专人指挥,其垂直边坡深度一般不超过( ),否则应放出安全边坡。
A.1m　　　　　　B.2m　　　　　　C.3m　　　　　　D.4m

30.挖掘机作业时( )不得在铲斗回转半径范围内停留。
A.任何人　　　　B.非工作人员　　C.工程技术人员　D.围观群众

31.挖掘机在取土装车时,应待运输车辆停稳后进行,( )应尽量放低,并不得砸撞车辆。
A.铲斗　　　　　B.斗杆　　　　　C.动臂　　　　　D.铲斗和斗杆

32.平地机作业前,必须将离合器、操纵杆、变速杆放在( ),并检查设备是否正常。
A.低速挡位置　　B.空挡位置　　　C.高速挡位置　　D.回旋挡位置

33.装载机作业时,应使用( ),铲斗下方严禁有人,严禁用铲斗载人。
A.低速挡　　　　B.中速挡　　　　C.高速挡　　　　D.回旋挡

34.卷扬机作业完毕,应将提升吊笼或重物置于( )并切断电源,锁好电器箱。
A.地面　　　　　B.施工作业面　　C.任意位置　　　D.离地面1m处

35.插入式振动器在搬动时应( )。
A.切断电源　　　　　　　　　　　B.使电动机停止转动

C.用软管拖拉 D.随意拖拉

36.施工升降机限速器应隔( )检验一次。
A.半年 B.一年 C.两年 D.三年

37.以下属于路基边坡矿料防护设施的有( )。
A.种草 B.护面墙 C.护坡 D.铺草皮

38.路面施工中,沥青洒布机作业驾驶员与机上操作人员应密切配合,操作人员应注意自身的安全。作业时在喷洒沥青方向( )以内不得有人停留。
A.5m B.10m C.15m D.20m

39.导热油加热沥青时,加热炉使用前必须进行( )。
A.耐压试验 B.耐温试验 C.耐拉试验 D.耐稳试验

40.关于滑模摊铺施工,下面说法中错误的是( )。
A.水泥混凝土拌和机容量应该满足滑模摊铺机施工速度2m/min的要求
B.远距离运输宜选用混凝土输送车
C.可配备一台轮式挖掘机辅助布料
D.高等级公路施工宜选配宽度为7.5m、12.5m的大型滑模摊铺机

41.根据《路面工程沥青路面安全技术》,路面施工中支搭的沥青锅灶,应距建筑物至少( ),距电线垂直下方在10mm以上,周围不得有易燃易爆物品,并应备用锅盖、灭火器等防火用具。
A.10m B.20m C.25m D.30m

42.履带式摊铺机不得长途行驶,其行驶距离不应超过( )。
A.1km B.1.5km C.2km D.2.5km

43.混凝土搅拌机料斗放到最低位置时,在料斗与地面之间应加( )。
A.一层缓冲垫木 B.石子 C.水泥 D.砂石垫层

44.混凝土输送泵车作业中,严禁扳动液压支腿控制阀,如发现车体倾斜或其他不正常现象时,应立即( )。
A.垫平支腿 B.收回支腿重新调整
C.停止作业 D.继续输送

45.拖式混凝土输送泵疏通堵塞管道时,应疏散周围人员。拆卸管道清洗前应采取反抽方法,清除输送管道的( )。拆卸时严禁管口对人。

A.压力　　　　　B.混凝土　　　　C.水　　　　　　D.阻力

46.碎石机作业中，若石料卡住进料口，可以（　）解决。
A.停机检修，搬下大石块　　　　B.用铁钩翻动使其下落
C.用手搬动使其下落　　　　　　D.敲击振动使其下落

47.涵洞项面的填土压实度大于（　）时，方可以通过重型机械和汽车。
A.50cm　　　　　B.80 cm　　　　C.100 cm　　　　D.120cm

48.施工单位应将安全措施费用用于施工安全防护用具及设施的采购和更新、安全施工措施的落实、（　）的改善等，不得挪作他用。
A.安全生产制度　B.安全生产手段　C.安全生产条件　D.安全生产方法

49.在建工程的预留孔洞口、楼梯口、电梯井口、风井口，采取防护措施、设施符合要求、严密，防护设施形成定型化、工具化，按规定在电梯井内每隔两层（　）设置安全平网。
A.等于10m　　　B.不大于10m　　C.不小于10m　　D.大于10m

50.电工、设备调试人员按要求穿戴安全防护用品（绝缘手套、绝缘鞋等），电焊人员按要求还要佩戴护目镜、（　）等，绝缘手套、绝缘鞋符合标准，绝缘不得失效。
A.焊接工具　　　B.动火证明　　　C.电焊工操作证　D.电焊工作服

51.拆除支护结构或换撑符合（　）要求（包括混凝土强度条件、拆撑换撑顺序、预加力卸载程序等），机械拆除作业时，施工载荷小于支撑结构承载能力，人工拆除作业按规定设置防护设施，采用非常规拆除方式时，符合有关规范标准，有文字交底记录。
A.规章制度　　　B.施工组织设计　C.设计或方案　　D.交底文件

52.同步注浆配比按设计方案实施，注浆量要足够、及时、注浆（　）达到要求。
A.时间　　　　　B.温度　　　　　C.压力　　　　　D.时间、温度、压力

53.长期停滞在地质软弱地层，制定并采取防止（　）等措施，进行维修保养，维修和定期保养记录齐全。
A.沉降　　　　　B.坍塌　　　　　C.渗漏　　　　　D.沉降、坍塌、渗漏

54.隧道施工运输，车辆停驶时，采取（　）措施，车辆安全、警示装置或动力、制动功能等不存在故障，"带病"行驶。
A.有限速标志　　B.端头有车挡　　C.防溜车　　　　D.保险链

55.特殊气候下，施工应制订有效的特殊气候应急预案，预案明确不同种类、不同

程度的恶劣气候下施工的（　）；配备足够的应急抢险设备物资，特殊气候结束后、复工前进行专项安全检查。

　　A.整改措施　　　B.交底措施　　　C.禁止行为　　　D.监护人员

56.电气设备不带电的外露导电部分，做保护（　）；现场施工的电力系统不准利用大地作相线和零线。

　　A.接地　　　　　B.接零　　　　　C.措施　　　　　D.施工

57.管片拼装机旋转范围要无人或无障碍物，管片吊运、拼装过程中连接牢固，有（　）。

　　A.防水措施　　　B.防滑脱装置　　C.现场指挥　　　D.交底记录

58.构件安装作业应根据设计类型编号、外形尺寸、质量、安装部位等要求，结合施工现场条件，（　）合理选择安装船机和吊具索具。

　　A.根据经验　　　B.经受力分析计算　C.经上级同意　　D.经开会研究

59.在用的SC型施工升降机必须每（　）做一次吊笼坠落试验。

　　A.一个月　　　　B.三个月　　　　C.半年　　　　　D.一年

60.工程施工时，现浇钢筋混凝土梁、板起拱时的跨度大于（　）。

　　A.2m　　　　　　B.3m　　　　　　C.4m　　　　　　D.5m

61.根据《人工挖孔桩安全操作规程》要求，人工挖孔桩护壁的首层沿口护圈混凝土强度达到（　）MPa，方可进行下层土方的开挖。

　　A.3　　　　　　　B.4　　　　　　　C.5　　　　　　　D.6

62.挖孔桩施工中，孔深超过（　）或孔内存在有害气体时，必须采取强制通风措施。

　　A.4.0m　　　　　B.6.0m　　　　　C.8.0m　　　　　D.10.0m

63.当需人工开挖大于800mm以上的大孔径桩时，施工企业（　）具备总承包一级以上资质或地基与基础工程专业承包一级资质。

　　A.宜　　　　　　B.不必　　　　　C.必须　　　　　D.不知道

64.凡低于地面的桩孔或高于地面（　）以下的管桩孔，必须设置安全护栏或盖板，并应设置安全警告标志。

　　A.0.3m　　　　　B.0.5m　　　　　C.0.8m　　　　　D.1.0m

65.在进行桥涵基础施工，拔出钢板桩时，应（　）。

　　A.从任意位置依次进行　　　　　　B.不受限制，可以随意进行

C.从上游向下游依次进行　　　　　D.从下游向上游依次进行

66.根据《施工现场临时用电安全施工技术规范》JGJ 46—2005规定,桥梁施工现场内所有防雷装置的冲击接地电阻值不得大于( )。
A.1Ω　　　　B.4Ω　　　　C.10Ω　　　　D.30Ω

67.根据《公路工程安全施工技术规范》JTG F90—2015规定,桥梁基础施工中,柴、汽油机的正常工作温度应保持在60～90℃之间,温度在( )以下不得带负荷工作。
A.40℃　　　　B.30℃　　　　C.20℃　　　　D.10℃

68.钻孔机移动的道路应平整坚实,必须将钻头提离地面20cm,并应( )。
A.支撑　　　　B.固定　　　　C.吊起　　　　D.旋转

69.桩工机械严禁吊桩、吊锤、回转和行走同时进行。桩机在吊有桩和锤的情况下,操作人员( )。
A.可以离开岗位　　　　　　　　B.不得离开岗位
C.离开后再回来　　　　　　　　D.可以偶尔离开岗位

70.根据《桩工机械安全技术操作规程》,桩工机械安装时,应将桩锤运到桩架正前方( )以内,严禁远距离斜吊。
A.1m　　　　B.2m　　　　C.3m　　　　D.4m

71.在箱梁预应力束的切割中。对应预应力解除原则描述错误的是( )。
A.预应力筋在切割过程中直接释放
B.切割时应遵循缓慢释放的原则,钢绞线逐根切断
C.双锚头先行释放
D.为安全起见,片锯切断钢绞线时,若发现封锚不密实,立即暂停切割,改用链锯放慢速度切割

72.关于桥梁工程支架施工的安全管理,下列说法错误的是( )。
A.桥梁工程模板等支撑体系的安全专项施工方案必须履行"编制、审核、批准"程序
B.凡高度超过8m或跨度超过18m的桥梁工程模板等支撑体系,严禁使用扣件式钢管支架
C.搭设支撑体系所使用的钢管、扣件等必须有产品合格证,可以不提供检测报告
D.预压是检验支架基础、架体承载力是否满足要求的重要工序

73.为了使拱圈在修建完成后拱轴符合要求,施工时通常在( )设置预拱度。

A.墩台帽上　　　B.支架基础上　　　C.拱架上部　　　D.卸架设备

74. 盆式橡胶支座安装施工中，下述做法中错误的是（　　）。
A.保证支座填石平整　　　　　B.将梁底模板和废弃混凝土清除干净
C.安装前查验出厂合格证　　　D.及时解除支座连接板

75. 绑扎（　　）以上的柱钢筋，必须搭设操作平台。
A.3m　　　B.4m　　　C.5m　　　D.6m

76. 根据《公路桥涵施工技术规范》JTG/T 3650—2020要求，护筒的埋置深度在旱地或筑岛处宜为（　　）。
A.2～4m　　　B.3～4m　　　C.4～5m　　　D.5～6m

77. 水泥如受潮，或存放时间超过（　　）个月时，应重新取样复验，并应按其复验结果使用。
A.1　　　B.2　　　C.3　　　D.4

78. 在公路隧道施工中，遇到溶洞的处理原则可归纳为（　　）。
A.早进洞、晚出洞　　　　B.防、排、截、堵
C.避、引、堵、越、绕　　D.早支护、慎撤换

79. 在隧道施工中，通过瓦斯煤层前后（　　）的影响范围内应按照瓦斯隧道进行施工。
A.10m　　　B.20m　　　C.30m　　　D.40m

80. 隧道内的空气成分、风速和含尘量必须每（　　）检测一次。
A.月　　　B.周　　　C.3个月　　　D.半年

81. 隧道施工通风洞内工作人员最多时能保证每人每分钟有（　　）新鲜空气供应。
A.1m³　　　B.2m³　　　C.3m³　　　D.4m³

82. 隧道开挖、支撑、衬砌作业地段照明电压不应超过（　　）V。
A.12　　　B.24　　　C.36　　　D.110

83. 对隧道工程不良地质地段的施工方案，下列说法中错误的是（　　）。
A.必须组织相关各方进行讨论
B.必要时应组织专家会审
C.更改须经集体研究
D.更改要报经施工单位技术负责人批准后实施

84.隧道内施工,如设计文件中指明有不良地质情况时,必要时应进行( ),探明情况,采取预防措施。
A.先护顶　　　　B.强支护　　　　C.早衬砌　　　　D.超前探测

85.在隧道施工中,洞内采取人力推斗车运输时,说法错误的是( )。
A.翻转车斗车运行及撞车时,必须将卡锁锁住
B.人力推车时应在后方推行,上坡时不允许在前面帮助拖拉
C.下坡时严禁溜放
D.人力推斗车时,在视线不良及有障碍物的施工地段,应及时发出信号

86.隧道施工超前地质预报中,最直接的方法是( )。
A.地质法　　　　B.TSP法　　　　C.地质雷达法　　　　D.超前水平钻孔法

87.Ⅱ~Ⅳ级地质条件下,且溶洞仅穿过隧道底部一小部分断面时,可采用( )开挖。
A.段台阶法　　　　B.环形法　　　　C.全断面法　　　　D.正台阶法

88.下列不属于膨胀岩地质隧道施工规定的是( )。
A.支护与围岩应紧贴,严格控制围岩变形
B.采用严防水、少扰动、早封闭的措施
C.施工期间应有专人检测
D.开挖易采用全断面

89.根据最新《爆破安全规程》GB 6722—2014规定,路基施工爆破时,应点清爆炸数与装炮数量是否相符。确认炮响完毕过( )后,方准爆破人员进入爆破作业点。
A.10min　　　　B.5min　　　　C.3min　　　　D.2min

90.根据最新《爆破安全规程》GB 6722—2014规定,石方爆破作业超过( )的深孔不得使用导火索起爆。
A.3m　　　　B.4m　　　　C.5m　　　　D.6m

91.爆炸石方放炮后要经过( )分钟才可以前往检查。
A.5　　　　B.10　　　　C.20　　　　D.25

92.爆炸石方遇有瞎炮,应在距离原炮眼( )的地方另行打眼放炮。
A.15cm　　　　B.30cm　　　　C.60cm　　　　D.65cm

93.盾构推进始发按方案对负环管片采取( )措施,按要求对管片螺栓进行复紧。
A.限位　　　　B.防水　　　　C.限位、固定　　　　D.标识

94.桥梁上部结构装配式安装,构件在吊装时,混凝土强度一般不得低于设计强度的( )。
A.80%　　　　B.85%　　　　C.90%　　　　D.95%

95.桥梁下部结构施工时,超过( )高钢筋模块加工,必须搭设稳固的操作平台并具有防坠落功能。
A.1.2m　　　　B.1.5m　　　　C.1.8m　　　　D.2m

96.桥梁下部结构施工时,立柱翻转设施应对相关受力杆件进行( )试验。
A.刚度　　　　B.韧性　　　　C.强度　　　　D.硬度

97.桥梁下部结构现场安装时,如遇( )及以上大风或大雨,不得进行吊装及高空作业。
A.四级　　　　B.五级　　　　C.六级　　　　D.七级

98.关于爆破作业安全要求,错误的说法是( )。
A.经审批的爆破作业项目,爆破作业单位应于施工当天发布公告,并在作业地点张贴
B.爆破作业单位实施爆破项目前,应按规定办理审批手续,批准后方可实施爆破作业
C.从事爆破工作的爆破员应按照有关规定经专业机构培训,并取得相应的从业资格
D.爆破作业必须设警戒区和警戒人员

99.关于爆破作业安全要求的说法中,错误的是( )。
A.雷电、暴雨雪天不得实施爆破作业
B.强电场区爆破作业必须使用电雷管
C.遇能见度不超过100m的雾天等恶劣天气时,不得露天爆破作业
D.水下电爆网路的主线和连接线应强度高、电阻小、防水、柔韧、绝缘

100.安全帽应在( )内使用,每年应进行一次定期检查,发现异常现象不得佩戴。
A.使用期　　　B.预定期　　　C.有效期　　　D.计算期

101.下列公路水运工程属于一类工程的是( )。
A.特大桥　　　　　　　　　B.高速公路路基工程
C.一级公路　　　　　　　　D.中隧道工程

102.一般区域施工现场围挡设置高度不应低于( )m。
A.1.8　　　　B.2　　　　C.2.2　　　　D.2.5

103.各类建材物品每垛堆放的占地面积不宜大于（　　）m²。
A.30　　　　　B.50　　　　　C.80　　　　　D.100

104.生产加工场地、堆场场地应用0.1～0.15m厚的（　　）及以上混凝土。
A.C20　　　　B.C25　　　　C.C30　　　　D.C35

105.施工工地应设置不少于（　　）个出入门。
A.1　　　　　B.2　　　　　C.3　　　　　D.4

106.隧道内空气温度不应高于（　　）℃。
A.28　　　　　B.30　　　　　C.32　　　　　D.35

107.对于经常接触的物体表面，宜采用1%过氧化氢湿巾及消毒液或250mg/L含氯（溴）消毒液或（　　）二氧化氯消毒液，每天消毒两次。
A.100～250mg/L　　　　　　　B.250～400mg/L
C.400～550mg/L　　　　　　　D.550～700mg/L

108.酒精在常温常压下是一种易燃、易挥发的无色透明液体，其蒸汽与空气可以形成爆炸性混合物，当空气中的酒精含量达到（　　）以上，遇到火源会发生闪爆。
A.2.9%　　　　B.3.1%　　　　C.3.3%　　　　D.3.5%

109.使用过氧乙酸在进行室内熏蒸消毒时，人员应撤离现场，熏蒸结束室内通风（　　）后人员方可进入。
A.10分钟　　　B.15分钟　　　C.30分钟　　　D.60分钟

110.医疗废物包装袋的颜色一般为（　　）。
A.红色　　　　B.黄色　　　　C.蓝色　　　　D.绿色

（二）多项选择题

1.影响边坡稳定的主要因素有（　　）。
A.坡度　　　　　　　　B.土质　　　　　　　　C.坡顶荷载
D.坡体含水量　　　　　E.施工方法

2.基础施工的降排水（井点）工程的井口必须设置（　　）。
A.警示标志　　　　　　B.水量标志　　　　　　C.降水方法说明标志
D.牢固防护盖板或围栏　E.排水方法说明标志

3.挡土墙的作用有（　　）。
A.维护土体边坡的稳定　B.防止坡体的滑动　　　C.集中排水渠功能

D.防止边坡的坍塌　　　　　E.增加公路美观

4.根据《土层锚杆及土钉墙支护工程施工质量监理实施细则》锚杆的长度应符合（　　）的要求。
A.自由段不宜小于5m　　　B.自由段不宜大于5m　　　C.锚固段不宜小于4m
D.锚固段不宜大于4m　　　E.总长应超过预估滑裂面1.5m

5.铲运机在运转中，不准进行（　　）等作业。
A.检查　　　　　　　　B.紧固　　　　　　　　C.保养
D.润滑　　　　　　　　E.调速

6.操作夯土机必须满足下列（　　）要求。
A.必须设置防侧型漏电保护器，其额定动作电流不应大于15mA，动作时间应小于0.1S
B.负荷线应采用耐气候型橡胶护套铜芯软电缆
C.操作人员必须按规定穿戴绝缘用品，应有专人调整电缆，其长度不得大于50m，严禁电缆绑绕、扭结和被打夯机跨越
D.夯土机械扶手必须采取绝缘措施，机座必须两点接地，操作员必须身强体壮

7.电动打夯机应装有漏电保护装置，操作人员必须穿戴（　　）。
A.安全帽　　　　　　　B.绝缘手套　　　　　　C.安全带
D.绝缘鞋　　　　　　　E.防护眼罩

8.推土机在坡道上应匀速行驶，严禁（　　）。
A.倒车下行　　　　　　B.高速下坡　　　　　　C.急拐弯
D.空挡滑行　　　　　　E.减速停车

9.土石方机械种类较多，主要有（　　）等机种，这些机械各有一定的技术性能和合理的作业范围。
A.推土机　　　　　　　B.铲运机　　　　　　　C.装卸机
D.挖掘机　　　　　　　E.压路机

10.机械挖土时，遇到（　　）情况时，应立即停止操作。
A.土体不稳定　　　　　B.发生暴雨或雷电　　　C.施工标记破坏
D.不能保证机械运行安全　E.生活垃圾

11.用于爆破石方的一切爆炸物在运输时（　　）。
A.应该包装捆扎　　　　B.不必包装捆扎　　　　C.不能散装
D.应要散装　　　　　　E.不能改装

12.运输用于爆破石方的爆炸物时，不能（ ）。
  A.振动冲击　　　　　B.转倒　　　　　　　C.坠落
  D.摩擦　　　　　　　E.平稳

13.使用电雷管爆炸石方时，应指定专人掌握电爆机，且必须等（ ）后才可通电点炮。
  A.电线完全接妥　　　B.引线连接检查完毕　　C.员工全部避入安全地带
  D.领导到场检查　　　E.经上级主管部门审查同意

14.需要进行石方爆破作业时，必须办理审批手续，且需要（ ）。
  A.经上级主管部门审查同意
  B.持说明使用爆破器材的地点、品名、数量、用途与四邻距离等文件和安全规程
  C.向所在地县、市公安局申请《爆炸物品使用许可证》后方可进行
  D.雨天才能操作
  E.领导到场检查

15.路基施工中选择炮位时，炮眼口应避开（ ）。
  A.正对的电线　　　　B.路口　　　　　　　C.构造物
  D.山坡　　　　　　　E.车辆

16.路基施工时，履带式推土机具有（ ）等特点，适用于条件较差地带作业。
  A.附着性能好　　　　B.灵活性好　　　　　C.接地比压小
  D.爬坡能力强　　　　E.压实深度大

17.斜坡土挖方时，在斜坡的上侧弃土时应注意（ ）。
  A.弃土堆应连续设置，顶面外斜
  B.应保证挖方边坡的稳定
  C.当坡度陡于1/5或在软土地区禁止上侧堆土
  D.弃土堆离沟边0.8m以外
  E.堆土高度不能超过1.5m

18.路基施工时，在滑坡地段挖土方前应了解（ ）。
  A.地质勘查资料　　　B.地形地貌　　　　　C.滑坡迹象
  D.天气状况　　　　　E.周围居民

19.在软弱围岩地段施工时，应遵守的原则有（ ）。
  A.短进尺　　　　　　B.强爆破　　　　　　C.早喷锚
  D.勤量测　　　　　　E.紧封闭

20.公路施工中雨期施工应考虑施工作业的（　　）措施。
A.防雨　　　　　　　　B.排水　　　　　　　　C.防雷
D.防模板坍塌　　　　　E.防滑

21.手持式电动工具必须存放在（　　）的场所。
A.干燥　　　　　　　　　　　　B.无有害气体或腐蚀性物质
C.不受振动、潮湿等影响　　　　D.施工工作
E.潮湿且狭小的空间

22.圆盘锯及传动部位应安装下列（　　）防护装置。
A.分料　　　　　　　　B.保护挡板　　　　　　C.皮带轮
D.防护罩　　　　　　　E.隔离板

23.使用无齿锯时应注意（　　）。
A.锯片的切线方向严禁站人　　　B.锯片无裂痕和变形
C.无齿锯应有防护罩　　　　　　D.不得在锯片侧面打磨物品
E.禁止反转

24.钢钎破冻土、坚硬土时，要求（　　）。
A.钎顶平整　　　　　　B.钎子应直而无飞刺　　C.锤头安装牢固
D.锤面平整　　　　　　E.打锤人可以戴手套

25.千斤顶不允许在（　　）的情况下使用。
A.超载　　　　　　　　B.超过行程范围　　　　C.垂直
D.水平　　　　　　　　E.几台同用

26.路面施工中满载沥青的洒布车应（　　）。
A.中速行驶　　　　　　　　　　B.遇有弯道、下坡时提前减速、尽量避免
C.行驶中严禁使用加热系统　　　D.驾驶员应避免疲劳驾驶
E.驾驶员应避免手持电话

27.建筑工程施工中，混凝土搅拌机作业中不得（　　）。
A.加料　　　　　　　　B.检修　　　　　　　　C.调整
D.加油　　　　　　　　E.加水

28.混凝土搅拌机在（　　）应将料斗提升到上止点，并用保险铁链锁住或采取有效措施固定。
A.工作时　　　　　　　B.工作结束时　　　　　C.料斗下检修时
D.场内移动时　　　　　E.远距离运输时

29.根据《铲运机安全操作规程》,铲运机下坡时( )。
A.应低速挡行驶 B.不得脱挡滑行 C.不得转弯
D.不得制动 E.不得在档位上滑行

30.桥梁施工中,打桩机工作时,严禁( )等动作同时进行。
A.吊桩 B.回转 C.吊锤
D.行走 E.吊送桩器

31.在施工过程中,电动卷扬机的固定方法有( )。
A.固定拖拉绳 B.固定基础法 C.平衡重法
D.地锚法 E.平放在地面利用自重就可固定

32.翻斗车在( ),严禁在车底下进行任何作业。
A.内燃机运转 B.斗内有载荷 C.卸料工矿
D.检修 E.停运工况

33.在施工过程中,钻机停钻时的注意事项为( )。
A.将钻头提出孔外,置于钻架上 B.严禁将钻头停留孔内过久
C.应该将钻头放入孔底 D.钻头不能提出孔外
E.钻头应该置于井口

34.钢筋强化机械包括( )。
A.钢筋冷拉机 B.钢筋冷拔机 C.钢筋轧扭机
D.钢筋弯曲机 E.钢筋切断机

35.根据《钢筋弯曲机操作规程》,钢筋弯曲机作业中,严禁( )。
A.更换轴芯 B.变换角度 C.调速
D.清扫 E.加水

36.预制构件安装时,施工所需的( )和上下梯道必须齐备。
A.脚手架 B.作业平台 C.施工工具
D.防护栏杆 E.安全网

37.关于路基石方工程,说法正确的是( )。
A.爆破作业前应设置警戒区
B.远边坡部分宜采用硐室爆破
C.近边坡部分宜采用光面爆破或预裂爆破
D.边坡坡度可根据施工方便确定
E.应及时施作临时排水设施

38.严禁在滑坡影响范围(　　)。
A.设置临时生产设施　　B.设置围挡　　　　　　C.设置生活设施
D.堆放机具　　　　　　E.停放机械

39.下列关于安全带使用,正确的要求有(　　)。
A.安全带除应定期检验外,使用前尚应进行检查
B.安全带的安全绳不得打结使用,安全绳上不得挂钩
C.安全带应低挂高用,并应扣牢在牢固的物体上
D.安全带的各部件不得随意更换或拆除
E.安全绳有效长度不应大于2m

40.下列关于高处作业,正确的安全要求有(　　)。
A.安全绳用作悬吊绳时应经现场负责人同意
B.安全绳应与悬吊绳共用连接器
C.新更换安全绳的规格及力学性能必须符合规定,并加设绳套
D.高处作业上下通道应根据现场情况选用钢斜梯、钢直梯、人行塔梯等
E.高处作业上下通道选用绳梯时高度不超过30m

41.后张法施工应符合下列规定(　　)。
A.高处张拉作业应搭设张拉作业平台、张拉千斤顶吊架,平台应加设防护栏杆和上下扶梯
B.梁端应设围护和挡板
C.张拉作业时千斤顶后方不得站人
D.管道压浆作业人员应佩戴护目镜
E.专职安全员应现场指挥

42.隧道供电线路架设应遵循(　　)的原则。
A.高压在上　　　　　　B.低压在下　　　　　　C.干线在上
D.动力线在下　　　　　E.照明线在上

43.台阶法和环形开挖预留核心土法施工,除应符合现行《公路隧道施工技术规范》JTG/T 3660—2020的有关规定外,尚应符合下列规定(　　)。
A.围岩较差、开挖工作面不稳定时,应采用短进尺、上下台阶错开开挖或预留核心土措施,宜采用喷射混凝土、注浆等措施加固开挖工作面
B.应根据围岩条件和初期支护钢架间距确定台阶上部开挖循环进尺,上台阶每循环开挖支护进尺Ⅴ、Ⅵ级围岩不应大于1榀钢架间距,Ⅳ级围岩不得大于2榀钢架间距
C.围岩较差、变形较大的隧道,上部断面开挖后应立即采取控制围岩及初期支护变形量的措施
D.台阶下部断面一次开挖长度应与上部断面相同,且不得超过1.5m

E.台阶下部开挖后应及时喷射混凝土封闭

44. 仰拱开挖施工应符合下列规定（　　）。
A.Ⅳ级及以上围岩仰拱每循环开挖长度不得大于3m，不得分幅施作
B.仰拱与掌子面的距离，Ⅲ级围岩不得超过90m，Ⅳ级围岩不得超过50m，Ⅴ级及以上围岩不得超过40m
C.底板欠挖硬岩应采用人工钻眼松动、弱爆破方式开挖
D.开挖后应立即施作初期支护
E.初期支护应在晴天进行

45. 小净距隧道施工应符合下列规定（　　）。
A.小净距隧道洞口切坡宜保留两隧道间原土体
B.两隧道工作面应错开施工，先行洞与后行洞掌子面错开距离应大于2倍隧道开挖宽度
C.后行隧道应根据围岩情况先加固中岩墙，极软弱围岩段应加固两隧道相邻侧拱架基础
D.宜采用光面爆破技术，并应采用低威力、低爆速炸药；爆破时另一洞内作业人员也应撤离
E.爆破结束后应立即检查爆破情况

46. 隧道施工应遵循以下治水原则（　　）。
A.防　　　　B.排　　　　C.堵　　　　D.截　　　　E.降

47. 使用的特种设备经过检查验收合格，（　　）设备有资质；易燃易爆易损等危险物品的吊装、拆除、储存、运输符合规定的要求。
A.安装　　　　B.拆除　　　　C.运输　　　　D.维护

48. 隧道监控量测中，属于必测的项目是（　　）。
A.地质和初期支护观测　　B.地表下沉　　　　C.拱顶下沉
D.锚杆内力和抗拔力　　　E.水平净空收敛

49. 机械安装后履行验收程序，作业前按规定编制专项施工方案，机械作业区域地面承载力符合规定要求，采取有效硬化措施，（　　）安全距离符合规范要求，打桩（成槽）机挂设包含桩机（成槽）编号、负责人等内容的标牌，打桩（成槽）操作遵守操作规程。
A.配电箱　　　　B.机械设备　　　　C.地下管线　　　　D.输电线路

50. 盾构/TBM或其配套设备有质量合格证明文件，新造或改造盾构机/TBM有进行出厂验收，盾构机/TBM维修后主要系统（　　）、电气系统、人闸、密封等有测试或检

测（记录），安装调试完成后组织现场验收。

  A.PLC系统 B.集中润滑系统 C.管片运输系统 D.液压系统

51.按规定进行隧道内机械通风，不发生（ ），新鲜风量充足；有害气体检测装置定期进行检测；遇到特殊地层如瓦斯或其他有毒有害气体超限时，采取有效处理措施，按规定设置警示、通信、排水、消防器材。

  A.漏风 B.有害气体 C.吊挂不平直 D.风管破损

52.按设计和相关规定编制基坑施工监测方案，必测项目无遗漏，监测方案按规定审批，按监测方案对桩（墙）体位移、（ ）、受施工影响范围内建（构）筑物等进行监测。

  A.支撑轴力   B.重要管线和道路
  C.水位   D.地表沉降

53.轨道交通隧道施工作业照明采用专用回路，专用回路有漏电保护装置；(地下暗挖、潮湿等)特殊场所按规定使用（ ）及以下安全电压，照明线路和安全电压线路的架设符合规范要求，手持照明灯具使用（ ）以下电源供电，灯具金属外壳作接零保护，按照要求在阴暗作业场所、通道口设置照明或应急疏散照明。

  A.6V B.36V C.24V D.12V

54.隧道联络通道管片拆除前进行地质条件探测，洞门、联络通道施工现场按应急预案准备（ ），负环及洞门、联络通道管片拆除现场设立（ ），负环及洞门、联络通道管片拆除按（ ）；联络通道施工前后一定范围内管片按方案进行（ ）；洞门或联络通道管片拆除后，及时封闭，没有出现渗漏、掉渣等。

  A.专人安全管理   B.支撑保护
  C.抢险物资   D.方案施工

55.基坑内施工土方机械、施工人员的（ ）符合规范要求，上下垂直作业有有效（ ）措施，按规定设置足够照明，基坑周边、坑壁或支撑体系上不存在（ ），人员不准在无临边防护的支撑上行走，支撑上不准堆放物料，明挖基坑上方需（ ）管线要采用保护措施。

  A.原位保护 B.隔离防护 C.安全距离 D.坠物隐患

56.施工现场按规定安装视频、（ ）装置，出入口和主要道路做（ ），道路畅通，有排水设施、排水通畅，有防止泥浆、污水、废水外流、堵塞下水(河)道的措施，施工现场土方作业、裸露场地等有（ ），现场设置车辆（ ）、车辆不带泥上路，运料按当地规定遮盖，在噪声敏感区内采取降噪措施将噪声控制在限值以下；现场设置卫生间，施工作业现场禁止吸烟。

  A.防扬尘措施 B.冲洗装置 C.硬化处理 D.环保监控

57.对于已埋设护筒未开钻或已成桩护筒尚未拔除的,应该注意的事项有（　　）。
A.在护筒内注水　　　　B.在护筒内注泥浆　　　　C.加设护筒顶盖
D.铺设安全网遮罩　　　E.在护筒边加设安全警示标识

58.桥梁施工中冬期钢筋加工应注意的安全事项有（　　）。
A.冷拔钢筋时,防止钢筋断裂
B.负温下应注意有裂纹的预应力夹具出现破裂
C.冷拉钢筋时,防止钢筋断裂
D.气焊氧气瓶嘴冻结后用明火烤,乙炔气回火
E.钢筋的实际抗拉强度降低

59.人工挖扩桩孔的作业现场应配有害气体检测器,发现（　　）必须采取防范措施。
A.有害气体　　　　B.沼气　　　　C.水蒸气
D.有毒气体　　　　E.空气

60.桥梁施工中,选择桩架高度应考虑（　　）的要求。
A.桩长　　　　B.锤高　　　　C.桩帽
D.安全距离　　E.垫板

61.桥梁进行高处作业前,应逐级进行安全技术教育及交底,落实的内容包括（　　）。
A.安全思想教育　　　B.安全技术　　　　C.技术交底
D.安全技术措施　　　E.人身防护用品

62.处于以下（　　）环境应停止爆破作业。
A.雷电、暴雨雪来临时　　　　　　B.有雾天气,能见度不超过100m时
C.风力超过六级,浪高大于1.0m　　D.水文环境较良好时
E.台风距工地2000km,移动速度15km/h

63.在进行密闭排水沟疏通中,容易发生硫化氢中毒,作业时必须做到（　　）。
A.先通风排气
B.操作时,戴防毒面具,身上缚以救生带
C.有人在危险区外监护并准备好救护设施
D.如果有人中毒晕倒,在确保安全防护的情况下救援
E.专业医护人员全程参与

64.在隧道施工中采取的防尘措施有（　　）。
A.湿式凿岩　　　　B.机械通风　　　　C.喷雾洒水
D.个人防护　　　　E.辅助导坑

65.隧道施工中作业环境应符合下列卫生标准（　　）。
A.坑道中氧气含量按体积计不应小于20%
B.坑道内气温不宜高于40℃
C.二氧化碳按体积计不得大于0.5%
D.一氧化碳不应超过30mg/m³
E.二氧化碳一般不大于30mg/m³

66.装配式工艺预制可以检查钢筋（　　）等机械的使用是否满足安全管理要求。
A.调直　　　B.连接　　　C.切断　　　D.弯曲　　　E.冷拉

67.桥梁上部结构装配式安装，构件在（　　）时，混凝土强度不应低于设计所要求的吊装强度。
A.装模　　　B.脱模　　　C.移运　　　D.堆放　　　E.吊装

68.BIM施工及管理可以实现（　　）的4D施工管理。
A.动态　　　B.集成　　　C.可视化　　　D.验证　　　E.重复

69.BIM技术的应用可以达到（　　）等作用。
A.空间冲突检查　　　B.施工方案具体化　　　C.施工预算透明化
D.安全区域识别　　　E.施工场地布置合理

70.爆破作业施工公告内容应包括工程名称、建设单位、设计施工单位和（　　）。
A.安全监督单位　　　B.安全评估单位　　　C.安全监理单位
D.班组长及联系方式　　　E.爆破作业时限

71.高填方路堤施工应符合（　　）。
A.路堤预留宽度应符合设计要求　　　B.应及时施作边坡临时排水设施
C.作业区边缘应设置明显的警示标志　　　D.应进行位移监测
E.应进行不平整度检测

72.安全帽应有（　　）等永久性标志。
A.制造厂名称、商标、型号　　　B.制造日期
C.生产合格证和检验证明　　　D.生产许可证编号
E."LA"安全标志

73.下列关于安全带的说法，正确的有（　　）。
A.2m以上的悬空作业，必须使用安全带
B.应可靠地挂在牢固的地
C.高挂低用

D.应防止摆动

E.避免明火和尖锐边角

74.施工现场、加工区和生活区的道路及场地应做硬化处理，并应符合下列要求（　　）。

A.应事先进行现场平面布置的总体设计，确定各区域的边界和相对平面标高及排水设施

B.施工人员通道应用0.05～0.1m厚的C20混凝土硬化

C.生产加工场地应用0.15m厚的C30及以上混凝土硬化

D.办公生活区场地应用0.15m厚的C25混凝土硬化

E.车辆通行道路以外的其他场地可以采用铺砖等其他硬化方式处理

75.施工运输应根据隧道（　　），选择运输方式、运输设备及其配套设施。

A.直径　　　　B.长度　　　　C.纵坡

D.盾构类型　　E.掘进速度

76.集中隔离医学观察场所应当（　　）。

A.相对独立，与人口密集居住与活动区域保持一定防护距离

B.具备通风条件，能够为集中隔离医学观察对象提供独立房间和独立卫生间

C.最好具有独立化粪池

D.最好设置在医疗机构中

E.内部根据需要分为生活区、医学观察区和物资保障供应区等，分区标示要明确

（三）判断题

1.桥梁上部结构构件装配式安装时，必须检查其外形和构件的预埋件尺寸和位置，其允许偏差不得超过5%。（　　）

A.正确　　　　B.错误

2.预制构件安装时，要根据吊装构件的大小、重量和外形选择适宜的吊装方法和机具，不准超负荷。（　　）

A.正确　　　　B.错误

3.施工单位的发电机电源应与外电线路电源连锁，可以并列运行。（　　）

A.正确　　　　B.错误

4.安全带的安全绳不得打结使用，安全绳上不得挂钩。（　　）

A.正确　　　　B.错误

5.爆破作业单位实施爆破项目前，应按规定办理审批手续，批准后方可实施爆破作

业。(　　)
  A.正确　　　　　　B.错误

  6.滑坡的防治,要贯彻"以防为主,整治为辅"的原则。(　　)
  A.正确　　　　　　B.错误

  7.密闭空间内实施焊接及切割,气瓶及焊接电源应置于密闭空间外。(　　)
  A.正确　　　　　　B.错误

  8.高处作业高度在15～30m(包括30m),为四级高处作业。(　　)
  A.正确　　　　　　B.错误

  9.冰雪融化期不得开挖滑坡体,雨后不得立即施工,夜间不得施工。(　　)
  A.正确　　　　　　B.错误

  10.遇有指挥讯号系统失灵时,必须停止吊装作业,并应采取相应的应急避险措施。(　　)
  A.正确　　　　　　B.错误

  11.桥梁拆除施工应从上至下,逐层、分段实施,不得立体交叉作业。(　　)
  A.正确　　　　　　B.错误

  12.拌和及起重设备应设置防倾覆和防雷设施。(　　)
  A.正确　　　　　　B.错误

  13.模板、支架的拆除应遵循先拆承重模板、后拆非承重模板、自上面下、分层分段拆除的顺序和原则。(　　)
  A.正确　　　　　　B.错误

  14.脚手架拆除必须严格执行专项施工方案,拆除作业必须由上而下逐层进行严禁上下同时作业。连墙件必须随脚手架逐层拆除,严禁提前拆除。(　　)
  A.正确　　　　　　B.错误

  15.不良地质隧道地段应遵循"早预报、预加固、弱爆破、短进尺、强支护、早封闭、勤量测、快衬砌"的原则施工。(　　)
  A.正确　　　　　　B.错误

  16.海拔4000m及以上地区野外作业每天不宜超过8h。(　　)
  A.正确　　　　　　B.错误

17.水深不小于15m的围堰工程的专项施工方案应组织专家论证、审查。（　　）
A.正确　　　　　B.错误

18.吊篮作业应使用由专业厂家制作的定型产品，不得自行制作吊篮。（　　）
A.正确　　　　　B.错误

19.架桥机的抗倾覆稳定系数不得小于2。（　　）
A.正确　　　　　B.错误

20.挂篮现场组拼后应检查验收，并应按最大施工组合荷载的1.1倍做荷载试验。（　　）
A.正确　　　　　B.错误

21.猫道拆除前，影响拆除作业区域的翼缘板不得施工。（　　）
A.正确　　　　　B.错误

22.隧道内施工不得使用以柴油为动力的机械设备。（　　）
A.正确　　　　　B.错误

23.软弱围岩隧道开挖掌子面至二次衬砌之间应设置逃生通道。（　　）
A.正确　　　　　B.错误

24.机械操作人员离开使用的机械时应做到切断电源、锁好箱门。（　　）
A.正确　　　　　B.错误

25.根据《路基与基层操作规程》规定，碾压填土方时，碾轮外侧距填土外缘不得小于50cm。（　　）
A.正确　　　　　B.错误

26.工程作业人员在开挖管道时，当需槽边码放管子时，管子不能平行于沟槽。（　　）
A.正确　　　　　B.错误

27.在沟、槽、坑内作业必须经常检查沟、槽、坑壁的稳定状况，上下沟、槽、坑必须走坡道或梯子。（　　）
A.正确　　　　　B.错误

28.路基施工时，开挖工作应与装运作业面相互错开，可以上、下双重作业。（　　）
A.正确　　　　　B.错误

29.路基施工中挡土墙的作用主要用来维护土体边坡的稳定，防止坡体的滑移和土方坡的坍塌。（ ）
　　A.正确　　　　　B.错误

30.平地机下坡时严禁空挡滑行，行驶时必须将刮刀和齿耙升到最高位置。（ ）
　　A.正确　　　　　B.错误

31.铲运机在陡坡上严禁转弯、倒车和停车。（ ）
　　A.正确　　　　　B.错误

32.推土机严禁高速下坡、急拐弯、空挡滑行。（ ）
　　A.正确　　　　　B.错误

33.挖掘机作业时，必须待机身停稳后再挖土。（ ）
　　A.正确　　　　　B.错误

34.土路基上含有少量腐殖物是允许的。（ ）
　　A.正确　　　　　B.错误

35.使用插入式混凝土振动器操作时，拉振动棒软管拖拉电动机属于违章。（ ）
　　A.正确　　　　　B.错误

36.现浇混凝土挡土墙，泵送混凝土时，宜设2人以上人员牵引布料杆。（ ）
　　A.正确　　　　　B.错误

37.机械操作设备人员只要身体健康、能够独立操作机械设备，即可上岗。（ ）
　　A.正确　　　　　B.错误

38.混凝土输送泵严禁在泵送时拆卸管道。（ ）
　　A.正确　　　　　B.错误

39.室外使用的电焊机应设有防水、防晒、防砸的机棚，并备有消防用品。（ ）
　　A.正确　　　　　B.错误

40.打夯机必须使用单向开关，禁止使用倒顺开关。（ ）
　　A.正确　　　　　B.错误

41.洒布机作业时应设专人指挥，作业人员不得在沥青洒布机下风向。（ ）
　　A.正确　　　　　B.错误

42.使用机械挖土前,要先发出信号。挖土时在挖土机挺杆旋动范围内不许进行其他工作。( )
 A.正确　　　　B.错误

43.路面施工时,从事沥青作业人员,皮肤外露部分均须涂抹防护药膏,工地上不应配有医务人员。( )
 A.正确　　　　B.错误

44.施工单位项目负责人原则上可以在多个工程项目任职,只要征得建设单位书面同意。( )
 A.正确　　　　B.错误

45.总承包单位和专业分包单位依法进行劳务分包的,专业分包单位应当对劳务作业进行管理。( )
 A.正确　　　　B.错误

46.专项施工方案应当根据设计处理措施、专项设计和工程实际情况编制,并经施工单位技术负责人和总监理工程师签字后实施,不得随意变更。( )
 A.正确　　　　B.错误

47.建筑起重机械安装完成后,施工单位应当委托具有相应资质的检测检验机构进行检验,经检验合格,并经施工单位验收合格后方可使用。( )
 A.正确　　　　B.错误

48.对管线位置、走向、埋深、检查等与管线产权单位取得联系,管线详细参数需调查、标注清楚,做好检测保护;对建(构)筑物,核实其修建时间、基础形式的现状等情况做好相应记录,进行影像资料的收集,制定保护措施。( )
 A.正确　　　　B.错误

49.工地有防噪声、粉尘、防废气、废水排放、防光污染等环保措施,按设计措施进行古树名木或文物保护,夜间施工办理许可证,现场不准焚烧有毒、有害、恶臭的物质或其他废弃物,建立其他施工不扰民措施;工程竣工后在规定时间内拆除临时设施,恢复道路。( )
 A.正确　　　　B.错误

50.满堂式脚手架架体四周与中间按规范要求设置竖向剪刀撑或专用斜杆,按规范要求设置水平剪刀撑或专用水平斜杆,架体高宽比超过规范要求时采取与结构拉结或其他可靠的稳定措施。( )
 A.正确　　　　B.错误

51.施工现场低压配电系统采用TN～S接零保护系统,专用保护零线设置(含引出位置、材质、规格、颜色标识等)符合要求,不得线上装设开关、熔断器、与工作零线混接;工作接地或重复接地(设置、安装、材料、接地电阻)符合要求,电气设备接保护零线,接零保护符合要求,突出设施防雷措施符合规范(或设计)要求。( )
   A.正确　　　　　B.错误

52.占用市政道路从事起重吊装作业,在作业地点来车方向安全距离处设置安全警示标识(夜间警示灯),警示标识准确,路面上作业人员佩戴反光衣。( )
   A.正确　　　　　B.错误

53.Ⅰ类手持电动工具采取保护接零或设置漏电保护器,使用Ⅰ类手持电动工具按规定穿戴绝缘用品,使用手持电动工具视需要可以接长电源线。( )
   A.正确　　　　　B.错误

54.桥涵工程施工,应尽量避免双层或多层同时作业。( )
   A.正确　　　　　B.错误

55.挖扩桩孔的机钻成孔作业完成后,人工清孔、验孔前要先放安全防护笼。( )
   A.正确　　　　　B.错误

56.桩机作业时,操作人员应距桩锤中心5m以外监视。( )
   A.正确　　　　　B.错误

57.人工挖孔桩每日开工前,必须检测井下的有毒气体,并应有足够的安全防护措施。( )
   A.正确　　　　　B.错误

58.地面上的任何人严禁向桩孔内投扔任何物料。( )
   A.正确　　　　　B.错误

59.工人在人工挖孔桩下面取水样时,下井前应点火试验方可下井作业。( )
   A.正确　　　　　B.错误

60.拱架制作与安装,应按设计要求,只需具有足够的强度和刚度。( )
   A.正确　　　　　B.错误

61.当采用轨道平车运输预制构件时,速度要缓慢,速度不宜超过5km/h。( )
   A.正确　　　　　B.错误

62.在整体浇捣混凝土过程中,应有钢筋工现场配合,及时纠正和修理移动位置的钢筋。（ ）
　　A.正确　　　　　B.错误

63.弯曲时,钢筋放置方向和挡轴、工作盘旋转方向一致,不得放反。在变换工作盘旋转方向时,倒顺开关必须按照指示牌上"正（倒）转、停、倒（正）转"的步骤进行操作,不得直接从"正、倒"或"倒、正"扳动开关,而不在"停"位上停留。（ ）
　　A.正确　　　　　B.错误

64.雷管和炸药放在同一船内或车内运输是可以的。（ ）
　　A.正确　　　　　B.错误

65.隧道洞口的土石方工程,同样可以采用深眼大爆破施工。（ ）
　　A.正确　　　　　B.错误

66.爆破法挖冻土,遇有瞎炮,应在原炮眼内重装炸药。（ ）
　　A.正确　　　　　B.错误

67.往爆炸石方的炮眼内捣填炸药时,严禁使用铁器。所用引线要加以检查。（ ）
　　A.正确　　　　　B.错误

68.使用电雷管爆炸石方时,连接雷管和引线要用特制的钳铗挟紧,严禁用牙齿咬紧和用力敲压。（ ）
　　A.正确　　　　　B.错误

69.喷射混凝土作业应分段、分片由上而下顺序进行,每段长度不宜超过6m。（ ）
　　A.正确　　　　　B.错误

70.通风排毒的方法有局部排风和全面通风换气两种。其中局部排风效果更好,最为常用。（ ）
　　A.正确　　　　　B.错误

71.隧道塌方后,应先清除塌体,再加固未塌方地段。（ ）
　　A.正确　　　　　B.错误

72.隧道开挖时,硬岩宜采用光面爆破,软岩宜采用预裂爆破。（ ）
　　A.正确　　　　　B.错误

73.二次衬砌混凝土强度达到5MPa时,方可拆模。（ ）

A.正确　　　　　　B.错误

74.预制构件吊运时,应使各吊点均匀受力,吊绳与构件水平面夹角可小于45°。( )
A.正确　　　　　　B.错误

75.拆除工程施工过程中,当发生重大险情或生产安全事故时,应及时排除险情、组织抢救,并应保护事故现场,向项目负责人报告。( )
A.正确　　　　　　B.错误

76.BIM是一种熟知的用于信息交换、工作流和程序步骤的工具,可作为贯穿建筑全生命周期的可重复、可验证、可维持和明晰的信息环境。( )
A.正确　　　　　　B.错误

77.BIM模型的可视化是动态的,施工空间随工程进展会不断变化,它将影响到工人的施工安全。( )
A.正确　　　　　　B.错误

78.高处作业的分级,以级别、类别和种类作标记。一般高处作业作标记时,写明级别和种类。( )
A.正确　　　　　　B.错误

79.装配式施工工艺对于工程规模较小的项目,其施工机械成本和预制成本可以得到充分的摊销。( )
A.正确　　　　　　B.错误

80.装配式施工工艺的优点之一是有利于对工厂化生产的桥梁构件质量和精度的控制。( )
A.正确　　　　　　B.错误

81.桥梁下部结构装配式构件吊装作业时,技术负责人和安全管理人员必须在现场进行监控。( )
A.正确　　　　　　B.错误

82.爆破作业必须设警戒区和警戒人员,起爆前必须撤出人员并按规定发出声、光等警示信号。( )
A.正确　　　　　　B.错误

83.滑坡地段路基施工时,施工期间应由专人负责滑坡体的监测。( )

A.正确 B.错误

84.施工单位负责及时填写更新重大风险源告知内容、监理单位负责监督。( )
A.正确 B.错误

85.在现场室内作业时可以不戴安全帽。( )
A.正确 B.错误

86.施工单位应负责对绿色密目式安全网或开孔型绿色不透尘安全网布定期进行检查、清洗、维修和更换,重点区域应半年一次,确保其整洁、无破损。( )
A.正确 B.错误

87.彩条布可以用作施工工程外立面围护或围挡。( )
A.正确 B.错误

88.建筑垃圾、生活垃圾须分类堆放,并由专人管理,及时清运。( )
A.正确 B.错误

89.无黏结预应力结构拆除前,宜先将应切断的预应力筋放松或采取措施降低其应力,严禁直接切断预应力筋。( )
A.正确 B.错误

90.医用酒精是良好的消毒剂,宜用于衣物、电器、地面、墙壁等表面的喷洒消毒。( )
A.正确 B.错误

91.为增强消毒效果,可以将含氯消毒剂(如84消毒液)与其他消毒或清洁产品混合使用。( )
A.正确 B.错误

92.不得在医疗机构中设置集中隔离医学观察场所。( )
A.正确 B.错误

3.13.2 水运篇

(一)单项选择题

1.施工现场开挖沟槽边缘与埋设电缆沟槽边缘的安全距离不得小于( )m。
A.0.5 B.1.0 C.1.5 D.2.0

2.总配电箱应设在靠近电源的区域;分配电箱应设在用电设备或负荷相对集中的区

域；开关箱与分配电箱的距离不得大于____m，开关箱应靠近用电设备，与其控制的固定式用电设备水平距离不宜大于____m。（　　）

A.20、3　　　　B.20、5　　　　C.30、3　　　　D.30、5

3.支架支撑使用前应预压，预压荷载应为支架需承受全部荷载的（　　）。

A.1.00～1.05　　B.1.05～1.10　　C.1.10～1.15　　D.1.15～1.20

4.双机抬吊宜选用同类型或性能相近的起重机，负载分配应合理，单机载荷不得超过额定起重量的（　　）%。两机应协调起吊和就位，起吊速度应平稳缓慢。

A.75　　　　　B.80　　　　　C.85　　　　　D.90

5.盲炮检查应在爆破（　　）min后实施，发现盲炮应立即安全警戒，及时报告并由原爆破人员处理。电力起爆发生盲炮时，应立即切断电源，爆破网络应置于短路状态。

A.5　　　　　B.10　　　　　C.15　　　　　D.20

6.施工现场生产区、生活区、办公区应分开设置，距离集中爆破区应不小于（　　）。

A.200m　　　　B.300m　　　　C.500m　　　　D.1000m

7.海拔（　　）以上地区施工作业应严格执行高海拔地区有关规定。

A.800m　　　　B.2500m　　　　C.3000m　　　　D.5000m

8.两台起重机联合起吊同一物体时，各起重设备的实际起重量，严禁超过其额定起重能力的（　　），且钩绳必须处于垂直状态。

A.60%　　　　B.70%　　　　C.80%　　　　D.90%

9.采用布料臂浇筑混凝土时，应设（　　）牵引、移动输送泵出灰软管。

A.专人　　　　B.专用设备　　　C.专用工具　　　D.专用标志

10.吊安方块、半圆体的马腿、卡钩，宜采用锻造或铸造件。采用焊接件时，必须（　　），合格后方可使用。

A.对焊件进行强度试验　　　　B.对焊件进行检验
C.对焊口进行探伤检验　　　　D.对焊件进行试吊

11.SS型施工升降机绳头在卷筒上的固定必须采用（　　）方式。

A.绳夹固定　　　　　　　　B.压板固定
C.楔形装置固定　　　　　　D.锥形装置固定

12.对升降机（　　）时必须设有双向安全器。

A.无对重　　　　　　　　　B.带对重且对重质量小于吊笼自重

C.带对重且对重质量大于吊笼自重　　D.带对重且对重质量等同于吊笼自重

13.铲运机在斜坡横向作业时,机身必须保持平稳。作业中不得(　　)。
A.回转　　　　B.倒退　　　　C.停止　　　　D.前进

14.用推土机推倒树干时,必须注意树干倒向和(　　)。
A.树木粗细　　B.树木长短　　C.高空障碍物　　D.地面空旷程度

15.大型推土机在深沟、基坑或陡坡地区作业时,应有专人指挥,其垂直边坡深度一般不超过(　　),否则应放出安全边坡。
A.1m　　　　B.2m　　　　C.3m　　　　D.4m

16.挖掘机作业时(　　)不得在铲斗回转半径范围内停留。
A.任何人　　B.非工作人员　　C.工程技术人员　　D.围观群众

17.挖掘机在取土装车时,应待运输车辆停稳后进行,(　　)应尽量放低,并不得砸撞车辆。
A.铲斗　　　　B.斗杆　　　　C.动臂　　　　D.铲斗和斗杆

18.平地机作业前必须将离合器、操纵杆、变速杆放在(　　),并检查设备是否正常。
A.低速挡位置　　B.空挡位置　　C.高速挡位置　　D.回旋挡位置

19.装载机作业时应使用(　　),铲斗下方严禁有人,严禁用铲斗载人。
A.低速挡　　　B.中速挡　　　C.高速挡　　　D.回旋挡

20.卷扬机作业完毕,应将提升吊笼或重物置于(　　)并切断电源,锁好电器箱。
A.地面　　　B.施工作业面　　C.任意位置　　D.离地面1米处

21.插入式振动器在搬动时(　　)。
A.切断电源　　　　　　　　B.使电动机停止转动
C.用软管拖拉　　　　　　　D.随意拖拉

22.施工升降机限速器应隔(　　)检验一次。
A.半年　　　　B.一年　　　　C.两年　　　　D.三年

23.混凝土搅拌机料斗放到最低位置时,在料斗与地面之间应加(　　)。
A.一层缓冲垫木　　B.石子　　C.水泥　　D.砂石垫层

24.混凝土输送泵车作业中,严禁扳动液压支腿控制阀,如发现车体倾斜或其他不正常现象时,应立即( )。
   A.垫平支腿   B.收回支腿重新调整
   C.停止作业   D.继续输送

25.拖式混凝土输送泵疏通堵塞管道时,应疏散周围人员。拆卸管道清洗前应采取反抽方法,清除输送管道的( )。拆卸时严禁管口对人。
   A.压力   B.混凝土   C.水   D.阻力

26.碎石机作业中若石料卡住进料口,可以( )解决。
   A.停机检修,搬下大石块   B.用铁钩翻动使其下落
   C.用手搬动使其下落   D.敲击振动使其下落

27.施工单位应将安全措施费用用于施工安全防护用具及设施的采购和更新、安全施工措施的落实、( )的改善等,不得挪作他用。
   A.安全生产制度   B.安全生产手段   C.安全生产条件   D.安全生产方法

28.电工、设备调试人员按要求穿戴安全防护用品(绝缘手套、绝缘鞋等),电焊人员按要求还要佩戴护目镜、( )等,绝缘手套、绝缘鞋符合标准,绝缘不得失效。
   A.焊接工具   B.动火证明   C.电焊工操作证   D.电焊工作服

29.拆除支护结构或换撑符合( )要求(包括混凝土撑强度条件、拆撑换撑顺序、预加力卸载程序等),机械拆除作业时,施工载荷小于支撑结构承载能力,人工拆除作业按规定设置防护设施,采用非常规拆除方式时,符合有关规范标准,有文字交底记录。
   A.规章制度   B.施工组织设计   C.设计或方案   D.交底文件

30.同步注浆配比按设计方案实施,注浆量要足够、注浆及时、注浆( )达到要求。
   A.时间   B.温度   C.压力   D.时间、温度、压力

31.特殊气候下,施工应制订有效的特殊气候应急预案,预案明确不同种类、不同程度的恶劣气候下施工的( );配备足够的应急抢险设备物资,特殊气候结束后、复工前进行专项安全检查。
   A.整改措施   B.交底措施   C.禁止行为   D.监护人员

32.电气设备不带电的外露导电部分,做保护( );现场施工的电力系统不准利用大地作相线和零线。
   A.接地   B.接零   C.措施   D.施工

33.管片拼装机旋转范围无人或无障碍物,管片吊运、拼装过程中连接牢固,有( )。
   A.防水措施   B.防滑脱装置   C.现场指挥   D.交底记录

34.构件安装作业应根据设计类型编号、外型尺寸、质量、安装部位等要求,结合施工现场条件,( )合理选择安装船机和吊具索具。
   A.根据经验   B.经受力分析计算 C.经上级同意   D.经开会研究

35.在用的SC型施工升降机必须每( )做一次吊笼坠落试验。
   A.一个月   B.三个月   C.半年   D.一年

36.工程施工时,现浇钢筋混凝土梁、板,起拱时的跨度大于( )。
   A.2m   B.3m   C.4m   D.5m

37.根据《人工挖孔桩安全操作规程》要求,人工挖孔桩护壁的首层沿口护圈混凝土强度达到( )MPa,方可进行下层土方的开挖。
   A.3   B.4   C.5   D.6

38.挖孔桩施工中,孔深超过( )或孔内存在有害气体时,必须采取强制通风措施。
   A.4.0m   B.6.0m   C.8.0m   D.10.0m

39.当需人工开挖大于800mm以上的大孔径桩时,施工企业( )具备总承包一级以上资质或地基与基础工程专业承包一级资质。
   A.宜   B.不必   C.必须   D.不知道

40.凡低于地面的桩孔或高于地面( )以下的管桩孔,必须设置安全护栏或盖板,并应设置安全警告标志。
   A.0.3m   B.0.5m   C.0.8m   D.1.0m

41.钻孔机移动的道路应平整坚实,必须将钻头提离地面20cm,并应( )。
   A.支撑   B.固定   C.吊起   D.旋转

42.桩工机械严禁吊桩、吊锤、回转和行走同时进行。桩机在吊有桩和锤的情况下,操作人员( )。
   A.可以离开岗位 B.不得离开岗位   C.离开后再回来   D.可以偶尔离开岗位

43.根据《桩工机械安全技术操作规程》,桩工机械安装时,应将桩锤运到桩架正前方( )m以内,严禁远距离斜吊。
   A.1   B.2   C.3   D.4

44.水泥如受潮,或存放时间超过( )个月时,应重新取样复验,并应按其复验结果使用。
   A.1　　　　　　B.2　　　　　　C.3　　　　　　D.4

45.根据《爆破安全规程》GB 6722—2014规定,石方爆破作业超过( )m的深孔不得使用导火索起爆。
   A.3　　　　　　B.4　　　　　　C.5　　　　　　D.6

46.爆炸石方放炮后,要经过( )分钟才可以前往检查。
   A.5　　　　　　B.10　　　　　C.20　　　　　D.25

47.爆炸石方遇有瞎炮,应在距离原炮眼( )cm的地方另行打眼放炮。
   A.15　　　　　B.30　　　　　C.60　　　　　D.65

48.盾构推进始发按方案对负环管片采取( )措施,按要求对管片螺栓进行复紧。
   A.限位　　　　B.防水　　　　C.限位、固定　　D.标识

49.沉箱拖运前应进行不小于( )小时的漂浮试验,检验沉箱是否有漏水、渗水现象。
   A.6　　　　　　B.12　　　　　C.18　　　　　D.24

50.沉箱拖运进出港航道的富余水深应大于( )m,航道宽度应大于2倍的拖轮长度。
   A.0.5　　　　　B.1.0　　　　　C.1.5　　　　　D.2.0

51.潜水员水下作业时,在50m范围内不能有施工、运输船舶通过,锚缆亦不得通过潜水作业区,2600m范围内不得进行( )。
   A.水上抛石　　B.水上捕捞　　C.爆破作业　　D.打桩

52.挖掘机、装载机等在驳船上抛石作业时,驳船的( )应控制在允许范围内,并不得超载。
   A.甲板面积　　B.驻位方向　　C.纵横倾角　　D.抛石时间

53.模板安装就位后,必须立即进行( )。
   A.支撑和固定　B.钢筋绑扎　　C.浇筑混凝土　D.下道工序

54.斜坡堤在软土地基上抛石时,当堤侧有块石压载层时,应( )。
   A.先抛堤身,后抛压载层　　　　B.先抛压载层,后抛堤身
   C.在低潮时抛压载层　　　　　　D.在高潮时抛压载层

55.受风、浪或水流影响的梁、板、靠船构件等安装后,应立即采取( )措施,以免坠落。
A.封固　　　　　B.支撑　　　　　C.焊接外伸钢筋　　D.浇筑混凝土

56.船闸施工时,混凝土潮湿养护的时间不应少于( )。
A.7d　　　　　　B.14d　　　　　C.21d　　　　　　D.28d

57.船闸主要由( )三个基本部分及相应的设备组成。
A.闸室、输水廊道、引航道　　　　B.闸室、闸首、输水廊道
C.闸室、输水廊道、导航墙　　　　D.闸室、闸首、引航道

58.在进行水下障碍物探测时,潜水员下水作业必须( )。
A.悬挂规定的信号球　　　　　　　B.悬挂规定的信号旗
C.按规定鸣笛　　　　　　　　　　D.以上全部

59.拖航起航前,应进行一次( ),明确每个船员在应变部署中的岗位职责和安全操作要领。
A.劳动竞赛　　　　　　　　　　　B.消防、救生演习
C.座谈会　　　　　　　　　　　　D.交流会

60.挖槽的抛泥区应选择在( )。
A.航道边缘　　　　　　　　　　　B.挖槽进口附近
C.挖槽出口附近　　　　　　　　　D.下深槽沱口

61.基建性疏浚实施前,宜进行( ),确保施工人员和疏浚设备安全。
A.测量　　　　　B.踏勘　　　　　C.扫床　　　　　D.技术交底

62.绞吸挖泥船在最大挖深时,绞刀桥梁下方与水平面的倾斜角应为( )。
A.30°～40°　　　B.40°～45°　　　C.50°～55°　　　D.55°以上

63.取土区风浪大,运距远的吹填工程应选择( )施工方式。
A.绞吸船直接吹填　　　　　　　　B.耙吸船吹填
C.斗式船—泥驳—吹泥船吹填　　　D.绞吸船加泵站吹填

64.按照《航道工程设计规范》JTS/81—2016的规定,水下炸礁工程完工后,必须进行( ),检验施工质量。
A.多波束测量　　B.水下探摸　　　C.软式扫床　　　D.硬式扫床

65.硬式扫床是航道整治工程( )的质量检验内容。

A.筑坝　　　　　B.护岸　　　　　C.疏浚　　　　　D.水下炸礁

66.严禁潜水员（　）进行潜水作业。
A.酒后　　　　　B.夜间　　　　　C.冬季　　　　　D.暑期

67.根据《码头结构设计规范》JTS 167—2018、《码头结构施工规范》JTS 215—2018，为避免现场浇注混凝土受振动的影响，在混凝土强度未达到5MPa前，锤击沉桩处与现场浇注混凝土之间的距离不得小于（　）m。
A.10　　　　　　B.30　　　　　　C.60　　　　　　D.80

68.斜坡堤堤心石水上抛填块石，应根据水深、水流和波浪等自然条件对块石的（　）的影响，确定抛石船的船位。
A.漂流　　　　　B.破坏　　　　　C.形变　　　　　D.侵蚀

69.抛石前，进行技术交底并明确分工，作业时人与人之间的距离不能小于（　）m。
A.1.0　　　　　B.1.5　　　　　C.2.5　　　　　D.3.0

70.护岸开挖边坡坡度应满足设计要求，当地质情况与设计资料不符时，需修改边坡坡度时，应与（　）研究确定。
A.建设单位　　　B.设计单位　　　C.监理单位　　　D.主管部门

71.当码头后方场地狭窄且拉杆力较大时，板桩墙的锚碇结构宜采用（　）。
A.锚碇墙　　　　B.锚碇板　　　　C.锚碇叉桩　　　D.锚碇板桩

72.水上抛填块石，具有装石量大、船稳定性好、抗风浪能力强等优点的抛石船是（　）。
A.民船　　　　　B.方驳　　　　　C.开底驳　　　　D.起重驳船

73.船舶施工作业必须编制（　）。
A.应急救援预案　　　　　　　　　B.危险源清单
C.安全管理体系图　　　　　　　　D.安全生产责任制

74.发电机组应设置接地保护，接地电阻不得大于（　）。
A.4　　　　　　　B.5　　　　　　　C.10　　　　　　D.30

75.桥梁上部结构装配式安装，构件在吊装时，混凝土强度一般不得低于设计强度的（　）。
A.80%　　　　　B.85%　　　　　C.90%　　　　　D.95%

76.桥梁下部结构施工时,超过( )m高钢筋模块加工,必须搭设稳固的操作平台并具有防坠落功能。
A.1.2 B.1.5 C.1.8 D.2

77.桥梁下部结构施工时,立柱翻转设施应对相关受力杆件进行( )试验。
A.刚度 B.韧性 C.强度 D.硬度

78.桥梁下部结构现场安装时,如遇( )及以上大风或大雨,不得进行吊装及高空作业。
A.四级 B.五级 C.六级 D.七级

79.关于爆破作业安全要求,错误的说法是( )。
A.经审批的爆破作业项目,爆破作业单位应于施工当天发布公告,并在作业地点张贴
B.爆破作业单位实施爆破项目前,应按规定办理审批手续,批准后方可实施爆破作业
C.从事爆破工作的爆破员应按照有关规定经专业机构培训,并取得相应的从业资格
D.爆破作业必须设警戒区和警戒人员

80.关于爆破作业安全要求的说法中,错误的是( )。
A.雷电、暴雨雪天不得实施爆破作业
B.强电场区爆破作业必须使用电雷管
C.遇能见度不超过100m的雾天等恶劣天气时不得露天爆破作业
D.水下电爆网路的主线和连接线应强度高、电阻小、防水、柔韧、绝缘

81.安全帽应在( )内使用,每年应进行一次定期检查,发现异常现象不得佩戴。
A.使用期 B.预定期 C.有效期 D.计算期

82.下列公路水运工程属于一类工程的是( )。
A.特大桥 B.高速公路路基工程
C.一级公路 D.中隧道工程

83.一般区域施工现场围挡设置高度不应低于( )m。
A.1.8 B.2 C.2.2 D.2.5

84.各类建材物品每垛堆放的占地面积不宜大于( )m²。
A.30 B.50 C.80 D.100

85.生产加工场地、堆场场地应用0.1～0.15m厚的( )及以上混凝土。

A.C20 B.C25 C.C30 D.C35

86.施工工地应设置不少于（ ）个出入门。
A.1 B.2 C.3 D.4

87.隧道内空气温度不应高于（ ）℃。
A.28 B.30 C.32 D.35

88.管节预制方法的选择上，当管节数量多、连续性要求高时，宜选择（ ）预制工艺。
A.干坞法 B.工厂法 C.预制法 D.现浇法

89.管节预制方法的选择上，当管节数量较少、连续性要求不高时，宜选择（ ）预制。
A.干坞法 B.工厂法 C.预制法 D.现浇法

90.沉管隧道管节采用整体式管节时，宜根据现场条件及施工能力合理进行（ ）浇筑。
A.整体 B.二次匹配 C.一次性匹配 D.分段、分步

91.沉管隧道管节浮运作业的水文、气象限制条件应满足条件：管节浮运时水流速度不宜大于（ ）m/s。
A.0.5 B.1.0 C.1.5 D.2.0

92.潜水作业时，水面有超过（ ）级浪时，不得进行潜水作业。
A.1 B.2 C.3 D.4

93.夜间潜水作业时，除潜水工作船、潜水平台应有照明外，还应安装照明度较大的灯具，照在（ ）的水面上。
A.工作船 B.工作区域 C.潜水平台 D.潜水点

94.对于经常接触的物体表面，宜采用1%过氧化氢湿巾及消毒液或250mg/L含氯（溴）消毒液或（ ）二氧化氯消毒液，每天消毒两次。
A.100～250mg/L B.250～400mg/L
C.400～550mg/L D.550～700mg/L

95.酒精在常温常压下是一种易燃、易挥发的无色透明液体，其蒸汽与空气可以形成爆炸性混合物，当空气中的酒精含量达到（ ）以上，遇到火源会发生闪爆。
A.2.9% B.3.1% C.3.3% D.3.5%

96.使用过氧乙酸在进行室内熏蒸消毒时,人员应撤离现场,熏蒸结束室内通风( )后人员方可进入。
A.10分钟　　　B.15分钟　　　C.30分钟　　　D.60分钟

97.医疗废物包装袋的颜色一般为( )。
A.红色　　　B.黄色　　　C.蓝色　　　D.绿色

(二)多项选择题
1.影响边坡稳定的主要因素有( )。
A.坡度　　　B.土质　　　C.坡顶荷载
D.坡体含水量　　E.施工方法

2.基础施工的降排水(井点)工程的井口必须设置( )。
A.警示标志　　　B.水量标志　　　C.降水方法说明标志
D.牢固防护盖板或围栏　　E.排水方法说明标志

3.挡土墙的作用有( )。
A.维护土体边坡的稳定　　B.防止坡体的滑动　　C.集中排水渠功能
D.防止边坡的坍塌　　E.增加公路美观

4.根据《土层锚杆及土钉墙支护工程施工质量监理实施细则》锚杆的长度应符合( )的要求。
A.自由段不宜小于5m　　B.自由段不宜大于5m　　C.锚固段不宜小于4m
D.锚固段不宜大于4m　　E.总长应超过预估滑裂面1.5m

5.铲运机在运转中,不准进行( )等作业。
A.检查　　B.紧固　　C.保养　　D.润滑　　E.调速

6.操作夯土机必须满足下列( )要求。
A.必须设置防侧型漏电保护器,其额定动作电流不应大于15mA、动作时间应小于0.1S
B.负荷线应采用耐气候型橡胶护套铜芯软电缆
C.操作人员必须按规定穿戴绝缘用品,应有专人调整电缆,其长度不得大于50m,严禁电缆绑绕、扭结和被打夯机跨越
D.夯土机械扶手必须采取绝缘措施,机座必须两点接地、操作员必须身强体壮

7.电动打夯机应装有漏电保护装置,操作人员必须穿戴( )。
A.安全帽　　　B.绝缘手套　　　C.安全带
D.绝缘鞋　　　E.防护眼罩

8.推土机在坡道上应匀速行驶,严禁( )。
A.倒车下行 B.高速下坡 C.急拐弯
D.空挡滑行 E.减速停车

9.土石方机械种类较多,主要有( )等机种,这些机械各有一定的技术性能和合理的作业范围。
A.推土机 B.铲运机 C.装卸机
D.挖掘机 E.压路机

10.机械挖土时遇到( )情况时,应立即停止操作。
A.土体不稳定 B.发生暴雨或雷电 C.施工标记破坏
D.不能保证机械运行安全 E.生活垃圾

11.用于爆破石方的一切爆炸物在运输时( )。
A.应该包装捆扎 B.不必包装捆扎 C.不能散装
D.应要散装 E.不能改装

12.运输用于爆破石方的爆炸物时不能( )。
A.振动冲击 B.转倒 C.坠落
D.摩擦 E.平稳

13.使用电雷管爆炸石方时,应指定专人掌握电爆机,且必须等( )后才可通电点炮。
A.电线完全接妥 B.引线连接检查完毕 C.员工全部避入安全地带
D.领导到场检查 E.经上级主管部门审查同意

14.需要进行石方爆破作业时必须办理审批手续,且需要( )。
A.经上级主管部门审查同意
B.持说明使用爆破器材的地点、品名、数量、用途与四邻距离等文件和安全规程
C.向所在地县、市公安局申请《爆炸物品使用许可证》后方可进行
D.雨天才能操作
E.领导到场检查

15.手持式电动工具必须存放在( )的场所。
A.干燥 B.无有害气体或腐蚀性物质
C.不受振动、潮湿等影响 D.施工工作
E.潮湿且狭小的空间

16.圆盘锯及传动部位应安装下列( )防护装置。

A.分料 B.保护挡板 C.皮带轮
D.防护罩 E.隔离板

17.使用无齿锯时应注意（　　）。
A.锯片的切线方向严禁站人　　B.锯片无裂痕和变形
C.无齿锯应有防护罩　　D.不得在锯片侧面打磨物品
E.禁止反转

18.钢钎破冻土、坚硬土时，要求（　　）。
A.钎顶平整 B.钎子应直而无飞刺 C.锤头安装牢固
D.锤面平整 E.打锤人可以戴手套

19.千斤顶不允许在（　　）的情况下使用。
A.超载 B.超过行程范围 C.垂直
D.水平 E.几台同用

20.建筑工程施工中，混凝土搅拌机作业中不得（　　）。
A.加料 B.检修 C.调整
D.加油 E.加水

21.混凝土搅拌机在（　　）应将料斗提升到上止点，并用保险铁链锁住或采取有效措施固定。
A.工作时 B.工作结束时 C.料斗下检修时
D.场内移动时 E.远距离运输时

22.根据《铲运机安全操作规程》，铲运机下坡时（　　）。
A.应低速挡行驶 B.不得脱挡滑行 C.不得转弯
D.不得制动 E.不得在档位上滑行

23.在施工过程中，电动卷扬机的固定方法有（　　）。
A.固定拖拉绳 B.固定基础法 C.平衡重法
D.地锚法 E.平放在地面利用自重就可固定

24.翻斗车在（　　），严禁在车底下进行任何作业。
A.内燃机运转 B.斗内有载荷 C.卸料工矿
D.检修 E.停运工况

25.在施工过程中，钻机停钻时的注意事项为（　　）。
A.将钻头提出孔外，置于钻架上　　B.严禁将钻头停留孔内过久

C.应该将钻头放入孔底　　　　　　　D.钻头不能提出孔外
E.钻头应该置于井口

26.钢筋强化机械包括（　　）。
A.钢筋冷拉机　　　　B.钢筋冷拔机　　　　C.钢筋轧扭机
D.钢筋弯曲机　　　　E.钢筋切断机

27.根据《钢筋弯曲机操作规程》,钢筋弯曲机作业中,严禁（　　）。
A.更换轴芯　　　　　B.变换角度　　　　　C.调速
D.清扫　　　　　　　E.加水

28.预制构件安装时,施工所需的（　　）和上下梯道必须齐备。
A.脚手架　　　　　　B.作业平台　　　　　C.施工工具
D.防护栏杆　　　　　E.安全网

29.严禁在滑坡影响范围（　　）。
A.设置临时生产设施　　B.设置围挡　　　　　C.设置生活设施
D.堆放机具　　　　　E.停放机械

30.下列关于安全带使用,正确的要求有（　　）。
A.安全带除应定期检验外,使用前尚应进行检查
B.安全带的安全绳不得打结使用,安全绳上不得挂钩
C.安全带应低挂高用,并应扣牢在牢固的物体上
D.安全带的各部件不得随意更换或拆除
E.安全绳有效长度不应大于2m

31.下列关于高处作业,正确的安全要求有（　　）。
A.安全绳用作悬吊绳时应经现场负责人同意
B.安全绳应与悬吊绳共用连接器
C.新更换安全绳的规格及力学性能必须符合规定,并加设绳套
D.高处作业上下通道应根据现场情况选用钢斜梯、钢直梯、人行塔梯等
E.高处作业上下通道选用绳梯时高度不超过30m

32.使用的特种设备经过检查验收合格,（　　）设备有资质；易燃易爆易损等危险物品的吊装、拆除、储存、运输符合规定的要求。
A.安装　　　　　B.拆除　　　　　C.运输　　　　　D.维护

33.施工现场按规定安装视频、（　　）装置,出入口和主要道路做（　　）,道路畅通,有排水设施、排水通畅,有防止泥浆、污水、废水外流、堵塞下水（河）道的措施,施

工现场土方作业、裸露场地等有（ ），现场设置车辆（ ）、车辆不带泥上路，运料按当地规定遮盖，在噪声敏感区内采取降噪措施将噪声控制在限值以下；现场设置卫生间，施工作业现场禁止吸烟。
A.防扬尘措施　　　B.冲洗装置　　　C.硬化处理　　　D.环保监控

34.对于已埋设护筒未开钻或已成桩护筒尚未拔除的，应该注意的事项有（ ）。
A.在护筒内注水　　　B.在护筒内注泥浆　　　C.加设护筒顶盖
D.铺设安全网遮罩　　　E.在护筒边加设安全警示标识

35.人工挖扩桩孔的作业现场应配有害气体检测器，发现（ ）必须采取防范措施。
A.有害气体　　　B.沼气　　　C.水蒸气
D.有毒气体　　　E.空气

36.处于以下（ ）环境应停止爆破作业。
A.雷电、暴雨雪来临时　　　B.有雾天气，能见度不超过100m时
C.风力超过六级，浪高大于1.0m　　　D.水文环境较良好时
E.台风距工地2000km，移动速度15km/h

37.在进行密闭排水沟疏通中，容易发生硫化氢中毒，作业时必须做到（ ）。
A.先通风排气
B.操作时，戴防毒面具，身上缚以救生带
C.有人在危险区外监护并准备好救护设施
D.如果有人中毒晕倒，在确保安全防护的情况下救援
E.专业医护人员全程参与

38.水下安装大型构件应符合以下（ ）规定。
A.构件入水后，应服从起重指挥员的指挥
B.构件入水后，应服从潜水人员的指挥
C.指挥信号不明，不得移船或动钩
D.构件的升降、回转速度应缓慢，不得砸、碰水下构件或船舶锚缆
E.水下构件吊装完毕，应待潜水员解开吊具、避至安全水域、发出指令后方可起吊钩或移船

39.远程沉箱拖带，拖航沿线，应无（ ）等航行障碍。
A.洋流　　　B.暗礁　　　C.浅点
D.水产养殖区　　　E.渔网点

40.大模板安装安全技术交底的内容包括模板支撑工程的（ ）等，并保留记录。
A.工艺　　　B.工序　　　C.作业要点

D.搭设时间　　　　　　　　E.搭设安全技术要求

41.铺排船作业必须遵守以下安全作业要求（　　）。
A.锚泊时，铺排的滑板应根据水文气象条件放至适宜的位置
B.设有滑板的侧舷严禁靠泊船舶
C.排体下放过程中作业人员应站在滑板上
D.拖航时，滑板应拉起并与船体锁定
E.拖航时，滑板应放入水中

42.船闸基槽开挖检验内容主要是（　　）。
A.设计标高　　　　B.地质情况　　　　C.帷幕灌浆
D.固液灌浆　　　　E.开挖过程

43.在船闸地基处理时，对于岩基的帷幕灌浆的检验内容主要有（　　）。
A.洗孔　　　　　　B.压水　　　　　　C.孔数
D.吸水率　　　　　E.孔深

44.泥驳船长应结合（　　）等情况制定相应的安全技术措施，组织全体船员进行安全技术交底。
A.物料伙食　　　　B.施工工况　　　　C.水域环境
D.通航密度　　　　E.当地气象

45.防止水下触电的措施有（　　）。
A.施工前对作业人员进行用电安全教育　　B.作业人员戴绝缘手套
C.对水下设备进行绝缘性检查　　　　　　D.作业人员戴护目镜
E.水下作业接牢地线

46.在航行中，自航泥驳必须（　　）等的安全工作。
A.注意接收气象预报　　　　　B.打开水密舱盖通风
C.掌握有关航段的天气海况　　D.做好海上防台、防强风和雾航
E.使用无线电示位标定位

47.潜水作业区域和作业船舶，必须在明显处设（　　），任何无关船舶严禁进入潜水作业区域。
A.信号灯　　　　　B.信号旗　　　　　C.宣传标语
D.企业标志　　　　E.醒目标志

48.施工船舶必须严格遵守（　　）。
A.操作规程　　　　B.船舶航行避让规则　　　　C.技术交底的规定

D.调度指令　　　　　　　E.职代会决议

49.水上作业人员工作前或工作时间中不准饮酒,作业区域内(　　)。
A.严禁游泳　　　　　B.跳水捞取失物　　　　C.吸烟
D.拍照　　　　　　　E.喧哗

50.带解缆和冲洗甲板人员必须规范(　　),严禁穿拖鞋作业。
A.戴安全带　　　　　B.戴防护眼镜　　　　　C.穿着救生衣
D.戴安全帽　　　　　E.穿着短裤

51.根据水运工程的特点,施工组织设计中一般应编制以下安全技术保证措施(　　)。
A.水上水下作业安全技术保证措施　　B.工程船舶作业安全技术保证措施
C.场内车辆作业安全技术保证措施　　D.季节性施工作业安全技术保证措施
E.钢筋机械作业安全技术保证措施

52.水运工程施工组织设计中安全管理和保证措施一般应包括以下内容(　　)。
A.项目安全管理体系　　B.专项施工方案　　　　C.项目安全管理目标与指标
D.劳动力计划　　　　　E.安全技术保证措施

53.绞吸挖泥船进入施工区就位时的安全操作要求是(　　)。
A.待船停稳,开始下放钢桩
B.船有一定速度时,下放两根钢桩
C.船有一定速度时,先放桥架,再下钢桩
D.如有水流,先抛横移锚再下钢桩
E.如有水流,可先放桥架,船舶停稳后再下钢桩

54.凡是抛石作业的船舶应配备相应的救生设备,包括(　　)。
A.救生衣　　　　　　B.救生圈　　　　　　　C.救生筏
D.游泳衣　　　　　　E.安全带

55.沉箱浮运拖带前的准备工作有(　　)。
A.必要的技术准备工作　　　　　B.拖带、辅助船舶及设备的准备
C.拖带航线、航速的确定　　　　D.水文气象条件的调查
E.发布航海通告

56.沉箱预制吊运钢筋骨架、钢筋前检查所有(　　)等是否安全可靠,否则禁止使用。
A.吊点　　　　　　　B.钢卷尺　　　　　　　C.钢丝绳
D.卡环　　　　　　　E.铁丝

57.在沉箱横、纵移及溜放过程中,指挥人员必须注意平台、( )各部位操作人员的安全,卷扬机操作人员必须听从指挥。
   A.横移车   B.大平车   C.纵移车
   D.斜架车   E.泵车

58.在抛石坝施工过程中,应随时对( )进行检查。
   A.坝位   B.坝身   C.水深
   D.边坡   E.水质

59.对于高桩码头桩基施工,在沉桩之前,应进行的检验工作有( )。
   A.选择打桩船   B.确定沉桩方式   C.校核各桩是否相碰
   D.检查沉桩区有无障碍 E.检查沉桩区泥面标高和水深是否符合沉桩要求

60.当采用浮运拖带法进行沉箱的海上浮运时,拖带前应进行沉箱( )的验算。
   A.吃水   B.外墙强度   C.压载
   D.浮游稳定   E.局部强度

61.装配式工艺预制可以检查钢筋( )等机械的使用是否满足安全管理要求。
   A.调直   B.连接   C.切断   D.弯曲   E.冷拉

62.BIM施工及管理可以实现( )的4D施工管理。
   A.动态   B.集成   C.可视化   D.验证   E.重复

63.BIM技术的应用可以达到( )等作用。
   A.空间冲突检查   B.施工方案具体化   C.施工预算透明化
   D.安全区域识别   E.施工场地布置合理

64.爆破作业施工公告内容应包括工程名称、建设单位、设计施工单位和( )。
   A.安全监督单位   B.安全评估单位   C.安全监理单位
   D.班组长及联系方式 E.爆破作业时限

65.高填方路堤施工应符合( )。
   A.路堤预留宽度应符合设计要求   B.应及时施作边坡临时排水设施
   C.作业区边缘应设置明显的警示标志 D.应进行位移监测
   E.应进行不平整度检测

66.安全帽应有( )等永久性标志。
   A.制造厂名称、商标、型号   B.制造日期
   C.生产合格证和检验证明   D.生产许可证编号

E. "LA" 安全标志

67.下列关于安全带的说法,正确的有( )。
A.2m以上的悬空作业,必须使用安全带
B.应可靠地挂在牢固的地
C.高挂低用
D.应防止摆动
E.避免明火和尖锐边角

68.施工现场、加工区和生活区的道路及场地应做硬化处理,并应符合下列要求( )。
A.应事先进行现场平面布置的总体设计,确定各区域的边界和相对平面标高及排水设施
B.施工人员通道应用0.05～0.1m厚的C20混凝土硬化
C.生产加工场地应用0.15m厚的C30及以上混凝土硬化
D.办公生活区场地应用0.15m厚的C25混凝土硬化
E.车辆通行道路以外的其他场地可以采用铺砖等其他硬化方式处理

69.施工运输应根据隧道( ),选择运输方式、运输设备及其配套设施。
A.直径 B.长度 C.纵坡
D.盾构类型 E.掘进速度

70.沉管隧道的管节结构预制施工控制的主要参数应该包括:( )。
A.管节混凝土等级 B.混凝土抗冻性能 C.抗渗标号
D.管节钢筋强度 E.混凝土和易性

71.沉管隧道管节注水前,应校核管节( )。
A.重量 B.注水的水容重 C.管节的干舷高度
D.起浮水位 E.水深

72.水下起吊作业时,在打捞沉船、钢结构、圆筒等物件时,严禁潜水员在( )内穿行。
A.工作船 B.沉船 C.钢架 D.圆筒 E.落水点

73.集中隔离医学观察场所应当( )。
A.相对独立,与人口密集居住与活动区域保持一定防护距离
B.具备通风条件,能够为集中隔离医学观察对象提供独立房间和独立卫生间
C.最好具有独立化粪池
D.最好设置在医疗机构中

365

(三）判断题

1.预制构件安装时，要根据吊装构件的大小、重量和外形选择适宜的吊装方法和机具，不准超负荷。（　）
　　A.正确　　　　　　B.错误

2.施工单位的发电机电源应与外电线路电源连锁，可以并列运行。（　）
　　A.正确　　　　　　B.错误

3.安全带的安全绳不得打结使用，安全绳上不得挂钩。（　）
　　A.正确　　　　　　B.错误

4.爆破作业单位实施爆破项目前，应按规定办理审批手续，批准后方可实施爆破作业。（　）
　　A.正确　　　　　　B.错误

5.滑坡的防治，要贯彻"以防为主，整治为辅"的原则。（　）
　　A.正确　　　　　　B.错误

6.密闭空间内实施焊接及切割，气瓶及焊接电源应置于密闭空间外。（　）
　　A.正确　　　　　　B.错误

7.高处作业高度在15～30m（包括30m），为四级高处作业。（　）
　　A.正确　　　　　　B.错误

8.冰雪融化期不得开挖滑坡体，雨后不得立即施工，夜间不得施工。（　）
　　A.正确　　　　　　B.错误

9.遇有指挥讯号系统失灵时，必须停止吊装作业，并应采取相应的应急避险措施。（　）
　　A.正确　　　　　　B.错误

10.拌和及起重设备应设置防倾覆和防雷设施。（　）
　　A.正确　　　　　　B.错误

11.模板、支架的拆除应遵循先拆承重模板、后拆非承重模板、自上面下、分层分段拆除的顺序和原则。（　）
　　A.正确　　　　　　B.错误

12.脚手架拆除必须严格执行专项施工方案，拆除作业必须由上而下逐层进行，严

禁上下同时作业。连墙件必须随脚手架逐层拆除,严禁提前拆除。(　)
　　A.正确　　　　B.错误

13.海拔4000m及以上地区野外作业每天不宜超过8h。(　)
　　A.正确　　　　B.错误

14.水深不小于15m的围堰工程的专项施工方案应组织专家论证、审查。(　)
　　A.正确　　　　B.错误

15.吊篮作业应使用由专业厂家制作的定型产品,不得自行制作吊篮。(　)
　　A.正确　　　　B.错误

16.挂篮现场组拼后应检查验收,并应按最大施工组合荷载的1.1倍做荷载试验。(　)
　　A.正确　　　　B.错误

17.机械操作人员离开使用的机械时,应做到切断电源、锁好箱门。(　)
　　A.正确　　　　B.错误

18.平地机下坡时严禁空挡滑行,行驶时必须将刮刀和齿耙升到最高位置。(　)
　　A.正确　　　　B.错误

19.铲运机在陡坡上严禁转弯、倒车和停车。(　)
　　A.正确　　　　B.错误

20.推土机严禁高速下坡、急拐弯、空挡滑行。(　)
　　A.正确　　　　B.错误

21.挖掘机作业时,必须待机身停稳后再挖土。(　)
　　A.正确　　　　B.错误

22.使用插入式混凝土振动器操作时拉振动棒软管拖拉电动机属于违章。(　)
　　A.正确　　　　B.错误

23.现浇混凝土挡土墙,泵送混凝土时,宜设2人以上人员牵引布料杆。(　)
　　A.正确　　　　B.错误

24.机械操作设备人员只要身体健康、能够独立操作机械设备,即可上岗。(　)
　　A.正确　　　　B.错误

25.混凝土输送泵严禁在泵送时拆卸管道。（　　）
    A.正确　　　　　　　　B.错误

26.室外使用的电焊机应设有防水、防晒、防砸的机棚，并备有消防用品。（　　）
    A.正确　　　　　　　　B.错误

27.打夯机必须使用单向开关，禁止使用倒顺开关。（　　）
    A.正确　　　　　　　　B.错误

28.洒布机作业时应设专人指挥，作业人员不得在沥青洒布机下风向。（　　）
    A.正确　　　　　　　　B.错误

29.使用机械挖土前，要先发出信号。挖土时在挖土机挺杆旋动范围内不许进行其他工作。（　　）
    A.正确　　　　　　　　B.错误

30.施工单位项目负责人原则上可以在多个工程项目任职，只要征得建设单位书面同意。（　　）
    A.正确　　　　　　　　B.错误

31.总承包单位和专业分包单位依法进行劳务分包的，专业分包单位应当对劳务作业进行管理。（　　）
    A.正确　　　　　　　　B.错误

32.专项施工方案应当根据设计处理措施、专项设计和工程实际情况编制，并经施工单位技术负责人和总监理工程师签字后实施，不得随意变更。（　　）
    A.正确　　　　　　　　B.错误

33.建筑起重机械安装完成后，施工单位应当委托具有相应资质的检测检验机构进行检验，经检验合格，并经施工单位验收合格后方可使用。（　　）
    A.正确　　　　　　　　B.错误

34.对管线位置、走向、埋深、检查等与管线产权单位取得联系，管线详细参数需调查、标注清楚，做好检测保护；对建筑物、构筑物，核实其修建时间、基础形式的现状等情况做好相应记录，进行影像资料的收集，制定保护措施。（　　）
    A.正确　　　　　　　　B.错误

35.工地有防噪声、粉尘、防废气、废水排放、防光污染等环保措施，按设计措施进行古树名木或文物保护，夜间施工办理许可证，现场不准焚烧有毒、有害、恶臭的物

质或其他废弃物,建立其他施工不扰民措施;工程竣工后在规定时间内拆除临时设施,恢复道路。( )

A.正确　　　　B.错误

36.满堂式脚手架架体四周与中间按规范要求设置竖向剪刀撑或专用斜杆,按规范要求设置水平剪刀撑或专用水平斜杆,架体高宽比超过规范要求时采取与结构拉结或其他可靠的稳定措施。( )

A.正确　　　　B.错误

37.施工现场低压配电系统采用TN～S接零保护系统,专用保护零线设置(含引出位置、材质、规格、颜色标识等)符合要求,不得线上装设开关、熔断器、与工作零线混接;工作接地或重复接地(设置、安装、材料、接地电阻)符合要求,电气设备接保护零线,接零保护符合要求,突出设施防雷措施符合规范(或设计)要求。( )

A.正确　　　　B.错误

38.Ⅰ类手持电动工具采取保护接零或设置漏电保护器,使用Ⅰ类手持电动工具按规定穿戴绝缘用品,使用手持电动工具视需要可以接长电源线。( )

A.正确　　　　B.错误

39.挖扩桩孔的机钻成孔作业完成后,人工清孔、验孔前要先放安全防护笼。( )

A.正确　　　　B.错误

40.桩机作业时,操作人员应距桩锤中心5m以外监视。( )

A.正确　　　　B.错误

41.人工挖孔桩每日开工前,必须检测井下的有毒气体,并应有足够的安全防护措施。( )

A.正确　　　　B.错误

42.地面上的任何人严禁向桩孔内投扔任何物料。( )

A.正确　　　　B.错误

43.工人在人工挖孔桩下面取水样时,下井前应点火试验方可下井作业。( )

A.正确　　　　B.错误

44.当采用轨道平车运输预制构件时,速度要缓慢,速度不宜超过5km/h。( )

A.正确　　　　B.错误

45.在整体浇捣混凝土过程中应有钢筋工现场配合,及时纠正和修理移动位置的钢

筋。（ ）
    A.正确　　　　　B.错误

46.弯曲时，钢筋放置方向和挡轴、工作盘旋转方向一致，不得放反。在变换工作盘旋转方向时，倒顺开关必须按照指示牌上"正（倒）转、停、倒（正）转"的步骤进行操作，不得直接从"正、倒"或"倒、正"扳动开关，而不在"停"位上停留。（ ）
    A.正确　　　　　B.错误

47.雷管和炸药放在同一船内或车内运输是可以的。（ ）
    A.正确　　　　　B.错误

48.爆破法挖冻土，遇有瞎炮，应在原炮眼内重装炸药。（ ）
    A.正确　　　　　B.错误

49.往爆炸石方的炮眼内捣填炸药时，严禁使用铁器。所用引线要加以检查。（ ）
    A.正确　　　　　B.错误

50.使用电雷管爆炸石方时，连接雷管和引线要用特制的钳铗挟紧，严禁用牙齿咬紧和用力敲压。（ ）
    A.正确　　　　　B.错误

51.喷射混凝土作业应分段、分片由上而下顺序进行，每段长度不宜超过6米。（ ）
    A.正确　　　　　B.错误

52.通风排毒的方法有局部排风和全面通风换气两种。其中局部排风效果更好，最为常用。（ ）
    A.正确　　　　　B.错误

53.预制构件吊运时应使各吊点均匀受力，吊绳与构件水平面夹角可小于45°。（ ）
    A.正确　　　　　B.错误

54.拆除工程施工过程中，当发生重大险情或生产安全事故时，应及时排除险情、组织抢救，并应保护事故现场，向项目负责人报告。（ ）
    A.正确　　　　　B.错误

55.重力式码头基槽挖泥至设计标高后，即可进行基床抛石。（ ）
    A.正确　　　　　B.错误

56.在混凝土和钢筋混凝土船闸中，沿闸室长度方向应设置伸缩、沉降缝，伸缩、

沉降缝一般做成垂直贯通的永久缝。（ ）

A.正确　　　　　B.错误

57.船上（或支架平台上）制造完成的浮式沉井，下水时宜在水面波浪较小时进行，有船只驶过时，应暂缓入水。（ ）

A.正确　　　　　B.错误

58.打桩船、起重船施工前应了解作业区域的水深、流速、河床地质等有关情况行驶、抛锚、定位做好安全准备工作。（ ）

A.正确　　　　　B.错误

59.严禁船员在船上工作期间饮酒，工作结束后，在船上休息期间可少量饮酒。（ ）

A.正确　　　　　B.错误

60.疏浚前测量时，疏浚区的测量范围应包括设计疏浚区及其边坡线外图上20m范围内的水深和地形。（ ）

A.正确　　　　　B.错误

61.吹填区土围埝施工时，应一次修筑到设计埝顶高程并夯实。（ ）

A.正确　　　　　B.错误

62.开体泥驳船必须依靠其他吹泥船、吸泥船或码头上的泥泵站等的抽吸或机械式的卸驳船，才能进行卸泥。（ ）

A.正确　　　　　B.错误

63.斜坡堤在软土地基的抛石时，当堤侧有块石压载层时，应先抛堤身，后抛压载层。（ ）

A.正确　　　　　B.错误

64.根据《防波堤与护岸施工规范》JTS 208—2020，斜坡堤堤心石抛填当采用陆上推进法时，堤根的浅水区可一次抛填到顶，堤身和堤头视水深、地基土的强度、波浪影响程度可一次或多次抛填到顶。（ ）

A.正确　　　　　B.错误

65.预制沉箱在高处进行钢筋绑扎时，钢筋脚手板安放的位置要正确、牢固，将工具放置在脚手板上。（ ）

A.正确　　　　　B.错误

66.预制沉箱模板吊装必须有专人指挥，指挥人员可以站在任何位置，按规定使用

统一信号进行指挥。（ ）

    A.正确   B.错误

67.沉箱拖运前应对参加作业的人员进行全面的安全技术交底。（ ）

    A.正确   B.错误

68.施工码头横梁临水、临边作业，可以不设任何安全防护设施。（ ）

    A.正确   B.错误

69.潜水作业必须持证上岗，无证人员严禁从事潜水作业。（ ）

    A.正确   B.错误

70.整治浅滩，就是消除浅滩，从而满足该河段设计的航深要求。（ ）

    A.正确   B.错误

71.水上沉桩施工前，应调查作业现场水域的水深及水下障碍物情况，以保证移船安全。（ ）

    A.正确   B.错误

72.BIM是一种熟知的用于信息交换、工作流和程序步骤的工具，可作为贯穿建筑全生命周期的可重复、可验证、可维持和明晰的信息环境。（ ）

    A.正确   B.错误

73.BIM模型的可视化是动态的，施工空间随工程进展会不断变化，它将影响到工人的施工安全。（ ）

    A.正确   B.错误

74.高处作业的分级，以级别、类别和种类作标记。一般高处作业作标记时，写明级别和种类。（ ）

    A.正确   B.错误

75.装配式施工工艺对于工程规模较小的项目，其施工机械成本和预制成本可以得到充分的摊销。（ ）

    A.正确   B.错误

76.装配式施工工艺的优点之一是有利于对工厂化生产的桥梁构件质量和精度的控制。（ ）

    A.正确   B.错误

77.爆破作业必须设警戒区和警戒人员,起爆前必须撤出人员并按规定发出声、光等警示信号。（　）
  A.正确　　　　　　B.错误

78.施工单位负责及时填写更新重大风险源告知内容,监理单位负责监督。（　）
  A.正确　　　　　　B.错误

79.在现场室内作业时可以不戴安全帽。（　）
  A.正确　　　　　　B.错误

80.施工单位应负责对绿色密目式安全网或开孔型绿色不透尘安全网布定期进行检查、清洗、维修和更换,重点区域应半年一次,确保其整洁、无破损。（　）
  A.正确　　　　　　B.错误

81.彩条布可以用作施工工程外立面围护或围挡。（　）
  A.正确　　　　　　B.错误

82.建筑垃圾、生活垃圾须分类堆放,并由专人管理,及时清运。（　）
  A.正确　　　　　　B.错误

83.无黏结预应力结构拆除前宜先将应切断的预应力筋放松或采取措施降低其应力,严禁直接切断预应力筋。（　）
  A.正确　　　　　　B.错误

84.管节预制应根据预制管节数量、可连续性要求选择干坞法或工厂法。当管节数量少、连续性要求不高时,宜选择工厂法预制工艺。（　）
  A.正确　　　　　　B.错误

85.沉管隧道管节浮运作业的水文、气象限制条件应综合考虑管节稳定性及缆绳受力性能、船机设备配置等因素,可结合物理模型试验或理论分析等手段进行确定,施工环境复杂时宜进行浮运演练验证施工工艺。（　）
  A.正确　　　　　　B.错误

86.水上作业应申请办理水上施工许可证,并应与公安、安监中心等管理部门及相关单位沟通协商。（　）
  A.正确　　　　　　B.错误

87.潜水员应按照有关规定经施工单位培训,并应取得相应的从业资格。（　）
  A.正确　　　　　　B.错误

88.潜水员穿越杂乱杆件档时,应当小心谨慎,不得穿越隔梁进入其他井孔。( )
 A.正确　　　　　　B.错误

89.在水库中潜水作业时,应派专人看守闸门点,在潜水员未出水之前,不得开启闸门。( )
 A.正确　　　　　　B.错误

90.医用酒精是良好的消毒剂,宜用于衣物、电器、地面、墙壁等表面的喷洒消毒。( )
 A.正确　　　　　　B.错误

91.为增强消毒效果,可以将含氯消毒剂(如84消毒液)与其他消毒或清洁产品混合使用。( )
 A.正确　　　　　　B.错误

92.不得在医疗机构中设置集中隔离医学观察场所。( )
 A.正确　　　　　　B.错误

(四)案例题

1.××项目部在码头胸墙混凝土浇筑作业中,一名混凝土工站在模板工作平台中部振捣混凝土。突然模板整体倒塌连同混凝土一起坠入海中,混凝土工亦同时落水,经抢救无效,溺水窒息死亡。进行事故调查时发现,该工程施工组织设计中无模板工程专项施工方案。问项目经理为什么未编制模板工程专项施工方案时,项目经理说,本工程与以往干过的工程类似,模板只比以往的大了一点,没有必要再让技术人员进行设计,凭经验不必再编制模板工程专项施工方案。

问(1):事故的主要原因是混凝土工不应站在模板工作平台中部进行混凝土振捣作业。( )
 A.正确　　　　　　B.错误

问(2):建设工程施工前,施工单位负责项目管理的技术人员应当对有关安全施工的技术要求向施工作业班组、作业人员作出详细口头说明,亦可不履行签认手续。( )
 A.正确　　　　　　B.错误

问(3):混凝土浇筑时的悬空作业,如无可靠的安全设施,必须系好安全带并( ),或架设安全网。
 A.戴好安全帽　　B.扣好保险钩　　C.穿好防滑鞋　　D.戴好手套

问(4):安全防护设施的验收,应具备施工组织设计及有关验算数据、安全防护设施验收记录、安全防护设施( )等资料。

A.变更记录　　　　B.变更验收　　　　C.变更签证　　　　D.变更记录及签证

2.××年××月×日,在××码头工地一艘起重船在安装码头纵梁过程中,因风浪较大,移船速度过快,悬吊在空中(距起重船甲板面约3m)的钢筋混凝土纵梁大幅度摇晃,吊钩防脱装置失效,导致悬吊在半空中的纵梁坠落,砸中船右舷边的孙×× 头部,当即死亡。

问(1):起重船吊装作业中,吊钩防脱装置失效,是导致这起事故的直接原因,也是本起事故的主要原因。(　)

A.正确　　　　　B.错误

问(2):水上吊装大型钢筋混凝构件,控制其摆动的控制绳,宜使用起重船上的绞缆机和缆绳。(　)

A.正确　　　　　B.错误

问(3):绞缆移船时,应缓慢操作,控制(　)。
A.缆机　　　　B.绳速　　　　C.锚缆　　　　D.船体

问(4):起重船吊装前,吊钩升降、吊臂仰俯、制动性能应良好,(　)应正常有效。
A.安全装置　　　B.吊点位置　　　C.司索指挥　　　D.构件起吊

3.2008年9月,××码头工地在进行混凝土灌注桩作业过程中,使用一条由2个钢丝绳夹交错(其中一个绳夹已有裂纹)连接的钢丝绳起吊料斗且两边没有采取防止滑动措施,由于钢丝绳夹突然断裂,料斗掉落下来,作业人员见状立即躲开,所幸未造成人员伤亡。请回答以下问题。

问(1):由于该项施工作业内容比较简单,在施工前可以不对作业人员进行安全技术交底。(　)

A.正确　　　　　B.错误

问(2):钢丝绳夹使用时,在钢丝绳上排列的方式应统一,U形螺栓应扣在钢丝绳的工作端。(　)

A.正确　　　　　B.错误

问(3):按规范要求,钢丝绳连接方式采用钢丝绳夹时,应根据钢丝绳直径选择钢丝绳夹的数量和规格,起码不得少于(　)个。
A.2　　　　B.3　　　　C.4　　　　D.5

问(4):吊装灌注作业前,应对钢丝绳及所有的夹座进行检查,有裂纹的夹座必须(　)。
A.维修　　　　B.保养　　　　C.修复　　　　D.报废

第四章 典型案例分析

4.1 公路工程生产安全事故案例

4.1.1 ××高速公路路基工程土方坍塌事故

（1）事故经过

2004年4月15日，××省××高速公路工程，在土方施工过程中发生一起挡土墙基槽边坡土方坍塌事故，造成5人死亡，2人受伤。

事故经过是：2004年3月2日××省××土建工程施工公司给非本单位职工王××等人开具前往建设单位××省××公司联系有关工程事宜的企业介绍信，并提供该单位有关资质证书（营业执照、建筑企业质量信誉等级证、建筑安全资格证等）。由王××等人持上述资料前往该建设单位，联系洽谈有关××高速公路××标段的路基挡土墙工程建设事宜。该土建工程施工公司又于当年3月3日和13日分别给建设单位开出承诺书及××高速公路××标段路基挡土墙施工组织设计。经建设单位审查后，确定由该公司承接××标段路基挡土墙开挖和砌筑任务。

2004年4月5日，建设单位给施工单位发函，通知其中标并要求施工单位于2004年4月6日进入现场施工。协同承揽工程并担任施工现场负责人的李××未将通知报告××施工公司，擅自在该通知上签名，并于4月5日以该单位的名义与建设单位草签了合同。4月6日李××再次以土建工程施工公司十一项目部的名义，向建设单位递交了开工报告和路基挡土墙土方开挖砌筑方案。4月6日建设单位回复同意施工方案。4月7日开始开挖，10日机械挖土基本完成。13日，王××、李××从非法劳务市场私自招募民工进行清槽作业，15日分配其中8人在基槽南侧修整边坡，并准备砌筑挡土墙。9时50分左右，基槽南侧边坡突然发生坍塌，将在此作业的7人埋在土下，在场的其他民工立即进行抢救工作。10时20分，当救出2人时，土方再次坍塌，抢救工作受阻，在闻讯赶来的百余名公安干警的协助下，至12时50分抢救工作结束，被埋的5人全部死亡。

（2）原因分析

1）技术方面

在基槽施工前没有编制基槽支护方案，在施工过程中未采取有效的基槽支护措施是此次事故的直接原因。在施工过程中既未按照规定比例进行放坡，也未采取有效的支护措施。在修理边坡过程中没有按照自上而下的顺序施工，而是在基础下部挖掏，是此次事故的技术原因之一，也是导致此次事故的直接原因。

未按规定对基槽沉降实施监测。在土方施工过程中，应在边坡上口确定观测点，对土方边坡的水平位移和垂直度进行定期观测。由于在施工中未对土方边坡进行观测，因此当土方发生位移时，不能及时掌握边坡变化，从而导致事故发生，是此次事故技术原因之一，也是此次事故的主要原因。

2）管理方面

现场生产指挥和技术负责人不具备相应资格，违法组织施工。该工程现场负责人王××、李××和技术负责人刘××未取得相应执业资格证书，不具备建筑施工专业技术资格，违法组织施工生产活动，违章指挥，导致此次事故发生，是事故发生的重要管理原因。

建设单位违反监理工作程序，未经过监理工程师审查，建设单位回复同意施工方案，监理工程师现场未检查、未及时发现安全隐患，是此次事故发生的另一个管理原因。

（3）专家点评

1）这是一起严重的安全生产责任事故。表面上看此次事故直接原因是土方施工过程中没有根据基槽周边的土质制定施工技术方案、进行放坡或者采取有效的基槽支护措施。但实质上无论是建设单位，还是施工单位或者是监理单位，其中的任何一方如果能够严格履行管理职责，都可以避免此次事故的发生。

2）建筑施工企业经营管理存在严重缺陷。《建筑法》第二十六条明确规定："承包建筑工程的单位应当持有依法取得的资质证书，并在其资质等级许可的业务范围内承揽工程，禁止建筑施工企业以任何形式允许其他单位或者个人使用本企业的资质证书、营业执照，以本企业的名义承揽工程"。该施工公司违反《建筑法》的规定，允许非本单位职工王××等人以单位名义承揽工程，同时，也未对其行使安全生产管理职能。如果该施工公司能够认真落实《建筑法》，严格执行企业经营管理的规章制度，拒绝提供企业施工资质，就可能终止王××等人的此次违法施工的行为。

3）建设单位未进行有效的监督。在王××组织施工生产过程中，无论是在对土方施工工艺，还是对劳动力安排，建设单位、监理单位未能按照有关规范对其进行有效监督。如果建设单位、监理单位对施工单位严格进行审查，对施工过程严格监督管理，就完全可以预防此次事故的发生。

4）此次事故在施工技术管理方面有明显漏洞。土方坍塌是一个渐变的过程，它是因土质密度较低，在受外力作用下产生切变线，由此土方发生位移导致坍塌。若在施工过程中按照技术规范在土方边坡设定观测点定期观测，将可以预先发现槽壁变形，及早采取措施，避免事故发生。

因此，该工程现场负责人王××等人对此次事故负有直接责任，应当依法追究其刑事责任，建设单位和施工单位也应负行政管理责任。

（4）预防对策

1）加强和规范建筑市场的招投标管理。建设工程的招投标应该严格依法进行，本着公开、公正、公平的原则，增加建设工程招投标过程的透明度，这样就可以减少其中的一些违法行为。

2）依法建立健全企业生产经营管理制度，加强企业生产经营管理。通过完善建筑施工企业资质管理等手段，强化企业自我保护意识，维护企业利益，充分保护作业人员的身体健康和生命安全。

3）加强土方施工的技术管理。土方工程应该根据工程特点，依照相关地质资料，经勘察和计算编制施工方案，制定土方边坡的支护措施，并确定土方边坡的观测点，定期进行边坡稳定性的观测记录和对监测结果进行分析，及时预报、提出建议和措施。

4.1.2 钢筋骨架倾覆事故

（1）事故经过

××年××月×日×时左右，××工程有限责任公司西过境公路二标段项目部一名值班人员进行值班巡查，20时30分后因风力增强，该值班人员回临时值班帐篷内避风。事故当时地面10m高度风速6.4m/s；21时30分，复杂风场环境引起西过境公路二标段右幅20号花瓶型实体式桥墩结构颤振（共振），加之该桥墩上部尚未浇筑的花瓶型钢筋骨架高达12.5m，重心偏高等因素，导致钢筋骨架产生颤振失稳，向东侧倾覆，连带脚手架全部倾覆散落。散落的钢筋构件将工地临时值班帐篷及在帐篷内避风的值班人员和另一名非施工人员埋压。事故发生后，现场人员立即采取抢救措施，将被埋压两人救出，并立即送往西宁市第二人民医院进行抢救，但因伤势过重，两人抢救无效死亡。

（2）原因分析

1）直接原因

事故现场位于北川河与天津路风场交汇处，据气象部门提供的数据，事故当时地面10m高度风速6.4m/s，在这种复杂风场条件下，风速极不稳定，忽大忽小，其频率与右幅20号桥墩钢筋骨架结构固有频率接近，产生震颤，加之钢筋骨架高达12.5m，呈花瓶状，重心偏高，导致钢筋骨架因颤振失稳倾覆，是事故直接原因。

2）间接原因

① 施工单位对特殊偶然情况下的安全生产防范措施考虑欠周密。施工单位对现场高12.5m钢筋骨架在特殊情况下的稳定性未充分考虑突发不利因素下的安全防护，混凝土的下一段施工没有及时跟上，导致事故发生。

② 二标段项目部作业队未按施工进度及时搬迁临时值班帐篷至安全距离外。

③ 二标段项目部作业队在河道、道路交接口复杂环境下的施工中，施工现场安全管理不到位，导致非施工人员进入作业区，造成非施工人员意外伤害。

④ 二标项目部安全监管不到位，安全隐患排查不全面。

（3）专家点评

这是一起对施工环境安全隐患认识不足，管理措施不到位的责任事故。

1）该公司西过境公路二标段项目部总工对复杂风场条件下施工，对风场导致的钢筋结构颤振（共振）认识不足，负有技术管理责任。

2）项目现场技术主管未能及时组织跟进稳固支护和混凝土的浇筑工作，负有技术管理责任。

3）施工队负责人对作业队未按施工进度及时搬迁临时值班帐篷至安全距离之外，负有现场管理责任。

4）项目安全主管对二标段项目部作业队在河道、道路交接口施工中受条件限制未在安全距离内封闭施工现场的情况下，导致非施工人员进入作业区，造成意外伤害负有管理责任。

5）项目经理、项目副经理，对20号桥墩作业区内的安全监管不到位，负有领导责任。

（4）预防对策

"1.15安全生产事故"是一起不该发生的事故，但血的教训摆在眼前，它警示我们任何施工生产都要在确保安全的情况下进行，因此要认真吸取此次事故教训，按照"四不放过"的原则妥善处置，并采取有效措施，避免类似事件再度发生。

1）对在建工程的安全生产进行全面整顿和隐患排查治理工作，对移动模架、挂篮施工、墩柱施工、临时用电等重大危险源，要制定相应的管理措施，确保安全。

2）进一步加强作业现场安全管理，履行安全职责，完善安全生产相关制度，健全机构，配足专职安全管理人员，做好事故的事前防范工作，督促本单位安全监管工作常抓不懈。

3）正确处理好安全、质量、进度的关系，严格按照施工组织设计要求，切实抓好施工工序衔接协调工作，及时跟进施工进度。

4）组织全体员工进行一次有针对性的安全培训教育，提高全体员工的安全意识。

5）对此次事故的原因进行认真剖析，认真总结，吸取这次事故血的教训，加强现场管理，完善安全技术交底工作，严防死守、把好安全生产关。

4.1.3 脚手架拆除的事故

（1）事故经过

2002年4月7日14时04分左右，总包单位的架子工张××、黎××、詹××、张××四人执行脚手架拆除任务，当K_4处的脚手架拆除基本结束，张××从K_4—K_5之间的次梁经25号双拼斜撑向K_5方向转移，拟拆除K_5处的脚手架，在距K_5尚有1m多远时，不慎从斜撑上坠落（标高67m），急送医院，抢救无效死亡。

（2）原因分析

1）作业人员在拆除脚手架时，虽然系了安全带，戴了安全帽，穿着防滑鞋等防护用品，但在转移行走时，安全带无处可挂，从次梁走过，失足坠落，是造成这次事故的直接原因。

2）在拆除墩顶67m高处脚手架时，未采取任何防范措施，是造成这次事故的主要原因。

3）总包单位对分包单位施工现场安全管理不严，监督不力也是造成事故的原因之一。

（3）专家点评

总包单位对分包单位审查不严，对分包单位的施工现场的安全管理不力，监督、检查不够，放任自流，是造成该事故的重要原因。分包单位在安全措施不力的情况下盲目蛮干，违章作业是造成事故的主要原因。这次事故教训是深刻的，是一起严重的由于防护措施不力，违章操作造成的恶性事故，要以这次事故为教训，加强安全常识教育，加强总包对分包的管理与协调，对特殊工程施工的安全措施要全面细致地制订和落实，真正把安全工作放在首位，科学组织、严密施工，确保安全无事故。

监理单位对分包单位安全措施审查不到位。

（4）预防对策

1）总包单位应切实对分包单位安全生产负责，要召集所属各工地和各外包队伍负责人会议，举一反三吸取事故教训，并重新对所有外包队伍的安全资格进行一次认真的审查。

2）对所属施工范围进行一次认真的安全、文明施工检查。

3）严格执行施工安全措施的要求，在墩台下方架设安全网以杜绝事故的重复发生。

4）总包单位要加强管理力度，认真审查和完善分包单位的各种有关手续，按建筑市场有关规定严格执行。

4.1.4 ××桥梁工程引桥支架坠落事故

（1）事故经过

××大桥在主体工程基本完成以后，开始进行南引桥下部板梁支架的拆除工作。1997年10月7日下午3时，该项目部领导安排部分作业人员去进行拆除作业。杨××（木工）被安排上支架拆除万能杆件，杨××在用割枪割断连接弦杆的钢筋后，就用左手往下推被割断的一根弦杆（弦杆长1.7m，重80kg），弦杆在下落的过程中，其上端的焊刺将杨××的左手套挂住（帆布手套），杨××被下坠的弦杆拉扯着从18m的高处坠落，头部着地，当即死亡。

（2）原因分析

1）技术方面

① 进行高处拆除作业前，没有编制支架拆除方案，也未对作业人员进行安全技术交底，加之人员少，就安排从未进行过拆除作业的木工冒险爬上支架进行拆除工作，是事故发生的重要原因。

② 作业人员杨××安全意识淡薄，对进行高处拆除作业的自我安全防护漠然置之，不系安全带就爬上支架，擅自用割枪割断连接钢筋后图省事用手往下推扔弦杆，被挂坠地是事故的直接原因。

2）管理方面

① 进行高处拆除作业，必须有人监护，但施工现场却无人进行检查和监护工作，对违章作业无人制止，是事故发生的重要原因。

② 施工现场安全管理混乱，"三违"现象严重，隐患得不到及时整改。

③ 对作业人员未进行培训和教育，不进行安全技术交底，盲目蛮干，管理失控。

④ 监理单位对高处拆除作业监督不力。

（3）专家点评

本次事故主要原因是个人严重违章操作，高处作业不系安全带，现场无人监护，冒险蛮干导致事故的发生。

本次事故属于责任事故。该项目忙于赶工期、抢进度，忽视了安全管理，既没有制定详细的拆除方案，也不对作业人员进行安全拆除技术交底和培训，对违章作业无人监督检查，现场管理失控。

1）项目负责人施工前不编制安全拆除方案，也不进行安全技术交底工作，负有管理失误的责任。

2）作业者杨××高处作业不系安全带，冒险蛮干，应负直接责任。

3）现场管理人员不进行检查监督，对违章作业不及时纠正和制止，应负管理责任。

(4)预防对策

1)施工前编制拆除方案,制定安全技术措施。

《安全生产法》有明确规定,对危险性大的、专业性强的作业都要预先编制安全技术措施和方案,分析施工中可能出现的问题,预先采取有效措施。

2)先培训后上岗

项目部应对高处拆除作业的人员进行相关知识的培训和教育后才能上岗。施工操作前,一定要进行安全技术交底,讲清危险源及安全注意事项。同时,在作业过程中,安全管理人员一定要进行现场监督检查,一旦发现不安全行为,要立即制止和纠正。

4.1.5 ××大桥工程"3.5"起重伤害事故

(1)事故经过

2008年3月5日下午,重庆××建设有限公司根据施工计划,安排起重工李××,带领辅助作业人员周×、王××、蔡××等人在QI匝道第四联系梁上利用租赁的QY16D型16t汽车起重机吊运钢筋,由司操作人员吴××操作汽车起重机。14时20分左右,吊运的第二捆钢筋即将转运到位时,起重机突然侧倾,迅速下落的吊臂,砸中正从箱梁斜坡道进入桥面作业的木工曹××头部,导致其死亡。

(2)原因分析

1)直接原因

①起重作业前,汽车起重机的支撑受力点未规范设置,导致受力不平衡。

②汽车起重机操作人员违章操作,超负荷吊运钢筋,造成起重机侧倾。

③木工曹××违章进入起重作业区域。

2)间接原因

①起重作业安全管理不到位。一是现场指挥不到位,没有及时发现和制止曹××违章进入起重作业现场的行为;二是司索人员无证上岗。

②作业人员安全教育不到位,企业从业人员三级安全教育制度未认真落实。

③总包单位和监理单位对起重吊装作业督促管理不到位也是事故发生的直接原因之一。

(3)专家点评

本次事故主要是由于流动式起重机械未规范支立、违章超荷载吊运、现场监管不到位、违章进入吊装范围等原因造成。

1)汽车起重机司机吴××,违章操作,超负荷吊运钢筋,导致起重机侧倾,对事故负有直接责任。

2)曹××,违章进入起吊作业区域,对事故负有直接责任,鉴于其已在事故中死亡,故免于责任追究。

3)现场起重指挥人员李××,未完全履行安全职责,没有及时发现和制止曹××违章进入起吊作业区域,对事故负有主要责任。

4)重庆××建设有限公司现场负责人潭××对起重作业安全管理不到位,负有管理责任。

5)总承包单位项目部未有效履行总包单位安全管理责任,对事故负有连带责任。

6）湖北××监理有限公司未有效履行现场监管，对事故负有监理不到位的责任。

7）重庆××建设有限公司对事故的发生负有安全管理不到位的管理责任。

（4）预防措施

1）重庆××建设有限公司及总包项目部等有关单位，要充分吸取"3.5"事故教训，严格按照法律法规要求，进一步强化安全生产责任制，加强安全生产工作领导，加强施工现场安全监管，加强施工人员安全教育。

2）要完善施工特种设备安全管理制度，严把起重设备及操作人员的准入关；要加强工程现有起重设备的清理，不符合安全条件的坚决予以清除，从源头上保证起重吊装作业安全。

3）要进一步落实危险性较大作业的专项施工方案，按规定逐级进行安全技术交底，既要加强作业人员安全教育，提高安全意识，又要坚持旁站监督，杜绝违章行为。

4）加强设备安全装置配置，并经常检查运行状况。起重吊装前，确保地基稳固，支撑得力，保证受力均匀。

5）起重指挥人员、司操作人员等应正确估算吊运目标重量，正确选用和使用起重设备，严格执行"十不吊"原则。

6）起重指挥人员应提醒作业人员注意安全、规范操作。施工项目应加强起重吊装现场监管，设立警示标志，并派专人监护。

4.1.6 模板拆卸事故

（1）事故经过

2006年××月×日，个体劳务作业队的杨××、易××进行××桥墩模板拆除作业，要拆除的模板共有4根槽钢，桥面南、北侧各两根，每根长2.8m。拆除过程中，在地面设置了安全警戒线，直接将拆除的扔至桥面下，当扔第三根槽钢时，邱××刚好违章跨越警戒线走至槽钢坠落处，被从桥面南侧8m高空坠落的槽钢砸中头部。事故发生后，项目部立即用车将伤者送往当地医院抢救，经抢救无效死亡。为防止事故扩大，项目部会同工程监理单位立即停止施工现场所有人员的作业，按规定将事故上报有关部门，配合当地公安、安监等部门开展事故调查，并成立了企业内部事故调查小组和善后处理小组，通知邱××亲属前来妥善处理善后事宜。

（2）原因分析

1）李××、易××未按施工安全技术交底进行作业，野蛮施工，直接将槽钢从桥面扔下，邱××作为带班及作业警界区域的安全监护人，无视安全纪律，随意进入警戒区域，导致槽钢打击邱××头部死亡，是发生这起事故的直接原因。

2）施工现场安全管理不严，监管不力，违章指挥、违章作业没有得到及时制止，是发生这起事故的间接原因。

（3）专家点评

1）总承包单位，对施工现场的安全监管、检查不到位，未能及时发现事故隐患并消除危险因素，对本起事故的发生负有主要责任。

2）项目经理，其作为工程项目部的安全生产第一责任，没有全面履行安全生产管理职责，对施工现场监管和员工安全教育落实不力，对本次事故的发生负有领导责任。

3）项目分管安全生产的副经理，作为项目的安全生产直接责任人，未能认真履行安全生产管理职责，对施工现场安全巡查监管不到位，未能及时发现并消除事故隐患，对本次事故的发生负有领导责任。

4）监理单位，其作为工程监理单位，没有全面落实监理责任，对施工现场安全巡查监管不到位，未能及时发现事故隐患并避免事故的发生，建议当地建委予以行业内通报批评。

5）总监理工程师，对施工现场安全巡查监督不到位，未能及时发现安全隐患并予以制止，进而避免事故发生。

6）分包单位，在本案中涉嫌违规将本单位印章提供给个体人员宋××用于承接劳务作业活动，建议将其违规行为情况移送当地安监局、建设局、监察局进行调查处理。

7）作业人员李××、易××听从带班人员的违章指挥，向桥下扔槽钢，属违章作业，对这起事故应负主要责任。

8）死者邱××，无视安全纪律，擅自指挥桥面作业人员将拆下的西槽钢直接扔至地面，属违章指挥；此外，死者邱××违反安全技术交底中明确规定的模板安装和拆除时，必须远离警界区，禁止上下同时交叉作业的规定，闯入危险作业区内，应负事故的次要责任。

（4）预防措施

1）项目部召开全体职工大会，以事故案例教育广大职工。

2）对施工现场实施隐患整改。

3）召开所有作业人员大会，以事故案例教育所有作业人员。

4）对所有的作业点进行重新安全技术交底。

5）加强现场监管力度，专职安全员加强对现场作业点的巡查，并做好巡查记录。主管技术员或工区长为作业工作点的安全生产监督员。

4.1.7 架桥机侧翻事故

（1）事故经过

××年×月×日，大桥9—8号跨的1号和2号T梁正在进行初装。梁体安装工作由项目部交由专业安装公司施工作业。

1号和2号T梁先后由预制场运到7—8号跨，经架桥机起吊临时放在盖梁的2号和3号支座位置上。其中在起吊1号T梁时，发现T梁向内侧倾斜，经现场处理，将1号T梁安全吊到盖梁2号梁位置上，校正并临时加固。2号T梁放在盖梁33梁位置校正加固（放在支座上不松吊带），然后进行吊装边梁横移就位的准备工作。

随后，将架桥机横移，穿好油缸吊绳（钢丝绳），开动泵站，起吊边梁，当T梁离开临时支垫的沙筒后，由现场协作人员徐××、李××、陈××将临时沙筒放在盖梁的1号梁位置上，平衡放置。然后，前台长张××指挥架桥（架桥机横移由杨××操作）整机横移至1号梁安装位置，后端指挥苏××指挥调好前后左右中心线，开动油泵，(油泵由江××操作)将T梁后端落在临时支座上，协作人员徐××、陈××、李××用30吨的螺旋千斤顶将T梁后端顶升、校正，并通知前端指挥张××可以进行前端就位工作。随后张××指挥泵站操作人员江××开动泵回收油缸，T梁前端刚好接触到永久支座上，在T梁下放过程中，T梁前端略向内倾斜。此时，后端电焊工刘××、前端指挥张××及协作人员陈××等发现T梁向内倾斜严重，见势不妙，叫大家快跑。因1号T梁向内倾斜严重，在短时间内发生侧弯，连带架桥机右导梁掉到地面，随之放在天车上的2号T梁也一并落到地面，导致架桥机、两榀T梁报废，地面设置的模板支架、钢管和沿未拆除完的塔吊均有不同程度的损坏。架桥队民工江××在8号左幅盖梁左侧观察支座中心线，在T梁倾斜时向左端躲避，与架桥机倾翻方向一致，因此同架桥机一起坠落，不幸身亡。

（2）原因分析

1）直接原因

后端指挥苏××作为现场起重指挥及工长，在T梁安装过程中，对梁体垂直度控制得不好，在清楚梁体安装前就存在侧弯的情况下，没有积极采取纠正预防措施，为追求梁体安装进度而盲目赶工，致使安装过程中因支座单侧受力，梁体上盆发生滑移而整体侧翻，是导致此次事故发生的直接原因。

2）间接原因

作业现场施工环境恶劣，过大的风力直接造成了施工作业中的不可控因素的增加，是导致此次事故发生的间接原因。

进行辅助作业的人员对梁体安装过程中出现侧弯可能导致梁体倾倒的危险性认识不足，在安装过程中对梁体垂直度变化情况观测不够仔细；且作业人员的安全应急技能明显不足，在梁体倾倒时采取了错误的避险动作也是导致此次事故发生的间接原因之一。

（3）专家点评

大桥施工作业场所处于两山之间的风口之中，特殊的自然环境，使得这起事故的发生有一定的偶然性，30m的特级高空起重吊装作业，风速对安全作业的影响是致命的。然而项目部在清楚这个重大安全隐患的同时，由于前期作业的顺利，并没有对其采取足够的控制措施，并且无意或故意忽略了高空作业时风力的递增因素，又使得这起事故具备了必然性。

对于这种大跨度的梁体来说，垂直度控制的好坏对梁体侧弯程度的影响很大，对于50m的T梁来说，自身的侧向刚度很小。根据现场反映的情况来看，在吊装过程中，该梁大约有2cm左右的侧弯，对于这种50m梁来说，应该算是控制得比较好的，不会对梁体的安装安全有什么影响。而且现场反映该梁在预制场吊装和桥面运输过程中都比较正，对于这种自身结构都不对称的边梁，在安装过程应该随时观察梁体的垂直度变位情况，特别是在开始就知道该梁有侧弯的情况下，安装时更应该注意。根据现场操作工人反映，当时后端数值体已先下放到位，梁体前端油缸还在继续回落，永久支座也部分受力，在前端数值体和永久支座的接触过程中。由于梁体的垂直度原因，导致梁底不水平，梁底内侧先接触支座，外侧空隙过大，导致支座单侧受力，上盆发生侧翻滑移，从而导致梁体倾倒。架桥机在倾倒梁体的拉动下失稳并发生倾覆，在架桥机的带动作用下导致2号梁发生倾倒坠落。

在此次事故中，作业人员对梁体的安装过程中出现侧弯可能导致梁体倾倒的危险性认识不足，也是导致该事故发生的一个重要因素。我们现在无法对当时在场人员的心理活动进行确认，但在梁体安装的过程中，几个负责观测的作业人员思想上出现了麻痹松懈,认为梁体有一点倾斜没什么,从而导致在安装过程中对梁体垂直度变化情况观察不够仔细,却是可以肯定的。

所以,此次事故是一起安全生产责任事故,其中:

① 苏××,派驻专业安装公司的工长,安全意识淡薄,安全工作不扎实,安全检查、措施落实不到位,对本次事故负有直接责任。

② 专业安装公司操作工杨××,安全知识匮乏,未经安全教育培训,无证上岗,违规作业,对本次事故负有重要责任。

③ 专业安装公司安装工江××,安全知识匮乏,自我保护意识差,不懂本岗位危险因素及防范措施,对本次事故负有重要责任。

④ 专业安装公司总工兼工程负责人,安全意识淡薄,安全管理不到位,吊装高危作业,未指定专管人员现场管理。重效益、轻安全的思想严重,对本次事故负有重要责任。

⑤ 项目部专职安全员,安全意识淡薄,安全管理不到位,项目施工中监督监察不力,对此次事故负有管理责任。

⑥ 项目部劳安部部长,对项目施工中的高危作业监管不力,对此次事故负有管理责任。

⑦ 专业安装公司经理,安全管理不到位,对此次事故负有领导责任。

(4)预防措施

1)项目施工前必须对施工中可能造成危害的因素进行辨识并制定相应的应对方法,对重大危险因素必须编制专项方案或制定专项措施。对这些危害因素及控制措施,必须及时进行发布。在安全技术交底时,一定要根据结合的施工工序或工艺进行,并确保所有作业人员都能清楚危险点和相应的应急避险措施。

2)安全生产工作重在持之以恒,项目开工进场直至完工都能坚持一个安全管理标准和力度,不能因为任何原因产生松懈和侥幸的思想。这个标准的实施贯彻,关键就在于安全管理人员的责任心及所有参建人员的安全管理信念。项目部应根据实际建立切实可行的安全生产责任制,将安全生产的责任分担到所有参建人员,并通过经常性的安全生产考核来督促其时刻履行自己的安全职责,而不能片面的将整个项目的安全生产责任加之于屈指可数的几位安全员。一个持续一年甚至数年的工程项目,仅仅依靠几个人的工作,是不可能很好的完成其各项安全生产目标指标的。

4.1.8 巨石挤压事故

(1)事故经过

2007年××月×日,石料场作业人员杜××等五人安排在料场内进行解石放炮作业,与此同时,爆破员代××、工人余××在采面山上准备放炮作业,当杜××等人点燃解石炮后即跑到料场中两块巨石下躲避。解石炮响后一分钟左右,采面山的代××等人所放炸药亦引爆并掀翻了一块重约百吨的巨石,巨石翻滚而下将料场中的两块石头压翻,致使躲避于此的杜××等四人被挤压致死,一人轻伤。

(2)原因分析

1)直接原因

石料场爆破员代××在进行爆破作业前,对爆破后的岩体状态估计不足,没有按要求安排对爆破作业可能危害区域进行清理、警戒,是导致此次事故发生的直接原因。

2）间接原因

项目部对该石料场的安全监管失控，在因石料质量造成施工进度滞后的情况下，忽视了安全生产，客观上造成了石料场的赶工出货，致使该石料场在没有取得《安全生产许可证》时相关人员也未经过安全生产考核和安全培训的情况下即开工作业，是导致此次事故的间接原因；而杜××等人未经过爆破专业和安全操作相关培训即上岗作业，缺乏相应的专业技能和安全意识，在明知山上开采面有爆破作业的情况下，仍然在料场中进行放炮解石作业，且错误选择避炮场所，也是此次事故的间接原因之一。

（3）专家点评

此次事故是一起安全生产责任事故。

这起事故的发生，有着极其浓厚的地域性色彩，施工单位在施工作业当中，受所在地各种人文、地域环境因素的制约。经事后了解，项目部在甲供石料不能满足施工质量要求的情况下，提出更换石料采集地点及最后确定以外包石料场的形式来确保项目部石材供应时，也明确表现了对石料场安全形势的担忧，而在当时的形势和环境下，若是不使用由当地人员承包的这个采石场，项目部的石料供给效率将大打折扣，项目部的施工生产进度也会受到严重影响。出于人员、成本、施工进度及外界压力等各方面的考虑，项目部在明知其安全生产的各项不足，包括生产资质、安全生产许可证及人员证书等各项缺陷时，最终选择了这个由当地村民来施工经营的石料供给场地。而项目部受前期施工进度滞后的影响，反过来又给石料场施加了采集进度压力，从客观上进一步的恶化了石料场的安全生产环境。

在此起事故中，项目部与该石料场应承担的安全责任分别是：

1）石料场负责人蒋××，在石料场未取得《安全生产许可证》，不具备安全生产资格时，即开山采石，且在明知杜××等人不具备爆破操作资格的情况下仍安排其从事爆破作业，对此次事故负有主要责任。

2）石料场爆破员代××，没有认真履行职责，作业中违反相关安全操作规程，对此次事故负有直接责任。

3）工程项目部，没有认真落实安全生产责任制，出于施工进度需要，客观上造成了石料场抢点赶工，对此次事故负有连带责任。

4）采石场杜××等无证违规作业、冒险避炮，鉴于已在事故中死亡，不予追究责任。

（4）预防措施

在建设施工领域，如同此次事故一样的情况，可以说是屡见不鲜，施工所在地的部分人员往往会要求项目部承接工程的部分施工任务，而施工单位出于各方面的考虑，往往会满足其要求。而这些承接施工任务的队伍其安全生产资质和技能多数情况下不能满足我们的管理要求。随着国家对施工总承包单位安全责任要求的加强，施工单位对安全管理的放松必将加大自身承担的安全风险，尽管这些放松有时是不得已的，但这种情况并不能减轻或免除自身的安全责任。

1）与外联单位的合作，必须要求其提供相应的施工资质证书和安全资格证书，尤其对涉及爆破等专业性非常强的作业程序时，必须提供满足施工要求的作业人员证书，做到人、证合一。所有证件均应由项目专职安全人员进行审核并留档；同时必须在合同关系上明确同其他业务合作关系。

2）对安全生产管理力量相对薄弱的作业队伍，项目部应委派专职安全员蹲守管理，或在安全管理协议书中，指定其现场负责人为兼职安全员，加大其安全生产责任，同时项目部应加大对其安全检查的密度和力度，对在检查中发现的各类安全隐患必须定人、定时间、定措施的进行整改，必要时应要求停工，整改完成后方可继续施工。

3）从最基层的作业人员开始抓起，组织分包班组长及作业人员进行安全学习和安全技能培训，加强分包人员的自我保护意识，提高其安全生产技能，从人的根源上杜绝安全生产事故的发生。

总之，此类情况实际上更加凸显了安全生产与施工效益、施工进度的矛盾，项目部只有加强自身的安全生产信念、真正贯彻"安全第一"的指导思想，认真解决安全与效益、进度的关系，才能有效地规避安全风险，实现企业的良性发展。

4.1.9 隧道坍塌事故

（1）事故经过

2008年10月7日近15时20分，任家山隧道K145+510～K145+540段发生塌方，当时有8名施工人员在K145+510～K145+515左半幅仰拱处进行模板安装施工，另K145+505处，有一辆白色卡车（工队的）通过，车上有3人，装载机司机一名。事故发生时司乘人员和6名施工人员均逃离现场，而2名施工人员失踪。

当日11点多开始进行K145+510～K145+515段仰拱的开挖，开挖时土质比较坚硬，初支钢拱架完好，未见下沉，只见拱脚有点潮湿。下午施工人员进行支模及仰拱坑底清理，测量放样，15时20分K145+510～K145+543段突然发生坍塌，塌方从隧道左侧K145+525开始，塌方时间约5～6秒，坍塌后，听到洞内有哗哗的流水声，塌方持续到10月9日上午。

事故发生后，现场施工负责人立即启动应急预案，一方面组织施工人员及机械设备抢救，另一方面逐级向有关部门及当地政府报告，同时向110及120当地警方和急救中心报警救援。当地柳林县委、县政府领导及当地警察、医务救援人员，陆续赶到现场参与抢险救援工作。

（2）原因分析

1）此次滑塌的土体含水量22%～24%，围岩均为湿险性黄土柱状节理，且节理发育明显。在无任何外力的作用下难以承受自身重量而突然坍塌。不良的地质原因造成围岩突然失稳坍塌是此次事故发生的直接原因。

2）9月份为连续的阴雨天气，雨量较大。10月7日上午10时至下午16时为小到中雨。连续的阴雨天气且雨量较大，雨水沿落水洞灌注洞内，造成黄土软化是此次事故的主要原因。

3）隧址区下伏采空区等不明地质原因。

（3）专家点评

此次事故是一起安全生产责任事故。项目部施工管理人员对黄土土质的认识不足，施工过程中监控量测不及时，安全措施不到位。

（4）预防措施

1）加强学习，进一步提高对黄土土质的认识。

2)以此次事故为鉴,吸取教训,避免类似事故再次发生。

3)本次坍塌处理应本着"封闭围岩、加固两端、锁定坍塌、防止坍塌进一步蔓延,要做到一次成型、不留后患"的指导方针,坍塌处理应遵循"安全第一,步步为营"的主导思想。

4)施工顺序为1号洞室开挖支护—2号洞室开挖支护—3号洞室开挖支护—4号洞室开挖支护—仰拱初期支护施工—仰拱填充。

5)在1号、2号洞室施工之前,二衬K145+489～+510段须施工,由于塌方土体有自然坡脚,二衬尽可能靠近+510处施工。

6)先施工1号洞室至K145+522,再施工2号洞室至K154+522,抢救出人员后,1号、2号暂停施工,再行施工3号、4号洞室施工,3号、4号洞室施工时步长控制在3米左右。1号、2号与3号、4号步长控制在3～5m。仰拱、二衬紧跟,及时封闭。该段围岩施工严格遵照"管超前、不爆破、短开挖、强支护、快封闭、勤量测"组织现场施工。

7)施工过程中加强监控量测,指导现场施工。如有异常,应当立即安排人员撤离,及时通知设计、监理、业主。

8)1号、3号预留核心土。施工时现场须设专职安全员。

9)施工过程中严格按专项方案及规范要求施工及施工规范施工。

10)进一步加强对施工人员的安全教育,提高施工人员安全防范意识。

4.1.10 山体滑坡事故

(1)事故经过

××年××月×日凌晨5时50分,××公司项目部位于项目营地背后的一处山体,在无任何预兆的情况下,突然发生滑塌,将建在此山体下红砖砌筑,墙厚24cm,屋顶起脊用石棉瓦搭建,南北朝向的8间施工人员临时宿舍东端的三间宿舍冲倒,住在该房间内的11名人员(其中家属2名)被滑塌的土体及倒塌的房屋掩埋。滑塌土体为新黄土,滑塌体高约12m,宽约10m,平均厚度约1.2m,滑塌的土体约140m^3,滑塌面较为光滑。

此次事故造成五死六伤。死亡人员中:施工人员三人,家属两人(均为女性,其中一人为四岁女孩)。

(2)原因分析

1)项目部职工宿舍建设选址受地形限制,且对周围地址情况不清、检查不到位,为事故的发生埋下隐患,是造成事故发生的主要原因。

2)当年秋季,事故发生地降雨充沛,加大了山体负重,也是造成这次事故的重要原因。

3)此次滑塌的土体含砂量为2.1%,含水量6.6%,塑性指数9.8%,为低液限粉土,山体滑落面较光滑,由经验推断此面为一隐性破裂面,今年9月至10月当地遭受五十年一遇的大雨,对土体的浸润也破坏了土体的稳定性,在无任何外力的作用下难以承受自身重量而自然滑塌,是造成此次事故的间接原因。

(3)专家点评

1)项目部工区负责人,作为工区的第一责任人,对职工房屋建筑的选址,负有领导责任。

2）项目部安全员，日常安全监管不到位，对民工房屋的选址修建没能提出是否可行的建议，富有监管责任。

3）项目部经理，作为项目主要负责人，负有领导责任。

（4）预防对策

1）加强学习，进一步提高对黄土土质的认识。

2）以此次事故为鉴，举一反三，进一步抓好安全生产工作中的薄弱环节，吸取教训，避免类似事故再次发生，确保生产安全。

3）建立隐患排查登记销号，健全安全监管体系。对全线所有工点的临时房屋进行一次拉网式排查，凡发现有类似情况者，立即整改，消除安全隐患。

4）对建在山坡下的临时房屋，采取以下措施：

① 有安全隐患的，立即拆除房屋搬迁至安全地带。

② 对山体高度20m以上的，放缓山体坡度，山体高度每高出5m修筑一平台，坡顶设排水天沟。房屋与坡脚间留一定距离，坡脚处采用浆砌片石防护。

③ 经常检查山体稳定情况，加大临时工程安全检查力度。

5）进一步加强对施工人员的安全教育，提高施工人员安全防范意识。

4.2 水运工程生产安全事故案例

4.2.1 起重工落水淹溺死亡

（1）事故经过

××年××月×日上午9时35分，××工程公司在××码头施工中，为吊运拆除的堆放在码头边缘的废弃混凝土梁，起重工段工段长安排起重工赵××和另外一名起重工李××，将废弃的混凝土梁用起重船吊放到方驳上。当进行第三块混凝土梁吊运时，赵××位于距离码头边约1.5m的地方，在吊件旁边给起重船吊钩挂扣。当起重船吊钩向上刚刚吊离底部时，位于吊件右侧的一块不规则的混凝土块（约200kg），被碰撞后快速滑向海里。赵××为躲避该混凝土块，在向后移动过程中被混凝土块挂了一下，和混凝土块同时落入海里。经抢救无效，溺水死亡。事后，在海上发现了自赵××身上脱落的救生衣，并发现赵××的腿部被混凝土撞伤。

（2）原因分析

这起案例中，起重工赵××未对作业现场周围环境进行认真检查，作业时选择站位不当且大钩负重后又未及时离开，并且没有按照规定穿好救生衣，是造成此次死亡事故的直接原因。

（3）专家点评

这是一起典型的由于操作者违反操作规程、安全意识淡薄及自我保护意识不强造成的人身伤害事故。在起重作业中，作业人员没有认真检查现场情况，以致在混凝土块滑动时躲闪不及，被挂到后落入海里。同时，赵××在临水作业时，没有系好救生衣的扣带，致使落水后救生衣在浮力作用下脱出，失去应有的保护作用。这些导致了这起死亡事故的发生。

在作业中李××如果和赵××之间能够互相监护，及时提醒赵××，也可能避免此次事故的发生。此次事故说明该公司在作业人员的安全意识、遵章守纪、安全技能培训教育方面存在问题。职工缺乏足够的安全意识、安全技能和自我保护、相互保护的意识。

（4）预防对策

1）水上作业必须穿好救生衣等个人防护用品。

2）作业前必须了解施工场地及其周围的环境情况。

3）加强对作业人员的安全教育，强化职工的自我保护意识和遵章守纪的自觉性。

4）加强现场安全的监督检查。

4.2.2 新入厂农民工落水淹溺死亡

（1）事故经过

××年××月×日上午，××公司××码头项目部，刚刚招进了一批农民工（共21人）。农民工到厂后，项目部安排全体农民工整理宿舍后休息，下午进行安全教育和安全技术交底。当日上午8时30分，该项目部接到通知，业主和监理将于下午到现场进行综合检查。现场调度赵××见码头上（已经铺装了梁板）有一堆木料需要清理，便派新到的农民工李××和另外几名农民工去清理。上午10时30分，在搬运木料的过程中，李××右肩扛着一块木方，为躲避对碰过来的手推车，在向右移动时，木方的后部碰到木料垛，李××站立不稳，在调整重心的过程中，没有注意到其右侧的码头面预留孔，自码头预留的安装孔（孔口尺寸为1.5m×1.5m）落入海里。经抢救无效，溺水身亡。

事故调查中发现，现场作业的所有新进厂的农民工，在工作中都没有戴安全帽、穿救生衣。

（2）原因分析

1）现场防护措施有缺陷，预留孔洞没有进行封盖或设置围栏。

2）新进厂农民工未经过安全教育和安全技术交底，也未告知作业场所中存在的危险，马上安排上岗作业，是导致事故发生的主要原因。

3）项目部安全管理人员对施工现场监督检查不力。

4）作业人员未使用个人防护用品（救生衣）。

（3）专家点评

1）《建设工程安全生产管理条例》第二十八条规定："施工单位应当在施工现场孔洞口设置明显的安全警示标志。"

此案中，该施工现场没有对存在危险的预留孔采取防护措施，并且未设置明显的安全警示标志。

2）《建设工程安全生产管理条例》第三十二条规定："施工单位应当向作业人员提供安全防护用具和安全防护服装，并书面告知危险岗位的操作规程和违章操作的危害。"

此案中，现场调度安排没有经过任何培训教育的农民工从事码头清理工作，同时未向作业人员提供个人防护用品，导致农民工落水死亡事故的发生，应当对事故承担主要责任。

3)《建设工程安全生产管理条例》第二十三条规定："专职安全生产管理人员负责对安全生产进行现场监督检查。发现安全事故隐患，应当及时向项目负责人和安全生产管理机构报告；对违章指挥、违章操作的，应当立即制止。"

此案中，该施工现场没有对存在危险的预留孔采取防护措施，并且未设置明显的安全警示标志。项目部安全生产管理人员对施工现场监督检查不力，对存在的安全事故隐患未采取任何措施。

（4）预防对策

1）坚持安全教育、安全技术交底制度。未经过安全教育和安全技术交底的人员不得安排其参加施工作业。

2）加强对施工现场监督检查。

3）落实施工现场安全防护措施。

4）及时向施工作业人员提供安全防护用具。

4.2.3 重进度轻安全导致工人失踪

（1）事故经过

××码头施工现场，工段长刘××正带领十几位民工进行混凝土浇筑，突然接到项目部值班室王××的对讲机通话，王××讲："根据天气预报介绍，今天下午天气将发生突变，将会有6～7级大风，并伴随有小雨，项目部通知你提前收工。"刘××接到通知后迅速和项目部副经理张××用对讲机联系，并说现在工期比较紧，能否浇筑完了再收工。张××说加快浇筑进度，争取赶在天气变化前把混凝土浇筑完毕，并且提醒刘××注意安全，没有明确要求提前收工。刘××认为现在工期很紧，如果拖下去对施工很不利，于是坚持在混凝土浇筑完毕后收工。下午5时40分，在乘坐交通船回项目部的途中，天气情况已经恶劣，由于风大浪高交通船失去控制，被冲上浅滩搁浅，在搁浅的瞬间，坐在船边的3人落水，经过紧急抢救，两人被救起，农民工陈××失踪（未穿救生衣）。

（2）原因分析

现场施工负责人工段长刘××，只考虑施工进度，没有执行项目部提前收工的指令，对施工过程中出现的安全隐患估计不足，在气象突变前，没有及时带领施工人员离开现场，是导致此次事故的直接原因。

（3）专家点评

这是一起因考虑施工进度而忽视安全生产、施工人员违章作业、冒险蛮干、安全措施不到位导致人员伤亡的责任事故。施工现场工段长刘××，只考虑施工进度，对施工过程中出现的安全隐患估计不足；项目部副经理张××对施工现场指挥含糊，没有明确要求施工人员及时返回项目部；农民工陈××安全自我保护意识淡薄，没有按照要求穿戴救生衣，乘坐位置不当，导致了此次死亡事故的发生。

这起事故说明了该企业管理人员和施工人员没有充分领会"安全第一、预防为主、综合治理"的安全生产方针，没有处理好安全与进度的关系，安全生产工作意识淡薄。

（4）预防对策

1）项目部应制定相应的安全管理制度，对影响安全生产的重大环节应制定应急预案和安全控制措施，必要时启动应急预案；

2）加强施工现场管理人员的安全教育，增强他们的安全管理知识和安全防范意识。在安排施工生产任务的同时，应充分考虑安全因素；

3）加强对施工现场进行安全监控和管理，杜绝违章作业、冒险作业等不安全行为。

4.2.4 违章操作导致维修工触电死亡事故

（1）事故经过

××码头施工现场，设备维修工李××利用午休的时间对混凝土搅拌站进行维修，并拉下了搅拌站专用电闸箱的闸刀。20分钟后，加工班班长吴××应项目部副经理的要求，在施工现场临时加工1个铁质护栏，吴××便带领电焊工周××来到施工现场，电焊工周××发现电闸箱的距离太远，电焊机的电源线长度不够，周××发现混凝土搅拌站的专用电闸箱在有效距离内，就问加工班班长吴××是否能够借混凝土搅拌站的电闸箱暂时用一下。吴××想了想，说："不要紧，反正现在是休息时间，没有人使用"。于是周××就将电源线接到混凝土搅拌站的电闸箱上，并将闸刀合上，导致正在搅拌站进行维修作业的维修工李××触电。发现情况后吴××、周××迅速将电闸拉下将李××脱离电源，发现李××有微弱呼吸，但心跳停止，吴××、周××二人都不会临时急救办法，又没有带通信工具，吴××便让周××跑回项目部打120急救电话，半小时后救护人员赶到，维修工李××经抢救无效死亡。

（2）原因分析

加工班班长吴××、电焊工周××二人违反"一机、一闸、一漏、一保护"制的施工用电操作规程，将电焊机电源线搭接到混凝土搅拌站专用电闸箱上，是导致此次事故的直接原因。

（3）专家点评

这是一起因施工人员违反安全操作规程，安全措施不到位导致人员触电死亡的责任事故。施工现场加工班班长吴××、电焊工周××二人违反"一机、一闸、一漏、一保护"制的施工用电管理制度，并且对搅拌站是否有人正在作业，不做任何调查，凭借主观判断，盲目合闸。设备维修工李××利用午休的时间对混凝土搅拌站进行维修，在电源闸刀处没有挂"检修施工、请勿合闸"的警示牌。对有可能发生的不安全行为估计不足，导致了这起事故的发生。

此次事故说明了该企业安全管理制度没有严格贯彻和落实，施工人员安全知识水平及素质不高，施工现场混乱，缺乏统一的管理。

（4）预防对策

1）严格执行施工现场用电安全管理制度，落实各工种安全操作规程，在实施的过程中加大贯彻落实力度，切忌走过场；

2）加强施工人员用电安全知识的教育，增强他们预防触电事故的安全技能和意识，在安排施工生产的同时，能充分考虑用电过程的不安全因素；

3）建立触电事故应急救援机制，在发生触电事故后能及时启动应急救援预案，采取有效的救援行动。

4.2.5 起重作业冒险蛮干导致起重工砸伤事故

（1）事故经过

××年××月×日，××港口码头施工现场，吊车驾驶员梁××和起重工谢××配合进行钢材吊装工作，前一天工地安全大检查，发现起重钢丝绳已经扭结变形，局部破损量超过规范要求，检查组开出隐患整改通知单，要求立即进行整改。起重班组负责人蒋××答应第二天组织插一批新的钢丝绳扣，将已破损的钢丝绳全部换掉。第二天，起重班组负责人蒋××因为临时接到其他工作任务，没有时间组织人员插新的钢丝绳扣，让起重工谢××暂时将旧钢丝绳先用一用，使用过程中控制起吊质量，小心使用，等明天有时间再说。在施工过程中，吊车驾驶员梁××和起重工谢××配合默契，严格控制起质量。到中午12时00分，钢材还有两钩未吊，此时已到中午吃饭的时间，现场负责吊运钢材的工段长督促起重工谢××说："快1点，该吃饭了。"起重工谢××犹豫了一下，将最后两钩并成一钩，当被吊钢材刚刚越过起重工谢××头顶时，钢丝绳崩断，部分钢材压在谢××身上，谢××多处发生骨折，严重受伤。

（2）原因分析

起重工谢××严重违反起重安全操作规程，为节约时间，带着侥幸的心理，成倍增加起重量，导致钢丝绳绷断，是造成此次事故的直接原因。

（3）专家点评

这是一起因施工人员违反安全操作规程、违章指挥、冒险作业导致人员伤亡的责任事故。起重工谢××严重违反起重安全操作规程，为节约时间，带着侥幸的心理，冒险作业，大幅度加大起重量，吊车司机梁××违反起重安全操作规程，将起吊物从他人头顶越过，现场负责吊运钢材的工段长，为抢时间吃饭，不顾施工安全、违章指挥，导致了这起事故的发生。

此次事故说明了该企业安全管理制度不落实，施工人员违章指挥、违章作业，施工现场管理混乱。

（4）预防对策

1）建立健全施工现场的各项安全管理规章制度，严格执行各项安全操作规程；

2）加强现场作业人员安全教育，尤其是特殊工种安全操作规程的教育，提高安全意识；

3）严格落实安全检查及隐患整改制度，对发现的隐患要及时进行整改，项目部安全管理人员应督促安全隐患整改的落实工作。

4.2.6 施工人员被钢丝绳缠绕、拉倒致死

（1）事故经过

××年××月×日，××码头工地在进行混凝土灌注桩灌注作业过程中，在没有采取任何防止钢丝绳向两边滑动措施的情况下，使用一条由钢丝绳卡（已有裂缝）连接的钢丝绳起吊料斗，由于钢丝绳卡突然断裂，料斗急速下坠，脱扣钢丝绳急速下落直接缠绕站在桩机纵向底座固定钢梁上作业的邹××脖子上，其头部被拉至料斗边缘，整个身体横在机台上。经过现场人员全力抢救，邹××被抬出，立即送往当地医院，因

抢救无效死亡。

（2）原因分析

1）技术方面

为使被吊物保持足够的稳定性，防止被吊物发生倾斜、翻倒或滑脱，其防范措施之一是要求单条钢丝绳不得直接横挂在吊钩上。同时当钢丝绳采用绳卡固接时，绳卡数量必须满足规程的要求，并且在作业中经常检查钢丝绳紧固情况及绳卡有无破损。

该工地直接使用单条钢丝绳横挂吊钩起吊物体，且钢丝绳采用绳卡固接时绳卡数量不足，其绳卡并已严重破损，因此，必然发生钢丝绳卡断裂固接处滑脱并致使料斗急速下坠。

2）管理方面

施工单位安全检查不到位，存在单条钢丝绳横挂吊钩起吊物体；且钢丝绳采用绳卡固接时。绳卡数量不满足规程的要求，且绳卡已经严重破损的明显隐患都没发现，可见该施工单位安全检查不到位，是造成该起事故的重要原因。

（3）专家点评

由于绳卡突然断裂，钢丝绳从固接处滑脱而急速下坠，致钢丝绳缠绕在作业人员的脖子上导致死亡，这种事故是比较少见的。而本次事故完全是由于指挥者麻痹大意，操作者违反安全操作规程及施工现场安全检查不到位等造成事故发生。

从本次事故可以看出该施工现场必须加强安全生产教育，严格执行安全操作规程，加强作业人员、指挥者、现场安全员等安全技术培训教育。

（4）预防对策

1）加强施工现场指挥人员对起重操作技术规程的学习，提高安全技术水平；

2）更换钢丝绳起吊，由原来的单条横挂吊钩改为两条钢丝绳挂钩，防止钢丝绳在吊钩上滑动，并采用符合数量要求且与钢丝绳直径相匹配的良好绳卡固接钢丝绳；

3）加大施工现场操作人员的自检力度，加强施工现场的安全检查，发现事故隐患立即整改。

4.2.7 焊工落水死亡事故案

（1）事故经过

××年××月×日××码头工地，焊工邓××在完成横梁模板安装和加固后，休息片刻，因模板内钢筋笼空间狭窄，便脱下救生衣放在钢筋笼顶，钻入钢筋笼内进行堵模板缝作业。将缝堵好后，从模板钢筋笼内爬出，在伸手拿救生衣时，突然坠海，周围作业人员发现后，立即搜救，却不见邓××，直至事故20日后才在事故现场发现邓××尸体。

（2）原因分析

1）技术方面

由于码头横梁施工场地窄小，又是临边、临水作业，是处在施工过程中极易发生落水事故的场合，因此这些场合不得缺少安全防护措施，作业人员必须在有足够的安全防护措施情况下方可作业，以防止发生坠落海里的事故。

该施工现场场地窄小，作业人员又存侥幸心理，在无任何防护措施的情况下，只要作业人员稍微疏忽大意，发生坠落海里的事故是必然的。

2）管理方面

该施工现场安全监督管理严重不到位，在制度的落实、措施的实施过程中存在严重的空当和漏洞，是造成该起事故的重要原因。

（3）专家点评

本次事故是一起安全防护措施不落实及作业人员违章作业引发的安全责任事故。在危险的临水、临边场合应设置安全防护设施，作业人员不得因客观原因进行违章作业。作业人员因钢筋笼狭窄脱掉救生衣，却没有采取其他安全防护措施（如系安全带），同时横梁临边、临水场地没有设置安全防护装置（如悬挂安全网、设置防护栏杆等）是此次事故的根源所在。危险性较大的临水、临边施工场地都极易发生坠落水里的事故，但是施工单位、现场作业人员对这些部位的危险性缺乏足够的认识，而作业人员由于安全意识不强，自我保护意识淡薄，导致该事故的发生。

（4）预防对策

1）码头前缘、横梁等临水、临边设置安全防护装置（如悬挂安全网、设置防护栏杆等）；

2）加强员工安全教育，增强员工安全意识和自我保护能力；

3）在作业施工现场，对危险部位要设置安全警示标志；

4）加大现场安全监督管理力度，落实各类人员安全责任。

4.2.8　新员工跨跳两船造成重伤事故

（1）事故经过

××年××月×日，外航道整治工程工地，×日当地海洋气象预报：白天东南风转东风，风力4～5级，浪高0.8～1.0m。项目部按常规安排施工，新员工周××与其他职工乘坐1号交通船从码头到整治工程三标段工地作业，出海后，风力不大，但涌浪约有1m多。1号交通船到达作业地点后，用船艏斜向顶靠2号插板船船头准备带缆停住让人上船。职工陆续安全上船，轮到周××上船时，周××利用1号交通船被涌浪抬高时机，双手抓住2号插板船防浪板上边缘。双脚站在1号交通船船艏，抬腿正要往2号插板船上迈时，交通船因浪大，在被浪抬升往前冲时，船艏突然撞击插板船，船艏不往上升反而下沉，周××顿时失去重心，致使其双腿悬空在插板船边，此时交通船受系缆拉力，随着第二个涌浪往前上升，很快向插板船荡去，周××还来不及闪避，悬空在插板船边的右小腿被交通船船艏撞击，造成其右胫骨中段粉碎性骨折的重伤事故。

（2）原因分析

1）技术方面

根据水上作业规定，5级风以内虽是允许施工的，但当地理环境和气象环境致使施工区域在风力4～5级时涌浪达到1m多，交通船是无法控制摇荡起伏的。作业人员在这样恶劣的环境条件上、下交通船必须采取有效的安全防范措施，否则发生事故是可能的。

2）管理方面

由于项目部对施工人员上、下交通船所存在的前瞻性认识不足，交通船停靠工程船的安全技术措施不完善,仅仅依靠职工在上、下交通船时看准风浪待交通船船头抬高时,抓住两船高差小的时机登离船来保证安全,因此,职工在上、下船时,动作稍有迟缓,必然会导致事故发生。

(3)专家点评

本次事故是一起由于对作业危险部位认识不足而没采取有效防范措施造成的事故。作业环境危险,仅仅依靠员工自身的熟练和经验来防止事故发生是不可取的。项目部应该充分认识到危险部位的危险性,提高危险源识别能力对职工安全教育,提高职工安全意识,进行安全技术交底,并采取相应有效的防范措施,避免事故重复发生。

(4)预防对策

1)项目部应加强对施工现场危险部位的认识力度,并制定相应的预防措施。

2)完善交通船停靠工作船时职工上、下船的各项安全防范措施,并增加设置安全警示标志。

3)加强环境监控,在现场风浪和涌浪比较大的不良环境情况下,及时给施工人员以安全提示或禁止上、下交通船。

4)加强对新员工的安全培训,提高自我保护意识。

4.2.9 "驳31船"驾长落水死亡事故

(1)事故经过

××年××月×日××防坡堤工地,"驳31"船执行抛石定位任务,约18时00时,何××在等待"抛2船"靠泊抛石期间回宿舍喝水,并将救生衣脱下。约19时30时,"抛2船"装载石料准备靠"驳31船"右舷抛石。当时海面实际的风力约5级,浪高1.5m左右。"抛2船"以约15°夹角慢速靠近"驳31船",两船艏部横距约5～8m时,"抛2船"水手把撇缆绳抛到"驳31船"石料舱内。驾长何××在船艄负责右锚机和全船指挥,何××见到撇缆绳抛进船舱,便从船首右舷石料舱围板外走到右舷艄第二个系缆柱边,在收拉撇缆绳的过程中,由于受扰风及涌浪的影响,"抛2船"的艏部左舷触碰"驳31船"的船艏右角,造成"驳31船"突然摇摆晃动,何××在两船相碰的瞬间身体站立不稳坠落在"抛2船"与"驳31船"之间的海里。"抛2船"船员看到何××落水,立即采取不同措施对其进行营救。"抛2船"船员看见何××掉进海里时两手仍然拉住撇缆绳,该船员试图将其拉上船,但撇缆绳被船边轮胎卡住,另外的船员抛救生圈,见他接到救生圈并套在头上后,想将他拉上来,但未成功。"驳31船"的船员因围板阻挡视线,未能及时把船移开。在营救何××的过程中,"抛2船"因受风及涌浪的作用,与"驳31船"先后三次靠拢又撞开。但当第三次撞开后,发现何××已不见,救生圈于数秒后浮出水面。何××从掉下水到沉没失踪时间大约1min。船员在海面上继续搜索均无结果。事隔16日之后,在事故发生地附近发现何××尸体。

(2)原因分析

1)技术方面

"驳31船"是经过改造后用于补抛的装石专用船,围板外舷边通道狭窄,只有1.1m宽的通道且相隔不远又有伸向舷边的围板斜支撑板;有三个高出甲板面40cm的舱口盖;有两座系缆柱,系缆柱内侧与1.35m高的围板间距仅20cm。在海上卸石时,其他船靠泊的作业机会很少，但改为定位驳用途后，其他船靠泊的机会频繁，船员在甲板舷边作业的次数要增加，危险因素也增加。"驳31船"改作定位船后，并没有制订相应的安全技术措施和进行施工安全技术交底。"抛2船"舷边没有护舷包根，厚40cm的轮胎碰垫被两船挤压后，厚度只剩20cm左右，加上"驳31船"有15cm的护舷包根，两船平行靠拢后，两船之间间隙只有40cm左右，使落水者有随时被挤压的危险。

2）管理方面

项目部未进行安全技术交底，员工安全意识淡薄，违章作业，且安全措施不到位，是造成该起事故的重要原因。

（3）专家点评

此起事故由于船舶本身存在不安全因素，船舶改装后，操作者的作业空间狭窄，造成操作困难，极其容易发生坠海事故。操作手何××安全意识淡薄，严重违反规定（作业时未穿好救生衣），造成事故的发生。从该起事故可以看出，施工单位船舶的改造必须经过安全论证，并征询船员的意见，采取切实有效的安全防范措施，设置安全保护装置。

（4）预防对策

1）加强对职工安全意识的教育和安全操作规程的学习，提高船员海上作业的自我保护意识。

2）船舶的新造或改装，必须进行安全论证，广泛听取安全人员和操作船员的意见，保证船员有足够的安全工作通道和防护设施。对改变船舶的使用用途也要经论证并制订相应安全措施方可实施。

3）原作装石驳用途的"驳31船"，如改作定位驳使用，必须割除阻碍船员操作的部分围板，并制订相应的安全技术措施。

4）重申船长是船舶的安全生产第一责任人，对有可能危及本船施工安全的违章指挥有权拒绝，并向上级反映。

5）定位船舶的艏、舯、艉部的两舷应安放直径不少于1m的浮式或固定橡胶碰垫。

6）加强对突发事件的应变能力和营救办法，制订船舶的应急预案，按规定进行定期演练。

4.2.10 厨房用火不慎，船舶火灾

（1）事故经过

××轮厨工在做饭时，开着炉火离开厨房来到餐厅，20分钟后，厨工感觉有异味从厨房冒出，厨工及闻讯赶来的船长等人急忙赶到厨房。发现厨房中的炉台、炉台上的油盒（盛有3kg食用油）、天棚上抽烟机的塑料叶轮等均已着火。厨工见状即关掉液化气灶的鼓风机和液化气瓶的开关。船长等人用CO_2灭火器灭火。由于厨房内烟火很大，已无法进入，因此灭火器灭火没有达到预期效果。后改用水灭火系统，配电箱因火短路致总闸跳闸，消防水泵无法工作。手抬式消防泵又无法启动，所以水灭火系统完全失去了作用。大家想让水手穿防火衣进入厨房用灭火器实施灭火，由于呼吸器无法使用，而未能进入厨房。这样，该船完全失去了自救能力。由于全船断电无法使用通信设备与外界取得联系，延误了外界救助的时间。后在其他过往船舶的救助下，在起火3小时之后，

终将大火扑灭。但是，整个船舶已被烧毁。

（2）原因分析

1）灶面上放有一盆食用油，该油盆距灶面太近；而且厨工在点着灶火的情况下擅自离开厨房。

2）救火工作组织不当。船舶起火后，该轮船长未能起到全船总指挥的作用，行动混乱，整个火灾过程中未能将船员按消防部署组织起来，致使整个施救过程处于盲目状态。

3）轮机部在灭火工作中组织不力，未能采取有效措施。配电箱中的电路发生短路，导致机舱供电总闸跳闸，切断了消防泵及其他通信设备的用电，因而消防泵未能运转，手抬式消防泵又不能启动，使船舶失去了主要的灭火手段，同时也切断了各种主要的对外联系方法，延误了请求外援的时间。

（3）专家点评

1）严格遵守船舶动火必须有人看管的规定。

2）加强易燃易爆物品的消防管理。

3）严格按照消防部署定期进行消防演习，并做好对应的演习后评估，及时总结经验。

（4）预防对策

1）起火的直接责任人是××轮的驾驶员。

2）船舶上不论是厨房还是其他地方，用火时都必须有人看管。

3）易燃物质不能离火源太近。

4）消防应急演习要注重实效，也是检验消防设备的最好时机和方法。

4.2.11 绞吸挖泥船搁浅，主甲板没入水中

（1）事故经过

2018年，××绞吸挖泥船在浅水区作业，收到大风警报，在撤离过程中用起锚艇拖带，船尾留10套浮筒管线随船。拖带时管线发生缠绕，风浪加大，起锚艇控制不力，绞吸挖泥船搁浅，风浪打入船舱，导致停机断电，高频电话中断，高潮时主甲板没入水中。

（2）原因分析

1）船舶安全意识不强，应急措施不到位。

2）项目部施工方案、技术交底不详细，守护拖轮未落实。

3）现场指挥不力，现场仅留调度和总务值班，船长未登船指挥，起锚艇人员不足。

4）船舶设施问题包括水密装置封闭不严、管线无快速接头等。

5）大风比预报提前来临，风浪比预报大。

（3）预防对策

1）重视针对性施工方案，落实安全措施，认真进行技术交底。

2）应充分考虑船舶能力，确保恶劣天气大马力拖轮的使用。

3）施工船船长应登船现场指挥，履行职责，控制局面。

4）施工船舶应备充满电的VHF，确保通信联络。

5）避风应考虑各季节风的不规则性，提早进行。

附录 A 交通运输部办公厅关于印发《公路工程施工企业主要负责人和安全生产管理人员考核大纲》《水运工程施工企业主要负责人和安全生产管理人员考核大纲》的通知

交办安监函〔2016〕604号

各省、自治区、直辖市、新疆生产建设兵团交通运输厅（局、委），长江航务管理局：

为加强公路水运工程安全管理，做好公路水运工程施工企业主要负责人和安全生产管理人员的安全生产知识和管理能力考核管理工作，规范安全生产知识和管理能力考核内容，指导施工企业主要负责人和安全生产管理人员有针对性开展安全生产知识学习，不断提高安全生产管理能力。根据《安全生产法》《建设工程安全生产管理条例》《交通运输部关于印发公路水运工程施工企业主要负责人和安全生产管理人员考核管理办法的通知》(交安监发〔2016〕65号），部组织编制了《公路工程施工企业主要负责人和安全生产管理人员考核大纲》《水运工程施工企业主要负责人和安全生产管理人员考核大纲》，印发给你们，请按照大纲考核要求开展此项考核工作。

交通运输部办公厅
2016年6月14日

附件：1. 公路工程施工企业主要负责人和安全生产管理人员考核大纲
　　　2. 水运工程施工企业主要负责人和安全生产管理人员考核大纲

附件1：

公路工程施工企业
主要负责人和安全生产管理人员

考 核 大 纲

目 录

一、考核目的

二、考核范围

  （一）综合知识和能力

  （二）法律法规及规章规范

  （三）安全生产管理

  （四）安全生产技术

三、考核方法

  （一）考核方式

  （二）试卷组卷原则

四、考试内容

  （一）综合知识和能力

  1 综合知识

  2 综合能力

  （二）法律法规及规章规范

  3 安全生产相关法律

  4 安全生产相关行政法规

  5 安全生产相关部门规章或制度

  6 安全生产相关技术标准与规范

  （三）安全生产管理

  7 安全生产管理理论

  8 安全生产管理职责

  9 安全生产管理制度

  （四）安全生产技术

  10 施工安全技术准备

  11 施工现场布设

  12 个体安全防护

  13 施工机械设备

  14 通用作业

  15 专业工程

  16 特殊季节与特殊环境施工

一、考核目的

考核公路工程施工企业主要负责人和安全生产管理人员对安全生产知识的了解、熟悉、掌握的程度与安全生产管理能力。

二、考核范围

（一）综合知识和能力。
（二）法律法规及规章规范。
（三）安全生产管理。
（四）安全生产技术。

三、考核方法

（一）考核方式

采用书面或计算机闭卷考试方式，考试时间为120分钟。

（二）试卷组卷原则

1. 试题类型包括：单项选择题、多项选择题、判断题和案例题。
2. 试卷组卷比例见下表。

试卷组卷比例　　　　　　　　　　　　　　　　附表 A-1

人员类别 \ 内容与比例	法律法规	安全管理	安全技术	综合知识和能力	合计
企业负责人	45%	35%	12%	8%	100%
项目负责人	35%	35%	22%	8%	100%
安全生产管理人员	30%	25%	37%	8%	100%

其中，试卷组卷中基础题库的试题占比不少于85%，地方试题占比不多于15%。

四、考试内容

（一）综合知识和能力

1　综合知识

  1.1　公共知识

    1.1.1　了解职业道德的核心原则、基本要求、时代价值

    1.1.2　掌握心理健康知识与心理调适方法

  1.2　安全知识

    1.2.1　熟悉安全的基本概念

- 1.2.2 熟悉安全理念的发展历史与现实
- 1.2.3 掌握生产安全事故的等级划分
- 1.2.4 掌握生产安全事故致因理论
- 1.2.5 掌握生产安全事故预防的常见方法
- 1.2.6 掌握生产安全事故应急处理的一般程序

1.3 管理知识
- 1.3.1 了解管理的基本概念
- 1.3.2 了解管理的思维类型与特征
- 1.3.3 了解管理的手段、过程与技术
- 1.3.4 了解现代安全管理原理
- 1.3.5 熟悉系统安全分析
- 1.3.6 熟悉安全标准化管理

2 综合能力

2.1 公共基本能力
- 2.1.1 掌握并具备语言表达与沟通能力
- 2.1.2 掌握并具备规范理解能力
- 2.1.3 熟悉并具备道德评价能力
- 2.1.4 熟悉并具备心理承受能力
- 2.1.5 熟悉并具备突发事件处置能力

2.2 安全管理行为能力
- 2.2.1 熟悉并具备安全规范执行能力
- 2.2.2 熟悉并具备安全监督检查能力
- 2.2.3 熟悉并具备危险源识别与隐患排查治理能力
- 2.2.4 熟悉并具备安全业绩考核能力
- 2.2.5 掌握并具备典型事故分析能力
- 2.2.6 掌握并具备"三违"行为制止能力
- 2.2.7 熟悉并具备信息选择与反应能力

（二）法律法规及规章规范

3 安全生产相关法律

3.1 《中华人民共和国安全生产法》
- 3.1.1 熟悉安全生产法的立法目的
- 3.1.2 熟悉适用范围
- 3.1.3 掌握安全生产方针
- 3.1.4 生产经营单位的安全生产保障规定
  - 3.1.4.1 掌握生产经营单位应当具备的安全生产条件
  - 3.1.4.2 掌握生产经营单位的主要负责人的安全生产工作职责

3.1.4.3 熟悉安全生产资金投入的规定
3.1.4.4 掌握安全生产管理机构和安全生产管理人员的配备及职责
3.1.4.5 熟悉从业人员安全生产培训的规定
3.1.4.6 熟悉特种作业人员的范围和资格
3.1.4.7 熟悉建设项目安全设施的"三同时"规定
3.1.4.8 了解建设项目的安全条件论证和安全评价的规定
3.1.4.9 了解建设项目的安全实施设计和安全条件论证的规定
3.1.4.10 熟悉建设项目安全设施竣工验收的规定
3.1.4.11 掌握安全警示标志的规定
3.1.4.12 熟悉安全设备达标的规定
3.1.4.13 熟悉特种设备检测、检验的规定
3.1.4.14 熟悉生产安全工艺、设备管理的规定
3.1.4.15 掌握危险物品管理的规定
3.1.4.16 掌握重大危险源管理的规定
3.1.4.17 了解生产设施、场所安全距离和紧急疏散的规定
3.1.4.18 熟悉爆破、吊装等作业现场安全管理的规定
3.1.4.19 掌握劳动防护用品的规定
3.1.4.20 掌握交叉作业安全管理的规定
3.1.4.21 熟悉生产经营项目、场所、设备发包或者出租的安全管理
3.1.4.22 熟悉工伤保险的规定

3.1.5 熟悉从业人员的安全生产权利义务
3.1.6 了解安全生产的监督管理
3.1.7 熟悉生产安全事故的应急救援与调查处理
3.1.8 掌握相关法律责任

3.2 《中华人民共和国建筑法》
3.2.1 了解立法目的与适用范围
3.2.2 熟悉建筑工程施工许可
3.2.3 熟悉从业资格
3.2.4 熟悉建筑工程发包与承包
3.2.5 熟悉与施工许可、从业资格等相关的法律责任

3.3 《中华人民共和国突发事件应对法》
3.3.1 了解立法目的和适用范围
3.3.2 了解管理体制、工作原则
3.3.3 熟悉突发事件应急管理主体
3.3.4 掌握突发事件的预防与应急准备的工作要求
3.3.5 掌握突发事件应急处置与救援措施
3.3.6 熟悉相关法律责任

3.4 《中华人民共和国特种设备安全法》
3.4.1 了解立法目的和适用范围

3.4.2 掌握特种设备概念
3.4.3 熟悉特种设备安全工作的原则
3.4.4 熟悉特种设备的使用规定
3.4.5 熟悉特种设备的检验检测
3.4.6 了解特种设备的监督管理
3.4.7 熟悉相关法律责任

3.5 《中华人民共和国消防法》
3.5.1 了解立法目的和适用范围
3.5.2 熟悉消防工作方针、责任主体
3.5.3 熟悉建设工程火灾预防工作
3.5.4 掌握消防工作责任
3.5.5 掌握消防组织与灭火救援
3.5.6 熟悉相关法律责任

3.6 《中华人民共和国劳动法》
3.6.1 了解立法目的和适用范围
3.6.2 了解用人单位在职业安全卫生方面的职责
3.6.3 掌握职业安全卫生条件及劳动防护用品要求
3.6.4 熟悉伤亡事故及职业病统计报告处理制度
3.6.5 熟悉对劳动者的职业培训
3.6.6 熟悉劳动者在职业安全卫生方面的权利和义务
3.6.7 熟悉相关法律责任

3.7 《中华人民共和国劳动合同法》
3.7.1 了解立法目的和适用范围
3.7.2 掌握劳动合同的订立
3.7.3 熟悉劳动合同的履行和变更
3.7.4 了解劳动合同的解除和终止
3.7.5 了解集体合同劳务派遣非全日制用工
3.7.6 熟悉相关法律责任

3.8 《中华人民共和国职业病防治法》
3.8.1 了解立法目的与适用范围
3.8.2 熟悉职业病防治工作方针
3.8.3 掌握用人单位的主要职责
3.8.4 熟悉劳动者的主要权利
3.8.5 熟悉劳动者的义务
3.8.6 熟悉相关法律责任

3.9 《中华人民共和国环境保护法》
3.9.1 了解立法目的与适用范围
3.9.2 熟悉环境保护责任制度
3.9.3 熟悉环境保护的"三同时制度"

3.9.4　了解环境污染的处理报告制度
3.9.5　了解相关法律责任

3.10 《中华人民共和国刑法》
3.10.1　了解立法目的与适用范围
3.10.2　熟悉犯罪构成要件
3.10.3　掌握重大责任事故罪
3.10.4　掌握强令违章冒险作业罪
3.10.5　掌握重大劳动安全事故罪
3.10.6　掌握工程重大安全事故罪
3.10.7　掌握不报、谎报安全事故罪
3.10.8　熟悉《关于办理危害生产安全刑事案件适用法律若干问题的解释》

3.11 《中华人民共和国公路法》
3.11.1　了解立法目的与适用范围
3.11.2　熟悉公路施工中的安全管理
3.11.3　掌握公路养护作业中的安全管理
3.11.4　熟悉路政管理中的安全管理
3.11.5　熟悉相关法律责任

4 安全生产相关行政法规

4.1 《建设工程安全生产管理条例》
4.1.1　了解立法目的与适用范围
4.1.2　了解勘察、设计、监理单位的安全责任
4.1.3　熟悉建设单位的安全责任
4.1.4　掌握施工单位的安全责任
4.1.5　掌握生产安全事故的应急救援和调查处理
4.1.6　熟悉相关法律责任

4.2 《生产安全事故报告和调查处理条例》
4.2.1　了解立法目的与适用范围
4.2.2　掌握生产安全事故等级划分
4.2.3　掌握生产安全事故的报告、调查和处理
4.2.4　熟悉相关法律责任

4.3 《安全生产许可证条例》
4.3.1　了解立法目的与适用范围
4.3.2　熟悉安全生产许可证取得条件
4.3.3　了解安全生产许可证的管理
4.3.4　熟悉相关法律责任

4.4 《民用爆炸物品安全管理条例》
4.4.1　了解立法目的与适用范围
4.4.2　了解民用爆炸物品生产、销售条件与管理规定

4.4.3 熟悉民用爆炸物品购买、运输、储存管理规定
4.4.4 掌握爆破作业条件与安全管理规定
4.4.5 熟悉相关法律责任

5 安全生产相关部门规章或制度

5.1 《公路水运工程安全生产监督管理办法》
5.1.1 熟悉制定依据
5.1.2 掌握适用范围
5.1.3 掌握安全管理方针
5.1.4 熟悉安全管理体系
5.1.5 了解工程安全生产监督管理工作
5.1.6 熟悉从业单位的安全生产条件
5.1.7 掌握从业单位的安全生产责任
5.1.8 了解相关法律责任

5.2 《安全生产违法行为行政处罚办法》
5.2.1 了解制定目的与适用范围
5.2.2 了解安全生产违法行为行政处罚原则
5.2.3 熟悉行政处罚的程序
5.2.4 熟悉行政处罚的执行和备案
5.2.5 掌握行政处罚的种类、管辖
5.2.6 掌握行政处罚的适用

5.3 《生产安全事故罚款处罚规定（试行）》
5.2.1 了解制定目的与适用范围
5.3.2 熟悉生产安全事故迟报、漏报、谎报和瞒报认定情形
5.3.3 熟悉事故发生单位主要负责人、直接负责的主管人员等的处罚额度

5.4 《安全生产领域违法违纪行为政纪处分暂行规定》
5.4.1 了解制定目的与适用范围
5.4.2 熟悉企业及其工作人员安全生产领域违法违纪行为的认定
5.4.3 熟悉企业及其工作人员安全生产领域违法违纪行为的处罚种类

5.5 《水上水下活动通航安全管理规定》
5.5.1 了解制定目的与适用范围
5.5.2 了解水上水下活动通航安全管理原则、主管机关
5.5.3 熟悉水上水下活动许可证的申请
5.5.4 熟悉水上水下活动许可证的管理
5.5.5 熟悉通航安全影响论证评估制度
5.5.6 掌握水上水下活动安全主体责任
5.5.7 熟悉水上水下活动监督管理

5.6 《企业安全生产费用提取和使用管理办法》
5.6.1 了解制定目的与适用范围

5.6.2 熟悉企业安全生产费用管理
5.6.3 掌握安全费用的提取标准
5.6.4 熟悉安全费用的使用
5.7 近三年安全生产管理新规定
　　5.7.1 熟悉《公路水运工程施工企业项目负责人施工现场带班生产制度（暂行）》
　　5.7.2 熟悉《生产经营单位安全培训规定》
　　5.7.3 熟悉《生产经营单位安全生产不良记录"黑名单"管理暂行规定》
　　5.7.4 掌握《企业安全生产风险公告六条规定》
　　5.7.5 掌握《企业安全生产应急管理九条规定》
　　5.7.6 掌握《企业安全生产责任体系五落实五到位规定》
　　5.7.7 掌握《公路水运工程施工企业主要负责人和安全生产管理人员考核管理办法》
　　5.7.8 掌握《公路水运工程生产安全事故应急预案》
　　5.7.9 掌握《公路水运工程重大事故隐患清单管理制度》
　　5.7.10 掌握《隧道施工安全九条规定》

6 安全生产相关技术标准与规范
　　6.1 了解《建筑施工碗扣式脚手架安全技术规范》（JGJ 166）
　　6.2 了解《建筑施工门式钢管脚手架安全技术规范》（JGJ 128）
　　6.3 了解《建筑施工扣件式钢管脚手架安全技术规范》（JGJ 130）
　　6.4 了解《建筑施工模板安全技术规范》（JGJ 162）
　　6.5 了解《塔式起重机安全规程》（GB 5144）
　　6.6 了解《施工升降机安全规程》（GB 10055）
　　6.7 了解《龙门架及井架物料提升机安全技术规范》（JGJ 88）
　　6.8 了解《建筑拆除工程安全技术规范》（JGJ 147）
　　6.9 了解《建筑施工高处作业安全技术规范》（JGJ 80）
　　6.10 熟悉《建筑机械使用安全技术规程》（JGJ 33）
　　6.11 熟悉《施工现场机械设备检查技术规程》（JGJ 160）
　　6.12 熟悉《施工现场临时用电安全技术规范》（JGJ 46）
　　6.13 熟悉《建设工程施工现场消防安全技术规范》（GB50720）
　　6.14 熟悉《爆破安全规程》（GB 6722—2014）
　　6.15 熟悉《施工企业安全生产管理规范》（GB50656）
　　6.16 熟悉《生产经营单位生产安全事故应急预案编制导则》（GB/T29639）
　　6.17 掌握《公路工程施工安全技术规范》（JTG F90）

（三）安全生产管理

7 安全生产管理理论
　　7.1 安全生产管理的相关概念、要素和方针

  7.1.1 掌握安全的概念
  7.1.2 掌握本质安全的概念
  7.1.3 熟悉安全生产的目标
  7.1.4 熟悉安全生产管理的概念
  7.1.5 熟悉安全生产管理要素、方针
  7.1.6 掌握事故和事故隐患概念
  7.1.7 掌握危险、危险源与重大危险源概念
 7.2 安全生产管理原理与方法
  7.2.1 熟悉海因希里事故因果连锁理论
  7.2.2 熟悉博德事故因果连锁理论
  7.2.3 熟悉亚当斯事故因果连锁理论
  7.2.4 熟悉人机轨迹交叉理论
  7.2.5 熟悉破窗理论
 7.3 安全生产管理体系
  7.3.1 熟悉安全组织机构保证体系
  7.3.2 熟悉安全生产的目标管理
  7.3.3 熟悉安全管理的模式
  7.3.4 熟悉职业健康安全管理体系
  7.3.5 熟悉安全生产管理的长效管理机制
 7.4 安全生产风险管理
  7.4.1 了解风险、风险管理的概念
  7.4.2 熟悉风险管理的目标
  7.4.3 熟悉风险管理的内容
  7.4.4 掌握风险管理的过程与方法
  7.4.5 掌握危险源识别方法与步骤
  7.4.6 掌握风险评价方法
  7.4.7 掌握公路工程施工安全事故发生的内在规律
  7.4.8 掌握风险控制的原则、方法
  7.4.9 熟悉桥梁、隧道、路基高边坡风险评估要求
 7.5 安全生产应急管理
  7.5.1 熟悉应急组织体系
  7.5.2 掌握应急救援预案
  7.5.3 熟悉应急响应
  7.5.4 熟悉应急保障
  7.5.5 熟悉应急培训与演练

8 安全生产管理职责

 8.1 公路工程从业单位安全生产管理责任
  8.1.1 了解建设单位的安全生产职责和义务

8.1.2 了解监理单位的安全生产职责和义务
8.1.3 了解咨询、勘察设计单位安全责任和义务
8.1.4 掌握施工单位的安全生产职责和义务

8.2 公路工程施工企业安全生产管理人员职责
8.2.1 掌握企业法定代表人的安全生产职责
8.2.2 掌握企业分管安全生产工作负责人的安全生产职责
8.2.3 掌握企业分管技术工作负责人的安全生产职责
8.2.4 掌握企业专职安全生产管理人员的安全生产职责
8.2.5 掌握项目经理的安全生产职责
8.2.6 掌握项目主管安全生产工作副经理的安全生产职责
8.2.7 掌握项目总工程师的安全生产职责
8.2.8 掌握项目专职安全生产管理人员的安全生产职责

9 安全生产管理制度

9.1 安全生产管理制度概述
9.1.1 了解建立安全生产管理制度的目的和意义
9.1.2 熟悉安全生产管理制度的主要内容

9.2 安全生产责任制
9.2.1 了解建立安全生产责任制的目的和意义
9.2.2 了解物资保障责任
9.2.3 熟悉资金保障责任
9.2.4 熟悉机构设置和人员配备责任
9.2.5 熟悉安全生产规章制度制定责任
9.2.6 掌握教育培训责任
9.2.7 掌握安全管理责任
9.2.8 掌握事故报告和应急救援责任
9.2.9 熟悉法律、法规、规章规定的其他安全生产责任

9.3 安全生产组织管理制度
9.3.1 了解建立制度的目的和意义
9.3.2 熟悉安全生产委员会或安全生产领导小组的建立
9.3.3 熟悉安全生产组织机构的建立及设置要求
9.3.4 熟悉企业安全生产组织机构的主要工作内容
9.3.5 熟悉企业内部安全组织管理的重点
9.3.6 熟悉制度的实施流程

9.4 安全生产会议制度
9.4.1 了解建立制度的目的和意义
9.4.2 熟悉安全生产会议职责
9.4.3 熟悉主要工作程序
9.4.4 熟悉安全生产会议的分类

9.4.5 熟悉制度的实施流程
9.5 安全生产管理人员考核制度
   9.5.1 了解建立制度的目的和意义
   9.5.2 熟悉安全生产考核形式和对象
   9.5.3 掌握安全生产管理人员考核管理内容
   9.5.4 熟悉制度的实施流程
9.6 安全生产教育与培训制度
   9.6.1 了解建立制度的目的和意义
   9.6.2 熟悉安全教育培训的形式
   9.6.3 熟悉安全教育和培训的对象
   9.6.4 掌握安全教育培训的时间和要求
   9.6.5 掌握企业三级安全教育的具体要求
   9.6.6 熟悉制度的实施流程
9.7 安全生产费用管理制度
   9.7.1 了解建立制度的目的和意义
   9.7.2 掌握安全生产费用的使用范围
   9.7.3 熟悉制度的实施流程
9.8 安全风险评估与管控制度
   9.8.1 了解建立制度的目的和意义
   9.8.2 掌握安全风险的辨识与评价
   9.8.3 熟悉危险危害因素的分析、分类及管理措施
   9.8.4 熟悉安全风险评估
   9.8.5 熟悉出具安全风险评估报告
   9.8.6 熟悉制度的实施流程
9.9 安全技术交底制度
   9.9.1 了解建立制度的目的和意义
   9.9.2 掌握安全技术交底的具体要求
   9.9.3 熟悉制度的实施流程
9.10 危险性较大工程专项施工方案审批论证制度
   9.10.1 了解建立制度的目的和意义
   9.10.2 掌握危险性较大工程的范围
   9.10.3 掌握专项施工方案的编制
   9.10.4 熟悉专项施工方案的审核、审批
   9.10.5 熟悉专项施工方案的论证
   9.10.6 熟悉制度的实施流程
9.11 特种设备及作业人员安全管理制度
   9.11.1 了解建立制度的目的和意义
   9.11.2 熟悉特种设备的分类
   9.11.3 熟悉特种设备的安装与调试

9.11.4 熟悉特种设备的管理
9.11.5 熟悉特种设备作业人员管理
9.11.6 熟悉制度的实施流程

9.12 职业健康安全和劳动防护用品管理制度
9.12.1 了解建立制度的目的和意义
9.12.2 熟悉职业病防治管理
9.12.3 熟悉常见的劳动防护用品
9.12.4 熟悉劳动防护用品的配备与使用
9.12.5 掌握施工安全"三宝"的内容及使用方法
9.12.6 熟悉制度的实施流程

9.13 生产安全事故隐患排查和治理制度
9.13.1 了解建立制度的目的和意义
9.13.2 熟悉事故隐患的分级
9.13.3 掌握事故隐患的排查治理
9.13.4 熟悉事故隐患排查治理的报告
9.13.5 熟悉事故隐患排查结果公示
9.13.6 熟悉事故隐患治理和验收销号
9.13.7 熟悉制度的实施流程

9.14 安全检查制度
9.14.1 了解建立制度的目的和意义
9.14.2 掌握安全检查的类型
9.14.3 掌握安全检查的方法
9.14.4 掌握安全检查的内容
9.14.5 熟悉制度的实施流程

9.15 生产安全事故应急管理制度
9.15.1 了解建立制度的目的和意义
9.15.2 熟悉生产安全事故应急管理内容
9.15.3 熟悉生产安全事故应急管理要求
9.15.4 熟悉制度的实施流程

9.16 分包单位安全生产管理考评制度
9.16.1 了解建立制度的目的和意义
9.16.2 熟悉安全生产管理考评的方法
9.16.3 熟悉安全生产信息评价的主要内容
9.16.4 熟悉安全生产考评的应用
9.16.5 熟悉制度的实施流程

9.17 生产安全事故报告及调查处理制度
9.17.1 了解建立制度的目的和意义
9.17.2 掌握生产安全事故分类
9.17.3 掌握生产安全事故报告程序和主要内容

9.17.4 熟悉生产安全事故处理的一般要求
9.17.5 熟悉制度的实施流程

9.18 企业负责人带班生产制度
9.18.1 了解建立制度的目的和意义
9.18.2 掌握施工企业负责人带班检查要求
9.18.3 掌握项目负责人带班生产要求
9.18.4 熟悉监督检查重点
9.18.5 熟悉制度的实施流程

9.19 其他管理制度
9.19.1 熟悉平安工地考核评价制度
9.19.2 熟悉重大事故隐患清单管理制度
9.19.3 熟悉生产安全重大事故隐患挂牌督办制度(暂行)
9.19.4 熟悉桥梁和隧道工程施工安全风险评估制度

(四)安全生产技术

10 施工安全技术准备

10.1 施工组织设计
10.1.1 熟悉施工组织设计安全技术措施编制要求
10.1.2 熟悉施工组织设计安全技术措施的主要内容

10.2 专项施工方案
10.2.1 掌握危险性较大工程范围的分类
10.2.2 掌握专项施工方案的主要内容
10.2.3 熟悉专项施工方案的审批
10.2.4 熟悉专项施工方案的实施

10.3 安全技术交底
10.3.1 了解设计交底
10.3.2 熟悉施工交底
10.3.2.1 熟悉施工安全技术交底要求
10.3.2.1 熟悉施工安全技术交底的主要内容
10.3.3 熟悉班组交底

11 施工现场布设

11.1 施工驻地设置
11.1.1 熟悉施工驻地设置的安全要求

11.2 材料加工场、预制场、拌和场
11.2.1 熟悉材料加工场、预制场、拌和场选址要求
11.2.2 熟悉材料加工场、预制场、拌和场安全管理要求

11.3 施工便道
　　11.3.1 熟悉施工便道安全管理要求
11.4 临时码头、栈桥
　　11.4.1 熟悉临时码头、栈桥安全管理要求
11.5 跨线工程
　　11.5.1 熟悉跨线工程安全施工一般规定
　　11.5.2 熟悉安全防护棚设置与施工要求
　　11.5.3 熟悉跨线工程施工安全控制要求
11.6 施工现场标志标牌
　　11.6.1 掌握施工现场标志标牌的安全要求
11.7 施工现场消防安全管理
　　11.7.1 熟悉施工现场防火要求
11.8 临时用电
　　11.8.1 熟悉施工现场临时用电的一般规定
　　11.8.2 熟悉临时用电组织设计要求
　　11.8.3 熟悉配电系统与变配电装置安全要求
　　11.8.4 掌握配电线路安全要求
　　10.8.5 熟悉用电防护与防雷安全要求

12 个体安全防护

12.1 个体安全防护的基本规定
　　12.1.1 掌握个体安全防护的一般规定
12.2 安全帽
　　12.2.1 熟悉安全帽的安全要求
　　12.2.2 掌握安全帽的佩戴方法
12.3 安全带
　　12.3.1 熟悉安全带的安全要求
　　12.3.2 掌握安全带的佩戴方法
12.4 救生衣
　　12.4.1 熟悉救生衣的安全要求
　　12.4.2 掌握救生衣的穿戴方法
12.5 防护服
　　12.5.1 了解防护服的种类与作用
　　12.5.2 掌握防护服的安全要求
12.6 防护鞋
　　12.6.1 了解防护鞋的种类与作用
　　12.6.2 掌握防护鞋的安全要求
12.7 防护手套
　　12.7.1 了解防护手套的种类与作用

12.7.2 掌握防护手套的安全要求
12.8 防护用具
12.8.1 熟悉防护用具的种类与作用
12.8.2 掌握防护用具的安全要求

13 施工机械设备

13.1 施工机械设备安全生产管理要求
13.1.1 熟悉施工机械设备安全生产管理制度
13.2 特种设备安全管理要求
13.2.1 掌握特种设备安全管理制度
13.3 特种设备及专用设备安全防护
13.3.1 熟悉特种设备及专用设备安全防护要求
13.4 常用设备及机具安全防护
13.4.1 熟悉常用设备及机具安全防护要求
13.5 机械事故的预防和处理
13.5.1 熟悉机械事故的预防和处理

14 通用作业

14.1 支架及模板工程
14.1.1 掌握支架支撑体系安全控制要求
14.1.2 掌握桩、柱梁式支架安全控制要求
14.1.3 熟悉模板加工制作安全控制要求
14.1.4 掌握模板安装安全控制要求
14.1.5 掌握模板、支架拆除安全控制要求
14.1.6 熟悉模板存放的安全规定
14.2 钢筋工程
14.2.1 掌握普通钢筋加工安全要求
14.2.2 掌握钢筋冷拉施工安全要求
14.3 混凝土工程
14.3.1 熟悉混凝土工程施工一般要求
14.3.2 熟悉混凝土泵送安全要求
14.3.3 熟悉混凝土振捣安全要求
14.3.4 熟悉混凝土养护安全要求
14.4 电焊与气焊作业
14.4.1 熟悉焊接与热切割作业人员的管理规定
14.4.2 熟悉氧气瓶、乙炔瓶与电焊机的安全规定
14.4.3 掌握焊接及切割作业安全控制要求
14.5 起重吊装作业
14.5.1 掌握起重吊装的一般安全要求

14.5.2 熟悉吊索吊具的安全规定
14.5.3 熟悉塔式起重机安全控制要求
14.5.4 熟悉缆索起重机安全控制要求
14.5.5 熟悉门式起重机安全控制要求

14.6 高处作业
14.6.1 熟悉高处作业与高处作业的分级
14.6.2 掌握高处作业安全控制要求
14.6.3 掌握高处作业场所临边防护要求
14.6.4 掌握安全网使用的安全规定
14.6.5 掌握安全带使用的安全规定
14.6.6 熟悉登高梯道的安全规定

14.7 水上作业
14.7.1 熟悉水上作业的一般安全要求
14.7.2 了解起重船作业安全控制要求
14.7.3 了解打桩船作业安全控制要求

14.8 爆破作业
14.8.1 掌握爆破工程施工的一般安全要求
14.8.2 熟悉爆破前后的安全检查和处理
14.8.3 熟悉盲炮处理要求

15 专业工程

15.1 路基工程
15.1.1 熟悉路基工程施工安全的一般规定
15.1.2 土方工程
15.1.2.1 熟悉取土场（坑）安全控制要求
15.1.2.2 熟悉路堑开挖安全控制要求
15.1.2.3 掌握高填方路堤施工安全控制要求
15.1.2.4 熟悉土方工程施工机械的安全规定
15.1.3 石方工程
15.1.3.1 熟悉石方工程施工安全的一般规定
15.1.3.2 熟悉石方爆破开挖作业的规定
15.1.4 防护工程
15.1.4.1 了解砌筑施工安全控制要求
15.1.4.2 了解人工开挖支挡抗滑桩施工的安全控制要求
15.1.4.3 了解挡土墙施工的安全控制要求
15.1.5 特殊路基
15.1.5.1 掌握滑坡地段路基施工安全控制要求
15.1.5.2 掌握崩塌与岩堆地段施工安全控制要求
15.1.5.3 熟悉岩溶地区施工安全控制要求

15.1.5.4 熟悉泥石流地区施工安全控制要求

15.1.5.5 熟悉采空区施工安全控制要求

15.1.5.6 熟悉沿江、河、水库等地区施工安全控制要求

15.2 路面工程

15.2.1 熟悉路面工程施工安全的一般规定

15.2.2 基层与底基层

15.2.2.1 熟悉集中拌和基层材料作业的安全要求

15.2.2.2 熟悉基层施工机械的安全要求

15.2.2.3 熟悉摊铺及碾压作业的安全要求

15.2.3 路面面层施工

15.2.3.1 熟悉沥青面层施工的安全控制要求

15.2.3.2 熟悉水泥混凝土面层施工的安全控制要求

15.3 桥涵工程施工

15.3.1 桥涵工程安全施工的一般规定

15.3.1.1 掌握桥涵工程施工安全一般规定

15.3.1.2 熟悉跨既有公路施工安全控制要求

15.3.2 预应力混凝土工程

15.3.2.1 熟悉预应力张拉机具设备要求

15.3.2.2 掌握张拉作业的一般安全规定

15.3.2.3 熟悉先张法施工的安全控制要求

15.3.2.4 熟悉后张法施工的安全控制要求

15.3.3 桥梁基础工程施工

15.3.3.1 掌握钻（挖）孔灌注桩施工安全控制要求

15.3.3.2 熟悉沉入桩施工安全控制要求

15.3.3.3 熟悉沉井施工安全控制要求

15.3.3.4 熟悉地下连续墙施工安全控制要求

15.3.3.5 掌握围堰施工安全控制要求

15.3.3.6 掌握明挖地基施工安全控制要求

15.3.4 桥梁下部结构施工

15.3.4.1 熟悉现浇墩、台身、盖梁施工安全控制要求

15.3.4.2 熟悉高墩翻模施工安全控制要求

15.3.4.3 熟悉高墩爬（滑）模施工安全控制要求

15.3.5 桥梁上部结构施工

15.3.5.1 掌握钢筋混凝土和预应力梁式桥安全控制要求

15.3.5.2 熟悉拱桥施工安全控制要求

15.3.5.3 熟悉斜拉桥施工安全控制要求

15.3.5.4 熟悉悬索桥施工安全控制要求

15.3.5.5 熟悉钢桥施工安全控制要求

15.3.5.6 熟悉桥面及附属工程施工安全控制要求

15.4 隧道工程
 15.4.1 掌握隧道施工一般安全规定
 15.4.2 超前地质预报和监控量测
  15.4.2.1 了解工程地质预测预报仪器
  15.4.2.2 熟悉工程地质预测预报技术
  15.4.2.3 掌握工程地质预测预报的主要内容
  15.4.2.4 熟悉超前地质预报和监控量测的一般要求
  15.4.2.5 熟悉超前地质预报安全控制要求
  15.4.2.6 熟悉监控量测作业安全控制要求
 15.4.3 洞口工程与明洞施工
  15.4.3.1 掌握洞口工程施工安全控制要求
  15.4.3.2 掌握明洞施工安全控制要求
 15.4.4 开挖
  15.4.4.1 掌握开挖与爆破施工安全控制要求
  15.4.4.2 了解装渣与运输安全控制要求
 15.4.5 支护
  15.4.5.1 掌握锚固注浆支护施工安全控制要求
  15.4.5.2 掌握隧道支护施工一般安全要求
  15.4.5.3 了解喷射混凝土施工安全控制要求
  15.4.5.4 熟悉钢架施工安全控制要求
 15.4.6 衬砌
  15.4.6.1 熟悉仰拱与隧底施工安全控制要求
  15.4.6.2 了解模筑混凝土衬砌施工安全控制要求
  15.4.6.3 熟悉喷锚衬砌施工安全控制要求
  15.4.6.4 掌握隧道衬砌施工一般安全要求
 15.4.7 辅助坑道
  15.4.7.1 熟悉一般安全要求
  15.4.7.2 了解横洞与平行导坑、设备洞施工安全控制要求
  15.4.7.3 熟悉竖井与斜井施工安全控制要求
 15.4.8 通风防尘、照明、排水及防火
  15.4.8.1 掌握隧道施工风、水、电供应安全要求
  15.4.8.2 熟悉隧道施工照明安全要求
  15.4.8.3 熟悉隧道施工排水安全要求
  15.4.8.4 掌握隧道施工防尘防毒安全要求
  15.4.8.5 熟悉隧道施工防火安全要求
  15.4.8.6 掌握隧道施工通风安全要求
 15.4.9 不良地质和特殊岩土地段
  15.4.9.1 熟悉富水软弱破碎围岩隧道施工安全控制要求
  15.4.9.2 了解岩溶地质隧道施工安全控制要求

15.4.9.3 熟悉含水沙层和风积沙隧道施工安全控制要求
15.4.9.4 了解黄土隧道施工安全控制要求
15.4.9.5 了解膨胀岩土地质隧道施工安全控制要求
15.4.9.6 熟悉岩爆地质隧道施工安全控制要求
15.4.9.7 熟悉软岩大变形地质隧道施工安全控制要求
15.4.9.8 掌握含瓦斯隧道施工安全控制要求
15.4.9.9 了解冻土隧道施工安全控制要求

15.4.10 盾构施工
15.4.10.1 了解盾构始发安全要求
15.4.10.2 熟悉盾构掘进安全控制要求
15.4.10.3 了解特殊地质和施工环境盾构施工安全控制要求
15.4.10.4 了解盾构施工运输安全要求

15.4.11 逃生与救援
15.4.11.1 掌握隧道施工逃生与救援的一般要求
15.4.11.2 熟悉隧道施工逃生通道的设置要求

15.5 改扩建工程
15.5.1 熟悉改扩建工程安全一般规定
15.5.2 拆除
15.5.2.1 了解拆除工程安全一般规定
15.5.2.2 掌握桥梁拆除的安全控制要求
15.5.2.3 了解隧道拆除的安全控制要求
15.5.3 加固
15.5.3.1 了解加固工程安全一般规定
15.5.3.2 熟悉桥梁加固的安全控制要求
15.5.3.3 了解隧道加固的安全控制要求

15.6 交通工程
15.6.1 交通安全设施
15.6.1.1 熟悉护栏、交通标志标线、隔离栅和桥梁护网安全控制要求
15.6.2 机电系统
15.6.2.1 掌握供配电及防雷系统安全控制要求
15.6.2.2 熟悉公路外场设备安装安全控制要求
15.6.2.3 熟悉公路外场光电缆施工安全控制要求

16 特殊季节与特殊环境施工

16.1 一般规定
16.1.1 熟悉特殊季节与特殊环境施工的一般规定
16.2 特殊季节施工
16.2.1 熟悉冬季施工的安全控制要求
16.2.2 熟悉雨季施工的安全控制要求

16.2.3 掌握台风季节施工的安全控制要求
16.2.4 熟悉汛期施工的安全控制要求

16.3 特殊环境施工

16.3.1 掌握夜间施工的安全控制要求
16.3.2 熟悉高温施工的安全控制要求
16.3.3 熟悉能见度不良施工的安全控制要求
16.3.4 熟悉沙漠地区施工的安全控制要求
16.3.5 熟悉高海拔地区施工的安全控制要求

附件2：

水运工程施工企业
主要负责人和安全生产管理人员

考 核 大 纲

目 录

一、考核目的
二、考核范围
 （一）综合知识和能力
 （二）法律法规及规章规范
 （三）安全生产管理
 （四）安全生产技术
三、考核方法
 （一）考核方式
 （二）试卷组卷原则

四、考试内容
 （一）综合知识和能力
 1 综合知识
 2 综合能力
 （二）法律法规及规章规范
 3 安全生产相关法律
 4 安全生产相关行政法规
 5 安全生产相关部门规章或制度
 6 安全生产相关技术标准与规范
 （三）安全生产管理
 7 安全生产管理理论
 8 安全生产管理职责
 9 安全生产管理制度
 （四）安全生产技术
 10 施工安全技术准备
 11 施工现场布设
 12 个体安全防护
 13 施工机械设备
 14 通用作业
 15 专业工程
 16 特殊季节与特殊环境施工

一、考核目的

考核水运工程施工企业主要负责人和安全生产管理人员对安全生产知识的了解、熟悉、掌握的程度与安全生产管理能力。

二、考核范围

（一）综合知识和能力
（二）法律法规及规章规范
（三）安全生产管理
（四）安全生产技术

三、考核方法

（一）考核方式
采用书面或计算机闭卷考试方式，考试时间为120分钟。
（二）试卷组卷原则
1.试题类型包括：单项选择题、多项选择题、判断题和案例题。
2.试卷组卷比例见下表。

试卷组卷比例　　　　　　　　　　　　　　　附表 A-2

人员类别 \ 内容与比例	法律法规	安全管理	安全技术	综合知识和能力	合计
企业负责人	45%	35%	12%	8%	100%
项目负责人	35%	35%	22%	8%	100%
安全生产管理人员	30%	25%	37%	8%	100%

其中，试卷组卷中基础题库的试题占比不少于85%，地方试题占比不多于15%。

四、考试内容

（一）综合知识和能力

1　综合知识

　1.1　公共知识

　　1.1.1　了解职业道德的核心原则、基本要求、时代价值
　　1.1.2　掌握心理健康知识与心理调适方法

　1.2　安全知识

　　1.2.1　熟悉安全的基本概念

1.2.2 熟悉安全理念的发展历史与现实
   1.2.3 掌握生产安全事故的等级划分
   1.2.4 掌握生产安全事故致因理论
   1.2.5 掌握生产安全事故预防的常见方法
   1.2.6 掌握生产安全事故应急处理的一般程序
  1.3 管理知识
   1.3.1 了解管理的基本概念
   1.3.2 了解管理的思维类型与特征
   1.3.3 了解管理的手段、过程与技术
   1.3.4 了解现代安全管理原理
   1.3.5 熟悉系统安全分析
   1.3.6 熟悉安全标准化管理

2 综合能力
  2.1 公共基本能力
   2.1.1 掌握并具备语言表达与沟通能力
   2.1.2 掌握并具备规范理解能力
   2.1.3 熟悉并具备道德评价能力
   2.1.4 熟悉并具备心理承受能力
   2.1.5 熟悉并具备突发事件处置能力
  2.2 安全管理行为能力
   2.2.1 熟悉并具备安全规范执行能力
   2.2.2 熟悉并具备安全监督检查能力
   2.2.3 熟悉并具备危险源识别与隐患排查治理能力
   2.2.4 熟悉并具备安全业绩考核能力
   2.2.5 掌握并具备典型事故分析能力
   2.2.6 掌握并具备"三违"行为制止能力
   2.2.7 熟悉并具备信息选择与反应能力

（二）法律法规及规章规范

3 安全生产相关法律
  3.1 《中华人民共和国安全生产法》
   3.1.1 熟悉安全生产法的立法目的
   3.1.2 熟悉适用范围
   3.1.3 掌握安全生产方针
   3.1.4 生产经营单位的安全生产保障规定
    3.1.4.1 掌握生产经营单位应当具备的安全生产条件
    3.1.4.2 掌握生产经营单位的主要负责人的安全生产工作职责

3.1.4.3　熟悉安全生产资金投入的规定
3.1.4.4　掌握安全生产管理机构和安全生产管理人员的配备及职责
3.1.4.5　熟悉从业人员安全生产培训的规定
3.1.4.6　熟悉特种作业人员的范围和资格
3.1.4.7　熟悉建设项目安全设施的"三同时"规定
3.1.4.8　了解建设项目的安全条件论证和安全评价的规定
3.1.4.9　了解建设项目的安全实施设计和安全条件论证的规定
3.1.4.10　熟悉建设项目安全设施竣工验收的规定
3.1.4.11　掌握安全警示标志的规定
3.1.4.12　熟悉安全设备达标的规定
3.1.4.13　熟悉特种设备检测、检验的规定
3.1.4.14　熟悉生产安全工艺、设备管理的规定
3.1.4.15　掌握危险物品管理的规定
3.1.4.16　掌握重大危险源管理的规定
3.1.4.17　了解生产设施、场所安全距离和紧急疏散的规定
3.1.4.18　熟悉爆破、吊装等作业现场安全管理的规定
3.1.4.19　掌握劳动防护用品的规定
3.1.4.20　掌握交叉作业安全管理的规定
3.1.4.21　熟悉生产经营项目、场所、设备发包或者出租的安全管理
3.1.4.22　熟悉工伤保险的规定
   3.1.5　熟悉从业人员的安全生产权利义务
   3.1.6　了解安全生产的监督管理
   3.1.7　熟悉生产安全事故的应急救援与调查处理
   3.1.8　掌握相关法律责任
3.2　《中华人民共和国建筑法》
   3.2.1　了解立法目的与适用范围
   3.2.2　熟悉建筑工程施工许可
   3.2.3　熟悉从业资格
   3.2.4　熟悉建筑工程发包与承包
   3.2.5　熟悉与施工许可、从业资格等相关的法律责任
3.3　《中华人民共和国突发事件应对法》
   3.3.1　了解立法目的与适用范围
   3.3.2　了解管理体制、工作原则
   3.3.3　熟悉突发事件应急管理主体
   3.3.4　掌握突发事件的预防与应急准备的工作要求
   3.3.5　掌握突发事件应急处置与救援措施
   3.3.6　熟悉相关法律责任
3.4　《中华人民共和国特种设备安全法》
   3.4.1　了解立法目的和适用范围

3.4.2 掌握特种设备概念
3.4.3 熟悉特种设备安全工作的原则
3.4.4 熟悉特种设备的使用规定
3.4.5 熟悉特种设备的检验检测
3.4.6 了解特种设备的监督管理
3.4.7 熟悉相关法律责任

3.5 《中华人民共和国消防法》
3.5.1 了解立法目的与适用范围
3.5.2 熟悉消防工作方针、责任主体
3.5.3 熟悉建设工程火灾预防工作
3.5.4 掌握消防工作责任
3.5.5 掌握消防组织与灭火救援
3.5.6 熟悉相关法律责任

3.6 《中华人民共和国劳动法》
3.6.1 了解立法目的和适用范围
3.6.2 了解用人单位在职业安全卫生方面的职责
3.6.3 掌握职业安全卫生条件及劳动防护用品要求
3.6.4 熟悉伤亡事故及职业病统计报告处理制度
3.6.5 熟悉对劳动者的职业培训
3.6.6 熟悉劳动者在职业安全卫生方面的权利和义务
3.6.7 熟悉相关法律责任

3.7 《中华人民共和国劳动合同法》
3.7.1 了解立法目的和适用范围
3.7.2 掌握劳动合同的订立
3.7.3 熟悉劳动合同的履行和变更
3.7.4 了解劳动合同的解除和终止
3.7.5 了解集体合同劳务派遣非全日制用工
3.7.6 熟悉相关法律责任

3.8 《中华人民共和国职业病防治法》
3.8.1 了解立法目的与适用范围
3.8.2 熟悉职业病防治工作方针
3.8.3 掌握用人单位的主要职责
3.8.4 熟悉劳动者的主要权利
3.8.5 熟悉劳动者的义务
3.8.6 熟悉相关法律责任

3.9 《中华人民共和国环境保护法》
3.9.1 了解立法目的与适用范围
3.9.2 熟悉环境保护责任制度
3.9.3 熟悉环境保护的"三同时制度"

3.9.4 了解环境污染的处理报告制度
3.9.5 了解相关法律责任

3.10 《中华人民共和国刑法》
3.10.1 了解立法目的与适用范围
3.10.2 熟悉犯罪构成要件
3.10.3 掌握重大责任事故罪
3.10.4 掌握强令违章冒险作业罪
3.10.5 掌握重大劳动安全事故罪
3.10.6 掌握工程重大安全事故罪
3.10.7 掌握不报、谎报安全事故罪
3.10.8 熟悉《关于办理危害生产安全刑事案件适用法律若干问题的解释》

3.11 《中华人民共和国海上交通安全法》
3.11.1 了解立法目的与适用范围
3.11.2 了解船舶检验和登记
3.11.3 熟悉船舶、设施上的人员配置
3.11.4 熟悉航行、停泊和作业的管理规定
3.11.5 掌握安全保障措施
3.11.6 掌握海难救助规定
3.11.7 掌握交通事故的调查处理
3.11.8 掌握相关法律责任

4 安全生产相关行政法规

4.1 《建设工程安全生产管理条例》
4.1.1 了解立法目的与适用范围
4.1.2 了解勘察、设计、监理单位的安全责任
4.1.3 熟悉建设单位的安全责任
4.1.4 掌握施工单位的安全责任
4.1.5 掌握生产安全事故的应急救援和调查处理
4.1.6 熟悉相关法律责任

4.2 《生产安全事故报告和调查处理条例》
4.2.1 了解立法目的与适用范围
4.2.2 掌握生产安全事故等级划分
4.2.3 掌握生产安全事故的报告、调查和处理
4.2.4 熟悉相关法律责任

4.3 《安全生产许可证条例》
4.3.1 了解立法目的与适用范围
4.3.2 熟悉安全生产许可证取得条件
4.3.3 了解安全生产许可证的管理
4.3.4 熟悉相关法律责任

4.4 《民用爆炸物品安全管理条例》
　　4.4.1　了解立法目的与适用范围
　　4.4.2　了解民用爆炸物品生产、销售条件与管理规定
　　4.4.3　熟悉民用爆炸物品购买、运输、储存管理规定
　　4.4.4　掌握爆破作业条件与安全管理规定
　　4.4.5　熟悉相关法律责任

4.5 《内河交通安全管理条例》
　　4.5.1　了解立法目的与适用范围
　　4.5.2　熟悉船舶、浮动设施航行、活动条件
　　4.5.3　掌握船舶、浮动设施和船员与航行、停泊和作业的规定

5　安全生产相关部门规章或制度

5.1 《公路水运工程安全生产监督管理办法》
　　5.1.1　熟悉制定依据
　　5.1.2　掌握适用范围
　　5.1.3　掌握安全管理方针
　　5.1.4　熟悉安全管理体系
　　5.1.5　了解工程安全生产监督管理工作
　　5.1.6　熟悉从业单位的安全生产条件
　　5.1.7　掌握从业单位的安全生产责任
　　5.1.8　了解相关法律责任

5.2 《安全生产违法行为行政处罚办法》
　　5.2.1　了解制定目的与适用范围
　　5.2.2　了解安全生产违法行为行政处罚原则
　　5.2.3　熟悉行政处罚的程序
　　5.2.4　熟悉行政处罚的执行和备案
　　5.2.5　掌握行政处罚的种类、管辖
　　5.2.6　掌握行政处罚的适用

5.3 《生产安全事故罚款处罚规定(试行)》
　　5.3.1　了解制定目的与适用范围
　　5.3.2　熟悉生产安全事故迟报、漏报、谎报和瞒报认定情形
　　5.3.3　熟悉事故发生单位主要负责人、直接负责的主管人员等的处罚额度

5.4 《安全生产领域违法违纪行为政纪处分暂行规定》
　　5.4.1　了解制定目的与适用范围
　　5.4.2　熟悉企业及其工作人员安全生产领域违法违纪行为的认定
　　5.4.3　熟悉企业及其工作人员安全生产领域违法违纪行为的处罚种类

5.5 《水上水下活动通航安全管理规定》
　　5.5.1　了解制定目的与适用范围
　　5.5.2　了解水上水下活动通航安全管理原则、主管机关

5.5.3 熟悉水上水下活动许可证的申请
5.5.4 熟悉水上水下活动许可证的管理
5.5.5 熟悉通航安全影响论证评估制度
5.5.6 掌握水上水下活动安全主体责任
5.5.7 熟悉水上水下活动监督管理

5.6 《海上航行警告和航行通告管理规定》
5.6.1 了解制定目的与适用范围
5.6.2 熟悉海上航行警告和海上航行通告的发布形式
5.6.3 掌握申请发布海上航行警告、航行通告活动类别
5.6.4 掌握发布海上航行警告、航行通告书面申请的时间与内容
5.6.5 掌握违反本规定的法律责任

5.7 《海上海事行政处罚规定》
5.7.1 了解制定目的与适用范围
5.7.2 熟悉海事行政处罚的适用
5.7.3 熟悉海事行政处罚程序
5.7.4 掌握海事行政违法行为和行政处罚

5.8 《船舶最低安全配员规则》
5.8.1 了解制定目的与适用范围
5.8.2 熟悉最低安全配员原则
5.8.3 熟悉最低安全配员管理

5.9 《潜水员管理办法》《潜水员管理办法实施细则》
5.9.1 了解制定目的与适用范围
5.9.2 了解潜水员培训与考核管理
5.9.3 熟悉潜水员证书管理
5.9.4 熟悉水上水下活动监督管理

5.10 《企业安全生产费用提取和使用管理办法》
5.10.1 了解制定目的与适用范围
5.10.2 掌握安全费用的提取标准
5.10.3 熟悉安全费用的使用
5.10.4 了解罚则

5.11 《国际海上人命安全公约》
5.11.1 了解制定目的与适用范围
5.11.2 熟悉SOLAS1974附则的相关内容

5.12 近三年安全生产管理新规定
5.12.1 熟悉《公路水运工程施工企业项目负责人施工现场带班生产制度（暂行）》
5.12.2 熟悉《生产经营单位安全培训规定》
5.12.3 熟悉《生产经营单位安全生产不良记录"黑名单"管理暂行规定》
5.12.4 掌握《企业安全生产风险公告六条规定》
5.12.5 掌握《企业安全生产应急管理九条规定》

5.12.6 掌握《企业安全生产责任体系五落实五到位规定》
5.12.7 掌握《公路水运工程施工企业主要负责人和安全生产管理人员考核管理办法》
5.12.8 掌握《公路水运工程生产安全事故应急预案》
5.12.9 掌握《公路水运工程建设重大事故隐患清单管理制度》

6 安全生产相关技术标准与规范

6.1 了解《建筑施工模板安全技术规范》JGJ 162
6.2 了解《建筑工程大模板技术规程》JGJ 74
6.3 熟悉《建筑机械使用安全技术规程》JGJ 33
6.4 熟悉《施工现场机械设备检查技术规程》JGJ 160
6.5 熟悉《施工现场临时用电安全技术规范》JGJ 46
6.6 熟悉《建设工程施工现场消防安全技术规范》GB 50720
6.7 熟悉《爆破安全规程》GB 6722
6.8 熟悉《施工企业安全生产管理规范》GB 50656
6.9 熟悉《建设工程施工现场消防安全技术规范》GB 50720
6.10 熟悉《生产经营单位生产安全事故应急预案编制导则》GB/T 29639
6.11 掌握《水运工程施工安全防护技术规范》JTS 205

（三）安全生产管理

7 安全生产管理理论

7.1 安全生产管理的相关概念、要素和方针
　7.1.1 掌握安全的概念
　7.1.2 掌握本质安全的概念
　7.1.3 熟悉安全生产的目标
　7.1.4 熟悉安全生产管理的概念
　7.1.5 熟悉安全生产管理要素、方针
　7.1.6 掌握事故和事故隐患概念
　7.1.7 掌握危险、危险源与重大危险源概念

7.2 安全生产管理原理与方法
　7.2.1 熟悉海因希里事故因果连锁理论
　7.2.2 熟悉博德事故因果连锁理论
　7.2.3 熟悉亚当斯事故因果连锁理论
　7.2.4 熟悉人机轨迹交叉理论
　7.2.5 熟悉破窗理论

7.3 安全生产管理体系
　7.3.1 熟悉安全组织机构保证体系
　7.3.2 熟悉安全生产的目标管理

7.3.3 熟悉安全管理的模式
7.3.4 熟悉职业健康安全管理体系
7.3.5 熟悉安全生产管理的长效机制

7.4 安全生产风险管理

7.4.1 了解风险、风险管理的概念
7.4.2 熟悉风险管理的目标
7.4.3 熟悉风险管理的内容
7.4.4 掌握风险管理的过程与方法
7.4.5 掌握危险源识别方法与步骤
7.4.6 掌握风险评价方法
7.4.7 掌握水运工程施工安全事故发生的内在规律
7.4.8 掌握风险控制的原则、方法

7.5 安全生产应急管理

7.5.1 熟悉应急组织体系
7.5.2 掌握应急救援预案
7.5.3 熟悉应急响应
7.5.4 熟悉应急保障
7.5.5 熟悉应急培训与演练

8 安全生产管理职责

8.1 水运工程从业单位安全生产管理责任

8.1.1 了解建设单位的安全生产职责和义务
8.1.2 了解监理单位的安全生产职责和义务
8.1.3 了解咨询、勘察设计单位安全责任和义务
8.1.4 掌握施工单位的安全生产职责和义务

8.2 水运工程施工企业安全生产管理人员职责

8.2.1 掌握企业法定代表人的安全生产职责
8.2.2 掌握企业分管安全生产工作负责人的安全生产职责
8.2.3 掌握企业分管技术工作负责人的安全生产职责
8.2.4 掌握企业专职安全生产管理人员的安全生产职责
8.2.5 掌握项目经理的安全生产职责
8.2.6 掌握项目主管安全生产工作副经理的安全生产职责
8.2.7 掌握项目总工程师的安全生产职责
8.2.8 掌握项目专职安全生产管理人员的安全生产职责

9 安全生产管理制度

9.1 安全生产管理制度概述

9.1.1 了解建立安全生产管理制度的目的和意义
9.1.2 熟悉安全生产管理制度的主要内容

9.2 安全生产责任制

- 9.2.1 了解建立安全生产责任制的目的和意义
- 9.2.2 了解物资保障责任
- 9.2.3 熟悉资金保障责任
- 9.2.4 熟悉机构设置和人员配备责任
- 9.2.5 熟悉安全生产规章制度制定责任
- 9.2.6 掌握教育培训责任
- 9.2.7 掌握安全管理责任
- 9.2.8 掌握事故报告和应急救援责任
- 9.2.9 熟悉法律、法规、规章规定的其他安全生产责任

9.3 安全生产组织管理制度

- 9.3.1 了解建立制度的目的和意义
- 9.3.2 熟悉安全生产委员会或安全生产领导小组的建立
- 9.3.3 熟悉安全生产组织机构的建立及设置要求
- 9.3.4 熟悉企业安全生产组织机构的主要工作内容
- 9.3.5 熟悉企业内部安全组织管理的重点
- 9.3.6 熟悉制度的实施流程

9.4 安全生产会议制度

- 9.4.1 了解建立制度的目的和意义
- 9.4.2 熟悉安全生产会议职责
- 9.4.3 熟悉主要工作程序
- 9.4.4 熟悉安全生产会议的分类
- 9.4.5 熟悉制度的实施流程

9.5 安全生产管理人员考核制度

- 9.5.1 了解建立制度的目的和意义
- 9.5.2 熟悉安全生产考核形式和对象
- 9.5.3 掌握安全生产管理人员考核管理内容
- 9.5.4 熟悉制度的实施流程

9.6 安全生产教育与培训制度

- 9.6.1 了解建立制度的目的和意义
- 9.6.2 熟悉安全教育培训的形式
- 9.6.3 熟悉安全教育培训的对象
- 9.6.4 掌握安全教育培训的时间和要求
- 9.6.5 掌握企业三级安全教育的具体要求
- 9.6.6 熟悉制度的实施流程

9.7 安全生产费用管理制度

- 9.7.1 了解建立制度的目的和意义
- 9.7.2 掌握安全生产费用的使用范围
- 9.7.3 熟悉制度的实施流程

9.8 安全风险评估与管控制度
 9.8.1 了解建立制度的目的和意义
 9.8.2 掌握安全风险的辨识与评价
 9.8.3 熟悉危险危害因素的分析、分类及管理措施
 9.8.4 熟悉安全风险评估
 9.8.5 熟悉出具安全风险评估报告
 9.8.6 熟悉制度的实施流程

9.9 安全技术交底制度
 9.9.1 了解建立制度的目的和意义
 9.9.2 掌握安全技术交底的具体要求
 9.9.3 熟悉制度的实施流程

9.10 危险性较大工程专项施工方案审批论证制度
 9.10.1 了解建立制度的目的和意义
 9.10.2 掌握危险性较大工程的范围
 9.10.3 掌握专项施工方案的编制
 9.10.4 熟悉专项施工方案的审核、审批
 9.10.5 熟悉专项施工方案的论证
 9.10.6 熟悉制度的实施流程

9.11 特种设备及作业人员安全管理制度
 9.11.1 了解建立制度的目的和意义
 9.11.2 熟悉特种设备的分类
 9.11.3 熟悉特种设备的安装与调试
 9.11.4 熟悉特种设备的管理
 9.11.5 熟悉特种设备作业人员管理
 9.11.6 熟悉制度的实施流程

9.12 职业健康安全和劳动防护用品管理制度
 9.12.1 了解建立制度的目的和意义
 9.12.2 熟悉职业病防治管理
 9.12.3 熟悉常见的劳动防护用品
 9.12.4 熟悉劳动防护用品的配备与使用
 9.12.5 掌握施工安全"三宝"的内容及使用方法
 9.12.6 熟悉制度的实施流程

9.13 生产安全事故隐患排查和治理制度
 9.13.1 了解建立制度的目的和意义
 9.13.2 熟悉事故隐患的分级
 9.13.3 掌握事故隐患的排查治理
 9.13.4 熟悉事故隐患排查治理的报告
 9.13.5 熟悉事故隐患排查结果公示
 9.13.6 熟悉事故隐患治理和验收销号

9.13.7 熟悉制度的实施流程

9.14 安全检查制度

9.14.1 了解建立制度的目的和意义

9.14.2 熟悉安全检查的类型

9.14.3 掌握安全检查的方法

9.14.4 掌握安全检查的内容

9.14.5 熟悉制度的实施流程

9.15 生产安全事故应急管理制度

9.15.1 了解建立制度的目的和意义

9.15.2 熟悉生产安全事故应急管理内容

9.15.3 熟悉生产安全事故应急管理要求

9.15.4 熟悉制度的实施流程

9.16 分包单位安全生产考评制度

9.16.1 了解建立制度的目的和意义

9.16.2 熟悉安全生产管理考评的方法

9.16.3 熟悉安全生产信息评价的主要内容

9.16.4 熟悉安全生产考评的应用

9.16.5 熟悉制度的实施流程

9.17 安全生产事故报告及调查处理制度

9.17.1 了解建立制度的目的和意义

9.17.2 掌握生产安全事故分类

9.17.3 掌握生产安全事故报告程序和主要内容

9.17.4 熟悉生产安全事故处理的一般要求

9.17.5 熟悉制度的实施流程

9.18 企业负责人带班生产制度

9.18.1 了解建立制度的目的和意义

9.18.2 掌握施工企业负责人带班检查要求

9.18.3 掌握项目负责人带班生产要求

9.18.4 熟悉监督检查重点

9.18.5 熟悉制度的实施流程

9.19 其他管理制度

9.19.1 熟悉平安工地考核评价制度

9.19.2 熟悉重大事故隐患清单管理制度

9.19.3 熟悉生产安全重大事故隐患挂牌督办制度（暂行）

（四）安全生产技术

10 施工安全技术准备

10.1 施工组织设计

10.1.1 熟悉施工组织设计安全技术措施编制要求
10.1.2 熟悉施工组织设计安全技术措施主要内容
10.2 专项施工方案
10.2.1 掌握危险性较大工程范围的分类
10.2.2 掌握专项施工方案的主要内容
10.2.3 熟悉专项施工方案的审批
10.2.4 熟悉专项施工方案的实施
10.3 安全技术交底
10.3.1 了解设计交底
10.3.2 熟悉施工交底
10.3.2.1 熟悉施工安全技术交底原则要求
10.3.2.1 熟悉施工安全技术交底的主要内容
10.3.3 熟悉班组交底

11 施工现场布设

11.1 施工现场总体布置与文明施工
11.1.1 熟悉施工现场总体布置要求
11.1.2 熟悉文明施工要求
11.2 预制场地
11.2.1 了解预制场地勘察与综合论证要求
11.2.2 熟悉预制场地选择要求
11.3 水上临时设施
11.3.1 了解水上临时设施的种类
11.3.2 熟悉水上临时设施设置要求
11.4 安全用电
11.4.1 熟悉施工现场临时用电的一般规定
11.4.2 熟悉临时用电组织设计要求
11.4.3 掌握自备发电机组布置要求
11.4.4 掌握施工现场临时用电原则与安全配置要求
11.4.5 熟悉用电防护与防雷安全要求
11.5 施工现场消防安全管理
11.5.1 熟悉施工现场防火要求

12 个体安全防护

12.1 个体安全防护的基本规定
12.1.1 掌握个体安全防护的一般规定
12.2 安全帽
12.2.1 熟悉安全帽的安全要求
12.2.2 掌握安全帽的佩戴方法

12.3 安全带

    12.3.1 熟悉安全带的安全要求

    12.3.2 掌握安全带的佩戴方法

12.4 救生衣

    12.4.1 熟悉救生衣的安全要求

    12.4.2 掌握救生衣的穿戴方法

12.5 防护服

    12.5.1 了解防护服的种类与作用

    12.5.2 掌握防护服的安全要求

12.6 防护鞋

    12.6.1 了解防护鞋的种类与作用

    12.6.2 掌握防护鞋的安全要求

12.7 防护手套

    12.7.1 了解防护手套的种类与作用

    12.7.2 掌握防护手套的安全要求

12.8 防护用具

    12.8.1 熟悉防护用具的种类与作用

    12.8.2 掌握防护用具的安全要求

13 施工机械设备

13.1 施工机械安全防护

    13.1.1 了解水运工程施工机械的种类

    13.1.2 熟悉机械管理的基本要求

    13.1.3 熟悉机械管理的基础工作

    13.1.4 掌握主要施工机械通用安全防护知识

    13.1.5 掌握主要施工机械安全防护技术

13.2 施工船舶安全防护

    13.2.1 了解水运工程施工船舶的种类

    13.2.2 熟悉主要施工船舶的性能

    13.2.3 熟悉主要施工船舶安全防护设备

    13.2.4 熟悉主要施工船舶安全操作

    13.2.5 熟悉施工船舶水上消防

13.3 施工船舶调遣

    13.3.1 熟悉非自航工程船舶水上拖带调遣安全防护技术

    13.3.2 熟悉自航工程船舶水上调遣安全防护技术

    13.3.3 熟悉海船航区划分

    13.3.4 掌握施工船舶调遣流程

13.4 施工船舶防风

    13.4.1 了解我国近海风浪概况

13.4.2 熟悉海浪对施工作业的影响
13.4.3 掌握施工船舶防风、防台工作内容
13.4.4 掌握施工现场抗风与避风措施

14 通用作业

14.1 一般规定
14.1.1 熟悉水运工程施工作业安全防护的一般规定
14.2 测量作业
14.2.1 熟悉陆上测量安全防护
14.2.2 熟悉水上测量安全防护
14.2.3 熟悉测量设备安全
14.3 模板工程
14.3.1 了解模板工程施工中的常见事故
14.3.2 掌握模板工程施工安全技术防护
14.3.3 掌握模板存放的安全
14.4 钢筋工程
14.4.1 了解钢筋工程施工中的常见事故
14.4.2 掌握钢筋工程施工安全技术防护
14.4.3 掌握钢筋冷拉和预应力张拉安全技术
14.5 混凝土工程
14.5.1 了解混凝土工程施工中的常见事故
14.5.2 掌握混凝土工程施工安全技术防护
14.6 电焊、气焊作业
14.6.1 了解电焊、气焊作业中的常见事故
14.6.2 熟悉电焊、气焊作业时应注意的事项
14.6.3 掌握电焊、气焊作业安全技术防护
14.7 起重吊装作业
14.7.1 熟悉起重作业应遵守的规定
14.7.2 熟悉起重索具安全要求
14.7.3 掌握常用的起重机械安全作业要求
14.7.4 掌握特定情况下起重作业安全要求
14.8 高处作业
14.8.1 了解高处作业中的常见事故
14.8.2 熟悉高处作业的基本类型
14.8.3 掌握高处作业的安全技术防护
14.9 水上抛石
14.9.1 熟悉水上抛石方法和特点
14.9.2 掌握水上抛石安全操作要求
14.10 潜水作业

14.10.1 熟悉潜水作业一般安全规定
14.10.2 熟悉特殊施工环境下的潜水作业安全规定

14.11 爆破作业
14.11.1 了解爆破设计单位规定
14.11.2 熟悉爆破施工企业规定
14.11.3 掌握爆破施工作业的一般规定

14.12 软基处理工程
14.12.1 掌握软基处理工程的安全防护技术

14.13 拆除工程
14.13.1 掌握拆除工程安全技术管理

15 专业工程

15.1 预制构件起吊、出运和安装
15.1.1 了解水运工程预制构件的种类
15.1.2 熟悉预制构件起吊、出运方法
15.1.3 熟悉沉箱拖运技术准备工作
15.1.4 掌握预制构件安装安全防护技术

15.2 桩基施工
15.2.1 熟悉桩基施工的一般要求
15.2.2 掌握陆上锤击、振动、水冲沉桩施工安全技术措施
15.2.3 掌握水上锤击、振动、水冲沉桩安全规定
15.2.4 掌握灌注桩施工安全技术措施

15.3 深基坑支护及开挖
15.3.1 熟悉深基坑支护及开挖一般安全规定
15.3.2 掌握板桩支护安全规定
15.3.3 掌握地下连续墙施工安全规定
15.3.4 掌握沉井施工安全规定

15.4 疏浚和吹填工程
15.4.1 熟悉疏浚和吹填工程施工作业安全防护的一般要求
15.4.2 掌握各类挖泥船施工作业安全防护
15.4.3 掌握吹泥船施工作业安全防护
15.4.4 掌握泥驳施工作业安全防护
15.4.5 掌握吹填区围堰施工作业安全防护
15.4.6 掌握排泥管线敷设施工作业安全防护

15.5 沉排、铺排及冲沙袋施工
15.5.1 熟悉沉排、铺排和冲沙袋施工的一般要求
15.5.2 掌握铺排船施工作业安全防护技术
15.5.3 掌握干滩和浅水人工铺排作业安全防护
15.5.4 掌握冲沙袋施工作业安全防护

15.6 水下爆破施工

15.6.1 掌握水下爆炸排淤施工安全要求

15.6.2 掌握水下爆炸夯实施工安全要求

15.6.3 掌握水下炸礁施工安全要求

16 特殊季节与特殊环境施工

16.1 雨季施工

16.1.1 了解雨季施工总要求

16.1.2 熟悉雨季施工准备措施

16.1.3 掌握重点分项工程雨季施工安全措施

16.2 冬季施工

16.2.1 掌握冬季施工安全防护措施

16.3 高温季节施工

16.3.1 熟悉高温季节施工安全防护措施

16.4 热带气旋季节施工

16.4.1 掌握热带气旋季节施工安全防护措施

16.5 夜间施工

16.5.1 掌握夜间施工安全防护措施

16.6 能见度不良天气施工

16.6.1 掌握能见度不良天气施工安全防护措施

16.7 无掩护水域施工

16.7.1 掌握无掩护水域施工安全防护措施

16.8 其他特殊条件施工

16.8.1 熟悉其他特殊条件施工安全防护措施

附录B 公路水运工程平安工地建设考核评价

(1) 为强化公路水运工程安全生产管理，规范从业行为，落实安全责任，深入推进平安工地建设管理，确保平安工地考核评价工作有序开展，制定本标准。本标准主要适用于高速公路和大型水运工程平安工地建设考核评价及监督检查工作。

(2) 考核评价程序：项目施工单位负责组织平安工地建设，在合同段开工后、交工验收前，每月应当按照本标准至少开展一次自查自纠，每季度至少开展一次自我评价，自评结果经监理单位审核后报建设单位。工程项目开工、危险性较大的分部分项工程开工前，施工单位应当将合同约定的安全生产条件落实情况向监理、建设单位申报。工程项目开工前，建设单位应按照本标准要求组织开展安全生产条件审核，对审核记录及结论负责，同时将审核结果报直接监管的交通运输主管部门。危险性较大的分部分项工程开工前，监理单位按照本标准要求及时开展安全生产条件审核，并将审核结果报建设单位。

(3) 考核评价方法：平安工地建设考核评价，包括安全生产条件核查、施工、监理、建设等从业单位考核评价两方面。安全生产条件核查，包括工程项目开工前安全生产条件核查表、危险性较大的分部分项工程施工前安全生产条件核查表两部分。施工单位考核评价，包括施工单位基础管理考核评价表和施工单位施工现场考核评价表两部分。其中施工现场考核评价由通用部分、专业部分（公路工程和水运工程）两部分组成。

安全生产条件是公路水运工程项目开工应当具备法律法规和技术标准规定，满足合同约定的基础条件，不得有不符合项。安全生产条件符合项，是指安全生产条件满足合同约定，符合法律法规和技术标准要求；基本符合项，是指该项安全生产条件总体满足，但在满足程度上还需要提升。安全生产条件，由工程项目开工前安全生产条件、危险性较大的分部分项工程施工前安全生产条件两部分组成，其中，危险性较大的分部分项工程施工前安全生产条件，需按施工进度分阶段经监理单位审核、建设单位确认；这部分的安全生产条件是动态的，在计算这部分安全生产条件时，要结合施工单位进场报验情况予以逐项确认统计，在监理、建设单位批复意见中明确要求修改、完善的，应视为基本符合项。

(4) 考核评价结果：平安工地建设考核评价按照百分制计算得分，计算得分精确到小数点后1位。考核评价结果分为合格、不合格两类。考核评价分数70分及以上的为合格，70分以下为不合格。对已经发生重特大生产安全责任事故、存在未及时整改的重大事故隐患、被列入安全生产黑名单的合同段，直接评为不合格；发生一起一般及以上生产安全责任事故，负有主要责任的施工合同段直接评为不合格。项目因安全生产问题被停工整改两次以上，被主管部门通报批评、挂牌督办、行政处罚、约谈项目法人及企业法人,或逾期不落实书面整改要求的,或者在考核评价过程中,发现存在明显安全管理漏洞、事故隐患治理不力反复存在的,可根据实际情况在工程项目计算得分的基础上酌情扣5~15分。

附表:
附表 B-1-1　工程项目开工前安全生产条件核查表
附表 B-1-2　危险性较大的分部分项工程施工前安全生产条件核查表
附表 B-2　施工单位基础管理考核评价表附件
附表 B-3-1　施工单位施工现场(通用部分)考核评价表
附表 B-3-2　施工单位施工现场(公路部分)考核评价表
附表 B-3-3　施工单位施工现场(水运部分)考核评价表

附表 B-1-1

工程项目开工前安全生产条件核查表

项目名称：

序号	安全生产条件核查内容	需附资料	评判标准	核查结论（符合、基本符合、不符合）	存在问题说明（可另附页）
1	项目基本建设程序完备，施工图设计依法审批，施工工期合理	附：施工图审批文件复印件	符合：项目建设程序完备，依法审批，工期符合设计要求。 基本符合：项目建设程序齐全，但审批时间有滞后现象。 不符合：施工图设计未经审批		
2	施工招（投）标文件及施工合同中载明项目安全管理目标、安全生产职责、安全生产条件、安全生产费用、安全生产信用情况及专职安全生产管理人员配备的标准要求	附：施工招标、投标文件及施工合同中相关内容的复印件	符合：施工招（投）标文件及施工合同中的安全管理要素符合法律法规要求，招标文件、投标文件及施工合同所对应的内容相一致。 基本符合：施工招（投）标文件及施工合同中的安全管理要素符合法律法规要求，但三个文件之间所对应的内容不尽一致。 不符合：施工招（投）标文件及施工合同中的安全管理要素不符合法律法规要求，或缺失		
3	施工单位安全生产许可证及相应等级资质证书有效	附：企业安全生产许可证及相应等级资质证书复印件	符合：施工单位具备安全生产许可证及相应等级资质证书均在有效期内。 不符合：施工单位安全生产许可证及相应等级资质证书失效，或资质证书范围不符合要求		
4	建设单位分别与施工、监理单位签订安全生产协议书，明确各方安全生产管理职责	附：安全生产协议书复印件	符合：建设单位按要求分别与施工、监理分别签订了安全生产协议，合同双方权利义务责任明确，项目安全管理目标明确。 基本符合：建设单位按要求分别与施工、监理分别签订了安全生产协议，合同双方权利义务责任不明确或项目安全管理目标不明确。 不符合：建设单位未按要求分别与施工、监理分别签订安全生产协议		
5	建设单位设立负有安全管理职能的部门；监理单位按要求配备专职安全监理工程师；施工单位设立安全生产管理部门，按要求配备专职安全生产管理人员	附：组织机构图，安全职能部门（岗位）设置文件及相关人员证书复印件，相关人员任命文件等	符合：建设、施工单位按规定设置了安全管理部门，施工单位按合同要求配备了专职安全监理工程师，监理单位按规定配备了专职安全监理工程师，机构有成立文件，岗位有任命文件，人员有任命文件，符合岗位任职条件。 基本符合：建设、施工单位按规定设置了安全管理部门，明确了专职安全管理人员，但岗位任命文件缺失或岗位责任不够清晰。		

续表

序号	安全生产条件核查内容	需附资料	评判标准	核查结论（符合、基本符合、不符合）	存在问题说明（可另附页）
5			不符合：建设单位未按规定设立负有安全管理职能的部门，监理单位未按要求配备专职安全监理工程师，施工单位未按合同条件要求配备足够的专职安全生产管理人员，施工企业安全生产管理人员未经考核合格或未获得考核合格证书		
6	建设单位按规定开展施工安全总体风险评估，编制总体风险评估报告	附：总体风险评估报告	符合：按规定开展了项目总体安全风险评估，编制了评估报告，评估深度符合项目实际，程序符合规范，评估结论合理，可指导后期施工。基本符合：按规定开展了项目总体安全风险评估，编制了评估报告，但评估深度不足，对后期施工评估程序有待改进。不符合：未按规定开展项目总体安全风险评估，或未编制项目总体安全风险评估报告，评估结论不合理，无法运用到后期施工中		
7	施工组织设计文件中应按规定编制安全技术措施和施工现场临时用电方案，并经监理审批	附：施工组织设计文件和施工现场临时用电方案	符合：按规定的程序编制施工组织设计文件和施工现场临时用电用电方案，并经监理审批通过。基本符合：施工组织设计文件和施工现场临时用电方案编制了，并经监理审核通过，但安全技术措施编制中存在较多需要改进完善之处。不符合：施工组织设计文件中未考虑安全技术措施，施工现场临时用电方案，或方案未经监理审批通过		
8	建设单位组织编制项目综合应急预案	附：项目综合应急预案	符合：按规定编制项目综合应急预案，各项应急预案，应急程序合理，应急资源充足，各项指挥机制完备。基本符合：按规定编制了项目综合应急预案，应急程序大合理，应急资源充分，应急管理要素齐全，但部分应急管理要素不全，应急指挥机制待改进。不符合：未按规定编制项目综合应急预案		
9	施工单位临时场站、驻地选址等符合安全性要求，施工单位根据企业规定组织验收	附：验收材料	符合：施工单位临时场站、驻地选址符合安全要求，施工单位根据企业规定组织了验收。不符合：施工单位临时场站、驻地选址未按企业规定组织验收或验收发现存在问题，项目部根据整改到位		

443

续表

序号	安全生产条件核查内容	需附资料	评判标准	核查结论（符合、基本符合、不符合）	存在问题说明（可另附页）
符合项			符合率=符合项/（符合项+基本符合项）=		

建设单位（盖章）：　　　　　　　　　　　　　　　　　核查人（签名）：　　　　　　　　　　　核查日期：　　年　　月　　日

注：本表由建设单位负责核查，核查完成后向直接监管的交通运输主管部门报送。其中，1～5项应附相关资料，其余条目附建设单位核查意见。

危险性较大的分部分项工程施工前安全生产条件核查表　　　　　　　附表 B-1-2

项目名称：　　　　　　　　　　　　　　　　　施工合同段：　　　　　　　　　　　　　　危险性较大的分部分项工程名称：

序号	安全生产条件核查内容	需附资料	评判标准	核查结论（符合、基本符合、不符合）	存在问题说明（可另附页）
1	按规定开展专项风险评估工作，编制专项风险评估报告，制定重大风险管控方案	附：专项评估报告及风险管控方案	符合：按规定开展了专项风险评估，编制了评估报告，制定了重大风险管控方案，评估程序规范、评估深度符合实际，风险防控措施合理。 基本符合：按规定开展了专项风险评估，编制了评估报告，评估程序合理、评估深度不足，风险防控措施基本合理。 不符合：未按规定开展专项风险评估，或评估结论与实际不符或出现误判，或无重大风险管控措施无针对性。		
2	按规定编制专项施工方案，经施工单位技术负责人、施工单位主要负责人签字确认，监理工程师审查实施，审查论证意见，附安全验算结果，监理工程师审查论证，审查意见	附：专项施工方案、施工单位技术负责人、施工单位主要负责人签字确认和专家论证意见，审查意见	符合：按规定编制了专项施工方案，附具安全验算结果，按程序履行了签字确认手续；超过一定规模的危险性较大工程专项施工方案组织了专家论证，附专家审查意见。 基本符合：按规定编制了专项施工方案，附具安全验算结果，但确认程序不够完整，或未按专家意见修改完善后重新发布，或评估结论与实际不符修改完善专项施工方案。 不符合：未编制专项施工方案，或超过一定规模的危险性较大工程未编制专项施工方案，或未组织专家论证		

续表

序号	安全生产条件核查内容	需附资料	评判标准	核查结论（符合、基本符合、不符合）	存在问题说明（可另附页）
3	施工单位按规定对从业人员进行安全生产教育、培训和技术交底；特种作业人员按规定取得相应作业资格	附：教育培训档案、技术交底记录和资格证书复印件	符合：施工单位按规定对从业人员进行全员安全教育培训且考核合格，培训内容符合相关规定，培训学时符合相关规定；分工种、工序组织了安全技术交底；施工单位按规定对全员安全教育培训人员按规定取得相应作业资格。基本符合：施工单位按规定对从业人员进行了全员安全教育培训，但安全技术交底分工种、工序组织未对针对性、或安全技术交底内容缺乏针对性；教育培训和技术交底台账不健全，或未建立安全教育培训和技术交底台账不健全，特种作业人员台账不健全。不符合：施工单位按规定对从业人员上岗前，特种作业人员未按规定取得相应作业资格，特种作业人员未组织考核或考核未通过，特种作业人员未按规定取得相应作业资格		
4	施工机械、设施、机具以及安全防护用品和配件等具有生产（制造）许可证、产品合格证或者法定检验检测合格证明；特种设备使用单位依法取得特种设备使用登记证书，并将登记标志置于该特种设备的显著位置；组织有关单位进行验收，或者委托具有相应资质的检验检测机构对翻模、爬模等自升式架设施、滑（爬）模等自升式施工架、以及自行设计、组装或者改装的施工吊（吊）篮、移动模架等设施进行验收	附：机械设备及机具和安全防护用品的生产（制造）许可证、产品合格证、检验检测合格证明复印件、特种设备使用登记证复印件、特种设备使用登记证、安全技术档案、升式自升架设施、自行设计、组装或者改装的设施等的验收材料	符合：各类施工机械、设施、机具及安全防护用品按规定取得生产（制造）许可证，产品合格证、检验检测合格证明；各类专用设施设备通过了专项验收。基本符合：各类施工机械、设施、机具及安全防护用品按规定取得相应的生产（制造）许可证、产品合格证、检验检测合格证明，或各类专用设备未按规定取得相应专项验收专项手续不全，或无验收记录。不符合：各类施工机械、设施、机具及安全防护用品未按规定取得相应的生产（制造）许可证明，或各类专用设备未按规定组织专项验收		
5	按规定编制合同段施工专项应急预案和现场处置方案、依法建立应急救援组织或者指定工程现场应急救援人员，并具有一定专业能力的兼职的，应急救援物资、应急救援器材和应急物资	附：专项应急预案、现场处置方案、应急人员名单和应急物资	符合：按规定编制了合同段施工专项应急预案和现场处置方案，建立了应急救援组织，明确现场应急救援人员和技术专家，配备必要的救援器材、资源充足，应急预案中的各项应急管理要素、程序合理完备。		

445

续表

序号	安全生产条件核查内容	需附资料	评判标准	核查结论（符合、基本符合、不符合）	存在问题说明（可另附页）
5	应急救援人员，配备必要的应急救援器材、设备和物资	设备、器材等清单	基本符合：按规定编制了合同段施工专项应急预案和现场处置方案，但是部分应急管理要素不齐全，应急组织机制有待改进，或者现场处置方案覆盖面不全，内容深度不足，缺乏可操作性。 不符合：未按规定编制合同段施工专项应急预案和现场处置方案，或未明确现场应急组织和人员，未配备必要的应急救援器材、设备和物资		
6	劳务分包、专业分包等单位有符合法律法规的资质条件；施工单位与从业人员订立的劳动合同，载明保障从业人员劳动安全，防止职业危害等事项	附：相关分包企业的资质条件复印件、劳动合同复印件	符合：劳务、专业分包等单位符合相关法律法规的资质要求，施工单位与从业人员订立的劳动合同中保证从业人员劳动安全、防止职业危害等事项的事项无漏项，待改进。 基本符合：施工企业与从业人员订立的劳动合同中订立的事项有漏项，待改进。 不符合：存在转包违规分包情形，或劳务分包、专业分包等单位不符合法律法规的资质条件或实力，施工企业未按规定与从业人员订立劳动合同		
7	施工现场的办公、生活区与作业区分开设置。办公、生活区的选址应当符合安全性要求，施工单位根据企业规定组织了验收	附："三区"布局规划图和驻地验收材料	符合：施工现场的办公、生活区与作业区分开设置，项目部根据施工企业规定的办公、生活区组织了验收。 基本符合：施工现场的办公、生活区与作业区分开设置，选址符合安全性要求，生活区、生活区根据企业规定的办公、生活区没未根据企业规定对办公、生活区组织验收或验收发现安全隐患、地质风险或项目部未根据发现存在问题及时整改到位		
8	按规定办理跨线施工、交通管制及水上水下作业等相关手续	附：相关手续材料	符合：按规定办理了相关手续。 基本符合：各项手续都按规定办理，但时间有所滞后，或者部分手续还在办理中。 不符合：各项手续未按规定办理		

续表

序号	安全生产条件核查内容	需附资料	评判标准	核查结论（符合，基本符合，不符合）	存在问题说明（可另附页）
9	从业单位应当依法参加工伤保险，为从业人员交纳保险费。为危险性较大的作业岗位人员购买意外伤害险	附：相关保单复印件	符合：企业相对固定的职工按用人单位参加工伤保险，短期雇用的农民工按项目参加工伤保险。危险性较大的作业岗位有意外伤害险。 基本符合：未按要求续保，或企业未支付保险费。 不符合：投保范围未覆盖全部从业人员，特别是新入场或转场的农民工没有工伤保险		
符合项	基本符合项			符合率＝(符合项/(符合项＋基本符合项)＝	

监理单位（盖章）：　　　　　　　　　　　　　　　　核查人（签名）：　　　　　　　　　　　核查日期：　　年　　月　　日

注：1. 本表由监理单位负责核查，核查结果报建设单位确认。在前序的危险性较大的分部分项工程中的某项安全生产条件核查结论为"符合"的情况，后序的危险性较大的分部分项工程中，相同项别的安全生产条件无实质变化的，可不重复报验。

危险性较大的分部分项工程安全管理划分可按照《公路工程施工安全技术规范》JTG F 90—2015、《水运工程施工安全防护技术规范》JTS 205-1-2008，同时参照住建部《危险性较大的分部分项工程安全管理规定》（住建部令[2018]第37号）等文件，结合工程实际予以明确。

附表 B-2

施工单位基础管理考核评价表（满分150分）

项目名称：　　　　　　　　　　　　　　施工合同段：　　　　　　　　　　　　　　施工单位名称：

序号	类别	考核项目	考核内容及评价标准	考核评价方法	扣分标准	扣分说明	得分
1	安全管理目标策划（8分）	1.1 方针目标（4分）	*制定项目安全生产方针，目标和不低于合同约定的安全控制指标	查文件、资料	*未制定项目安全生产方针、目标，扣4分。 制定的项目安全生产方针、目标不具体，未以文件形式正式发布，视情节扣1～2分。 *制定的安全生产控制指标低于合同约定的安全控制指标，扣2分		
		1.2 策划设计（2分）	制定满足目标要求的安全生产策划方案	查文件、资料	未制定安全生产策划方案，扣2分。 安全生产策划方案不满足目标要求，视情节扣1～2分。 安全生产策划方案可操作性不强，视情节扣1～2分		

续表

序号	类别	考核项目	考核内容及评价标准	考核评价方法	扣分标准	扣分说明	得分
1	安全管理目标策划（8分）	1.3 目标考核（2分）	制定安全生产目标考核与奖惩办法。定期考核年度安全生产目标完成情况，并兑现奖惩	查文件、资料	未制定安全生产目标考核和奖惩办法，扣2分。安全生产目标考核与奖惩办法内容不全面、不具体，视情节扣1～2分。未定期考核安全生产目标完成情况，或考核不连续，视情节扣1～2分。未按办法要求对考核结果实施奖惩，扣1分		
2	安全生产管理制度（10分）	2.1 建立制度体系（4分）	*建立安全生产管理制度体系，应包含安全生产责任制及考核奖惩、安全技术交底、安全教育培训及考核、特种作业人员、安全费用管理、安全检查及隐患排查、安全风险管控、事故报告、应急预案、劳动防护用品管理、职业健康、分包管理、作业技术规程、设备安全管理、消防安全管理、临时用电管理等制度	查文件	*未建立健全安全生产管理制度体系的，每缺一项扣1分		
		2.2 制度合规性（2分）	安全生产管理制度应符合国家、行业现行的法律法规和规章制度的要求	查文件	与现行相关法律法规、规章制度不符的，发现一处扣1分。制度缺乏更新，操作性或未执行，视情节扣1～2分		
		2.3 制度执行（2分）	督促检查安全生产管理制度执行情况	查文件	在安全生产责任制考核或安全检查中未对安全管理制度进行督促检查的，扣1分		
		2.4 安全会议（2分）	安全会议管理制度应符合国家、行业现行的法律法规和规章制度的要求	查文件、资料	未制定安全会议管理制度，扣1分。未定期召开安全生产领导小组会议或专业安全会议，扣1分。会议记录不完整、不连续，发现一次，扣1分		
3	安全管理机构和人员（10分）	3.1 安全组织机构（2分）	成立安全生产领导小组，建立专职安全管理机构，安全组织机构框图悬挂在明显位置	查文件	未成立安全生产领导小组，扣1分。未建立专职安全管理机构，扣1分。安全组织机构框图未悬挂在明显位置，扣1分		

续表

序号	类别	考核项目	考核内容及评价标准	考核评价方法	扣分标准	扣分说明	得分
3		3.2 安全管理人员（3分）	*主要负责人和安全生产管理人员经交通运输主管部门对其安全生产知识和管理能力考核合格，持证上岗并与对应岗位人员身份相符。安全生产管理人员工作记录完善	查证件，查合账，同时对现场在岗人员应检查	*未按合同要求足额配备专职安全生产管理人员，发现少一人扣1分。*安全生产管理人员未持有效证书，或证书与对应岗位人员身份不相符，发现一例扣1分。安全生产管理人员无工作记录或记录流水账、无实质内容，发现一次扣1分		
		3.3 特殊作业人员（3分）	*特殊作业人员（包括租赁设备自带人员）、爆破相关人员持有效资格证书上岗，证书与从事的工作岗位相对应	查证件，查合账，同时对现场在岗人员应检查	*每发现一例特种作业人员、爆破相关人员等未持有效证书，扣1分。*持证人在岗情况不明，扣1分。*租赁设备自带人员未持证上岗，扣2分		
		3.4 从业人员劳动保护（2分）	全员劳动用工登记、签订劳动合同，编制劳动保护用品和职业健康防护用品发放记录	查花名册、领用记录	未与从业人员签订劳动合同，扣2分。签订劳动合同的人员未覆盖所有从业人员，视情节扣1～2分。未建立人员台账、台账不完善，视情节扣1～2分。无劳动保护用品和职业健康防护用品发放记录，扣1～3分		
4	安全生产责任（10分）	4.1 责任制制定（3分）	*编制项目安全生产管理责任制度，应当明确各岗位的责任人员、责任范围和考核标准等内容	查文件	*未编制安全生产管理责任制度，或未明确各岗位的责任人员、责任范围和考核标准，扣3分		
		4.2 责任签认（2分）	项目、各部门及作业层安全职责及责任人明确	查文件及责任落实及考核资料	未明确项目、各部门及作业层安全责任人，扣2分。未进行全员安全责任签认，扣2分。安全生产责任签认，每缺一人，扣1分		
		4.3 责任考核（3分）	落实安全生产责任制并进行检查、考核	查文件及考核资料	未组织安全责任考核，扣3分。安全责任考核未覆盖全员，考核内容不全，每缺一项扣1分。考核结果未应用、无兑现奖惩，考核周期不连续、考核记录不全，视情节扣1分		

449

续表

序号	类别	考核项目	考核内容及评价标准	考核评价方法	扣分标准	扣分说明	得分
4		4.4 责任追究（2分）	制定责任追究制度，按制度规定进行追责	查文件及责任落实考核资料	未制定责任追究制度，扣2分。未按规定追责，视情节扣1~2分。未开展警示教育，视情节扣1~2分。		
5	安全风险管控（20分）	5.1 风险评估（8分）	*按规定开展施工安全风险辨识和风险评估。根据风险辨识和评估结果编制重大风险清单	查文件，现场核对	*未按规定开展公路水运工程施工安全风险评估，扣8分。*未按规定开展公路水运工程施工安全风险辨识，扣8分。风险辨识、评估结论不充分、不全面，视情节扣2~4分。未编制重大风险清单，扣8分。重大风险清单不全面，视情节扣2~5分。		
		5.2 风险管控（10分）	*对重大风险制定安全管控方案。*重大风险较高区域设置隔离区或警戒区及风险告知牌。*重大风险按规定向属地直接监督管理部门进行报备。作业场所和工作岗位存在的危险因素、防范措施以及应急避险措施清告知作业人员。明确特殊时间、危险作业环节项目负责人带班制度。	查文件，查资料，现场核对	*未制定重大风险安全管控方案，扣5分。安全管控方案中未明确责任人或预控措施针对性不强，视情节扣2~4分。*重大风险、危险因素、防范措施以及应急避险措施未按规定告知作业人员，发现一次扣3分。*重大风险未按规定向重大事故监督管理部门进行报备的，扣4分；报备时间延误导致重大风险演变为重大事故隐患的，扣10分。*未按规定设置隔离区、警戒区以及风险告知牌的，扣4分。未制定危险作业环节、或项目负责人带班制度，记录不连续，视情节扣1~3分。未执行带班制度，或制度执行不严格，扣2分。		
		5.3 风险监测（2分）	建立风险动态监控机制，按规定进行监测、评估、预警，及时掌握风险的状态和变化趋势。对重大风险进行监测、检查，建立风险动态监控台账	查资料，现场核对	未建立风险动态监控机制，扣2分。未开展重大风险动态监测、预警和控制的，扣2分。未建立重大风险监测台账的，扣1分。		

续表

序号	类别	考核项目	考核内容及评价标准	考核评价方法	扣分标准	扣分说明	得分
6	事故隐患治理（20分）	6.1 安全检查（8分）	定期开展安全检查，项目部每月至少开展一次安全综合检查，每周开展专项安全检查，安全管理人员每日安全巡查。开（复）工、季节交替、恶劣天气和节假日应组织安全检查，并做好记录	查文件，查检查记录	未定期开展安全检查，或安全检查不连续，或问题整改不及时，视情节扣3～6分。安全检查记录缺失、不连续、不闭合，或问题整改不闭合，视情节扣2～4分		
		6.2 隐患排查治理（6分）	*制定隐患排查治理制度。发现隐患限期整改，做好复查验证，确保隐患闭合。*建立隐患清单或台账。隐患排查治理情况应当如实记录，并向从业人员通报	查文件，查隐患清单或台账	*未制定隐患排查治理制度，扣6分。未制定重大事故隐患治理方案的责任、措施、资金、时限、预案（五到）不落实的，视情节扣2～4分。未限期整改隐患，或隐患反复出现，或视情一处视情节扣2～4分。未复查验证，发现一处视情节扣2～3分。*未建立隐患清单或台账，台账不全面，不闭合，视情节扣2～4分。施工现场未张贴已发现的重大事故隐患清单，隐患治理情况未向从业人员通报，视情节扣2～4分		
		6.3 隐患统计分析（2分）	定期统计分析隐患清单或台账，举一反三，制定治理措施	查文件，查隐患清单或台账	未定期统计分析事故隐患治理情况，扣2分。未针对隐患多发部位或环节制定相应的管理措施，扣1分		
		6.4 重大事故隐患治理（4分）	*重大事故隐患要挂牌整改，及时上报，项目负责人要带班检查	查文件，查资料	*重大事故隐患未及时按规定报告，视情节扣4分。*重大事故隐患未挂牌整改或整改不到位，视情节扣2～4分。*项目负责人未进行带班检查，或检查记录不全，扣1～2分		

续表

序号	类别	考核项目	考核内容及评价标准	考核评价方法	扣分标准	扣分说明	得分
7	施工设备、设施、机具及防护用品管理（10分）	7.1 机械设备及防护用品管理（5分）	建立机械设备分类管理台账。自有或租赁的施工机具有生产（制造）许可证、产品合格证或者法定检验检测合格证明。施工现场的安全防护用具、机械设备、施工机具及配件必须由专人管理，定期进行检查，并按照国家有关规定及时报废。*大型模板、承重支架等设备目录的非标设备，应组织专家论证和验收	查台账、现场核对	未建立机械设备分类管理台账，扣2分；台账不全、不连续，视情节扣1～2分。设备租赁合同未明确安全责任，或未提供生产（制造）许可证、产品合格证或者法定检验检测合格证明，发现一台扣2分。安全防护用具、机械设备、施工机具及配件未配备专职管理人员，或无管理档案，或未按规定及时更新的，发现一处扣1～2分。*按规定应当组织专家论证或未组织的，发现一项扣2分；非标设备等未组织的，发现一台扣2分		
		7.2 特种设备管理（5分）	*特种设备安装拆除应由具备资质条件的单位承担，拆装应当编制方案，并经施工企业内部安全技术负责人审核、签认，企业内部审批手续齐全。特种设备投入使用前经检验检测合格，日常检查、维修，保养记录齐全。建立特种设备管理档案	查台账、现场核对	*特种设备安装、拆除无方案，或由不具备资质条件的单位承担，拆除一台扣5分。特种设备未经检验检测合格投入使用，每发现一台扣3分。未办理启用或停用使用登记手续的，每发现一台扣1分。无日常检查、维修保养记录，发现一处扣1分。特种设备档案不规范，发现一项扣1分		
8	安全技术管理（15分）	8.1 施工组织设计（5分）	施工组织设计应结合风险评估结论，制定有针对性的安全技术保障措施，企业安全技术负责人审核、签认，批手续齐全	查资料	施工组织设计未结合施工风险评估完善安全技术保障措施，或安全技术保障措施、针对性不强，操作性不足，发现一项视情节扣2～4分。施工企业内部审批手续不完善，或未根据企业审核意见及时更新施工组织设计，或企业审查意见不详细，发现一项视情节扣1～3分		
		8.2 专项施工方案（5分）	*对评估达到重大风险的工程和危险性较大分部分项工程，应编制专项施工方案。按规定程序对专项工程方案组织评审。	查台账、文件、现场核对	*专项施工方案不齐全，或内容不完善，或针对性不强，发现一项扣1～3分。超过一定规模的危险性较大分部分项工程专项施工方案不		

续表

序号	类别	考核项目	考核内容及评价标准	考核评价方法	扣分标准	扣分说明	得分
8		8.2 专项施工方案（5分）	超过一定规模的危险性较大分部分项工程专项施工方案应组织专家论证，严格按专项施工方案落实到位		按规定组织专家论证的，发现一份扣3分。专项施工方案未经审批或未报批或或未经评审通过的，发现一份扣2分。未按专项施工方案实施的，发现一次扣2分		
		8.3 安全技术交底（3分）	明确安全技术交底的责任人、对象、方法、内容。逐级交底针对性，真实，内容合理。建立安全技术交底台账	查文件、台账及记录	安全技术交底资料不全，或内容缺乏针对性，发现一份扣1分，或未按岗位层级设置交底内容，发现一次扣1分。未建立安全技术交底台账，扣1分。安全技术交底记录不真实，扣2分。未交底至一线作业人员，视情节扣1～2分		
		8.4 临时用电方案（2分）	按规定制定临时用电方案。标注临时用电平面布置图、电负荷计算资料。施工现场临时用电的巡视、维修、保养记录完整	查方案、记录	未按规定制定临时用电方案，扣2分。临时用电方案或未按规定履行审批手续的，视情节扣1～2分。临时用电方案中的用电设备清单、负荷计算纸等不完整，发现一处视情节扣1～2分，由非电气工程师编制，扣2分。未标注临时用电平面布置图、用电工程图，视情节扣1～2分。无电工巡视记录或保养记录不连续，视情节扣1～2分		
9	安全教育培训（10分）	9.1 三级安全教育（5分）	*制定年度安全教育培训计划并实施。对从业人员进行安全生产教育和培训，保证从业人员具备必要的安全生产知识，考核合格后方可上岗。新职工上岗前必须进行三级安全教育，复岗人员应重新接受教育	查资料	*未建立年度教育培训计划，扣5分。教育培训计划不合理，未覆盖全员，经费无计划，视情节扣2～4分。未按计划对相关人员进行教育培训，视情节内容，参加培训人员记录不清晰，发现一次扣2～5分。培训时间、内容、参加培训人员记录不清晰，或未组织教育培训，发现一次扣2分		
		9.2 经常性培训和警示教育（3分）	结合季节特点、施工特点、安全形势等开展经常性教育和警示教育		经查实培训记录造假或存在代签情况，发现一次扣5分		
		9.3 "四新"培训（2分）	采用新工艺、新技术前或使用新设备、新材料前，应对从业人员进行专门的安全生产培训				

453

续表

序号	类别	考核项目	考核内容及评价标准	考核评价方法	扣分标准	扣分说明	得分
10	应急预案演练（10分）	10.1 应急预案（4分）	制定操作性强的各类专项应急预案及现场处置方案，建立应急管理组织，配备兼职的应急队伍	查文件、记录	未制定合同段施工专项应急预案和现场处置方案，扣4分。合同段施工专项应急预案或现场处置方案不全，发现一项扣1分。应急预案应急管理要素不全、操作性不强，视情扣1~3分。未按规定配置兼职的应急管理人员，扣2分。		
		10.2 应急演练（4分）	有针对性的开展应急培训和演练，并及时总结完善	查文件、记录	未开展应急培训及预案演练，视情节扣2~4分。应急演练后未总结或未根据演练情况实时更新预案，视情节扣2~3分		
		10.3 应急器材、设备、物资管理（2分）	建立应急救援的器材、设备、物资清单，应急物资不得随意使用。建立消防设施和灭火器材等消防器材设备清单、更新维护，定期检查维护	查台账、现场核对	应急救援器材、设备、物资配备不足或台账不清晰，视情节扣1~2分。应急救援器材、设备、物资未实施单独管理，与日常物资混用，扣2分。应急救援器材、设备、物资清单与现场应急救援物资不对应，发现一项扣1分。未对应急物资进行定期检查，扣1分。未建立消防设施和灭火器材等清单、维护、更新预案，视情节扣1~2分		
11	安全生产费用（8分）	11.1 安全生产费用提取（3分）	*根据年度施工计划编制年度安全生产费用提取、使用计划，并按规定足额提取	查文件	*未制定年度安全生产费用提取、使用计划，扣3分。年度安全生产费用提取未按规定足额提取，扣2分。*未明确安全生产费用使用范围，视情节扣1~3分。*使用计划与年度施工计划不相符，视情节扣1~3分		
		11.2 安全生产费用使用（5分）	按规定提取使用年度安全生产费用，建立使用台账	查文件、资料	未按规定使用的，发现一次视情扣使用费用，视情节扣2~4分。未建立安全生产费用使用台账，或台账所附证明不齐全、不真实，发现一次视情扣1~3分		

续表

序号	类别	考核项目	考核内容及评价标准	考核评价方法	扣分标准	扣分说明	得分
12	分包队伍管理（10分）	12.1 资质管理（2分）	*对分包单位营业执照、企业资质等级证书、安全生产许可证、安全生产考核合格证书等进行审查备案。 *分包协议明确双方安全管理责任义务	查资料	*分包单位相关资质证书、安全生产许可证过期失效，扣2分。 *未留存相关证书复印件的，扣2分。 *分包协议双方权利义务缺少、不明确、不对等，视情节扣1~2分		
		12.2 安全教育培训（3分）	及时组织对分包单位人场作业人员进行安全教育培训。建立班组实名登记台账	查资料	未及时对新人场作业人员进行安全教育培训的，或未建立班组实名登记台账的，发现一人次扣1分		
		12.3 日常管理（3分）	组织分包单位定期开展安全风险辨识和告知。 施工前对所有人员应接安全技术交底并签字确认。 定期开展安全检查，及时开展事故隐患排查治理。 配备合格的劳动防护用品	查资料、查现场	未开展安全风险辨识的，扣3分。 未对安全风险进行告知的，视情节扣1~2分。 安全技术交底没有签字的，发现一人次扣1分。 未及时整改隐患，或存在屡改屡犯的，发现一处扣1分。 劳动防护用品未经验收合格，或验收合格证书已过期仍在使用的，视情节扣1~2分		
		12.4 分包队伍考核（2分）	定期对分包单位关键岗位人员进行考核，考核不合格不用	查资料	未对分包单位关键岗位考核的分包队伍的，或未建立考核台账的，视情节扣1~2分		
13	落实行业主管部门安全生产专项工作（9分）	13.1 行业主管部门安全生产专项工作落实情况（4分）	严格落实行业主管部门布置的安全生产专项工作。 制定具体的落实方案或行动计划，严格按方案设计执行	查文件、记录，现场核对	未按要求制定安全生产专项工作方案或行动计划，发现一次扣1分。 安全生产专项工作落实不到位，或应付了事，走过场，发现一次视情节扣2~4分		

续表

序号	类别	考核项目	考核内容及评价标准	考核评价方法	扣分标准	扣分说明	得分
13	落实行业主管部门安全生产专项工作（9分）	13.2 考核评价（5分）	*按照平安工地考核评价标准，定期开展自我评价。评价资料真实、准确	查文件、资料	*未按规定开展平安工地自我评价的，扣5分。自我评价走过场或未及时的，或未根据评价情况进行自我纠正的，视情节扣2~4分。评价资料不真实、不准确，视情节扣1~3分。平安工地自我评价结果未按要求及时上报监理单位的，扣2分		
	应得分		实得分		本表考核得分=（实得分/应得分）×100=		

考核评价（或监督抽查）单位（盖章）：　　评价（或抽查）人（签名）：　　实施日期：　年　月　日

注：此表用于施工单位每年度自我评价，监理单位季度复核，建设单位每半年考核评价，以及交通运输主管部门监督抽查。谁组织考核评价，谁负责盖章签认。

附表 B-3-1

施工现场（通用部分）考核评价表（满分150分）

项目名称：　　　　施工合同段：　　　　施工单位名称：

序号	类别	考核项目	考核内容及评价标准	考核评价方法	扣分标准	扣分说明	得分
1	施工现场布设（44分）	1.1 办公、生活、生产区域以及临时生产、堆存场地布设（8分）	*办公、生活区严禁设置在危险区域。距离集中爆破区域不小于500m。
*生活区严禁存放易燃易爆等危险品。
*装配式房屋应有材料合格证或验收证明，满足安全使用要求。
*生产、生活区分别设置并封闭管理，满足紧急疏散要求；职工的膳食、饮水、休息场所等应当符合卫生标准。
施工单位不得在尚未竣工的建筑物内设置员工集体宿舍。
钢筋加工场、预制场、拌和站等区域分区明显	查看现场	*办公、生活区设置在危险区域，扣8分。
*生活区内存放易燃易爆危险品，发现一处扣4分。
*装配式房屋不满足安全使用要求，发现一处扣4分。
*办公、生活、生产区未分开设置，布局不合理，或有条件封闭的未封闭管理，未安排专人值班，发现一处扣2分。
办公、生活、生产区不满足消防防火防爆要求，发现一处扣4分。
临时生产、堆存场地以及施工区域未结合风险辨识结论落实施工区管理的，扣2分		

续表

序号	类别	考核项目	考核内容及评价标准	考核评价方法	扣分标准	扣分说明	得分
1	施工现场布设（44分）	1.2 拌和站（5分）	*拌和站基础应按照方案施工并经验收合格，排水系统完善，实施封闭管理。 *拌合及起重设备应设置防倾覆和防雷设施。 *料仓墙体强度和稳定性应满足要求，料仓墙体外围应设置警戒区。 防雨棚稳固。	查看现场	*场地硬化、排水系统不符合要求，扣2分。 *拌合及起重设备未设置防倾覆设施，发现一处扣2分；应设而未设置防雷设施的，发现一处扣2分。 区域划分不合理，标识不明显，扣1～3分。 料仓墙体外围未设置警戒区。 拌合站未封闭管理，视情一次扣1分。 防雨棚不稳固，发现扣1～2分。 拌合站出入口未设防护措施，安全警示标牌不足的，视情节扣1～2分。		
		1.3 预制场（5分）	*预制场地面应进行硬化处理。 *构件存放地基应建并进行处理，排水顺畅，满足存放要求。 *大型构件存放层数和间距应符合规范要求，并采取有效防倾措施。 *张拉作业应设置安全防护措施，并有安全防护措施。 *龙门吊应设置夹轨器，尾端止挡，行程限位器等。	查看现场	*预制场地面未进行硬化处理，扣2分。 *存架场排水不畅，扣2分。 *梁板堆放层数不符合规范要求，无防倾覆措施，发现一处扣2分。 *张拉作业没有安全防护装置，扣2分。 *龙门吊未设置夹轨器，尾端止挡，行程限位器，或龙门吊失效或停止作业时未夹轨，发现一处扣1～3分。 轨道的螺栓未上紧，发现一处扣1分。 安全警示标牌不足的，视情节扣1～2分。		
		1.4 钢筋加工厂（5分）	*钢筋加工场设置钢筋加工棚，实行封闭管理。 *材料存放应按照成品、半成品、原材料进行区分。 *龙门吊应设置夹轨器，尾端止挡，行程限位器等。 *场内应设置明显的安全警示标志及相关工作的操作规程	查看现场	*钢筋加工场未实行封闭管理，扣2分。 *钢筋加工厂未实行分区管理，现场管理混乱，视情节扣2～3分。 *龙门吊未设置夹轨器，尾端止挡，行程限位器，或龙门吊未有行程限位器，但失效或停止作业时未夹轨，发现一处扣2分。 *龙门吊轨道基未上紧，但失效或停止作业时基下沉，发现一处扣1～3分。 *轨道内未设夹轨的螺栓未上紧，发现一处扣1分。 场内未设置明显的安全警示标志及操作规程，发现一处扣1分		

457

续表

序号	类别	考核项目	考核内容及评价标准	考核评价方法	扣分标准	扣分说明	得分
1	施工现场布设（44分）	1.5 临时用电（5分）	*施工现场临时用电按"三级配电、逐级回路保护"设置。 *水上或潮湿地带电缆线必须绝缘良好并具有防水功能，电缆线接头必须经防水处理。 *每台用电设备必须设独立开关箱；开关箱必须设漏电开关短路、过载、漏电保护器；配电箱、开关箱禁用插座做活动连接。 *电缆架空和入地敷设。 *配电箱、开关箱锈蚀做严重或无锁，应按规定开展抽样检测。 *工程使用的电线电缆入场前，无检测合格报告的不得使用	方案与现场比对检查	*现场临时用电未按临时用电方案布设，扣2～4分。 *未按"三级配电、逐级回路保护"设置的，发现一处扣2分。 *需经防水处理的电缆未做防水处理的，发现一处扣2分。 *用电设备未设独立开关箱的，发现一台扣1分。 *开关箱未设短路、过载、漏电保护器的，发现一处扣1分。 *开关箱进线端用插头或插座做活动连接的，发现一处扣1分。 *电线架空和人地埋设不规范的，发现一处扣1分。 *配电箱、开关箱锈蚀做严重或无锁，或装设不牢固的，发现一处扣1分。 *工程使用的电线电缆入场前未按规定开展抽样检测，或无检测合格报告的，发现一次扣1分		
		1.6 消防安全（5分）	*施工生产、生活、办公区消防通道和安全距离符合消防安全要求。 *消防设置设施符合消防要求。 *生活区生活消防设施合格验收手续，悬挂责任铭牌。 *办公、生活区建筑构件使用的材质燃烧性能等应达到A级	查看现场	*施工生产、生活、办公区域的消防设施配备不足，或配置不正确，或维护、更新不及时，扣5分。 *消防通道不满足要求，限载、限速，发现一处扣2分。 *未悬挂消防责任铭牌，发现一处扣1分。 *办公、生活区建筑构件使用的材质燃烧性能等未达到A级或未注明等级的，扣5分		
		1.7 施工便道便桥（6分）	*便桥应进行专项设计，并对制蔽工程组织验收，按设计荷载使用。 *施工便道设置限宽、限速、限载标志，并有验收和警示标志，跨航道便桥应设置防撞设施和警示标志。 *便道在急弯、陡坡、连续转弯等危险路段应当硬化，在平交道口设置警示标志。 *便道具有必要的通行能力	查看现场	*便桥未开展专项设计或设计未经验收即投入使用，扣5分。便桥超限超载使用的，发现一处扣1分。 *便桥限速、限宽、限载标志，临时排水设施等缺少或设置不到位，发现一处扣1分。 *跨航道便桥缺少防撞构件或防撞构件未设置标志的，发现一处扣1分。 *便道应当硬化未硬化，临时排水设施不到位的，发现一处扣1～3分。 *便道急弯、陡坡、连续转弯等危险路段未硬化，临时排水设施不到位的，发现一处扣1分。通行能力不足的，视情节扣1～3分		

458

续表

序号	类别	考核项目	考核内容及评价标准	考核评价方法	扣分标准	扣分说明	得分
1	施工现场布设（44分）	1.8 临时码头与栈桥（5分）	*临时码头与栈桥应进行专项设计，并对隐蔽工程组织验收，按设计荷载使用。 *应设置安全警示标志，配备相应的安全防护及救生设施。 *栈桥和临时码头应设专人管理，非施工车辆、人员及船舶不得进入或停泊。 按经审批的方案开展施工或栈桥的沉降位移观测，及时检查、维护。 通过栈桥的电缆应绝缘良好，并应固定在栈桥的一侧。 栈桥应设置满足施工安全要求的照明设施	查看现场	*临时码头及栈桥未开展专项设计，或未对隐蔽工程及栈桥组织验收即投入使用的，或未按设计荷载使用的，发现一处扣5分。 *未配备安全防护或救生设备的，发现一处扣2分。 *未设置安全警示标志，扣2分。 *未设置合理安全警示标志的，视情节扣1~2分。 *未进行专人管理，扣2分。 *未按方案对码头、栈桥开展观测、检查和维修，或相关工作不规范、不连续的，视情节扣2~4分。 *栈桥未按规定设置照明设施的，视情节扣1~2分。		
2	安全防护（36分）	2.1 防护栏杆、安全网及其他防打击、防坠落措施（13分）	*高处、临边、临水作业及孔洞洞口应设置防护栏杆及安全网。 *下方有人员通行或作业的，应设置防滑设施、安全通道等。 *跨越既有公路施工时，应搭设防护棚架。棚架应进行专项设计	查看现场	*未规范设置防护栏杆、安全网或其他安全防护设施的，发现一处扣1分。 *防护设施搭设不规范，发现一处扣1分。 *安全通道未搭设或搭设不规范，发现一处扣1分。 *跨越既有公路施工，未搭设防护棚架或棚架搭设不规范，视情节扣3~5分。 *棚架应进行专项设计而未设计的，扣5分。		
		2.2 文明施工、安全警示标志、标牌（10分）	区域分区标牌合理。重大风险、重大事故隐患应在明显位置公示。 *施工现场应按规定设置封闭围挡，并在明显位置设置"五牌一图"。 *交通要道、重要作业场所、危险区域设置安全警示标志、标牌。 *施工便道与既有道路平面交叉处应设置道口警示标志，有高度限制的应设置高架、设施机械、设备按要求设置安全操作规程牌。 按规定落实施工场地防控措施	查看现场	施工现场未设置封闭围挡，或无五牌一图，或未公示重大风险、重大事故隐患的，发现一处扣3分。 *未按规定设置文明施工、安全警示标志、标牌及操作规程、标牌的，发现一处扣1分。 *施工便道与既有道路平面交叉处未设置道口警示标志，发现一处扣1分。 *有高度限制未设置限高架，发现一处扣1分。 *未按规定落实施工场地防尘措施，发现一处扣1分。		

459

续表

序号	类别	考核项目	考核内容及评价标准	考核评价方法	扣分标准	扣分说明	得分
2	安全防护（36分）	2.3 避雷设备（5分）	拌和、打桩和起重等高耸设备及其他电器设备按规定设置避雷设施	查看现场	未按要求设置避雷设施的，发现一处扣1分。未测试防雷接地电阻或防雷接地电阻不符合要求，发现一处扣1分		
		2.4 个体防护（8分）	*进入施工现场的人员及作业人员应按规定配置和正确使用防护用品	查看现场	*未按照规定配置和使用个体防护用品，发现一人次扣1分。使用假冒伪劣的防护用品，或使用超过使用合格期的防护用品，发现一人次扣3分		
3	施工作业（70分）	3.1 高处作业（10分）	*高处作业必须设置人员上下专用通道，基础应牢固。*作业平台应满目铺设，并挂置安全网，应有翘头消防器材。5m以下应设置防护梯。5m以上宜设置"之"字形人行斜梯。40m以上宜安装附着式电梯	查看现场	*高处作业未设置人员上下专用通道，发现一处扣5分。*作业平台搭设不牢固，发现一处扣3分。*作业平台没有翘头或漏洞，发现一处扣2分。*未按规定挂置防护网、人行梯、电梯，发现一处扣3分。未按规定设置防护梯的，发现一处扣3分		
		3.2 支架脚手架（12分）	*施工现场搭设和拆除支架脚手架应满足方案要求。拆除脚手架的材料应逐批次进场检验，每批材料抽检一组，应有检测报告。*支架和脚手架基础应牢固。*排水设施应完善。*脚手架与建筑结构物按规定进行拉结结牢。夜间不得进行支架脚手架的拆除作业。*搭设和拆除支架脚手架应设置警戒区。*搭设高度大于10m的脚手架应制定专项施工方案，验收通过后应挂牌或固定牢固。*承重支架搭设应按规定组织验收，验收通过后应挂牌公示及告知	方案与现场比对检查	*未按方案搭设和拆除支架脚手架，视情节扣4分。*拆除脚手架和脚手架材料未拉结结牢的，发现一次扣5分。*基础处理不符合方案要求，扣2分。*排水设施不完善，扣2分。*脚手架与建筑结构物未拉结结牢或拉结数量不足，或材料无出厂合格证明，或抽检质量不合格，每处扣5分。*夜间组织拆除支架脚手架的，视情节扣4~6分。*搭设和拆除支架脚手架未设置警戒区，视情节扣4分。*承重支架搭设未制定专项施工方案，扣5分。*对承重支架搭设未组织验收，视情节扣4~8分。*未挂牌公示和告知，发现一处扣1分		

续表

序号	类别	考核项目	考核内容及评价标准	考核评价方法	扣分标准	扣分说明	得分
3	施工作业（70分）	3.3 模板工程（8分）	*大型模板搭设和拆除应有专项施工方案，并应设置工作平台及符合规范要求的爬梯。 *模板吊环不得采用螺纹钢筋。 模板制作、存放、使用、拆除满足方案要求。重复使用前应组织验收并予以记录	方案与现场比对检查	*大型模板搭设、拆除未制定专项施工方案，或方案未制定专项施工方案内容有缺项，操作性不强，视情节扣2～6分。 *模板吊环采用螺纹钢筋的，使用、拆除等不符合方案要求，发现一处视情节扣1～2分。 大型模板使用前未组织验收，扣6分。 模板制作、存放、防倾覆、拆除等不规范，发现一处扣2分。 大型模板验收程序不规范，验收记录不完善，视情节扣3～6分。 重复使用的大型模板再次投入使用前无检验记录，一次扣3分		
		3.4 焊接切割作业（6分）	*电工、焊接与切割作业人员应持证上岗，并应正确佩戴、使用劳动防护用品。 *密闭空间内实施焊接及切割，应采取相应的通风、绝缘、照明装置和应急救援装备，并由专人现场监护，气瓶及焊接电源应置于密闭空间外。 电焊机一次侧电源线长度不得大于5m，二次侧焊接线应采用防水绝缘橡胶护套铜芯软电缆，长度不宜大于30m，进出线处应设置防护罩。 电焊机外壳应接地，接地电阻不得大于4Ω。 气割作业氧气瓶与乙炔瓶之间的距离不得小于5m	查看现场	*电工、焊接与切割作业人员未持证上岗，或未佩戴、使用劳动防护用品，发现一人次扣1分。 *密闭空间焊接，未实施通风、绝缘、照明等措施，或无应急装备等，发现一处扣4分。 电焊机电源线长度不足，进出线未设防护罩，扣2分。 电焊机外壳未接地，发现一处扣2分。 氧气瓶、乙炔瓶等作业的安全距离不足，发现一处扣2分		

续表

序号	类别	考核项目	考核内容及评价标准	考核评价方法	扣分标准	扣分说明	得分
3	施工作业（70分）	3.5 机械设备作业（16分）	*吊装作业应设置警戒区，警戒区不得小于起吊物坠落影响范围。 *高空调转梁等大型构件应在构件两端设溜绳。 *垂直升降设备基础满足要求、架体附着装置牢固，不超载运行。 *塔吊基础和架体附着装置牢固、轨道式起重机构件和架体限位及保险装置有效。 吊装大、重、新结构构件和采用新的吊装工艺应先进行试吊。 起重机严禁斜拉。 作业人员严禁在已吊起的构件下或起重机旋转范围内违章作业或通行。 起重设备安全保险装置、钢丝绳、滑轮、吊索、卡环、地锚等铭牌悬挂于明显位置。 检验合格铭牌悬挂于明显位置。 操作人员持证上岗	查看现场与资料比对检查	*吊装作业未设置警戒区的，扣3分。 *垂直升降设备、塔吊基础及附着装置不稳定牢固，发现一处扣5分。 *轨道式起重机无有效附着装置及保险装置，电缆拖地行走，发现一次扣2分。 *起重设备安全保险装置、钢机、滑轮、钢丝绳、吊索、卡环、地锚等损坏或不规范的，发现一处扣1分。 *起重设备违章操作，停机，发现一处扣1分。 求悬挂，发现，发现1人次扣2分。 操作人员无证，扣10分。 特种设备未报验即投入使用，扣10分。 使用过程中起重臂下站人，发现一次扣1分。		
		3.6 爆破作业（10分）	*从事爆破工作的爆破员、安全员、保管员应持证上岗。 *爆破作业应严格按照审批的爆破设计方案或说明书进行施工。 *爆破作业必须设置警戒区和警戒人员	查证件、查看现场与资料比对检查	*从事爆破工作的爆破员、安全员、保管员未持证上岗作业，扣10分。 *未按爆破设计方案进行作业，发现一人次扣2分。 *爆破作业前未按规定设置警戒区和警戒人员，或警戒时间不足的，或起爆后未按规定清查哑炮的，发现一次视情节扣2～4分		

续表

序号	类别	考核项目	考核内容及评价标准	考核评价方法	扣分标准	扣分说明	得分
3	施工作业（70分）	3.7 基坑施工（8分）	*深基坑施工应编制专项施工方案并经审核批准过。 *严格按方案开挖和支护。 *降排水系统合理可靠。 *深基坑边坡、支护结构等应进行沉降和位移监测。 *基坑边坡堆载安全间距及安全防护措施应满足设计或相关技术规范要求。	查看现场与资料比对检查	*未编制专项施工方案，或方案未经审批通过，扣6分。施工方案内容不全、操作性差，视情节扣2～4分。 *基坑开挖和支护不符、视情节扣2～4分。 *未按方案要求进行基坑沉降和位移观测，或观测不规范、不连续，视情节扣2～4分。 *发现临时降排水系统失效，发现一处扣3分。 *基坑边坡堆载安全间距及安全防护措施不满足设计或相关技术规范要求，发现一处扣1分。		
应得分							
实得分							

本表考核得分=（实得分/应得分）×100=

考核评价（或监督抽查）单位（盖章）： 评价（或抽查）人（签名）： 实施日期： 年 月 日

注：此表用于施工单位每季度自我考核评价，监理单位每半年考核评价，建设单位年度复核，以及交通运输管部门监督抽查等，谁负责盖章签认。

附表 B-3-2

施工单位施工现场（公路部分）考核评价表（满分150分）

项目名称： 施工合同段： 施工单位名称：

序号	类别	考核项目	考核内容及评价标准	考核评价方法	扣分标准	扣分说明	得分
4	桥梁工程（60分）	4.1 基础施工（10分）	*桥梁扩大基础、挖孔桩、钻孔桩、沉入桩、沉井和地下连续墙等施工严格按照施工方案实施。 *施工区域应设置警戒设施或警示灯。 *桩基钢筋笼下放采用专用吊具。 *作业人员不得将安全带系与钢筋笼上。 *深基坑四周距基坑边缘不小于1m处应设立钢管护栏，挂醒目式警示标志和夜间警示灯带，靠近道路侧应设置安全警示带。 *挖孔桩施工应对有害气体进行监测，保持通风；孔内采用安全低电压照明；起吊设备应安装限位器和防脱钩装置	方案与现场比对检查	*桥梁扩大基础、挖孔桩、钻孔桩、沉入桩、沉井和地下连续墙等施工无方案的扣10分；未严格按施工方案实施，发现一处视情节扣4～6分。 *在城市、村镇等人口密集区域未设置警戒设施或警示灯、未悬挂设置安全告知牌的，发现一处扣1分。 *挖孔桩施工未按规定对有害气体进行监测，并保持通风，发现一处扣2分。 *孔内未采用安全低电压照明，或起吊设备未安装限位器和防脱钩装置，或拆除了上述装置的，发现一处扣2分。		

续表

序号	类别	考核项目	考核内容及评价标准	考核评价方法	扣分标准	扣分说明	得分
4	桥梁工程（60分）	4.2 墩台施工（20分）	*高墩台施工严格按照专项施工方案组织实施。 *高处作业必须设置人员上下专用通道，严禁使用塔吊、汽车吊载人上下墩台。 *墩身高度超过40m宜设施工电梯，电梯司机应按照有关规定经过专门培训，取得相应资格证书。 墩台施工应搭设脚手架及作业平台，保证作业人员有安全作业空间。 墩身钢筋绑扎高度超过6m应采取临时固定措施。 模板安装应按照专项施工方案施工，模板之间连接螺栓必须全部安装到位。 钢围堰设计及支撑设置规范，随意拆除，擅自削弱或在其上堆放重物；有效开展监测，监控和预报，工况发生变化时及时采取防撞措施，钢围堰侧壁不得随意靠泊施工船舶；排水和防汛措施落实	方案与现场比对检查	*高墩台施工未按专项施工方案组织实施，视情节扣4~8分。 *高处作业未搭设作业平台或未设置人员上下通道，或处作业空间严重不足的，发现一处扣6分。 *未按规定搭设高处载重设备验收合格的，扣8分。 *发现使用起重设备未经验收合格的，扣8分。 *电梯未经检验合格的，扣8分。 墩台作业出入口未设置防护措施，发现一处扣3分。 模板螺栓连接不规范，发现一处扣2分。 钢围堰未按设计及专项施工方案实施，监控和预报，监测和预警，工况发生变化时未有效开展监测，扣5分。 钢围堰侧壁随意靠泊施工船舶，防汛措施未落实或措施存在漏洞，视情节扣3~5分。		
		4.3 桥梁上部结构及桥面系施工（30分）	*桥梁上部结构施工严格按专项施工方案实施。 *挂篮按方案拼装后，要进行全面检查，做静载试验。 *架桥机应有限制运动行程和工作位置的装置，锚定，防风和防滑移装置，联锁保护装置和紧急停止开关等安全防护装置按装完毕并就位。 梁板吊装完毕应及时进行稳固。	方案与现场比对检查	*桥梁上部结构施工未按专项施工方案组织实施，视情节扣4~8分。 *未按要求对挂篮进行静载试验，视情节扣3~6分。 *架桥机安全防护装置缺失的，视情节扣2分。 梁板吊装未就位，未及时进行稳固，或稳固措施不足，发现一处扣2分。 人员违规作业，发现一人扣2分。		

续表

序号	类别	考核项目	考核内容及评价标准	考核评价方法	扣分标准	扣分说明	得分
4	桥梁工程（60分）	4.3 桥梁上部结构及桥面系施工（30分）	架桥机平衡配重，限位及支垫稳固。桥面系施工临边应设置安全防护栏杆及安全网。支架现浇基础处理良好，排水系统完善，支架材料有出厂合格证，且经检测检验合格；架体搭设规范，按规定进行了预压、验收。挂篮悬臂浇筑桥梁0号块及边跨现浇段支架、托架稳固。连续梁墩顶梁段的临时墩梁固结装置满足设计要求。拱架施工顺序及工艺满足设计及规范要求，拱架施工基础连接处理良好。搭设规范。缆索吊机主缆安装、吊装连接锚固可靠，经过检测检验或型式试验合格。斜拉桥、悬索桥的斜拉索、主缆吊机，桥面吊机、跨缆吊机设及防护架、锚固及检测检验合格，吊装作业规范；吊架（托架）结构稳动安全可靠。施工支架（托架）结构稳固合理。	方案与现场比对检查，查记录	架桥机平衡配重，限位及支垫不稳固，或支垫材质不符合要求的，发现一处扣3分。吊装使用的钢丝绳磨损、断丝超标，轨道固定等不符合要求，发现一处扣3分。起重设备基础、桥面系施工时未按要求设置安全防护栏杆或安全网，发现一处扣2分。支架材料无出厂合格证，或未经检测检验的，发现一处扣2分。支架基础不牢固，排水不畅，或支架设不规范，或未按规定预压，发现一项视情节扣3～5分。连续梁墩顶梁段的临时墩梁固结装置不满足设计要求，扣5分。挂篮锚固不规范，扣2分。拱架施工顺序及工艺不满足设计及规范要求，或拱架设不规范，扣5分。斜拉桥、悬索桥施工使用的缆索吊机，跨缆吊机，桥面吊机未经检测检验或型式试验合格便投入使用的，发现一处扣3分。缆索吊机主缆连接，锚固不可靠，桥面吊机、跨缆吊机锚固不稳定，扣3分。		
5	隧道工程（55分）	5.1 施工基本要求及开挖（10分）	*严格执行隧道洞口值班登记制度。 *洞口工程严格按施工方案组织实施。 *双侧壁导坑法施工距跨度宜为整个隧道跨度的三分之一，左右导坑之间，前后拉开距离不宜小于15m，导坑与中间土体同时施工时，导坑应超前30～50m。 *按照施工方案开挖，严禁擅自变更开挖方法，严格控制超欠挖。	方案与现场比对检查，查记录	*隧道值班登记制度执行不严格，发现一次扣2分。 *洞口施工方法与方案不符，扣2～4分。 *双侧壁导坑施工距离不满足要求，发现一次扣2～3分。 *未按方案组织开挖，发现一次视情节扣4～6分。 *超欠挖超标，导坑中间扣1～4分。 *隧道内堆放易燃爆物品，视情节扣2～4分。 *洞口工程发现排水系统不完善，发现一处视情节扣4～6分。 洞内开挖发现掏底或上下重叠开挖，不稳定，发现一次视情节扣4～6分。		

续表

序号	类别	考核项目	考核内容及评价标准	考核评价方法	扣分标准	扣分说明	得分
5	隧道工程（55分）	5.1 施工基本要求及开挖（10分）	*隧道内严禁存放汽油、柴油、煤油、变压器油、雷管、炸药等易燃易爆物品。 *洞口工程边坡及仰坡应自上而下开挖，保证稳定。 *各类施工作业台架、台车防坠设施设置齐全、安全可靠。 *施工现场悬挂风险辨识牌及警示标志。 *全断面法施工断面尺寸应满足隧道开挖宽度的1.5倍，台阶法施工台阶长度超过隧道开挖宽度的1.5倍，控制核心土法施工进尺控制在0.5～1m，相邻钢架必须用钢筋连接，按设计要求施工锁脚锚杆。 *试爆要求制定专项施工方案并按方案实施。		情节扣2～4分。 *各类施工作业台架、台车防坠设施不足，发现一处扣2分，发现一处堵塞的现象，发现一处扣2分。 *隧道内存放杂物，存在通道被堵塞的现象，发现一处扣2分。 *施工现场未悬挂风险辨识牌、重大隐患公示牌、安全警示标志数量不足，发现一处扣2分。 *全断面法施工断面尺寸不满足设计要求，发现一处扣2分。台阶法施工台阶长度超过隧道开挖宽度的1.5倍，发现一次扣1分，钢架下沉或变形、开挖进尺控制不严，发现一处扣2分。相邻钢架未用钢筋连接，发现一处扣1分，未按设计要求施工锁脚锚杆，发现一处扣1分。 *未按专项施工方案组织爆破，扣6分。		
		5.2 初期支护及二衬（10分）	*在专项施工方案中明确仰拱与掌子面、钢架拱脚必须放在牢固的基础上。 *初期支护和二衬必须按施工与方案组织实施。 *相邻钢架之间必须用纵向钢筋连接。 *仰拱开挖宽度应符合规范要求	方案与现场比对检查，查资料	*专项施工方案中未明确软弱围岩及不良地质隧道的二次衬砌应及时施作，二次衬砌距掌子面大于70m，Ⅴ级及以上围岩大于90m，发现一处扣6分。 *仰拱与掌子面、二衬与掌子面严格按要求控制，发现一处情节不符，视情节扣4～6分。 *拱脚基础不牢固，发现一处扣6～8分。 *初期支护和二衬施工与方案不符，视情节扣1～2分。 *相邻钢架之间纵向钢筋连接不规范，发现一处视情节扣1～2分。 *仰拱开挖宽度不满足规范要求，扣2分。		
		5.3 监控量测、超前地质预报（10分）	*长大隧道和不良地质隧道必须进行超前地质预报。 *岩溶、采空区等不良地质隧道施工需配置超前地质钻机进行预报地质	查看现场、查资料记录	*长大隧道和不良地质隧道未进行超前地质预报，扣6分。 *未按规定配备超前地质预报设备没有超前地质素描，扣3分。地质预报数据不准确、不连续，视情节扣1～2分。 *监控量测数据没有资料，视情节扣1～2分；数据		

续表

序号	类别	考核项目	考核内容及评价标准	考核评价方法	扣分标准	扣分说明	得分
5	隧道工程（55分）	5.3 监控量测、超前地质预报（10分）	质、地质预报必须进行地质素描、监控量测数据应当真实、准确，数据出现异常时应当及时报告。 *对量测数据定期进行分析，编写分析报告。 *报告签字齐全，施工负责人、技术负责人及设计代表签字齐全。 *制定监控量测及超前地质预报监控点数量满足方案要求。 监控量测及超前地质预报方案组织实施。 对掌子面稳定性开展巡视检查，有记录。		出现异常时未及时报告，扣4分。 *量测数据未定期分析，或未编写分析报告，视情节扣2～4分。监测数据不真实的，扣6分。 *报告签字不齐全，发现一处扣1分。 未制定监控量测及超前地质预报专项施工方案的，扣6分，或未按照地质预报方案实施，发现一处扣2分。 监控量测及超前地质预报监控点数量不满足方案要求，发现一处扣1分。 没有对掌子面稳定性巡视检查记录，扣2分。 巡视检查记录不完善，发现一处扣1分。		
		5.4 逃生通道（5分）	*软弱围岩隧道开挖掌子面至二次衬砌之间应设置逃生通道。 逃生通道距离开挖掌子面不得大于20m。	查看现场	*软弱围岩隧道开挖掌子面至二次衬砌之间未按要求设置逃生通道，扣5分。 逃生通道距离超标的，发现一处扣2分。		
		5.5 通风防尘消防、排水及照明、应急管理（5分）	*对隧道内有毒有害气体进行监测，并公示监测数据。 *隧道施工必须采用机械通风。 *隧道内应定期清扫、冲洗，保持干净整洁。隧道掘进50m以后进行供风，在进入隧道150m以后须以设计风量全速通风。 压入式风管的送风管距掌子面距离不超过15m，排风式风管吸（喷）风管距掌子面距离不超过5m。 隧道内照明充足。 排水设施完善。 有足够数量的消防器材。 设置逃生管、应急箱。	查看现场、查资料	*未对隧道内有毒有害气体按要求进行监测，或无监测数据记录，扣1分。 *隧道内施工未按要求通风，或通风管送（吸）风口距掌子面距离超标，粉尘超标，视情节扣2～4分。 *隧道内未定期清扫、冲洗，视情节扣1～3分。 隧道内照明不符合要求，扣2分。 隧道内积水较严重，扣1分。 隧道内消防器材不足，扣2分。 隧道内未设置逃生管、应急箱，视情节扣1～2分。 隧道内电缆布设不规范，较远或距离掌子面等作业区域较远，视情节扣1分。		

467

续表

序号	类别	考核项目	考核内容及评价标准	考核评价方法	扣分标准	扣分说明	得分
5	隧道工程(55分)	5.6 瓦斯隧道(10分)	*瓦斯隧道施工要编制专项施工方案并严格执行。 *瓦斯隧道施工应使用具有防爆性能的机械设备。 *掌子面瓦斯浓度超标时严禁施工。 *瓦斯隧道通风必须进行专项设计,一般配置可掌风机和备用风机,性能满足设计要求,并制定与瓦斯监测对应的通风管理制度、动火管理制度等。设置灭火器、消防用砂等消防设施	方案与现场比对检查	*瓦斯隧道施工未编制专项施工方案,或方案未经专家审的,扣6分。 *瓦斯隧道施工不按方案实施的,视情节扣2~4分。 *瓦斯隧道施工未按要求使用具有防爆性能的机械设备,发现一处扣2分。 *掌子面瓦斯浓度超标继续施工,扣10分。 *瓦斯隧道未按规定进行瓦斯浓度检测,或测试数据不连续,发现一处扣4分。 *瓦斯隧道通风未进行专项设计,或未制定通风、动火管理制度,扣6分;通风、动火管理制度操作性不强、通风设备不满足相关要求,视情节扣2~4分。 *瓦斯隧道施工现场消防设备不齐备,或失效的,发现一处视情节扣2~3分		
		5.7 信息管理(5分)	*长大隧道需设置门禁系统,以及施工监控、动态信息、通讯及车辆、人员识别定位等电子安全信息管理系统	查看现场、查资料	*未按要求配备信息管理系统,缺一项扣2分。 *监控视频、通讯和定位信息失效,发现一处扣1分		
6	路基工程(25分)	6.1 边坡施工(10分)	*边坡施工开挖一级防护一级。 *高边坡、滑坡体、危石段应设置风险告知牌,并设置必要的安全防护措施,设置施工驻地。 *高边坡施工自上而下,严禁多级边坡在雨后或立体交叉作业。不良地质边坡不得直接开挖。 *挡土墙施工排水设施完备。不良地质边坡开挖前应提前施作排水设施	查看现场、查方案	*边坡施工未实现开挖一级防护一级,发现一处扣3分;未按要求设置安全防护措施,发现一处扣5分。 *高边坡、滑坡体、危石段设置风险告知牌,发现一处扣1分。 *在雨后或融地质边坡直接开挖,发现一处扣3分。 *挡土墙排水设施不完善,发现一处扣2分。 *不良地质边坡施工前未作排水设施或排水设施不完善,发现一处扣2分		
		6.2 抗滑桩施工(5分)	*孔桩开挖应当间隔跳槽开挖。 *抗滑桩施工完毕下级边坡成严禁开挖。 *抗滑桩开挖过程中应设置边坡观测点	查看现场	*孔桩开挖未采取间隔跳槽开挖方式的,发现一处扣2分。 *抗滑桩施工中上、下级边坡同时交叉开挖,发现一处扣3分。 *抗滑桩开挖过程中未设置观测点,发现一处扣2分		

续表

序号	类别	考核项目	考核内容及评价标准	考核评价方法	扣分标准	扣分说明	得分
6	路基工程（25分）	6.3 爆破作业（5分）	*路基土石方爆破作业应编制专项施工方案，严格按方案实施。 *炸药库应当远离村庄、驻地等人员聚集区域。 *民爆器材设置专人负责，严格执行出库、入库和退库手续管理。 *爆破前应设置警戒区，爆破后应先进行排险后可进行下步施工。	查看现场，查方案	*路基土石方爆破作业与施工方案不符，视情节扣3～5分。 *炸药库位置与村庄、驻地等人员聚集区域的距离不符合要求，扣5分。 *施工作业未严格按照施工方案实施，视情节扣3～5分。 *民爆器材设置未设专人管理，未严格执行出库、入库、退库管理手续，发现一次扣2分。 *爆破前未设置警戒区，扣5分。 爆破后未进行排险就进行下步施工，发现一次扣2分。		
		6.4 锚固工程施工（5分）	锚杆、锚索施工应当设置警戒区。作业平台应稳固，防护栏杆、安全通道设置规范。张拉作业千斤顶后方不得站人。	查看现场，查方案	锚杆、锚索施工未按规定设置警戒区，或作业平台不稳固，发现一处扣2分。 锚索作业未按规定搭设作业平台，发现一处扣2分。 张拉作业时有人站在千斤顶后方，每发现一人次扣2分		
7	路面工程（10分）	7.1 路面施工（10分）	*在通车道路上施工或夜间作业时，应采取限速、导流及渠化等措施，交通指挥人员和上路作业人员应按规定穿着安全反光标志服或反光背心。 施工区域实行交通封闭管制。 严禁工程施工车辆违规超载人，压实机械等设备夜间停放应有反光装置，并做好提前警示，防撞措施。 摊铺施工应安排专人负责指挥。	查看现场	*在通车道路上施工或夜间作业时，未设置限速、导流及渠化等措施，导流标志不规范，扣5分。 *交通指挥人员和上路作业人员未按规定穿着安全反光标志服或反光背心，发现一人次扣1分。 施工区域交通封闭管理不严，发现一次扣2分。 发现施工车辆超速行驶，发现一次扣5分。 路面施工车辆违规载人，或在施工区域反光装置不符合要求，发现一次扣5分。压实机械、压实机械反光装置不符合要求，发现一次扣2分。 摊铺施工期无专人指挥的，发现一处扣2分		
应得分			实得分		本表考核得分＝（实得分/应得分）×100＝		

考核评价（或监督抽查）单位（盖章）：　　　　　评价（或抽查）人（签名）：　　　　　检查日期：　年　月　日

注：公路工程施工现场考核评价对象为表 B-3-1、B-3-2 中所有考核项目。
此表用于施工单位每半年度自我评价，监理单位每季度复核，建设单位每半年考核评价，以及交通运输主管部门监督抽查等。谁组织实施，谁负责盖章签认。

施工单位施工现场（水运部分）考核评价表（满分150分）

附表 B-3-3

项目名称：　　　　　　　　　　　　　　　　施工单位名称：
施工单位施工现场：　　　　　　　　　　　　施工合同段：

序号	类别	考核项目	考核内容及评价标准	考核评价方法	扣分标准	扣分说明	得分
4	施工船舶、设备及临时电缆（40分）	4.1 施工船舶、设备（30分）	*施工船舶和设备按合同约定进场，证书齐全、检验合格，安全防护和应急物资配备满足要求；施工船舶、设备配齐符合要求，人员资格证书齐全，有效。 *施工船舶必须在核定航区或作业水域内作业。 *船舶不得超载或设备偏载。 *运输材料、设备或构配件的船舶上应附配载图。 *禁止船舶在超过核定航行和作业条件的情况下作业。 *工程船舶改造、船舶与临用设备组合作业应按规定验算船舶稳定性、水密性和结构强度等。船上施工作业固措施有效，作业符合安全要求。设备操作符合要求。工程船舶应制定防台防汛防突风"三防"应急预案，定期进行演练。 交通船持相关证书，配备救生设备，严禁超员。	查看现场、证件及文件资料	*施工船舶未办理水上水下施工作业许可，施工船舶和特种设备未经检验或验收不合格便投入使用，施工船舶与临用设备作业人员无证上岗或证书造假等，特种设备作业人员无证上岗或防突风"三防"应急预案过期失效，视情节扣2～4分。 *船员证书不齐全或过期失效，发现一项扣4分。 *船舶存在超载或严重偏载现象，发现一次扣5分。交通船超员，发现一次扣4分。 *施工船舶不在规定航区或规定水域作业，运输工程材料、设备、构配件的船舶无配载图，任ови成型码头、栈桥、墩台、水上作业平台等靠施工船舶，发现一处扣4分。 *船舶"三防"应急预案未及时更新，或未按规定组织演练，发现一次扣2分。 *交通船未持相关证书，或未核定人数，或未配备足够救生设备，发现一艘扣2分。		
		4.2 临时电缆敷设（10分）	*禁止临时电缆线布设在船舶进出航道、抛锚区和缆缆摆动区。 水上或潮湿地带作业的施工电缆应绝缘良好且具有防水功能，接头部分应进行防水处理	查看现场	*在船舶进出航道、抛锚区和锚缆摆动区布设电缆线，发现一次扣5分。 *施工电缆防水处理不符合要求，发现一处扣2分。		

470

续表

序号	类别	考核项目	考核内容及评价标准	考核评价方法	扣分标准	扣分说明	得分
5	码头工程（50分）	5.1 打入桩基施工（10分）	*桩基施工的沉桩区域应设置明显的安全警示标志。 *作业前应对沉桩设备、安全装置进行检查。 *水上沉桩前应进行水下探查。 *桩基沉桩后应及时夹桩。 吊桩时绳扣、索具等应经计算后选用。 陆域沉桩后，应及时夹桩，低于地面的管桩孔或不高于地面0.8m的管桩应设置安全防护栏或盖板，并设置安全警示标志。 灌注桩施工应设置泥浆池，泥浆池周围应设置满足环保规定和安全警示标志	查看现场，查资料	*未按要求设置安全警示标志，发现一处扣2分。 *未对沉桩设备、安全装置进行检查，发现一处扣5分。 *沉桩后未及时夹桩，发现一处扣5分。 *水上沉桩前未进行水下探查，发现一处扣5分。 *削坡不规范，扣2分。 *水下障碍物清除不规范，扣2分。 *使用的吊桩绳扣、索具等未经计算，发现一次扣5～8分。 灌注桩施工未设置泥浆池，或废浆处理不满足环保规定，或泥浆池周围未设置安全防护栏和安全警示标志，发现一处扣2分。 低于地面的桩孔或管桩口未按要求设置安全护栏或盖板，发现一处扣2分		
		5.2 沉箱出运与安装（10分）	*采用气囊进行沉箱移运时，沉箱移运前应对气囊额定工作压力、牵引设施、移运通道等进行检查或试验，按规定划分作业区，设置安全警戒和安全防护挡板。 *沉箱浮运前，对吃水、压载、浮游进行试验。 海上临时存放应进行漂浮评估，对存放点进行评估，存放后应及时设置地基处理，必要时还应设置警示标志	查看现场，查资料	*沉箱移运前未按规定对气囊进行检查，或无试验通道等检查记录的，或移运通道等进行试验或检查记录的，视情节扣4～8分。 *沉箱浮运前未对吃水、压载、浮游进行验算，或无试验进行验算，视情节扣4～8分。 *沉箱浮运试验，或试验不符合规范要求，扣5分。 *沉箱拖运过程中，沉箱顶部未设置航行标志，扣3分。 海上临时存放沉箱未制定专项施工方案，未进行审核，或存放后未及时布设警戒线，或未按要求划定作业区或布设警示标志，扣3分		

续表

序号	类别	考核项目	考核内容及评价标准	考核评价方法	扣分标准	扣分说明	得分
5	码头工程（50分）	5.3 水上水下作业（15分）	*大型水上临时作业平台搭设及拆除应编制专项施工方案并按方案组织实施，同时开展定期观测、检查维护。 *水上人行通道应符合安全要求。小型临时作业平台应牢固并满足安全作业条件。潜水员应持证上岗，潜水作业应有专人指挥。乘潮施工应编制专项施工方案	方案与现场比对检查	*作业平台搭设及拆除与方案不符，扣8分。 *对作业平台定期观测、检查维护不及时，发现一次扣3分。 *平台搭设不牢固，未配备救生设施，发现一处扣3分。 *水上人行通道不牢固，发现一次视情扣1~3分。 *小型临时作业平台不牢固，视情扣1~3分。 *潜水员无证上岗，扣5分。 *潜水作业时无专人指挥，扣5分。 *乘潮施工未编制专项施工方案，或方案内容不全与实际不符，视情节扣3~5分		
		5.4 水上构件吊装（15分）	*水上吊装作业应按专项方案施工，现场应有专人指挥。 *吊装使用的钢丝绳磨损、断丝不得超标。 *起重设备的基础、轨道固定符合安全要求，保险、限位装置齐全有效。 *构件起吊强度满足设计要求，构件吊装就位后装置应及时进行稳固	方案与现场比对检查	*使用未经检验或验收不合格的起重机械，扣10分。 *水上构件吊装与专项施工方案不符，视情节扣5~10分。 *吊装使用的钢丝绳磨损、断丝超标，发现一处扣5分。 *起重机械无保险、轨道固定等装置不符合要求或装置不全失效，发现一次扣5分。 *构件起吊强度不满足设计要求，发现一处扣5分。 *构件吊装后未及时就位装置进行稳固，发现一处扣3分		
6	航道工程（30分）	6.1 爆破船作业（15分）	*采用钻孔爆破船施工时，临时存放的炸药和雷管必须分仓放置，专人监管。 *按规定进行工序检查，设置水上警戒线，公布警戒时间	查看现场、查资料	*未按要求临时存放炸药和管，或未设置警戒线和公布警戒时间，扣15分。 *未按要求进行工序检查，或未按规定进行哪些，发现一次视情扣5~10分。 未按要求制定炸药、雷管的管理制度，或情节落实不力，扣5分		

续表

序号	类别	考核项目	考核内容及评价标准	考核评价方法	扣分标准	扣分说明	得分
6	航道工程（30分）	6.2 水上抛石以及沉排铺排、充砂袋作业（10分）	抛石后或船舶在拖航过程中，应对施工机械进行封固。铺排船上的起重设备吊装及展开排作业应有专人指挥；沉排、铺排应按规程规定有止人员落水。砂袋或砂枕沉放前，应检查沉放架的制动装置	查看现场	拖航过程中，未对船上的施工机械进行封固，发现一次扣6分。铺排船上起重机械吊装施工无专人指挥，发现一次扣4分。人员站立于正在溜放的软体排上方，发现一次扣4分。沉排、铺排不符合规程要求，发现一次视情节扣3～5分。砂袋或砂枕沉放前，未按要求进行有关设备检查，发现一次视情节扣3～5分。		
		6.3 疏浚吹填作业（5分）	放射源测量装置检定有效，使用记录完整，按规定定期自测	查设备档案，查记录	放射源测量装置检定不符合要求，扣5分。使用记录不符合要求，或未定期自测，发现一次扣1分。		
7	船闸工程（30分）	7.1 围堰（15分）	围堰施工应编制专项施工方案并按批准的方案组织实施。围堰施工布置与断面尺寸应满足挡水、度汛、交通等安全要求。围堰填筑方式满足监控。深基坑施工应定期开展监测监控，工况变化时及时调整措施。围堰防护措施等满足安全要求。深基坑周边1m范围内不得随意堆载、停放设备	查看现场，查资料	围堰施工没有编制专项施工方案，或不按方案施工，或无方案组织实施，或工况变化及未调整措施的，视情节扣8～10分。围堰断面尺寸不能满足挡水、度汛、交通要求的，视情节扣5～8分。围堰填筑碾压方式不符合要求的，扣3分。围堰防护措施不符合要求的，发现一处扣2分		

473

续表

序号	类别	考核项目	考核内容及评价标准	考核评价方法	扣分标准	扣分说明	得分
7	船闸工程（30分）	7.2 船闸混凝土浇筑（15分）	闸室墙施工使用的模板、支架应当具有足够的强度、刚度和稳定性，拼缝平顺、严密，按规定验收后使用。使用成套的高大模板支架体系（如门式）的应编制专项施工方案，附安全验算资料并经专家审核后使用。采用吊罐浇筑混凝土时，应指派专人指挥起吊、运料和卸料，吊罐下严禁作业人员逗留。采用泵送混凝土时，布料臂下不得站人。夜间施工应配备符合要求的照明设施。	查看现场，查资料	闸室墙施工使用成套的高大模板支架体系未编制专项施工方案，或未经安全验算，或未经审核的，视情节扣8～10分。搭设支架和脚手架的钢管等材料无出厂合格证，或未经检验，或进场未按规定抽查，或检验未按方案要求搭设，预压、验收的，发现一次扣5～8分。未按规定处置支架基础，或支架未按方案要求搭设，发现一次扣3分。采用吊罐浇筑混凝土，未指派专人指挥起吊、运料和卸料，每发现一次扣2分。吊罐下有作业人员逗留，每发现一次扣2分。采用泵送混凝土时，布料臂下站人，发现一处扣3分。夜间施工照明设施不符合要求，发现一次扣2分。		
实得分		应得分			本表考核得分＝（实得分/应得分）×100＝		

考核评价（或监督抽查）单位（盖章）：　　　　　　评价（或抽查）人（签名）：　　　　　　实施日期：　　年　月　日

注：水运工程施工现场考核评价对象为表 B-3-1、B-3-3 中所有考核项目。

此表用于施工单位每季度复核评价，监理单位每半年考核评价，以及交通运输主管部门监督抽查等，谁组织实施，谁负责盖章签认。

附录C 习题参考答案

1 安全生产法律法规习题答案

公路篇

（一）单项选择题

1.C 2.B 3.A 4.A 5.B 6.C 7.A 8.B 9.B 10.B
11.C 12.A 13.D 14.C 15.B 16.D 17.C 18.D 19.C 20.B
21.C 22.B 23.D 24.D 25.C 26.D 27.C 28.D 29.D 30.A
31.C 32.B 33.B 34.B 35.C 36.B 37.C 38.C 39.D 40.A
41.A 42.B 43.A 44.A 45.B 46.D 47.A 48.B

（二）多项选择题

1.ABCE 2.ABDE 3.BCDE 4.ACDE 5.ABE
6.ABD 7.ABCDE 8.ACDE 9.ABCDE 10.ACDE
11.ABE 12.ACDE 13.ACDE 14.ABCDE 15.BCDE
16.ACE 17.BCE 18.ABDE 19.ABCD 20.ABCD
21.ABC 22.ABCD 23.CE 24.ABCD 25.ABCE
26.ACDE 27.BCD 28.ABCD

（三）判断题

1.B 2.A 3.D 4.B 5.B 6.A

水运篇

（一）单项选择题

1.C 2.B 3.A 4.A 5.B 6.C 7.A 8.C 9.B 10.C
11.B 12.B 13.B 14.B 15.B 16.C 17.A 18.D 19.C 20.B
21.D 22.C 23.D 24.C 25.D 26.C 27.B 28.C 29.A 30.A
31.D 32.B 33.A 34.B 35.C 36.C 37.B 38.D 39.D 40.C
41.D 42.C 43.D 44.D 45.A 46.C 47.C 48.B 49.B 50.B
51.C 52.B 53.C 54.C 55.D 56.A 57.A 58.B 59.A 60.D
61.A 62.C 63.B 64.A 65.B 66.D 67.A 68.B

（二）多项选择题

1.ABCE 2.ABDE 3.BCDE 4.ACDE 5.ABE
6.ABD 7.ABCDE 8.ACDE 9.ABCDE 10.ACDE

11.ABE	12.ACDE	13.ACDE	14.ABCDE	15.BCDE
16.ACE	17.ACE	18.BCE	19.ABC	20.ABDE
21.BCDE	22.ABCD	23.ABCDE	24.BD	25.ABCD
26.ABDE	27.ABCD	28.ABCD	29.ABC	30.ABCD
31.CE	32.AC	33.ABCD	34.ABCE	35.ACDE
36.BCD	37.ABCD			

（三）判断题

1.B　2.A　3.B　4.B　5.B　6.A

2　安全生产管理习题答案

公路篇

（一）单项选择题

1.A	2.C	3.D	4.D	5.A	6.D	7.A	8.D	9.C	10.D
11.A	12.D	13.B	14.D	15.D	16.B	17.B	18.A	19.C	20.B
21.A	22.B	23.D	24.A	25.D	26.C	27.B	28.D	29.B	30.A
31.C	32.C	33.A	34.A	35.A	36.C	37.D	38.C	39.D	40.C
41.A	42.C	43.D	44.A	45.D	46.A	47.C	48.D	49.D	50.A
51.C	52.B	53.A	54.C	55.A	56.A	57.B	58.B	59.D	60.A
61.C	62.A	63.B	64.A	65.A	66.A	67.C	68.A		

（二）多项选择题

1.ABCDE	2.ABE	3.ABCDE	4.ABCDE	5.ACD
6.CDE	7.ABC	8.ADE	9.BCDE	10.ABE
11.ACDE	12.ACD	13.ABCDE	14.AB	15.ABD
16.ABCDE	17.ABCDE	18.ABCDE	19.ABDE	20.ABC
21.ABCDE	22.ABC	23.ABCD	24.ABCDE	25.ABDE
26.ABCD	27.ABDE	28.ABCD		

（三）判断题

1.A	2.A	3.B	4.A	5.A
6.A	7.A	8.B	9.B	10.B
11.A	12.A	13.B	14.B	15.A
16.B	17.A	18.B	19.B	20.A
21.B	22.B	23.A	24.B	25.B
26.A	27.A	28.A	29.A	30.A
31.B	32.A	33.B	34.A	35.A
36.B	37.B	38.A	39.A	40.A
41.A				

水运篇

(一) 单项选择题

1.A 2.C 3.D 4.D 5.A 6.D 7.A 8.D 9.C 10.D
11.A 12.D 13.B 14.D 15.D 16.B 17.B 18.A 19.C 20.B
21.A 22.B 23.D 24.A 25.D 26.C 27.B 28.D 29.B 30.A
31.C 32.C 33.A 34.A 35.A 36.C 37.D 38.C 39.D 40.C
41.A 42.C 43.D 44.A 45.D 46.A 47.C 48.D 49.D 50.A
51.C 52.B 53.A 54.C 55.A 56.A 57.B 58.B 59.D 60.A
61.C 62.A 63.B 64.A 65.A 66.A 67.C 68.A

(二) 多项选择题

1.ABCDE 2.ABE 3.ABCDE 4.ABCDE 5.ACD
6.CDE 7.ABC 8.ADE 9.BCDE 10.ABE
11.ACDE 12.ACD 13.ABCDE 14.AB 15.ABD
16.ABCDE 17.ABCDE 18.ABCDE 19.ABDE 20.ABC
21.ABCDE 22.ABC 23.ABCD 24.ABCDE 25.ABDE
26.ABCD 27.ABDE 28.ABCD

(三) 判断题

1.A 2.A 3.B 4.A 5.A 6.A 7.A 8.B 9.B 10.B
11.A 12.A 13.B 14.B 15.A 16.B 17.A 18.B 19.B 20.A
21.B 22.B 23.A 24.B 25.B 26.A 27.A 28.B 29.A 30.A
31.B 32.A 33.B 34.A 35.A 36.B 37.B 38.A 39.A 40.A
41.A

3 安全生产技术习题答案

公路篇

(一) 单项选择题

1.A 2.C 3.B 4.B 5.C 6.C 7.B 8.C 9.C 10.C
11.C 12.B 13.C 14.C 15.C 16.A 17.C 18.A 19.B 20.B
21.D 22.B 23.C 24.D 25.C 26.C 27.B 28.C 29.B 30.A
31.A 32.B 33.A 34.A 35.A 36.C 37.B 38.B 39.A 40.A
41.D 42.A 43.A 44.C 45.A 46.B 47.A 48.B 49.B 50.D
51.C 52.C 53.D 54.C 55.C 56.B 57.B 58.B 59.B 60.C
61.C 62.D 63.C 64.C 65.D 66.D 67.A 68.B 69.B 70.B
71.C 72.C 73.C 74.D 75.A 76.A 77.C 78.C 79.A 80.A
81.D 82.C 83.D 84.D 85.B 86.D 87.C 88.D 89.B 90.C

91.C 92.C 93.C 94.B 95.B 96.C 97.C 98.A 99.B 100.C
101.A 102.B 103.D 104.A 105.B 106.C 107.A 108.C 109.B 110.B

(二)多项选择题

1.ABCDE 2.AD 3.ABD 4.ACE 5.ABCD
6.ABCD 7.ABD 8.ABCD 9.ABCDE 10.ABCD
11.ACE 12.ABCD 13.ABCE 14.ABC 15.ABCE
16.ACD 17.ABCE 18.ABCDE 19.ABDE 20.ABC
21.AB 22.ABCD 23.ABCDE 24.BC 25.AB
26.ABCDE 27.ABCD 28.CDE 29.AB 30.ABCD
31.BCDE 32.ABE 33.AB 34.ABC 35.ABCDE
36.ABDE 37.ACE 38.ACDE 39.ABDE 40.CD
41.ABCD 42.ABC 43.ABCDE 44.ABCD 45.ABCD
46.ABCD 47.ABD 48.ACE 49.BD 50.ABD
51.ACD 52.ABCD 53.CB 54.ABCD 55.ABCD
56.ABCD 57.ABCDE 58.ABCD 59.ABD 60.ABCD
61.DE 62.ABC 63.BCD 64.ABCD 65.ACD
66.ACDE 67.BCDE 68.ABC 69.ADE 70.BCE
71.ABCD 72.ABCDE 73.ABCDE 74.ABE 75.ABCDE
76.ABCE

(三)判断题

1.B 2.B 3.B 4.A 5.A 6.B 7.A 8.B 9.A 10.A
11.A 12.A 13.B 14.A 15.A 16.B 17.B 18.A 19.B 20.B
21.A 22.B 23.A 24.A 25.A 26.A 27.A 28.B 29.A 30.A
31.A 32.A 33.A 34.B 35.B 36.A 37.B 38.A 39.A 40.A
41.A 42.A 43.B 44.B 45.B 46.A 47.A 48.A 49.A 50.A
51.A 52.B 53.B 54.A 55.A 56.A 57.A 58.A 59.A 60.B
61.B 62.A 63.A 64.B 65.B 66.B 67.A 68.A 69.B 70.B
71.B 72.A 73.B 74.B 75.B 76.A 77.A 78.A 79.B 80.A
81.A 82.A 83.A 84.A 85.B 86.B 87.B 88.A 89.A 90.B
91.B 92.A

水运篇

(一)单项选择题

1.A 2.C 3.B 4.B 5.C 6.C 7.C 8.C 9.A 10.C
11.C 12.C 13.B 14.C 15.B 16.A 17.A 18.B 19.A 20.A
21.A 22.C 23.A 24.C 25.A 26.B 27.C 28.D 29.C 30.C
31.C 32.B 33.B 34.B 35.C 36.C 37.C 38.D 39.C 40.C
41.B 42.B 43.B 44.C 45.C 46.C 47.C 48.C 49.D 50.A
51.C 52.C 53.A 54.B 55.A 56.B 57.D 58.B 59.B 60.D

61.C 62.B 63.B 64.D 65.D 66.A 67.B 68.A 69.B 70.B
71.C 72.D 73.A 74.A 75.B 76.B 77.C 78.C 79.A 80.B
81.C 82.A 83.B 84.D 85.A 86.B 87.C 88.B 89.A 90.D
91.B 92.D 93.D 94.A 95.C 96.B 97.B

(二)多项选择题

1.ABCDE	2.AD	3.ABD	4.ACE	5.ABCD
6.ABCD	7.ABD	8.ABCD	9.ABCDE	10.ABCD
11.ACE	12.ABCD	13.ABCE	14.ABC	15.AB
16.ABCD	17.ABCDE	18.BC	19.AB	20.ABCD
21.CDE	22.AB	23.BCDE	24.ABE	25.AB
26.ABC	27.ABCDE	28.ABDE	29.ACDE	30.ABDE
31.CD	32.ABD	33.ABCD	34.ABCDE	35.ABD
36.ABC	37.BCD	38.BCDE	39.BCDE	40.ABCE
41.ABD	42.AB	43.ABD	44.BCDE	45.ABCE
46.ACD	47.ABE	48.ABCD	49.AB	50.CD
51.ABD	52.ABCE	53.AE	54.ABC	55.ABCDE
56.ABC	57.ABD	58.ABD	59.CDE	60.ACD
61.ACDE	62.ABC	63.ADE	64.BCE	65.ABCD
66.ABCDE	67.ABCDE	68.ABE	69.ABCDE	70.ACD
71.ABCD	72.BCD	73.ABCE		

(三)判断题

1.B 2.B 3.A 4.A 5.B 6.A 7.B 8.A 9.A 10.A
11.B 12.A 13.B 14.B 15.A 16.B 17.A 18.A 19.A 20.A
21.A 22.B 23.A 24.B 25.A 26.A 27.A 28.A 29.A 30.B
31.B 32.A 33.A 34.A 35.A 36.A 37.A 38.B 39.A 40.A
41.A 42.A 43.A 44.B 45.A 46.A 47.B 48.B 49.A 50.A
51.B 52.B 53.B 54.B 55.B 56.A 57.A 58.A 59.B 60.B
61.B 62.B 63.B 64.A 65.B 66.B 67.A 68.B 69.A 70.D
71.A 72.A 73.A 74.A 75.B 76.A 77.B 78.B 79.B 80.B
81.B 82.A 83.A 84.B 85.A 86.B 87.B 88.B 89.A 90.B
91.B 92.A

(四)案例题

1.(1)B (2)B (3)B (4)D
2.(1)A (2)A (3)B (4)A
3.(1)B (2)B (3)B (4)D